O Confisco não Baseado numa Condenação

40 ANOS DEPOIS DO CÓDIGO PENAL E 20 ANOS DEPOIS DA LEI N.º 5/2002, O CRIME CONTINUA A COMPENSAR?

O Confisco não Baseado numa Condenação

40 ANOS DEPOIS DO CÓDIGO PENAL E 20 ANOS DEPOIS DA LEI N.º 5/2002, O CRIME CONTINUA A COMPENSAR?

2023

Coordenadores
Norberto Martins
João Conde Correia

ALMEDINA

O CONFISCO NÃO BASEADO NUMA CONDENAÇÃO
40 ANOS DEPOIS DO CÓDIGO PENAL E 20 ANOS DEPOIS DA LEI N.º 5/2002, O CRIME CONTINUA A COMPENSAR?

COORDENADORES
Norberto Martins
João Conde Correia

EDITOR
EDIÇÕES ALMEDINA, S.A.
Avenida Emídio Navarro, 81, 3D
3000-151 Coimbra
Tel.: 239 851 904 • Fax: 239 851 901
www.almedina.net • editora@almedina.net

DESIGN DE CAPA
EDIÇÕES ALMEDINA, S.A.

EDITOR
EDIÇÕES ALMEDINA, S.A.

IMPRESSÃO E ACABAMENTO

Abril, 2023

ISBN
978-989-40-1152-1

DEPÓSITO LEGAL
....

ALMEDINA | GRUPOALMEDINA

ÍNDICE

ABREVIATURAS

Ac. – acórdão
AG – Advogado Geral
AR – Assembleia da República
Art./arts. – Artigo/artigos
AUJ – Acórdão de uniformização de jurisprudência
BFDUC – Boletim da Faculdade de Direito da Universidade de Coimbra
BGH – *Bundesgerichtshof*
BMJ – Boletim do Ministério da Justiça
BVerfG – *Bundesverfassungsgericht*
CARIN – *Camden Asset Recovery Inter-Agency Network*
CC – Código Civil
CDFUE – Carta dos Direitos Fundamentais da União Europeia
CEDH – Convenção Europeia dos Direitos Humanos
Cfr. – Confrontar
Cit. – Citado/a
C&R – Revista de concorrência e regulação
CP – Código Penal
CPC – Código de Processo Civil
CPEUM – *Constitución Política de los Estados Unidos Mexicanos*
CPP – Código de Processo Penal
CRP – Constituição da República Portuguesa
CSMP – Conselho Superior do Ministério Público
DL – Decreto-Lei
EGStGB – *Einführungsgesetz zum Strafgesetzbuch*

EM – Estado Membro
EuCLR – *European Criminal Law Review*
GAFI – Grupo de Ação Financeira Internacional
I.e. – *Id est*
JO – Jornal Oficial da União Europeia
LECiv – *Ley de Enjuiciamiento Civil*
LECrim – *Ley de Enjuiciamiento Criminal*
LNED – *Ley Nacional de Extinción de Dominio*
MP – Ministério Público
NCBC – *Non-conviction-based confiscation*
NJECL – *New Journal of European Criminal Law*
Op. cit. – *Opere citato*
P./pp – Página/paginas
PGR – Procuradoria-Geral da República
POCA – *Proceeds of Crime Act*
PR – Presidente da República
RCEJ – Revista do Centro de Estudos Judiciários
RDE – Revista de Direito e Economia
RGCO – Regime Geral das Contraordenações (DL 433/82, de 23 de setembro)
RIDP – *Revue Internationale de droit pénal*
RJCE – Regime Jurídico das Contraordenações Económicas (DL n.º 9/2021, de 29 de janeiro)
RLJ – Revista de Legislação e Jurisprudência
RMP – Revista do Ministério Público
ROA – Revista da Ordem dos Advogados
RPCC – Revista Portuguesa de Ciência Criminal
ss. – Seguintes
StGB – *Strafgesetzbuch*
STA – Supremo Tribunal Administrativo
STJ – Supremo Tribunal de Justiça
StPO – *Strafprozeßordnung*
TC – Tribunal Constitucional
TCA – Tribunal Central Administrativo
TEDH – Tribunal Europeu dos Direitos Humanos
TFUE – Tratado Sobre o Funcionamento da União Europeia
TJUE – Tribunal de Justiça da União Europeia

TRC – Tribunal da Relação de Coimbra
TRE – Tribunal da Relação de Évora
TRG – Tribunal da Relação de Guimarães
TRL – Tribunal da Relação de Lisboa
TRP – Tribunal da Relação do Porto
TUE – Tratado da União Europeia
UE – União Europeia
vd. – *Vide*
v.g. – *Verbi gratia*
Vol. – Volume

PRÓLOGO

> «Nas coisas difíceis, sejam elas quais forem, não deve esperar-se que alguém *semeie* e logo colha, mas é necessária uma preparação de forma a que elas amadureçam gradualmente»
>
> BACON[1]

Volvidos 40 anos desde a entrada em vigor do Código Penal e 20 anos após a publicação da Lei n.º 5/2002, de 11.01, é apropriado fazer um brevíssimo balanço das etapas vencidas, aquilatar da qualidade e da extensão da *colheita* destes dois baluartes normativos do instituto da recuperação de ativos.

Recuperação de ativos, aqui especialmente direcionada para o confisco das vantagens conseguidas por um particular ou pessoa coletiva, nela cabendo «qualquer benefício económico obtido através do facto ilícito típico, independentemente desse benefício se materializar num aumento do ativo, ou numa diminuição do passivo, ou mesmo numa mera poupança ou supressão de despesas».

Não é preciso ser um *expert* na matéria ou um dedicado estudioso do instituto para constatar a grande evolução que se verificou nos últimos anos, com especial enfoque na última década, no recurso ao confisco de

[1] Citado, ao estilo de divisa, por CESAR BECCARIA, *Dos Delitos e das Penas*, Lisboa, Fundação Calouste Gulbenkian, 1998, p. 55.

bens por parte do Ministério Público, apoiado nos OPCs e ancorado no GRA e, consequentemente, na sistemática recuperação de muitos e muitos milhões de euros que, desta forma, têm sido subtraídos ao mundo do crime para serem entregues ao Estado e devolvidos à comunidade.

Na verdade, vai já distante a desajeitada alergia que muitos dos aplicadores da justiça dedicavam ao confisco, olhado como perigosa extravagância legislativa, ademais «contendora dos direitos constitucionais», subsistindo apenas espaço para a perda dos objetos utilizados na prática do crime, desde que aptos a novos cometimentos (pouco além de ancinhos, enxadas e «ponta e mola», ...).

Esta passividade e conservadorismo [a que não seria(á) alheia alguma carga axiológica que o vocábulo *confisco* arrasta desde a obscura Idade Média e que o liberalismo tratou de combater] embatia no texto originário do código penal de 1982, designadamente nos artigos 107.º a 110.º, que por essa altura recentra o confisco como um instituto de marcado pendor preventivo destinado não só à perda de «coisas ou direitos relacionados com o crime» (107.º – perda) mas também de produtos e vantagens (109.º – coisas ou direitos) pretendendo desta forma eliminar os benefícios patrimoniais obtidos com a prática ilícita, mesmo sem condenação criminal. Esta marcante característica revigorou-se e ficou ainda mais nítida com as alterações introduzidas pelo DL n.º 48/95, de 15 de Março.

Esse mesmo conservadorismo continuaria a esbracejar quando mais tarde se subiu um patamar qualitativo na efetiva prevenção e combate à criminalidade grave (económico-financeira, tráfico de pessoas, tráfico de estupefacientes, etc.), geradora de enormes vantagens patrimoniais, com a publicação da Lei n.º 5/2002, de 11 de Janeiro, que aprovou um regime especial de perda de bens, permitindo o confisco amplo, ou «alargado», dos bens dos agentes criminosos desde que não consigam demonstrar que o valor do seu património é compatível com o seu rendimento lícito, o chamado património incongruente.

Este livro que agora é publicado, embora especialmente focado no confisco sem base numa condenação, aborda e historia boa parte da evolução verificada neste recanto do Direito e da prática judiciária, assente em artigos científicos de distinta qualidade e rigor jurídicos, como seria de esperar de tão ilustres autores.

A Procuradoria-Geral Regional do Porto, naquilo que é mais uma iniciativa nesta área da recuperação de ativos, replicando anteriores duas publicações sobre o mesmo tema, assume com inegável regozijo o patrocínio de mais esta obra, com o objetivo de ajudar à reflexão das problemáticas relacionadas com o Confisco que no dia a dia se apresentam aos aplicadores do Direito e a todos os interessados nestas matérias.

Finalmente, quero agradecer vivamente a todos quantos contribuíram com o seu saber para a materialização desta publicação, merecendo natural destaque a sua *alma mater*, o Doutor João Conde Correia, o qual, com a prestimosa colaboração da Senhora PGA Dr.ª Elina Lopes Cardoso, arquitetou e coordenou toda obra.

Porto, 13 de fevereiro de 2023

NORBERTO MARTINS
(Procurador-Geral Regional)

1. A HISTÓRIA DO CONFISCO NO ANTIGO DIREITO PORTUGUÊS

José Nuno Ramos Duarte*

I. Introdução

O crime, como todos os fenómenos sociais, constitui uma realidade dinâmica e evolutiva que acompanha a História do ser humano.

Entre os povos primitivos, mais voltados para a satisfação de necessidades básicas de sobrevivência, eram mais comuns os crimes de sangue, mas, com o surgimento da propriedade privada, emergem os crimes de natureza patrimonial e, bastante mais tarde, com a consolidação dos poderes soberanos, passam também a assumir relevância os crimes contra o Estado e contra a organização económico-social. Desde o passado mais longínquo até aos dias de hoje, a criminalidade nunca deixou de revelar peculiaridades e tendências diferentes das anteriores, assumindo também particulares formas e características consoante a área geográfica, as condições demográficas e o estado de desenvolvimento económico e cultural das populações.

Para combater o fenómeno criminal e defender os bens jurídicos estruturantes da vida social, o Estado adoptou, ao longo dos tempos, estratégias e mecanismos de índole bastante diversa, entre os quais sempre se destacou o papel das sanções dirigidas aos agentes do crime.

Numa primeira fase, a reacção criminal assentava, essencialmente, numa ideia retributiva, de *vindicta* ou devolução ao infractor do mal que tinha sido praticado. Assim se alcançava a expiação necessária para se obter o restabelecimento da ordem pública afectada, o que se conseguia

* Texto elaborado segundo as normas ortográficas anteriores ao Acordo Ortográfico da Língua Portuguesa de 1990.

quer com castigos corporais, quer com a segregação ou a expulsão do delinquente do meio comunitário. Punia-se a desordem ocorrida e, simultaneamente, protegia-se a sociedade da desordem futura, quer daquela que pudesse provir da pessoa punida, quer daquela que pudesse ser causada por outras pessoas. Para tal, as sanções eram especialmente severas e dolorosas, procurando-se conferir-lhes uma exemplaridade marcante, essencial para, pela intimidação, prevenir a reincidência e manter todos os potenciais infractores afastados do crime[1].

Paralelamente, foi se desenvolvendo o conceito de composição (*compositio*)[2], forma alternativa de reacção contra o crime, primeiramente centrada na reparação do dano causado ao ofendido pela acção delituosa, mas, mais tarde, visando também a reparação da ofensa que o crime constituiu para a comunidade, para o Estado ou para o Soberano. Nesse contexto, emergem os mecanismos sancionatórios de cariz pecuniário e de confiscação de bens, com os quais se procurava – não raras vezes a par de desideratos económicos – atingir o infractor e demover o potencial prevaricador[3].

Com a evolução dos tempos, as estratégias de política criminal alteram-se e, com o eclodir do iluminismo, ganham primazia os princípios humanistas que conduzem a uma mudança de perspectiva, passando-se a encarar as sanções criminais, também, como uma oportunidade para ressocializar o indivíduo e, por essa via, prevenir o crime. Em vez da segregação, procura-se a integração. Mais do que castigar o agente, no seu corpo, na sua pessoa e na sua fazenda, procura-se atingir a sua mente, incutindo-lhe a reprobabilidade moral dos seus actos e motivando-o para a mudança e para a normatividade[4].

[1] Sobre as formas primitivas da reacção contra o crime, em especial sobre o período da vingança privada e respectivas evoluções, *vide* CAEIRO DA MATTA, *Direito Criminal Português*, Coimbra, França Amado, 1911, 1, pp. 15/24.

[2] Nas palavras de CAEIRO DA MATTA, «[g]radualmente o elemento económico da composição substitue-se ao elemento ethnico da vingança» – *Direito Criminal Português*, cit., p. 19.

[3] Quanto à reversão para o Estado das sanções pecuniárias e à importância que estas passam a assumir no âmbito do movimento centralizador do *ius puniendi*, *vide* ANDRÉ LAMAS LEITE, «Contributo para a evolução histórica das penas substitutivas», *Revista Jurídica Luso-Brasileira*, Ano 5, 201), n.º 3, pp. 181/2.

[4] «[S]e não é mais ao corpo que se dirige a punição, em suas formas mais duras, sobre o que, então, se exerce? A resposta dos teóricos – daqueles que abriram, por volta de 1780, o período

O crime, porém, permanece e prossegue o seu devir,[5] continuando sempre a confrontar os Estados com a necessidade de melhorar os mecanismos destinados a sustê-lo.

Dentro desse esforço constante de aperfeiçoamento dos meios de combate ao crime, foram-se desenvolvendo e aperfeiçoando ferramentas já existentes na generalidade dos ordenamentos jurídicos, ainda que de uma forma algo dispersa, que permitiam aos Estados apreender e ficar com a titularidade de bens relacionados com a actividade criminosa.

Tendo na sua génese medidas com longa tradição histórica de confisco de bens dos criminosos, bem como de apreensão, por motivos de segurança, de objectos susceptíveis de serem ou de voltarem a ser utilizados no cometimento de crimes, tais procedimentos sancionatórios foram objecto de melhor sistematização. Passam então a ficar reguladas, com crescente definição, as possibilidades de perda a favor do Estado quer dos instrumentos do crime (*instrumenta sceleris*), quer de outros objectos que não devam ficar na posse de terceiros, como acontece com os objectos criados ou produzidos pelo crime (*producta sceleris*) ou, até, dos objectos que foram obtidos através da prática criminosa (*quaesita sceleris*) mas que não devem ser restituídos aos respectivos donos, por não poderem ser detidos ou usados por eles. Paralelamente, desenvolve-se a ideia de que, assim como se deve diligenciar para se restituir ao ofendido os bens que lhe foram retirados e proporcionar-lhe condições para que ele, tanto quanto possível, fique indemne, também se deve colocar o infractor na situação

que ainda não se encerrou – é simples, quase evidente. Dir-se-ia inscrita na própria indagação. Pois não é mais o corpo, é a alma. À expiação que tripudia sobre o corpo deve suceder um castigo que atue, profundamente, sobre o coração, o intelecto, a vontade, as disposições. Mably formulou o princípio decisivo: "*Que o castigo, se assim posso exprimir, fira mais a alma do que o corpo*"» – Michel Foulcault, *Vigiar e punir: nascimento da prisão*, (tradução: Raquel Ramalhete), 20.ª ed., Petrópolis, Editora Vozes, 1999, p. 20.

[5] Segundo as palavras de José Faria Costa: «[t]odos sabemos que nada nem ninguém para o caudal do rio da história e que o direito penal não é nem nunca foi margem desse rio, antes força vividora da torrente da vida, colectiva e individual, que os homens e as mulheres, ao longo de milénios, foram construindo e que, ao fim e ao cabo, coincide com a própria história. Todos sabemos, para o dizermos com as palavras insuperáveis de beleza e profundas de Camões, que "*mudam-se os tempos, mudam-se as vontades/muda-se o ser, muda-se a confiança/todo o mundo é composto de mudança/tomando sempre novas qualidades*". Deste turbilhão de mudanças não se pode escapar. Dele não escapa o direito penal» – *Direito Penal e Globalização – Reflexões não locais e pouco globais*, Coimbra, Coimbra Editora, 2010, p. 9.

patrimonial anterior ao crime, retirando-se-lhe aquilo que ganhou, ou seja, os proventos do crime (*fructa sceleris*).

Compreendendo-se que a perda dos benefícios do crime constitui um dos meios mais eficazes de luta contra a criminalidade, verifica-se, desde as últimas décadas do século XX, um alargamento dos conceitos de modo a que o Estado possa confiscar um leque de bens cada vez mais amplo e também para que o confisco possa visar não apenas o infractor, mas igualmente terceiros detentores de direitos sobre bens que não se encontrem de boa-fé.

Não obstante os passos dados, a criminalidade, muito especialmente a de matriz económico-financeira, reinventa-se todos os dias e torna-se cada vez mais sofisticada, tanto ao nível dos seus modelos de actuação, como ao nível das estratégias utilizadas para encobrir o resultado das suas acções. Concomitantemente, os Estados continuam a desenvolver esforços, tanto de âmbito nacional como internacional, para encontrarem as medidas mais apropriadas para desincentivar a circulação e a integração na ordem jurídica de capitais e de outros bens ou vantagens resultantes de actividades ilícitas.

Várias vias são exploradas para alcançar a privação dos lucros e das fortunas ilicitamente adquiridas, surgindo propostas quer com vista ao alargamento do tipo de condutas de dissimulação patrimonial abrangidas pelo crime de branqueamento, quer com vista à ampliação dos mecanismos que, com base em presunções baseadas em condenações penais, já permitem o confisco de bens sob a titularidade ou domínio dos agentes do crime, quer também com vista à adopção de medidas legislativas inovadoras, seja ao nível da criminalização de estados de riqueza não devidamente justificados, seja ao nível do recurso a procedimentos civis ou administrativos *in rem* que, sem dependência da verificação dos pressupostos da culpabilidade criminal, canalizem para a esfera do Estado activos de origem suspeita.

A aposta em curso na agilidade e na eficácia das medidas preventivas e repressivas de combate à criminalidade reditícia não deve afastar, porém, uma visão compreensiva sobre a complexidade dogmática que a temática do confisco encerra. Os problemas que hoje se apresentam não são, certamente, os mesmos de outrora. Todavia, questões como aquelas que se relacionam com a tutela dos direitos individuais, por um lado, e a defesa dos interesses comunitários, por outro lado, são intemporais e, com maior ou menor reflexão teórica, nunca deixaram de constituir fonte de dúvidas, inquietações e pensamentos tanto para quem, como actor ou decisor, se confrontou com as suas implicações práticas, como para quem, nas diferentes épocas históricas, se preocupou com a projecção legislativa das soluções mais adequadas. Por isso, numa altura em que está na ordem do dia o debate sobre as virtualidades político-criminais da expansão do confisco, não é de somenos importância analisar os desenvolvimentos havidos quanto a tal matéria ao longo da nossa história legislativa.

Perceber o passado nunca deixará de nos ajudar a compreender o que pode ser feito no futuro.

II. Os primeiros tempos

No período da fundação de Portugal como reino independente e da reconquista aos sarracenos do território que hoje pertence ao nosso país, as populações regiam-se por fontes de direito muito diversas, coexistindo leis gerais oriundas de cúrias ou assembleias régias com disposições de direito local, normas consuetudinárias, legislação de aforamento e outras disposições normativas de origens históricas bastante variadas. Sob esse pano de fundo, o Código Visigótico[6], compilação de leis surgida em meados do século VII e que, desde então, se constituiu como o mais importante instrumento legislativo da época, continuou até ao dobrar do século XII para o século XIII[7] a [s]ervir como lastro jurídico comum ou ponto de referência dos povos peninsulares, *inclusive* para efeitos supletivos[8].

Apesar de possuir máximas sobre a *«justa medida das penas com o delicto»* ou a personalidade dos castigos *«que devem affectar somente o proprio criminoso, e não outros»*, o sistema sancionatório do Código Visigótico caracterizava-se pela desigualdade das penas em função do estatuto social do infractor, bem como pela desproporcionalidade e severidade punitiva, consequência afinal da concepção de base que havia sobre aqueles que eram os verdadeiros fins das penas: *«o terror dos maus e a segurança dos bons»*. O combate

[6] *Codex Visigothorum*, também designado *Liber Iudiciorum*, *Liber Legis Gothicae*, *Forum Iudicum*, *Liber Iudicum*, *Codex Legum* ou Lex *Visigothorum Recesvindiana ou Ergiviana*.

[7] Martim de Albuquerque e Ruy de Albuquerque assinalam que «[S]ó a partir do século XIII, e em concomitância com o progressivo crescimento da legislação nacional e com a «redescoberta» do direito justinianeu; as menções ao *Código Visigótico* principiam a desaparecer», *História do Direito Português*, Lisboa, Danúbio, 1987, 1, p. 97.

[8] M. J. Almeida Costa, *História do Direito Português*, Coimbra, Almedina, 2008, p. 184.

ao crime fazia-se, por isso, pela via da repressão e, quase sempre, penas diversas cumulavam-se para punir uma única infracção, surgindo entre as mesmas, maioritariamente para complementar a punição dos crimes mais graves, o confisco de bens. Era o que se verificava, nomeadamente, no crime de lesa-majestade e alta traição (*«se a piedade do principe concedia a vida ao réo, tiravam-se-lhe então os olhos, era descalvado, levava cem açoites, ficava por todo o sempre inhabilitado para ser restituido ao officio palatino, era feito escravo perpetuuo do principe* [...] *e, para complemento soffria confisco geral de todos os seus bens»*), no crime de blasfémia (o blasfemador era *«descalvado, açoitado, encarcerado, e seus bens confiscados»*) ou também em relação ao crime do *«judeu que não conduzia, renegando a fé dos seus pais, seus tenros filhos e os famulos seus, à pia do baptismo, ou elle mesmo se não fazia baptizar»* (aplicava-se-lhe a *descalvação, cem açoites, desterro,* e *confisco geral*)[9].

Por outro lado, quando se admitia a composição dos crimes por penas pecuniárias, assegurava-se a sua execução com a substituição da pena daquele que não possuía meios para satisfazer o pagamento pela escravidão (situação igualmente dotada de relevante valor económico) e, caso o criminoso já fosse escravo, pela morte, a qual, ainda assim, podia ser remida pelo senhor que quisesse satisfazer o dano[10]. A arbitrariedade decisória era grande, mas, ainda assim, para a adjudicação dos bens do criminoso exigia-se a prévia prolação de uma sentença condenatória. Só após é que os mesmos podiam ser destinados, o que acontecia quer a favor da parte ofendida, quer da autoridade pública (fisco e/ou juiz)[11].

À medida que o poder régio se vai estendendo a todo o território nacional, vão-se dissipando as formas de reacção criminal que se organizavam localmente até se atingir o monopólio punitivo do Estado. Durante esse processo, os monarcas procuram centralizar e unificar a produção normativa e diminuir a influência dos nobres, clérigos e senhores e ricos

[9] Cf. Henriques Secco, «Da História do Direito Penal Portuguez desde os tempos mais remotos», *Revista Portuguesa de Legislação e de Jurisprudência*, Ano 4 (1872), n.º 191, p. 486.

[10] O sistema não atribuía especial significado a valores fundamentais que hoje se consideram inerentes à dignidade da pessoa humana e o próprio preço da vida variava em função da idade, do sexo e da condição do criminoso (era mais valorizada a idade adulta do que a infância ou a velhice, o homem tinha mais valor do que a mulher e o valor atribuído ao homem-livre era superior ao do liberto e, bastante mais ainda, àquele que era atribuído ao escravo).

[11] Cf. Henriques Secco, *Da História do Direito Penal Portuguez, cit.*, pp. 486 e 501.

homens locais que utilizavam costumes instituídos para exercerem a *vindicta* privada e reforçarem o seu poderio social e económico.

Nesse contexto, logo nas primeiras leis gerais que, no reinado de D. Afonso II, emanaram da Cúria de Coimbra de 1211, são adoptadas medidas destinadas a limitar o exercício de actos de vingança à revelia dos ditames públicos e oficiais, bem como a abolir práticas confiscatórias abusivas. Foi o caso das leis que vieram abolir o costume de o Rei e as pessoas que tinham terras ou alcaidarias levarem a terça parte dos comestíveis que se vendiam, «*ordenando que os mesmos fossem comprados pelo seu valor*», bem como proibir «*que os almoxarifes levem alguma coisa daqueles a que acaeça prigoo no mar*» e determinar que «*os cavaleiros, e quem tenha terras do rei, não tomem coisas dos vilãos sem que seja pago o preço justo*»[12].

De qualquer forma, consolidada a autoridade do poder central, as receitas proporcionadas pela composição pecuniária dos crimes passam a representar fonte não despicienda de financiamento do rei e dos concelhos, pelo que se torna cada vez mais frequente a aplicação de sanções patrimoniais aos criminosos, nomeadamente multas, calúnias, peitas e coimas (quer como penas autónomas, quer em cumulação com outras penas ou como penas substitutivas), bem como medidas de confisco (total ou parcial) de bens[13].

III. As ordenações régias

O fortalecimento da autoridade régia e a afirmação do *ius puniendi* do Estado foram suportados, ao longo dos séculos XIII e XIV, por importantes esforços de recolha, produção e compilação de leis que, após os bons resultados de sistematização obtidos por instrumentos como o Livro de Leis e Posturas e as Ordenações de D. Duarte, viriam a culminar com a promulgação, a partir do século XV, das Ordenações dos reis D. Afonso V, D. Manuel I e D. Filipe I de Portugal, as quais, sucessivamente, constituíram a base do direito português até ao século XIX.

[12] Cf. Martim e Ruy de Albuquerque, *História do Direito Português, Lições policopiadas com a colaboração dos assistentes J. Artur A. Duarte Nogueira/José Adelino Maltez/Mário Leite Santos*, Vol. I (Tomo II) e Vol. II, Faculdade de Direito da Universidade de Lisboa, 1983, pp. 226/231.

[13] Cf. Eduardo Correia, «A evolução histórica das penas», *BFDUC*, Vol. LIII, 1977, pp. 61/2.

1. As Ordenações Afonsinas

Nas Ordenações Afonsinas verifica-se uma redução do recurso às penas pecuniárias em relação ao período anterior. Ainda assim, o confisco dos bens daqueles que transgridem a lei continua a ser frequente, maioritariamente como sanção complementar de penas como a da morte, como acontecia, por exemplo, em relação a quem cometia crimes de lesa-majestade ou de «*treiçon cometida contra El Rey*»[14], a quem fabricava moeda falsa[15] ou a quem falsificava chancela ou selo real [16]. De todo o modo, casos havia também em que o confisco surgia como consequência única e autónoma de actos *contra legem*[17].

O confisco, por norma, dependia da condenação prévia do infractor, ainda que, em casos excepcionais, isso fosse dispensado. Assim, nos crimes de lesa-majestade em que se considerasse ser notório o malefício, os bens podiam ser confiscados logo que cometido o acto maléfico «*fem outra algüa fentença*» [18]. Situações havia também em que a perda de bens pelo infractor ficava «à mercê» de decisão do Rei, como ocorria quando um «*Official d'El Rey*» recebia subornos ou não guardava «*escripto*» das oferendas que lhe eram entregues[19].

Referência ainda para o facto de, muitas vezes, o confisco apenas poder ser decretado se o autor do delito não tivesse descendentes nem

[14] No Livro V, título 2.º, 12, estabelecia-se que o transgressor devia morrer «*naturalmente de morte cruel*» e que todos os bens «*que ouver ao tempo da comdapnaçon*» deviam ser confiscados.

[15] «*Todo aqulle que falfa moeda fezer, ou der a ello favor, ajuda, e confelho, ou for dello fabedor, deve de morrer morte de fogo, e todos seus beës devem fer confifcados pera a Corôa do Regno*» (Livro V, título 5.º, § 4).

[16] «*Todo aqulle que falfar noffo Signal ou Saello, mandamos que moira (...) e perca os beës pera a Corôa do Regno*» (Livro V, título 32.º, 5).

[17] Assim, no caso de alguém se suicidar para evitar que sobre si incidisse a acção da justiça, estabelecia-se que todos os seus bens e herança ficassem a pertencer ao Rei (Livro V, título 79.º, 2). A perda de bens era também a única sanção que estava prevista para quem se casasse com mulher que estivesse em poder de seus pais, avós ou tutores, sem o consentimento destas pessoas (Livro V, título 13.º, 2).

[18] Livro V, título 2.º, 12.

[19] Nestas situações, previa-se no Livro V, título 31.º, 9, que os prevaricadores (ouvidor, juiz, alcaide, meirinho, corregedor, ouvençal da raínha, rico homem ou qualquer outro indivíduo com poderes de «*fazer justiça*») perdessem o ofício ou honra que lhes estavam atribuídos e que «*os feus corpos e averes*» fossem colocados à disposição do Rei para este decidir o que bem entendesse quanto aos mesmos.

ascendentes, pois apenas nos casos mais graves é que o mesmo ocorria «*não embargando que filhos lidimos aja, ou alguns acendentes*»[20]. Por outro lado, ainda que o mais normal fosse a reversão dos bens perdidos para a «*Coroa do Regno*», casos havia em que os bens eram atribuídos aos ofendidos e, apenas se estes os não quisessem, para «*El Rey*»[21].

As Ordenações de D. Afonso V previam também diversos casos em que devia haver o confisco de objectos específicos, como acontecia, com o ouro, prata, moedas, cavalos ou armas que, sem a autorização do Rei, alguém tirasse, mandasse tirar ou ajudasse a tirar do Reino[22] ou com o baraço ou a arma com que alguém se enforcasse ou, de outra forma, se suicidasse[23]. Para se desincentivar o fabrico de moeda falsa, também se previa o confisco da casa ou do lugar onde a mesma fosse produzida se «*razoavelmente se pudesse conjecturar*» que o dono da casa ou do lugar, mesmo não sendo responsável pelo delito, «*deveria, ou poderia ser sabedor*» da actividade que lá se desenvolvia[24].

Se nos casos que se acabam de referir, havia, apesar de tudo, uma relação entre os objectos confiscados e o delito cometido, casos havia também em que o confisco de objectos tinha natureza infamante. Era o caso da norma que determinava que aqueles que fossem encontrados a jogar «*percam as roupas que tiveres veftidas*»[25].

2. As Ordenações Manuelinas

A publicação a partir de 1512 de novas Ordenações, por D. Manuel I, inseriu-se no esforço que, em época de expansão do Império e assinalável prosperidade económica, era feito para reorganizar a estrutura do Estado e da Fazenda Pública.

[20] Livro V, título 2.º, 12, relativamente ao crime de lesa-majestade.

[21] Os bens daquele que dormisse com mulher casada, bem como daquele que casasse com mulher sem o consentimento dos pais ou de outras pessoas que a tivessem sob o seu poder, deviam passar para aqueles «*a que fez o torto*» e «*se os elles nom quiferem, aja-os El Rey*» (Livro V, título 7.º, 2, e título 13.º, 2).

[22] Livro V, título 47.º, 3.

[23] Livro V, título 79.º, 2.

[24] A perda da casa, porém, não devia ocorrer se lá vivesse viúva ou pupilo menor de 14 anos que desconhecessem o crime (Livro V, título 5.º, § 5 e 6).

[25] Livro V, título 47.º, 8 e 12.

Na área criminal, as Ordenações Manuelinas procuraram aperfeiçoar a sistematização legal e as fórmulas definidoras das infracções penais, bem como melhor regulamentar os procedimentos processuais.

No que concerne às penas pecuniárias, as mesmas tornam-se mais frequentes neste novo corpo legislativo[26] e aumentam bastante as situações puníveis com o confisco, total ou parcial, dos bens dos infractores. Com efeito, a perda de bens continua a estar prevista para sancionar crimes como os de lesa-majestade[27], fabrico de moeda falsa[28] ou alcovitaria[29], mas, a par dos mesmos, passa a abranger outros crimes, como o de sodomia[30] ou o de falso testemunho[31].

Tal como anteriormente, o confisco surge, maioritariamente, como pena complementar de outras penas (principalmente, a morte e o degredo[32]), mas, por vezes, também é a única sanção prevista para punir determinados actos criminosos, como era o caso de quem recolhesse ou mantivesse em sua casa freira que se ausentasse do mosteiro[33] ou de quem incrustasse pedra falsa ou contrafeita em anel ou outra peça ornamental[34].

[26] Apesar de o furto deixar de ser punido – segundo tradição antiquíssima já plasmada no Código Visigótico e que ainda se mantinha nas Ordenações Afonsinas – com o anoveado (ou seja, nove vezes o valor da coisa furtada), para ser sancionado, em primeira linha, com a pena de morte (Livro V, título 37.º), a multa é muito vulgar, sendo fixada quer com valor fixo (títulos 11.º, 2, 22.º, 26.º, 5, 34.º, 3), quer em função do valor do objecto do crime (dobro – título 10.º, 4; tresdobro – título 10.º, 4 *in fine*, título 100.º; quatro dobro – título 97.º; anoveado – título 98.º, 1), quer, ainda, em função do valor dos bens do criminoso (título 25.º).

[27] Livro V, título 3.º

[28] Livro V, título 6.º

[29] Livro V, título 29.º

[30] No Livro V, título 12.º, 1, prevê-se a morte e o confisco de todos os bens de qualquer indivíduo com cometa «*pecado de fodomia*», quando nas anteriores Ordenações (Livro V, título 17.º) apenas se estabelecia que o mesmo «*feja queimado, e feito per fogo em poo*».

[31] Enquanto nas Ordenações Afonsinas se estabelecia que aquele que prestasse falso testemunho fosse açoutado publicamente e mais lhe fosse cortada a língua (Livro V, título 37.º, 4), nas Ordenações de D. Manuel estatui-se que deve haver lugar à morte do infractor e à perda para a Coroa de todos os seus bens (Livro V, título 8.º).

[32] Como exemplo de cumulação do degredo com a perda total de bens, refira-se a punição que se previa para quem leve, venda ou mande vender «*em Terra de Mouros*» armas, pólvora, navios, madeira, artilharia, ferro ou qualquer outra coisa que os «*infieis pofam aproueitar para auto de guerra*» (Livro V, título 81.º, 1 e 2).

[33] Livro V, título 22.º, 3.

[34] Livro V, título 86.º

De igual forma, em certos crimes, como o de lesa majestade, de sodomia, de alcovitaria ou de prestação de falso testemunho, não havia qualquer restrição ao confisco; mas, noutros, o confisco dos bens só devia ocorrer se quem cometesse a infracção não tivesse descendentes legítimos, nem ascendentes[35].

Quanto ao destino dos bens cuja perda era decretada, para além das normais situações de confisco para a Coroa da totalidade dos bens do criminoso, estabelece-se em variados casos, como forma de promover a denúncia dos delitos, a divisão dos bens entre o Rei e quem acusar o infractor. Assim, por exemplo, quem denunciasse casos de sodomia tinha direito a ficar com um terço da fazenda do «*culpado*»[36], ficando já com metade dos bens do autor do delito os denunciantes de ourives ou outras pessoas que colocassem em circulação pedras falsas ou contrafeitas[37], os denunciantes de «*officiaes d'ElRey que recebem serviços, ou peitas*»[38] ou os denunciantes de pessoas que contrabandeiam mercadorias para fora do Reino[39].

A maior atenção que, numa época de enorme crescimento do comércio, é dada aos delitos de natureza económica reflecte-se também, no aumento das sanções de confisco de objectos que passam a estar previstas nas Ordenações. É o que acontece, em acréscimo a outros casos já previstos anteriormente[40], com a perda dos cães ou das armadilhas daqueles que estejam a caçar perdizes, lebres ou coelhos[41], a perda de armas daqueles quem venham de Castela «*pera malfazer com armas*»[42], a perda das armas, pólvora, navios, madeira, artilharia, ferro ou qualquer outra coisa que fossem levadas para locais onde os mouros as pudessem aproveitar para a prática de actos de guerra[43], a perda dos navios onde fossem transportados

[35] Era, por exemplo, o que sucedia com quem utilizasse escrituras falsas (que, nos termos do estabelecido no Livro V, título 9.º, devia ser punido com degredo durante dez anos para Ceuta e com perda de bens «*se defcendentes ou afcendentes lidimus nom teuer*»).

[36] Livro V, título 12.º, 1.

[37] Livro V, título 86.º

[38] Livro V, título 56.º

[39] Livro V, título 88.º

[40] *Vide* livro V, título 6.º, 2, onde se prevê a perda da casa onde é feita moeda falsa.

[41] Livro V, título 84.º, 1.

[42] Livro V, título 78.º

[43] Livro V, título 81.º, 1 e 2.

mouros ou cristãos-novos para fora do Reino[44], a perda de cavalos, rocins, éguas e armas que sejam transportadas, sem autorização, para fora do Reino[45], a perda da embarcação onde sejam transportados bens não autorizados para a Guiné[46] ou a perda de escravos ou coisas que sejam trazidas de Cabo Verde ou de outras ilhas atlânticas[47].

3. As Ordenações Filipinas

Elaboradas durante o primeiro reinado do domínio castelhano de Portugal, mas só impressas e aplicadas quando D. Filipe II já herdara o trono do seu pai, as Ordenações Filipinas mantiveram-se em vigor mesmo após a restauração da independência em 1640[48] e, até à aprovação dos códigos da monarquia constitucional no século XIX, constituíram o corpo legislativo fundamental do nosso país.

Pouco originais, mantiveram a estrutura das Ordenações Manuelinas, bem como a maior parte das suas soluções. Especificamente no campo do confisco de bens, poucas novidades há, pois continuam a ser sancionadas com a perda de bens a generalidade das infracções que já anteriormente importavam tal consequência. Era o que sucedia, entre outros, com os delitos de heresia[49], participação em rixa no Paço, na Corte ou na presença do Rei[50], feitura ou uso de escrituras falsas[51], falso testemunho[52], incrustação de pedras falsas ou contrafeitas[53], corrupção[54], detenção para venda de drogas por quem não for boticário[55] ou transporte de prata,

44 Livro V, título 82.º, 3.

45 Livro V, título 88.º, 6.

46 Livro V, título 112.º, 18.

47 Livro V, título 112.º, 25, e título 113.º

48 D. João IV, através do Alvará de 29 de Janeiro de 1643, declarou «*[r]evalidar, confirmar, promulgar, e de novo ordenar, e mandar que os ditos cinco Livros das Ordenações, se cumpram e guardem, como se até ao presente praticaram, e observaram, como se por mim novamente foram feitas, e ordenadas, promulgadas, e estabelecidas*».

49 Livro V, título 2.º

50 Livro V, título 39.º

51 Livro V, título 53.º

52 Livro V, título 54.º

53 Livro V, título 56.º

54 Livro V, título 71.º

55 Livro V, título 89.º

ouro ou moedas para fora do Reino[56]. Ainda assim, fruto de uma maior exaustividade ao nível da regulação de determinadas situações, o confisco também ficou previsto em alguns novos preceitos, como aconteceu quando se passou a prever a perda da Fazenda «*dos que tomam insígnias de armas e dom ou apelidos que lhes não pertencem*»[57] e, por exemplo também, quando se passou a prever que o sancionamento com morte e confisco de bens daqueles que cometem «*peccado da sodomia*» se estendesse às «*mulheres, que humas com as outras, commettem pecado contra natura*»[58].

O confisco continua, a maior parte das vezes, a surgir como pena complementar da pena de morte ou de degredo e a depender de condenação prévia do infractor, mas, tal como acontecia anteriormente, casos há em que aparece, igualmente, como pena principal[59], podendo também, excepcionalmente, ocorrer sem necessidade de condenação, designadamente em casos notórios de delito de lesa-majestade[60]. Da mesma forma, em certas infracções, o confisco apenas tem lugar se o «*Réo*» não tiver ascendentes nem descendentes legítimos[61].

Quanto à perda ou confisco de objectos relacionados com os delitos, a mesma continua a estar prevista para sancionar diversas infracções, algumas já anteriormente previstas[62], mas outras também que apenas surgem nas novas Ordenações. Era o caso da perda do pão comprado para revenda ou por quem «*compre mais pão do que para despesa de sua caza e família lhe fôr necessário*»[63]; também aí se incluía a perda dos escravos pertencentes a quem, tendo-os, não os faça baptizar[64].

[56] Livro V, título 113.º

[57] Livro V, título 92.º

[58] Livro V, título 13.º, 1.

[59] É o que sucede, por exemplo, no crime «*do que dorme com a mulher que anda no Paço*» (Livro V, título 16.º) ou «*dos que falsificam sinal ou selo do Rei*» (Livro V, título 52.º).

[60] Livro V, título 6.º, 10.

[61] Assim acontecia, entre outros casos, relativamente à punição de quem falsificasse «*sinal ou selo do Rei*» (Livro V, título 52.º), ou de quem fizesse uso de escritura falsa (Livro V, título 53.º, 2).

[62] Assim, continua a estar prevista a perda das armadilhas de caça (Livro V, título 88.º), bem como a perda de armas dos que «*de fora destes Reinos venhão a elles com assuada, ou per outra maneira, para mal fazerem com armas*» (Livro V, título 46.º).

[63] Livro V, título 76.º, 3.

[64] Livro V, título 99.º

Finalmente, refira-se que, para se estimular a denúncia de algumas infracções, continua a ser utilizada a solução já adoptada nas anteriores Ordenações de, por vezes, se entregar ao denunciante uma parte dos bens objecto de confisco[65].

IV. O Iluminismo e as Constituições liberais

Com o florescimento por toda a Europa, durante o século XVIII, das ideias iluministas, surgiu uma larga reacção contra a barbaridade e a desproporcionalidade das penas instituídas na legislação criminal da época e a desigualdade e a arbitrariedade da forma como as mesmas eram aplicadas, gerando-se um movimento intelectual que propugnava a reforma profunda do sistema penal, do qual o marquês de BECCARIA foi, talvez, o seu mais legítimo representante.

Preconizando uma sociedade mais racional e humana, os pensadores iluministas insurgem-se contra a superstição, os preconceitos e o despotismo e defendem a primazia da legalidade e o respeito pelos direitos individuais, incluindo entre as suas propostas reformistas a proibição do confisco de bens, medida sancionatória associada a frequentes abusos de autoridade e que, para além de propiciar ataques inadmissíveis à propriedade privada, era considerada incompatível com o carácter pessoal das penas[66].

Portugal não ficou à margem da influência dos ventos de mudança que se espalhavam por todo o mundo ocidental e, no reinado de D. Maria, foi criada uma comissão para reformular a legislação do país. Incumbido de preparar a reestruturação do direito público e do direito criminal, PASCOAL DE MELLO FREIRE apresentou, em 1783, o projecto de um novo Código Penal no qual se mostram acolhidos alguns dos princípios que se iam afirmando nesse período, nomeadamente ao nível da restrição

[65] Era o caso de metade do pão confiscado por ter sido comprado para revenda, ou de metade dos bens daquele que recolhesse em sua casa freira que se ausentasse de mosteiro, que, segundo o estipulado, deviam reverter para quem «*acusasse*» o infractor (Livro V, título 76.º, 3, e título 15.º, 3).

[66] BECCARIA, especificamente quanto ao tema do confisco de bens, escreveu: «[a]s confiscações põem a preço a cabeça dos fracos, fazem sofrer aos inocentes a pena do réu, e põem os próprios inocentes na desesperada necessidade de cometer os delitos» – *Dos Delitos e das Penas*, Lisboa, Fundação Calouste Gulbenkian, 1998, p. 112.

dos castigos físicos e das penas infamantes. O princípio da intransmissibilidade das penas é também afirmado no Código elaborado por MELLO FREIRE[67] e, como corolário do mesmo, consagra-se a proibição do confisco dos bens do condenado à morte que tenha descendentes ou outros parentes próximos: «*Ainda que o criminoso condemnado à morte perca os seus bens, não lhe serão com tudo tomados e confiscados, tendo descendentes em qualquer grao, ou transversaes dentro do terceiro*»[68].

O Código Criminal projectado por PASCOAL DE MELLO FREIRE, porém, nunca chegou a entrar em vigor, mantendo-se a aplicação das Ordenações Filipinas mesmo após a revolução liberal de 24 de Agosto de 1820.

Não obstante, com a vitória dos ideais revolucionários, ganhou ainda mais força a crítica que vinha sendo feita ao sistema penal tradicional, aos seus privilégios e imunidades, aos abusos punitivos que o mesmo propiciava e à desumanidade e à falta de adequação de muitas das suas penas em relação à gravidade dos delitos. Por isso, concluídos que foram os trabalhos das Cortes Constituintes que haviam sido convocadas após a revolução de 1820, ficou estabelecido logo no Capítulo único do Título I da primeira Constituição do nosso país (aprovada em 4 de Novembro de 1822) que:

- *(ARTIGO 10.º) – «Nenhuma lei, e muito menos a penal, será estabelecida sem absoluta necessidade».*
- *(ARTIGO 11.º) – «Toda a pena deve ser proporcionada ao delito; e nenhuma passará da pessoa do delinquente. Fica abolida a tortura, a confiscação de bens, a infâmia, os açoites, o baraço e pregão, a marca de ferro quente, e todas as mais penas cruéis ou infamantes».*

Apesar das lutas que, ao longo do século XIX, se travaram entre os liberais constitucionalistas e os absolutistas sobre a sucessão real, não mais houve retrocesso quanto à proibição do confisco de bens e à abolição das

[67] No § 35.º do Título IV, consigna-se: «*Não respondem os herdeiros pelos delictos do defunto; devem porém reparar o damno que elle fez, dentro das forças da herança. Porque simelhante reparação é mais um officio natural, que tende a dar a cada um o que é seu, do que verdadeira pena*».
[68] Título IV, § 11.º

penas físicas cruéis[69], princípios que ficaram plasmados, não só durante os quatro anos de vigência da Constituição de 1838[70], como também na Carta Constitucional de 1826[71], em cujo artigo 145.º se podia ler:

> «*§ 18.° – Desde já ficam abolidos os açoites, a tortura, a marca de ferro quente, e todas as mais penas cruéis.*
>
> *§ 19.° – Nenhuma pena passará da pessoa do delinquente. Portanto não haverá em caso algum confiscação de bens, nem a infâmia do Réu se transmitirá aos parentes em qualquer grau que seja*».

V. A codificação penal do século XIX

1. O Código Penal de 1852

Com a pacificação social que se logrou alcançar, após o período conturbado das guerras liberais, reuniram-se condições para que, finalmente, fosse cumprido o objectivo de reformar a legislação penal[72]. Assim, na sequência dos trabalhos que vinham sendo desenvolvidos desde a década de 1840, viria a ser aprovado, em 10 de Dezembro de 1852, o primeiro

[69] Não se incluindo aí, porém, a pena de morte, a qual apenas viria a ser abolida: para crimes políticos, em 1852 (artigo 16.º do Acto Adicional à Carta Constitucional de 5 de Julho de 1852); para crimes civis, excepto por traição durante a guerra, em 1867 (Carta de Lei de 1 de Julho de 1867); nas províncias ultramarinas, em 1870 (Decreto do presidente do Conselho de Ministros de 9 de Junho de 1870); para crimes militares, em 1911 (artigo 3.º, § 22.º, da Constituição de 1911. Posteriormente, a pena de morte viria ainda a ser readmitida em 1916, somente para crime de traição em tempo de guerra (Lei n.º 635, de 28 de Setembro de 1916), sendo definitivamente abolida em 1976 (artigo 25°, n.° 2, da Constituição da República Portuguesa de 1976).

[70] Depois de no artigo 21.º desta Constituição se consignar que «*Ficam proibidos os açoutes, a tortura, a marca da ferro e todas as mais penas e tratos cruéis*», estabeleceu-se, no artigo 22.º, que: «*Nenhuma pena passará da pessoa do delinquente; não haverá em caso algum, confiscação de bens, nem a infâmia dos réus se transmitirá aos parentes*».

[71] Segundo texto constitucional português, que esteve em vigor durante 72 anos, distribuídos por três períodos: de Abril de 1826 até Maio de 1828; desde Agosto de 1834 até Setembro de 1836; de Janeiro de 1842 até à implantação da República em Outubro de 1910.

[72] O desiderato de reforma completa da legislação civil e penal esteve sempre na primeira linha das preocupações nos primeiros tempos da monarquia constitucional, tendo, logo em 1926, ficado expresso no § 17.º do artigo 145.º da Carta Constitucional o princípio programático: «*Organizar-se-á, quanto antes, um Código Civil e Criminal, fundado nas sólidas bases da Justiça e Equidade.*».

Código Penal português[73], o qual veio alterar de forma bastante profunda o sistema punitivo do nosso país[74].

No que diz respeito à matéria da perda a favor do Estado de bens pertencentes a agentes do crime ou relacionados com crimes que tenham sido cometidos, ficou estabelecido no artigo 64.º do Código Penal de 1852 o seguinte:

> *(ARTIGO 64.º) – «A perda a favor do Estado do objecto, ou producto do crime e das armas com que foi commetido, ou que eram destinadas para esse fim, tem logar nos casos em que, ou o ofendido, ou algum terceiro, não responsável pelo crime, não tenha direito à restituição.*
>
> *& UNICO. A perda de quaisquer outros instrumentos do crime tem logar:*
>
> *1.º – Quando for prohibido o seu uso, ou conservação;*
>
> *2.º – Quando a Lei expressamente o determinar».*

Prevendo este normativo a possibilidade de, em alguns casos, o Estado ficar com a titularidade de bens pertencentes ao responsável pelo crime, pode parecer que o mesmo era incompatível com a proibição constitucional do confisco de bens do delinquente. Todavia, como decorre até do facto de o artigo 64.º ser incluído no Capítulo II do Título II do novo código referente aos «efeitos das penas» (e não no Capítulo I antecedente, que versava sobre «as penas»), entendia-se que a proibição constitucional visava o confisco enquanto pena, ou seja, o sancionamento do agente do crime com a reversão para o Estado da totalidade ou de parte do seu património, não se incluindo aí o chamado «confisco especial»[75], ou seja,

[73] A aprovação do Código pelo Decreto com força de Lei de 10 de Dezembro de 1852, porém, só viria a ser ratificada pelas Cortes através da Lei de 1 de Junho de 1853 (*Diário do Governo* n.º 128).

[74] Em termos sistemáticos, o Código Penal de 1852 distribui as matérias por uma parte geral e uma parte especial e, no que diz respeito à incriminação, estabelece que «*Nenhum facto, ou consista em acção, ou em omissão, póde julgar-se criminoso, sem que uma Lei anterior o qualifique como tal*» (artigo 5.º), mais proibindo a analogia e a interpretação extensiva (artigo 18.º). As penas passam a ser também apenas aquelas que estão expressamente previstas no código, sendo as penas corporais substituídas, fundamentalmente, pela prisão, que passa a ser a sanção criminal mais normal.

[75] *Vide* MANUEL CAVALEIRO DE FERREIRA, *Direito Penal Português*, 2.º Vol., Lisboa, Verbo, 1982, pp. 335/6.

a reversão para o Estado de determinados bens que, independentemente de pertencerem ou não ao responsável pelo crime, têm uma conexão concreta com a infracção criminal. Podia, por isso, haver lugar à perda a favor do Estado tanto dos objectos obtidos directamente através de práticas criminosas (*quaesita sceleris*), como dos objectos criados, fabricados ou produzidos através de tais práticas (*producta sceleris*) e, ainda, dos objectos ou armas que fossem utilizados para cometer crimes (*instrumenta sceleris*).

A inserção sistemática do preceito e a redacção legal adoptada denunciavam, com clareza, que a perda de bens não estava concebida como uma pena aplicável para sancionar a prática de crimes, mas, sim, como um «efeito da pena», mais não se tratando do que uma consequência legalmente estabelecida para impedir que os objectos, os produtos ou os instrumentos do crime fiquem na posse de quem participou no crime ou de quem não tem direito a ficar com eles. De resto, reforçando não se estava perante uma pena principal, mas uma consequência jurídica do crime, resultava do artigo 67.º do novo Código Penal que a perda de bens, tal como todos os demais *effeitos das penas*[76], operava «*em virtude da lei, independentemente de declaração alguma na sentença condemnatória*».

De qualquer modo, como resultava do estatuído no artigo 64.º do Código Penal de 1852, a perda a favor do Estado de objectos, produtos ou instrumentos do crime tinha um carácter vincadamente subsidiário, pois, antes de mais, os mesmos deviam ser restituídos ao ofendido ou a um terceiro (desde que não responsável pelo crime) que a eles tivesse direito, apenas devendo reverter para o Estado caso não houvesse a quem os entregar. Seria esse o caso de não se identificar pessoa com direito bastante sobre os bens ou, então, de o respectivo dono não possuir autorização

[76] Para além da perda de bens, diversos outros efeitos podiam decorrer da aplicação de determinadas penas, como acontecia com a perda pelo condenado à morte da propriedade dos seus bens (que, imediatamente, passavam para os seus sucessores legítimos), da perda pelo condenado a pena maior perpétua dos seus direitos políticos e da administração dos seus bens ou, no caso da prática de outros crimes, da suspensão ou da perda pelo condenado do exercício de outros direitos políticos e civis ou da perda ou suspensão do exercício do respectivo emprego, bem como da possibilidade de sujeição de certos condenados à «especial vigilância da polícia» – cf. artigos 52.º a 63.º do Código Penal de 1852.

para os deter ou usar, podendo também acontecer estarem em causa bens específicos cuja perda era expressamente determinada pela lei[77].

O Código Penal de 1852, num tempo de profundas alterações sociais e de assinalável reflexão intelectual sobre os pressupostos do Direito Penal e da Ciência Criminal, foi sujeito a bastantes reformas[78] e, volvidos trinta e quatro anos, acabou por ser substituído por um novo Código, promulgado por lei de 16 de Setembro de 1886.

2. O Código Penal de 1886

Mesmo sem apresentar avanços conceptuais relevantes em relação ao texto reformado do código anterior[79], o Código Penal aprovado em 1886 viria a vigorar durante quase cem anos, período durante o qual se verificaram importantes alterações da ordem jurídico-constitucional do nosso país, como foram as resultantes da implantação da República em 5 de Outubro de 1910 (com a subsequente aprovação, em 21 de Agosto de 1911, da primeira Constituição Política da República Portuguesa[80]), da transição, após o movimento de 28 de Maio de 1826, para o Estado Novo (que culminou com a entrada em vigor, em 11 de Abril de 1933, de uma nova Constituição[81]) e da revolução de 25 de Abril de 1974 (na sequência da qual, em 25 de Abril de 1976, passou a vigorar aquela que, ainda

[77] Como exemplo de um destes casos, refira-se o artigo 116.º do Decreto e Regulamento de 18 de Setembro de 1874 (*Diário do Governo* n.º 212): «*As pessoas, que sem a competente autorisação, devidamente sellada, venderem estampilhas ou papel selado, incorrem na pena da perda das estampilhas ou papel selado que lhes for achado, e no pagamento de uma muleta de 10.000 a 100.000 réis*».

[78] Das quais as mais significativas foram a reforma operada pela Lei de 1 de Julho de 1867 e a reforma penal aprovada e promulgada por carta de 14 de Junho de 1884.

[79] Eduardo Correia observa que o sistema do Código Penal de 1886 «[e]ra, fundamentalmente e sobretudo na parte especial, o do Código de 52» e que, na parte geral, seguia o quadro legal que, designadamente quanto aos fins das penas, havia resultado da reforma penal de 1884, continuando a ser «construído essencialmente sobre o facto», ainda que sendo possível já interpretar várias das suas disposições «como revelando uma referência da pena à personalidade do delinquente» – *Direito Criminal*, Vol. I (reimpressão), Coimbra, Almedina, 1971, pp. 113/4.

[80] Publicada no *Diário do Governo* n.º 195/1911, Série I de 22 de Agosto de 1911.

[81] Cujo texto foi publicado em suplemento ao *Diário do Governo* de 22 de Fevereiro de 1933 e objecto de plebiscito em 19 de Março do mesmo ano, entrando em vigor na sequência da publicação, no *Diário do Governo* de 11 de Abril de 1933, da acta de apuramento final dos resultados desse plebiscito.

que já sujeita a algumas revisões, é a actual Constituição da República Portuguesa).

Apesar de muitas das disposições do Código Penal de 1886 terem sido revogadas e alteradas ao longo do tempo, o mesmo não aconteceu quanto ao artigo que passou a regular a matéria da perda a favor do Estado de bens relacionados com o crime. Tratava-se do artigo 75.º, o qual manteve sempre a seguinte redacção:

> *(Artigo 75.º) – «O réo definitivamente condenado, qualquer que seja a pena, incorre:*
>
> *1.º – Na perda, a favor do Estado, dos instrumentos do crime, não tendo o ofendido, ou terceira pessoa, direito à sua restituição;*
>
> *2.º – Na obrigação de restituir ao ofendido as coisas de que pelo crime o tiver privado, ou de pagar-lhe o seu valor legalmente verificado, se a restituição não fôr possivel, e o ofendido ou os seus herdeiros requererem esse pagamento;*
>
> *3.º – Na obrigação de indemnizar o ofendido do dano causado, e o ofendido ou os seus herdeiros requeiram a indemnização;*
>
> *4.º – Na obrigação de pagar as custas do processo e as despesas de expiação».*

Este normativo, para além de estar integrado, a exemplo do que acontecia com o artigo 64.º do anterior código, no Capítulo II do Título II referente aos «efeitos das penas», não introduzia também alterações de realce em relação ao regime pretérito, pois, no essencial, continuava a reger-se pelo princípio de que a autoridade pública não podia punir os infractores com a perda, total ou parcial, dos respectivos bens, apenas sendo possível que, em casos marcadamente excepcionais, revertessem para o Estado determinados bens que estivessem relacionados com eventos criminais e que não devessem ser restituídos ao ofendido ou a terceiros. Isso era, de resto, uma decorrência da proibição do confisco, comando constitucional que, estando já estatuído na Carta Constitucional monárquica, continuou, após a instauração da República, a estar consagrado nos textos das constituições de 1911[82] e de 1933[83].

[82] *«Nenhuma pena passará da pessoa do delinquente. Portanto não haverá em caso algum confiscação de bens, nem a infâmia do Réu se transmitirá aos parentes em qualquer grau que seja.»* – Artigo 3.º, § 23.º da Constituição de 1911.

[83] O artigo 8.º da Constituição de 1933 estabelecia, no seu § 12.º, constituir direitos e garantias individuais dos cidadãos portugueses *«Não haver confisco de bens, nem transmissão de qualquer pena da pessoa do delinquente»*.

Ainda assim, o texto do artigo 75.º do Código Penal de 1886 era ligeiramente mais restritivo do que o do artigo correspondente do Código de 1852, conforme se evidenciava por algumas diferenças essenciais.

Em primeiro lugar, o texto legal deixa de aludir à perda dos produtos do crime, o que, sem dúvida, assinala o propósito de limitar as possibilidades de o Estado ficar com a titularidade de bens de terceiros, afastando o princípio geral anterior que determinava a perda de tudo aquilo que fosse criado, fabricado ou produzido através de um crime. Não obstante, não fica vedada a possibilidade de, em casos expressamente previstos na lei, poder ser decretada a perda para o Estado de produtos resultantes de práticas criminosas, conforme, aliás, ficou previsto em alguns preceitos do próprio Código Penal[84] e, também, foi estabelecido em diversa legislação avulsa[85].

Outra diferença resultava do facto de o artigo 75.º do novo Código ter deixado de especificar que a perda dos instrumentos do crime se aplicava tanto em relação àqueles que foram utilizados para o cometimento do crime, como àqueles que a tal se destinavam. Tal alteração em relação àquilo que estava previsto no artigo 64.º do código anterior não era, obviamente, inócua, pois, mesmo não impedindo, tornava extremamente difícil o acolhimento de interpretações mais amplas que admitissem a extensão da perda a instrumentos destinados à prática de crimes cuja

[84] Assim, entre o mais, previa-se no Código Penal de 1886 a perda a favor do Estado das armas fabricadas sem licença de autoridade administrativa (artigo 253.º, § 5.º), das mercadorias falsificadas ou que tivessem sido adulteradas no peso ou no volume que ainda pertencessem ao vendedor (artigo 456.º, § 4.º) e dos exemplares de obra contrafeita (artigo 457.º).

[85] A título exemplificativo, podem ser referidas as normas do Decreto 30679, de 24 de Agosto de 1940, que previam a apreensão (com carácter definitivo) dos objectos fabricados, vendidos ou importados que, devendo ter marca obrigatória, a não tivessem, bem como das marcas, dos desenhos ou dos modelos contrafeitos ou imitados (arts. 219.º e 228.º, al. d), do mencionado Decreto), o artigo 6.º do Decreto 41204, de 24 de Junho de 1957 – que estabelecia a perda a favor do Estado dos produtos ou mercadorias que constituíssem objecto de infracções antieconómicas de açambarcamento, ou de infracções contra a saúde pública relacionadas com o abate clandestino de animais ou com a falsificação de géneros alimentícios e a circulação, armazenamento e venda de géneros alimentícios falsificados – e, também, as normas que previam a perda do peixe objecto de contravenção ao estatuído no DL n.º 44.624, de 10 de Outubro de 1962 (art. 83.º, § 3.º, deste diploma, com a redacção do DL n.º 312/70, de 6 de Julho de 1970) e a perda dos produtos da caça efectuada em contravenção ao disposto nos artigos 210.º a 215.º, 218.º, 227.º, 228.º e 229.º, al. g), do Decreto n.º 47.847, de 14 de Agosto de 1967.

execução, porém, nunca passou da fase dos actos preparatórios ou da tentativa não punível.

Também no que diz respeito aos objectos do crime havia diferenças, pois o novo texto legal apenas alude à restituição ao ofendido das coisas de que ele tiver sido privado, não mencionando já, diferentemente do que sucedia anteriormente (e continuava a suceder quanto aos instrumentos do crime), a possibilidade da sua perda a favor do Estado caso não haja pessoa com direito à restituição. Tal reflecte a perspectiva de que, quando estão em causa os objectos do crime, inexiste qualquer escopo preventivo que justifique a sua reversão para o Estado, apenas havendo que assegurar a reposição da legalidade. De todo o modo, isso não afastava que, conforme foi estabelecido em legislação especial, o Estado pudesse ficar com a titularidade dos bens cuja restituição não lograsse efectuar e que, entretanto, não viessem a ser reclamados por quem de direito[86].

Referência ainda para o facto de, face à redacção do artigo 75.º do Código Penal de 1886, ter ficado claro que os objectos do crime de que o «*réo definitivamente condenado*» deve ser privado são apenas os que foram directamente obtidos através da prática criminal e já não quaisquer outros bens que o agente do crime tenha obtido mediante a utilização daqueles. Na verdade, ainda que se pudesse conceber a possibilidade de, quando o criminoso houvesse vendido ou trocado bens do ofendido por outros objectos, se atribuir ao ofendido esses outros objectos, o ponto 2.º do artigo 75.º não conferia qualquer margem para que tal acontecesse, pois apenas admitia a entrega ao ofendido dos objectos de que ele tinha sido privado[87].

Significante era também o facto de o ponto 2.º do artigo 75.º apenas prever a reparação do lesado mediante a restituição das coisas de que foi

[86] Assim, o artigo 14.º, § 1.º, do Decreto n.º 12.487, de 14 de Outubro de 1926, estabelecia que «*Todos os objectos e quantias não reclamadas pelas partes, no prazo de três meses após o trânsito em julgado das decisões finais proferidas nos respectivos processos, prescreverão a favor da Fazenda Pública e o seu produto dará entrada na Caixa Geral de Depósitos*».

[87] Nesse sentido, *vide* o ac. STJ de 1 de Julho de 1966 (*BMJ*, 158, p. 163), bem como o ac. do TRL de 7 de Dezembro de 1967 (*Revista Jurisprudência das Relações*, 5, p. 866), em cujo sumário se pode ler: «*Os instrumentos do crime que, pelo n.º 1 do art. 75.º do C.P., devem ser julgados perdidos a favor do Estado, não abrangem os objectos comprados com o dinheiro obtido com fraude, ou seja, pela realização do crime. Mas, como o n.º 2 do mesmo art. 75.º se opõe a que esses objectos sejam entregues ao ofendido, terão eles que ser restituídos ao réu, a quem foram apreendidos, sem prejuízo de poderem vir a ser executados por quem nisso tiver interesse*».

privado ou, se isso não for possível, mediante o pagamento do valor das mesmas, nada referindo já quanto à possibilidade de tais bens reverterem para o Estado. É que, justamente por não estar prevista esta possibilidade, perante situações em que a restituição não fosse possível e se desse o caso de o ofendido ou os seus herdeiros não requererem qualquer pagamento, nada podia ser feito – por falta de base legal – para se obstar a que o agente do crime beneficiasse da acção ilícita, como, por exemplo, podia acontecer se fosse possível ao Estado promover que, nessas situações, o criminoso fosse condenado a entregar à Fazenda Pública o valor do incremento patrimonial que obteve.

Todo o sistema legal estava construído sob a perspectiva da tutela dos direitos e liberdades individuais e da protecção do cidadão face aos abusos do poder e, nesse contexto, a temática da perda a favor do Estado das vantagens obtidas pelo crime não havia ainda merecido a atenção dos estudiosos. O confisco patrimonial era proibido pela Constituição e as normas penais curavam, acima de tudo, de impedir que o Estado se apropriasse de bens não relacionados com os crimes cometidos e, mesmo quando havia essa conexão, a perda de bens tinha sempre um carácter residual, pois apenas podia ocorrer na medida do necessário para repor a estrita legalidade afectada pelo crime e assegurar desideratos preventivos basilares. Não obstante, podiam-se já surpreender no Código Penal de 1886 alguns preceitos que, em casos bastante específicos, admitiam o confisco de ganhos patrimoniais alcançados na sequência da prática de crimes, como acontecia com a perda daquilo que fosse recebido por quem, devido a suborno, prestasse falso testemunho (artigo 240.º, § 1.º), com a perda das coisas ou do valor das coisas recebidas por funcionários, árbitros, peritos, juízes e jurados ou outros servidores públicos que se deixassem corromper (artigo 323.º), ou com a perda das receitas dos espectáculos teatrais ou musicais que fossem realizados com violação de leis ou regulamentos relativos à propriedade de autores (artigo 458.º).

VI. O ressurgir do confisco

Ao longo da segunda metade do século XX, paulatinamente, o confisco começou a ser encarado de uma forma diferente daquela que havia levado os pensadores iluministas, ante os abusos perpetrados pelos Estados absolutistas, a preconizar a sua proibição. Assim, na França, depois de, durante a segunda guerra mundial, ter sido autorizada a aplicação do confisco para sancionar a prática de crimes contra a segurança externa do Estado, veio também a admitir-se a utilização do confisco para, no âmbito dos esforços de recuperação económica e social do pós-guerra, combater a prática de certas infracções antieconómicas. Para se conciliar, porém, a sanção com o carácter pessoal das penas, jamais se admitia o confisco total do património do infractor e exigia-se que o confisco não abrangesse os bens necessários para saldar as dívidas do infractor para com terceiros, bem como que fossem respeitados os direitos do cônjuge sobre o património comum e os direitos dos herdeiros legitimários[88].

Ainda que inicialmente fossem prosseguidos, acima de tudo, objectivos económico-sociais, a possibilidade de, em certos casos, serem adoptadas medidas confiscatórias levou a que, gradualmente, começassem a ser reconhecidas as potencialidades político-criminais do confisco e a relevância do papel que o mesmo, em termos gerais, podia desempenhar ao nível do combate ao crime. Nessa sequência, foi surgindo um número crescente de reflexões e estudos tendentes ao aperfeiçoamento das normas relativas à perda de bens por motivos criminais existentes em diversas legislações nacionais, bem como ao alargamento do seu âmbito de aplicação. Foi o caso, entre nós, da investigação desenvolvida por Eduardo Correia cujos resultados foram plasmados no projecto de alteração da Parte Geral do Código Penal que este professor, por incumbência do governo português, apresentou em 1963 e qual já se previa a possibilidade de o Estado ficar investido, não só da titularidade de instrumentos e produtos do crime, como também de *«[o] preço que serviu ou devia servir para recompensar o autor de um crime»* e, ainda, de *«[a]queles objectos, direitos ou vantagens que, através do crime e directamente foram adquiridos pelos seus agentes»*[89].

Um pouco por todo o mundo ocidental, sobretudo por influência norte-americana – zona do globo onde, na década de 1970, havia forte empenho no desenvolvimento de mecanismos que permitissem combater o tráfico de droga com maior eficácia –, começa a impor-se a ideia de que o sancionamento dos responsáveis pelo crime com o confisco do património resultante da actividade delituosa seria factor decisivo para a dissuasão da

[88] Cf. Manuel Cavaleiro de Ferreira, *Direito Penal Português*, cit, p. 336.

[89] Relativamente ao projecto de alteração da Parte Geral do Código Penal subscrito por Eduardo Correia e ao debate que sobre o mesmo foi desenvolvido, *vide* «Actas das Sessões da Comissão Revisora do Código Penal. Parte Geral», Vol. I e II, Lisboa, AAFDL, 1979.

criminalidade. Paralelamente, começam a ser ensaiadas estratégias para harmonizar as normas que regem a matéria do confisco nos diferentes países, bem como a facilitar a cooperação entre os mesmos na área da recuperação dos activos gerados pelo crime. A tal nível, merece destaque a Convenção Europeia sobre o Valor Internacional das Sentenças Penais, de 28 de Maio de 1970, já que, apesar de ter tido pouca aplicação prática, foi pioneira na consagração de regras de cooperação internacional para efeitos de confisco[90], traçando um rumo que, ao longo das décadas seguintes, continuou a ser aprimorado, quer no âmbito da União Europeia, quer no âmbito das Nações Unidas[91].

Em Portugal, a proibição do confisco desapareceu do texto constitucional em 1976 com a entrada em vigor da Constituição da República Portuguesa, cujo Decreto de Aprovação foi publicado no Diário da República n.º 86/1976, Série I, de 10 de Abril. Tal facto deveu-se, essencialmente, à visão socializante que, na sequência da revolução de 25 de Abril de 1974, havia sobre a organização económico-social nos meios políticos dominantes, perspectiva ideológica que levou também a que, para facilitar o combate contra as actividades consideradas lesivas da economia nacional, se estabelecesse no artigo 88.º, n.º 2, da nova Constituição que *«[a]s sanções poderão incluir, como efeito da pena, a perda dos bens, directa ou indirectamente obtidos com a actividade criminosa, e sem que ao infractor caiba qualquer indemnização»*[92]. De todo o modo, a supressão do preceito constitucional que proibia o confisco teve a virtualidade de libertar algumas amarras que limitavam as possibilidades de extensão do instituto a novas realidades,

[90] *Vide* João Conde Correia, «Cooperação Internacional para Efeitos de Recuperação de Activos no Âmbito do Conselho da Europa», *Cooperação Internacional para Efeitos de Recuperação de Activos* (coordenação: Maria Raquel Desterro Ferreira/ Elina Lopes Cardoso/João Conde Correia), Coimbra, Almedina, 2021, pp. 400/1.

[91] Sobre a evolução dos instrumentos de cooperação internacional para efeitos de recuperação de activos, para além do estudo de João Conde Correia citado na nota anterior sobre a recuperação de activos no âmbito do Conselho da Europa, *vide* Maria João Antunes / Miguel João Costa, «Cooperação Internacional para efeitos de perda no âmbito da Convenção das Nações Unidas contra a Corrupção», igualmente em *Cooperação Internacional para Efeitos de Recuperação de Activos, cit.*, pp. 341/366.

[92] Este normativo viria ser eliminado do texto constitucional treze anos mais tarde, aquando da segunda revisão da Constituição – cf. artigo 59.º da Lei Constitucional n.º 1/89, de 8 de Julho.

evolução essa que, no entanto, apenas se veio a verificar quando, em 1 de Janeiro de 1983, entrou em vigor o novo Código Penal, aprovado pelo DL n.º 400/82, de 23 de Setembro.

O regime da perda de bens relacionados com o crime previsto no Código Penal de 1982, marcadamente inspirado pelos textos revistos do projecto de EDUARDO CORREIA, modificou com bastante profundidade a disciplina legal do confisco, com destaque para a definição mais rigorosa dos pressupostos do confisco de instrumentos e produtos, para a regulação da matéria atinente ao confisco de bens de terceiros e, principalmente, para a ampliação do âmbito de aplicação do instituto e a adopção de medidas destinadas a reforçar a sua eficácia, entre as quais a admissibilidade de confisco sem condenação.

Ao nível do confisco de instrumentos e produtos, foi claramente definido que a perda não devia abranger todos os objectos que tivessem sido utilizados no cometimento de crimes, ou que tivessem sido produzidos por estes, mas apenas aqueles que, pela sua natureza ou pelas circunstâncias do caso, pusessem em perigo a segurança das pessoas, a moral ou a ordem pública, ou oferecessem sérios riscos de serem utilizados no cometimento de novos delitos. Esta delimitação traduzia, de forma inequívoca, que o confisco, tal qual estava concebido, não era um mecanismo punitivo, mas, sim, um procedimento que, com sujeição a princípios de necessidade e proporcionalidade, cumpria específicas finalidades de segurança pública e prevenção criminal.

No que concerne à delicada matéria do confisco de bens pertencentes a terceiros, foram definidas quais as situações em que o direito de propriedade de terceiros devia ser protegido e quais os casos em que, ao invés, o interesse público no confisco devia prevalecer, como devia acontecer sempre que os terceiros titulares dos bens tivessem contribuído censuravelmente para a prática criminosa, tivessem beneficiado desta ou tivessem adquirido os bens sabendo ou devendo desconfiar da sua proveniência ilícita[93].

[93] A este nível, aquando da reforma do Código Penal operada pelo DL n.º 48/95, de 15 de Março, o princípio geral de que o confisco não devia afectar o direito de propriedade de terceiros de boa-fé, que, à luz da versão original do Código, estava apenas estatuído quanto ao confisco de proventos do crime, foi alargado à perda de instrumentos e produtos do facto ilícito típico, com o consequente abandono do princípio de que os titulares destes últimos

No que diz respeito à abrangência do confisco, merece realce a ampliação do leque de bens susceptíveis de serem declarados perdidos a favor do Estado, pois, para além do confisco dos *instrumenta sceleris*, dos *producta sceleris* e dos *quaesita sceleris*, passou a ser possível confiscar *fructa sceleris*, muito particularmente duas categorias de bens: (i) as recompensas dadas ou prometidas como prémio ou contrapartida da prática de um facto criminoso; (ii) as vantagens económicas provenientes do crime. De salientar, ainda, que o novo texto legal acolheu um conceito de vantagem bastante amplo[94], pois o mesmo passou a poder ser integrado tanto por coisas corpóreas (tangíveis ou não)[95], como por direitos[96], ou por outro tipo de proveitos, como aqueles que decorrem da fruição de bens[97] ou da poupança de gastos[98], podendo, até, abranger situações em que alguém, devido à prática de um delito, fica com a possibilidade de utilizar um bem, mesmo que nunca chegue a utilizá-lo[99]. Por outro lado, para a eventualidade de o confisco de alguma vantagem não ser exequível, passou a estar prevista no Código Penal a possibilidade de o agente do delito ser condenado a pagar ao Estado o valor da recompensa ou do benefício que obteve. Era a chamada «perda do sucedâneo em valor», medida com a qual se pretendia assegurar que, mesmo quando não se conseguia concretizar o confisco patrimonial, as vantagens económicas ilicitamente obtidas não deixassem de ser anuladas.

Concomitantemente com a consagração de normas gerais destinadas a impedir que a actividade criminosa constitua fonte de benefícios ou compensações patrimoniais, o Código Penal de 1982 introduziu outra

bens, devido à sua perigosidade, ter-se-iam que conformar com a inevitabilidade da perda, apenas sendo compensados, em tal caso, com a atribuição de uma indemnização igual ao valor dos respectivos bens.

[94] *Vide*, nesse sentido, FIGUEIREDO DIAS, *Direito Penal Português. Parte Geral. Tomo II (As consequências jurídicas do crime)*, Lisboa: Aequitas, 1993, p. 633.

[95] *V.g.*, a escultura furtada de uma galeria de arte ou a energia eléctrica da rede pública com que, através de uma ligação clandestina, são abastecidos os equipamentos de uma «estufa» de produção de canábis.

[96] *V.g.*, a licença de construção obtida através de um acto de corrupção.

[97] *V.g.*, a utilização de uma casa ocupada ilicitamente.

[98] *V.g.*, o custo da gestão de resíduos industriais ilicitamente depositados no meio ambiente.

[99] No sentido de a mera possibilidade fáctica de fruição de um bem ser uma vantagem económica, *vide* JESCHECK e THOMAS WEIGEND, *Tratado de Derecho Penal, Parte General* (tradução: MIGUEL OLMEDO CARDENETE), 5.ª ed., Granada, Comares, 2007, p. 851.

importantíssima inovação: a possibilidade de se proceder ao confisco de bens sem que seja dirigida ao titular dos bens, ou a qualquer outro agente, uma condenação criminal.

Conforme se evidenciava logo à luz do texto original dos artigos 107.º, 108.º, 109.º e 110.º do Código Penal[100] e ficou definitivamente esclarecido quando a sua redacção foi alterada pelo DL n.º 48/95, de 15 de Março[101], o confisco não foi concebido como um mecanismo de reacção contra o crime, mas, sim, como um instituto de matriz preventiva destinado, por um lado, a capturar instrumentos, produtos ou incentivos económicos que favorecem a prática de factos ilícitos típicos e, por outro lado, a eliminar os benefícios patrimoniais obtidos através desse tipo de práticas. Por isso, apesar de ser pressuposto do confisco que haja uma determinada relação entre os bens declarados perdidos a favor do Estado e uma certa actividade criminosa, não é necessário, propriamente, que se tenha verificado a condenação criminal de um qualquer agente. Este foi um avanço conceptual bastante importante para o combate à criminalidade mais organizada, já que, completando-se o alargamento do âmbito de aplicação do instituto resultante de outras normas, passou a ser possível desenvolver procedimentos confiscatórios sem se formular qualquer juízo de culpa em relação ao titular dos activos que devem reverter para o Estado. A absolvição do agente do facto delituoso, assim como a extinção do procedimento criminal - nomeadamente por falta de pressupostos processuais ou por falta de pressupostos de punibilidade - deixou de constituir impedimento para o confisco.

Não obstante a relevância das evoluções legislativas havidas, continuou a fazer-se sentir a necessidade de reforçar as medidas tendentes a combater a criminalidade reditícia, cada vez mais sofisticada e cada vez mais geradora de ganhos patrimoniais difíceis de detectar, apreender e confiscar. Por isso, a par da incriminação de condutas de ocultação patrimonial e do ensaio de medidas tendentes a incriminar, também, situações patrimoniais

[100] Cf. Figueiredo Dias, *Direito Penal Português – As consequências jurídicas do crime*, cit., pp. 619/621.

[101] Altura em que os anteriores artigos transitaram, de forma correspondente, para os novos artigos 109.º, 110.º, 111.º e 112.º e passou a estar expresso nestes, com absoluta clareza, que a perda de bens não depende da prática de um facto criminoso punível, mas, tão-só, de um «facto ilícito típico».

não devidamente justificadas, começaram a ser concebidas soluções menos convencionais para capturar os bens resultantes de actividades ilícitas[102], entre as quais se destacaram aquelas que vieram admitir o confisco do património de agentes do crime incompatível com os seus rendimentos lícitos conhecidos. Em Portugal, esse importante passo foi dado já há vinte anos, com a aprovação de um regime especial de perda de bens, ínsito na Lei n.º 5/2002, de 11 de Janeiro, que autorizou o confisco amplo, ou 'alargado', dos bens dos arguidos que incorressem na prática de determinados crimes e não lograssem demonstrar que o valor do seu património é compatível com o seu rendimento lícito.

O regime de perda de bens previsto na Lei n.º 5/2002, de 11 de Janeiro, constituiu uma ferramenta legislativa fundamental para enfrentar tipos de criminalidade mais complexa que, não raras vezes, desenvolvem procedimentos de ocultação patrimonial que dificultam de sobremaneira a prova da ligação entre uma determinada actividade criminosa e posteriores estados de riqueza. De acordo com os seus termos, o confisco continua a depender da demonstração da existência de um facto ilícito típico e da prova de que esse facto gerou vantagens patrimoniais. Todavia, dada a desproporção entre o valor do património apurado do agente infractor e o valor dos seus rendimentos lícitos, admite-se o uso de uma presunção legal para se estabelecer a ligação entre os activos que devem passar para a titularidade pública (correspondentes ao valor do património do agente que é incongruente com os respectivos rendimentos) e o facto ilícito de base. Desta forma, em virtude de o confisco incidir sobre activos que não têm, necessariamente, ligação com um facto criminoso pregresso, pode

[102] Nesse sentido, foi expresso no artigo 5, n.º 7, da Convenção das Nações Unidas contra o Tráfico Ilícito de Estupefacientes e de Substâncias Psicotrópicas, concluída em Viena em 20 de Dezembro de 1988, que «*cada Parte considerará a possibilidade de reverter o ónus da prova referente à origem legal do alegado produto ou outra propriedade sujeita a confisco, na medida em que isso seja compatível com os princípios de seu direito interno e com a natureza. de seus procedimentos legais e outros procedimentos*»; sendo também afirmado no artigo 12.º, n.º 7, da Convenção contra a Criminalidade Organizada Transnacional, assinada em Palermo e adoptada pela Assembleia Geral das Nações Unidas em 15 de Novembro de, que «*os Estados Partes poderão considerar a possibilidade de exigir que o autor de uma infracção demonstre a proveniência lícita do presumido produto do crime ou de outros bens que possam ser objecto de perda, na medida em que esta exigência esteja em conformidade com os princípios do seu direito interno e com a natureza do processo ou outros procedimentos judiciais*».

também surpreender-se neste mecanismo de perda ampliada de bens características de confisco não baseado numa condenação.

Quarenta anos depois do Código Penal e vinte anos depois da Lei n.º 5/2002, de 11 de Janeiro, existe consenso quanto à importância capital do confisco para combater a projecção patrimonial da criminalidade que, nos dias de hoje, continua a desestabilizar os fundamentos dos Estados de Direito. A sua aplicação, por isso, tem vindo a ser ampliada, não só por via do alargamento do leque de bens confiscáveis, ou pela imposição do pagamento ao Estado do valor dos bens que não se conseguem apreender em espécie, como também por via da adopção de medidas que possibilitam a reversão para o Estado de património de origem ilícita sem precedência de uma condenação criminal.

Este recurso a meios cada vez mais expeditos de recuperação de activos não está isento de riscos, pois não é fácil obter um correcto equilíbrio entre a necessária tutela dos direitos e das garantias dos cidadãos e o interesse público que existe no combate, ágil e eficaz, do fenómeno criminal. No entanto, como há muito foi apontado certeiramente por João Conde Correia, «[o] confisco num Estado absoluto, que não conhece limites, é muito diferente do confisco num Estado de Direito democrático», no qual existe um conjunto de princípios jurídico-constitucionais «que garantem a fiabilidade e a justiça do resultado final»: desde logo «uma clara ideia de legalidade do procedimento»; depois «uma ideia de proporcionalidade, enquanto exigência jurídico-constitucional subjacente à restrição de qualquer direito fundamental»; em terceiro lugar «a garantia decorrente da intervenção do poder judicial, enquanto terceiro independente e imparcial (art. 203.º da CRP), que julga de acordo com a lei e o direito (art. 9.º do CPP) e não segundo obscuras e incontroláveis razões político-económicas»; finalmente, «inquestionáveis possibilidades de defesa e contraditório»[103]. Estas garantias, obviamente, não dispensam que o confisco seja sempre aplicado de forma criteriosa e segura, nem podem levar a que, sob o ponto de vista teórico, deixe de haver uma reflexão cuidada sobre o enquadramento dogmático das soluções que vão sendo encontradas. Todavia, firmados estes princípios, não deve haver hesitações na exploração do caminho que, com resultados assaz positivos, está a ser trilhado.

[103] *Da Proibição do Confisco à Perda Alargada*, Lisboa: Imprensa Nacional, 2012, pp. 26 e 60.

2. O CONFISCO MODERNO NA SOCIEDADE DA TRANSPARÊNCIA: A SUA NATUREZA, O SEU FUNDAMENTO, UM DESCAFEINADO E A CONTA

António Vaz de Castro

I. Objectivos e método

O nosso principal objectivo é o de responder a duas perguntas: *i)* «O confisco clássico das vantagens português tem natureza penal?» e *ii)* «O confisco moderno tem natureza penal?». Não sendo questões de cariz normativo, mas sim identificativo, as respostas associadas assentarão, essencialmente, num método jurídico-analítico e não jurídico-normativo[1]/[2].

[1] A nossa resposta será formada, sobretudo, por um conjunto de ideias desenvolvidas na nossa dissertação de doutoramento em ciências jurídicas-criminais, cujo título é «A identificação da natureza penal de uma consequência jurídica no direito português – o confisco das vantagens do facto ilícito-típico como ponto de partida e como ponto de chegada», orientada pelo Senhor Doutor Pedro Caeiro, apresentada e defendida em provas públicas realizadas na Faculdade de Direito da Universidade de Coimbra, em 4.11.2022. Como o subtítulo denuncia, o confisco teve, nesse estudo, uma função meramente instrumental. Pretendemos expor aqui algumas dessas ideias relativas à natureza e ao fundamento do confisco clássico das vantagens e da perda alargada portuguesa, e alargá-las à *civil forfeiture* do Reino Unido e à *confisca preventiva* italiana. Esta última parte será, essencialmente, a parte inovatória deste artigo em relação à nossa dissertação. Para terminar esta exposição de motivos, não podemos deixar de afirmar que os pensamentos que aqui queremos deixar não são naturalmente resultado de uma *view from nowhere*, sendo inevitavelmente influenciados pela nossa particular visão das coisas, logo, será, apenas e só, a *nossa* teoria.

[2] Francesco Carnelutti, *Teoria Geral do Direito*, traduzido por Afonso Rodrigues Queiró e Artur Anselmo de Castro, Coimbra, Arménio Amado Ed., 1942, pp. 35 e 36.

Não nos vamos deparar, portanto, com problemas normativos *de* confisco, que é o âmbito do pensamento do ***problema jurídico*** e que representa o lado dinâmico do direito. Porque o direito é ciência, e porque o confisco faz parte dele, estaremos perante problemas teóricos *sobre* confisco, no plano do pensamento do *sistema jurídico*, já no lado estático do direito, onde o tempo não existe.

Optou-se por fazer uma clara divisão classificatória: o *confisco clássico* e o *confisco moderno*. Embora a taxonomia possa dar a entender que o que nos move na elaboração da distinção é um critério relativo ao tempo, na verdade, o que nos leva a utilizá-la é o critério relativo aos efeitos da passagem do confisco pelo tempo. Assim, esta sistematização parte da premissa de que o *confisco clássico das vantagens* é a modalidade cujo facto ilícito-típico desempenha, pelo menos, a função de pressuposto de aplicação da consequência jurídica, e o *confisco moderno* é a classe em que o facto ilícito-típico (*já*) não é pressuposto de aplicação.

O modelo de confisco clássico que será objecto de análise é o previsto no art. 110.º, n.º 1, al. *b)* do CP. Para o confisco moderno, optámos por fazer recair a nossa atenção, embora muito ao de leve, sobre a perda alargada portuguesa (art. 7.º, n.º 1, da Lei n.º 5/2002, de 11 de janeiro), a *civil forfeiture* do Reino Unido e a *confisca preventiva* italiana, porque estas duas últimas *ainda* são modalidades inexistentes em Portugal e porque são casos paradigmáticos do confisco moderno.

Os ângulos através dos quais perspectivaremos estes objectos são, em breve síntese, os atinentes aos pressupostos e finalidades da sua aplicação e à natureza, função e fundamento dessas modalidades.

Uma abordagem típica de alguém prudente que conhece um objecto pela primeira vez com a finalidade de saber *se* e *como* (não) o deve utilizar.

II. O confisco *clássico* das vantagens

1. O predicado «*clássico*» parece assentar muito bem a esta modalidade, já que vemos nela muitas manifestações (da utilização) desse conceito: é muito habitual, segue regras e tradições e é visto como modelo de referência sóbrio e em harmonia com o seu contexto.

Contudo, e bem – porque se vê a tradição como um conceito axiologicamente neutro –, o argumento a ela relativo não foi suficiente para que este pouco mutável instrumento fosse visto sempre do mesmo modo. Dito de outra maneira: a passagem pelo tempo não alterou o objecto, mas sim o ser humano que o contempla.

Portugal, nas suas Ordenações[3]/[4], começou por ter uma única forma de confisco: o confisco *total*. O seu pressuposto de aplicação era o crime e a fixa medida desta consequência era determinada exclusivamente em função da situação patrimonial do agente («*e percam quanto ouverem*»[5]). O que se verifica é a circunstância de a aplicação desta modalidade de confisco depender de um concreto facto criminoso, porém a própria (medida da) consequência não é desenhada em função desse comportamento. Confisca-se muito ou pouco, não porque o crime foi como foi, mas por causa da situação patrimonial do agente criminoso. O seu fundamento era, então, a prática do crime.

A primeira alteração de paradigma no ordenamento português dá-se com o aparecimento do confisco *parcial*, através de três novas modalidades: o confisco dos produtos, o confisco das vantagens e o confisco dos instrumentos.

Tal como no confisco total, o facto criminoso também é pressuposto de aplicação destas três modalidades. A especificação dos bens a confiscar evidencia uma relativização e força a criação de um critério de determinação da medida do confisco parcial que predica uma modalidade de confisco. O comportamento humano criminoso deixa de poder desempenhar unicamente a função de pressuposto de aplicação, para passar a ser essencial na verificação do nexo de causalidade facto/objecto, que mais não é do que outro pressuposto de aplicação destas modalidades. Passa assim o crime a desempenhar também uma função de factor de determinação do preenchimento do pressuposto de aplicação (vantagem, produto, instrumento) dessas modalidades.

[3] *Vd.* EDUARDO CORREIA, *Estudos sobre a evolução das penas no direito português*, *in* Separata do volume LIII do Boletim da Faculdade de Direito da Universidade de Coimbra, Vol. I, Coimbra, 1977, pp. 36, 38, 44, 46, 48 a 51 e 53 a 56.

[4] Cfr. Título XLVIII do Livro V das Ordenações Manuelinas, n.º 2, «*E Qualquer peffoa a que for prouado, que jogou com cartas qualquer joguo, ou lhe forem achadas em cafa, ou as trouxer comfiguo, pague da cadea fe for piaõ dous mil reaes, e fe for d'outra moor condiçam paguará dez cruzados, e mais perca todo o dinheiro que fe prouar que no dito joguo guanhou, ou que lhe no dito joguo for achado. E efto fe nom entenderá no dinheiro que nas bolfas, ou em outra parte comfiguo teuerem, que nom tenham metido, nem pofto no joguo*».

[5] Cfr. Título V do Livro V das Ordenações Afonsinas («*Dos que fazem moéda falça*»), n.º 1.

Ao contrário da medida do confisco total, que se baseia numa *situação patrimonial*, a medida do confisco parcial e específico será como será porque o *facto criminoso* foi como foi. Não se quer com isto dizer que a gravidade ou a censurabilidade do facto é factor de determinação da proporcionalidade destas modalidades. Ele serve, sim, de contexto dos bens confiscáveis, assinalando a sua origem e apresentando-se como a causa da ilicitude da aquisição e manutenção desses bens na esfera patrimonial do agente.

Em suma, com o surgimento destas novas modalidades, o crime deixa de ser o único fundamento do confisco (confisco total), erguendo-se a vantagem ilícita, o produto ilícito e o instrumento criminalmente perigoso como os fundamentos destas novas formas de confisco. Este movimento foi acompanhado pela atribuição de uma nova função ao facto: factor de determinação (do preenchimento) do pressuposto de aplicação (vantagem, produto, instrumento) dessas modalidades, tal como sucede, por exemplo, com as medidas de segurança não privativas da liberdade do nosso CP (em que o facto praticado, para além de pressuposto de aplicação, é decisivo também na determinação da perigosidade do agente, que é outro pressuposto de aplicação e é, nos termos do art. 40.º, n.º 3, do CP, a par do facto ilícito-típico, o outro fundamento dessas medidas).

2. Passámos pelo tempo e o olhar português sobre as modalidades vigentes mudou, e muito.

As preocupações humanitárias provenientes dos ideais do jusracionalismo iluminista instalados na Europa Ocidental fizeram com que, em 1822, o confisco total fosse abolido e proibido constitucionalmente [art. 11.º da Constituição de 1822, «Fica abolida (...) a confiscação de bens»[6]/[7]].

[6] *Vd.* o seu art. 11.º (Título I, Dos direitos e deveres individuais dos portugueses): «Toda a pena deve ser proporcional ao delito e nunca passar da pessoa do delinquente. Fica abolida a tortura, a confiscação de bens, a infâmia, os açoutes, o baraço e pregão, a marca de ferro quente e todas a mais penas cruéis e infamantes».

[7] Sem mais, dir-se-ia que a interpretação deste artigo deveria seguir no sentido de que eram proibidas todas as modalidades de confisco. Contudo, a vivência empírica mostrou que a ideia da proibição era somente relativa à modalidade de confisco total, não abrangendo as modalidades de confisco parcial e específico, que continuavam a ser vistas como importantes instrumentos de política criminal, como se retira, por ex., da sua inclusão no art. 47.º do Projecto de Código penal elaborado em 1837 por José Manuel da Veiga e no art. 64.º

O argumento que liderou a proibição do confisco total pode ser retirado do art. 145.º, § 19, da Carta Constitucional de 1826 [«nenhuma pena passará da pessoa do delinquente. Por tanto não haverá em caso algum confiscação de bens (...)»] assentando, assim, no princípio da insusceptibilidade de transmissão da responsabilidade penal.

Passados cerca de duzentos anos, a proibição do confisco total em Portugal mantém-se e advém do art. 2.º da CRP, que não só limita o confisco como simultaneamente o legitima. A proibição do confisco total é o único limite intrínseco do confisco, já que todos os restantes limites são comuns a todas as consequências jurídicas restritivas de direitos (por ex., art. 18.º, n.º 2, da CRP).

O tempo mostra-nos que esta proibição consubstancia um princípio clássico do confisco com efeitos naturalmente também clássicos. Consequentemente, a velha abolição do confisco total fez com que passássemos a ver as sobrantes modalidades de confisco *parcial* e *específico* como as *clássicas*. Se o único elemento em comum, da estrutura básica de todas estas modalidades, é o comportamento criminoso, que é pressuposto de aplicação e factor de determinação (do preenchimento) do pressuposto de aplicação (vantagem, produto, instrumento) dessas modalidades, então concluímos que o confisco clássico é dominado pela ideia deixada anteriormente que serve de critério taxonómico: o *confisco clássico* é o conjunto de modalidades de confisco cujo facto ilícito-típico desempenha, pelo menos, a função de pressuposto de aplicação da consequência jurídica.

A modalidade de confisco das vantagens prevista no art. 110.º, n.º 1, al. *b)*, do CP é, de facto, *clássica*, porque, durante centenas de anos, pouco mudou ao ponto de a continuarmos a ver como a mesma coisa, quando nos centramos apenas nos seus traços essenciais. Desde as Ordenações, as principais alterações a que foi sujeita limitaram-se à definição do seu âmbito de aplicação. Em 1852, com a aprovação do Código penal, nasceu a regra geral, ainda hoje vigente, nos termos da qual o âmbito de aplicação é todos os crimes e não apenas aqueles para os quais estiver previsto, como acontecia na legislação anterior. Em 1995, a reforma do CP alargou aquele

do Código penal de 1852. *Vd.* SILVA FERRÃO, *Theoria do direito penal applicada ao codigo penal portuguez comparado com o codigo do Brazil, leis patrias, codigos e leis criminaes dos povos antigos e modernos*, vol. II, Lisboa, Imprensa Nacional, 1856, pp. 304 e ss.

âmbito, substituindo o conceito «crime» por «facto ilícito típico»[8]. Em 2017, com a promulgação da Lei n.º 30/2017, de 30 de maio, continuou-se o alargamento, permitindo-se a aplicação de uma modalidade de confisco parcial «ainda que nenhuma pessoa determinada possa ser punida pelo facto» (*e.g.* art. 110.º, n.º 5, do CP).

Como se constata, estas alterações não afectaram aqueles que são os pilares do confisco clássico, na medida em que o facto (ilícito-típico) continua a cumprir a função de pressuposto de aplicação (em 1995 apenas se afinou o pressuposto, assim alargando o seu âmbito) e o facto mantém-se igualmente preponderante na tarefa relativa ao preenchimento dos restantes pressupostos de aplicação destas modalidades (vantagem, produto e instrumento).

1. A natureza *não penal* do confisco clássico das vantagens

3. Situados no lado estático do direito, a questão da natureza jurídica do confisco clássico das vantagens apresenta-se como um problema teórico *sobre* confisco. Consequentemente, uma resposta de cariz normativo não é, nem deve ser, uma solução válida. A identificação da natureza da própria questão será determinante no sentido da evolução do confisco das vantagens. Uma errada identificação do problema pode ser determinante numa errada escolha do método e, assim, mais dificilmente desembocará na adopção de uma solução adequada.

A nossa firme convicção é a de que efectivamente existe um problema de identificação da natureza de consequências jurídicas e de que a evolução do direito é como é também porque o pensamento sobre o sistema jurídico é como é.

Verifica-se uma tendência em recorrer a uma argumentação de cariz jurídico-normativo para responder a questões jurídico-conceptuais. Mais concretamente, a uma pergunta não normativa – «O que é?» – apresenta-se uma resposta normativa: «É o que é porque é assim que *deve ser*».

[8] Mesmo antes desta Reforma, já se defendia que o conceito de «crime», como pressuposto de aplicação do confisco, deveria ser visto como «facto ilícito-típico», por consequência de uma extensão teleológica da norma. Cfr. Jorge De Figueiredo Dias, *Direito Penal português. Parte Geral, Tomo II. As Consequências Jurídicas do Crime*, 1.ª ed. (4.ª Reimpressão), Coimbra, Coimbra Editora, 2013, p. 619.

Existe desordem no direito do confisco porque também existe desordem no pensamento que o tem como objecto. É manifesto que existe uma grande indefinição da doutrina e da jurisprudência portuguesas relativamente à natureza jurídica do confisco clássico das vantagens. Há um apego grande à conclusão das respostas (penal/não penal) e um desinteresse por aquilo que as fundamenta, mais concretamente pelos critérios de identificação da natureza penal de consequências jurídicas. A ideia com que se fica é a de que a fundamentação utilizada é configurada em função da conclusão e não o oposto, como deveria ser. Ou seja, parece que algumas das suas conclusões são aquelas que se quer que sejam ou que devem ser e não aquelas que a ciência jurídica e os seus métodos nos forçam inevitavelmente a avançar que são.

4. Em primeiro lugar, a estrutura dessas respostas tem vindo a ser dividida em duas camadas: *i)* a *primeira camada* é a da conclusão final (penal/não penal); *ii)* a *segunda camada* é a dos motivos da conclusão final (critérios de identificação da natureza penal).

Numa breve síntese, relativamente à primeira camada, a resposta maioritária segue no sentido de que a natureza do confisco clássico das vantagens é penal. Quanto à segunda camada, é interessante ver que a premissa maior do silogístico método de identificação da natureza penal não costuma ser mencionada expressamente, havendo a necessidade de ser obtida por dedução. Depois, vê-se ainda que são utilizados vários e distintos critérios, como sejam, a título exemplificativo, o critério da finalidade da aplicação da consequência, o critério do facto ilícito-típico como pressuposto de aplicação, o critério da função e o critério da culpa. São apresentadas várias, e muito distintas, respostas, que se diferenciam, sobretudo, na sua fundamentação, i.e., no conteúdo da segunda camada (motivos da conclusão final).

Outro aspecto digno de relevo é a verificação de que a escolha e utilização destes critérios não é fundamentada, deixando-nos uma pesada herança constituída por uma permanente questão sem resposta: «Por que razão são estes os critérios aplicados e não outros?». Ou, conferindo-lhe um sentido normativo: «Qual ou quais os critérios que *devem* ser utilizados?». Se se pretende apreciar o valor dos motivos da decisão final, deve-se, por conseguinte, descer para a *terceira camada* da estrutura de uma resposta, que é composta pelos *motivos dos motivos* (da decisão final), ou, de outra perspectiva, pelos *critérios dos critérios* ou pelo *método do método*, que são um conjunto de características que um critério *deve* ter para se considerar válido na identificação da natureza de um qualquer objecto.

A inexistência da *terceira camada* no pensamento jurídico-normativo atinente à identificação da natureza jurídico-penal do confisco, que cria uma espécie de mercado não regulado das suas respostas/conclusões, tornou caótico o pensamento jurídico sobre confisco, com imediatos e naturais reflexos no direito que o conforma. E a prova da importância desta tarefa é a constante preocupação dos juristas em identificar a sua natureza (*identity question*), para assim criar uma base legitimante dos raciocínios que se lhe seguem (*implication question*) – «*se* (não) penal, *então x*».

É natural que tudo isto seja gerador de inquietude, já que, aparentemente, se anda a concluir sobre a natureza penal do confisco das vantagens sem sequer se ter uma reflectida ideia sobre qual é a característica que faz com que uma consequência jurídica tenha natureza penal. Urge, portanto, alguma coerência nos pensamentos sobre o direito penal, de forma a que, por ser mais bem conhecido, ele seja, por consequência, mais bem utilizado, tentando assim potenciar a sua função que *ainda* é a de protecção de bens jurídicos.

No fundo, aquilo que agora de seguida pretendemos apresentar não é nada mais nem nada menos do que mais uma resposta relativa à natureza jurídico-penal do confisco clássico das vantagens. Em termos estruturais, o que a distingue das demais é a inclusão da terceira camada do pensamento, dado que é fundamentada a escolha do critério utilizado.

5. Antes de mais, é necessário começar por avançar uma premissa básica da nossa ideia: questionar acerca da natureza de algo consiste em *identificar* o que quer que seja[9], i.e., em saber o que é que é ser uma coisa e não qualquer outra, na prossecução de finalidades taxonómicas.

Assim sendo, comece-se na terceira camada e suba-se até à superfície, representada pela primeira camada, onde habitará a conclusão final da nossa resposta.

[9] Neste sentido, Robert Alexy, «On the Concept and the Nature of Law», *in Ratio Juris*, vol. 21, n.º 3, Setembro de 2008, p. 290; Joseph Raz, «Can There Be a Theory of Law?», in *The Blackwell Guide to the Philosophy of Law and Legal Theory*, editado por Martin Golding e William Edmundson, Oxford, Blackwell Publishing, 2005, p. 325; Scott. J. Shapiro, *Legality*, Cambridge, Harvard University Press, 2011, p. 12.

A *terceira camada* da nossa resposta é a seguinte: um critério de identificação da natureza penal de infracções e de consequências jurídicas, para se mostrar válido, deve seguir uma *racionalidade adequada*, deve ser *universal*, *geral* e *seguro*[10].

Um critério tem uma *racionalidade adequada* quando a sua essência ou fundamento é uma característica obtida de uma relação substancial estabelecida entre dois elementos normativos da norma, *sc.* a infracção e a consequência jurídica.

É *universal* quando aquela característica é *comum* a todas as consequências penais e distinta relativamente a *todas* as restantes consequências de outra natureza. Para tal, essa característica deve ser *essencial*, que é aquela que sempre fez parte do referente paradigmático do conceito a identificar, e *necessária*, ou seja, única ou exclusiva desse objecto.

Será *geral* o critério que assente num truísmo, de forma a ter condições para se assumir como susceptível de ser aplicado *por todos*.

Por fim, o critério deve ser *seguro*, i.e., deve ter uma subjectividade *sustentável*, não devendo, por isso, ser constituído por conceitos tremendamente indeterminados, como é, por ex., o conceito «punitivo», que tornam ineficaz a aplicação do critério de identificação da natureza jurídica.

Sendo notoriamente o critério mais utilizado pelo TEDH (segundo critério *Engel*) em matéria de confisco[11] e também pela nossa doutrina, o

[10] Por ainda não estar disponível para consulta, não podemos remeter o nosso interlocutor para os escritos da nossa dissertação de doutoramento. Contudo, algumas dessas ideias já foram, embora muito resumidamente, deixadas num artigo já publicado. Para tal, cfr. António Vaz de Castro, «Como identificar a natureza jurídico-penal de consequências jurídicas?», *in Boletín Oficial del Estado Español – Colección: Derecho Penal y Procesal Penal* (coord. María Acale Sanchez/Anabela Miranda Rodrigues/Adán Nieto Martín), n.º 10, Madrid, 2021, pp. 375 e ss.

[11] Cfr., a título exemplificativo: Acórdão *Dassa Foundation and Others v. Liechtenstein*, Proc. n.º 696/05, de 10.07.2007; Acórdão *Welch v. United Kingdom*, Proc. n.º 17440/90, de 9.02.1995; Acórdão TEDH *Butler v. The United Kingdom*, Proc. n.º 41661/98, de 27 de Junho de 2002; Acórdão TEDH *Webb v. The United Kingdom*, Proc. n.º 56054/00, de 10 de Fevereiro de 2004; Acórdão TEDH *Walsh v. The United Kingdom*, Proc. n.º 43384/05, de 21 de Novembro de 2006; Acórdão *Gogitidze and Others v. Georgia*, Proc. n.º 36862/05, de 12.05.2005; Decisão da Comissão do caso *Marandino*, Proc. n.º 12386/86, de 15 de Abril de 1991; Acórdão TEDH *Raimondo v. Italy*, Proc. n.º 12954/87, de 22 de Fevereiro de 1994; Acórdão TEDH *Arcuri v. Italy*, Proc. n.º 52024/99, de 5 de Julho de 2001; Acórdão TEDH *Riela and Others v. Italy*, Proc. n.º52439/99, de 4 de Setembro de 2001; Acórdão *Sud Fondi S.r.l. and Others v. Italy*, Proc.

critério da função utiliza precisamente aquele conceito «punitivo», senão veja-se o raciocínio silogístico que ele implica: todas as consequências jurídicas com uma função punitiva têm natureza penal (premissa maior); o confisco clássico das vantagens (não) tem uma função punitiva (premissa menor); logo, o confisco clássico das vantagens (não) tem natureza penal (conclusão final).

Se se avaliar este critério à luz das regras da terceira camada, rapidamente se conclui que ele não é um critério válido.

Em primeiro lugar, não tem uma racionalidade adequada, porque a característica que é sua essência (função punitiva) não é pertencente ao objecto/confisco, mas sim à acção que o utiliza/aplica, mais concretamente a finalidade do sujeito que o utiliza/aplica, apresentando-se assim como uma racionalidade teleológica, inadequada, por isso mesmo, para identificar a natureza de algo. Comprove-se o predito através de dois prosaicos exemplos: uma bicicleta tanto pode ser utilizada como um meio de transporte (função de transporte) ou como um objecto decorativo (função decorativa) de uma sala e nem por isso deixa de ser uma bicicleta (critério da função). O mesmo martelo pode servir para martelar um prego ou para matar uma pessoa e será sempre aquele martelo (critério da finalidade). Logo, uma racionalidade teleológica, como a do critério da função ou da finalidade (outro critério *Engel*) é desadequada para identificar um objecto, sendo, sim, deveras importante para avaliar a *validade* da sua utilização e não a natureza do objecto.

Em segundo lugar, não é um critério *universal*, porque existem consequências jurídicas punitivas sem natureza penal (*e.g.* sanções punitivas do direito administrativo, sanções disciplinares, sanções do direito contraordenacional) e consequências jurídicas não punitivas de natureza penal, de que são um claro exemplo as medidas de segurança previstas no nosso CP.

Em jeito coloquial, diremos hoje que quer o TEDH quer quem opte por utilizar este critério estará a errar como erra quem diz que as aves são aves, ou têm a natureza de ave, porque voam, esquecendo-se de que há aves que não voam, como a avestruz ou o pinguim, e de que há mamíferos que voam, como é o caso dos morcegos.

n.º 75909, de 20.01.2009; Acórdão *Varvara v. Italy*, Proc. n.º 17475/09, de 29.10.2013; Acórdão TEDH *G.I.E.M. s.r.l. and Others v. Italy*, Procs n.ºs 1828/06, 34163/07, 19029/11, de 28.06.2018.

Em terceiro lugar, como já se aflorou, este não é um critério *seguro* porque a utilização do conceito «punição» torna o critério dependente dos inúmeros e distintos resultados provenientes das teorias da punição, deixando-se o conceito órfão de um concreto e *seguro* significado.

A inquietude sentida, e que há pouco foi confessada, exponencia-se quando nos apercebemos de que, após testados, não é apenas o critério da função que é inválido, mas sim todos os critérios *Engel*, bem como os critérios utilizados pela doutrina portuguesa.

Estamos convictos de que este Tribunal *escolhe* os critérios de identificação em função da consequência a analisar. O Tribunal dá-nos uma resposta intuitiva sob a capa de um método dedutivo. Quer isto dizer que é a intuição que pode estar a servir de critério para a aplicação ou não aplicação, por ex., dos arts. 6.º e 7.º da CEDH às diversas modalidades de confisco. Este método adoptado pelo Tribunal desemboca na criação de um direito caótico. Este órgão parece mover-se à custa de *feelings*, e, para os sustentar, vai irresponsavelmente forçando e torcendo a norma penal, acabando ele próprio por se perder no caos por si instalado. Por causa desta incompreensível irracionalidade, vai nascendo jurisprudência como aquela que brotou do Acórdão *G.I.E.M.*[12], nos termos da qual: não violará o art. 7.º da CEDH o Estado que aplicar uma sanção punitiva a uma pessoa absolvida por prescrição. Só a desordem no seu pensamento e a inversão de prioridades podem justificar uma conclusão destas.

6. Subindo para a *segunda camada*, o critério a utilizar será aquele que tenha uma racionalidade adequada, seja universal, geral e seguro.

Um critério que cumpre cumulativamente estes requisitos é o *critério da gravidade do facto*, segundo o qual uma consequência jurídica tem natureza penal se a gravidade do facto ilícito-típico for factor de determinação da proporcionalidade da consequência.

Todavia, este critério não é autónomo, já que depende de resultados de um outro, *sc.* o *critério da privação da liberdade*, que, por isto mesmo, tem a função de pressuposto de aplicação daqueloutro. Como se retira do conteúdo do critério da gravidade do facto, só se poderá saber se o facto ilícito-típico (pertencente à previsão normativa da norma) desempenha

[12] Acórdão TEDH *G.I.E.M. s.r.l. and Others v. Italy*, procs. n.º 1828/06, 34163/07, 19029/11, de 28.06.2018, §§ 247 e ss.

uma específica função se, à La Palisse, existir um facto ilícito-típico. Nos termos do enunciado do critério, uma infracção terá natureza penal se tiver um facto/comportamento humano como pressuposto de aplicação e a privação da liberdade em estabelecimentos prisionais do Estado português ou na habitação do condenado como possível consequência jurídica.

Ora, estando nós a tentar responder à pergunta relativa à natureza (não) penal do confisco clássico das vantagens, e tendo em consideração que aquilo que nos fez classificá-lo como clássico foi precisamente a presença do facto ilícito-típico como pressuposto da sua aplicação, então existem já condições para partir para a aplicação do critério da gravidade do facto ao confisco clássico das vantagens, previsto no art. 110.º, n.º 1, al. *b)* do CP (vantagem de *facto ilícito típico*).

A gravidade do facto ilícito-típico, previsto no art. 110.º, n.º 1, al. *b)* do CP, é factor de determinação da proporcionalidade do confisco clássico das vantagens?

Consideramos que não. Os argumentos a que se recorrererá para fundamentar esta conclusão final são atinentes à função, finalidade e fundamento desta modalidade. Não existindo nenhuma norma que forneça imediatamente a resposta àquela pergunta (ao contrário do que acontece, por ex., no art. 40.º do CP, em relação às penas e às medidas de segurança), procurar-se-á pela resposta através de um método hermenêutico-teleológico, cujo objecto será o art. 110.º, n.º 1, al. *b)* do CP.

Nesta norma o facto assinala a origem ou causa das vantagens, importando, por isso, apenas a sua mera prática. Outros aspectos relativos ao facto, como a sua gravidade, desinteressarão, tendo em conta que não são susceptíveis de influenciar o nexo de causalidade estabelecido entre o facto e as vantagens. Isto porque, se a finalidade da aplicação do confisco de vantagens determinada pelo legislador português é a de «combater o crime»[13], e se a sua função é a de eliminar o benefício, a única forma de as cumprir em simultâneo e na íntegra será, então, a de confiscar todas as vantagens – nem mais nem menos – resultantes do facto ilícito-típico. Motivo pelo qual a inclusão no juízo decisório de qualquer elemento

[13] *Vd.* Proposta de lei n.º 51/XII (PL 201/2016), de 15 de Dezembro de 2016, nos termos da qual a "*disponibilização de meios que permitam a deteção, a apreensão, o arresto e a perda dos instrumentos, dos produtos e das vantagens do crime, assumem-se como mecanismos eficazes de combate ao crime*".

que não diga respeito à origem da vantagem, *e.g.* gravidade do facto, é manifestamente contraproducente relativamente à finalidade da aplicação do confisco clássico das vantagens.

Confiscam-se as vantagens (função) porque se pretende, desse modo, prevenir a prática de crimes (finalidade), estando assim legitimada a aplicação da consequência. Tal sucede também com a pena de prisão que, para se mostrar legitimada, assenta numa finalidade (prevenção de crimes) distinta da sua função (privar da liberdade), e ao contrário do que acontece, por exemplo, com a indemnização cível por perdas e danos, em que a função (reparar um dano) coincide com a sua finalidade (reparar um dano).

Mas, será que a aplicação do confisco de vantagens não está, por si só, legitimada, fazendo com que seja desnecessária a atribuição de uma finalidade preventiva criminal para fundamentar essa legitimação?

Na nossa opinião, sim.

O confisco clássico das vantagens tem por fundamento o «*no profit principle*», que é um dos três pilares do direito da restituição[14], e que determina que ninguém deve lucrar com a prática de uma infracção (onde se inclui, claro está, a infracção de natureza criminal). No seguimento, esta modalidade de confisco é um mecanismo restituitório, que tem em comum com os restantes instrumentos restituitórios a função de retirar vantagens de uma pessoa («*gain based*») e não a função de compensar outrem pela perda patrimonial («*loss suffered*»). Tal como o instituto do *disgorgement* ou do enriquecimento sem causa por intervenção[15], também o confisco clássico das vantagens tem como fundamento um enriquecimento do infractor sem que haja um empobrecimento de outrem, não existindo sequer, portanto, uma transferência do empobrecido para o enriquecido. Embora não estejamos perante casos de restituição no seu sentido literal, ainda assim, considera-se que todos estes casos devem pertencer ao direito da restituição precisamente porque eles partilham de um dos fundamentos do direito da restituição: ninguém deve enriquecer à custa do cometimento de uma infracção.

[14] Graham Virgo, *The Principles of the Law of Restitution*, 3.ª Ed., Oxford, Oxford University Press, 2015, p. 527.

[15] Sobre o enriquecimento por intervenção, *vd.* Luís De Menezes Leitão, *O Enriquecimento Sem Causa no Direito Civil*, Coimbra, Almedina, 2005, pp. 663 e ss.

Perante a questão relativa à pertença do confisco das vantagens ao direito da restituição, segue-se aqui a resposta de GRAHAM VIRGO: «*Although the denial of benefits to a criminal is not restitutionary in the sense that it does not involve the application of gain-based remedies, it is appropriate to examine the rules relating to the denial of benefits to a criminal in a book on restitution. This is because both preventing the defendant from receiving the proceeds of the crime and transferring the proceeds of crime to the victim or to the State are motivated by the same policy consideration, namely that no criminal should be allowed to profit from the crime. The same question of public policy arises regardless of whether it is considered before or after the defendant has obtained the proceeds of the crime*»[16].

Sendo o fundamento do confisco clássico das vantagens a existência de um lucro ilícito, então a finalidade atribuída à aplicação desta modalidade poderia (e deveria até) muito bem ter coincidido com a sua função, ou seja, poderia ter sido o confisco do lucro ilícito e não a prevenção de crimes, tal como sucede em relação, por ex., à indemnização civil, em que a sua função é uma acção (reparar um dano) que é por si só válida, desnecessitando, por isso, da designação de uma outra finalidade que não a própria execução da função. Por isto, fica a ideia de que opção do legislador em fazer associar ao confisco clássico das vantagens uma finalidade preventiva criminal pode, na verdade, dificultar a descoberta do fundamento do confisco das vantagens, tendo em conta que a finalidade que lhe foi atribuída indica que o seu fundamento pode ser encontrado na dogmática jurídico-criminal.

A aplicação desta modalidade poderia, então, apresentar-se como um fim em si mesmo: confisca-se uma vantagem ilícita (função) para se confiscar uma vantagem ilícita (finalidade), porque existe uma vantagem ilícita (fundamento).

7. Detenhamo-nos um pouco mais sobre o fundamento do confisco (*vantagem ilícita*). É composto por dois termos: *vantagem* e *ilicitude*. Este último desempenha a função de designação da origem do outro elemento que compõe o fundamento, *sc.* vantagem. Deparamo-nos com um substantivo (*vantagem*) e um adjectivo, que desempenha a função de predicativo desse substantivo (*ilícita*). Na criação da norma relativa ao confisco clássico das vantagens sob apreciação, a acção ilícita, aparecendo como pressuposto de aplicação, preenche-se automaticamente assim que for provada a sua

[16] GRAHAM VIRGO, *ob. cit.*, p. 543.

existência. Ou seja, a sua verificação cristaliza o segundo elemento do composto fundamento (vantagem *ilícita*). Após este momento, passa a ser a vantagem, a protagonista do fundamento já predicado, quem governará a conformação da consequência a aplicar (*vantagem*). É em função dela que a consequência jurídica será como será, precisamente porque é ela o fundamento. Nesta tarefa, como se vê, o facto não tem qualquer intervenção, dado que o seu papel na aplicação da consequência se esgotou no momento em que se caracterizou a vantagem como ilícita, abrindo alas, com esta criação da condição, para a edificação de uma concreta consequência a ser aplicada.

É momento, então, de apresentarmos a nossa conclusão final: o confisco clássico das vantagens, previsto no art. 110.º, n.º 1, al. *b)* do CP, não tem natureza penal (*conclusão final – primeira camada*), porque a gravidade do facto ilícito-típico não é um factor de determinação da proporcionalidade desta consequência (*motivo da conclusão – segunda camada*), nos termos do método que propomos para identificar a natureza penal de consequências jurídicas (*motivo da conclusão* e *motivo dos motivos – segunda* e *terceira camadas*).

III. O confisco *moderno*

a) A perda alargada

8. Jorge Palma canta-nos que «somos todos escravos do que precisamos»[17], e o nosso legislador português não é excepção. Concretizando, sentiu ele necessidade de adoptar novas estratégias patrimoniais de combate à criminalidade, porque os mecanismos existentes, como o confisco clássico das vantagens, não estavam a ser suficientes para resolver o problema que fazia ninho na criminalidade organizada e económico-financeira. Mais especificamente, assistia-se a um enriquecimento de condenados por crimes de natureza reditícia, dentro ou fora de uma organização criminosa. É por isto que o motivo da criação do confisco moderno é a inadequação do confisco clássico para fazer face àquele circunstancialismo, porque ele exige a comprovação da prática de um facto ilícito-típico *e* de uma ligação entre este e uma vantagem.

Enquanto da comprovação do facto resultará, em princípio, a determinação do enriquecimento, o contrário não é necessariamente verdade, porque um enriquecimento não nos indica qual o facto que o originou.

[17] Canção «A gente vai continuar» de Jorge Palma.

Não podendo este processo inverso ser desempenhado pelo confisco clássico das vantagens, precisamente porque só foi desenhado para andar noutro sentido, *sc.* do facto para o enriquecimento, verificamos que a aludida inadequação tem por motivo a existência do facto ilícito-típico enquanto pressuposto de aplicação.

A *fácil* e *simplista* solução foi a de criar uma nova modalidade de confisco, que é a perda alargada.

Os seus pressupostos de aplicação vêm consagrados no art. 7.º da Lei n.º 5/2002, cuja verificação cumulativa faz nascer uma presunção legal que, não sendo ilidida, constitui os tribunais no dever de decretar a aplicação desta medida. São eles *i)* uma condenação por um dos crimes do catálogo do n.º 1 daquela Lei; *ii)* uma incongruência patrimonial («a diferença entre o valor do património do arguido e aquele que seja congruente com o seu rendimento lícito»).

Há quem defenda que existe ainda um terceiro pressuposto de aplicação: a existência de uma *actividade criminosa* («muito provável») anterior do condenado da mesma espécie dos crimes previstos no catálogo[18]. Não é este o nosso entendimento. O argumento provém imediatamente da letra do art. 7.º, n.º 1. Olhando para ela, verifica-se uma clara compartimentação dos elementos constituintes de uma presunção: facto-base ou indiciário e facto presumido. Em primeiro lugar porque a «actividade criminosa» desempenha uma função de predicação ou caracterização do conceito «vantagem», fazendo parte do facto presumido e não do facto base ou indiciário da presunção, pelo que, deste modo, é desnecessário prová-la. Em segundo lugar, porque o legislador recorreu a uma preposição de natureza indefinida («*de* actividade criminosa»), fazendo crer que desinteressa identificar qual é, em concreto, a actividade criminosa de onde provieram as vantagens. Em terceiro lugar, porque, de acordo com o art. 9.º, n.º 3, al. *a)*, da Lei n.º 5/2002, a única[19] possibilidade de ilidir a presunção é

[18] Neste sentido, *vd.* JOSÉ DAMIÃO DA CUNHA, *Perda de bens a favor do Estado. Arts. 7.º-12.º da Lei 5/2002, de 11 de Janeiro (Medidas de combate à Criminalidade Organizada e Económico--Financeira)*, Coimbra Editora, Coimbra, 2004, pp. 11 a 17; PEDRO CAEIRO, «Sentido e função do instituto da perda de vantagens relacionadas com o crime no confronto com outros meios de prevenção da criminalidade reditícia (em especial os procedimentos de confisco *in rem* e a criminalização do enriquecimento "ilícito")», in *RPCC*, 2011, n.º 21, pp. 314 a 316.

[19] Os casos elencados nas als. *b)* e *c)* dizem respeito ao facto-base ou indiciário ("incongruência patrimonial"), mais concretamente aos bens que podem ser utilizados para formar esse

a prova de que os bens «resultam de rendimentos de actividade lícita», significando, assim, que o facto presumido é composto pela «vantagem de *actividade criminosa*».

9. Crescemos a ouvir que a situação de estarmos perante um problema difícil de resolver, mas que, depois de conhecida a solução, afinal, até parece um problema muito fácil, pode ser sintetizada na célebre expressão «ovo de Colombo». E é precisamente essa a ideia com que ficámos quando tentámos compreender a criação da perda alargada. Se o facto ilícito-típico era o problema, então, é muito simples: basta eliminar o facto do conjunto de pressupostos de aplicação e está encontrada a solução para a modernidade do confisco.

Assistimos à criação de uma nova modalidade de confisco com a mesma finalidade de aplicação do confisco clássico das vantagens, *sc.* preventivo-criminal, mas sem o seu aspecto *negativo*, que é o facto ilícito-típico enquanto pressuposto de aplicação desta última, cuja necessidade de comprovação era vista como indesejada.

Esta técnica faz-nos recordar de uma interessante teoria do filósofo e psicanalista Slavoj Žižek, nos termos da qual: «*On today's market, we can find a whole series of products deprived of their malignant property: coffee without caffeine, cream without fat, beer without alcohol... And the list goes on: what about virtual sex as sex without sex, the Colin Powell doctrine of warfare with no casualties (on our side, of course) as warfare without warfare, the contemporary redefinition of politics as the art of the expert administration as politics without politics, up to today's tolerant liberal multiculturalism as an experience of the Other deprived of its Otherness*»[20].

Adaptando ao nosso caso esta técnica de não se ter o elemento que é parte da identidade daquilo que, na verdade, se quer, pode-se afirmar então que o legislador queria o confisco clássico das vantagens, mas sem o seu grande problema (o facto ilícito-típico), nascendo assim a *descafeinada* perda alargada.

facto-base, excluindo-se aqueles bens que estão para lá da "barreira de fogo" dos cinco anos. Assim também, Pedro Caeiro, «Sentido e Função...», in *ob. cit.*, p. 314.

[20] *Vd.* Slavoj Žižek, *A cup of Decaf Reality*, que pode ser consultado na internet: https://www.lacan.com/zizekdecaf.htm (consultado em 19.12.2022).

Sucede, porém, que esta eliminação do facto enquanto pressuposto de aplicação traz implicações ao ponto de considerarmos que a perda alargada já não deve ser vista verdadeiramente como uma modalidade de confisco de vantagens, mas sim como uma modalidade de confisco de bens de origem não transparente ou opaca. Uma vantagem é um conceito que tem na sua essência uma relativização com um específico termo. De acordo com o art. 110.º, n.º 1, al. *b)* do CP e também, por ex., com a Directiva 2014/42/UE, esse termo é «facto ilícito-típico» ou «infracção criminal», respectivamente. Em ambos os casos está em questão um comportamento humano. Enquanto o confisco clássico das vantagens será como será porque a acção foi como foi, na perda alargada, a sua medida será como será porque a *incongruência patrimonial* do agente confiscado é como é.

Caindo o referente que permitia a formação do conceito de «vantagem», o bem confiscado deixa de poder ser considerado uma vantagem ilícita. Para além da nossa mera convicção/presunção, nada há que nos mostre que existe uma vantagem ilícita. Para que um bem confiscado ainda possa vir rotulado como uma vantagem ilícita passou o legislador a socorrer-se de uma muleta do raciocínio humano que é a presunção. Não é necessário um facto ilícito-típico, nem uma ligação entre o facto e a vantagem, pelo simples motivo de que o desconhecido passou a ser visto como mau e, portanto, indesejado, ou, por outras palavras, porque o bem de origem desconhecida passou, por mera presunção, a bem de origem ilícita, como se fosse natural e perfeitamente tolerável conviver assim com o enigma. A perda alargada tem, portanto, por fundamento uma mera incongruência patrimonial, ao contrário do confisco clássico das vantagens que tem a vantagem ilícita como fundamento.

Na perda alargada, o facto ilícito-típico cede o seu lugar a títulos de propriedade, que, no final, estarão reflectidos numa *conta*. São exercícios contabilísticos que fundamentarão o acto de liquidação a levar a cabo pelo MP num processo de perda alargada e não um circunstancialismo fáctico onde se pudesse incluir o facto ilícito-típico (para esses fins, *ainda* existe o confisco clássico das vantagens). Assim, a doutrina geral do crime, que, no confisco clássico de vantagens, se ocupa com o preenchimento do facto ilícito-típico, é substituída por um mero cálculo. Os únicos comportamentos humanos que poderão entrar em discussão serão somente aqueles que o agente avançar com o intuito de derrubar a presunção, demonstrando a origem lícita dos bens que formam a incongruência patrimonial.

Porém, ainda assim, não é o facto em si mesmo que interessará, mas sim os efeitos que esse facto (não) possa ter no título de propriedade relativo a um qualquer bem do agente.

O aplicador da perda estará assim reduzido ao papel de determinar um valor, avaliando o acto de liquidação do MP e, no final, de apresentar a *conta*, onde, de acordo com o art. 12.º, n.º 1, da Lei n.º 5/2002, é declarado o *valor* que deve ser perdido a favor do Estado.

10. Através da perda alargada confiscam-se bens cuja origem é, quer se queira, quer não, desconhecida, caso contrário desnecessário seria presumir. Vemos, por isso, a perda alargada como uma modalidade de confisco de bens de origem desconhecida. O legislador, não convivendo bem com a falta de transparência relativamente à origem de bens que formam uma incongruência, elimina esse problema simplesmente criando uma presunção frágil, com pouco ou nenhum suporte empírico, legitimada, sem mais, por aquilo que está na sua origem: a *falta de transparência*. E é neste ponto que agora nos queremos deter um pouco.

A transparência é um dos temas que mais domina o discurso público da actualidade. A criadora e simultaneamente destinatária do confisco moderno é a sociedade *positiva*, preocupada em eliminar qualquer negatividade. A principal ferramenta é a transparência. Como diz Byung-Chul Han, «*As coisas tornam-se transparentes quando se despojam da sua singularidade e se exprimem completamente na dimensão do preço. O dinheiro, que torna tudo totalmente comparável, suprime todo o traço de incomensurável, toda a singularidade das coisas. A sociedade da transparência é um inferno do igual* [...] *O sistema social submete hoje todos os seus processos a uma coacção de transparência que visa torná-los operacionais e acelerá-los* [...]. *A coacção da transparência nivela o próprio homem até acabar por torná-lo elemento funcional de um sistema. Tal é a violência da transparência*». E conclui: «*Esta coacção sistémica torna a sociedade da transparência uma sociedade uniformizada. Eis no que consiste o seu traço totalitário: "Uma nova palavra para a uniformização: transparência"*»[21].

O confisco moderno, que eliminou o *negativo* facto típico-ilícito, é o resultado desta sociedade positiva. A falta de transparência dos bens, que torna enigmática a origem destes, é vista como algo profundamente

[21] Byung-Chul Han, *A Sociedade da Transparência*, traduzido por Miguel Serras Pereira, Lisboa, Relógio D'Água, 2012, pp. 12 e ss.

indesejável, ao ponto de se tornar a transparência num imperativo: «*O imperativo da transparência torna suspeito tudo o que não se submete à visibilidade. É nisso que consiste a sua violência*»[22].

A perda alargada é um exemplo paradigmático desta violência. A transparência permite-nos, de facto, conhecer uma incongruência patrimonial (sem ela, nem sequer se saberia que havia uma incongruência) e, por sua vez, essa própria incongruência é indicadora da falta de transparência em relação à origem desses bens. A queda do facto ilícito-típico enquanto pressuposto de aplicação transformou a função do confisco «das vantagens»: de uma modalidade (clássica) de confisco de vantagens ilícitas passámos a conviver com uma modalidade de confisco de incongruências patrimoniais.

O confisco moderno é um símbolo de desconfiança e um instrumento da sociedade da desconfiança e da suspeita: «*A confiança só é possível num estado intermédio, entre saber e não saber. Confiança significa: apesar do não saber em relação ao outro, construir com ele uma relação positiva. A confiança torna possíveis ações apesar da falta de saber. Quando sei tudo antecipadamente, a confiança é desnecessária. A transparência é um estado no qual se elimina todo o não saber. Onde a transparência domina, não se abre um espaço para a confiança. Em vez de "transparência produz confiança", deveria dizer-se: "a transparência desfaz a confiança". A exigência da transparência faz-se ouvir precisamente quando já não há confiança alguma. Numa sociedade que assenta na confiança, não se afirma qualquer exigência penetrante de transparência. A sociedade da transparência é uma sociedade da desconfiança e da suspeita, que, devido ao desaparecimento da confiança, assenta sobre o controlo* [...] *Em lugar da instância moral quebradiça, introduz-se a transparência como novo imperativo social*»[23].

11. Estas manifestações de uma sociedade *positiva*, defensora de mais e mais novas formas de nos privar da propriedade dos bens de origem não transparente ou opaca, são bem visíveis, por exemplo, no sentido e conteúdo da argumentação do jurista que escolhe o confisco moderno como objecto da sua reflexão.

Vejam-se as diferenças de abordagem em cerca de duzentos anos.

[22] *Ibidem*, p. 25.

[23] *Ibidem*, pp. 70 e 71.

Em 1822, o confisco total (e talvez até todas as formas de confisco específico) foi abolido com base num argumento *negativo* cristalizado no princípio da insusceptibilidade de transmissão da responsabilidade penal.

As preocupações humanitárias existiam verdadeiramente e assentavam precisamente nos efeitos negativos do confisco: «*As confiscações põem a preço a cabeça dos fracos, fazem sofrer aos inocentes a pena do réu, e põem os próprios inocentes na desesperada necessidade de cometer os delitos. Que espectáculo mais triste do que uma família arrastada na infâmia e na miséria pelos delitos de um chefe, à qual a submissão imposta pelas leis impediria de preveni-los, mesmo que existissem os meios para o fazer!*»[24].

Esta percepção era clara ao ponto de, em plena Inquisição portuguesa, D. José I ter mandado elaborar uma lista dos descendentes dos criminosos que haviam perdido todos os seus bens, com o intuito de que a Misericórdia do Porto os protegesse, assegurando a sua sobrevivência[25].

Este tipo de discurso *negativo* praticamente desapareceu das exposições de motivos do confisco moderno, dos textos doutrinários, da jurisprudência nacional e internacional, do debate nacional, e deu lugar ao tão desejado discurso *positivo*: a *eficácia* dos mecanismos de *repressão*. Vemos como os argumentos tendentes a proibir o confisco passam agora a motivos que o legitimam. Assiste-se a um total desinteresse pela protecção das pessoas que sofrem com a aplicação do confisco moderno, no seguimento de um movimento cego e faminto por ideais de justiça restituitória, como se a balança onde estas modalidades fossem pesadas tivesse apenas um prato. Subitamente o confisco passou a ser visto como um instrumento que promove unicamente o bem à sociedade, deixando a argumentação *maligna* de fazer parte da equação, no seguimento daquele movimento *descafeinado*. Vivemos um momento em que mais importante do que verificar as condições económicas da família arrastada para a miséria pelos delitos do seu chefe ou da sua chefe é compreender se essa gente agiu com boa ou má-fé, porque também eles poderão ser confiscados. Ninguém estará, pois, a salvo, pelo simples motivo de que já não depende de nós, dos nossos comportamentos, mas sim do nosso flutuante *status* patrimonial.

[24] Cesare Beccaria, *Dos Delitos e das Penas*, tradução de José de Faria Costa, Lisboa, Fundação Calouste Gulbenkian, 2014, pp. 111 e 112.

[25] Assim, Rui Marcos, *A Legislação Pombalina – alguns aspectos fundamentais*, Coimbra, Almedina, 2006, p. 135.

Passados cerca de 200 anos, a misericórdia pombalina parece estar a transformar-se numa espécie de golpes de misericórdia a que *todos* nós podemos estar sujeitos. Basta para tal que nos encontremos numa específica *situação patrimonial* cuja origem é opaca (faz recordar o indesejado e esquecido confisco total, que tinha como factor da sua medida uma *situação patrimonial* e não um *facto*).

É a falta de transparência (concretizada na incongruência patrimonial) relativamente à origem dos nossos bens o fundamento da perda alargada. A perda alargada não é um instrumento de confisco de vantagens ilícitas, é um mecanismo de confisco de bens de origem opaca. Aqui está mais um exemplo da violência da transparência. As presunções de suspeita e desconfiança sobre *todos* nós, o equívoco das implicações da conclusão relativa à natureza não penal – como se, por epifania, estas novas modalidades passassem a viver num mercado não regulado – e a palavra mágica «corrupção» mais não são do que *outputs* desta sociedade da transparência. Revemo-nos, por isso, integralmente nas palavras de PEDRO CAEIRO: «*Este clamor sôfrego por novas leis, que mais não é do que uma contínua fuga para a frente encavalada em necessidades hauridas e validadas no senso comum ("a corrupção está a aumentar") com pouco ou nenhum apoio empírico sólido, tem efeitos muito perniciosos, porque, juntamente com a perene "falta de meios", serve de pretexto para a justificação das percepções (verdadeiras ou erróneas, ninguém sabe) de insucesso na repressão do crime económico*»[26].

Não nos esqueçamos de que, no mesmo campo onde passeiam pastores que cabritos vendem e cabras não têm, andam também lobos em pele de cordeiro. E ainda há quem tenha medo do lobo mau.

12. Sem embargo, esta pandemia de exigência de transparência e o relevo que lhe é dado, ao ponto de deixar de ser um conceito axiologicamente neutro, não chegou, como já fizemos questão de salientar, às respostas atinentes à (não) natureza jurídico-penal das modalidades de confisco. A inexistência da terceira camada das respostas é o símbolo dessa falta de transparência. Não deixa de ser curioso verificar que esta falta de transparência é precisamente aquilo que tem permitido criar um espaço de liberdade que tem servido sobretudo as ideias-chavão que se tornaram

[26] PEDRO CAEIRO, «O enriquecimento ilícito ou injustificado, a ocultação de riqueza e a orelha de Van Gogh», in *Católica Law Review*, Vol. V, n.º 3, Novembro de 2021, pp. 89 e 90.

uma obsessão e *slogans* legitimantes das novas modalidades de confisco: a prevenção do crime de natureza reditícia, o combate à criminalidade organizada ou à corrupção, que, segundo nos querem fazer crer, está na base de todos os problemas do nosso país.

Assistimos, por isso, a um *paradoxo da transparência* no confisco moderno: exige-se transparência ao cidadão e, em simultâneo, criam-se espaços fechados, secretos, opacos, onde navegam, por ex., os pensamentos que têm como objecto a natureza jurídico-penal do confisco moderno. Cria-se assim uma situação incongruente com a finalidade de combater situações patrimoniais incongruentes.

13. Quando apreciámos a natureza jurídico-penal do confisco clássico das vantagens, utilizámos um argumento relativo ao fundamento da medida, *sc. no profit principle*. Considerámo-lo válido e, por isso, concluímos que o legislador nem sequer deveria ter atribuído uma finalidade à aplicação deste instrumento distinta da própria função: confisca-se uma vantagem ilícita (função) para se confiscar uma vantagem ilícita (finalidade), porque existe uma vantagem ilícita (fundamento).

Na perda alargada, o desaparecimento de cena do facto ilícito-típico enquanto seu pressuposto de aplicação determinou que o fundamento desta medida era uma incongruência patrimonial. Este fundamento, ao invés do que sucede com o confisco clássico das vantagens (vantagem ilícita) e com o instituto da reparação por perdas e danos (reparar um dano), não é válido por si só. Retirar uma incongruência patrimonial é um mal, tal como privar da liberdade é. Por sua vez, retirar uma vantagem ilícita ou reparar um dano, em termos absolutos, são acções válidas. No seguimento, tal como acontece com as penas e as medidas de segurança, o legislador é forçado a identificar uma finalidade que torne legítima a aplicação de um mal. Neste sentido, e ao contrário do que concluímos relativamente ao confisco clássico das vantagens, já vemos como necessária a criação de uma finalidade de aplicação da medida que não coincida com a sua função (confiscar uma incongruência patrimonial), que, como é bem sabido, é então a prevenção criminal, tal como sucede nas consequências jurídico-criminais (pena e medida de segurança).

Não é nosso objectivo aqui responder às perguntas que agora vamos deixar ao nosso interlocutor. Esse é sim, única e exclusivamente, a sua mera formulação: «Confiscar uma incongruência patrimonial é um acto *necessário* e *adequado* a prevenir a prática de crime?»; «E o confisco total, não é?».

1. A natureza *não penal* da perda alargada

14. É momento de aplicar a proposta de método de identificação da natureza penal de consequências jurídicas já utilizado para o apuramento da natureza penal do confisco clássico das vantagens.

No art. 7.º, n.º 1, da Lei n.º 5/2002 não está prevista uma norma primária ou de conduta. O destinatário dessa norma é única e exclusivamente o aplicador da perda alargada, pelo que em causa estará uma norma reportada a uma realidade jurídica e não a uma realidade empírica exterior. Ou seja, é ela uma norma secundária. Por conseguinte, não estando em causa uma conduta proibida ou imposta, a perda alargada não é uma consequência jurídica associada a uma infracção criminal. Logo, quando assim é, não estão reunidas as condições para a aplicação do critério da privação da liberdade, que é suficiente para sustentar a conclusão final da aplicação deste método sobre a perda alargada: esta modalidade de confisco moderno não tem natureza penal porque não é ela uma consequência jurídica de uma norma primária ou de conduta (*motivo da conclusão – segunda camada*). Logicamente, se não estamos perante uma infracção criminal, não pode a sua gravidade ser um factor de determinação da proporcionalidade da perda alargada (*critério da gravidade do facto*), nos termos do método de identificação da natureza penal de consequências jurídicas (*motivo da conclusão* e *motivo dos motivos – segunda* e *terceira camadas*).

Não quererá isto significar necessariamente que a (não) identificação da natureza penal indique automaticamente qual é o regime aplicável à perda alargada. Basta verificar que o direito penal também se aplica, embora de modo supletivo, às contraordenações (cfr. art. 32.º do RGCO).

De acordo com o método de identificação que temos vindo a utilizar, por ex., a pena de morte ou o confisco total, se pertencessem ao ordenamento jurídico português, também não teriam natureza penal, porque o facto ilícito-típico não seria factor de determinação da proporcionalidade dessas consequências. Uma vez mais, estas conclusões não implicariam que não se lhes devesse aplicar as garantias do direito penal ou até outros meios de protecção ainda mais garantísticos. Este conjunto de casos mostra-nos que, quando estejamos perante consequências jurídicas cuja natureza não seja penal e que revelam uma elevada severidade, talvez seja sinal de que essas consequências podem não cumprir com os preceitos normativos constitucionais.

b) A *civil forfeiture* e a *confisca preventiva*

15. Em termos abstractos, podemos configurar a *civil forfeiture* do Reino Unido[27] como uma modalidade em que, embora não declaradamente, a incongruência patrimonial é o seu único pressuposto de aplicação. A inexistência do facto ilícito-típico[28] enquanto pressuposto de aplicação é, então, o motivo pelo qual inserimos esta modalidade no confisco *moderno*, tal como concluímos em relação à perda alargada. Para além disso, acrescentamos desde já que a finalidade da aplicação da *civil forfeiture* é a prevenção criminal, a sua função é a de confiscar uma incongruência patrimonial e o seu fundamento é precisamente essa incongruência.

Afirmamo-lo porque a desconsideração pela natureza (criminal) da conduta (*unlawful conduct*), a ténue ligação (*balance of probabilities*) com factos passados ou até com hipotéticos actos futuros, e ainda a evolução legislativa no Reino Unido dão a entender que, no fundo, é um desconhecimento que justifica a aplicação da *civil forfeiture*, e é por isso que a vemos como uma modalidade de confisco de incongruências patrimoniais: não existindo transparência, não existindo justificação plausível, nasce a suspeita e confiscam-se esses bens opacos[29]. A suspeita que tem como símbolo uma incongruência patrimonial será a razão pela qual se iniciará um processo e será o fundamento da decisão final, espelhado no *quantum* a confiscar. Não nos esqueçamos de que estas medidas têm nascido porque se defende a insuficiência do confisco clássico, logo é a falta de transparência (facto criminoso e nexo de causalidade), é o desconhecido, é uma suspeita que está a sustentar a *civil forfeiture*. Se não estivéssemos perante uma mera suspeita, então não era necessária a criação de uma medida assim, bastando lançar mão do confisco clássico. Assim, no momento de procurar pelo fundamento da *civil forfeiture*, devemos ser transparentes e não nos devemos esquecer dos motivos que estiveram na base da sua criação: (a insuficiência do) confisco clássico.

[27] Cfr. *Proceeds of Crime Act* 2002 (POCA) 241 (3).

[28] Na Secção 241 (3) da POCA 2002, o pressuposto de aplicação é uma "unlawful conduct" já praticada (241 (3) a) ou a praticar (241 (3) b).

[29] *Vd.* nota de roda-pé n.º 31.

Um regime semelhante[30] já foi submetido a consecutivas avaliações pelo TEDH, de que são exemplo os *casos Butler*[31], *Webb*[32] e *Walsh*[33]: decisões coincidentes quanto ao resultado (natureza não penal), embora alicerçados em distinta fundamentação. Por conseguinte, entendeu o Tribunal que, por ex., os arts. 6.º e 7.º da CEDH não se aplicam a esta modalidade. Aparentemente, a criação desta modalidade por parte de um Estado sob a sua jurisdição não encontrará obstáculos (penais) levantados por este Tribunal.

16. Já no que tange ao regime jurídico italiano é o caso paradigmático da *confisca preventiva*. Com a finalidade de prevenir o crime, incapacitando os agentes especialmente perigosos[34], em 1982[35], foi criada a *confisca misura preventiva anti-mafia*[36], uma medida preventiva de carácter patrimonial.

Esta modalidade é caracterizada pela circunstância de ser aplicada independentemente do apuramento de responsabilidade penal do confiscado, dele não fazendo parte, por isso, o requisito de uma prévia condenação, ao invés do que sucede na perda alargada.

Os seus requisitos são: *i)* a suspeita de que o agente pertence a uma organização criminosa (ou, desde 2008, que ele cometeu certos crimes não necessariamente relacionados com a criminalidade organizada)[37];

[30] Cfr. *Section 42 e 43 da The Drug Trafficking Act 1994.*

[31] Acórdão TEDH *Butler v. The United Kingdom*, Proc. n.º 41661/98, de 27 de Junho de 2002. Em *Butler*, num processo de *civil forfeiture*, e através do estalão de prova do direito civil, confiscaram-se cerca de £ 240.000,00 encontradas num carro que passava a fronteira, por haver fortes indícios de que esse dinheiro *ia ser* utilizado para o tráfico de droga. Veja-se como, sem mais, o mero facto de se transportar uma larga quantia de dinheiro sem uma origem conhecida foi suficiente para se iniciar um processo judicial contra Butler e foi suficiente para justificar a aplicação da *civil forfeiture*, mesmo sem se ter determinado qual o concreto crime de tráfico que *ia ser* praticado.

[32] Acórdão TEDH *Webb v. The United Kingdom*, Proc. n.º 56054/00, de 10 de Fevereiro de 2004.

[33] Acórdão TEDH *Walsh v. The United Kingdom*, Proc. n.º 43384/05, de 21 de Novembro de 2006.

[34] Cfr. Lei de Itália n.º 1423/1956.

[35] Cfr. Lei de Itália n.º 646/1982, conhecida como «*Legge La Torre-Rognoni*».

[36] Este regime introduzido na legislação anti-máfia de 1982 tem vindo a ser alterado com regularidade, de onde ressaltam as reformas introduzidas em 2008, 2009, 2010 e 2011 (Decreto legislativo n.º 159 de 2011, doravante designado por Código Anti-Máfia).

[37] Cfr. arts. 1.º e 4.º do Código Anti-Máfia.

ii) uma declaração de *pericolosità sociale* do agente, atinente à probabilidade de cometer crimes no futuro[38]; *iii)* uma incongruência patrimonial relativa ao património do agente e ao seu rendimento (lícito).

Confisca-se porque o agente da organização é especialmente perigoso (dois primeiros requisitos) e porque é detentor de uma incongruência patrimonial (terceiro requisito). Os fundamentos e pressupostos desta modalidade serão aparentemente a perigosidade do agente e a incongruência patrimonial, e a finalidade da sua aplicação é a prevenção criminal, mais concretamente, a prevenção especial, ao inclinar-se sobre o indivíduo, incapacitando-o. É uma medida que pensa no bem «defesa social», aparecendo como bloqueio à introdução das vantagens ilícitas no circuito económico.

Na *confisca preventiva*, não se confisca somente porque existe uma incongruência patrimonial, mas sim por causa disso e porque o agente é especialmente perigoso. Por consequência, a função (de acordo com o seu conceito funcionalístico-finalístico) que ela desempenha num sistema jurídico é vista como sendo *meramente preventiva de perigos.*

Confrontando as funções da perda alargada, da *civil forfeiture* e da *confisca preventiva* é interessante verificar que estas modalidades acabam todas por fazer o mesmo: transferem para o Estado a incongruência patrimonial do agente. Naturalmente que este raciocínio só é possível se o absolutizarmos da finalidade da aplicação, ao contrário do que tem vindo a ser a jurisprudência do TEDH.

Para o TEDH esta modalidade italiana é meramente preventiva de perigos e não tem natureza penal, como se confirma através da leitura dos casos *Marandino*[39], *Raimondo*[40], *Arcuri*[41] e *Riela*[42], pelo que, em relação a esta modalidade, o seu entendimento é o de que, por ex., o art. 6.º, n.º 2, e 7.º da CEDH não se apresentam como limites (penais) deste instrumento.

No que tange aos pressupostos da *confisca preventiva*, e comparando-a com a perda alargada, atesta-se que àquela medida não pertence o pressuposto de aplicação «condenação», tal como acontece em relação à *civil*

[38] Cfr. arts. 2.º e 6.º do Código Anti-Máfia.

[39] Decisão da Comissão do caso *Marandino*, Proc. n.º 12386/86, de 15 de Abril de 1991.

[40] Acórdão TEDH *Raimondo v. Italy*, Proc. n.º 12954/87, de 22 de Fevereiro de 1994.

[41] Acórdão TEDH *Arcuri v. Italy*, Proc. n.º 52024/99, de 5 de Julho de 2001.

[42] Acórdão TEDH *Riela and Others v. Italy*, Proc. n.º52439/99, de 4 de Setembro de 2001.

forfeiture. Para além disso, a *confisca preventiva* também não é constituída por uma presunção da origem ilícita dos bens que inverte o ónus probatório. Em suma, a principal diferença entre a *civil forfeiture* e a *confisca preventiva* está na circunstância de esta última ter mais pressupostos de aplicação, mais especificamente os relativos à perigosidade do agente. Assim, na *confisca preventiva* confisca-se porque o agente é perigoso e a sua situação patrimonial se mostra incongruente e, na *civil forfeiture*, confisca-se a incongruência pelo mero facto de ela existir, ou, por outras palavras, porque é suspeita. É esta a violência da transparência.

17. Aquele que, para nós, é o aspecto distintivo mais relevante destas duas modalidades em relação à perda alargada é a ausência do requisito «condenação». Julgamos ser este o motivo que está na base da criação destas modalidades: a ineficácia da perda alargada, dada a dificuldade em preencher o requisito «condenação», e a consequente ideia de que os meios existentes não são suficientes para se atingir a finalidade preventivo-criminal.

Vivencia-se, portanto, o mesmo tipo de estratégia e fenómeno referente à criação da perda alargada. Na sua base esteve o problema respeitante à prova do requisito «facto ilícito-típico» exigida pelo confisco clássico das vantagens. A *fácil* solução foi a de eliminar o indesejado facto como pressuposto de aplicação. Agora, se o problema faz ninho no pressuposto «condenação», resta seguir a mesma estratégia legislativa e, na sequência, eliminar esse requisito.

Pretendem-se, assim, modalidades como a da perda alargada, com a mesma função (confiscar uma incongruência) e finalidade de aplicação (preventivo-criminal), mas sem o seu elemento *maligno* («condenação»), nascendo assim a *civil forfeiture* e a *confisca preventiva*. Uma vez mais, a opção recai em afastar o elemento que é parte da identidade daquilo que, na verdade, se pretende, tal como acontece com o descafeinado ou com a cerveja sem álcool, no seguimento da teoria supramencionada de SLAVOJ ŽIŽEK.

Embora a *confisca preventiva* esteja ligada à perigosidade do agente e ao perigo de se poder vir a desvirtuar o mercado, a medida desta modalidade continua a ser a incongruência patrimonial. Como já concluímos em relação à perda alargada, a inexistência do facto ilícito-típico impede-nos de afirmar que a *civil forfeiture* e a *confisca preventiva* são modalidades de confisco de *vantagens*, já que não há nada que nos indique que sejam vantagens, e que, muito menos, tenham uma origem ilícita, a não ser uma mera convicção, viciada pelo desejo de confiscar ou de prevenir o crime. Elas são, sim, modalidades de confisco de bens de origem desconhecida. É, uma vez mais, a falta de transparência relativamente à origem dos bens que justifica não só a decisão de iniciar um procedimento de confisco contra um agente, como ainda fundamenta a decisão final de confiscar a incongruência. Tudo o que não é visível é suspeito. É esta a violência da transparência.

18. No final de um processo de confisco, tal como acontece em muitas outras situações do nosso quotidiano, apresenta-se a *conta*. O seu destinatário é a pessoa que se encontra numa situação patrimonial incongruente e que não conseguiu demonstrar a origem lícita dessa incongruência. Um aspecto interessante, e que já aludimos *supra*, tem que ver com a *personalização* (*in personam*) dessa conta nestas formas de confisco moderno. Por outras palavras, apresenta-se uma conta *em função* da (situação patrimonial da) pessoa. Ora, se se confisca uma incongruência e se esta tem como um dos seus termos uma concreta situação patrimonial, não compreendemos como se poderá concluir que estas formas de confisco seguem a lógica de um procedimento *in rem* e não *in personam*[43]. Ganha-se a ideia de que o legislador, embora tenha eliminado o facto ilícito-típico, não se consegue livrar verdadeiramente dele, porque se pretende, ainda assim, estabelecer uma ligação da *res* à pessoa, assim homenageando o indesejado – e, por este andar, em vias de ficar obsoleto – confisco clássico das vantagens. Uma vez mais, fica a noção de que, hoje em dia, aquilo que, na verdade, se gostava de utilizar era essa forma clássica, mas sem o seu elemento prejudicial. Por muito que se tente esquecer a forma clássica, o confisco moderno não parece conseguir livrar-se verdadeiramente do confisco clássico, tal como não conseguimos deixar de pensar em café ou cerveja quando pensamos em *des*cafeinado ou cerveja *sem álcool*.

1. A natureza *não penal* da *civil forfeiture* e da *confisca preventiva*

19. De acordo com o método que aplicamos para identificar a natureza jurídico-penal de consequências jurídicas (*motivo da conclusão* e *motivo*

[43] Neste sentido, *vd.* PEDRO CAEIRO, «Sentido e Função...», in *ob. cit.*, p. 294.

dos motivos – *segunda* e *terceira camadas*), não tardará o nosso interlocutor a concluir rapidamente connosco, no sentido de que, se não estamos perante uma infracção criminal, não pode a sua gravidade ser um factor de determinação da proporcionalidade da *civil forfeiture* e da *confisca preventiva* (*critério da gravidade do facto*). Alertamos de novo – porque sentimos que nunca será demais – que esta nossa conclusão não implica necessariamente que os princípios do direito penal ou outros ainda mais garantísticos não se devam aplicar a estas modalidades.

Embora não tenhamos aqui o espaço e tempo necessários para aprofundarmos a questão sobre qual *deveria* (como alertámos inicialmente, o método a seguir neste artigo não seria o jurídico-normativo, mas sim o jurídico-analítico) ser o direito aplicável a estas novas formas de confisco, ficamos com a ideia de que, quanto mais distinta se apresentar a forma de confisco (de uma incongruência patrimonial) em análise relativamente ao confisco clássico de vantagens, maiores devem ser as garantias dos cidadãos. Este raciocínio indutivo que acabámos de apresentar estará, com certeza, viciado pela circunstância de que, quando pensamos em confisco, não esquecemos os esquecidos, *sc.* os dependentes do agente confiscado arrastados na infâmia e na miséria. Enquanto imperarem ideais de eficácia na repressão do crime, uma conclusão como a nossa (*sc.* estas modalidades de confisco moderno não têm natureza jurídico-penal) será, com grande probabilidade, bem aceite nesta sociedade positiva, que parece continuar a confundir *identification questions* com *implication questions*. Isto talvez aconteça por causa do problema do pensamento jurídico que identificamos inicialmente: o grande apego à conclusão das respostas e um desinteresse por aquilo que as fundamenta, sendo a fundamentação utilizada configurada em função da conclusão e não o oposto. Assiste-se, de novo, ao paradoxo da transparência no pensamento moderno sobre confisco.

Vejam bem, se não há só gaivotas em terra, permitam-nos a ousadia de pedir um café e de ter a esperança de que a conta não venha a ser paga por todos nós.

3. O CONFISCO É UMA PENA?

Mário Ferreira Monte

1. A questão

A resposta à questão «O confisco é uma pena?» implica indagar sobre a natureza jurídica desta figura. Não é fácil[1]. Após considerarem existir uma divergência doutrinal quanto a essa natureza, Costa Andrade e Maria João Antunes[2] explicam que «é inevitável o enquadramento da figura no âmbito das consequências jurídicas de um comportamento que a lei define como crime»[3]. Sem dúvida que sim. Mas não responde

[1] É muito curioso, como lembra Michele Panzavolta, «Confiscation and the concept of punishment: can there be a confiscation without a conviction?», *in* Katalin/Simonto (Edt.), *Chasing Criminal Money. Challenges and Perspetives on Asset Reconvery in the EU*, Oxford and Portland, Orgon, Hart Publishing, 2017, p. 34, que a UE, no art. 1.º, al. b) da Decisão-quadro 2005/214/JAI do Conselho de 24 de fevereiro de 2005 diga que a «sanção pecuniária não inclui... as decisões de perda dos instrumentos ou produtos do crime» e no art. 2.º, al. c), da Decisão-Quadro 2006/783/JAI do Conselho de 6 de outubro de 2006, diga que a «decisão de perda» é «uma sanção ou medida de carácter definitivo, imposta por um tribunal relativamente a uma ou várias infrações penais, que conduza à privação definitiva de um bem». Ali, assumindo a natureza não penal, não sancionatória; aqui assumindo pelo menos a natureza sancionatória.

[2] Costa Andrade e Maria João Antunes, «Da apreensão enquanto garantia processual da perda de vantagens do crime», *RLJ*, n.º 4005, 2017, p. 366.

[3] Acrescentaríamos: mesmo que nenhuma pessoa venha a ser condenada. E, portanto, quando se diz «crime», deve pensar-se, desde logo, na existência de um facto ilícito típico, como sucede nos casos de confisco não baseado em condenação, e não necessariamente culposo.

definitivamente àquela questão. É que, tratar o confisco (*Einziehung*) como uma consequência jurídica do facto (*Rechtsfolgen der Tat*) foi a solução encontrada pelo CP alemão[4] e, todavia, como tem sido observado[5], embora até existam vários tipos de confisco tratados sob essa mais lassa categoria das consequências jurídicas, «nada é dito sobre a diferente natureza jurídica dessas sanções»[6]/[7]. Na verdade, tratar-se de uma consequência jurídica de um comportamento pode implicar a sua consideração como consequência jurídico-penal *stricto sensu* ou como consequência jurídica não penal. No primeiro caso, teríamos de saber se se trata de uma pena, um efeito acessório da pena, um efeito do crime, uma medida de segurança, uma providência sancionatória análoga a esta ou outra solução de caráter penal. No segundo caso, sabendo da relevância penal do confisco – pelo menos porque um facto ilícito típico vem a ser o propulsor da sua aplicação no âmbito de um processo penal –, importa caracterizar a figura na sua exata relevância com o direito penal, mesmo que se venha a assumir não ser uma medida jurídico-penal.

O desafio é ainda mais sedutor, mas nem por isso mais fácil[8], quando sabemos que se trata de uma figura ambígena e de não fácil apreensão, que gera dissensos invariavelmente fundamentados[9]. Mas é um desafio pejado de interesse prático: a consideração da natureza jurídica, fundamentalmente a opção por um confisco penal (*in personam*)

[4] No CP alemão, o confisco, envolvendo várias categorias, está previsto nos arts. 73.º e ss.

[5] Eser-Schuster, *Vorbemerkung. § 73*, in Schönke-Schröder, *Strafgesetzbuch. Kommentar*, 30. Auflage, München, C.H.Beck, 2019, n. 1, p. 1246.

[6] Nas expressivas palavras de Eser-Schuster, *op. cit.*, p. 1246, «(...) ist damit über die unterschiedliche Rechtsnatur dieser Sanktionen nichts ausgesagt».

[7] Tommaso Trinchera, *Confiscare Senza Punire? Uno Studio Sullo Statuto di Garanzia dela Confisca dela Ricchezza Illecita*, Torino, G. Giappichelli Editore, 2020, p. 231, fala mesmo em «simples "etiqueta"», sem qualquer referência à natureza jurídica da medida.

[8] Que o confisco se trata de uma figura de difícil classificação entre as tradicionais consequências jurídicas do crime, dá-nos conta Ana Cerezo Dominguez, *Análisis Jurídico-penal de la Figura del Comiso*, Granada, Editorial Comares, 2004, p. 23.

[9] Salienta estas notas (figura híbrida, controvertida, a gerar posições diversas todas defensáveis, etc.) Ana Carrillo del Teso, *Decomiso y Recuperación de Activos en el Sistema Español*, Valencia: Tirant lo blanch, 2018, p. 120, bem como Ana Cerezo Dominguez, *Análisis Jurídico-penal...*, p. 23, entre outros.

ou civil/administrativo (*in rem*)[10], mesmo que no processo penal, tem implicações diversas no tratamento a dar-lhe, nomeadamente quanto à aplicação dos mais relevantes princípios jurídico-penais – legalidade e proporcionalidade – e das garantias penais[11]. Tudo será diferente em matéria de aplicação da lei penal no tempo (proibição de retroatividade), do objeto e da extensão do confisco, no que se refere ao princípio da presunção de inocência, ao princípio da não-autoincriminação e até ao princípio *ne bis in idem*, entre outros[12], se a opção for pela via penal ou não.

2. Figura híbrida e complexa

Nem sempre a projeção da realidade através de um espelho corresponde exatamente à figura real. Consoante o espelho, umas vezes pode surgir amplificada, outras vezes, reduzida, e às vezes até deformada. E, todavia, no essencial, é a mesma figura. Pois, relativamente ao confisco em âmbito penal, no essencial falamos sempre da mesma realidade. Mas quando cuidamos de saber se é ou não baseado numa condenação, se envolve ou não perda ampliada, se implica instrumentos, produtos ou vantagens, percebemos que existem diferenças que são muito relevantes.

Além disso, importa sublinhar que esta matéria não é de fácil abordagem, tanto no que substancialmente lhe diz respeito como pelas implicativas dificuldades de sistematização. Desde logo, pela designação. Confisco[13],

[10] Sobre a diferença e suas implicações, por todos, GUILHERMO JORGE, «El decomisso del producro del delito», in *Recuperación de Activos de la Corrupción*, Buenos Aires, Editores del Puerto, 2008, p. 72.

[11] Nesse sentido, entre outros, TOMÁS FARTO PIAY, *El Proceso de Decomiso Autónomo*, Valencia, Tirant lo blanch, 2021, p. 68.

[12] Para mais desenvolvimentos, MICHELE PANZAVOLTA, *op. cit.*, p. 34.

[13] Confisco, sem mais, como ensina JOHAN BOUCHT, *The Limits of Asset Confication. On the Legitimacy of extended Appropriation of Criminal Proceeds*, Oxford/Portland, Oregon, Hart Publishing, 2017, p. 16, é utilizado para designar todas as formas de confiscar. Porém, o Autor faz uma distinção entre «confisco» («confiscation») e «perda» («forfeiture»): «In this context, confiscation will be used as meaning a value – or property-based asset confiscation regime, referring both to conviction-based and non-conviction based asset confiscation. The term "forfeiture" will be used for other forms of confiscation, for example of instrumentalities and the product of crime».

perda[14], recuperação de ativos[15] ou de bens, são algumas das definições para com isto se referenciar a possibilidade de *o Estado chamar a si instrumentos, produtos, efeitos, vantagens, diretos, indiretos ou incongruentes, ou o seu valor equivalente, de factos ilícitos típicos – portanto, com relevância penal – na posse do agente do facto ou de um terceiro*[16]. E, dentro desta abrangência, com muitas nuances, topamos com diferentes propostas: «perda de bens»[17], «perda de instrumentos»[18]; «perda de produtos e vantagens»[19]; «perda

[14] Para uma ideia sobre a (ir)relevância da distinção entre perda ou confisco, veja-se, entre outros, Pedro Caeiro, «Sentido e função do instituto da perda de vantagens relacionados com o crime no confronto com outros meios de prevenção da criminalidade reditícia (em especial, os procedimentos de confisco e a criminalização do enriquecimento "ilícito"», in *RPCC*, 2011, 2, p. 269, n. 2, com alusão a bibliografia, entendendo que é irrelevante a opção por um ou outro termo. Igualmente, Maria do Carmo Silva Dias, «"Perda alargada" prevista na Diretiva 2014/42/UE (art. 5.º) e "perda do valor de vantagem de atividade criminosa" prevista na Lei n.º 5/2002 (arts. 7.º a 12.º)», *in* Maria Raquel Ferreira *et al.* (Coords.), *O Novo Regime de Recuperação de Ativos à Luz da Diretiva 2014/42/UE e da Lei que a Transpôs*, Lisboa, INCM, 2018, p. 85, nota 1, dá-nos conta da distinção entre confisco e perda, assumida por autores como Damião da Cunha e Jorge Godinho, e entende que é irrelevante a distinção como irrelevantes podem ser algumas desatualizações de cada um dos termos, acompanhando assim Pedro Caeiro. Também Inês Ferreira Leite, *Ne (Idem) Bis In Idem. Proibição de Dupla Punição e de Duplo Julgamento: Contributos para a Racionalidade do Poder Punitivo Público*, Lisboa, AAFDL, 2, 2016, p. 481, utilizando indistintamente os dois termos, dá conta de Autores como Pedro Caeiro ou Dâmaso Simões e Luís Trindade que as utilizam indistintamente, mas indica Damião da Cunha e Jorge Godinho que colocam reservas à utilização da expressão «perda» e preferem «confisco».

[15] Sobretudo quando visto na perspetiva do Estado – nesse sentido, Hélio Rodrigues, «O confisco das vantagens do crime: entre os direitos dos homens e os deveres dos Estados. A jurisprudência do Tribunal Europeu dos Direitos do Homem em material de confisco», *in* Maria Raquel Ferreira *et al.* (Coords.), *O Novo Regime de Recuperação de Ativos à Luz da Diretiva 2014/42/UE e da Lei que a Transpôs*, Lisboa, INCM, 2018, p. 52.

[16] Próximo, Tomás Farto Piay, *op. cit.*, p. 67. Note-se que o que afirmamos no texto não é mais do que a constatação das mais relevantes caraterísticas do confisco em âmbito penal, não pretendendo assumir uma definição de confisco. E assim é porque há vários tipos de confisco que não permitem uma única definição.

[17] Art. 8.º do DL n.º 28/84, de 20 de janeiro.

[18] Art. 109.º do CP.

[19] Art. 110.º do CP.

alargada»[20]/[21]. Depois, dentro destas hipóteses, ainda encontramos situações de perda dependente de condenação e outras não baseadas nessa condição. E quando aprofundamos um pouco para perceber a natureza jurídica, verificamos que a figura pode situar-se no âmbito das consequências jurídico-penais, mas também pode ser uma medida análoga a tais consequências, mais administrativa ou mais penal, ou simplesmente uma medida restauradora ou corretiva do património conforme ao Direito, de feição mais ou menos civil, apenas para citar as mais relevantes hipóteses[22]. Por isso, a doutrina divide-se entre considerar uma medida penal, civil ou administrativa. E como a «rebeldia» da figura está em não se acomodar claramente às tradicionais consequências jurídicas dos crimes[23], havendo, portanto, declinações que a atiram para uma consideração mista, como que em jeito de obviar este problema, há quem a trate como um *tertium genus*[24].

Perante esta panóplia de situações, não é fácil descortinar a natureza jurídica do confisco. É que não há um confisco. Há vários tipos de confisco[25].

[20] A epígrafe da secção 1 da Lei n.º 5/2002, de 11 de janeiro.

[21] Para só citar algumas das utilizadas pelo legislador português.

[22] Sobre várias posições em relação à definição e à caracterização da perda de bens, veja-se Hélio Rodrigues, «O confisco das vantagens...», pp. 46 e ss.

[23] Cf. Ana Cerezo Dominguez, *op. cit.*, p. 23.

[24] Ou terceira classe de sanções. Sobre o assunto, Tomás Farto Piay, *op. cit.*, p. 74, citando a jurisprudência espanhola, na linha do direito germânico. Usa o termo *tertium genus*, por exemplo, Pedro Caeiro, «Sentido e função...», *op. cit.*, p. 308, para a perda clássica do Código Penal. Saliger, «Questões fundamentais do confisco de bens», *in* Adriano Teixeira (Coord.), *Perda das Vantagens do Crime no Direito Penal. Confisco Alargado e Confisco sem Condenação*, Madrid/Barcelona/Buenos Aires/São Paulo, Marcial Pons, 2020, p. 186, também nos dá conta de que a reforma operada na Alemanha em 2017, «parece apta a colocar o confisco de propriedade à terceira via do direito penal». Compreendemos a ideia. Mas, para sermos precisos e como aponta Hélio Rodrigues, «O confisco das vantagens...», p. 47, a terceira via das sanções penais, a existir – e ela de algum modo já existe –, seria constituída pela reparação penal. Sobre o assunto, veja-se o *nosso* «Da reparação penal como consequência jurídica autónoma do crime», *in* Manuel Costa Andrade *et al.* (Coords.) *Liber Discupulorum para Jorge de Figueiredo Dias*, Coimbra, Coimbra Editora, 2003, pp. 131 e 145, citando Figueiredo Dias e Roxin, entre outros, que advogam para a reparação penal o estatuto de «terceira via» (*Dritte spur*).

[25] E também não vale o esforço da *reductio ad unum*, como apropriadamente entende Ana Carrillo del Teso, *op. cit.*, p. 120.

E se porventura se tenta uma definição única, terá de ser minimalista[26]/[27]. Qualquer tentativa de acomodar o confisco num dos possíveis modelos clássicos – penal, civil ou administrativo – deve contar com a advertência de que «o esboço dessas figuras ideais e estáticas indica que dificilmente

[26] No plano supranacional, uma definição unívoca tem sido experimentada. Mas convenhamos, um tal esforço é demasiado minimalista para acomodar todas as declinações que o confisco pode conter. A Convenção de Viena de 1988, contra o Tráfico Ilícito de Estupefacientes e Substâncias Psicotrópicas, aprovada pela República Portuguesa através da Resolução da Assembleia n.º 29/91, de 6 de setembro, no art. 1.º determina: «f) O termo "perda" designa a privação definitiva de bens por decisão de um tribunal ou de outra autoridade competente». A Convenção das Nações Unidas contra a Criminalidade Organizada Transnacional, de 2000, no art. 2.º, g) também vai no mesmo sentido: «"Perda de bens" a perda definitiva de bens, por decisão de um tribunal ou outra autoridade competente», definição que também é adotada no art. 2.º, al. g) pela Convenção contra a Corrupção, adotada pela Assembleia Geral das Nações Unidas, em 2003 (Resolução da Assembleia da República portuguesa n.º 47/2007). Não muito longe, no plano europeu, vai a Convenção Relativa ao Branqueamento, Deteção, Apreensão e Perda dos Produtos do Crime, de 1990, adotada pela Resolução da Assembleia da República n.º 70/97, cujo art. 1.º, al. d) determina: «d) «Perda» designa uma pena ou uma medida decretada por um tribunal em consequência de um processo relativo a uma ou várias infrações penais, pena ou medida que conduzam à privação permanente do bem». Na União Europeia, para citar as mais recentes definições, temos o art. 2.º do Regulamento (EU) 2018/1805 do Parlamento Europeu e do Conselho de 14 de novembro de 2018, que diz o seguinte: «2) "Decisão de perda", uma sanção ou medida de caráter definitivo, imposta por um tribunal relativamente a uma infração penal, que conduza à privação definitiva de bens de uma pessoa singular ou coletiva» – este Regulamento entrou em vigor no dia 19 de dezembro de 2020, e sobre ele é de recomendável leitura Maria Raquel Ferreira/Elina Cardoso/João Conde Correia (Coords.), *Cooperação Internacional para Efeitos de Recuperação de Ativos*, Coimbra: Almedina, *passim*. A Diretiva 2014/42/EU, no art. 2.º, n.º 4, dispõe: «4) "Perda", a privação definitiva de um bem, decretada por um tribunal relativamente a uma infração penal» – sobre esta Diretiva, é de leitura obrigatória Maria Raquel Ferreira/Elina Cardoso/João Conde Correia, *O Novo Regime de Recuperação de Ativos à Luz da Diretiva 2014/42/EU e da Lei que a Transpôs*, Lisboa: INCM, 2018, *passim*. Estas definições que, quando emanadas do mesmo órgão tendem a ser unívocas, não são sempre harmonizáveis – basta comparar as das Nações Unidas com as da União Europeia –, e muito menos acomodam todas as formas de confisco. Sobre o assunto, veja-se também Tomás Farto Piay, *op. cit.*, pp. 63 e ss.

[27] Mesmo quando se procura por marcas unitárias do confisco, praticamente a única que não levanta dúvidas é a de que se trata de uma medida contra o direito de propriedade e, por isso, viabiliza o conceito de confisco não baseado em condenação – cfr. Michele Panzavolta, *op. cit.*, pp. 32 e ss.

elas serão encontradas de forma pura na realidade do direito. A maioria das ordens jurídicas contém, na verdade, formas híbridas»[28].

Torna-se, no entanto, menos difícil esta tarefa se delimitarmos o horizonte do nosso estudo: a) vamos analisar a natureza jurídica do *confisco não baseado numa condenação*, embora utilizando aquilo que poderia ser um espelho que projeta a figura, de uma forma diferente e com contornos diversos, de modo a compreender, não só a *ratio* daquela, mas também as peculiaridades do confisco condicionado por condenação (com especial enfoque na perda alargada); b) não vamos aprofundar a hipótese em que o legislador assume o confisco como pena acessória – além de escapar à lógica das *non-conviction-based confiscation*, obrigar-nos-ia a tomar posição sobre a questão da utilização da pena acessória como meio de aplicação do confisco, questão que, todavia, não cabe nos limites deste texto[29]; c) e vamos ter como pano de fundo o ordenamento jurídico português – focar-nos numa pretensa categoria dogmática geral seria de pouco préstimo, quando o legislador, em termos de direito comparado, como veremos, se encarrega de criar declinações diversas – que todavia nos ajudará a compreender outras soluções concretas assumidas em outros ordenamentos jurídicos. Assumimos, portanto, que a natureza jurídica que aqui procuramos perscrutar é a que resultará das opções do legislador.

Ainda em termos metodológicos, há vários caminhos possíveis para a abordagem da natureza jurídica do confisco. Há quem[30] sugira a consideração de três parâmetros: a classificação formal da medida no ordenamento jurídico; o conceito de pena ou medida de segurança; os objetos confiscados. Há quem[31] não desconsidere esta e outras vias, e também convoque os chamados critérios *Engel*[32]: a classificação da medida

[28] Cfr. SALIGER, *op. cit.*, p. 191, que procura saber se o confisco se integra num dos seguintes três modelos: penal, civil e administrativo.

[29] Faremos apenas uma breve referência ao assunto.

[30] Nesse sentido, MICHELE PANZAVOLTA, *op. cit.*, p. 34.

[31] RUI/SIEBER, «Non-conviction-based confiscation in Europe», in Rui/Sieber (Edts.), *Non-Conviction-Based Confiscation in Europe. Possibilities and Limitations on Rules Enabling Confiscation without a Criminal Conviction*, Berlim, Dunker & Humblot, 2015, pp. 261 e ss.

[32] Os critérios Engel foram enunciados pelo Tribunal Europeu dos Direitos Humanos, no caso *Engel and Others v. the Netherlands*, em 8 de junho de 1976 (Processos 5100/71; 5101/71; 5102/71; 5354/72; 5370/72).

na lei nacional; a natureza da ofensa; o grau de severidade da medida[33]. Naturalmente que vamos ter em conta tais critérios. Mas não de um modo sistemático e muito menos acrítico[34]. Parece-nos mais fácil examinar, em cada solução possível, a figura nos seus contornos gerais, enunciando, quando tiver de ser, as suas especificidades, relevando, sempre que possível e necessário, aqueles critérios.

Como a figura central do nosso estudo é o confisco não baseado em condenação, vamos apostar na distinção entre confisco clássico e alargado, como base do estudo. Mas, quando for pertinente, degradaremos a análise a partir do objeto do confisco: instrumentos, produtos e vantagens (sem prejuízo de apontar outras hipóteses).

Assim, numa primeira parte, verificaremos se o confisco pode ser uma consequência jurídico-penal, recorrendo às hipóteses clássicas: pena, medida de segurança, efeito da pena e efeito do crime (ou de atividade criminosa); numa segunda hipótese, analisaremos soluções que, embora escapem às tradicionais consequências jurídico-criminais, ainda possam ter natureza penal, a par de outras que manifestamente a atiram para fora desse âmbito.

3. O confisco não baseado em condenação

Tentar definir e caraterizar o *confisco não baseado em condenação*[35] é também tarefa exigente. Como explicam Jon Petter Rui e Ulrich Sieber, «não há um conceito único de NCBC [Non-conviction-based confiscation]»[36]. E identificam, pelo menos, definições diferentes no *Common law*, Itália,

[33] Sobre a análise destes critérios e sua aplicação ao confisco, entre outros, veja-se Rui/ /Sieber, *op. cit.*, p. 252, e Hélio Rodrigues, «O confisco de vantagens...», p. 42.

[34] Sobre a imprecisão dos critérios Engel, em algumas situações, Michele Panzavolta, *op. cit.*, pp. 38 e ss.

[35] Também conhecida no mundo anglo-saxónico como confisco civil (*civil forteiture*) e no mundo hispânico como extinção de domínio (*extinción de dominio*), como explica Blanco Cordero, «Recuperación de activos de la corrupción mediante el decomiso sin condena (comiso civil o extinción de domínio)», in Fabián Caparrós *et al.* (Edts.), *El Derecho Penal y la Polícita criminal Frente a la Corrupción*, México: Ubijus, Editoral, 2012, p. 339. Para uma breve evolução histórica das NCBC, veja-se João Conde Correia, «"Non-conviction based confiscations" no direito penal português vigente: "Quem tem medo do lobo mau"», *Julgar*, 2017, 32, pp. 72 e ss.

[36] Rui/Sieber, *op. cit.*, p. 246.

Alemanha-Escandinávia e EUA. Seguramente que a variedade não se fica por aí. Bastaria olhar para Portugal, entre outros[37].

Este tipo de confisco sucede sempre que o legislador permite a perda, em favor do Estado, de instrumentos, produtos ou, sobretudo, vantagens de um determinado facto ilícito típico, *sc.*, mesmo que nenhuma pessoa tenha sido criminalmente condenada e, portanto, ainda que não se comprove a culpa ou a perigosidade dessa pessoa relativamente a esse facto ilícito típico, desde que tais instrumentos, produtos e vantagens tenham ligação direta ou indireta àquele facto.

Internacionalmente, tem o respaldo da Convenção das Nações Unidas contra a Corrupção, de 31 de outubro de 2003 (art. 54.º, n.º 1, alª. c)[38]. Na União Europeia, é de salientar a Diretiva 2014/42/ EU do Parlamento Europeu e do Conselho de 3 de abril[39]/[40]. No direito português, podemos surpreender esta figura no CP, nos arts. 109.º e 110.º

Isto pode suceder por muitas razões, entre outras[41]: o facto ter sido realizado por inimputável, por alguém que goza de imunidade penal, ter

[37] Sobre o assunto, João Conde Correia, «"Non-conviction based confiscations"...», pp. 77 e ss., que, seguindo a rede CARIN, identifica quatro grupos de NCBC: "Civil recovery"; NCBC de riqueza inexplicável; NCBC mediante alargamento do confisco; NBCB no processo penal – além de uma variação destes que seria o confisco de bens de terceiro e de algumas declinações daqueles tipos, como seria, por exemplo, o caso da *confisca de prevenzione* italiana.

[38] Também em outras normas internacionais: Recomendação 3 (atual n.º 4) do Grupo de Ação Financeira Internacional e, antes ainda, o princípio n.º 26 adotado pelo G8 (Reunião de Ministro de Justiça e da administração interna, em 5 de maio de 2003. Cfr. João Conde Correia, «"Non-conviction based confiscations"...», pp. 74 e ss.

[39] É também de salientar o mais recente Regulamento (EU) 2018/1805, de 14 de novembro, relativo ao reconhecimento mútuo das decisões de apreensão e perda.

[40] Para uma consulta mais exaustiva a normas internacionais e europeias, bem como de direito comparado, veja-se, Euclides Simões/José Trindade, «Recuperação de activos: da perda ampliada à *actio in rem* (virtudes e defeitos de remédios fortes para patologias graves)», *in Revista Julgar*, 2009, pp. 10 e ss. Sobre a importância da Diretiva 2014/42/EU, é de recomendável leitura de Johan Boucht, *The Limits...*, pp. 35 e ss.

[41] Para uma análise de cada uma das situações possíveis, veja-se Blanco Cordero, «Recuperación de activos...», pp. 349 e ss. Igualmente, Blanco Cordero, «El decomiso en el Código Penal y la Transposición de la directiva 2014/42UE sobre embargo y decomiso em la Unión Europea», in Adriano Teixeira (Coord.), *Perda das Vantagens do Crime no Direito Penal. Confisco Alargado e Confisco sem Condenação*, Madrid/Barcelona/Buenos Aires/São Paulo, 2020, pp. 131 e ss.

sido descriminalizado ou amnistiado, ter o agente falecido, desaparecido e/ou sido declarado contumaz, ter prescrito o procedimento criminal, ter havido suspensão provisória do processo ou arquivamento em caso de dispensa de pena[42], os bens estarem na titularidade de um terceiro ou simplesmente se desconhecer o responsável penal ou o titular dos bens[43].

Seja como for, embora a factualidade em jogo tenha relevância penal, por razões diversas, pode não haver condenação. Não se exige a condenação por um crime, mas impõe-se a demonstração da existência de um facto ilícito típico. Se não se fizesse esta exigência, o confisco seria puramente civil ou administrativo. O que o torna significativo para o âmbito penal é a circunstância de se basear num facto penalmente relevante, mas não numa condenação penal. Ora, este trocadilho atira-nos já para outra possibilidade.

Nos casos de *confisco alargado*, em que se confisca o *património incongruente*, introduz-se uma nota diferenciadora muito importante: dispensa-se a necessidade de ligação direta ou indireta dos bens confiscados com o facto ilícito típico. Portanto, à primeira vista até podíamos dizer não ter relevância para o âmbito penal. Mas não. Nestes casos, o que o torna

[42] Há ainda quem acrescente a hipótese de absolvição – BLANCO CORDERO, «Recuperación de activos...», p. 354. Não devemos descartar esta hipótese. Mas, neste caso, é necessário provar que os bens têm origem ilícita. Porque se há absolvição e se exige uma ligação direta ou indireta dos bens ao facto ilícito típico, é difícil declarar ilícitos tais bens. Pelo que, a nosso ver, nesses casos, teríamos de fazer a prova da ilicitude da obtenção dos bens. Só que, no ordenamento jurídico português, isto seria muito difícil pelos arts. 109.º e 110.º do CP e impossível pelo art. 7.º da Lei n.º 5/2002, de 11 de janeiro. Ali, pela exigência de ligação direta ou indireta ao facto ilícito típico; aqui, pela exigência de uma condenação. Em nosso entender, o facto deve ser objetivamente ilícito e típico e não por qualquer relação com o agente. Por exemplo, um crime de infidelidade (art. 224.º do CP), deixa de ser relevante, como facto ilícito típico, apenas porque o titular do direito de queixa não apresenta queixa? Certo que não haverá julgamento e, portanto, não haverá condenação. Mas, nos termos do art. 110.º do CP, deixa de haver lugar ao confisco de vantagens? Esta questão foi aflorada pelo acórdão do Tribunal de Relação de Évora, de 24 de novembro de 2020, no Processo n.º 535/14.8TDEVR.E1 (não publicado), no sentido de que deixa de haver lugar à perda, o que consideramos muito discutível.

[43] Nomeadamente quando são encontrados os bens, mas ninguém aparece a reivindicar a sua titularidade, o que pode suceder por razões diversas, nomeadamente a do suspeito ter abandonado os bens para não ser responsabilizado penalmente – cfr. BLANCO CORDERO, «Recuperación de activos...», p. 356.

penalmente significativo é o facto de se exigir uma condenação por um determinado ilícito típico (e culposo). Mas então, que tem isto que ver com o confisco não baseado em condenação?

Há quem entenda[44] que nos casos de perda alargada também estamos em presença de *confisco não baseado numa condenação*: o património incongruente, objeto do confisco, não tem de apresentar qualquer relação com o facto ilícito típico pelo qual se exige a condenação. Quer dizer: condena-se por um facto; essa condenação é indispensável para desencadear o confisco; mas este incide sobre bens que nenhuma relação têm com esse facto.

Sendo discutível denominar-se os casos de perda de património incongruente como situações de confisco não baseado em condenação[45], por razões de natureza formal – desde logo porque se exige uma condenação penal, mesmo que o confisco nada tenha que ver com ela –, a verdade é que, atendendo a que o património não tem de ter qualquer relação com o crime objeto da condenação penal, para efeitos da determinação da natureza jurídica do confisco não baseado em condenação, por razões materiais, não podemos deixar de a considerar[46]. Em rigor, o confisco de património incongruente não se baseia no facto ilícito típico objeto de condenação.

[44] Hélio Rodrigues, «Cooperação judiciária em casos de confisco não baseado numa condenação», *in* Maria Raquel Ferreira/Elina Cardoso/João Conde Correia (Coords.), *Cooperação Internacional para Efeitos de Recuperação de Ativos*, Coimbra: Almedina, 2021, p. 164. Igualmente, João Conde Correia, «"Non-conviction based confiscations"...», pp. 87 e 92. Curiosamente, como nos dá conta Saliger, *op. cit.*, p. 205, na Alemanha faz-se até uma construção no mínimo curiosa. Além do confisco alargado – correspondente ao confisco alargado da Lei 5/2002, de 11 de janeiro portuguesa – está previsto no §76.º do *StGB* o confisco não baseado em condenação, que é denominado como «novo confisco alargado autónomo». Por isso, a aproximação entre o confisco alargado e o confisco não baseado em condenação é aqui muito forte.

[45] Pelo menos em termos de abordagem metodológica, há quem não prescinda de uma distinção clara entre confisco alargado e confisco não baseado em condenação. Nesse sentido, por exemplo, Johan Boucht, *The Limits..., passim*, mas de modo conclusivo, p. 233.

[46] Formalmente, até podemos dizer que são confiscos diferentes: um – o clássico – não se baseia em condenação; o outro – o alargado – baseia-se em condenação. Mas, materialmente, a relevância jurídica do confisco alargado é em tudo muito semelhante à que tem nos casos de não condenação. Se o património incongruente nada tem que ver com o crime objeto da condenação, para todos os efeitos, a perda daquele património não se baseia na condenação penal. Esta é condição, mas não fundamento do confisco.

E, portanto, não se baseia em condenação, embora esta seja condição para a sua promoção. Mesmo para os que discordem desta posição, a consideração detida do confisco alargado muito nos ajudará a caracterizar juridicamente o confisco não baseado em condenação.

No direito português, o confisco alargado está na Lei n.º 5/2002, de 11 de janeiro, nomeadamente nos arts. 7.º e ss.

Seja na modalidade clássica, seja na moderna versão ampliada, o confisco não baseado em condenação orienta-se, em geral, aos bens, às vantagens, e não propriamente à atuação das pessoas[47]. Por isso, é um confisco *tendencialmente* real (*in rem*) e não pessoal (*in personam*), justamente porque, ao não se discutir a culpa, ao não se exigir uma condenação penal, o que prevalece é a situação do objeto do confisco: os bens ou as vantagens[48]. Se isto significa que é de caráter penal ou não, isso já é outra questão que exige estudo e prudência[49].

4. Pode o confisco considerar-se uma consequência jurídico-penal clássica?

4.1. A hipótese de pena acessória ou de medida de segurança

Responder à questão «Pode o confisco considerar-se uma consequência jurídico-penal clássica?» implica saber se podemos falar de um modelo penal de confisco. Para isso, como explica FRANK SALIGER[50], o confisco teria de situar-se ao lado da pena e da medida de segurança, como um mal (uma censura ético-social) que é imposto ao arguido, para responder a um crime – uma reação a um facto passado –, vinculada a um sujeito (*ad personam*), com elementos ligados à culpa, prosseguindo finalidades

[47] Neste sentido, MICHELE PANZAVOLTA, *op. cit.*, p. 51.

[48] Nesse sentido, BLANCO CORDERO, «Recuperación de activos...», p. 339. Diga-se, no entanto, que este tipo de generalização carece sempre de algum cuidado, uma vez que a figura, como já se disse, é híbrida e depende muito do modo concreto como está legalmente prevista.

[49] Aliás, afirmar que «o confisco sem condenação não é uma sanção penal, senão uma consequência de natureza distinta, próxima das instituições de caráter civil», como o faz BLANCO CORDERO, «Recuperación de activos...», p. 340, carece de comprovação. Em Portugal, por exemplo, aludindo aos arts. 109.º e 110. do CP, como veremos no texto, não falta quem considere uma medida análoga à medida de segurança, ora, claramente no âmbito penal.

[50] SALIGER, *op. cit.*, pp. 189 e ss.

da pena, tanto preventivas quanto repressivas, no processo penal, entre outras[51]. Seguindo tal visão, o confisco, podendo ser consequência jurídico-penal, não teria de ser uma pena nem medida de segurança, mas possuiria os restantes elementos. Ora, seria precipitado avançar para a sua caracterização jurídico-penal, sem perceber por que razão não deve ser considerado pena ou medida de segurança.

É que, curiosamente, entre as várias consequências jurídico-penais do facto ilícito típico, a hipótese de o confisco poder ser uma *pena acessória* deveria ser a primeira a considerar. Desde logo, porque o legislador, por vezes, adota a pena acessória como forma jurídica do confisco. Exemplos, entre outros, estão no art. 8.º do DL n.º 28/84, de 20 de janeiro (infrações antieconómicas e contra a saúde pública), no art. 35.º da Lei n.º 173/99, de 21 de setembro (Lei da Caça) e nos arts. 16.º, 18.º, 19.º e 20.º da Lei n.º 15/2001, de 5 de junho (Regime Geral das Infrações Tributárias). Isto sucede nos casos em que existe uma condenação penal e em que se não admite a sua aplicação quando nenhuma pessoa vem a ser condenada. O que significa que não estamos a falar de situações de confisco não baseado em condenação penal. Quando consideramos esta hipótese, a resposta só pode ser uma: o confisco não baseado em condenação, por definição, não pode ser uma pena acessória. Esta pena pressupõe a aplicação de uma pena principal. Se não tem de haver condenação, não há pena principal. Se assim é, não há lugar a pena acessória.

Mas não só. Mesmo que considerássemos adequada essa opção, do ponto de vista dogmático, certamente que ela não seria a mais apropriada do ponto de vista político-criminal. É que a pena acessória não deixa de ser uma solução extremamente redutora: não permite o confisco de vantagens (e até de instrumentos e produtos) em caso de não condenação ou quando tais bens estão na posse de terceiros e nem permite confiscar o património incongruente quando este nada tem que ver com o crime objeto de condenação. Mais: a opção pela pena acessória configuraria sempre uma opção por uma sanção penal, quando na verdade, em geral, nos casos de confisco de vantagens, punir não é seguramente o fundamento (mais relevante) do confisco. A ideia, segundo a qual, «qui confisque les corps, confisque les

[51] Para uma visão completa do modelo criminal, suas caraterísticas, com vista a saber de que natureza jurídica são as NCBC, veja-se Rui/Sieber, *op. cit.*, pp. 250 e ss.

biens»[52], há muito questionada, não faz sentido quando outras podem ser as soluções.

Também não se poderia falar de *medida de segurança*. A hipótese não é absurda[53].

Sucede que também as medidas de segurança estão sujeitas a certos requisitos que dificilmente estariam satisfeitos pelo confisco[54]. Um deles é o da perigosidade do agente para a prática de novos delitos[55]. O confisco pode responder a problemas de perigosidade, mas não do agente, senão dos objetos sobre que recai (nomeadamente os instrumentos utilizados *no* ou produzidos *pelo* facto). As medidas de segurança têm caráter pessoalíssimo, como as penas, ao passo que o confisco não tem (recorde-se que pode ser aplicado a terceiros)[56]. Não parece que supere este desiderato a proposta de um «conceito relacional», em que «a perigosidade passa da coisa ao sujeito», de tal modo que «a perigosidade da coisa deve ser valorizada em relação à pessoa que a detém»[57]. Nas medidas de segurança, a perigosidade afere-se sempre pelas qualidades do agente, e não dos objetos que este utiliza ou pode utilizar. Não surpreende que na doutrina italiana haja divergências quanto à consideração do confisco como medida de segurança («misure di sicurezza patrimonial»)[58].

Pelo que, não se baseando o confisco na culpa ou na perigosidade do agente, faz pouco ou nenhum sentido considerá-lo pena (acessória) ou medida de segurança[59]. Ainda assim, quando o legislador o assume

[52] Sobre esta ideia, criticada por BECCARIA, veja-se MICHELE PANZAVOLTA, *op. cit.*, pp. 27 e 34.

[53] No ordenamento jurídico italiano, é assim que se considera. Como explica TOMMASO TRINCHERA, *op. cit.*, p. 32, o legislador italiano coloca o art. 240.º do CP (confisco de proveitos) entre as medidas de segurança.

[54] Como explica ANA CARRILLO DEL TESO, *op. cit.*, p. 125.

[55] Como explica MARIA JOÃO ANTUNES, *op. cit.*, p. 138: «O pressuposto de aplicação da medida de segurança é a *perigosidade criminal* do agente».

[56] No mesmo sentido de recusar a consideração do confisco como medida de segurança, vai ANA CEREZO DOMINGUEZ, *op. cit.*, p. 27. A Autora também considera que o confisco, que responde à perigosidade dos bens, e não do sujeito, também não elimina totalmente essa perigosidade, porque o sujeito pode sempre utilizar outros objetos que não os confiscados.

[57] Cfr. TOMMASO TRINCHERA, *op. cit.*, p. 33.

[58] Como nos dá conta TOMMASO TRINCHERA, *op. cit.*, pp. 34 e ss.

[59] Como explica MARIA JOÃO ANTUNES, *op. cit.*, pp. 47 e ss., «[a]s penas acessórias, porque se aplicam ainda por referência ao *conteúdo do ilícito respetivo* e à *censura do facto* praticado,

como pena acessória, é como tal que deve ser tratado enquanto razões de inconstitucionalidade não o impedirem.

Como se disse, no entanto, nos casos de confisco não baseado em condenação, é impossível considerar o confisco uma pena ou uma medida de segurança. Pelo que esta hipótese não merece maior aprofundamento na economia deste estudo.

4.2. Efeito da pena?

a) Em geral, quando não há condenação

Descartada a hipótese de se tratar de uma pena acessória ou medida de segurança, no percurso em busca da natureza jurídica do confisco (não baseado em condenação), segue-se a paragem nos efeitos das penas ou dos crimes: para rejeitar a primeira hipótese e para admitir a discussão da segunda. Vamos agora à primeira hipótese.

O confisco não baseado em condenação não pode ser efeito da pena pela simples razão de que, não havendo condenação, não há pena (sem esta não há o seu efeito).

É certo que os efeitos acessórios das penas não se confundem com as penas acessórias[60]. Não dependem da verificação dos pressupostos assestados às penas acessórias, uma vez que não são em sentido técnico-jurídico verdadeiras penas. Ao invés, em geral, são simplesmente a consequência conatural da pena principal e, às vezes, de penas acessórias[61]. Dito de outro modo, enquanto as penas acessórias, por serem verdadeiras penas, estão sujeitas aos requisitos do artigo 40.º e aos critérios do art. 71.º do CP, os efeitos acessórios podem simplesmente cumprir uma função *meramente*

sancionam o crime, ao passo que as medidas de segurança não privativas da liberdade sancionam a *perigosidade criminal* do agente, *comprovada* na prática anterior de um crime ou de um facto ilícito».

[60] Neste sentido, claramente, Figueiredo Dias, *Direito Penal Português. As Consequências Jurídicas do Crime*, Lisboa, Aequitas/Editorial Notícias, 1993, p. 93, embora nos pareça, como fazemos no texto, que os termos da distinção podem ir mais longe.

[61] Por isso, há quem, como André Lamas Leite, «Nótulas sobre as penas acessórias em sede da "Estratégia nacional Anticorrupção 2020-2024"», *in* Pinto de Albuquerque, *et al.* (Orgs.), *Corrupção em Portugal. Avaliação Legislativa e Propostas de Reforma*, Lisboa, UCE, 2021, p. 205, chame a atenção para o facto de a distinção entre pena acessória e efeito das penas esteja «na circunstância de a primeira se basear (também) numa ideia de culpa (artigo 40.º, n.º 2), ao invés do segundo, apenas assente em critérios preventivos».

preventiva, eventualmente até de *dissuasão*, ou não passarem de meros e conaturais efeitos práticos da aplicação da pena. Mas dependem sempre da aplicação da pena (principal ou acessória). Esta última condição atira o confisco em caso de não condenação para fora desta hipótese.

b) Nos casos em que há condenação

Naturalmente que o fenómeno, acompanhando a complexidade e hibridez da figura, sempre permite colocar a questão nos casos em que a condenação é condição do confisco, mas este nada tem que ver com essa condenação. Estamos a falar, nomeadamente, daquelas situações de confisco de *património incongruente* (confisco alargado). Se partirmos do princípio de que nestes casos também podemos falar de confisco não baseado em condenação[62], mas sabendo que há uma pena – aquela que se aplica ao crime que condiciona o confisco –, então não podemos rejeitar liminarmente a hipótese de o confisco poder ser um efeito da pena. Afinal, o seu principal pressuposto, que é o da existência de uma pena, estaria preenchido. Mais: não estando sujeito aos requisitos do art. 40.º e aos critérios do art. 71.º do CP, podendo simplesmente cumprir uma função meramente preventiva, eventualmente até de dissuasão, ou não passar de mero e conatural efeito prático da aplicação da pena, o que se exige é que haja uma relação com a pena, mas não mais do que isso.

Já agora, diríamos que isso é, numa primeira aproximação, o que se passa com o confisco em caso de condenação do CP (a vulgarmente designada perda clássica). Mas esta seria uma conclusão precipitada, como precipitada seria aquela relativa à perda alargada. Vejamos.

Para os casos em que a lei, partindo dos mesmos pressupostos, admite a perda baseada ou não numa condenação, não faz sentido considerar o confisco um efeito da pena. Se é possível, no âmbito do mesmo regime jurídico, haver perda de bens em casos de não condenação, seria estranho que para os casos de condenação se considerasse um efeito da pena, apenas por essa vicissitude, mas já não em casos de não condenação, por falta da ocorrência desta. A medida é sempre a mesma, e tem sempre a mesma natureza, em ambas as situações. Não poderia ser uma coisa numa situação e transfigurar-se em outra. Há algo que une as duas situações de

[62] Já explicámos, no ponto 3. que esta hipótese não pode deixar de se considerar quando o património incongruente nada tem que ver com o crime objeto da condenação.

confisco – em caso de condenação e de não condenação[63] – que é a relação dos instrumentos, produtos e vantagens com um determinado facto ilícito típico, independentemente de culpa e/ou de condenação criminal. A sua consideração como efeito acessório da pena, não sendo impossível em casos de condenação[64], deixa de fazer sentido quando, mantendo a mesma natureza, ela se aplica a casos de não condenação. Não sendo uma pena acessória, nem um efeito acessório da pena, será sempre uma medida de recuperação de instrumentos, produtos e vantagens ligados ao facto ilícito típico, com características próprias que adiante procuraremos compreender, às quais, em todo o caso, não serão alheias razões preventivas.

Mas, voltando aos casos de *perda ampliada*, vemos com alguma dificuldade a sua consideração como efeito acessório da pena. Pela existência de uma condenação – quando a lei a não admite em casos de não condenação –, até seríamos levados a considerar uma tal possibilidade. Seria um mero efeito da condenação por um desses crimes do catálogo. Nesse sentido foi AUGUSTO SILVA DIAS[65], relativamente ao confisco previsto na Lei n.º 5/2002, considerando que se trata de um *efeito da pena*, na verdade

[63] Entenda-se: em casos em que a lei admite o confisco quando ocorre condenação, do mesmo modo que o admite quando nenhuma pessoa vem a ser condenada. O que significa que, por uma questão de economia de exposição, é o regime do confisco não baseado numa condenação que vem a ser predominante.

[64] Recorda-nos PEDRO FERREIRA DIAS, «Suspensão da execução da pena e perdimento de coisas ou direitos relacionados com o crime», in *RMP*, julho-setembro 1987, pp. 100 e ss., não só no âmbito do CP de 1886, em que o art. 75.º colocava a perda de instrumentos do crime no conjunto dos efeitos da pena (citando CAVALEIRO DE FERREIRA), como até do CP de 1982, uma vez que, como defende na p. 102, embora o atual CP não considere expressamente o perdimento um efeito da pena, não deve deixar de se aplicar o art. 635.º do CPP, ou seja, de se considerar como efeito da pena. Naturalmente que o CP de 1982, entretanto, evoluiu nesta matéria e, portanto, já não é fácil considerar a perda um efeito da pena, uma vez que, como explicamos no texto, o confisco não baseado em condenação não pode ser considerado efeito da pena.

[65] AUGUSTO SILVA DIAS, «Criminalidade organizada e combate ao lucro ilícito», *in* Maria Fernanda Palma/Augusto Silva Dias/Paulo Sousa Mendes (Coords.), *2.º Congresso de Investigação Criminal*, Coimbra, Almedina, 2012, pp. 39 e ss. O Autor, relativamente ao confisco previsto na Lei n.º 5/2002, de 11 de janeiro, considera que se trata de um efeito da pena e não de uma reação análoga à da medida de segurança, sendo por isso inaplicável em caso de absolvição do arguido, por exemplo. Igualmente considera que não se trata de uma reação análoga a uma medida de segurança, como defende JORGE GODINHO, ou uma medida não penal, de natureza administrativa, como sustenta DAMIÃO DA CUNHA.

«um efeito patrimonial, não automático, da pena», e não de uma reação análoga à da medida de segurança, sendo por isso inaplicável em caso de absolvição do arguido. Em rigor, há uma condenação, há uma pena, e o efeito seria o confisco alargado do património incongruente resultante de presumível atividade criminosa (também ela do mesmo género do crime objeto de condenação). É claro que sempre teremos um problema, em todo o ultrapassável, que é o facto de a perda alargada também poder ser decretada relativamente a terceiros[66]. Poderíamos dizer que o terceiro sofre os efeitos da pena, na medida em que não seria um terceiro de boa-fé. Admitindo que uma tal argumentação não é incontroversa, não a vamos, todavia, aprofundar, porque nos parece haver outras razões para analisar e eventualmente questionar a tese do efeito da pena, apesar da sua indiscutível racionalidade lógica.

Comecemos por manifestar a nossa concordância à ideia, segundo a qual, o confisco contribui para «reforçar na consciência colectiva o lema de que o crime não compensa e evitar que o património obtido de forma criminosa organizada seja utilizado para cometer novos crimes ou pra ser "investido" na economia legal» [67]. Ideia com a qual concordamos, mas como *efeito* da aplicação do confisco, e não propriamente por uma certa racionalidade teleológica da figura. Na verdade, para nós, é claro que a atribuição ao confisco de finalidades preventivas, próprias do direito penal, a atiram para o campo das reações criminais[68]. E, por isso, a sua consideração como efeito da pena seria mais do que justificada. A hipótese

[66] Art. 7.º, n.º 2, al. b), da Lei 5/2002, de 11 de janeiro: «2 – Para efeitos desta lei, entende-se por "património do arguido" o conjunto dos bens: b) Transferidos para terceiros a título gratuito ou mediante contraprestação irrisória, nos cinco anos anteriores à constituição como arguido».

[67] Augusto Silva Dias, *op. cit.*, pp. 39 e ss.

[68] Entendimento diferente tem Pedro Caeiro, *op. cit.*, p. 310: «a circunstância de a perda alargada se encontrar ordenada à prevenção criminal e de exigir uma condenação penal e a (presumida) proveniência criminosa dos bens não satisfaz ainda a sua classificação como reação penal». Concretiza, explicando que não é pena, não é reação análoga a uma medida de segurança, não é sanção penal *sui generis*, nem efeito da pena, nem reação penal alguma. Estamos de acordo quanto à conclusão. A nosso ver, a imputação de finalidades preventivo-sancionatórias ao confisco convoca à sua consideração como sanção penal, ainda que a sua definição envolvesse alguma discussão dogmática. Mas muito provavelmente teríamos de nos aproximar de uma solução como a que defende Augusto Silva Dias (efeito da pena). Quer isto dizer que, se aderirmos à tese de que o confisco tem finalidades preventivas, parece-nos

de se tratar de efeito da pena tem todo o sentido quando se parte de uma racionalidade teleológica própria do direito penal.

Só que este não é o único modo de ver as coisas. O confisco alargado tem efeito dissuasor, mas é duvidoso que esse seja o seu fundamento teleológico. Dito de outro modo: não é incompatível caracterizar o confisco como civil (ou eventualmente com outra natureza), mas reconhecer que ele tem efeito dissuasor, no sentido de que viabiliza a ideia segundo a qual o crime não compensa. Nesse sentido vai João Conde Correia[69], aceitando a ideia segundo a qual esta medida se inspira (a de que o crime não compensa), apesar de a considerar uma medida não penal[70].

que a proposta de Augusto Silva Dias faz todo o sentido. Veremos, no entanto, adiante, que não é assim que pensamos.

[69] João Conde Correia, «Presunção de proveniência ilícita de bens para perda alargada: anotação aos acórdãos do Tribunal Constitucional n.ºs 101, 392 e 476/2015 (Lei n.º 5/2002, de 11 de janeiro – Confisco – Perda alargada – Presunção de inocência – Ónus de prova – Atividade criminosa)», *RMP*, 2016, 145, pp. 208 e 221.

[70] João Conde Correia, «Presunção...», p. 220. Igualmente Saliger, *op. cit.*, p. 193, explica que, na Alemanha, de acordo com a jurisprudência, o confisco tem natureza civil, apesar de ter finalidades preventivas. Como explica, «[e]ssas mencionadas finalidades do confisco não precisam necessariamente de ser interpretadas como de natureza penal». E mais: «a perseguição de finalidade preventivas não é estranha ao direito civil (veja, o direito de restituição e a regulação do enriquecimento sem causa). O que é, portanto, decisivo para a determinação da natureza jurídica do confisco é a intensidade da intervenção estatal por meio do confisco de propriedade». Ora, é por esta razão que consideramos que, tendo finalidades preventivas, o confisco não pode deixar de ser uma sanção penal. O Autor faz uma comparação com o enriquecimento sem causa e diz que «o Estado, que ajuda a vítima a fazer valer as suas pretensões por meio do confisco, não aparece na posição de lesado». Mas, convenhamos: o papel do Estado no confisco não se resume a ajudar a vítima. Primeiro, porque pode nem haver vítimas. Depois, porque, mesmo que ajude vítimas, o Estado visa uma correção do património de acordo com o Direito. Esta sim é a razão que faz configurar o confisco como civil. A intensidade da intervenção do Estado é indiscutível; o Estado não atua apenas para ajudar as vítimas. Mas o Estado não persegue finalidades preventivas: o Estado persegue finalidades ordenadoras do património, ainda que com efeitos dissuasores. E, se por maior intensidade se entende a possibilidade de o Estado poder confiscar bens que vão para além dos ganhos obtidos com o crime, a nossa posição é semelhante à do Tribunal Constitucional alemão, segundo a qual «a intensidade da intervenção em geral não constitui um elemento caraterizador de uma sanção criminal» – cfr. Saliger, *op. cit.*, p. 194. Sobre a NCBC na Alemanha, como sendo medida não penal, mas com finalidades preventivas, veja-se Rui/Sieber, *op. cit.*, p. 246.

Este ponto é muito importante, e por isso não podemos deixar de o aprofundar[71].

Partindo do princípio de que as finalidades das sanções penais são preventivas (gerais e especiais) positivas, e não propriamente repressivas, punitivas (retributivas ou preventivas de tipo negativo)[72], tudo passa por se distinguir finalidades de efeitos, tarefa fundamental em direito penal. Não se duvida que o confisco tem *efeito* dissuasor (preventivo)[73]. Isso é, de

[71] Seguimos aqui argumentação que já utilizámos em outro texto, com o título «O confisco alargado em processo penal. Comentário jurisprudencial a partir do ac. n.º 498/2019 do Tribunal Constitucional», a publicar brevemente na *Católica Law Review*.

[72] É muito importante ter presente que, quando falamos de finalidades preventivas, estamos a falar de finalidades penais, das sanções penais, e não de finalidades de modelos preventivos de tipo administrativo. É que, para nós, isso está assumido no moderno direito penal, de que é exemplo o art. 40.º do CP português. Por isso, a discussão sobre saber se não deveríamos considerar a distinção entre prevenção e repressão para caracterizar as sanções penais e para só incluir nestas aquelas que são repressivas, carece de sentido. Como chama à atenção, Michele Panzavolta, *op. cit.*, p. 41, «in modern societies punishment also entails prevention, and the machinery of repressive criminal justice naturally incorporate some preventative ends». Claro que medidas preventivas podem e devem ser tomadas fora do direito penal. Mas as sanções penais, quando aplicadas, têm finalidades preventivas, embora efeitos dissuasores.

[73] Há quem o diga de modo inverso, como é citado pelo Tribunal Constitucional no ac. n.º 498/2019. Francisco Borges, «Perda alargada de bens: alguns problemas de constitucionalidade», *in* Faria Costa *et al.* (Orgs.), *Estudos em Homenagem ao Prof. Doutor Manuel da Costa Andrade*, Vol. I, *Direito Penal*, Coimbra, Instituto Jurídico da Faculdade de Direito da Universidade do Coimbra, 2018, pp. 222 ss., afirma: «É certo que a questão de constitucionalidade poderia estar precisamente aí, na circunstância de o legislador não ter configurado o confisco alargado como uma reação penal e de, tendo em conta a finalidade desta medida e os seus efeitos gravosos sobre a esfera do arguido, dever tê-lo feito. Não é, porém, o caso. Ainda que a sua finalidade – preventiva – seja comum à que, em geral, subjaz ao direito penal, os seus efeitos não o são. Como vimos, com o confisco alargado não se pretende de forma alguma penalizar o arguido, mas apenas retirar-lhe os benefícios que se considera serem resultado de atividade criminosa. Além do mais, as finalidades preventivas não são, certamente, exclusivas do direito penal, atendendo, desde logo, ao princípio da subsidiariedade e da última *ratio*. Não pode, portanto, essa circunstância, sem mais, ser determinante para a caracterização de uma medida penal». Certamente que as finalidades preventivas não são exclusivas do direito penal. Mas quando assumidas numa situação que tem como pressuposto a condenação por um crime e, como fonte da ilicitude do património, a atividade criminosa, é muito difícil reconhecer tais finalidades e não terem nada de jurídico-penal. Por isso é que, para nós, no confisco alargado não há finalidades preventivas. Há *efeitos preventivos* que resultam da aplicação de uma medida que é de tipo civil e que visa conformar o património de acordo com o Direito.

resto, o que se passa com todas as sanções criminais. Mas não são os efeitos que configuram as sanções. Uma pena – por exemplo, a pena de prisão – é configurada a partir de uma racionalidade teleológica. Em Portugal, nos termos do art. 40.º do CP, essa racionalidade finalística é preventiva (geral e especial) de tipo positivo. Por isso, a sua conceção, a duração máxima, os critérios de determinação e da medida da pena, tudo é projetado em obediência a essas finalidades. Logo, não temos penas perpétuas, muito menos de morte. Justamente porque não existe uma racionalidade retributiva ou preventiva de tipo negativo. Mas ninguém duvida que a aplicação de uma pena de prisão tem efeitos dissuasores. A simples ameaça da pena, tem esse efeito. E a sua aplicação também o confirma. Este efeito, contudo, em nada se confunde com uma eventual finalidade de intimidação (negativa) ou retributiva.

Relativamente ao confisco alargado, pode dizer-se o mesmo: tem efeito dissuasor, sim, na medida em que a sua existência acaba por desmotivar quem queira dedicar-se ao tipo de criminalidade prevista na Lei n.º 5/2002, de 11 de janeiro, e a quem venha a sofrer a ablação das vantagens. Mas não é concebida para responder a finalidades criminais[74]. Se o fosse, teria de ser uma pena (acessória) ou um efeito da pena ou, quando muito, uma sanção análoga a uma medida de segurança. Mas não é. Trata-se de reagir à ilicitude da obtenção do património, conformando-o ao Direito. Nada mais. Que isto tenha efeito dissuasor, é algo que o legislador não desconhece, desde logo porque faz depender a incongruência do património de atividade criminosa. Mas não se trata de uma reação criminal a essa atividade. A única reação criminal que existe, a um facto ilícito típico e culposo, é a que se dirige ao crime objeto de condenação. E já sabemos que não há relação entre este crime e aquele património.

[74] Nesse sentido, referindo-se ao confisco não baseado em condenação, Blanco Cordero, «Recuperación de activos...», p. 340: «O confisco *não tem os mesmos fins que a pena criminal*, senão que persegue remediar um estado patrimonial ilícito surgido como consequência da comissão de um delito. Fim do confisco é corrigir a perturbação do ordenamento jurídico consequência da situação patrimonial ilícita gerada pela comissão de delitos». Até aqui estamos de acordo. Porém, o Autor (p. 341), acrescenta que o confisco também tem uma *finalidade preventiva geral*, que consiste em reduzir o incentivo à comissão de delitos. Bastaria que Blanco Cordero, em vez de finalidade preventiva geral, dissesse efeito geral preventivo, com todas as implicações que esta troca de terminologia implica, para estarmos de acordo.

Mesmo assim, se existe um efeito dissuasor no confisco, por que razão esse efeito não pode ser considerado efeito da pena?

Para nós, tal como o legislador português o concebeu, o efeito dissuasor do confisco não se confunde com um pretenso efeito da pena. É que, não havendo prova do nexo entre o património incongruente e o crime do catálogo[75], este ilícito-típico e culposo não é mais do que o pressuposto ou, *rectius*, a condição necessária para a perda alargada, sendo o património incongruente presumido a partir «de atividade criminosa», sem que, no entanto, seja preciso demonstrar qualquer relação entre o património e o facto objeto da condenação penal. Por isso, o efeito da pena deveria limitar-se ao património que tivesse relação direta com o crime sobre o qual recai a condenação. Coisa que não sucede.

Logo, o confisco do património incongruente não pode ser o efeito da pena que se aplica a um determinado crime, uma vez que aquele património pode ter, quando muito, uma relação espúria com aquele crime. Se o património incongruente nada de relevante tem que ver com o crime sujeito a condenação, a pena por este crime não poderia ter um efeito sobre algo que nenhuma relação tem com a pena. A menos que não exista qualquer outro fundamento para o confisco e se pretenda ver neste um conteúdo assumidamente sancionatório, punitivo – no sentido de evidenciar que o crime não compensa –, caso em que a tese do efeito da pena faria todo o sentido. Mas não nos parece que assim seja. Tem de haver algo mais que fundamente tal perda que pode até não ter que ver necessariamente com a pena ou com a questão penal. Adiante, aprofundaremos esta questão.

4.3 Efeito do crime?

a) Em geral, nos casos de não condenação

Se a hipótese de efeito da pena está por enquanto afastada, estará de imediato superada a ideia de o confisco poder configurar efeito do crime?

Nos casos clássicos[76] de confisco não baseado em condenação, a resposta só pode ser negativa: não sendo necessária uma condenação por

[75] No caso da perda alargada do art. 7.º da Lei 5/2002, de 11 de janeiro, o catálogo de crimes está no artigo 1.º dessa lei.

[76] Estamos a falar dos casos de confisco previstos no CP, em que se faz depender a perda de bens de uma ligação direta ou indireta a um facto ilícito típico, excluindo, portanto, os casos de perda ampliada.

um crime, não faz sentido que o confisco fosse efeito de um crime. Trata-se de uma impossibilidade formal. Mas não só.

Em direito penal *não existem efeitos automáticos do crime*. O art. 65.º, n.º 1, do CP determina a impossibilidade de a pena envolver como efeito necessário a perda de direitos civis, profissionais ou políticos. Não raro, já se questionou a validade constitucional de efeitos automáticos dos crimes. FIGUEIREDO DIAS, compreendendo a «conveniência em ligar a certos crimes efeitos acessórios, como inelegibilidades e incapacidades de vária sorte», como de resto decorre do n.º 2 do art. 65.º do CP, entendeu, e bem, que deveriam ficar sujeitos ao princípio da não automaticidade[77]. E, portanto, ainda que previstos na lei tais efeitos, sempre seria necessário que eles operassem por «intermédio do juiz» (na expressão de FERRER CORREIA, na comissão revisora do CP)[78]. Ora, ao sujeitar tais efeitos ao princípio da não automaticidade, deixa de fazer sentido falar-se de efeitos do crime. Em rigor e em geral – não no caso do confisco não baseado em condenação –, devemos tratar tais situações como verdadeiras penas acessórias ou, eventualmente, se for o caso, efeitos acessórios da pena[79]. Por isso é que, ainda hoje, algumas situações suscitam reservas. Por exemplo, relativamente ao art. 246.º do CP, fazem sentido as interrogações formuladas por ANDRÉ LAMAS LEITE, sobre o modo como está formulada e epigrafada esta figura, que pode sugerir tratar-se de um «efeito do crime», embora a enunciação da norma que coloca a decisão de incapacidade («pode») no juiz sujeita esta figura ao princípio da não automaticidade e,

[77] FIGUEIREDO DIAS, *Direito Penal Português...*, p. 162.

[78] FERRER CORREIA, *Actas das Sessões da Comissão Revisora do Código Penal. Parte Geral.* Volume II, 1979, Lisboa, AAFDL, s/d, p. 115, como é enfatizado por FIGUEIREDO DIAS, *Direito Penal Português...*, p. 162.

[79] Nesse sentido, claramente, MARIA JOÃO ANTUNES, *op. cit.*, p. 43. A Autora começa por explicar que o art. 65.º, n.º 2, do CP tem o «objetivo inequívoco de distinguir o que é *efeito do crime* do que é *efeito da pena*». E, depois, acrescenta: «A lei pode fazer corresponder a *certos crimes* determinados *efeitos*, prevendo penas acessórias cuja aplicação é ainda por referência ao *conteúdo do ilícito respetivo e à censura do facto* praticado, penas essas que constituem a forma atual de os *efeitos do crime* poderem ter relevo, sem qualquer quebra da proibição da sua automaticidade». Portanto, tal como explicámos no texto, como os efeitos do crime não podem ser automáticos, ao passarem pela decisão de um juiz, não podem ser outra coisa que não seja uma pena acessória.

portanto, mais não será do que uma pena acessória (como aliás assim é considerada por boa parte da doutrina[80]).

Note-se que a questão da inconstitucionalidade dos efeitos automáticos do crime já foi aflorada pelo TC precisamente num caso que envolvia a perda de bens. Aquele Tribunal, no ac. n.º 202/2000, decidiu «julgar inconstitucional, por ofensa ao princípio constitucional da proporcionalidade, conjugado com o artigo 62.º, n.º 2 da Constituição da República, a norma do artigo 31º, n.º 10, Lei n.º 30/86, de 27 de agosto, na parte em que prevê, como efeito necessário da prática do crime ali tipificado, e independentemente da ponderação das circunstâncias do caso, a perda dos instrumentos da infração»[81].

Dito isto, os «efeitos do crime» que pudessem decorrer automaticamente, por força da lei, do conteúdo do ilícito, antes que da natureza da pena fixada, sem necessidade de uma decisão do juiz, sendo de duvidosa constitucionalidade[82], acabam por não ter qualquer relevância. É que se só existem se for aplicada uma pena, em rigor, ou são penas acessórias ou são efeitos das penas ditados por um juiz. E, portanto, nos casos de confisco não baseados em condenação, seria impossível falar-se da perda como efeito do crime.

E o mesmo vale para as situações em que, permitindo-se o confisco não baseado em condenação, ele possa ocorrer quando esta sucede. O regime do confisco será sempre o mesmo. Se é o mesmo, seria estranho considerar o confisco como efeito do facto (crime) quando há condenação, e não o considerar quando não há. Pelo que não pode ser efeito do crime em nenhum dos casos.

[80] PINTO DE ALBUQUERQUE, *Comentário do Código Penal à Luz da Constituição da República e da Convenção Europeia dos Direitos do Homem*, 3.ª edição atualizada, Lisboa, UCE, 2021, p. 980, não tem dúvidas em considerar pena acessória, com quem concordamos.

[81] Cf. https://www.tribunalconstitucional.pt/tc/acordaos/20000202.html, consultado a 15 de julho de 2022.

[82] É relevante a fundamentação TC no ac. 202/2000, de 4 de abril: «A norma em causa não poderia, pois, fazer corresponder à prática do crime de caça em causa (ou à condenação em certa pena), ao lado da pena principal, a imposição necessária da sanção penal de interdição do direito de caçar, excluindo a possibilidade de o juiz comprovar, perante o facto, se existe ou não uma justificação material para a sua aplicação».

b) Nos casos de condenação penal (sem possibilidade de confisco não baseado em condenação)

Discutível seria relativamente aos casos em que se exige uma condenação – sem considerar agora a hipótese de perda alargada. A consideração da perda como efeito do facto ilícito típico, nos casos de condenação, mais do que como efeito da pena, não pode ser liminarmente excluída: não sendo pena, não sendo um efeito da pena, não pode excluir-se poder tratar-se de um efeito ou, pelo menos, *consequência do facto.* A prática do facto, envolvendo instrumentos ou permitindo a produção de benefícios, teria como efeito a sua perda por serem tais instrumentos perigosos e se basearem tais benefícios em facto ilícito. Seria a ilicitude do facto que determinaria o efeito de perda dos bens, e não propriamente a natureza da pena.

Mesmo assim, não esqueçamos que a entidade judiciária terá sempre de determinar esse confisco. Ora, o que sucede normalmente, quando não estamos em presença de confisco não baseado em condenação ou em situação de perda alargada, é o legislador considerar o confisco verdadeira pena acessória[83]. Quando assim não sucede, já vimos que o TC repudia os efeitos necessários e automáticos do crime, independentemente de qualquer ponderação. O que mais não é do que a concretização do princípio da não automaticidade dos efeitos dos crimes.

c) Nos casos de confisco alargado

Mais complexa é a situação dos casos de confisco alargado. A condenação pelo crime é condição do confisco, mas o património incongruente nada tem que ver com aquele crime. Se nada tem que ver, pode o confisco ser efeito do crime?

Pela existência de uma condenação, a resposta até parece mais fácil, mas logo se constata que essa condenação de pouco vale para aquela definição. Sabemos que o confisco previsto no art. 7.º da Lei n.º 5/2002, supõe sempre a condenação por um crime. Mas importa recordar que não se exige uma relação direta entre a vantagem patrimonial (incongruente) e o crime de catálogo do art. 1.º Logo, considerar o confisco um efeito do crime, quando o património nada tem que ver com esse crime, é no mínimo estranho. Para

[83] É o que sucede, por exemplo, em alguma legislação extravagante, como já demos conta no ponto 4.1.

além de problemas de inconstitucionalidade, sempre se deverá questionar aqui a falta de ligação entre o efeito e o crime.

Em suma, quer pelas dificuldades inerentes aos efeitos automáticos ou necessários do crime, quer pela possibilidade de o confisco poder ser aplicado em casos de não condenação, quer porque o confisco pode incidir sobre um património que nada tem que ver com o facto sujeito a condenação, a consideração do confisco como efeito do crime não faz sentido.

4.4. E efeito de «atividade criminosa»?

Em sentido formal, sendo rigorosos na análise dogmática, podíamos dar por concluída esta tarefa. Mas o direito penal não pode ser visto apenas na ótica do rigor dogmático. Em termos político-criminais, importa saber se o confisco não poderá ser uma reação a *certo estado de coisas de natureza criminal*, antes que de um crime. Se a resposta fosse positiva, seria uma opção puramente político-criminal. Estaríamos a assestar ao confisco um carater preventivo, não pela relação com o crime e deste com os instrumentos, produtos ou vantagens, mas simplesmente pelo perigo de continuação de atividade criminosa.

Sem prejuízo de ao assunto voltarmos adiante, de forma assumidamente breve, diríamos que o facto de o património incongruente derivar de atividade criminosa não pode ser indiferente à conceção do confisco. Mas em que sentido?

Há duas possíveis respostas: para o definir como reação a esse estado de coisas, de natureza criminal; para lhe assestar um efeito de desmotivação da continuação da atividade criminosa, apesar de não ser a sua finalidade.

A nossa preferência vai para a segunda hipótese. Por duas razões: por um lado, o direito penal não reage a um estado de coisas, a «atividade criminosa» – e na verdade, o confisco não é uma reação a essa atividade criminosa, antes ao património incongruente; por outro lado, se o legislador referiu a atividade criminosa como base do património incongruente, mas não exige sequer que haja condenação penal pelos factos que integram essa atividade, não pretende reagir a essa atividade do mesmo modo que o faz em relação ao crime objeto da condenação – se assim não fosse, exigiria que, relativamente a toda essa atividade, houvesse condenação penal, o que tornaria esta medida obsoleta quando comparada com a possibilidade do confisco não baseado em condenação do CP. Mas o legislador sabia que o principal efeito da aplicação do confisco – já que a sua finalidade seria a da reposição da situação patrimonial em termos legais, não fosse a ilicitude da sua obtenção – seria a desmotivação do agente no prosseguimento da atividade criminosa. E, portanto, assumiu que o confisco podia e devia ter esse efeito, ao determinar que o património incongruente haveria de estar ligado a atividade criminosa. Como que dissesse: perde-se tudo o que se ganha com a atividade criminosa, sempre que se tenha de repor a situação patrimonial em conformidade com o Direito.

E, portanto, o confisco, não sendo um efeito da atividade criminosa, antes do património incongruente, também não é uma reação a essa atividade. Sendo uma reação ao património incongruente, por este derivar da atividade criminosa, não deixa de ter um *efeito* preventivo sobre ela, no sentido de a desmotivar.

5. Não sendo pena, medida de segurança, efeito da pena, do crime ou de atividade criminosa, o que poderá ser o confisco?

5.1. Uma providência de natureza análoga à da medida de segurança, um *tertium genus*? – hipóteses para o confisco clássico

Para os casos de confisco não baseado em condenação (mesmo que possa haver condenação), em que o legislador estabelece *ligação direta ou indireta* entre o facto e os instrumentos, produtos ou vantagens, é razoável que o confisco tenha uma função *preventiva*: evitar o uso desses bens que são perigosos ou evitar a continuação de atividade de natureza criminal. Perigosidade imediata dos bens, no caso de instrumentos e produtos; perigosidade de continuação da atividade criminosa, no caso das vantagens e também de alguns produtos[84]. Logo, há quem fale em «providência sancionatória de natureza análoga à da medida de segurança». É a posição de FIGUEIREDO DIAS[85], relativamente à perda clássica prevista no CP. Não é uma pena acessória, não é um efeito da pena, nem sequer do facto ilícito típico, mas, pela existência de uma certa perigosidade dos instrumentos ou

[84] Neste duplo sentido, da perigosidade, para os casos de perda de instrumentos e, no caso da perda de vantagens, a ideia de que «o crime não compensa», vai MARIA DO CARMO SILVA DIAS, *op. cit.*, p. 91.

[85] Nesse sentido, FIGUEIREDO DIAS, *Direito Penal Português...*, p. 628 e ss.

produtos ou de continuação da atividade criminosa, no caso das vantagens, razões político-criminais impõem o confisco desses bens[86].

A posição de FIGUEIREDO DIAS, embora seguida pela maioria da doutrina, não é consensual[87]. PEDRO CAEIRO[88], por exemplo, não acompanha esta posição e a doutrina que o segue, por considerar que «a suficiência da prova de um ilícito-típico para o decretamento da perda não é fundamento bastante para ver alguma providência de natureza análoga às medidas de segurança, seja pelas finalidades que serve, seja pelos pressupostos em que assenta»[89]. Compreendemos as objeções do Autor, porque a figura, como já dissemos, é de tal modo híbrida que não nos permite tomar uma posição ortodoxa no âmbito das consequências jurídicas do facto ilícito típico (ou do crime). E, portanto, à míngua de melhor solução, compreendemos que se entenda tratar-se esta medida de um «*tertium genus* dentro da panóplia das reações penais»[90]. Aliás, a ideia de uma terceira classe de sanções não é nova, como já nos referimos antes[91].

[86] Nesse sentido, de modo exemplar, num outro caso de perda clássica, foi o ac. STJ, n.º 11/2016, de 20 de julho, concluindo que: «a) A perda de bens ou de objetos relacionados com o crime tem uma natureza preventiva. b) Constituem pressupostos da perda a perigosidade dos bens (avaliada objetiva e subjetivamente – em função das circunstâncias do caso concreto) e a prática de um facto ilícito e típico. c) Impõe-se a necessidade de declaração judicial da perda de bens, constituindo uma "uma providência sancionatória de natureza análoga à da medida de segurança" (FIGUEIREDO DIAS), e com eficácia real, com transferência para o Estado da propriedade sobre os bens. (...)».

[87] Em Espanha, por exemplo, como dá conta BLANCO CORDERO, «El decomiso en el Código Penal...», p. 133, o confisco não baseado em condenação, até pelo preâmbulo da Lei que reformou o CP em 2015, não tem natureza penal. Esta posição é ancorada em jurisprudência do TEDH.

[88] PEDRO CAEIRO, *op. cit.*, p. 308.

[89] E isto, basicamente, por duas razões apontadas por PEDRO CAEIRO, *op. cit.*, pp. 307 e ss., que resumidamente se pode expor deste modo: a) na perspetiva das finalidades, a perda estaria mais próxima das penas do que das medidas de segurança (se a ideia é a de que o crime não compensa, isso tem mais que ver com a prevenção geral do que com a prevenção especial); b) faltaria na perda clássica o fundamento das medidas de segurança: a perigosidade do agente. E, não sendo isso que está em causa na perda clássica, também não se poderia estabelecer essa perigosidade num plano abstrato, porque isso exorbitaria do quadro das medidas de segurança.

[90] PEDRO CAEIRO, *op. cit.*, p. 308.

[91] Veja-se o que já dissemos *supra*, nota 24.

Que significa esta proposta de terceira classe ou *tertium genus* se não mais do que o reconhecimento de que a figura não se acomoda em nenhuma das conhecidas consequências jurídicas do facto ilícito típico, o que comprova o seu caráter híbrido?

Mas convenhamos, é exatamente por isso que FIGUEIREDO DIAS avança com uma proposta que se pode considerar inovadora ao tempo[92] em que foi formulada e praticamente[93] atual face ao regime jurídico vigente no Código Penal português. Dizemos isto por duas razões: à uma, o Autor não considerou a perda uma medida de segurança – aliás, até repudiou esta hipótese[94]; à outra, não foi apenas por se fundar num facto ilícito típico que considerou dever tratar-se de uma «providência sancionatória de natureza análoga à da medida de segurança». É que FIGUEIREDO DIAS considerou que os instrumentos e/ou produtos do crime comportavam uma certa perigosidade e que, nos casos de vantagens, haveria risco da «prática de futuros crimes», ou seja, por razões preventivas.

[92] Note-se que FIGUEIREDO DIAS já formulou esta hipótese ainda na versão do CP 1982, que, todavia, viria a ser legitimada pela versão de 1995. Como também nos dá conta PEDRO CAEIRO, *op. cit.*, p. 306, DAMIÃO DA CUNHA, à luz da versão anterior a 1995, que ligava a perda de vantagens a um ilícito-típico culposo e punível, considerava a perda uma pena acessória. FIGUEIREDO DIAS entendia que a perda deveria ser decretada mesmo em casos em que não tivesse havido culpa. Na verdade, segundo o Autor, «o benefício resultante da prática de um facto ilícito-típico deve ser anulado e a ordem patrimonial dos bens correspondente ao direito restaurada». Portanto, referindo a um facto ilícito-típico, deveria a perda ser uma «providência sancionatória de natureza análoga á da medida de segurança».

[93] Não esqueçamos que, entretanto, foram operadas algumas alterações ao regime jurídico. Por exemplo, uma que é relevante para este tema é o facto de atualmente se permitir a substituição dos instrumentos e/ou produtos por valores. O que, de alguma forma, coloca em causa o argumento do caráter perigoso daqueles instrumentos e/ou dos produtos que seria uma parte da fundamentação para a consideração da figura como análoga à medida de segurança, como veremos de seguida no texto.

[94] FIGUEIREDO DIAS, *Direito Penal Português...*, p. 628, ao se referir à perda de instrumentos e (ou) do produto, considerou não se tratar de uma medida de segurança, porque esta está orientada pela e para a perigosidade do agente, ao passo que no caso da perda de instrumentos e produtos, a perigosidade está nos objetos. Quanto à perda de vantagens, FIGUEIREDO DIAS, também repudia a possibilidade de ser uma medida de segurança, porque igualmente entendeu tratar-se de uma providência sancionatória de natureza análoga à da medida de segurança, aqui, não tanto pela perigosidade das vantagens em si, mas pelo risco da «prática de futuros crimes», e isto «com inteira independência de o agente ter atuado ou não com culpa».

Naturalmente que se a perigosidade fosse do agente, seria uma medida de segurança em sentido próprio. Só que não estamos perante «um mecanismo de censura *in personam* de uma qualquer conduta pregressa, mas a prevenção *in rem* de determinados perigos futuros»[95], assente, não na pessoa, mas nos instrumentos, produtos ou vantagens.

Ora, tendo o confisco caráter preventivo, por um lado, marcado pelo risco dos instrumentos e, por outro, no sentido de que se funda na prática de factos ilícitos típicos e que pode implicar a prática de outros ilícitos típicos – não propriamente um *concreto perigo* de os produtos e as vantagens servirem para a prática de futuros ilícitos típicos, mas um *perigo plausível* que arranca da prática de um facto ilícito típico que gera tais produtos e vantagens suscetíveis de contribuir para a continuação daquela atividade –, as razões preventivas que também fundam as medidas de segurança, em situação em que a perda «se verifica com inteira independência de o agente ter ou não atuado com culpa»[96], retira a medida do campo das penas (acessórias), ou dos efeitos da pena, não a coloca no âmbito das medidas de segurança, mas tais razões preventivas convocam uma medida análoga às medidas de segurança, que tem como consequência a «ordenação dos bens adequada ao direito»[97].

A nosso ver, o risco dos instrumentos e o facto de tais produtos e vantagens advirem de factos ilícitos típicos legitimam a ideia segundo a qual pode haver continuação da prática de futuros factos dessa natureza. As razões preventivas fundar-se-iam na existência de um facto ilícito típico gerador de vantagens ilícitas. A existência de tais instrumentos, produtos e vantagens legitima a adotação de medidas preventivas que, todavia, não se confundem com nenhuma das sanções existentes. Nesse sentido, chamar-se *tertuim genus* pode ser uma via de resposta. Mas não nos impede de considerar que a medida é assim um terceiro género de medidas sancionatórias porque tem uma natureza híbrida, ou seja, análoga à das medidas de segurança, sem com estas se confundir.

No confisco clássico, não se vê inconveniente em considerar-se, pelo menos provisoriamente, que a figura, apresentando elementos caracte-rísticos híbridos, continua a ter finalidade preventiva e natureza jurídica

[95] João Conde Correia, «"Non-Convictions Based Confiscations"...», p. 86.

[96] Figueiredo Dias, *Direito Penal Português...*, p. 638.

[97] Ainda palavras de Figueiredo Dias, *Direito Penal Português...*, p. 638.

análoga à das medidas de segurança, que, para nós, também tem o efeito de restaurar a ordem patrimonial conforme ao Direito. De uma assentada: «medida sancionatória de natureza análoga à medida de segurança, que se dirige *in rem* contra a própria *res* e é alheia à punição do autor dos factos»[98]. Isto significa que tem natureza penal? Que se lhe aplicam os princípios de justiça penal? Eis a questão.

Assestar ao *confisco de instrumentos* natureza penal e permitir que tal suceda mesmo que haja arquivamento, despacho de não pronúncia, até absolvição, poderia implicar a violação do princípio da presunção de inocência e, portanto, ser inconstitucional. Sucede que não é disso que se trata. A ablação de bens não implica a presunção da culpa do arguido, até porque esta nem sequer tem de ser discutida – o confisco não se baseia em condenação. Está-se apenas a acentuar o caráter perigoso dos instrumentos. Por isso, ela deve ser medida análoga à medida de segurança, aplicando-se-lhe os princípios de justiça penal, pela ligação que se exige entre instrumentos e facto ilícito típico. O direito penal não pode deixar de tutelar uma medida que está ligada, que é consequência jurídica, de um facto ilícito típico.

De outro lado, cremos não ser necessário classificar o *confisco de produtos e vantagens* de modo distinto do que era tratado antes de 2017. A alteração do art. 110.º CP imposta pela lei n.º 30/2017, de 30 de maio, veio equiparar o regime de confisco de produtos ao das vantagens. Há quem entenda que «o legislador acaba por, no plano teórico, misturar duas realidades inconfundíveis e, no plano prático, alargar os casos em que os produtos podem ser declarados perdidos, pois já não é necessário comprovar a existência de um qualquer perigo ou risco futuro». É verdade. Mas será que «[e]m vez desse modelo preventivo, o legislador optou, agora, pelo modelo de restituição do património do visado ao *status* patrimonial anterior à prática do facto ilícito, que, no que respeita àquilo que é produzido pelo crime, nem sempre se justificará»[99]? A ideia faz sentido e reforça a posição já apontada anteriormente, ainda no âmbito da versão anterior do art. 110.º, de que a medida se orienta à «ordenação dos bens adequada ao direito», como já defendia FIGUEIREDO DIAS. Mas, ao ponto de se ter abandonado a vocação preventiva pressuposta na ideia de medida

[98] JOÃO CONDE CORREIA, «"Non-Convictions Based Confiscations"...», p. 89.

[99] *IDEM*, p. 90, nota 55.

sancionatória análoga à medida de segurança e a ter transformando numa *civil recovery* de tipo «re-establishment of the *status quo ante*»[100]? Cremos que não. O art. 110.º ainda alude à ligação direta ou indireta com o facto ilícito típico. Esta ligação («instrumentos de facto ilícito típico», «produtos de facto ilícito típico», «vantagens de facto ilícito típico») não pode ser desconsiderada.

A linha de distinção entre um eventual confisco de natureza penal ou um confisco restitutório passa pela exigência ou não de ligação entre a coisa confiscada e o crime pregresso. No caso dos arts. 109.º e 110.º essa ligação ainda existe, contrariamente, por exemplo, ao confisco alargado do art. 7.º da Lei n.º 5/2002. Por isso, não pode ser indiferente à caracterização jurídica do confisco esta vicissitude. Na verdade, se não for relevante uma tal ligação, não faz sentido a existência de dois regimes jurídicos de confisco. Se o confisco do art. 110.º tem a mesma natureza da do confisco alargado, que sentido faria adotar este se, com aquele, não se exige condenação, não se vincula o aplicador a um catálogo de crimes e até se permite a substituição dos instrumentos, produtos e vantagens originais pelo seu valor? Apenas porque se poderia estender a outros ganhos? Talvez. Mas é exatamente porque se trata de um confisco de natureza penal, que não está subtraído aos princípios jurídico-penais e às garantias processual-penais, que faz sentido não exigir condenação nem subordinar a um catálogo. Já quando se trata a medida como não penal, então faz todo o sentido limitar o seu uso a certos crimes – impondo-se um catálogo – e mediante condenação penal. Neste caso, compreende-se a posição do legislador de estender o confisco a vantagens não provenientes do crime objeto de condenação, mas presumivelmente advindas de atividade criminosa.

Temos, portanto, dúvidas, quanto ao confisco clássico, sobre se «o mero enriquecimento provocado, direta ou indiretamente pelo crime, é suficiente para desencadear o mecanismo»[101]. Para nós, sendo preventivo, e ligado a um facto ilícito típico, é natural que tenha natureza sancionatória, análoga à das medidas de segurança[102].

[100] Como é explicada por Rui/Sieber, *op. cit.*, p. 294.

[101] João Conde Correia, «"Non-Convictions Based Confiscations"...», p. 91.

[102] Visão não totalmente coincidente tem João Conde Correia, «"Non-Convictions Based Confiscations"...», p. 94, que entende que «não tem caráter sancionatório», apesar de

Uma nota final, neste ponto, para um problema adicional que o legislador nos trouxe em 2017 que, todavia, não altera o que vimos de dizer. De facto, o legislador veio admitir a substituição de instrumentos, para além dos produtos e vantagens, por valores. Ainda podemos falar de perigo dos bens? Já não estaremos a falar de perigo da continuação da atividade criminosa? E isto é sancionatório ou preventivo?

João Conde Correia, afirmava e bem que a perda de instrumentos tem natureza preventiva, o que «justifica, ainda, a impossibilidade de – ao contrário da perda de vantagens – substituir o seu confisco pela perda do seu sucedâneo (...) ou, também, pela perda do respetivo valor (...). Estando em causa aquela finalidade, a novação será em princípio, incompreensível»[103]. E tinha razão. Mas o legislador, em 2017, veio admitir que «[s]e os instrumentos referidos no n.º 1 não puderem ser apropriados em espécie, a perda pode ser substituída pelo pagamento ao Estado do respetivo valor, podendo essa substituição operar a todo o tempo, mesmo em fase executiva, com os limites previstos no artigo 112.º-A». Se o foco da questão não passou da perigosidade dos instrumentos em si mesmos para a perigosidade de continuação de atividade criminosa, aproximando mais a situação dos instrumentos da que têm os produtos e vantagens, é inegável que o legislador, sem afastar a perigosidade dos instrumentos – continuamos a concordar que «[s]ó o efetivo confisco da coisa, ou mesmo a sua destruição, nos termos do artigo 109.º, n.º 3, do Código Penal, pode prevenir a perigosidade que ela encerra, desencadeia ou potencia»[104] –, veio acrescentar que tais instrumentos constituem um perigo de continuação de atividade criminosa, dada a exigência de ligação de tais instrumentos ao ilícito típico, pelo que, tal como nas vantagens, o confisco tem aqui um caráter sancionatório, no sentido de desmotivar a continuação daquela atividade.

o considerar uma «simples mecanismo preventivo análogo à medida de segurança (perda de instrumentos e de produtos)» e de considerar o das vantagens como «mero mecanismo civil enxertado no processo penal».

[103] João Conde Correia, *Da Proibição...*, Cap. II, 2.1.

[104] *Idem*, *ibidem*.

5.2. Ainda uma providência análoga à medida de segurança, ou antes uma medida de caráter não penal (administrativa ou civil, com ou sem relevância penal ou simplesmente ordenadora do património conforme ao Direito)? – hipóteses para o confisco alargado

5.2.1. Ainda uma providência análoga à medida de segurança

Apesar de o confisco alargado conter elementos que o diferenciam claramente do confisco clássico, há quem entenda não haver diferenças relativamente à natureza jurídica de ambos. Por isso, acompanhando a doutrina maioritária quanto ao confisco clássico, a aposta vai para a providência análoga à medida de segurança. Nesse sentido aponta, por exemplo, PAULO PINTO DE ALBUQUERQUE[105], assestando ao confisco alargado finalidades de prevenção geral e especial.

A nossa concordância *de princípio* vai pelo facto de que não é possível desconsiderar os efeitos de natureza político-criminal que emergem da aplicação desta medida. Por se contribuir para a prevenção de futuros factos, desmotivando idênticas condutas[106], não se pode desvalorizar a possibilidade de efeitos político-criminais resultarem da sua aplicação. E, portanto, compreendemos que, deste ponto de vista, se considere o confisco uma sanção análoga a uma medida de segurança[107].

No entanto, nestes casos em que se exige condenação, mas o confisco incide sobre património incongruente que nada tem que ver com essa condenação, não é fácil sustentar uma tal posição. Não parece legítimo falar-se de medida análoga à medida de segurança, quando o fundamento vem a ser a conformação do património de acordo com o Direito. É que, tal como já explicámos, e para onde remetemos, a propósito dos efeitos do crime ou da atividade criminosa, o direito penal não reage em concreto e diretamente a fenómenos de atividade criminosa, senão a factos concretos, tipificando-os na lei penal. Portanto, o confisco não é nem pode ser uma

[105] *Comentário do Código Penal à Luz da Constituição da República e da Convenção Europeia dos Direitos do Homem*, Lisboa, UCE, 2021, p. 499, considera mesmo que tem a mesma natureza jurídica da providência análoga à de uma medida de segurança do art. 111.º do CP, «fundada nas mesmas considerações de prevenção geral e especial da disposição do artigo 111.º do CP».

[106] Interessante é a ligação que Isidoro BLANCO CORDERO, «Recuperación de activos...», pp. 340 e ss., estabelece entre a necessidade de se «remediar um estado patrimonial ilícito» e a finalidade preventiva geral, uma vez que se visa «reduzir a comissão de crimes que suponha a obtenção de ganhos». Neste sentido, complementa a função da pena.

[107] PINTO DE ALBUQUERQUE, *Comentário...*, como em nota anterior (105).

reação, nem como figura análoga, à atividade criminosa de onde pode provir o património incongruente. O confisco é uma consequência jurídica que incide sobre o próprio património incongruente, que tem na sua base a condenação por um crime, mas que nada tem que ver com esta condenação. Que, pela sua aplicação possa resultar um efeito de desmotivação da continuação da atividade criminosa, é algo que o legislador não pode desconhecer, mas não é o fundamento da medida. Por isso, não surpreende que a maioria da doutrina, aqui, se distancie de uma solução de caráter penal, nomeadamente a da providência de natureza análoga à das medidas de segurança.

É claro que não é fácil tomar partido, como expressou Jorge Godinho[108], ainda que se inclinasse por considerar o confisco uma «reação penal sem facto», «uma reação penal de natureza substantiva», uma reação à «posse de bens de origem injustificada por parte de pessoas condenadas pela prática de certos crimes», terminando por considerar o confisco como «uma reação penal de *suspeita*, ou seja, como um expediente destinado a ultrapassar dificuldades de prova». E também não surpreende que se tentasse uma certa conciliação de perspetivas, como o fez Duarte Nunes[109] e, se bem vemos as coisas, Hermínio Rodrigues[110] (numa interessante comparação entre o regime jurídico português e o angolano).

[108] Jorge Godinho, «Brandos costumes? O confisco penal com base na inversão do ónus da prova (Lei n.º 5/2002, de 11 de janeiro, artigos 1.º e 7.º a 12.º)», *in* AA.VV. Liber Discipulorum *para Jorge Figueiredo Dias*, Coimbra: Coimbra Editora, p. 1349.

[109] De facto, Duarte Nunes, «Admissibilidade da inversão do ónus da prova no confisco "alargado" de vantagens provenientes da prática de crimes», in *Julgar*, fevereiro 2017, p. 15, considera que «estaremos perante uma medida de cariz não penal semelhante a uma medida de segurança que visa, em primeira linha, o restabelecimento da ordem jurídica violada através da promoção de uma ordenação dos bens adequada ao Direito e apenas de forma meramente reflexa a prevenção da prática de futuros crimes ao impedir o agente de utilizar esses bens na continuação ou dissimulação da atividade criminosa», optando por a considerar «uma medida administrativa *sui generis*».

[110] Hermínio Rodrigues, *Recuperação de Activos e «Perda Alargada» de Bens em Angola. A (In) constitucionalidade da Lei n.º 15/18 de 26/12 e Legislação Conexa em Cinco Questões Fundamentais*, Coimbra, Almedina, 2021, p. 29, em análise à «[n]atureza jurídica da "perda alargada de bens"», considera a medida de «natureza sancionatória destinada a reforçar efeitos de prevenção negativa, reprimindo o enriquecimento comprovadamente ilícito, o qual poderia estimular o agente, ou outros potenciais agentes, à prática delituosa». Mas não deixa de logo acrescentar que ela visa repor «uma ordenação patrimonial conforme ao direito» com

A verdade é que são cada vez mais as vozes que se distanciam do caráter penal da medida, atendendo às opções do legislador.

5.2.2. Medida de caráter não penal análogo a uma medida de segurança

Entrando nas propostas que se desviam de um caráter assumidamente penal do confisco alargado, uma surge que se situa num meio-termo entre a reação penal e a medida administrativa. Realmente, Damião da Cunha considera-o «uma medida de carácter não penal (no sentido de que nada tem a ver com um crime), de carácter análogo a uma medida de segurança (uma sanção de suspeita, condicionada à prova do crime). No fundo, uma sanção administrativa prejudicada por uma anterior condenação penal»[111]. O Autor considera assim porque assesta à medida uma dupla finalidade[112]: «por um lado, retrospetivamente, combater lucros (presuntivamente) ilícitos; por outro lado, prospectivamente, destruir a base económica de atividades ilícitas que, pela sua diversificação, poderiam servir de base à continuação da atividade criminosa».

O que a posição de DAMIÃO DA CUNHA traz de extremamente relevante é tirar esta medida do âmbito penal, porquanto não estamos em presença de uma consequência jurídico-penal do facto ou sequer de um efeito acessório da pena («no sentido de que nada tem que ver com um crime»). Porém, quando a considera de «carácter análogo a uma medida de segurança (uma sanção de suspeita, condicionada à prova do crime)», será que se pode achar despida de qualquer conotação penal?

propósitos de prevenção criminal. O segmento entre aspas alude a JOÃO CONDE CORREIA que, todavia, tem uma posição que se distancia da natureza criminal do confisco alargado, como veremos adiante. É curioso, no entanto, que HERMÍNIO RODRIGUES, adiante (p. 33), em análise ao confisco de vantagens – parecendo-nos que tanto para o clássico como o alargado, salvo melhor entendimento –, considere que a medida não visa «tão simplesmente, repor *a correcta ordenação patrimonial*» (itálico do Autor). E a razão apontada é clara: a medida «só se justifica em face de concretos propósitos e efectivas necessidades de prevenção penal». O Autor tenta, por isso, uma certa articulação entre a almejada ordenação patrimonial e as finalidades preventivas de natureza penal.

[111] DAMIÃO DA CUNHA, «Perda de bens a favor do Estado: arts. 7.º-12.º da Lei n.º 5/2002, de 11 de janeiro (Medidas de combate à criminalidade organizada e económico-financeira)», in *Medidas de Combate à Criminalidade Organizada e Económico-Financeira*, Coimbra, Coimbra Editora, 2004, p. 134.

[112] IDEM, *ibidem*.

A consideração da medida como exclusivamente administrativa, embora prejudicada por facto ilícito típico anterior, implicaria não haver qualquer relação entre esta medida e eventuais objetivos de política criminal. Mas isto não é assim tão óbvio. Quando arrancamos do confisco previsto na Lei 5/2002 admitimos que a perda de bens ali não tem qualquer relação direta ou indireta com o facto pelo qual o arguido tenha sido condenado, a verdade é que o património incongruente se presume constituir vantagem de *atividade criminosa*[113]. São, portanto, pertinentes as palavras de AUGUSTO SILVA DIAS[114], no sentido de que o confisco de bens «cumpre finalidades político-criminais idênticas à da perda de bens e vantagens relacionados com a prática do crime: reforçar na consciência coletiva o lema de que o crime não compensa e evitar que o património obtido de forma criminosa organizada seja utilizado para cometer novos crimes ou para ser "investido" na economia legal». Aliás, se prospectivamente a medida visa «destruir a base económica de atividades ilícitas que, pela sua diversificação, poderiam servir de base à continuação da atividade criminosa»[115], este perigo de continuação da atividade criminosa não é alheio aos propósitos da medida. Mas, ao ponto de a sua relevância político-criminal a chegar a configurar juridicamente?

A nosso ver, como já vimos no ponto anterior, a resposta terá de ser negativa. O legislador sabe que a medida tem o efeito de desmotivar a continuação da atividade criminosa. Mas não é isso que lhe dá configuração jurídica. Não é esse o seu fundamento. Já lá iremos. Para já, urge avançar no conhecimento de outras propostas.

5.2.3. Medida administrativa

E, neste sentido, embora compreendendo o esforço em se desligar esta medida das consequências jurídico-penais do crime, também não é fácil aceitar que se trate de uma medida administrativa[116] *tout court* ou uma

[113] Como refere o art. 7.º da Lei 5/2002.

[114] AUGUSTO SILVA DIAS, *op. cit.*, p. 39.

[115] DAMIÃO DA CUNHA, *op. cit.*, p. 134.

[116] Em rigor, não sendo penal, a medida seria de natureza civil. A sua consideração como administrativa advém do facto de ser aplicada no âmbito de um processo (penal), em favor do Estado, por uma entidade pública (o tribunal). Há, aliás, quem considere o confisco uma medida de caráter administrativo ou civil – cfr. ANA CEREZO DOMÍNGUEZ, *op. cit.*, p. 31 e 35. Embora a Autora (p. 35) considere que a regulamentação do confisco deva ser feita pelo

medida administrativa *sui generis*[117]. Faz sentido que quem a tome como uma «medida (embora não como uma sanção) de natureza materialmente administrativa aplicada por ocasião de um processo penal»[118], não deixe de considerar avisado não degradar a sua aplicação para um processo de natureza administrativa e, pelo contrário, considere que o processo deveria ser *sui generis*, *sc.*, «não sendo processo penal (...) não pode deixar de respeitar alguns dos seus princípios típicos, como sejam, *v.g.*, o contraditório, o direito a uma defesa efetiva e a igualdade de armas»[119]. Como sentido faz que quem a considere «uma medida de carácter não penal (no sentido de que nada tem a ver com um crime)»[120], *sc.*, «uma sanção administrativa prejudicada por uma anterior condenação penal»[121], não deixe de lhe assestar «carácter análogo a uma medida de segurança (uma sanção de suspeita, condicionada à prova do crime)»[122].

O desafio é o de saber se essa analogia vai ao ponto de não se descortinar diferenças relevantes entre o confisco alargado e o confisco clássico e de, portanto, considerar os dois como sendo sanções análogas a uma medida de segurança, como o faz Pinto de Albuquerque[123], ou de, pelo contrário, não haver qualquer analogia, e deste modo a medida dever ser considerada não penal em todos os seus termos.

A primeira questão a enfrentar é a de perceber de onde adviria o perigo de continuação de atividade criminosa, sabendo que no caso da perda alargada falamos de vantagem de atividade criminosa.

Mesmo que o património incongruente fosse perigoso, sabendo que não há relação entre esse património e o facto objeto de condenação, não se poderia estabelecer relação entre o perigo e o facto. As medidas de

direito penal «atendendo a razões puramente pragmáticas e a considerações de política-criminal». Veremos no texto que estas considerações de política criminal – no sentido da sua eficácia preventiva – tornam a figura, uma vez mais, híbrida (nunca puramente civil ou administrativa, mas não desligada do direito penal).

117 Duarte Nunes, *op. cit.*, p. 15.

118 Pedro Caeiro, *op. cit.*, p. 311.

119 Idem, p. 312.

120 Damião da Cunha, *op. cit.*, p. 134.

121 Idem, *ibidem*.

122 Idem, *ibidem*.

123 Pinto de Albuquerque, *op. cit.*, p. 499. Em sentido contrário, admitindo tratar-se de uma medida administrativa, mas não uma sanção, vai Pedro Caeiro, *op. cit.*, p. 311, nota 85.

segurança exigem uma relação entre o perigo e o facto. A medida análoga à medida de segurança exige uma situação de perigo que o património incongruente, desligado do facto objeto da condenação penal, não possui.

Não se exclui, no entanto, que esse perigo exista relativamente a *um estado de coisas* que, no seu todo, pode levar à continuação de atividade criminosa. O *perigo* estaria no facto de o património incongruente *derivar de atividade criminosa*. Então, o perigo estaria na continuação desta atividade criminosa. O problema é que falamos de uma *presunção de perigo*, que assenta numa presunção de proveniência do património de atividade criminosa[124]. Elevar isto à categoria de fundamento do confisco ampliado suscita sérias reservas em termos constitucionais. Se a medida fosse considerada de natureza penal, com este suporte, correria o risco de ser inconstitucional.

Daqui podemos enunciar dois aspetos que caracterizam esta figura.

Em primeiro lugar, não é indiferente à aplicação da medida – mesmo que fosse de caráter administrativo – a circunstância de emergir de um facto ilícito, típico e culposo previsto no catálogo[125]. Aliás, esta nota é a que nos permite não cair numa espécie de crime de *enriquecimento ilícito*. É que no confisco alargado sempre se exige a prática de um facto previsto no catálogo e respetiva condenação. Ao passo que numa situação de eventual criminalização do *enriquecimento ilícito*, simplesmente se presumiria que o património incongruente haveria de ser ilícito, mesmo que não houvesse um facto ilícito típico a preceder essa presunção[126]. A condição de haver condenação por um facto ilícito típico é muito relevante para a sua

[124] Esta dupla presunção nada tem que ver com a dupla presunção que é apontada por alguns Autores, e que não é acompanhada – a nosso ver bem – por PEDRO CAEIRO, *op. cit.*, pp. 314 e ss., em alusão a ANNA MARIA MAUGERI, que se refere à presunção da atividade criminosa e à presunção da proveniência do património incongruente dessa atividade – no mesmo sentido, EUCLIDES SIMÕES/JOSÉ TRINDADE, «Recuperação de activos: da perda ampliada à *actio in rem*...», p. 7. A dupla presunção a que aludimos no texto é a de que se presumiria o perigo de continuação de atividade criminosa que por sua vez adviria da presunção desta atividade.

[125] Fala-se, a este propósito, de acessoriedade penal da figura, uma vez que não dispensa um facto ilícito típico, de natureza penal – cfr. ANA CEREZO DOMÍNGUEZ, *op. cit.*, p. 31.

[126] Estamos aqui completamente de acordo com as reservas manifestadas por MICHELE PANZAVOLTA, *op. cit.*, pp. 48 e ss., sobre os riscos que existem de se passar das NCBC para crimes de enriquecimento ilícito, em que o que se puniria seria um presumido perigo, um *status* e não um comportamento, violando-se todas as elementares regras de justiça penal, nomeadamente o princípio da presunção de inocência. E, por isso, «[c]ertain limits must be set out and respected».

caraterização. Afasta uma presunção de culpa baseada exclusivamente na existência de um património dificilmente explicável[127]. Projeta a ilicitude

[127] Concordamos com PEDRO CAEIRO, *op. cit.*, p. 314, no sentido de que não suporta o confisco alargado uma dupla presunção: a presunção da atividade criminosa e a presunção de que o património incongruente advém dessa atividade criminosa. Coisa diferente é saber se teria de se fazer a prova da atividade criminosa. PEDRO CAEIRO, *op. cit.*, pp. 314 e ss., considera que sim. Pelo menos, teria de se fazer «a prova de certos factos» (p. 316). Mas explica que, «provar a actividade criminosa não significa provar, para lá da dúvida razoável, cada ilícito-típico nos seus contornos precisos de espécie, tempo e lugar (como seria necessário para proferir uma condenação), mas sim um conjunto de circunstâncias (indícios) que dão *preponderância* à probabilidade de o condenado ter tido uma actividade daquele género, que equivale à prova "*by preponderance of evidence*" ou "*on the balance of probabilities*" vigente nos sistemas de *common law*». De certo modo, vai ao encontro do que tem sido entendido pela jurisprudência na Alemanha, no sentido de que a perda ampliada é compatível com o direito de propriedade se o juiz, «por meio de uma análise exaustiva de todos os meios de prova disponíveis, se convencer sem restrições do "se" da origem delitiva do bem» (cfr. SALIGER, *op. cit.*, p. 201). A esta posição reage JOÃO CONDE CORREIA, «Presunção...», pp. 219 e ss.: «A letra da lei não impõe *expressis verbis* esta exigência suplementar»; «exigir a demonstração de uma atividade criminosa pregressa da mesma natureza, significa, no fundo, repristinar, por via interpretativa, a prova da relação entre o património incongruente e um qualquer crime pretérito, que o legislador omitiu». Os argumentos aduzidos pelos dois autores fazem sentido. E o legislador podia ter sido mais claro. Sem prejuízo de um ulterior e mais aprofundado estudo sobre o assunto, tendemos, no entanto, a inclinar-nos para a não exigência da prova da atividade criminosa do mesmo género da do crime objeto de condenação. E, sem mais delongas, a razão é esta: «Se o confisco não é uma verdadeira reação penal, não faz sentido impor a demonstração adicional de outra atividade criminosa semelhante para além do crime pressuposto. Já não está em causa nenhuma censura ético-jurídica dessa mesma putativa atividade criminosa pretérita» (JOÃO CONDE CORREIA, «Presunção...», p. 220). Se a isto acrescentarmos o facto de o arguido ou quem perde os bens sempre poder provar o contrário, então concluímos que não estamos senão em presença de uma presunção técnico-jurídica – a de que o património incongruente é vantagem de atividade criminosa – e sempre suscetível de prova do contrário, e não a presunção de um facto ilícito-típico. Sobre os diversos critérios de prova (1. Base razoável para suspeitar; 2. Preponderância da evidência ou *standard* do balanço de probabilidades; 3. Prova para lá de qualquer dúvida), veja-se BLANCO CORDERO, «Recuperación de activos...», pp. 365 e ss. Sobre a existências de critérios legais, em Espanha, melhor, uma lista de indícios que ajudam a valorar a situação, veja-se igualmente BLANCO CORDERO, «El decomiso em el Código Penal...», pp. 113 e ss. Mas reconhecemos que esta não é uma questão fácil. Como explica MICHELE PANZAVOLTA, *op. cit.*, p. 50, se não se estabelecer uma qualquer relação entre confisco e crime(s), corremos o risco de transformar o confisco numa medida penal, porque não seria o perigo dos bens que levariam ao confisco, mas o perigo do agente. Ora, se entendermos que o confisco recai sobre bens ilicitamente obtidos, e não sobre bens relacionados com certos crimes, talvez compreendamos que a *ratio*

da obtenção dos bens no próprio confisco alargado. Questão diferente é saber se isto é suficiente para obstar à questão da inconstitucionalidade. Questão que não fica totalmente afastada. Mas, se o legislador optasse por outra via – a clássica –, seguramente que os efeitos da medida seriam muito limitados.

Em segundo lugar, não se pode negar que há um interesse político-criminal de evitar que tal tipo de situação volte a suceder. Seria a colocação em prática da ideia segundo a qual o crime não compensa. Para o tipo de criminalidade descrito no artigo 1.º da Lei 5/2002 há seguramente um interesse para os seus agentes que transcende a ameaça das sanções que protegem os bens jurídicos violados: ganhar patrimonialmente com a atividade criminosa. A medida de recuperação de ativos tem o efeito político-criminal de desmotivar qualquer ganho ilícito.

Só que estas duas considerações – a indispensável ligação a uma condenação por um crime e a consequência de a medida desincentivar qualquer tipo de atividade contrária ao direito – não explicam a *ratio essendi* da medida. No primeiro caso, é um pressuposto, no segundo é um efeito da medida. Mas é duvidoso que sejam o seu fundamento.

Significa isto que a medida deveria ser encarada como *puramente administrativa*, uma vez que o facto criminoso não é mais do que pressuposto e a desmotivação da atividade criminosa mais do que um efeito do confisco? A resposta afirmativa a esta questão, em rigor, implicaria a assunção de um *modelo administrativo ou policial* de confisco[128].

da medida não é punitiva e sim restabelecedora de um *status quo ante*. Por isso é que o limite sugerido por Michele Panzavolta, *op. cit.*, p. 50, de os objetos do confisco deverem ter uma relação com o crime, não nos parece adequada. É que isso é o que se passa com o CP. Mas não com o confisco alargado. E bem. No confisco alargado presume-se que o património incongruente é vantagem obtida a partir de atividade criminosa. Cabe ao titular demonstrar que se trata de património licitamente obtido. Nada mais. Não tem de provar a sua inocência, face à imputação de um crime, mas a licitude da obtenção dos bens. Isto dito, nunca seria exagerado exigir que o Ministério Público faça a demonstração suficiente de que aquela presunção tem fundamento, isto é, que se baseia em sinais facilmente percetíveis de que o património incongruente advém de atividade criminosa. O que não seria o mesmo que exigir uma prova indiciária que pudesse sustentar uma acusação. Esta é uma questão que pode ditar o futuro do confisco alargado e que só a prática dirá se deverá ou não passar por um crivo mais apertado de respeito pelos direitos fundamentais.

[128] De acordo com Saliger, *op. cit.*, p. 190, «[o] modelo administrativo ou policial orienta-se exclusivamente por perseguir uma finalidade preventiva e tem um puro foco no objeto».

A constatação de possíveis situações de confisco administrativo ou de *smart sanctions*[129] que poderia contribuir para uma resposta positiva, é afinal o seu estertor no caso de confisco alargado (ou confisco de vantagens). Se não, vejamos.

Uma medida administrativa não é aplicada pelo poder judicial, muito menos por um tribunal comum, no âmbito de um processo penal. Prescindindo-se da discussão sobre se uma medida administrativa pode ter como pressuposto um facto de natureza criminal ou ter como propósito reagir contra atividade criminosa – em princípio, não vemos razão que obste a respostas positivas –, seguramente que não seria a melhor solução jurídica, quando vem a ser decidida por um juiz num processo penal. Teria de ser tomada pela administração, num âmbito puramente administrativo ou, como nos dá conta Hélio Rodrigues[130], «exercida com base no *ius imperuim* dos Estados».

Sucede que «este mecanismo ablativo não é resultado de uma decisão da Administração do Estado, no exercício das suas competências próprias, mas antes representa uma decisão e um mecanismo puramente jurisdicional, tramitado, decidido e executado pelos tribunais, e não pelo poder executivo»[131]. Ora, se o confisco alargado, sendo claramente um confisco de vantagens, «não é o resultado da função "Administrativa", mas da função "jurisdicional"»[132], fica prejudicada a sua consideração como medida administrativa.

Claro que também aqui os conceitos não são claros. Há quem, em vez de modelo administrativo, prefira falar de «modelo policial», preventivo, para

O autor chega a chamar-lhe «confisco preventivo», que «serve a manutenção dos direitos de propriedade dos legitimados e da remoção de coisas do "circuito criminoso"». Culpa e condenação seriam dispensáveis. E tudo se desenrolaria num processo administrativo. No mesmo sentido, para a NCBC, Rui/Sieber, *op. cit.*, p. 249.

[129] Hélio Rodrigues, «O confisco das vantagens do crime...», p. 48, dá-nos conta de que existem «exemplos de confisco administrativo, designadamente em matéria de animais ou produtos perigosos, em que o confisco é aplicado pela Administração do Estado, ou outros como as "*smart sanctions*", aplicados por instituições supra nacionais, por exemplo, na luta contra o terrorismo, quer no âmbito da União Europeia quer no âmbito das Nações Unidas, através do confisco de bens de pessoas ligadas a um regime potencialmente terrorista».

[130] Hélio Rodrigues, «O confisco das vantagens do crime...», p. 47.

[131] Idem, pp. 47 e ss.

[132] Idem, p. 48.

se referir às situações em que o confisco «é uma reação a um suposto ato ilícito no futuro», é uma «medida preventiva»; «não é nem retrospetiva nem retributiva. É aplicada porque uma pessoa ou a propriedade constitui perigo de que um ato ilícito venha a ser cometido no futuro»[133]. Estas medidas, assim, «não fazem parte do sistema criminal, mas do direito administrativo (*police law/Polizeirecht*)»[134]. Ainda que o foco seja um pouco diferente, as implicações não são. Pelo que, aquilo que antes dissemos, continua a valer para o modelo administrativo, mesmo que o consideremos um modelo policial apostado na prevenção de futuros atos ilícitos. Acresce que se o modelo preventivo tem como pressuposto que, a partir dos bens, exista perigo de futura atividade criminosa (prevenção), então, a sua utilização está limitada a pouco mais do que instrumentos e produtos do crime[135].

5.2.4. Medida civil

Então poderia ser um *confisco civil*, ainda que no processo penal? A resposta positiva a esta questão implicaria a adesão a um modelo civilista de confisco[136]. Algo que nos atira para uma solução próxima da *actio in rem*, de que é paradigmática a *civil forfeiture* existente em vários países, mas bem popularizada a partir dos EUA[137].

Não pode deixar de se reconhecer nele traços que nos fazem lembrar a restituição obrigatória de bens obtidos através de um enriquecimento sem

[133] RUI/SIEBER, *op. cit.*, p. 254.

[134] IDEM, p. 255 (o itálico é parcialmente nosso; o vocábulo alemão é itálico dos autores).

[135] Tendo em conta o que dizem RUI/SIEBER, *op. cit.*, p. 294: «the main field of application for the preventive confiscation model could be the confiscation of instruments used and specifically tailored for crime. With respect to money, the preventive model should be used only if there are clear and concrete indications that it will be used to commit a crime, e.g., for a perpetrator who was convicted of terrorist financing and who has not changed his mind since the conviction».

[136] De acordo com SALIGER, *op. cit.*, p. 190, o modelo civilista de confisco supõe «a restituição de transferências ilegais de património oriundas de ou realizadas para cometimentos de crimes». Portanto, seria um modelo centrado no objeto (*ad rem*), sem ligação à culpa, limitado à perda do enriquecimento. Seria um modelo orientado à reparação, à justiça distributiva, muito embora com finalidades preventivas. Mas do ponto de vista processual, o confisco ocorreria no processo civil, que permite presunções e inversão do ónus da prova. No mesmo sentido, em geral, RUI/SIEBER, *op. cit.*, p. 249.

[137] Sobre a *civil forfeiture*, entre outros, veja-se EUCLIDES SIMÕES/JOSÉ TRINDADE, «Recuperação de activos: da perda ampliada à *actio in rem*...», pp. 35 e ss.

causa, típica do direito civil. Claro que não é uma medida civilística. Estamos no âmbito do direito penal, e temos o Estado a recuperar bens ilicitamente obtidos, através da prática de factos ilícitos típicos, alguns deles – os que suportam a condenação penal em concreto – enunciados num catálogo penal e outros que podem ser do mesmo género (a atividade criminosa de onde provém o património incongruente). Mas é inegável que, tal como se admite que a reparação civil dos lesados de danos emergentes de um crime possa ocorrer no processo penal, sem, todavia, assumir a natureza de reparação penal, também a restituição decorrente do enriquecimento sem causa pode servir de inspiração ao confisco de bens ilicitamente obtidos, sem este se tornar uma consequência jurídico-penal do crime.

O raciocínio é muito simples: não fosse a obtenção ilícita do património, este não existiria. Logo, a reposição da licitude obriga à sua restituição, neste caso, ao Estado. A censura penal não recai sobre a existência deste património, senão apenas no crime cometido. Não se trata de uma «medida reparadora do crime», mas de uma reposição da licitude da situação, o que tem como consequência a entrega ao Estado dos bens e vantagens ilicitamente obtidos. O confisco não visa reparar, indemnizar ou restituir[138], mas almeja repor a situação no ponto em que deveria estar, não fosse o modo ilícito com que os bens e vantagens terão sido adquiridos[139].

Em outro texto[140], onde o móbil não era a caraterização do confisco, dissemos que «é uma medida claramente vocacionada à restituição de

[138] Por isso, neste ponto, não acompanhamos a ideia, segundo a qual, o confisco cumpre uma «função mais restitutória/compensatória do que preventiva ou retributiva» (cf. ANA CEREZO DOMINGUEZ, *op. cit.*, p. 32). Isso pode ser válido para as vítimas do delito, uma vez que o confisco também serve para ressarcir as vítimas. Mas a principal função do confisco, como explicamos no texto, não é ressarcir as vítimas. É repor a situação no ponto que deveria estar, face ao Direito, se não tivesse havido obtenção ilícita dos bens. Portanto, quando muito, será uma compensação dos efeitos, e é por isso tem alguma afinidade com a reparação civil.

[139] De facto, quando se fala em restituição, poderia pensar-se no confisco como «medida reparadora derivada do crime». Mas como explica Ana CEREZO DOMINGUEZ, *op. cit.*, p. 28, o confisco «não tem como fim a indemnização, a reparação nem a restituição». O termo "restituição" utilizado no texto não tem, portanto, o sentido de reparação, de indemnização, mas de reposição da situação de licitude.

[140] MÁRIO FERREIRA MONTE, «Reconhecimento mútuo de decisão de perda», *in* Maria Raquel Ferreira/ Elina Cardoso/João Conde Correia (Coords.), *Cooperação Internacional para Efeitos de Recuperação de Ativos*, Coimbra, Almedina, 2021, pp. 123 e ss.

bens ou à recuperação de ativos[141]. Portanto, não será exagerado dizer que se trata de uma consequência jurídica do facto ou de um estado de coisas tendo latente uma situação criminosa, mas de natureza civil»[142]. Urge agora questionar: *puramente civil?*

Há quem não tenha dúvidas em afirmar que sim. HÉLIO RODRIGUES, após análise detalhada e fundamentada em sólidos argumentos, conclui[143]: «o confisco das vantagens assume natureza civil – nem penal, nem administrativa, nem sequer sancionatória, mas puramente civil».

Afinal o que suporta esta posição?

O Autor explica: «O princípio subjacente ao confisco das vantagens é o da necessidade de evitar o enriquecimento ilícito causado pela infração criminal. Todas as jurisdições no mundo reconhecerão que uma situação de enriquecimento ilícito desencadeia obrigações de restituição na lei civil. Este princípio poderá e deverá ser transferido para o domínio penal». Por isso, o Autor classifica-a como uma medida civil, de reposição do *status quo ante*[144]. Um sentido muito próximo do que já foi considerado na doutrina italiana: «mera *limitação do direito de propriedade*», ou «simplesmente uma *medida repristinatória* do *status quo ante*»[145]. A nossa concordância *de*

[141] No sentido de que a declaração de perda de vantagens visa repor o *status quo* anterior à prática do facto ilícito ou de uma mera restituição ou ainda de uma recuperação de ativos, vai Hélio RODRIGUES, «O confisco das vantagens...», p. 51.

[142] Como o faz HÉLIO RODRIGUES, «O confisco das vantagens...», p. 54. É muito interessante a este respeito o texto de JOACHIM VOGEL, «The legal construction that property can do harm. Reflection on the rationality and legitimacy of "civil" forfeiture», *in* JON PETTER RUI/ ULRICH SIEBER (eds.), *Non-Conviction-based Confiscation in Europe: Possibilities and Limitations on Rules Enabling Confiscation Without a Criminal Conviction*, Berlin, Duncker & Humblot, 2015, pp. 225 e ss., que nos dá conta de que, por exemplo, nas «non-conviction-based forfeiture on the notion that forfeitable property can do (or can be used to do) (criminal) harm, so that the harm principle – and not the principle of culpability – might legitimize such forfeitures», o que claramente atira este tipo de confisco para uma consequência jurídica do facto de natureza civil, onde o que vem a prevalecer é o dano provocado pelo facto ilícito e típico e não a culpa por este facto. É este também o sentido que o legislador espanhol terá dado ao confisco alargado, como dá conta TOMÁS FARTO PIAY, *op. cit.*, p. 72, uma vez que o fundamento seria mais propriamente civil e patrimonial, próximo de figuras como o enriquecimento ilícito.

[143] HÉLIO RODRIGUES, «O confisco das vantagens...», *op. cit.*, p. 53.

[144] HÉLIO RODRIGUES, «O confisco das vantagens...», *op. cit.*, pp. 53 e ss. Sobre o modelo civil de confisco, enquanto medida que reestabelece o *status quo ante*, veja-se RUI/SIEBER, *op. cit.*, p. 252.

[145] TOMMASO TRINCHERA, *op. cit.*, p. 192.

princípio também aqui é inegável. Mas não sem antes a explicarmos e sem manifestarmos duas dúvidas e três dificuldades.

Em primeiro lugar, não nos parece adequado reduzir a medida a uma limitação da propriedade, e muito menos uma sanção contra a propriedade (*Eigentumssanktionen*)[146]/[147]. A designação de confisco sugere algo mais. Algo que atinge o património, não enquanto mera restrição do direito de propriedade, mas, na medida em que a obtenção ilícita do património nem sequer permite falar em «direito de propriedade»[148] – seria sempre ilegítimo –, então do que se trata é de ordenar o património de acordo com o direito. Já lá iremos.

Em segundo lugar, naturalmente que o confisco de vantagens[149], *máxime* na sua feição alargada, pelo princípio da legalidade, não está consignado como pena, medida de segurança (efeito da pena ou efeito do crime[150]), nem se submete ao regime de determinação das penas e medidas de segurança, não responde a exigências teleológicas adstritas às penas ou às medidas de segurança, ainda que da sua aplicação possa resultar um efeito preventivo[151], está subtraído ao princípio *nulla poena sine*

[146] Como era assim entendido no direito alemão antes de, em 2017, se ter adotado a noção de confisco (*Einziehung*), substituindo a noção de *Verfall*. Sobre a importância, não apenas linguística, desta substituição, veja-se Tommaso Trinchera, *op. cit.*, p. 227. Como faz notar este Autor, apesar de Eser-Schuster, *op. cit.*, p. 1246 (n.1), tratarem o confisco no âmbito das sanções contra a propriedade (*Eigentumssanktionen*), não deixam de as contrapor às sanções patrimoniais (*Vermögenssanktionen*). Mas é dentro das sanções contra a propriedade que tratam o confisco (*Einziehung*) (*op. cit.*, n.1, p. 1246).

[147] Não surpreende, por isso, que haja uma certa tendência para tratar o confisco na doutrina alemã como sendo «confisco penal da propriedade» – veja-se, por exemplo, Saliger, *op. cit.*, p. 185. Isso tem que ver com a situação que existia até à reforma de 2017, a partir da qual se passou a chamar «confisco» (*Einziehung*).

[148] Aliás, como explica Blanco Cordero, «Recuperación de activos...», p. 342, o direito de propriedade deve ser respeitado quando é lícito. Não quando os bens são adquiridos de maneira ilícita.

[149] Seguimos agora os cinco argumentos que afastam o confisco de vantagens das sanções jurídico-penais, de acordo com Hélio Rodrigues, «O confisco das vantagens...», p. 52, embora em cada um, e sempre que pertinente, façamos pequenas adaptações ao confisco alargado.

[150] Como vimos já, não é só à pena ou à medida de segurança que o confisco não baseado em condenação não se submete. Também quando considerado efeito da pena ou do crime a posição deve ser a mesma.

[151] De facto, o confisco não baseado em condenação, assim como o confisco alargado, não se orienta por exigências de prevenção geral ou especial positivas, mas é inegável que tem um efeito preventivo assinalável.

culpa[152] – uma vez que, mesmo no confisco alargado, o património incongruente não está ligado à declaração de culpa do crime objeto de condenação –, não reflete o caráter pessoalíssimo que têm as sanções jurídico-penais, como também não existe proporcionalidade entre o crime objeto da condenação e a perda do património, e na verdade acaba por ser aplicado em caso de não condenação, porque, apesar de haver uma condenação por um crime, o património incongruente nada tem que ver com esse crime[153].

Só que há três dificuldades que não podem deixar de ser formuladas.

Uma, que nada tem que ver com o confisco alargado, mas está relacionada com o confisco de vantagens do Código Penal. É inegável o caráter sancionatório do confisco não baseado em condenação, previsto no Código Penal, pelas razões que já apontámos no ponto 5.1., e que resumidamente passam pelo seu fundamento preventivo e pela ligação do confisco ao facto ilícito típico, o que o torna uma providência de natureza análoga à das medidas de segurança[154]. Por isso é que, na nossa exposição, em vez de tratarmos o confisco de vantagens como figura unitária, preferimos tratá-lo de modo distinto consoante seja clássico – em que as vantagens têm uma ligação direta ou indireta ao facto ilícito típico – ou alargado – em que o património nenhuma relação tem de ter com o crime objeto de condenação.

A outra dificuldade tem que ver com a natureza jurídica do confisco puramente civil. Não é difícil perceber que se trataria de uma medida destinada a regular relações jurídico-privadas. Como em regra sucede no direito civil. Mesmo que estivesse em causa um ilícito, este seria sempre de natureza civil. Ora, não é isto que sucede no confisco alargado. Trata-se de uma relação que envolve o Estado e que se funda num ilícito típico de

[152] Claramente no sentido de que não está em causa o princípio da culpa, JOÃO CONDE CORREIA, *Da Proibição do Confisco à Perda Alargada*, Lisboa, INCM, 2012, Cap. II., 4.5.1.

[153] Veja-se, no ponto 3., o que já dissemos sobre o entendimento do confisco não baseado em condenação.

[154] Aqui, na verdade, uma vez que tratamos de confisco clássico, ainda que não baseado em condenação, como já dissemos, tendemos a aceitar tratar-se de uma providência de natureza análoga à das medidas de segurança. Mas, quanto às vantagens, parece-nos que o regime jurídico pode evoluir para um regime mais próximo do confisco alargado. Que é no fundo o que HÉLIO RODRIGUES, «O confisco das vantagens...», p. 52, consegue antever no regime atual.

natureza penal. Não é por acaso que alguns autores preferem convocar a feição administrativa da figura[155]. Então, do que se trata, em rigor, é de uma medida que arranca da prática de um crime, que se funda na ilicitude da obtenção das vantagens que resultam de atividade criminosa, e que visa repor a situação patrimonial na que existiria, não fosse a sua obtenção ilícita. É nesta última nota que pode residir a natureza civil do confisco, mas não *puramente* civil, porque ela não se destina a resolver problemas de natureza civil, relações jurídico-privadas. Por isso, será de tipo civil, mas não genuinamente civil.

Uma terceira dificuldade tem que ver com o facto de a restituição poder não se bastar com o restabelecimento da situação antes de cometido o crime. Se a perda vai para além daquilo que o crime implicou, então, dizem alguns autores[156], há uma dimensão repressiva na medida, de tal modo que não poderia ser considerada uma medida unicamente restitutória. E até vão mais longe: «[p]or essa razão, o confisco de acordo com o «modelo civil» deveria limitar-se ao lucro líquido do crime»[157]. Este seria, segundo os autores, um critério seguro para distinguir a medida enquanto civil ou penal[158]. Pode não ser exatamente assim. Tomando como exemplo o ordenamento jurídico português, se considerarmos o confisco alargado um caso de NCBC, o que temos é um crime que serve de pressuposto, mas depois temos uma perda que abrange todas as vantagens provenientes de atividade criminosa, que são, por essa razão, ilícitas. É a ilicitude da obtenção das vantagens que fundamenta a sua perda, e não o crime. Inclusive, pode haver substituição dos ganhos por valores equivalentes. É, portanto, um caso em que se vai muito para além do que é ganho com o crime. E, todavia, a medida não pode ser considerada de natureza penal. Por uma razão simples: é ainda a ilicitude da obtenção das vantagens, não propriamente por uma ligação direta ou indireta a um crime, que

[155] Como já vimos no ponto anterior.

[156] Rui/Sieber, *op. cit.*, p. 253.

[157] Idem, *ibidem*. E mais adiante, p. 294, acrescentam: «If the amount [confiscated] exceeds the proceeds of crime, i. e., if untainted property is confiscated as well, confiscation of the surplus cannot be regarded as anything other than as punishment, leading to the measure being classified as penal». Não concordamos, pelas razões expostas no texto.

[158] Idem, *ibidem*.

fundamenta o confisco[159]. Tal fundamentação não é de natureza a penal e as finalidades da medida também não são penais: são de ordenação do património conforme ao Direito. Por isso, em vez de se falar unicamente em restabelecimento do *status quo ante*, talvez seja mais apropriado falar de ordenação do património de acordo com o Direito.

Apesar destas dificuldades, concordamos que o confisco de tipo civil é o que melhor serve o confisco não baseado em condenação[160].

Note-se que a consideração do confisco como medida não penal, embora só funcionando em casos de condenação penal, apresenta algumas vantagens e até a torna mais eficaz. Quando o legislador, nos casos de *confisco ampliado*, exige a condenação por um crime, faz depender o confisco da declaração de culpa por esse crime, evitando assim a inconstitucionalidade em que redundaria uma perda de todo património pela ocorrência de um facto ilícito típico[161].

O confisco alargado não será inconstitucional se o desnudarmos das caraterísticas penais. Mas não se opta pela sua «despenalização» apenas por razões de natureza constitucional. Será sempre, como é, pelos seus fundamentos. Quem atribui ao confisco caraterísticas penais – como efeito da pena ou medida análoga às medidas de segurança – tem de reconhecer que é de duvidosa constitucionalidade nos casos de confisco alargado. Porque não se consegue estabelecer uma relação direta entre a declaração de culpa pelo crime e o património incongruente que é confiscado, sempre se teria de questionar a aplicação de uma sanção penal a partir de uma presunção de culpa. Admitir aqui tratar-se de uma medida sancionatória levanta sérios problemas de compatibilidade com princípios intangíveis do direito penal, entre os quais se destacam o princípio da legalidade e o princípio da presunção de inocência. Talvez se trate então e apenas de um

[159] Contra, Blanco Cordero, «El decomiso em el Código Penal...», p. 109, referindo-se à possibilidade de confiscar valor equivalente aos dos instrumentos, o que o dota a figura de natureza sancionatória.

[160] Nesse sentido, Rui/Sieber, *op. cit.*, 295.

[161] Note-se que no CP esse problema não se coloca porque a perda só incide sobre instrumentos, produtos ou vantagens do facto ilícito típico, ao passo que na lei avulsa incide sobre todo o património incongruente. Se o regime do CP fosse do mesmo género, seguramente que não resistiria a eventual declaração de inconstitucionalidade. Seria um confisco por presunção de culpa. No caso da lei avulsa isso pode ser discutido, mas até agora o Tribunal Constitucional não se pronunciou pela inconstitucionalidade. Este tópico é muito relevante.

problema de correção do património obtido ilicitamente, independentemente do crime objeto da condenação e dos efeitos preventivos que possa ter. Uma medida não penal. Seria isso? E poderia ao menos definir-se a medida?

5.2.5. Medida restauradora ou ordenadora do património conforme ao Direito?

De facto, há quem proponha a consideração do confisco simplesmente como uma ordenação patrimonial conforme ao Direito[162]. Se assim for, não teria atração penal. Em rigor, atendo-nos ao património incongruente, do que se trataria seria de repor uma correta ordenação: aquela que conduz o agente do crime ou de quem do património terá beneficiado na situação que haveria de estar, não fosse a ilicitude da sua obtenção. Como a presunção da ilicitude assenta num critério puramente venal – «presume-se constituir vantagem de atividade criminosa a diferença entre o valor do património do arguido e aquele que seja congruente com o seu rendimento lícito» – e como a atividade criminosa tem de ser demonstrada, mas não concretamente comprovada[163] – caso contrário, haveria prossecução penal por cada um dos factos que ela envolve –, o confisco surge despido de quaisquer considerações relativas à culpa do agente ou à perigosidade dos bens, e sem finalidades preventivas[164], acabando assim por escapar à eventual inconstitucionalidade que poderia ser esgrimida.

[162] Entre outros, JOÃO CONDE CORREIA, «Que futuro para a recuperação de ativos na União Europeia?», in Maria Raquel Ferreira/Elina Cardoso/João Conde Correia (Coords.), *O Novo Regime de Recuperação de Ativos à Luz da Diretiva 2014/42/UE e da Lei que a Transpôs*, Lisboa, INCM, 2018, p. 342, para quem, no confisco não baseado em condenação, «[e]stá em causa, apenas, o estabelecimento e a manutenção de uma ordem patrimonial conforme ao direito. *Commodum ex injuria sua non habere debet.* Só os ganhos diretos ou indiretamente obtidos com o crime devem ser confiscados». Igualmente, do mesmo Autor, *Da Proibição...*, cap. II, 4.1.1.

[163] Como já dissemos na nota 127, para onde remetemos, temos dúvidas de que seja necessária a prova da atividade criminosa.

[164] Tal visão não é aplicável apenas ao direito luso. Como explica TOMMASO TRINCHERA, *op. cit.*, p. 75, de acordo com a jurisprudência italiana, o confisco de vantagens não tem finalidades preventivas, mas sim de «subtrair ao réu a utilidade económica que este tenha conseguido com a comissão do ilícito», ou seja, uma «"função substancialmente repristinatória da situação económica modificada em favor do réu da comissão do facto ilícito"».

Os bens são simplesmente de proveniência ilícita. Se o agente tivesse observado o Direito, aqueles bens não teriam sido obtidos. Logo, a perda opera enquanto medida corretiva do património de acordo com o Direito. Trata-se de uma restituição dos bens – ao Estado – para restaurar a situação patrimonial que o agente deveria ter se não tivesse obtido o património de modo ilícito. Dito de outro modo: «[o] mecanismo dirige-se conta os próprios bens, sem qualquer juízo de censura da ação ou missão individual que está subjacente»[165].

Vistas assim as coisas, o fundamento do confisco só pode estar no próprio património incongruente que é de origem ilícita.

Estaríamos então perante uma medida de caráter civil, de mera restituição de bens ilicitamente obtidos, não subordinada aos princípios de justiça penal, nomeadamente o princípio da legalidade criminal e o princípio da presunção de inocência[166]. Mas como o legislador refere que aquilo que se chama património incongruente, que é confiscado, «presume-se constituir vantagem de atividade criminosa», a medida não deixará de ter efeitos nessa atividade, no sentido de a travar ou reduzir. E esta circunstância há de ser sopesada na posição a adotar.

6. Posição adotada

6.1. Distinguindo o confisco clássico do confisco ampliado

Se o confisco alargado tivesse o seu fundamento na relação entre o património incongruente e o crime objeto de condenação, seria inconstitucional por três razões: por se inferir a culpa a partir do património; por se inferir a culpa do património incongruente a partir do crime pelo que existe condenação penal; e por se inferir a perigosidade dos bens a partir da incongruência do património (no caso de se pretender que ela fosse uma medida análoga à medida de segurança).

A finalidade da medida só pode ser a da reposição do património na situação que teria se não tivesse sido ilicitamente obtido. É corretiva ou restauradora do património de acordo com o Direito.

Mas como o património incongruente se alicerça em *atividade criminosa* – não no crime objeto de condenação –, o confisco também produz *efeitos*

[165] João Conde Correia, «"Non-Convictions Based Confiscations"...», p. 94.

[166] Ou seja, não é uma pena – cfr. João Conde Correia, «"Non-Convictions Based Confiscations"...», p. 94.

político-criminalmente relevantes (de prevenção e dissuasão[167]) que, contudo, não se confundem com as finalidades político-criminais da medida e não são o seu fundamento.

Ora, a perda ampliada, assim, é uma consequência jurídica, não penal, não sancionatória, de reposição da licitude e corretiva do património, que, todavia, tem efeitos preventivos, atenta a relação deste com a atividade criminosa em que se funda. Não sendo assim, ela corre o risco de ser inconstitucional. E esta foi a opção do legislador português, quer se concorde ou não com ela.

A isto acresce uma nota que agora aparece facilmente compreensível: no caso de perda de instrumentos, produtos e vantagens ligados direta ou indiretamente ao facto ilícito típico, tais bens e vantagens são perigosos pela sua relação com o facto tipificado – fazendo sentido a sua consideração como providência sancionatória de natureza análoga à das medidas de segurança –, ao passo que quando estão em causa apenas vantagens ou ganhos ilícitos, sem relação com o crime pregresso, o que vem a ser relevante é a ilicitude desses ganhos, dessas vantagens, numa palavra do património[168] – fazendo sentido a sua consideração como medida de caráter civil, não sancionatório, restauradora do património de acordo com o Direito, com *efeitos* preventivos de desmotivação da continuação da atividade criminosa.

[167] Não são finalidades político-criminais da medida, mas é inegável que o confisco tem efeito dissuasor. Concordamos, portanto, com Ana Cerezo Dominguez, *op. cit.*, p. 25, quando diz que «não parece ter como finalidade o constituir uma ameaça destinada a dissuadir da comissão do delito a potenciais delinquentes, na base da prevenção geral intimidatória ou negativa». Mas é inegável que da sua aplicação resulta um efeito de dissuasão. Mas isto é o que se passa também com as penas. Têm finalidades preventivas (gerais e especiais) positivas. Mas da sua previsão, pela ameaça com uma pena pela realização de um facto ilícito típico, sempre resulta um efeito de dissuasão. Nesse sentido, se bem entendemos as coisas, vão Costa Pinto, *Direito Processual Penal*, Lisboa: AAFDL, 1998, p. 3, e Taipa de Carvalho, *Direito Penal. Parte Geral. Questões Fundamentais. Teoria Geral do Crime*, 2.ª edição, 2008: 64. Desta forma se evita confundir finalidades preventivas com efeito geral de dissuasão das penas.

[168] Em sentido concordante, Ana Cerezo Dominguez, *op. cit.*, p. 34: «[e]nquanto o fundamento do confisco de bens, meios, instrumentos e efeitos do delito se baseia na perigosidade objetiva da coisa, quer dizer, na perigosidade de determinados objetos quando estão à disposição de determinadas pessoas, o confisco de vantagens encontra o seu fundamento em determinados aspetos do princípio de não tolerância de enriquecimento injusto ou de uma situação patrimonial ilícita».

Portanto, partindo das opções que o legislador português tomou, respetivamente no Código Penal e na Lei especial, o confisco de bens, especialmente de vantagens, não baseado em condenação, pode ter uma dupla natureza jurídica:

a) tanto pode ser uma *providência de natureza análoga à das medidas de segurança*, pela relação direta ou indireta entre vantagens e o facto ilícito típico implicado, cumprindo uma função preventiva, com a *consequência* de ordenar o património conforme ao Direito, sem necessidade de condenação, nem proclamação de culpa e podendo incidir sobre bens na posse de terceiro;
b) como pode ser uma *medida restauradora da licitude e corretiva do património conforme ao Direito*, assente na ilicitude de tal património, com *efeitos* preventivos, atenta a relação entre o património incongruente e a atividade criminosa, que não o facto, dependente de condenação, mas não sujeita aos limites desta, podendo incidir em bens de terceiro.

A aparente semelhança, embora com diferente ordem dos fundamentos, explica-se facilmente. Em ambos os casos sempre falamos de confisco em que, para efeitos da sua natureza jurídica, o que prevalece é a *desnecessidade* – na perda clássica – ou a *irrelevância*[169] – na perda alargada – de condenação penal. Mas a relação entre as vantagens e o facto ilícito típico não é a mesma nos dois casos: num, o perigo de continuação da atividade criminosa demonstra-se pela relação das vantagens com o facto; no outro, o património incongruente é ilícito porque se presume constituir vantagem de atividade criminosa e não pela relação com o facto objeto de condenação. Por isso, no primeiro caso é o carater preventivo que fundamenta a medida; no segundo, é a reposição da licitude que a justifica. Mas neste segundo caso, como o património se presume derivado de atividade criminosa, não é indiferente à medida os *efeitos* de caráter preventivo[170] que ela desencadeia.

[169] Irrelevância para o objeto do confisco, uma vez que o património incongruente nada tem que ver com o crime sujeito a condenação.

[170] Há quem, como Tomás Farto Piay, *op. cit.*, pp. 69 e ss., considere que o confisco tem finalidades preventivas especiais, «privando de bens, meios e instrumentos e vantagens em cada caso concreto», e gerais, «para dissuadir da comissão de ilícitos ante a segurança de que a consequência será a privação de qualquer rendimento que pudesse derivar daí». Vistas as

Seria inadmissível presumir o perigo de continuação de atividade e fundamentar a medida nesta presunção – coisa diferente do que se passa no confisco clássico em que não há presunção e antes demonstração de ligação das vantagens ao facto ilícito típico e, portanto, perigo de continuação da atividade criminosa. Aliás, não sendo estranho, no confisco clássico a sua aplicação como medida sancionatória, quando o facto ilícito típico não é punido, a verdade é que tal vem a ser compreensível se não integrarmos o confisco no rol de sanções jurídico-penais clássicas. Mas no caso do confisco alargado, nem por aí teríamos uma solução pacífica.

Isto quer dizer que a caraterização jurídica do confisco obriga à consideração de todos os elementos distintivos. Uma tentativa de generalização pode não se compadecer com as especificidades determinantes da figura jurídica. Por exemplo, afirmar-se que o confisco «parte da concorrência de determinados pressupostos da responsabilidade criminal»[171] – como basear-se num facto ilícito típico, num crime ou em uma atividade criminosa, havendo conexão entre os sujeitos, direta ou indireta, com tal atividade de natureza criminal –, implica que tal consequência jurídica não escapa à lógica sancionadora do direito penal, ainda que se não funde em culpa[172], e levaria a reconhecer uma finalidade sancionadora, preventiva, de privação de bens e direitos[173]. E, portanto, não custaria aceitar que nesses casos se trataria de mais um instrumento de natureza penal, que não se confunde com as sanções penais. É o que assenta às situações de confisco não baseado em condenação, clássicas, em que se estabelece uma relação entre a perda e o facto ilícito típico, mesmo que seja só indireta.

Mas se considerarmos as especificidades da figura, não se pode dizer o mesmo para o confisco alargado. Sabendo que o confisco se baseia num património incongruente, sem relação com o crime objeto da condenação, ainda que ligado a atividade criminosa, o fundamento só pode ser o de

coisas em geral, como se o confisco pudesse reconduzir-se a uma figura única, de perda de instrumentos, produtos e vantagens, relacionados com atividade criminosa, não nos parece de afastar. Mas quando consideramos as caraterísticas de cada tipo de confisco, verificamos que nos casos em que, mesmo que se exija condenação, a perda nada tem que ver com o crime objeto de condenação, é muito difícil colocar tais finalidades preventivas antes da finalidade de reposição da licitude da situação.

171 Tomás Farto Piay, *op. cit.*, p. 81.

172 Idem, *ibidem*.

173 Idem, *ibidem*.

corrigir o património conforme ao Direito, ou seja, eliminando os efeitos da ilicitude que está na base da sua obtenção. Isto retira natureza penal a tal figura. Caso contrário, seria o mesmo que dar natureza penal à reparação pelos danos emergentes de um crime.

Uma última palavra para deixar aberta uma porta à discussão doutrinal, sempre necessária em matéria deste *jaez*. Para nós, a referência à atividade criminosa serve para demonstrar a ilicitude do património. Caso contrário, não haveria confisco ampliado. E, porque assim é, o confisco tem o *efeito* de desmotivar a continuação dessa atividade criminosa. Tal atividade não é o fundamento do confisco. Caso contrário, este seria uma consequência jurídico-penal. Este não é, porém, um modo indiscutível de ver as coisas. Para quem entenda que a atividade criminosa é o fundamento da medida, então certamente que terá de apostar na sua natureza jurídico-penal. E, nesse caso, sendo a medida desmotivadora da atividade criminosa, esta seria a sua finalidade. Poderia então assumir, quer a feição de efeito da pena (aplicada ao crime objeto da condenação), quer a de medida análoga às medidas de segurança. Já vimos quais as razões que nos distanciam destas propostas.

Acrescentaremos agora uma em jeito conclusivo.

Uma posição no sentido de considerar que as consequências jurídicas que têm efeitos na atividade criminosa, no sentido de a dissuadir – na verdade, não podemos negar que este é um dos efeitos do confisco –, têm sempre natureza penal, obrigaria a considerar que todas as medidas sociais, mesmo que alternativas ao direito penal, que tenham o efeito de reduzir a criminalidade, são de natureza penal. Ora, medidas restaurativas alternativas ao direito penal, porque também contribuem para reduzir a criminalidade, e porque têm como pressuposto um facto ilícito típico, também teriam natureza penal. Não custa perceber que isto encerra uma *contradictio in terminis*.

Não nos parece que tenha de ser assim. E na verdade não é. A medida, tal como o legislador português a concebeu, não é puramente civil, porque pressupõe a realização de um crime e presume uma ligação do património incongruente a eventual atividade criminosa. Não tem natureza penal. Não reage a um facto ilícito típico. Reage à ilicitude da obtenção de um património, ainda que assente em atividade criminosa. A eventual ligação a pretensa atividade criminosa, baseada em presunção, não serve de fundamento à medida. Se assim fosse, seria inconstitucional.

Seria admitir uma reação criminal baseada em presunção de atividade criminosa[174]. Nada mais discutível. O facto de ter um efeito preventivo, que dissuade a atividade criminosa, nem torna a medida uma sanção, nem lhe confere natureza penal. E, portanto, nem de um *tertium genus* no mundo das sanções jurídico-penal se pode tratar.

Se ela não tem qualquer ligação com o facto objeto de condenação, não pode ter finalidades preventivas decorrentes dessa condenação. E como o direito penal, com a aplicação de sanções, reage concretamente a factos ilícitos típicos e culposos, e não a epifenómenos criminais mais ou menos espúrios, como seria o caso de «atividade criminosa», a medida só pode ser conformadora do património de acordo com o Direito, com efeitos naturalmente dissuasores.

Será isto que se pretende dizer quando se afirma que «para além de uma função ordenadora do património, o confisco "alargado" visa, embora de forma *meramente reflexa*, finalidades de prevenção geral e especial, pois os proventos obtidos das atividades criminosas nos tipos de criminalidade essencialmente visados pelo confisco "alargado" são usufruídos pelos criminosos, mas também são utilizados na continuação da atividade criminosa e na sua dissimulação e o confisco dessas vantagens levará os criminosos a ponderar os custos e os benefícios de prosseguirem aquela atividade criminosa, bem como poderá impedi-los de a prosseguirem ou de prosseguirem a atividade criminosa que os lucros obtidos visavam financiar»[175]? É que, para nós, essas finalidades de prevenção geral e especial alcançadas de forma «meramente reflexa» significam os efeitos dissuasores da continuação de atividade criminosa. Mas não finalidades propriamente ditas do confisco. Porque, se fossem, então, sempre contribuiriam para conformar a medida enquanto penal. Neste caso, teríamos de enfrentar o problema da sua eventual inconstitucionalidade: uma medida de natureza penal que se aplica na base de uma presunção factual e de culpa teria de ser inconstitucional. E, portanto, estamos de acordo com Duarte Nunes, apenas preferimos utilizar uma terminologia que afaste qualquer dúvida sobre a racionalidade teleológica do confisco alargado.

[174] Sobre a não existência de violação de presunção de inocência, em alusão ao Caso *Philips v. Reino Unido*, de 5 de julho de 2001, veja-se Euclides Simões/José Trindade, «Recuperação de activos: da perda ampliada à *actio in rem*...», p. 4.

[175] Duarte Nunes, *op. cit.*, p. 13.

6.2. Distinguindo instrumentos, produtos e vantagens

No ponto anterior tivemos em conta a distinção entre confisco clássico e confisco ampliado. Mas importa sublinhar que nas duas situações podem estar em jogo diferentes tipos de bens[176]. Isto altera a nossa posição?

Na verdade, não só não altera, como porventura permite reforçar. Mas mais do que reforçar, permite esclarecer alguns pontos relevantes.

Quando falamos de *instrumentos* utilizados na prática do facto ilícito típico ou do crime, falamos de bens perigosos[177]. E são perigosos por duas razões: pela sua natureza intrínseca de servirem à prática de crimes (perigosidade objetiva) e pelas circunstâncias do caso concreto (perigosidade subjetiva)[178]. Se os instrumentos «são objetos (coisas corpóreas) que serviram ou estavam destinados a servir para a prática do crime», são logo por esta razão perigosos – sem prejuízo de se poder somar uma perigosidade dependente das circunstâncias do caso. Terá sido por isso que o legislador, na Lei n.º 5/2002, separou os instrumentos de facto ilícito típico do património incongruente, conferindo-lhe solução diferente, mas também mais lassa do que a do Código Penal. Vejamos.

O artigo 12.º-B da Lei 5/2002, aditado pela Lei n.º 30/2017, de 30 de maio, refere-se à perda de instrumentos de facto ilícito típico, no âmbito da criminalidade organizada e económico-financeira (facto referido no art. 1.º daquela Lei), «ainda que não ponham em perigo a segurança das pessoas,

[176] Como refere Tomás Farto Piay, *op. cit.*, p. 76, autores há que preferem analisar a natureza jurídica do confisco a partir de uma opção metodológica que consiste em diferenciar tipos de confisco em função do objeto sobre o qual recai o confisco. Porém, o Autor (p. 81), entende que é possível «predicar-se uma natureza penal comum do confisco como categoria ou figura jurídica, ainda que englobe diversas modalidades». Concordamos parcialmente, na medida em que não nos parece possível estabelecer uma única natureza jurídica do confisco, como demonstramos no texto, mas é possível reduzir a complexidade a duas modalidades essenciais: clássica e ampliada.

[177] Para mais desenvolvimentos, Blanco Cordero, «El decomiso en el Código Penal...», p. 85.

[178] Como ditou o Acórdão de fixação de jurisprudência n.º 11/2016 de 20 de julho, consultado em https://dre.pt/dre/detalhe/acordao-supremo-tribunal-justica/11-2016-74985441?_ts=1655998850471, no dia 8 de agosto de 2022, «[e]sta perigosidade das coisas, que determina a perda de bens a favor do Estado, deve ser avaliada objetivamente, a partir da perigosidade dos bens em si, ou subjetivamente, sempre que sejam considerados perigosos tendo em conta as circunstâncias do caso concreto, atenta, por exemplo, a utilização que deles se fez ou fará (...)».

a moral ou a ordem públicas, nem ofereçam sério risco de ser utilizados para o cometimento de novos factos ilícitos típicos».

Daqui decorrem duas importantes notas: a) não se exige condenação por um crime do catálogo – nisto se aproximando da solução do art. 109.º do CP; b) não se exige a prova do perigo para a segurança das pessoas, a moral ou a ordem públicas, ou que ofereçam sério risco de ser utilizados para o cometimento de novos factos ilícitos típicos – nisto de afastando da solução do CP.

De facto, o legislador quis tratar o confisco de instrumentos de um modo distinto do confisco de património incongruente. Assumiu que os instrumentos devem ter um regime diferente do que têm os produtos e vantagens do crime. E, portanto, prescindiu de uma comprovação de culpa, bastando-se com a comprovação da existência de um facto ilícito típico previsto no artigo 1.º, sendo este o pressuposto formal para o confisco dos instrumentos e não a condenação por um crime. Valem aqui, portanto, as considerações e conclusões que tirámos a propósito do confisco não baseado em condenação na sua feição clássica. A única diferença relativamente a esta situação está na dispensa da comprovação do perigo ou do risco dos instrumentos que existe no art. 109.º do CP. Significa então que a perigosidade não é pressuposto para aplicação desta medida?

O que o legislador pretende é dispensar a necessidade da comprovação dessa perigosidade. Mas não significa que tais instrumentos não sejam perigosos em si mesmos. Na medida em que serviram ou se destinavam a servir para a prática de um facto ilícito típico, não pode dizer-se que não são perigosos. Perigosos, no entanto, não em função da sua apetência para a produção de um certo e determinado tipo de perigo ou risco, mas simplesmente da continuação de atividade criminosa (perigosidade objetiva). Neste sentido, o que está em causa são necessidades de prevenção. Tal como está em jogo no art. 110.º do CP, para produtos e vantagens do facto ilícito típico. Aliás, o art. 12.º-B, n.º 2, da Lei n.º 5/2002, manda aplicar o regime do CP à perda de instrumentos ali prevista, em tudo o que não contrariar o disposto no número anterior. Assim sendo, a natureza jurídica deste confisco é a mesma que ostenta o confisco clássico: *uma medida análoga a medida de segurança, baseada na necessidade de prevenção da prática de crimes*[179].

[179] Neste sentido, PINTO DE ALBUQUERQUE, *op. cit.*, p. 495, relativamente ao art. 110.º do CP. Analisando o direito espanhol, BLANCO CORDERO, «El decomiso en el Código Penal...»,

E relativamente a produtos e vantagens do facto ilícito típico ou do crime?

Quando se trata de confisco não baseado em condenação de produtos e vantagens (*fructa scleris*) de facto ilícito típico, nos termos do art. 110.º do CP, falamos de objetos que tiverem resultado da prática desse facto (produtos) ou de coisas, direitos ou vantagens que constituam vantagem económica, direta ou indiretamente resultante do facto, incluindo recompensa dada ou prometida de facto já cometido ou a cometer[180] (vantagens). Valem aqui as considerações e conclusões anteriores: a natureza do confisco neste caso é penal, no sentido de que está em causa uma *medida análoga às medidas de segurança*, pela relação direta ou indireta entre produtos/vantagens e o facto típico e ilícito implicado, cumprindo uma função preventiva de evitar a prática de atividade de natureza criminosa[181], com a *consequência* de ordenar o património conforme ao Direito – uma vez que aqui os produtos e vantagens também constituem um aumento patrimonial ilícito –, sem necessidade de condenação, nem proclamação de culpa.

Quando finalmente mergulhamos no confisco ampliado, verificamos que estamos perante um confisco de vantagens (de património não baseado em condenação, ainda que tenha como condição uma condenação por um crime do catálogo). E isto é assim porque o património incongruente não tem de ter relação com o crime objeto de condenação. Logo, afunilar o objeto do confisco à noção de produto do crime, levar-nos-ia a estabelecer uma relação entre tais produtos e o crime provado, coisa que escapa completamente à lógica do confisco ampliado. À uma, o legislador fala em «vantagem da atividade criminosa»; à outra, o legislador não se refere a produtos; mas sobretudo, porque o que pode ser confiscado é a «diferença entre o valor do património do arguido e aquele que seja congruente com o seu rendimento lícito». Aliás, como bem determinou o acórdão do TRP

p. 109, também imputa natureza penal ao confisco de instrumento, mesmo na modalidade ampliada.

[180] É o que, sem mais delongas, vem determinado no art. 110.º, n.º 1, do CP.

[181] Neste sentido, concordamos com João Conde Correia, «“Non-Convictions Based Confiscations”...», p. 90, quando afirma que ainda preside ao confisco de vantagens a ideia de que «o crime não compensa»; mas, pelas razões apontadas em 5.1., não será para «prevenir e remediar o enriquecimento ilícito», senão para obstar à continuação da atividade criminosa – nisto se diferenciando do confisco de vantagens alargado.

de 11 de junho de 2014, o confisco ampliado «não incide propriamente sobre bens determinados, mas sobre o valor correspondente à diferença entre o valor do património do arguido e aquele que seja congruente com o seu rendimento lícito»[182]. São vantagens, em sentido amplo, que estão em causa. Incluindo, eventualmente, o valor equivalente.

E, para este tipo de confisco, a natureza jurídica é a que já se apontou: uma medida de tipo civil, não penal, de correção do património conforme ao Direito, mas com *efeitos* preventivos, atenta a relação entre o património incongruente e atividade criminosa[183].

Portanto, o confisco de vantagens não baseado em condenação (assente em facto ilícito típico ou em crime), a partir do modo como o legislador o assumiu, nem sempre tem a mesma natureza jurídica, apesar de serem mais os aspetos comuns do que os distintos, consoante se trate de vantagens (e produtos) direta ou indiretamente ligados a facto ilícito típico ou de vantagens de atividade criminosa (que não do crime objeto de condenação)[184].

[182] Consultado em https://www.Pgdlisboa.pt/leis/lei_mostraarticulado.php?nid=147& tabela=leis &ficha=1 &pagina=1, no dia 8 de agosto de 2022.

[183] A tese, segundo a qual, quando há confisco de valores equivalentes, implica estarmos perante uma sanção penal, não faz sentido. Segundo Trincheira, *op. cit.*, p. 83, a doutrina italiana maioritária tem revelado esse entendimento, porque, à uma, não está em causa o perigo dos bens – posto que o conceito relacional não se deve utilizar – e, à outra, a *ratio* da medida é de privar o beneficiário de qualquer benefício económico derivado da atividade criminosa, ou seja, «na convicção da capacidade dissuasora e desincentivadora de tal instrumento». O mesmo Autor, ao referir-se ao direito alemão, concretamente à jurisprudência, informa-nos que esta situação não «significa necessariamente reconhecer-se ao confisco natureza punitiva». E bem. Quem atribui natureza punitiva confunde o efeito dissuasor com finalidades preventivas, punitivas. Por isso é que na doutrina italiana esta posição não é consensual. Para os opositores, o confisco tem uma dupla natureza: «compensatória/ reparatória» e «punitivo/sancionatória» (*op. cit.*, 85). Para nós, só tem a primeira dimensão, mas pelas razões e com os limites apontados no texto.

[184] O problema que enfrentamos na caraterização jurídica do confisco não baseado em condenação ou simplesmente no confisco de vantagens não é exclusivo do direito português. No direito italiano, por exemplo, como nos dá conta Tommaso Trinchera, *op. cit.*, pp. 183 e ss., sobre o confisco não baseado em condenação, existem as mais díspares posições doutrinais e jurisprudenciais. Assim e resumidamente, se o legislador italiano o entende como «medida de prevenção», há quem lhe aponte um «caráter aflitivo e natureza sancionatória», mas não falta quem aposte na ideia de «tertium genus», constituído por uma sanção administrativa equiparável a uma medida de segurança; no entanto, a ideia de confisco de prevenção como

7. Implicações práticas (breve nota)

Não é possível aprofundar este tópico, por manifesta falta de espaço. Mas não podemos deixar de dizer que já existem interessantes decisões jurisprudenciais a retirar consequências da natureza jurídica dos vários tipos de confisco. Não vamos poder elencar todas e muito menos fazer a sua análise. Mas deixamos aqui breve nota de algumas.

No plano nacional, num caso de perda clássica, é interessante o ac. do TC 336/2006 que concorda com Figueiredo Dias, relativamente à perda de vantagens, de que «ela deve ser considerada não uma pena acessória, mas uma providência sancionatória de natureza análoga à da medida de segurança»[185]. No mesmo sentido, mais recentemente, foi o Acórdão extraordinário de fixação de jurisprudência, n.º 11/2016[186]. Num caso de perda ampliada, é paradigmático o ac. n.º 498/2019 do Tribunal constitucional. Este acórdão reproduz, no essencial, o que outros três do mesmo Tribunal haviam definido antes: o n.º 101/2015, o n.º 392/2015 e o n.º 476/2015. O Tribunal tomou posição sobre a natureza jurídica do confisco alargado. Embora considerando que «a aplicação da medida de perda a favor do Estado (...) tem uma finalidade de prevenção criminal, evitando que se crie a ideia que o crime compensa (...)», entendeu «não constituir uma reação contra a prática de um crime, nem uma reação sancionatória *tout court*».

medida *sui generis* foi repristinada sobretudo pela jurisprudência; e há quem entenda que se deve atribuir caráter substancialmente civil à medida – seria como que uma terceira via, uma vez que, «reconhecer a natureza substancialmente penal do confisco de prevenção», seria «reconhecer a sua radical incompatibilidade com as garantias que a Constituição e o direito internacional dos direitos humanos». Portanto, o que estaria em causa seria uma «limitação do direito de propriedade», de tal modo que seria uma "*medida repristinatória* do *status quo ante*" (itálico do Autor), sem finalidade punitiva, despida dos elevados *standards* garantísticos. A jurisprudência penal tem adotado esta via e observa que, sem natureza penal, «o confisco resta como que uma medida que incide sobre direitos de propriedade e iniciativa económica (...)». Sobre o «confisca di prevenzione» veja-se Michele Panzavolta, *op. cit.*, p. 36.

[185] Foi apagado o negrito que consta do original.

[186] Cfr. Diário da República, 1.ª série, n.º 138, de 20 de julho de 2016, acórdão a que já nos referimos, e para onde remetemos, na nota 86.

Fora de portas, não deixa de ser interessante o acórdão de 10 de fevereiro de 2021 do *Bundesverfassungsgericht*[187]. O Tribunal acabou por entender que podia haver aplicação retroativa excecional da figura do confisco, sem violação do princípio da proibição de retroatividade da lei penal, pela simples razão de que estava em causa, não uma pena acessória, mas mera consequência jurídica. Como explica o Tribunal alemão, a reforma de 2017 que abrangeu a lei do confisco fortaleceu o paralelo com o direito civil, em particular com o enriquecimento sem causa[188]. Esta jurisprudência vem já na linha de outras decisões do Tribunal, nomeadamente o acórdão de 14 de janeiro de 2004[189]. Este acórdão também considerou que «[o] confisco de bens obtidos através do crime não é expressão de retribuição [de retaliação], mas de justiça ordenadora»[190], de tal modo que o Tribunal achou que «[o] confisco alargado (§ 73d StGB) não persegue objetivos repressivo-retributivos (retaliadores), mas objetivos preventivo-ordenadores e, portanto, não é uma medida punitiva sujeita ao princípio da culpa», concluindo, portanto, que o «§ 73d StGB não viola a presunção de inocência»[191], como também não viola o princípio da não retroatividade[192]/[193].

No TEDH também encontramos interessantes implicações práticas dos regimes jurídicos do confisco[194]. Por exemplo, no caso *Dassa Foundation e*

[187] BVerfG, Beschluss des Zweiten Senats vom 10. Februar 2021 – 2 BvL 8/19 –, Rn. 1-163, in http://www.bverfg.de/e/ls20210210_2bvl000819.html, consultado em 14 de fevereiro de 2022.

[188] Veja-se o parágrafo 117 da Sentença.

[189] BVerfG, Beschluss des Zweiten Senats vom 14. Januar 2004. 2 BvR 564/95 –, Rn. 1-117, in https://ww w.bundesverfassungsgericht.de/SharedDocs/Entscheidungen/DE/2004/01/rs20040114_2bvr056495.html, consultado em 13 de setembro de 2022.

[190] BVerfG 14.01.2004, § 71: «Die Entziehung deliktisch erlangten Vermögens ist nicht Ausdruck vergeltender, sondern ordnender Gerechtigkeit».

[191] BVerfG 14.01.2004, § 84 e ss., explica que o § 73d StGB é compatível com a presunção de inocência ("§ 73d StGB ist mit der Unschuldsvermutung vereinbar"), desde logo porque não exige a determinação de culpa («Die Anordnung des erweiterten Verfalls setzt die Feststellung von Schuld nicht voraus»).

[192] BVerfG 14.01.2004, § 112.

[193] Para uma análise crítica deste acórdão, veja-se Tommaso Trinchera, *op. cit.*, pp. 251 e ss.

[194] Veja-se, por exemplo, o caso *Gogitidze and Others v. Georgia*, de 12.05.2015. Sobre este caso, Euclides Simões e José Trindade, «Recuperação de ativos – confisco sem ação

outros vs. Liechtenstein, n.º 696/05[195], o Tribunal, tendo em conta o regime jurídico do Liechtenstein, perante confisco não baseado em condenação penal, considerou que não se tratava de uma sanção penal, bem pelo contrário, uma figura muito próxima do enriquecimento civil, pelo que não aplicou o art. 7.º, §1, da CEDH, aplicável em casos de sanções penais[196].

Estes são apenas alguns exemplos. O que aqui deixamos é suficientemente elucidativo das implicações práticas que a configuração jurídica do confisco pode ter.

8. Reflexão conclusiva

O legislador português optou por duas vias de conformação do confisco: uma, mais prudente, que pode envolver situações de ausência de qualquer condenação, mas carente de uma ligação entre facto e instrumentos, produtos ou vantagens objeto de confisco – a analogia com a medida de segurança, assinala uma clara distinção com as clássicas sanções penais, mas coloca-a ainda no âmbito do direito penal; a outra, mais arrojada, carente de uma condenação penal, de um catálogo, mas sem a exigência de qualquer ligação entre vantagens e o crime objeto de condenação – fundando-se na ilicitude da obtenção do património incongruente, ela não passa de uma medida *in rem*, dirigida aos bens e não ao agente, caso

penal – a "actio in rem" na jurisprudência do Tribunal Europeu dos Direitos Humanos», in *Revista Julgar*, Março de 2016, p. 1, resumiram: «O TEDH, no caso Gogitidze e outros contra a Geórgia, pronunciou-se pela congruência com o artigo 1.º do Protocolo n.º 1 à Convenção Europeia dos Direitos Humanos de uma lei que permite o confisco de produtos ou vantagens de actividades ilícitas, mesmo na ausência de condenação penal anterior. Após o regime de perda clássica, primeiro, e da perda ampliada, depois, a "actio in rem" apresenta-se como um terceiro passo na realização da ideia de que o crime não compensa, através da recuperação de activos».

[195] Sobre este caso, Blanco Cordero, «Recuperación de activos...», p. 361.

[196] A decisão refere que «given in particular the nature of forfeiture under Liechtenstein law which makes it comparable to a civil law restitution of unjustified enrichment, the orders of seizure made against the applicant foundations in view of a subsequent forfeiture of their assets did not amount to a "penalty" within the meaning of Article 7 § I, second sentence, of the Convention». Curiosamente, esta jurisprudência, na reforma do CP espanhol, de 2015 (Preâmbulo da LO 1/2015), serviu de inspiração para a não consideração do confisco como medida penal, embora viesse a ser determinada como "consequência acessória", solução que não é consensual na doutrina espanhola (veja-se, entre outros, Tomás Farto Piay, *op. cit.*, p. 72).

contrário, teria de se questionar a sua validade constitucional. Quer dizer, se a medida tivesse natureza penal, dirigida a censurar o agente do facto, então, entre outras razões, só pelo facto de se fundar numa presunção, teria de ser considerada inconstitucional.

Coisa diferente é saber se o legislador esteve bem na opção que tomou. Isso seria questão para outros desenvolvimentos que aqui, *brevitais causa*, não vamos poder fazer. Mas, partindo do que está positivado, parece-nos claro que a medida apresenta caraterísticas que não devem ser desprezadas do ponto de vista político-criminal.

Com efeito, estamos plenamente convencidos de que, para a criminalidade em geral, mas sobretudo para a criminalidade organizada, económico-financeira, uma das medidas mais eficazes no combate a tal tipo de criminalidade é a do confisco de vantagens a ela ligados, mormente na sua versão de confisco não baseado em condenação. Mais: a nossa convicção vai ao ponto de considerar que as penas, sendo naturalmente relevantes na resposta a tal tipo de criminalidade, têm um efeito dissuasor muito reduzido se comparado com a possibilidade de perda de vantagens. Isto é tanto mais verdade quanto se considerarmos a possibilidade de confisco alargado. Mas, para isto assim suceder, há que convocar o direito penal para reagir aos tipos de ilícito, e deixar a outras vias o restabelecimento da licitude na obtenção dessas vantagens. É estranho que já se tenha registado uma certa imprestabilidade do confisco não baseado em condenação, na União Europeia, por contraste à *civil forfeiture* anglo-americana ou à extinção de domínio da américa hispânica. As razões estão sinalizadas[197]. E a esperança de que as coisas se alterem não se perdeu[198].

Entendemos, como Jon Petter Rui e Ulrich Sieber[199], que os confiscos não baseados em condenação devem ficar no sistema

[197] Blanco Cordero, «El decomiso en el Código Penal...», pp. 127 e ss.

[198] Idem, 129, citando Fernandez-Bertier e o velho ditado: perde-se uma batalha, mas não a guerra.

[199] Rui/Sieber, *op. cit.*, 299. Faz sentido criar um modelo de confisco desenhado para «re-establish the *status quo ante*», como segunda via, ao lado do «traditional criminal law-based confiscation model». Mas este novo modelo, segundo os autores enfrenta um grande desafio, que é explicado e solucionado da seguinte forma: «The most decisive and problematic element of this legislation is the level of proof required for the nexus between crime and property. In the future, this level must be based on a more extensive analysis of national human rights guarantees, especially those bearing on the protection of property. Depending on the

penal[200]. Apesar de tudo, o processo penal continua a constituir um conjunto de garantias que não são desprezíveis na sua aplicação. Não as que dizem respeito a questões de natureza penal, como seria o caso da presunção de inocência. Mas sim aquelas que são de natureza estritamente processual. Mais importante ainda é que o confisco, mesmo quando não baseado em condenação penal, vem a ser um excelente meio de dissuasão criminal, cujo efeito será tão mais aproveitado se for dentro do sistema penal do que fora.

Por isso, não se entende a obstinação[201] do legislador por querer criar novas incriminações, como seriam o crime de enriquecimento ilícito ou injustificado, quando do lado material já temos o crime de branqueamento de capitais e todos os que lhe possam ser precedentes, e relativamente às vantagens ilicitamente obtidas, temos o confisco. Como explicam EUCLIDES SIMÕES e LUÍS TRINDADE[202], falando do confisco, «[é], em particular, preferível à ciclicamente despertada intenção de criminalizar o enriquecimento ilícito, ilegítimo ou não justificado. Desde logo porque, na incessante busca de caminhos de maior eficácia no quadro do Estado de Direito, permite resgatar o sistema ao espartilho do direito e do processo penal». E, como nos explica FARIA COSTA[203], «(...) a adoção de medidas extra-penais de caráter sancionatório ou de intromissão direta no património ilicitamente acrescentado – como, *v.g.*, os procedimentos de confisco *in rem* (de natureza administrativa) ou, melhor ainda, a perda de vantagens "alargada" (também de natureza administrativa, mas agora aplicada por ocasião e no seio de um processo penal) – seria muito mais

various national constitutional requirements, this might be a standard somewhere between the so-called civil law-based preponderance of evidence, on the one hand, and the criminal law-based proof beyond reasonable doubt (which goes hand in hand with the principle of innocence), on the other. However, it is an open question whether this standard would be acceptable in all countries».

200 Contra, MICHELE PANZAVOLTA, *op. cit.*, p. 51, diz que o confisco não penal devia sair do sistema penal.

201 As palavras são de JOÃO CONDE CORREIA, «"Non-Convictions Based Confiscations"...», p. 82, são claras, falando de obstinação do legislador.

202 EUCLIDES SIMÕES/JOSÉ TRINDADE, «Recuperação de activos – confisco sem condenação penal...», p. 7.

203 FARIA COSTA, «T.C., Acórdão n.º 179/2012 – Processo n.º 182/12. (*Crítica à tipificação do crime de enriquecimento ilícito: plaidoyer* por um direito penal não liberal e ético-socialmente fundado», *in RLJ*, Ano 141.º, março-abril 2012, n.º 3973, p. 254.

eficaz no combate ao enriquecimento ilícito e muito menos nociva aos direitos fundamentais do cidadão do que o irrefletido e temerário recurso a uma intervenção jurídico-criminal».

Pena que um instrumento como o confisco alargado só muito recentemente tenha começado a ter algum sucesso e muito restrito do ponto de visto geográfico[204]. Não se pode partir para novas soluções sem se ter esgotado as virtualidades do sistema[205].

A questão, no entanto, é esta: «se geralmente o confisco não é uma pena, nem convoca a generalidade das garantias processuais penais, por que é que o legislador – em vez de optar por incriminações simbólicas e inúteis – não procede ao seu alargamento em termos que sejam compatíveis com a Lei Fundamental»?[206]

Está neste momento em curso a elaboração de uma nova Diretiva relativa à recuperação e confisco de bens. Do que nos foi possível verificar, talvez nos traga margem para uma certa expansão do confisco de vantagens, dentro dos limites da Constituição. A proposta em causa compreende várias modalidades de confisco (confisco, confisco de um terceiro, confisco estendido, confisco não baseado em condenação, confisco de riqueza inexplicável ligada a atividades criminosas), abrindo assim ainda mais o leque de possibilidades que o legislador poderá dispor para tratar o confisco em processo penal. De uma coisa não temos dúvidas: também desta Diretiva resultará um fortalecimento dos instrumentos *in rem* de recuperação de vantagens aplicado no processo penal. Um caminho que, sem cair em novas incriminações, permitirá, pelos seus efeitos, de um modo mais eficaz, fortalecer os meios de prevenção de um conjunto significativo de ilícitos típicos, nem sempre devidamente prevenidos com o exclusivo recurso às sanções penais.

Naturalmente que a tudo isto há que colocar uma advertência, como o faz JOHAN BOUCHT: há sempre riscos de um errado confisco de

[204] JOÃO CONDE CORREIA, «"Non-Convictions Based Confiscations"..., p. 88, falava mesmo de fracasso da perda alargada em Portugal. Hoje, as coisas já não são bem assim. Como o próprio deu conta no Seminário REACT, de 29 de setembro de 2022, em Lisboa, no Teatro Thalia, sabemos que tem havido algum dinamismo na região do Porto.

[205] Como defendem, EUCLIDES SIMÕES/JOSÉ TRINDADE, «Recuperação de activos: da perda ampliada à *actio in rem*...», p. 32, «há, pois, que atuar, utilizando as virtualidades dos dispositivos da lei portuguesa...»!

[206] Assim, JOÃO CONDE CORREIA, «"Non-Convictions Based Confiscations"...», p. 94.

património, quando se atenuam as garantias[207], *sc.*, quando nos distanciamos completamente das exigências do direito penal e do processo penal. E, perante isto, em vez de se continuar num certo imobilismo, talvez seja mais avisado caminhar com prudência, reduzindo tais riscos e sempre, em todo o caso, prevendo meios justos de reação e de compensação a confiscos manifestamente ilegais. Mas isto já são questões que fogem do âmbito deste modesto trabalho.

[207] Johan Boucht, *The Limits...*, pp. 233 e ss.

4. TIPOLOGIAS SUBSTANTIVAS DE CONFISCO DAS VANTAGENS: OS DIFERENTES CAMINHOS PARA GARANTIR QUE O CRIME NÃO COMPENSA

Hélio Rigor Rodrigues

Introdução – A recuperação de ativos e os seus lugares próximos

Um texto que pretenda abordar as diferentes vias que conduzem ao confisco, ou as diferentes tipologias existentes na constelação normativa do instituto da recuperação de ativos, deve começar pelo princípio.

Nessa medida, importa definir de que falamos quando falamos de recuperação de ativos. À recuperação de ativos não interessa a discussão sobre as singularidades do confisco dos instrumentos e dos produtos, uma vez que, nestes casos, não está em causa uma atividade de recuperação de ativos, mas antes uma tarefa de conceder destino a determinados objetos, em regra motivado por uma ideia de perigosidade a que os mesmos estão associados seja pela sua perigosidade ontológica, seja pelas circunstâncias do caso.

O que realmente interessa à recuperação de ativos é o confisco das vantagens, cabendo neste conceito todo e qualquer benefício económico obtido através do facto ilícito típico, independentemente desse benefício se materializar num aumento do ativo, ou numa diminuição do passivo, ou mesmo numa mera poupança ou supressão de despesas.

Por outro lado, a recuperação de ativos não consiste numa via alternativa para compensar a ausência de eficácia na deteção e punição dos autores de determinados crimes graves, especialmente no domínio da criminalidade altamente organizada e económico-financeira. O confisco das vantagens persegue finalidades próprias, que não se confundem com os fins das penas, nem obedecem a qualquer lógica sancionatória.

1. Qual a razão para que se criem vias diferencias para assegurar que não existe um porto seguro para as vantagens do crime?

A resposta a esta pergunta exige que se definam os valores protegidos com o confisco das vantagens, ou se preferirmos dos interesses protegidos com os mecanismos de recuperação de ativos ou as suas finalidades

Em primeiro lugar, é indispensável compreender a diferença entre o que o confisco das vantagens é (em si mesmo) ou seja, a sua natureza ontológica, por um lado, e as finalidades[1] que pretende alcançar, por outro.

A definição dos valores protegidos com o confisco das vantagens não se confunde com a definição da sua natureza jurídica.

Em nossa perspetiva, o confisco das vantagens constitui uma consequência jurídica do crime[2] de natureza civil ou restitutiva[3], na medida em que visa colocar o agente do crime no estado patrimonial em que este estaria se o crime não tivesse sido praticado.

[1] Quanto às finalidades do confisco vide, Jorge de Figueiredo Dias, *Direito Penal Português, Parte Geral II – As consequências jurídicas do crime* reimpressão, Coimbra, Coimbra Editora, 2013, p. 635, e ainda: Pedro Caeiro, «Sentido e função do instituto da perda de vantagens relacionadas com o crime no confronto com outros meios de prevenção da criminalidade reditícia (em especial, os procedimentos de confisco in rem e a criminalização do enriquecimento "ilícito")», RPCC, ano 21 n.º 2, 2011, pp. 267/321; Euclides Dâmaso Simões/José Luís F. Trindade, «Recuperação de activos: da perda ampliada à actio in rem (virtudes e defeitos de remédios fortes para patologias graves)», in *Revista Julgar online*, 2009, p. 2, disponível em: http://sites.google.com/site/julgaronline/.

[2] Considerando que o confisco poderia ser uma terceira via «third track» de consequências legais da prática de uma infracção penal: Joachim Vogel, «*The Legal Construction that Property Can Do Harm: Reflections on the Rationality and Legitimacy of Civil Forfeiture*», *in* Jon Petter Rui/Ulrich Sieber, (org.), *Non conviction based confiscation in Europe*, Berlin, Duncker & Humblot, 2016, p. 232.

[3] Quanto à posição que defendemos relativamente à natureza jurídica do confisco, classificando-a como civil: Hélio Rigor Rodrigues, «O confisco das vantagens do crime: Entre os direitos dos Homens e os deveres dos Estados – A Jurisprudência do Tribunal Europeu dos Direitos do Homem», *in* Maria Raquel Desterro Ferreira/Elina Lopes Cardoso/ João Conde Correia, (org.), *O Novo Regime de Recuperação de Ativos à luz da Directiva 2014/42/EU e da Lei que a Transpôs*, Lisboa, INCM, 2018; pp. 39/84; Idem, «Perda de bens no crime de tráfico de estupefacientes. Harmonização dos diferentes regimes jurídicos aplicáveis», in *RMP*, 2013, 134, pp. 189 e ss.; e Hélio Rigor Rodrigues/ Carlos Alberto Reis Rodrigues, *Recuperação de activos na criminalidade económico-financeira: viagem pelas idiossincrasias de um regime de perda de bens em expansão*, Lisboa, Sindicato dos Magistrados do Ministério Público, 2013, pp. 175 e ss.

A primeira ideia que importa sublinhar relativamente às finalidades do confisco das vantagens é que este não visa impor qualquer sacrifício ao agente, nem sancioná-lo pela prática do crime, numa lógica tributária de aplicação de uma pena[4]. Não obstante, importa reconhecer que, em alguns casos, especialmente nos crimes praticados com exclusiva intenção de obter um incremento patrimonial, a remoção dos ganhos obtidos com o crime pode ser um mecanismo tão efetivamente dissuasor – porventura até mais – que uma multa ou mesmo como a aplicação de uma pena de prisão[5].

O confisco das vantagens, em qualquer das suas modalidades ou variações, que de seguida trataremos, é um instituto baseado num modelo de aniquilamento dos benefícios ilicitamente obtidos[6], e apenas destes, onde o sucesso patrimonial se alcança com a reposição do *status quo ante* à prática do facto ilícito[7].

2. As finalidades do confisco das vantagens

A concretização das finalidades subjacentes ao confisco das vantagens do crime poderá erigir-se, brevemente, segundo uma lógia de confluência de dois vectores primaciais, que se encontravam já sintetizados no pensamento de Jorge de Figueiredo Dias[8]:

[4] A este respeito é esclarecedora a descrição que Isidoro Blanco Cordero, «Recuperación de activos de la corrupción mediante el decomiso sin condena (comiso civil o extinción de dominio)», *in* Eduardo A. Fabián Caparrós/Miguel Ontiveros Alonso/Nicolás Rodríguez García (org.), *El Derecho Penal y la Política Criminal Frente a la Corrupción*, México, Ubijus, 2012, p. 340, formúla sobre as finalidades do confisco das vantagens do crime quando refere que «*El comiso no tiene los mesmos fines que le pena criminal, sino que persigue remediar un estado patrimonial ilícito surgido como consecuencia de la comisión de un delito. Fin del comiso es corrigir la perturbación del ordenamiento jurídico consecuencia de la situación patrimonial ilícita generada por la comisión de delitos. No pretende desaprobar ni castigar un comportamiento antijurídico, sino impedir que persista en el futuro una perturbación del ordenamento jurídico producida en el passado*».

[5] A este respeito: Roger Bowles/ Michael Faure/Nuno Garoupa, «Forfeiture of Illegal Gain: An Economic Perspective», in *Oxford Journal of Legal Studies*, Vol. 25, No. 2, 2005, pp. 275/295.

[6] Joachim Vogel, «The Legal Construction that Property...», pp. 226/243.

[7] Como se refere no ac. TC 392/2915, «*Embora enxertado naquele processo penal, o que está em causa neste procedimento, repete-se, não é já apurar qualquer responsabilidade penal do arguido, mas sim verificar a existência de ganhos patrimoniais resultantes de uma atividade criminosa*».

[8] Jorge De Figueiredo Dias, *Direito Penal Português...*, pp. 631 e ss.

- as *finalidades de natureza preventiva*, por um lado, e
- a necessidade de *restauração da ordem patrimonial dos bens correspondente ao direito vigente*, por outro.

2.1. Finalidades preventivas

Primeiramente, à perda das vantagens deverá reconhecer-se, uma marcada finalidade preventiva.

Esta finalidade preventiva é patente, desde logo, no aprofundamento da ideia de que o crime não pode compensar. Esta referência é sintetizada por Costa Andrade e Maria João Antunes quando afirmam que é «*comum o entendimento de que a acção contra certas formas de criminalidade ganha-se investindo em instrumentos que arredem de todo a possibilidade de o crime compensar*»[9].

A este respeito ensina Jorge de Figueiredo Dias[10] «*Nas vantagens (...) o que está em causa primariamente é um propósito de prevenção da criminalidade em globo, ligado à ideia – antiga, mas nem por isso menos prezável – de que "o 'crime' não compensa!". Ideia que se deseja reafirmar tanto sobre o concreto agente do ilícito-típico (prevenção especial ou individual), como nos seus reflexos sobre a sociedade no seu todo (prevenção geral), mas sem que neste último aspecto deixe de caber o reflexo da providência ao nível do reforço da vigência da norma (prevenção geral positiva ou de integração)*».

Esta finalidade preventiva associada à ideia que o crime não pode compensar reconhecida pela generalidade da doutrina[11], ilumina o caminho da definição dos efeitos que o confisco das vantagens deve assumir no património do agente do crime, na medida em que o crime

[9] Manuel da Costa Andrade/Maria João Antunes, «Da apreensão enquanto garantia processual da perda de vantagens do crime», *in RLJ*, 2017, ano 146.º, n.º 4005, p. 363.

[10] Jorge de Figueiredo Dias, *Direito Penal Português ..., ob cit.* p. 632.

[11] Pedro Caeiro, «Sentido e função do instituto ...», p. 276; Paulo Pinto de Albuquerque, *Comentário do Código Penal à Luz da Constituição da República e da Convenção Europeia dos Direitos do Homem*, 2.ª Ed. Actualizada, Lisboa, UCE, 2010, p. 360; João Conde Correia, *Da proibição do confisco à perda alargada*, Lisboa, INCM, 2012, p. 94. Com desenvolvimento sobre esta dimensão das finalidades do confisco: Duarte Nunes, «Admissibilidade da inversão do ónus da prova no confisco "alargado" de vantagens provenientes da prática de crimes (Anotação aos Acórdãos n.ºs 392/2015 e 476/2015 do Tribunal Constitucional)», *in Revista Julgar online*, fevereiro de 2017.

apena não compensará nos casos em que todos os benefícios económicos tenham sido efetivamente removidos, ou seja, nos casos em que retome a situação patrimonial anterior à prática do crime.

2.2. Finalidade de restauração da ordem patrimonial dos bens correspondente ao direito vigente

Poderemos assim, seguindo esta lógica identificar o segundo grupo de valores protegidos[12] com a remoção das vantagens do crime através do confisco. Como se refere a este respeito no ac. do TC de n.º 392/2015, de 12 de agosto de 2015 «[...] *além das finalidades preventivas, a este regime também está subjacente uma necessidade de restauração da ordem patrimonial dos bens correspondente ao direito vigente. Um Estado de Direito não pode deixar de preocupar-se em reconstituir a situação patrimonial que existia antes de alguém através de condutas ilícitas ter adquirido vantagens patrimoniais indevidas, mesmo que estas não correspondam a um dano de alguém em concreto*»[13].

Esta necessidade de «restauração da ordem patrimonial correspondente ao direito vigente», que assume representação autónoma relativamente às finalidades preventivas, encerra, provavelmente, o valor mais relevante protegido pelo confisco das vantagens.

A finalidade de restauração da ordem patrimonial correspondente ao direito deriva da indispensabilidade de assegurar que não será permitida nem tolerada a acumulação de riqueza proveniente da prática de factos ilícitos típicos na disponibilidade dos criminosos.

[12] Euclides Dâmaso Simões/José Luís F Trindade. «Recuperação de activos: da perda ampliada...», p. 2, reconhecem que o confisco das vantagens serve outros interesses para além das finalidades preventivas que unanimemente lhe são reconhecidas. Afirmam estes autores que «*vai-se cimentando a ideia que a perda ou confisco serve três objectivos:*
- o de acentuar os intuitos de prevenção geral e especial, através da demonstração de que o crime não rende benefícios;- o de evitar o investimento de ganhos ilegais no cometimento de novos crimes, propiciando, pelo contrário, a sua aplicação na indemnização das vítimas e no apetrechamento das instituições de combate ao crime; e – o de reduzir os riscos de concorrência desleal no mercado, resultantes do investimento de lucros ilícitos nas actividades empresariais».

[13] Sobre a jurisprudência do TC em matéria de confisco: João Conde Correia, «Presunção de proveniência ilícita de bens para perda alargada: anotação aos acórdãos do Tribunal Constitucional n.ºs 101, 392 e 476/2015», in *RMP*, 2016, 145, pp. 207/221; Duarte Alberto Rodrigues Nunes, «Admissibilidade da inversão do ónus da prova ...».

Essa acumulação de riqueza ilícita conduz a fenómenos que tem sido identificados como «*criminalidade do poder*»,[14] que mina os alicerces ou a estrutura em que assenta o Estado de Direito através da criação de uma «*economia criminal*» que movimenta quantias consideráveis de riqueza em prejuízo de toda a comunidade, e com isso consegue garantir a conquista ilegal de um «*espaço de poder económico*» e um reconhecimento institucional de influência[15].

Se considerarmos as formas mais graves de criminalidade, será ingénuo acreditar que os benefícios económicos obtidos com a prática do crime (e que o motivaram) não serão, na generalidade dos casos, investidos quer, por um lado, no aperfeiçoamento e na utilização de técnicas cada vez mais avançadas de cometimento de novos ilícitos, e de financiamento de organizações criminosas ou mesmo terroristas[16], quer, por outro lado, na aproximação, pelo poder que o dinheiro confere, aos centros de decisão, com possibilidade de deturpar os interesses económicos não de alguns, mas de todos[17].

[14] GERMÁN ALLER, *Criminalidad del poder económico – ciência y práxis*, Buenos Aires, Editorial Bdef, 2011.

[15] Tal como se salientou na intervenção de GIUSEPPE PIGNATONE na conferência do conselho superior da Magistratura subordinada ao tema «L'uso delle misure patrimoniali contro le organizzazioni criminali: strumenti investigativi e processuali. Il coordinamento tra il processo penale e di prevenzione e la prospettiva di un "giusto processo al patrimonio"» realizada em Roma, 19/21 de abril de 2010.

[16] As vantagens do crime assumem uma importância determinante no financiamento do terrorismo, como se reconhece no considerando 10 do Regulamento (UE) 2018/1805 do Parlamento Europeu e do Conselho, de 14 de novembro de 2018, relativo ao reconhecimento mútuo das decisões de apreensão e de perda, onde se afirma «[...] *a fim de impedir as atividades da criminalidade organizada que financiam o terrorismo, é essencial privar os criminosos dos produtos do crime. Para este efeito, a Comissão declarou que é necessário assegurar que todos os tipos de decisões de apreensão e de decisões de perda sejam executadas na maior medida possível em toda a União, mediante a aplicação do princípio do reconhecimento mútuo*».

[17] Como refere Sir KEITH POVEY (org.), «Payback Time Joint Review of asset recovery since the Proceeds of Crime Act 2002», p. 5, disponivel em https://www.justiceinspectorates.gov.uk/cjji/inspections/payback-time-joint-review-of-asset-recovery-since-the-proceeds-of-crime-act-2002/ sobre os benefícios económicos resultantes da prática do crime: «*Acquisitive crime affects everyone in society. Victims whose homes are burgled, whose cars are stolen, who lose their savings to fraudsters or are robbed in the street all have their lives inextricably altered. The rest of the law-abiding community, to a greater or lesser extent, lives in the fear of being victimised and suffers the*

Os incentivos económicos de qualquer espécie, obtidos com a prática do crime, servem em regra (sem exceção) para alimentar estruturas larvares e parasitárias, que dependendo dos fenómenos criminais a que se dediquem, poderão não só ceifar as vidas ou a saúde de cidadãos cumpridores, como destruir ou fazer perigar a economia de um país.

3. Tipologias de confisco das vantagens – Justificação para a existência de diferentes caminhos para o mesmo objetivo

Convocando a importância e as finalidades do confisco das vantagens que anteriormente enunciamos, não será surpreendente a constatação que os Estados rapidamente compreenderam que um mecanismo de confisco tradicional na sequência de uma condenação e baseado na necessidade de demonstração do vínculo entre um determinado bem e um determinado facto ilícito típico no contexto e um processo penal não era suficientemente eficaz para garantir que o crime não compensa.

A existência de diferentes modalidades de confisco justifica-se com base nas insuficiências ou limites do confisco clássico, e da necessidade que os estados sentiram em ultrapassar essas limitações[18].

Tal como reconhece a proposta de Diretiva do Parlamento Europeu e do Conselho relativa à recuperação e perda de bens[19], as organizações criminosas utilizam meios cada vez mais sofisticados para ocultar e branquear as vantagens obtidas. A criminalidade organizada tem no lucro a sua principal motivação, e a única forma de atingir aqueles que efetivamente dominam e controlam estas organizações é através da eliminação desses lucros, com mecanismos de confisco eficazes.

Sucede que um modelo de confisco das vantagens exclusivamente assente na necessidade de demonstração do vínculo entre os benefícios económicos obtidos e um crime concreto não possui a virtualidade de assegurar que o crime não compensa, nem seria suficiente para evitar a acumulação de rendimento ilícito nas mãos dos agentes do crime.

indirect impact through rising prices, higher taxes and increased insurance premiums. The visible face of acquisitive crime is increasingly the wealth flaunted by criminals at all levels».

[18] JOHAN BOUCHT, *The Limits of Asset Confiscation – On the Legitimacy of Extended Appropriation of Criminal Proceeds*, Oxford, Hart Publishing, 2017, p. 27.

[19] Bruxelas, 25.5.2022 COM (2022) 245 final 2022/0167 (COD), disponível *online* em: https://eur-lex.europa.eu/legal-content/EN/TXT/PDF/?uri=CELEX:52022PC0245

Nessa medida, assistimos a um processo evolutivo das tipologias de confisco, com vista a assegurar que não existe um porto seguro para as vantagens do crime. Essa evolução faz-se essencialmente através do alargamento da possibilidade de confiscar outros bens para além daqueles que estão imediatamente relacionados com um concreto e identificado crime. Ou seja, a evolução e a definição de novas e diferentes tipologias de confisco faz-se essencialmente através da desconstrução ou ajustamento da exigência de prova do vínculo entre os bens ou valores confiscáveis e um concreto crime.

É precisamente com base no modo como se estabelece esse vínculo entre o crime e os bens confiscados que germinaram e se autonomizam as diversas «novas» modalidades de confisco.

A evolução verificada com a criação de novas e diferentes tipologias de confisco assenta essencialmente nas variações ao nível da exigência da demonstração pelo Estado desse vínculo com um crime específico como pressuposto do confisco. Este caminho evolutivo mais não é do que o reflexo jurídico de uma constatação de elementar bom senso e sentido de justiça comum a todos os cidadãos. Se for possível demonstrar que um indivíduo que foi investigado e julgado porque vendeu numa ocasião 0.5kg de estupefaciente, numa venda que lhe rendeu 1.000€, mas não exerceu em qualquer momento da sua vida qualquer atividade lícita, nem recebeu qualquer herança ou rendimentos de qualquer outra fonte legítima, mas ainda assim possui um património avaliado em 10.000.000,00€, seria ingénuo não suspeitar que esse património foi obtido com atividade criminosa precedente. A questão que se coloca é por isso precisamente a de saber que mecanismos existem para assegurar que no contexto de um processo justo e equitativo se define a origem desse património e a possibilidade de o confiscar caso se conclua que a sua origem não é lícita.

Por outro lado, esta restauração patrimonial ao *status quo ante* à prática do crime, não depende de qualquer punição ou condenação pela prática do crime, uma vez que a dimensão desta responsabilidade é puramente patrimonial. A responsabilidade patrimonial e a responsabilidade penal para estes efeitos são autónomas, e não se confundem. Um crime bagatelar punido apenas com pena de multa pode gerar vantagens de centenas de milhões de euros, do mesmo modo que um crime grave punido com pena de 15 anos de prisão pode gerar vantagens insignificantes, ou não gerar vantagem alguma. A responsabilidade criminal materializada na aplicação de uma pena e a responsabilidade patrimonial traduzida no confisco poderão efetivar-se com total independência e autonomia. Não carecem nem dependem uma da outra.

É esta independência e fundamento autónomo do confisco das vantagens relativamente á responsabilidade penal que legitima e permite, por um lado a existência de tipologias de confisco não baseadas numa condenação penal, e por outro que esse confisco possa ser determinado sem demonstração do vínculo ou conexão entre um crime concretamente identificável e os objetos ou valores que são declarados perdidos a favor do Estado, com inversão do ónus da prova, ou com aplicação do *standard* probatório civil.

4. Elementos comuns a todas as tipologias de confisco

Neste texto procuraremos explorar as diferentes tipologias de confisco, ou seja, as diferentes vias definidas pelos Estados nos seus ordenamentos jurídicos com vista a alcançar uma decisão de «perda a favor do Estado» que é o mesmo que dizer *uma medida de caráter definitivo, imposta por um tribunal relativamente a uma infração penal, que conduza à privação definitiva de bens de uma pessoa singular ou coletiva*[20].

A análise e enumeração das diferentes tipologias de confisco, nesta perspetiva, corresponde por isso à apreciação dos diferentes caminhos que os Estados definiram com vista a assegurar que são alcançados os objetivos anteriormente enumerados com a aplicação dos mecanismos de recuperação de ativos.

Cumpre por isso, como ponto prévio, salientar que, não obstante as diferenças mais ou menos evidentes, existem também características comuns a todas as tipologias de confisco, independentemente da sua concretização.

A primeira caraterística comum que importa salientar é a de que todas as tipologias de confisco encontram justificação na ocorrência de um facto ilícito típico, ou de uma atividade criminosa, e têm nessa ilicitude criminalmente relevante a sua fonte legitimadora.

[20] Tal como o conceito de confisco, ou de «perda» se encontra definido no Regulamento o Regulamento (UE) 2018/1805 do Parlamento Europeu e do Conselho de 14 de novembro de 2018, e na Diretiva 2014/42/EU.

Como adiante veremos com maior detalhe, as diferenças entre as diversas tipologias de confisco residem essencialmente na intensidade da maior ou menor exigência relativamente à demonstração do vínculo entre os bens ou valores que são declarados perdidos e o facto ilícito típico com o qual estão relacionados ou de que derivam. Em determinadas modalidades de confisco essa conexão entre os bens (ou valores) carece de demonstração pelo MP, noutras tal vinculação é presumida pelo legislador. Não obstante, a existência da conexão entre um facto ilícito típico ou uma atividade criminosa e os bens que são declarados perdidos a favor do Estado é sempre exigida como pressuposto do confisco. O que se dispensa nos casos em que, por exemplo, exista uma presunção sobre a origem de determinado património, é a demonstração desse vínculo (e não a sua existência).

Por outro lado, em segundo lugar, outra caraterística comum a todas as tipologias de confisco reside na circunstância de todas, sem exceção, admitirem unicamente o confisco de bens ou valores cuja vinculação com a prática do crime (efetiva ou presumida) permita que os mesmos possam ser qualificados como como instrumento produto ou vantagem de um facto ilícito típico. Não será admissível num Estado de Direito o confisco de bens que não possam ser qualificados numa destas categorias. Sem essa fonte legitimadora, o confisco seria arbitrário.

Nesta medida, aferir a suscetibilidade da declaração de perda[21] de determinado bem em espécie ou de determinado valor implica, independentemente da tipologia de confisco em causa, que o mesmo possa ser qualificado como instrumento produto ou vantagem. É precisamente a relação com o facto ilícito típico que legitima o confisco, independentemente de esse vínculo ser demonstrado ou presumido.

Assume assim particular importância no estudo das diferentes tipologias de confisco contextualizar o que deve entender-se por instrumento produto ou vantagem para efeitos aplicação dos mecanismos de confisco.

O legislador nacional define o conceito de «instrumentos» de facto ilícito típico no art. 109.º do CP, quando refere que consideram-se *instrumentos de facto ilícito típico todos os objetos que tiverem servido ou estivessem destinados a servir para a sua prática*. Por outro lado, define o conceito de

[21] Trata-se de um exercício especialmente relevante no âmbito da intervenção do GAB, nos termos da Lei 45/2011, de 24 de junho.

produto do facto ilícito típico no art. 110.º n.º 1 al.ª b) como realidade que engloba *todos os objetos que tiverem sido produzidos pela sua prática*. Ou seja, produtos serão aqueles bens (coisas corpóreas ou incorpóreas) que não existiam antes da prática do crime, e passaram a existir porque foram gerados ou «produzidos» através da atividade criminosa. Importa todavia sublinhar que este conceito nacional de «produto» não deve ser confundido com o conceito de produto que consta da generalidade das traduções para português dos instrumentos normativos supranacionais, designadamente ao nível da União europeia[22], do Conselho da Europa[23] ou das Nações Unidas[24]. Isto porque o conceito de «produto» que consta da versão em português destes instrumentos normativos resulta da tradução do conceito de «*proceeds*» das versões originais, que em bom rigor deveria ter sido traduzido como «vantagem». Com efeito, o conceito internacional de «proceeds» corresponde ao conceito nacional de «vantagem» e não de «produto».

O confisco dos instrumentos e produtos, justifica-se pela necessidade de afastar da sociedade os perigos associados a determinados objetos, seja pela sua perigosidade ontológica, seja porque pelas circunstâncias do caso, são suscetíveis de colocar em perigo a segurança das pessoas, a moral ou a ordem públicas, ou oferecem sério risco de ser utilizados para o cometimento de novos factos ilícitos típicos[25]. Estamos, nestes casos, perante o confisco como *medida de natureza análoga à medida de segurança*[26].

A recuperação de ativos faz-se, como vimos, unicamente através do confisco das vantagens, e nessa medida a discussão que se seguirá sobre as

[22] Por exemplo nos arts. 2.º n.º 4 do Regulamento (UE) 2018/1805 e art. 2.º n.º 1, da Diretiva 2014/42/EU.

[23] Designadamente no artigo 1.º al. a) da Convenção de Varsóvia – Convenção do Conselho da Europa Relativa ao Branqueamento, Detecção, Apreensão e Perda dos Produtos do Crime e ao Financiamento do Terrorismo.

[24] Tal como previsto no artigo 2.º al.ª e) da Convenção das Nações Unidas contra a corrupção – Convenção de Mérida.

[25] Art. 109.º do CP.

[26] Quanto às diferenças entre a natureza do confisco de objetos perigosos (caso dos instrumentos) e as vantagens do crime, vide: MICHELE PANZAVOLTA, «Confiscation and the concept of punishment: can there be a confiscation without a conviction?» *in* K. Ligeti, K/M. Simonato, M. (org.) *Chasing Criminal Money. Challenges and Perspectives on Asset Recovery in the EU*, Oxford, Hart Publishing, 2017, pp. 25/52.

diferentes tipologias de confisco terá por referência aquelas que tem nas vantagens do crime o seu objeto.

Importa por isso definir o significado do conceito de vantagens para efeitos de confisco ou de recuperação de ativos.

O conceito de vantagem «confiscável» corresponde a todo e qualquer benefício económico obtido, direta ou indiretamente com a prática do crime. Neste conceito de vantagem cabem todos os benefícios de natureza patrimonial, independentemente destes se verificarem no aumento do ativo (caso dos bens ou valores apropriados num crime de peculato, burla tributária ou furto, por exemplo), numa diminuição do passivo (caso em que mediante um crime de corrupção a contrapartida seria o pagamento de uma dívida que o corruptor passivo tenha perante uma instituição financeira por exemplo) um numa mera poupança ou supressão de despesas (designadamente com a utilização de um veículo num crime de peculato de uso, ou do não pagamento das taxas devidas num crime ambiental ou por via de um crime de corrupção ou abuso de poder).

A ideia principal a considerar no confisco das vantagens é a de que este mecanismo visa remover todo e qualquer benefício económico que o agente tenha obtido através do facto ilícito típico, assegurando-se a necessidade de «garantir que o crime não compensa». Essa garantia, conjuntamente com a necessidade de restabelecer a ordem patrimonial dos bens correspondente ao direito vigente alcança-se restabelecendo o «*status quo ante*» patrimonial, ou seja, colocando o agente e aqueles que beneficiaram com o crime (beneficiários e terceiros de má-fé) na situação patrimonial em que estariam caso o crime não tivesse sido praticado.

O confisco das vantagens não corresponde a uma sanção. Não sendo o crime título aquisitivo da propriedade, o agente do crime apenas é desapossado daquilo que não lhe pertence, e que não é seu por «direito». É sob esta égide que se densifica a expressão «recuperação de ativos», uma vez que que as vantagens são retiradas da esfera patrimonial daquele que ilicitamente as obteve com a prática do crime e são recuperadas pelo Estado[27] através dos mecanismos de confisco. É nesta medida que

[27] Cumpre a este respeito salientar que nos casos em que a vantagem obtida pelo agente do crime corresponda, inversamente ao prejuízo sofrido pela vítima/lesado pela prática do crime, a necessidade e o objetivo de assegurar que os benefícios económicos obtidos pelo agente são efetivamente removidos poderá ser alcançada através da efetiva restituição ou

defendemos que os seus efeitos são puramente restitutivos, e a sua natureza[28] é, consequentemente, civil[29].

reparação da vítima. Exemplo paradigmático desta possibilidade ocorrerá na generalidade dos crimes patrimoniais, designadamente no furto. Nos casos em que os bens subtraídos tenham sido devolvidos integralmente à vítima, ou esta tenha efetivamente executado o valor a estes correspondente, as vantagens que o arguido obteve deixaram de existir por essa via, nada havendo nestes casos a confiscar. Importa, todavia, sublinhar que a obrigatoriedade do confisco das vantagens apenas deixará de existir quando as vantagens forem efetivamente removidas. Nessa medida, se no momento da decisão (sentença) o arguido não tiver sido privado de todos os bens que se apropriou (ou seja, de todas as vantagens), estará o tribunal vinculado a seguir o comando legal imperativo de declarar a sua perda a favor do Estado, independentemente de o lesado ter deduzido pedido de indemnização civil e este dever ser deferido. Neste caso existirão dois títulos executivos sobre o mesmo objeto (vantagens do arguido / prejuízos do lesado), ainda que, por se tratar do mesmo objeto apenas um deles possa ser executado, sendo a prioridade naturalmente a satisfação dos interesses patrimoniais do lesado. A este respeito importa salientar, por fim, que ainda que o lesado não tivesse deduzido PIC, sempre teria ao seu dispor o mecanismo previsto no artigo 130.º do Código Penal. Sobre a necessidade de compatibilizar os direitos patrimoniais das vítimas com o confisco das vantagens: João Conde Correia/Hélio Rigor Rodrigues, «Anotação ao Acórdão do TRG de 01-12-2014, processo 218/11.0GACBC.G1 (pedido de indemnização e confisco)», *Julgar online*, Abril de 2015; e ainda João Conde Correia/Hélio Rigor Rodrigues, «*O confisco das vantagens e a pretensão patrimonial da Autoridade Tributária e Aduaneira nos crimes tributários, (Anotação ao Acórdão do Tribunal da Relação do Porto de 23.11.2016, proferido no processo n.º 905/15.4IDPRT.P1)*», *Julgar Online*, Janeiro de 2017 e Filipa Cunha «A admissibilidade de (co)existência do confisco e outros mecanismos de recuperação de vantagens no âmbito dos crimes tributário» *RMP*, n.º 151, Julho/Setembro 2017; Liliana Páris Dias, «Perda de Vantagens versus pedido de indemnização civil – algumas questões práticas» RMP, n.º 172, Outubro/Dezembro 2022.

[28] Pese embora a tese que defendemos, importa reconhecer que a definição da natureza do confisco das vantagens não é neste momento uma questão pacífica ou isenta de discussão, existindo aspectos que merecem devida reflexão, como bem assinala Maria João Antunes, «Recuperación de activos. Garantías procesales del decomiso de bienes en el Derecho português», *in* Ignacio Berdugo Gómez de la Torre e outros (org.), *Decomiso y recuperación de activos. Crime doesn't pay.* Valencia: Tirant lo Blanch, 2020, pp. 587/602. Ainda relativamente à relevância da definição da natureza do confisco, especialmente do confisco das vantagens como medida sancionatória ou «outra coisa diferente», Michele Simonato, «Confiscation and fundamental rights across criminal and non-criminal domains», *ERA Forum* volume 18, 2017, pp. 365/379, (consulta online em Springer Link a 01.03.2021).

[29] Quanto à justificação relativamente à posição que assumimos no que concerne à natureza do confisco das vantagens: Hélio Rigor Rodrigues, «*O confisco das vantagens do crime, entre os direitos ...*», pp. 85 a 117.

Estas duas caraterísticas (terem no facto ilícito típico ou na atividade criminosa sua fonte legitimadora, e incidirem unicamente sobre instrumentos produtos ou vantagens), por se verificarem em todas as tipologias de confisco, constituem referencial de estabilidade e imutabilidade na compreensão do sistema evolutivo de confisco, correspondendo ao travejamento elementar na disciplina de recuperação dos ativos do crime, que se mantém consistente não obstante a dinâmica evolutiva relativamente à criação ou reconhecimento de formas mais ou menos modernas e ousadas de garantir a sua eficácia

5. Elementos diferenciadores das diversas tipologias de confisco

Considerando os anteriormente apontados elementos comuns a todas as tipologias de confisco, importa agora enumerar os seus elementos distintivos.

No essencial, as diferenças entre as diversas modalidades substantivas de confisco residem na necessidade ou desnecessidade de demonstração do vínculo entre um concreto facto ilícito típico e os bens ou valores confiscáveis. Note-se que a existência de ligação entre o facto ilícito típico será sempre exigível, constituindo a fonte legitimadora do confisco. O que poderá prescindir-se em determinados casos é a sua demonstração e prova, uma vez que essa conexão poderá ser presumida.

Por outro lado, o segundo elemento distintivo relevante entre as diferentes tipologias reside na necessidade ou desnecessidade de verificação de uma condenação pela prática do crime que gerou as vantagens como pressuposto para que o confisco possa operar. Se a condenação for exigível, a tipologia de confisco em causa será classificada como «baseado numa condenação».

Todavia, confisco poderá não exigir a ocorrência de condenação. Nestes casos o confisco terá lugar ainda que o arguido não seja condenado pelo crime que gerou as vantagens (ainda que o possa ser por qualquer outro). Ou seja, nestas tipologias a condenação pela prática do crime não é requisito nem pressuposto do confisco. Estes mecanismos de confisco não baseados numa condenação são identificados pela sua designação internacional como mecanismos «NCB» ou «*Non-conviction based confiscation*».

6. O confisco clássico ou tradicional

Os mecanismos de confisco previstos nos arts. 109.º e 110.º do CP poderão ser identificados como exemplos paradigmáticos de modalidades substantivas que operam no domínio da perda clássica ou tradicional. Todavia, todos os diplomas legais que integram a legislação extravagante que preveem mecanismos de confisco, com exceção da Lei 5/2002, de 11 de janeiro, são igualmente mecanismos de perda clássica ou tradicional[30].

Os mecanismos de perda clássica são aqueles em que o confisco é determinado no âmbito do processo penal, e ocorre na sequência de uma condenação. Note-se, todavia, que não é a condenação pela prática do crime que legitima ou justifica o confisco. Com efeito, o confisco não é um efeito da pena, nem uma pena acessória. O que verdadeiramente justifica e legitima o confisco é o facto de o crime investigado e julgado nesse processo específico ter gerado benefícios económicos para o agente do crime (que foi condenado) ou para outrem. Do mesmo modo, no caso dos instrumentos, o que justifica o confisco não é igualmente a condenação pela prática do crime, mas a circunstância de aquele objeto específico ter sido utilizado para o cometimento do crime investigado e julgado no processo que conduziu à condenação do arguido.

Uma outra caraterística distintiva do confisco clássico ou tradicional reside na circunstância de neste se exigir a demonstração do vínculo ou conexão entre um concreto objeto ou valor e a prática do crime investigado e julgado.

Por fim, a demonstração do nexo entre os bens ou valores confiscados e o facto ilícito típico está a cargo do MP[31]. Neste modelo clássico ou tradicional, é ao MP que incumbe demonstrar que que um determinado objeto foi utilizado como instrumento do crime, ou que esse crime gerou um determinado benefício económico – uma vantagem.

[30] Note-se todavia, que em determinados casos a perda de bens poderá existir como uma verdadeira sanção ou pena, designadamente no caso previsto no artigo 8.º al. a) do Decreto-Lei n.º 28/84, de 20 de janeiro. Todavia nestes casos terão que ser declarada a perda de outros bens para além dos que compõe o benefício económico obtido com o crime, tal como defende João Conde Correia, «A recuperação dos ativos dos crimes contra a economia e a saúde pública (Decreto-Lei n.º 28/84, de 20 de janeiro)» in *RMP*, 2016, n.º 146, pp. 47/76.

[31] Não poderá considerar-se que este ónus de demonstração desse vínculo a cargo do Ministério Público seja demasiado oneroso ou injustificado, uma vez que na maioria dos casos em que estão em causa crimes geradores de benefícios económicos, a vantagem obtida pelo agente do crime será elemento típico do crime, ou pelo menos circunstância qualificativa ou agravante.

Se um funcionário receber uma garrafa de vinho para praticar um acto contrário ao dever do cargo, e se todos os demais elementos estiverem demonstrados, este poderá ser condenado pela prática do crime de corrupção passiva previsto no art. 373.º do CP. A garrafa de vinho que este recebeu como contrapartida poderá ser confiscada ao abrigo dos mecanismos de perda clássica previstos no CP (art. 110.º), uma vez que é possível determinar que aquela concreta garrafa de vinho foi obtida no âmbito deste específico crime de corrupção pelo qual o funcionário foi investigado, acusado e condenado. Ou seja, estamos no domínio da perda clássica porquanto o vínculo ou a conexão entre esta garrafa de vinho e o crime de corrupção está devidamente demonstrado no mesmo processo onde o crime que gerou a vantagem foi investigado e julgado, e pelo qual o arguido foi condenado.

O confisco no âmbito da perda clássica não se esgota todavia com a declaração de perda dos bens diretamente adquiridos com o facto ilícito típico. O âmbito de aplicação dos mecanismos de confisco clássico é definido pelos limites daquilo que é possível demonstrar como tendo sido obtido com o concreto facto ilícito típico investigado.

6.1. O confisco das vantagens indiretas e pelo sucedâneo como mecanismos integrados na perda clássica

Com vista a assegurar que o crime não compensa, e que o agente é colocado no estado em que estaria se o crime não tivesse sido praticado, com o consequente restabelecimento da ordem patrimonial dos bens correspondente ao direito vigente, o confisco pode incidir não apenas sobre os bens diretamente adquiridos com a prática do crime, mas igualmente sobre aqueles foram obtidos mediante transação ou troca com os bens diretamente adquiridos, nos termos do art. 110.º, n.º 3, do CP. Estamos nestes casos perante as designadas vantagens pelo sucedâneo, em que um novo objeto substitui o bem que constitui a vantagem direta. Este sucedâneo da vantagem direta está igualmente sujeito a confisco.

No exemplo anteriormente apresentado, em que o agente do crime obteve uma garrafa de vinho como vantagem/recompensa do crime de corrupção, se essa garrafa de vinho «*Domaine de la Romanée-Conti*» for trocada por um veículo, esse veículo estará igualmente sujeito a confisco, nos termos do art. 110.º n.º 3 do CP, uma vez que é o sucedâneo da vantagem direta, e é ainda possível estabelecer a conexão entre o automóvel e o crime praticado.

Não estamos aqui casos perante uma tipologia de confisco autónoma, mas unicamente perante variações do conceito de vantagem confiscável. Trata-se ainda, neste caso, de um mecanismo de confisco clássico, porquanto se exige a demonstração do nexo entre o crime praticado e investigado no concreto processo e o sucedâneo da vantagem direta.

O mesmo ocorre com as vantagens indiretamente obtidas com a prática do facto (nos termos do art. 110.º, n.º 1, al.ª b), do CP). As vantagens indiretas não implicam a troca ou substituição da vantagem direta, e nessa medida serão aquelas que, não tendo sido diretamente obtidas com a prática do crime, apenas o foram porque o crime foi praticado, quer porque derivam das vantagens diretas, quer porque constituem ganhos que não teriam de outro modo sido obtidos. Ou seja, constituem uma vantagem indireta os juros lucros e outros acréscimos ou ganhos obtidos com a vantagem direta, bem como, por exemplo, o prémio da lotaria ganho com o investimento da vantagem direta. Tal como sucede com o confisco das vantagens pelo sucedâneo, também no caso do confisco das vantagens indiretas não está em causa qualquer tipologia autónoma de confisco, mas unicamente uma subespécie de confisco das vantagens no âmbito da perda clássica.

6.2. Confisco das vantagens pelo valor

Maiores dúvidas sobre se estaríamos perante uma tipologia de confisco autónoma e diferente das demais poderiam surgir relativamente ao confisco das vantagens pelo valor equivalente, nos termos do art. 110.º, n.º 4, do CP[32].

A este respeito, importa salientar que raros serão os casos em que a vantagem obtida com a com a prática do crime poderá ser confiscada em espécie. Desde logo porque existem casos em que a vantagem não se materializa numa coisa corpórea, o que inviabiliza a sua apropriação (caso do pagamento de umas férias, de uma viagem ou do pagamento de uma dívida do funcionário como contrapartida do ato de corrupção). Por outro

[32] Também no caso dos instrumentos se admite o recurso ao mecanismo de confisco pelo valor equivalente, nos termos do art. 109.º, n.º 3, do CP, numa solução que, sendo influenciada pelo legislador europeu, é de questionável acerto dogmático.

lado, a vantagem poderá ter sido transferida para um terceiro de boa-fé, ou poderá ter sido consumida (caso o agente do crime beba a garrafa de vinho no exemplo anterior), ou simplesmente não é possível apurar o seu destino.

Nestes casos de impossibilidade de apropriação da vantagem em espécie, que de acordo com as regras de experiência constituem a generalidade dos casos, deverá o arguido ser condenado a pagar ao Estado o valor equivalente a essas vantagens.

O recurso ao mecanismo de confisco das vantagens pelo valor constitui a solução mais adequada para imprimir eficácia à remoção das vantagens da esfera patrimonial dos agentes do crime e dos terceiros de má-fé e garantir deste modo que o crime não compensa.

Ao contrário do que sucede no confisco dos instrumentos ou dos produtos, onde o fundamento do confisco radica nas características de um objeto concreto ou do modo como este foi utilizado, já no caso das vantagens o que está em causa é um benefício económico, ou se preferirmos, um incremento patrimonial, pelo que, na restauração da situação económica existente antes da prática do crime, é absolutamente indiferente que o confisco opere por referência às vantagens diretas ou ao seu valor.

Não existe no âmbito do confisco das vantagens qualquer racionalidade na distinção, para estes efeitos, entre o confisco dos ativos gerados diretamente pela prática do crime, ou o confisco do respetivo valor.

A vantagem do crime corresponde a um benefício económico, e a eliminação de um benefício não está limitada a objetos determinados, sendo a legitimidade dessa eliminação exatamente a mesma, quer incida sobre os bens imediatamente adquiridos ou sobre quaisquer outros. É ao abrigo desta validação hermenêutica que o legislador estabelece a obrigatoriedade do confisco das vantagens diretas e do seu sucedâneo, ou se estas já não existirem, do seu valor.

As instâncias formais de controlo não podem ficar reféns da possibilidade ou impossibilidade de encontrar a própria coisa e, por isso mesmo, devem confrontar o arguido com a necessidade de entregar ao estado o valor equivalente à vantagem inicial. Só desta forma se garante que um arguido que esbanja as vantagens que obteve com a prática do crime em «*wine, women and song*»[33] será confrontado com o mesmo abalo económico

[33] Esta expressão «wine, women and song» é frequentemente utilizada pela justiça dos EUA para justificar o recurso a mecanismos de confisco das vantagens pelo valor. A este respeito,

que aquele que as guarda cuidadosamente numa instituição bancária, ou na sua residência onde são facilmente confiscadas.

Sucede porém que, tal como ocorre no caso do confisco das vantagens pelo sucedâneo, ou das vantagens indiretas, também no caso do confisco das vantagens pelo valor equivalente não estamos perante uma tipologia de confisco que possa ser autonomizada, uma vez que se trata ainda de uma modalidade substantiva de confisco das vantagens integrada no domínio da perda clássica ou tradicional.

Com efeito, nestes casos de confisco pelo valor, o arguido terá que entregar ao estado o montante equivalente às vantagens que foi possível demonstrar terem sido obtidas com aquele crime concreto. Ou seja, é ainda possível estabelecer o nexo entre esse valor e a prática do facto ilícito típico. Se um arguido praticar um crime de peculato porque se apropria de um quadro que estava exposto no ministério onde presta funções, e depois vier a dar ao quadro destino não concretamente apurado, deverá o confisco operar através da condenação do arguido no pagamento ao Estado do valor equivalente a esse quadro. Ou seja, estamos ainda nestes casos previstos no art. 110.º, n.º 4, do CP perante um mecanismo de confisco na perda clássica, uma vez que esse valor é determinado pelo benefício económico que é possível demonstrar ter sido obtido com o específico crime investigado e julgado no processo penal onde a declaração de perda é proferida.

7. Baseado ou não baseado na condenação – eis a questão!

No título anterior abordamos o confisco aplicado na sequência de uma condenação pela prática do crime que gerou as vantagens, e com demonstração do vínculo entre esse crime as e as vantagens geradas, seja em espécie, seja através do mecanismo do confisco das vantagens pelo valor. Esta tipologia de confisco é identificada como clássica, ou tradicional, precisamente por via das apontadas caraterísticas.

Stefan D. Cassella, no documento «REPORT FOR THE CULLEN COMMISSION» disponível *online* em: https://cullencommission.ca/ onde cita abundante jurisprudência americana a este respeito, designadamente: United States v. Hall, 434 F.3d 42, 59 (1st Cir. 2006); United States v. Newman, 659 F.3d 1235, 1240 (9th Cir. 2011); United States v. Phillips, 704 F.3d 754, 771 (9th Cir. 2012); United States v. McGinty, 610 F.3d 1242, 1246 (10th Cir. 2010) (criminal forfeiture is mandatory under § 982(a)(2); the district court erred in refusing to order the defendant to pay a money judgment equal to the proceeds of his offense); United States v. Smith, 749 F.3d 465, 488 (6th Cir. 2014).

Todas as demais tipologias de confisco existentes que evoluíram desta matriz tradicional constituem tipologias de confisco não baseadas numa condenação, ou NCBC tal como anteriormente tivemos oportunidade de assinalar[34].

Insiste-se porém que a terminologia «confisco não baseado numa condenação» não é particularmente rigorosa. Isto porque, nenhuma modalidade ou tipologia de confisco se baseia na condenação, uma vez que não é a condenação que legitima o confisco, mas sim a circunstância de o agente ter obtido vantagens com a prática do crime, ou ter utilizado um determinado objeto como instrumento do crime.

O confisco clássico ou tradicional que anteriormente vimos não é baseado numa condenação, uma vez que apenas é decretado na sequência ou se preferirmos no contexto da condenação pela prática do crime que gerou as vantagens. A distinção e autonomia entre a responsabilidade criminal, e a responsabilidade patrimonial mantem-se em todas as tipologias de confisco, sejam elas classificadas como baseadas ou não baseadas numa condenação. Sucede todavia que em determinados casos a condenação pela prática do crime ocorre conjuntamente com a condenação no âmbito da responsabilidade patrimonial, ou seja na condenação na perda de bens. Noutros casos permite-se que a decisão de confisco ocorra independentemente da condenação numa pena.

8. As tipologias de confisco não baseadas na condenação

A primeira questão que importa reconhecer relativamente às diferentes tipologias de confisco não baseadas numa condenação[35] ou NCBC é que não será possível estabelecer-se uma categorização rígida e rigorosamente

[34] Note-se todavia que esta evolução é muitas vezes estimulada por organizações internacionais especialmente relevantes, designadamente nas recomendações do GAFI, onde se estabelece na recomendação n.º 4 que «*Os países deveriam considerar a adoção de medidas que permitam o confisco de tais produtos ou instrumentos sem que seja exigida a condenação criminal prévia (nonconviction based forfeiture), ou que exijam que os criminosos demonstrem a origem lícita dos bens supostamente passíveis de confisco, desde que tal exigência esteja de acordo com os princípios de sua lei doméstica*».

[35] Ainda que nem o Regulamento nem a Diretiva 214/42/EU definam este conceito, o certo é que em alguns documentos da UE essa definição é ensaiada de forma abrangente, designadamente no: Comission Staff Working Document Impact Assessment – Accompanying the document Proposal for a regulation of the European Parliament and of the Council on the

demarcada de cada uma, uma vez que nos diferentes Estados se adotam soluções hibridas que misturam elementos de mais do que uma tipologia. Não obstante, optamos por seguir o critério que a rede CARIN (*Camden Asset Recovery Inter-Agency Network*) propõe no guia sobre as diferentes tipologias[36] de confisco sem condenação, e que tem servido como base de trabalho na identificação das concretas tipologias existentes nos ordenamentos jurídicos dos diferentes países. Com efeito, foi precisamente este critério que serviu de referência ao documento de trabalho de 2019 da Comissão Europeia relativamente à análise das medidas de confisco não baseado numa condenação na União Europeia[37].

Seguindo as tipologias de «confisco não baseado numa condenação» que servem de referência ao guia proposto pela rede CARIN identificam-se quatro modelos de confisco, organizados em dois grupos, tendo por referência a possibilidade de ocorrerem no processo penal ou em procedimentos fora do processo penal.

Deste modo, o referido guia da rede CARIN identifica como modelos ou tipologias de confisco no âmbito do processo penal as seguintes[38]:

1.ª Tipologia: Confisco não baseado numa condenação tradicional, que se aplica nos casos em que, pese embora o processo penal tenha iniciado, não poderá terminar com a condenação do agente do crime, designadamente porque o mesmo faleceu, ou se ausentou para parte incerta.

2.ª Tipologia: Confisco ampliado, que nos termos anteriormente enunciados, permite que o confisco se «alargue» ou se «amplie» para outros bens para além daqueles que é possível vincular com a

mutual recognition of freezing and confiscation orders Brussels, (21.12.2016 SWD(2016) 468 final), pag. 9.

[36] Sobre esta categorização: João Conde Correia, «Non-conviction based confiscations» (...) *ob. cit.* pp. 71/95.

[37] Comission Staff Working Document: Analysis of non-conviction based confiscation measures in the European Union, Brussels, 12.4.2019 SWD(2019) 1050 final.

[38] Importa destacar que existem modelos de identificação das tipologias de confisco que seguem uma abordagem diferente, onde, por exemplo, se autonomiza o confisco de bens de terceiro. Nesse sentido: Paulo Pinto de Albuquerque, *Em Defesa dos Direitos Fundamentais*, Lisboa, UCE, 2019, pp. 48/49.

prática do crime que está a ser investigado e julgado no processo penal respetivo.

Por outro lado, identifica como mecanismos de confisco fora do processo penal os seguintes:

3.ª Tipologia: Confisco Civil, que pode ser desenvolvido fora do processo penal mediante uma ação contra o património (*in rem*) obtido com a prática de um facto ilícito típico.
4.ª Tipologia: Confisco do enriquecimento ilícito, que compara o património que um visado possui com o seu rendimento lícito, com vista a identificar uma incongruência entre ambos, incidindo o confisco sobre o valor essa incongruência (que em regra se presume proveniente da prática de crime).

8.1. O modelo de confisco não baseado numa condenação clássico

A rede CARIN no seu guia sobre as diferentes tipologias de confisco apresenta como exemplo de confisco não baseado numa condenação clássico ou tradicional o caso de um cidadão que a determinado momento da sua vida passou a dedicar-se exclusivamente ao tráfico de estupefacientes. A sua atividade foi detetada, e foi investigado no âmbito de um processo penal pela prática desse crime. Foi possível demonstrar que o arguido se dedicava à prática do crime de tráfico, e que com essa atividade ganhou 15.000€. Sucede que o arguido faleceu em momento anterior à condenação pela prática do crime transitar em julgado.

Este modelo de confisco não baseado numa condenação clássico permitiria o confisco desses 15.000€ após a morte do agente do crime, e apresenta como única diferença com o mecanismo de perda clássica anteriormente apresentado o facto de prescindir da condenação do agente para que os bens possam ser confiscados.

Esta modalidade de confisco não baseado numa condenação clássico pode incidir sobre os instrumentos[39], os produtos e as vantagens e opera

[39] Existem igualmente mecanismos de confisco dos instrumentos sem condenação para determinados tipos legais de crime ou de fenómenos criminosos, como é o caso do art. 35.º n.º 3 do DL 15/93, de 22 de janeiro, no âmbito da legislação de combate à droga.

por referência a pressupostos semelhantes para todos estes[40], nos termos seguidamente enunciados.

A Diretiva 2014/42/EU determinava no art. 4.º n.º 2 a este respeito que o confisco não baseado numa condenação deveria operar nos casos em que a condenação não tivesse sido possível por doença ou de fuga do suspeito ou arguido.

Na proposta de Diretiva do Parlamento Europeu e do Conselho relativa à recuperação e perda de bens[41] manifesta-se a intenção de alargar os casos de confisco não baseado numa condenação clássico às situações em que a ausência de condenação tenha sido motivada por outras razões para além da doença ou fuga. Refere-se na exposição de motivos da proposta de diretiva que *«entre estas circunstâncias incluem-se, para além da doença e da fuga (já incluídas na Diretiva Congelamento e Perda de Bens), a morte do suspeito ou arguido, bem como a imunidade ou a amnistia, ou o facto de os prazos fixados no direito nacional terem expirado»*.

Caso a proposta de diretiva venha a ser aprovada nestes termos (o que não é substantivo), passarão a ser relevantes para efeitos de confisco não baseado numa condenação, não apenas a impossibilidade «de facto» traduzida na morte ou fuga, mas igualmente razões de impossibilidade juridicamente determinada como a «imunidade e amnistia».

A discussão sobre os fundamentos que conduziram à não condenação do suspeito ou arguido não é relevante para o ordenamento jurídico nacional, uma vez que o mecanismo de confisco clássico não baseado numa condenação existente em Portugal é mais evoluído e abrangente do que aquele que o legislador europeu propõe, mesmo com a formulação da proposta de diretiva.

O confisco não baseado numa condenação clássico está previsto nos arts. 109.º n.º 2 e 110.º n.º 5 do CP, onde se enuncia que o confisco dos instrumentos produtos ou vantagens *«tem lugar ainda que nenhuma pessoa determinada possa ser punida pelo facto, incluindo em caso de morte do agente ou quando o agente tenha sido declarado contumaz»*.

[40] Sobre as especificidades do confisco não baseado numa condenação para cada uma destas modalidades substantivas, vide: João Conde Correia, *«Non-conviction based confiscations» ob. cit.*, pp. 88 e ss.

[41] Bruxelas, 25.5.2022 COM(2022) 245 final 2022/0167 (COD), disponível *online* em: https://eur-lex.europa.eu/legal-content/EN/TXT/PDF/?uri=CELEX:52022PC0245.

Deste modo, o regime jurídico de perda sem condenação dos instrumentos produtos ou vantagens previsto no ordenamento jurídico nacional permite o confisco independentemente dos motivos que conduziram à ausência de condenação, não estando assim limitado a quaisquer causas específicas, sendo a morte ou a contumácia indicações meramente exemplificativas[42].

8.2. A perda ampliada (*extended confiscation*) como mecanismo de confisco não baseado numa condenação

O primeiro ponto que importa considerar relativamente à tipologia de confisco identificada como «perda ampliada» é que este mecanismo não se confunde com formulações que em Portugal são identificadas com recurso a este conceito. Isto porque, pese embora a epígrafe do artigo capítulo IV da Lei 5/2002, de 11 de janeiro, pareça indiciar o contrário, não existe em Portugal qualquer mecanismo que integre as caraterísticas das modalidades de «perda ampliada» ou *extended confiscation*.

Considerando a metodologia seguida pelo guia da rede CARIN relativamente à identificação das diferentes tipologias por referência a um exemplo prático, considera-se a respeito da perda ampliada a situação do mesmo traficante de estupefacientes que viu a sua clientela expandir passando a fornecer cocaína a outros revendedores. Comprou um terreno próximo da sua residência, onde construiu uma luxuosa moradia. Ele e a sua esposa passaram a conduzir veículos de gama alta, e tinha ainda uma conta com 250.000€ no Luxemburgo. Foi ainda identificado o mesmo valor anteriormente referido de 15.000€ como tendo sido obtido com a prática do crime de tráfico de estupefaciente investigado.

Este arguido foi submetido a julgamento e condenado pela prática deste crime de tráfico, que lhe permitia obter uma fonte regular de elevados rendimentos. Deste modo, a decisão de confisco que o tribunal proferiu declarou a perda do valor de 15.000,00€ que foi possível demonstrar ter sido obtida com o crime de tráfico. Para além do confisco dessa vantagem «direta» o confisco «ampliou-se» ou estendeu-se, ou se preferirmos, alargou-se aos outros bens concretos que o tribunal se convenceu terem

[42] O problema em Portugal reside na ausência de normas adjetivas a este respeito, uma vez que o processo penal não contém qualquer previsão que regule a tramitação processual que deve ser seguida nestes casos.

sido obtidos com o crime de tráfico: a casa e o terreno entretanto adquirido, os dois veículos automóveis e o saldo de 250.000€ da conta bancária no Luxemburgo.

São evidentes as diferenças entre as caraterísticas do mecanismo previsto na Lei 5/2002 e um mecanismo de perda ampliada, como resulta do exemplo anterior utilizado no guia da rede CARIN.

Ao contrário do que sucede com o mecanismo previsto na Lei 5/2002, onde o confisco incide sobre um valor (o valor da incongruência), no âmbito da perda ampliada são declarados perdidos a favor do estado bens concretos (o saldo de uma conta bancária, uma casa, um carro, etc).

Um verdadeiro mecanismo de perda ampliada será assim aquele que consta do art. 5.º da Diretiva 2014/42/EU[43], que onde se impõe aos Estados que tomem medidas tendentes a permitir o confisco dos bens que o tribunal considere terem sido obtidos com uma atividade criminosa, ou com um comportamento criminoso[44].

É evidente que o Estado português não tomou as medidas necessárias a implementar um mecanismo de perda ampliada. Com a transposição da diretiva através da Lei 30/2017, de 30 de maio, Portugal limitou-se a manter o mecanismo que já existia na Lei 5/2002. A manutenção deste regime da Lei 5/2002, de 11 de Janeiro, foi acertada. O que não poderá considerar-se acertado é a ausência da criação de um novo mecanismo adaptado às exigências da Diretiva[45], ou seja, um verdadeiro mecanismo de perda ampliada/alargada.

[43] Sobre o modelo de confisco previsto na Diretiva: JOHAN BOUCHT, «Extended Confiscation and the Proposed Directive on Freezing and Confiscation of Criminal Proceeds in the EU: On Striking a Balance between Efficiency, Fairness and Legal Certainty» *in European Journal of Crime, Criminal Law and Criminal Justice*, 2013.

[44] O artigo 14.º da proposta de diretiva sobre confisco, de maio de 2022, possui uma formulação mais clara a este respeito ao referir no n.º 1 que «*Os Estados-Membros devem tomar as medidas necessárias para permitir a perda, total ou parcial, de bens pertencentes a uma pessoa condenada por uma infração penal, sempre que essa infração seja suscetível de gerar, direta ou indiretamente, um benefício económico e que o tribunal nacional esteja convencido de que os bens provêm de atividades criminosas*».

[45] Quanto à distinção entre o modelo de perda alargada previsto na Diretiva 2014/42/EU e o mecanismo de confisco do património incongruente consagrado na Lei 5/2002: MARIA DO CARMO SARAIVA DE MENEZES DA SILVA DIAS, *«Perda alargada» prevista na Diretiva 2014/42/UE (Artigo 5.º) e «perda do valor de vantagem de atividade criminosa» prevista na Lei n.º 5/2002 (Artigos 7.º a 12.º)*, *in* Maria Raquel Desterro Ferreira/Elina Lopes Cardoso/João

No ordenamento jurídico nacional não existe qualquer mecanismo que satisfaça as exigências e as caraterísticas mínimas que permitam a classificação como um mecanismo de perda alargada tal como previsto na Diretiva 2014/42/EU[46].

Poderão alguns questionar a necessidade de criação de um mecanismo de perda ampliada em Portugal, considerando a existência de um mecanismo mais avançado como o previsto na Lei 5/2002[47]. Sucede que os respetivos âmbitos de aplicação são distintos, e naturalmente não se sobrepõe nem se confundem podendo e devendo coexistir. Se um traficante de estupefacientes guardar na bagageira do seu veículo automóvel uma mala com dez milhões de euros que não é possível demonstrar ter sido obtido com o crime pelo qual o arguido foi condenado, o tribunal poderá até estar plenamente convencido que esse dinheiro foi obtido com atividade criminosa anterior, mas em Portugal não seria possível a sua declaração de perda caso esse montante seja congruente com o seu rendimento lícito. É esta lacuna que em Portugal existe, e que a Lei 5/2002 naturalmente não resolve.

Deste modo, e na senda da necessidade de compartimentar as diferentes modalidades de confisco, poderemos classificar perda ampliada como uma tipologia de confisco onde o tribunal, na sequência da condenação,

Conde Correia, (org.), O Novo Regime de Recuperação de Ativos à luz da Diretiva 2014/42/EU e da Lei que a Transpôs, Lisboa, INCM, 2018; pp. 85/117; na mesma obra, Duarte Alberto Rodrigues Nunes, «Reflexões acerca da transposição da Diretiva 2014/42/UE em matéria de confisco "alargado" de vantagens provenientes da prática de crimes», pp. 119/134 ou, agora, Bernardo Costa Faria, *Perda Alargada de Bens no Sistema Penal Português: as singularidades do confisco previsto na Lei n.º 5/2002: uma «non-conviction based confiscation» dirigida à perda do valor do património incongruente*, Coimbra, Almedina, 2022, pp. 70 e ss.

[46] Este problema identificado logo em 2014, por João Conde Correia, «Reflexos da diretiva 2014/42/EU (do Parlamento Europeu e do Conselho, de 3 de abril de 2014, sobre o congelamento e a perda dos instrumentos e produtos do crime na União Europeia) no Direito Português vigente», *RCEJ*, N.º 2 (2.º Semestre 2014), pp. 83/112, e depois detalhadamente desenvolvida pelo mesmo autor em João Conde Correia, «O confisco e a "fixação" do enriquecimento ilícito», AA.VV. Estudos Projeto Ethos: Corrupção e Criminalidade Económico-Financeira, Lisboa, PGR, 2018, pp. 267 e ss.

[47] Manuel Monteiro Guedes Valente, «Da Perda de bens e de Direitos no Direito Penal e Processual Penal em Portugal: As controvérsias de um regime em "apuração"», *in* Adriano Teixeira, (org.) *Perda das Vantagens do Crime no Direito Penal. Confisco Alargado e Confisco sem Condenação*, Marcial Pons Brasil, São Paulo,2020, pp. 35/72.

declara a perda de outros bens em espécie para além daqueles que é possível demonstrar terem sido obtidos com crime pelo qual o arguido foi condenado, sempre que esteja convencido que estes foram obtidos através de atividade criminosa.

8.3. O confisco civil (*Civil Confiscation or forfeiture*)

Uma tipologia de confisco que merece igualmente apreciação autónoma é o confisco civil.

No âmbito do confisco civil a declaração de confisco é aplicada fora do processo penal, e dirige-se contra um determinado património cujo vínculo com um facto ilícito típico deverá ser demonstrado. Estamos assim perante uma ação *in rem*, onde está em causa a origem lícita ou ilícita de determinados bens específicos, e não qualquer juízo de culpabilidade sobre uma pessoa singular ou coletiva[48].

Não obstante se trate de um mecanismo *in rem*, que dispensa o juízo de culpa sobre qualquer pessoa, apenas estaremos perante um mecanismo de confisco que possa ainda caber neste conceito se a declaração de perda tiver como fundamento o facto de os bens poderem ser considerados vantagem ou instrumento de um facto ilícito típico[49]. Se a fonte legitimadora da declaração de perda for diferente, não estaremos perante um mecanismo de confisco relevante para estes efeitos (podendo eventualmente tratar-se de uma expropriação ou de uma aquisição para o estado por razões administrativas).

Seguindo igualmente o exemplo apresentado no guia da rede CARIN relativo às tipologias de confisco não baseado numa condenação, o mesmo traficante que se dedicava à venda de estupefaciente, e possuía o mesmo património composto por uma moradia que o mesmo construiu num terreno próximo da sua residência e dois veículos de elevado valor, foi

[48] Sobre a compatibilidade deste mecanismo com a CEDH: Colin King, «Civil Forfeiture and Article 6 of the ECHR: Due Process Implications for England and Wales and Ireland», in *Legal Studies – The jornal of the society of legal scholars*, 2014, n.º 34(3), pp. 371/394.

[49] Sobre a contextualização deste mecanismo de confisco civil em diferentes jurisdições: Jon Petter Rui/Ulrich Sieber (eds.) *Non-conviction-based confiscation in Europe: possibilities and limitations on rules enabling confiscation without a criminal conviction*, Berlin, Duncker & Humblot, 2015 e, ainda, Simon N.M.Young (ed), *Civil Forfeiture of Criminal Property: Legal Measures for Targeting the Proceeds of Crime*, Cheltenham, Edward Elgar, 2009, em especial, nesta obra coletiva: Jeffrey Simser, «Perspectives on civil forfeiture», pp.13/20.

investigado no âmbito de um processo penal, mas devido à existência de vícios no procedimento, e possivelmente à intimidação das testemunhas relevantes, foi absolvido. Não obstante, foi proposta uma ação num tribunal civil onde a origem daquela moradia e dos veículos seria apreciada, com vista a averiguar a sua origem, e eventualmente, decretar o seu confisco. Nessa ação, pessoa que reclame qualquer interesse na propriedade possui direito de contestar e intervir no processo. No final, se o tribunal concluir, com base no *standard* probatório civilístico do balanço de probabilidades, que os bens em causa foram direta ou indiretamente obtidos com a prática do crime, poderão estes ser declarados perdidos a favor do Estado.

Nesta tipologia de confisco, tal como ocorre no domínio da perda clássica, e da perda não baseada numa condenação clássica, existe igualmente necessidade de demonstrar a ligação entre os bens confiscados e a prática de um facto ilícito típico. A única diferença substancial relativamente ao confisco não baseado numa condenação no processo penal é a de que neste caso a decisão de perda é proferida por um tribunal civil no contexto de um processo não penal.

Estes mecanismos de confisco civil, pese embora não se encontrem implementados no ordenamento jurídico português, constituem uma realidade comum a diversos Estados[50], mesmo no contexto da União Europeia[51].

[50] Commission Staff Working Document, Analysis of non-conviction based confiscation measures in the European Union, Brussels, 12.4.2019 SWD(2019) 1050 final. Refere-se neste documento a este respeito que: 13 Member States (EE, DE, EL, IT, LV, LT LU, NL, PL, RO, SK, SL, ES) also have some form of in rem/unexplained wealth procedures (Models 3 and 4) in addition to classic ones, or have draft law envisaging such regime. Este documento não considera o mecanismo de confisco do património injustificado em Portugal, pelo que em bom rigor serão 14 Estados. Quanto à comparação entre as experiências de diferentes países europeus e os EUA: Jon Petter Rui/Ulrich Sieber (eds.) *Non-conviction-based confiscation (...) ob cit.*

[51] Relativamente às diferentes formas que estes modelos de confisco não baseado numa condenação assumem nos diferentes países da União Europeia vide: «*Comparative law study of the implementation of mutual recognition of orders to freeze and confiscate criminal assets in the European Union*», publicado a 2015-02-06 – JUST/2011/JPEN/PR/0153/A4 FINAL FINDINGS REPORT, pp. 237 e ss. e ainda o relatório: Comission Staff Working Document, Analysis of non-conviction based confiscation measures in the European Union, Brussels, 12.4.2019 SWD(2019) 1050 final.

Cabe ainda destacar quanto ao confisco civil, que a Convenção das Nações Unidas contra a corrupção prevê no seu art. 53.º al.ª a) que os Estados adotem as medidas que se revelem necessárias para permitir a um outro Estado Parte instaurar nos seus tribunais uma ação civil para o reconhecimento da titularidade ou do direito de propriedade sobre bens adquiridos através da prática de um crime de corrupção ou conexo[52].

Nesta conformidade, e no que importa assinalar com vista a definir esta tipologia de confisco, tendo em conta o modo como esta se concretiza[53] nas diferentes jurisdições que a instituíram, poderá afirmar-se que o confisco civil é um mecanismo que permite apreciar fora do processo penal a relação entre um determinado bem e uma atividade criminosa ou a prática de um crime, sendo o bem declarado perdido a favor do Estado por decisão de um tribunal não penal caso se demonstre, com base no *standard* probatório civilístico de balanço de probabilidades, que esse bem foi obtido como vantagem, ou utilizado como instrumento nesse facto ilícito típico ou nessa atividade criminosa.

Cabe por fim assinalar que a necessidade de criação de um mecanismo de confisco civil não será intensa naqueles ordenamentos jurídicos, como o português, que contem mecanismos de confisco não baseado numa condenação generosos no contexto do processo penal.

8.4. Confisco do enriquecimento ilícito/injustificado (*Unexplained Wealth*)

O quarto e último modelo identificado no referido guia da rede CARIN é classificado como confisco do enriquecimento ilícito ou confisco do enriquecimento injustificado.

[52] James Maton/Tim Daniel, «Recovering the proceeds of corruption by public officials: a case-study», *ERA Forum*, 2009, 10, pp. 453/465: https://doi.org/10.1007/s12027-009-0123-6

[53] Designadamente convocando as caraterísticas relevantes das jurisdições que preveem estes mecanismos de confisco civil, designadamente nos países do Reino Unido ao abrigo do Proceeds of Crime Act 2002 (POCA), nos EUA através de diversos mecanismos Estaduais e do «Chapter 46 of Title 18 of the United States Code – 18 U.S. Code § 983 – General rules for civil forfeiture proceedings», e bem ainda nos diversos Estados da América latina que seguiram a *Ley Modelo de Extinción de Dominio* de Abril de 2011, que resultou de uma iniciativa do programa de assistência na América Latina e Caribe, no âmbito dos projetos desenvolvidos pelo Departamento das Nações Unidas em matéria de Drogas e Crime (*United Nations Office on Drugs and Crime* (UNODC).

Como exemplo de um caso em que o confisco seria baseado neste 4.º modelo, indica-se no guia da rede CARIN o mesmo exemplo do traficante, que possui uma moradia luxuosa, dois veículos de gama alta e uma conta bancária no Luxemburgo com 250.000€. Não é possível relacionar esse património diretamente com o concreto crime de tráfico investigado, e nessa medida procede-se a uma investigação patrimonial e financeira onde se compara o património possuído pelo visado com o seu rendimento lícito obtido durante determinado período. Se existir incongruência, ao visado é concedida possibilidade de demonstrar a origem lícita do seu património. Caso não o faça, é declarado perdido a favor do Estado o montante correspondente à desproporção ou incongruência.

Como imediatamente se alcança, na base deste modelo de confisco do enriquecimento injustificado está a identificação de património cuja detenção em poder do visado não encontra justificação nos seus rendimentos lícitos, ao contrário do que sucede no caso do confisco ampliado[54], onde o fundamento do confisco reside na circunstância de o tribunal se convencer, com base nas circunstâncias do caso, que um determinado bem específico foi obtido com a prática de atividade criminosa anterior.

O regime previsto na Lei 5/2002, pese embora seja determinado no contexto de um processo penal[55], e dependa da condenação do agente por um dos crimes do catálogo, constitui ainda assim um mecanismo de confisco não baseado numa condenação, na modalidade de confisco do enriquecimento ilícito ou injustificado, tal como definido neste 4.º modelo preconizado pelo guia prático da rede CARIN.

Isto porque, pese embora se exija a condenação do arguido para que este mecanismo previsto no art. 7.º possa ser aplicado, é ainda assim um mecanismo não baseado numa condenação, precisamente porque os valores confiscáveis consideram-se (nos termos da presunção estabelecida

[54] Salientando, com razão, que as diferenças entre o modelo de confisco alargado previsto na Diretiva 2014/42 e na Lei portuguesa poderão criar obstáculos ao reconhecimento mútuo, vide: João Conde Correia, «Reconhecimento mútuo de decisões de apreensão e de confisco: o Regulamento (UE) 2018/1805 do Parlamento Europeu e do Conselho de 14 de novembro de 2018», *Revista Julgar*, Lisboa, n.39 (Set.-Dez. 2019), p. 196.

[55] Pese embora o mecanismo de perda previsto na Lei 5/2002se encontre enquadrado no processo penal, somos obrigados a concordar com Pedro Caeiro, «sentido e função (...) ob cit»., quando o autor afirma o procedimento para aplicação do mecanismo de perda alargada previsto na Lei 5/2002 é «*totalmente alheio às regras do processo penal*».

no art. 7.º da enunciada lei) provenientes de uma atividade criminosa precedente, pela qual o arguido não foi condenado.

O modelo que a lei 5/2002, apelida de «perda alargada» é assim, verdadeiramente, exemplo paradigmático de um mecanismo de confisco do enriquecimento ilícito ou injustificado, embora enquadrado no âmbito do processo penal. Trata-se, no caso da lei portuguesa, de um mecanismo que confronta o rendimento lícito com a globalidade do património obtido durante um determinado período e em caso de verificação de incongruência permite o confisco do respetivo valor, ao abrigo de uma presunção de ilicitude que o condenado pode afastar.

Quer o mecanismo de perda ampliada, quer estes mecanismos de confisco do enriquecimento ilícito surgiram da constatação que em determinados fenómenos criminais existem razões empíricas e de experiência comum que permitem extrair da sabedoria popular traduzida na expressão «*cesteiro que faz um cesto faz um cento, caso tenha verga e tempo*» reflexos normativos adequados a confiscar ativos que, não estando diretamente relacionados com o crime pelo qual o arguido foi condenado, terão muito provavelmente sido obtidos através de uma «carreira criminosa» precedente. Se o arguido demonstrar a origem do seu património, o recurso a estes mecanismos de confisco deve ser afastado. Se o não fizer, deverá prevalecer essa regra de experiência comum.

Estes mecanismos de confisco do rendimento ilícito ou injustificado constituem provavelmente a solução mais musculada e avançada que neste momento existe no mosaico internacional em matéria de recuperação de ativos. Trata-se de uma modalidade de confisco não baseada numa condenação extremamente robusta, que recorre a presunções relativamente à origem ilícita do valor do património incongruente ou injustificado. Não obstante, o TC, em todos os casos em que em que foi chamado a pronunciar-se sobre o funcionamento do confisco do património incongruente previsto na Lei 5/2002, de 11 de Janeiro, afirmou a compatibilidade deste regime com os imperativos constitucionais [56].

[56] Designadamente no ac. TC 392/2015. Sobre a jurisprudência do TC em matéria de confisco: João Conde Correia, «Presunção de proveniência ilícita de bens para perda alargada: anotação aos acórdãos do Tribunal Constitucional n.ºs 101, 392 e 476/2015», in *RMP*, n.º 145, Janeiro – Março 2016, pp. 207/221, e ainda: Duarte Alberto Rodrigues Nunes, «Admissibilidade da inversão do ónus da prova no confisco "alargado" de vantagens

No que importa considerar relativamente às tipologias de confisco existentes, cabe assim resumidamente definir esta tipologia do confisco não baseado numa condenação do enriquecimento ilícito ou injustificado como um mecanismo ablativo do património que permite, em caso de prática ou suspeita da prática de determinados crimes, confrontar a totalidade do património que determinado suspeito ou arguido possui, com a totalidade dos seus rendimentos lícitos obtidos durante determinado período. Caso o valor do património não se encontre justificado pelo volume dos seus rendimentos lícitos, e o visado não consiga justificar a sua origem, é declarado perdido a favor do Estado o valor da incongruência patrimonial (no caso português na Lei 5/2002) ou os bens cuja aquisição não se encontre justificada no rendimento lícito.

9. Da articulação e harmonização das diferentes tipologias de confisco num caso concreto

Importa salientar que na mesma situação concreta poderão ser aplicados diferentes mecanismos de confisco, desde que verificados os respetivos pressupostos de aplicação. Isto porque, todas as tipologias de confisco anteriormente assinaladas possuem âmbitos de aplicação distintos e autónomos, não existindo qualquer sobreposição relativamente aos bens ou valores que potencialmente poderão ser objeto de confisco no âmbito do seu funcionamento próprio.

A existência de âmbitos de aplicação claramente definidos e contextualizados, por referência a objetos determinados para cada uma das modalidades de confisco aplicável, implica que num determinado caso concreto se considerem as caraterísticas e o modo de funcionamento de cada uma das tipologias potencialmente aplicáveis.

Voltemos ao exemplo do traficante que não tinha qualquer rendimento lícito, e que obteve 15.000€ com a prática do concreto crime de tráfico que foi investigado no processo pelo qual foi condenado, e para além disso tinha na bagageira do seu carro uma mala com 10 milhões de euros, e um património adquirido nos últimos cinco anos composto por uma moradia e dois veículos.

provenientes da prática de crimes – Anotação aos Acórdãos n.ºs 392/2015 e 476/2015 do Tribunal Constitucional», in *Revista Julgar online*, Fevereiro de 2017.

Neste caso, seria possível aplicar pelo menos três diferentes tipologias de confisco.

Em primeiro lugar, relativamente às vantagens que foi possível demonstrar terem sido obtidas com a prática da conduta integrante no crime de tráfico pelo qual foi condenado, ou seja, ao benefício de 15.000€, seria aplicado o mecanismo de perda clássica prevista no art. 36.º do DL 15/93, de 22 de janeiro (seria o art. 110.º do CP se o crime praticado fosse, por exemplo o crime de peculato).

Em segundo lugar, a mala com dez milhões de euros encontrada na bagageira do seu veículo poderia ser, caso em Portugal existisse um mecanismo de confisco ampliado, confiscada através do mecanismo de perda ampliada, caso o tribunal estivesse convencido, pelas circunstâncias do caso, que esse dinheiro provêm de atividades criminosas.

Por fim, relativamente ao demais património, (moradia e os dois veículos), deveria fazer-se funcionar o mecanismo do confisco do enriquecimento ilícito ou injustificado, e consequentemente deveria confrontar-se, nos termos da Lei 5/2002, o valor desse património com o valor do rendimento lícito. Não tendo o arguido qualquer rendimento lícito, o valor do património incongruente seria idêntico ao valor desses bens. No modelo da Lei 5/2002, o que é declarado perdido a favor do Estado é o valor do património incongruente, e não quaisquer bens concretos e individualizados. Nessa medida, a moradia e os veículos deveriam ser arrestados, apenas sendo declarados perdidos a favor do Estado em fase de execução caso o arguido não pague o valor da incongruência determinado.

Tal como vimos neste exemplo, não poderá existir duplicação da responsabilidade patrimonial do arguido. Os valores que são declarados perdidos a favor do Estado na perda clássica (15.000€) e aqueles que são declarados perdidos no âmbito da perda ampliada (mala com 10 milhões de euros) não são naturalmente incluídos no património para efeito do cálculo do confisco do enriquecimento ilícito (Lei 5/2002).

Por outro lado, não existe qualquer relação de subsidiariedade ou dependência do mecanismo de perda clássica relativamente a qualquer outra tipologia de confisco. As demais tipologias implementadas servem precisamente como complemento para suprir as insuficiências do modelo tradicional, e não para a substituir ou suprimir.

Sempre que seja possível demonstrar que o suspeito ou arguido obteve com a sua conduta criminosa uma vantagem (a recompensa no crime de corrupção, os bens apropriados no crime de peculato, o lucro obtido no crime de tráfico, o valor dos bens furtados que não foi possível encontrar e devolver à vítima, etc.) deverão esses bens ou valor correspondente ser objeto de declaração de perda a favor do Estado no âmbito da perda clássica. As demais tipologias de confisco poderão apenas ser potencialmente aplicadas ao restante património do arguido que não é possível vincular com qualquer crime concreto.

O confisco clássico é obrigatório, tal como consta da formulação dos arts. 110.º do CP e das demais normas da legislação extravagante a este respeito.

Nessa medida, sempre que sejam identificadas vantagens da prática do crime investigado e julgado, deverão estas, obrigatoriamente, ser confiscadas nesse mesmo processo.

Os mecanismos de confisco ampliado e de confisco do rendimento ilícito ou injustificado ampliam-se, ou estendem-se ou, se preferirmos, alargam-se para além do universo dos bens que podem ser confiscados ao abrigo da perda clássica (ou seja, dos bens que é possível relacionar com o concreto crime investigado pelo qual o arguido foi condenado).

Todavia, considerando que a finalidade do confisco das vantagens não é sancionatória, mas visa unicamente colocar o agente do crime no estado em que estaria caso o crime não tivesse sido praticado, não poderá naturalmente duplicar-se o confisco através da inclusão dos mesmos bens em diferentes tipologias de confisco, sob pena de se transformar estes mecanismos numa medida punitiva ou sancionatória, que desvirtuaria irremediavelmente a construção dogmática destes institutos, e criaria insolúveis problemas de compatibilidade constitucional e adequação com os direitos fundamentais dos visados.

Isto significa que se um determinado bem estiver em condições de ser confiscado (em espécie ou pelo valor equivalente) ao abrigo da perda clássica (porque é possível demonstrar que foi obtido com a prática do crime julgado nesse processo concreto), não deverá o mesmo ser incluído na liquidação no cálculo do património incongruente, sob pena de duplicação da responsabilidade patrimonial pelo confisco[57].

[57] Tal não significa que não seja em determinados casos recomendável que na liquidação se inclua um título autónomo onde considere a eventual inclusão no património dos bens ou valores cuja declaração de perda se promoveu na acusação ao abrigo da perda clássica,

10. As tipologias de confisco previstas na proposta de Diretiva do Parlamento Europeu e do Conselho relativa à recuperação e perda de bens

A proposta de diretiva do Parlamento Europeu e do Conselho relativa à recuperação e perda de bens, de 25.05.2022 (COM/2022/245 final) prevê a definição de «perda» como a privação definitiva de um bem, decretada por um tribunal relativamente a uma infração penal. Ou seja, segue neste particular o mesmo princípio que que vem sendo assumido na generalidade dos instrumentos normativos nesta matéria, designadamente no Regulamento (UE) 2018/1805 e na Diretiva 2014/42/UE.

No essencial, a proposta de Diretiva mantem a obrigação de implementação de mecanismos de perda clássica, nos termos do art. 12.º, de perda alargada, ou ampliada, nos termos do art. 14.º, e de perda não baseada numa condenação, nos termos do art. 15.º[58]. Embora existam melhoramentos substanciais quanto à concretização destas diferentes tipologias, não se verifica ao nível da implementação de modalidades diferenciadas qualquer alteração digna de registo nesta parte.

A novidade que verdadeiramente importa destacar consta do art. 16.º da proposta de diretiva, onde se pretende implementar um mecanismo de confisco que se identifica como «Perda de riqueza injustificada associada a atividades criminosas»[59].

Pese embora a epígrafe deste art. 16.º possa induzir o intérprete em erro, o regime proposto no art. 16.º não é certamente um mecanismo de

na eventualidade de no decurso do julgamento e na sentença a proferir não ser possível demonstrar o vínculo entre aqueles bens e o crime investigado.

[58] Quanto às soluções constantes desta proposta de diretiva: Anna Sakellaraki, «EU Asset Recovery and Confiscation Regime – Quo Vadis? A First Assessment of the Commission's Proposal to Further Harmonise the EU Asset Recovery and Confiscation Laws. A Step in the Right Direction?» in *NJECL*, 2022, n.º 13, pp. 478/501.

[59] Prescreve o artigo 16.º da proposta de diretiva que:
«*1. Os Estados-Membros devem tomar as medidas necessárias para permitir a perda de bens, caso a perda não seja possível nos termos dos artigos 12.º a 15.º e estiverem preenchidas as três condições seguintes: a) Os bens foram congelados no contexto de uma investigação de infrações penais cometidas no âmbito de uma organização criminosa; b) A infração penal referida na alínea a) é suscetível de gerar, direta ou indiretamente, um benefício económico substancial; c) O tribunal nacional está convencido de que os bens congelados provêm de infrações penais cometidas no âmbito de uma organização criminosa. 2. Ao determinar se os bens congelados provêm de infrações penais, devem ser tidas em conta todas as circunstâncias do caso, incluindo os factos concretos e os elementos de prova disponíveis, como o facto de o valor dos bens ser substancialmente desproporcionado em relação aos rendimentos legítimos do seu proprietário*».

confisco de riqueza injustificada, nem será exatamente um mecanismo de perda ampliada.

O regime que consta deste artigo 16.º da proposta de diretiva terá, eventualmente, sido inspirado no mecanismo que consta do § 76a do StGB alemão. Prevê-se aqui um mecanismo de confisco que vem sendo classificado como «confisco de bens de origem incerta», e que permite o confisco de bens concretos mesmo nos casos em que a sua origem não tenha sido determinada, desde que o tribunal se convença que foram obtidos através da prática de um crime[60].

Este mecanismo do direito alemão serve para evitar a existência de lacunas que impeçam o confisco nos casos em que são apreendidas avultadas quantias de dinheiro a um cidadão num contexto que indicia ou que permite suspeitar que estaremos, aparentemente, perante uma situação relacionada com criminalidade organizada, mas onde não é possível estabelecer qualquer relação com um crime concreto. Será o caso de um condutor numa operação de trânsito ou num aeroporto que é detetado com uma mala com 10 milhões de euros cuja origem não consegue ou não quer justificar. Pretende-se deste modo evitar que o dinheiro seja devolvido, quando existam razões para suspeitar, fundadamente, da sua origem ilícita.

Existem ainda algumas similitudes entre o funcionamento deste mecanismo previsto no artigo 16.º da proposta de diretiva e a modalidade de «*decomiso autonomo*» prevista nos artigos 803 ter E até ao artigo 803 ter U do CPP espanhol (*LECrim*).

Por outro lado, poderá igualmente ter influenciado a solução do legislador europeu neste particular o mecanismo existente em Itália classificado como *misure di prevenzione patrimonial* que neste momento se encontra regulada no d.lgs. 159/2011 (c.*d. codice antimafia*), e onde o fundamento do confisco não é exatamente a ligação demonstrada entre o património e um facto ilícito típico, mas a perigosidade social do sujeito proprietário dos bens.

[60] Ana E. Carrillo del Teso, «El nuevo régimen de recuperación de activos en alemania o la sublimación del principio crime doesn't pay», *in* Ignacio BERDUGO GÓMEZ DE LA TORRE e outros (org.), *Decomiso y recuperación de activos, Crime doesn't pay*. Valencia, Tirant lo Blanch, 2020, p. 555.

Sucede porém que, mesmo que a solução constante do art. 16.º da proposta de diretiva tenha sido inspirada nas formulações existentes nestas jurisdições, temos algumas dúvidas quanto à eficácia do específico regime tal como se encontra proposto nesta primeira versão da proposta de diretiva, por diferentes razões.

Em primeiro lugar precisamente porque a necessidade de demonstrar que a investigação está relacionada com uma organização criminosa nos termos do art. 1.º da Decisão-Quadro 2008/841/JAI do Conselho constitui uma limitação injustificada e manifestamente alheada da prática e que tem como efeito precisamente o resultado contrário daquele que é pretendido.

O conceito de «Organização criminosa» relevante para estes efeitos, tendo em conta a definição do art 3.º, n.º 8 que remete para a Decisão-Quadro 2008/841/JAI do Conselho é o de uma «*associação estruturada de mais de duas pessoas, que se mantém ao longo do tempo e actua de forma concertada, tendo em vista a prática de infracções passíveis de pena privativa de liberdade ou medida de segurança privativa de liberdade cuja duração máxima seja, pelo menos, igual ou superior a quatro anos, ou de pena mais grave, com o objectivo de obter, directa ou indirectamente, benefícios financeiros ou outro benefício material*».

Ao exigir-se que os bens que podem ser declarados perdidos tenham sido congelados no contexto de uma investigação de infrações penais «cometidas no âmbito de uma organização criminosa», está, na prática, a inviabilizar-se a possibilidade desta norma assumir qualquer eficácia.

Este mecanismo seria efetivamente relevante quando são detetados determinados intervenientes de uma organização criminosa num contexto muito específico desconhecendo-se o quadro geral que os liga a essas organizações ou a qualquer crime concreto, ou sequer que os mesmos estão com estas relacionados. Ou seja, um mecanismo como o que pretende instituir o art. 16.º da proposta de diretiva seria necessário para permitir o confisco em determinados casos onde o tribunal está convencido que o dinheiro ou os bens tem proveniência criminosa, mas não é possível recolher prova para condenar o acusado ou o suspeito. Designadamente casos como o confisco de dez milhões de euros encontrados numa mala de viagem de um cidadão que não possui justificação para aquele montante e é apenas um correio de dinheiro que o transporta juntamente com uma balança de precisão e outros instrumentos geralmente utilizados no tráfico, mas sem qualquer estupefaciente.

Numa situação como esta, o confisco do dinheiro não seria possível por via de qualquer das modalidades dos arts. 12.º a 15.º da proposta de diretiva, e não seria igualmente possível por via da modalidade do art. 16.º, uma vez que nestes casos a afirmação que estava a ser investigada uma organização criminosa é puramente especulativa, e nenhum juiz poderia, razoavelmente, estabelecer essa ligação.

Acresce ainda que, noutros domínios onde este mecanismo poderia ser extremamente relevante, não terá igualmente aplicação caso a formulação da proposta de diretiva se mantenha inalterada, como seja o domínio da criminalidade económica financeira, geralmente ocorrida no contexto de organizações criminosas, mas onde essa ligação é ainda mais difícil de concretizar. Imagine-se o caso de um funcionário (nos termos do art. 386.º do CP) ou o titular de um cargo político, um Magistrado, um fiscal de uma Câmara Municipal ou um Deputado ou um Ministro, que numa operação de trânsito é detetado com uma mala com cinquenta milhões de euros, e um bilhete com os dizeres «como agradecimento pelo extraordinário favor que me fez». Se nada mais for possível apurar com o grau indiciário necessário para garantir a condenação deste funcionário ou titular do cargo político, e se este não explicar a origem do dinheiro, não poderá, naturalmente, ser condenado no âmbito desse processo. Não obstante, não existem dúvidas que o tribunal, bem como qualquer cidadão, estará certamente convencido que esse dinheiro provêm de atividade criminosa.

Sucede que, uma vez mais, o art. 16.º não teria neste caso qualquer aplicação, assim como nenhum dos demais arts. 12.º a 15.º da Proposta de Diretiva. De igual forma, o art. 16.º, na redação constante da proposta de diretiva, também não seria aplicável, precisamente porque não existe qualquer circunstância que permita afirmar que estava em investigação uma «organização criminosa». Igualmente, não existe em Portugal norma que permita o confisco nestes casos, pelo que valor de cinquenta milhões de euros numa mala de dinheiro que o funcionário, o magistrado ou titular de cargo político não justificou teria que lhe ser devolvida, se o mesmo não fosse condenado por qualquer crime, e ainda que o tribunal estivesse convencido que era resultante do crime de corrupção ou outra atividade criminosa.

Estes casos, que o art. 16.º eventualmente pretenderia abranger, estão naturalmente fora do seu âmbito de aplicação por via dos requisitos manifestamente desajustados que foram considerados na norma. Exigir que o tribunal esteja convencido que o crime foi praticado no contexto de uma organização criminosa para garantir o confisco dos bens, é a melhor forma de proteger o património dessas organizações, e garantir que o dinheiro, nos exemplos que anteriormente foram apresentados, e em muitos outros casos, seja devolvido aos peões dessas organizações, sempre que ninguém possa ser condenado pela prática do crime.

Nessa medida, a criar-se uma nova tipologia de confisco que vise evitar estas lacunas nos casos de não condenação, deveria esse mecanismo ser construído na base de um regime que permitisse a perda de bens congelados no contexto de uma investigação de infrações penais suscetíveis de gerar, direta ou indiretamente, um benefício económico substancial, sempre que o tribunal nacional esteja convencido de que os bens congelados provêm de atividades criminosas.

Um mecanismo de confisco criado com estas caraterísticas, que partilharia elementos do confisco ampliado e do confisco não baseado numa condenação representaria um instrumento valioso no combate às organizações criminosas.

11. Confisco de bens de terceiros – uma tipologia autónoma?

A primeira ideia que importa salientar quanto à apreciação da matéria relativa à posição dos terceiros no contexto da disciplina da recuperação de ativos é a de que a necessidade de proteção dos terceiros de boa-fé deriva precisamente da necessidade de confiscar os bens ou valores em poder dos terceiros de má-fé.

Com a generalização do recurso aos mecanismos legais de confisco é inevitável que os criminosos assumam a certeza que o exercício da ação penal envolve uma dimensão criminal (de aplicação de uma pena) mas não dispensa igualmente a dimensão patrimonial (de remoção integral das vantagens obtidas através do confisco).

Os agentes do crime encontram na inevitabilidade de aplicação dos mecanismos de confisco um estímulo adicional para evitar a perda do seu património e frustrar a responsabilização patrimonial[61]. A estratégia mais comum passará por distanciar os bens da sua titularidade pessoal, através

[61] Neste sentido: Isidoro Blanco Cordero, «Modern forms of confiscation and protection of third parties», in: K. Ligeti/ M. Simonato (eds.) *Chasing Criminal Money. Challenges and Perspectives on Asset Recovery in the EU*, Hart Publishing, Oxford, 2017. p. 139.

da atribuição do correspondente direito de propriedade a outras pessoas (singulares ou coletivas) que não estão comprometidas com a prática do crime, mas que lhe são próximas.

Nesta perspetiva, a possibilidade que os Estados estabelecem de confiscar património de terceiros de má-fé constitui um mecanismo que permite assegurar que a mera transferência de património para uma pessoa singular ou coletiva não é suficiente para impedir o confisco.

Mais do que um mecanismo de confisco com autonomia das demais tipologias, o confisco de bens de terceiro de má-fé será essencialmente um meio de impedir situações de fraude à lei.

Será assim um equívoco atribuir ao confisco de bens de terceiro o estatuto de tipologia autónoma, uma vez que os bens ou valores são confiscados no património do terceiro precisamente com os mesmos fundamentos que seriam confiscados no património do agente do crime, com a singela singularidade de já lá não se encontrarem.

Se dúvidas existissem relativamente a esta matéria, elas seriam esclarecidas pelo próprio legislador europeu, quando no considerando 24 da Diretiva 42/2014/UE, na fundamentação relativa à definição do confisco de bens de terceiro refere que: «*A prática de os suspeitos ou arguidos transferirem os seus bens para terceiros com conhecimento de causa, de modo a evitar a sua perda, é muito comum e cada vez mais generalizada. O quadro jurídico da União em vigor não contém regras vinculativas em matéria de perda de bens transferidos para terceiros. Por conseguinte, afigura-se cada vez mais necessário autorizar a perda dos bens transferidos para terceiros ou por eles adquiridos*».

O confisco de bens de terceiro é assim um mecanismo que serve essencialmente para assegurar a responsabilização patrimonial do agente do crime, evitando que este coloque os seus bens fora do alcance do Estado, através de uma alteração fictícia da respetiva titularidade.

11.1. Consequências ao nível da imputação subjetiva – quem é afinal responsável pelo confisco?

O confisco das vantagens constitui uma consequência jurídica do crime. Poderá mesmo ser classificado como uma quarta via[62] ou quarto degrau

[62] Considerando que o confisco poderia ser uma terceira via «third track» de consequências legais da prática de uma infracção penal: JOACHIM VOGEL, «*The Legal Construction that Property Can Do Harm...*», p. 232.

nas reações que o Estado pode assumir contra os crimes, a par das penas, das medidas de segurança e da reparação da vítima[63], esta última já na formulação preconizada por Claus Roxin.

Sendo o confisco, inequivocamente, uma consequência jurídica do crime, a responsabilidade patrimonial materializada neste mecanismo ablativo das vantagens é predeterminado pela conduta do agente que motivou a sua existência. Não existe no caso do confisco de bens de terceiro fundamento autónomo que possa ser dissociado da conduta do agente e do facto gerador das vantagens. A responsabilidade patrimonial deste terceiro é reflexa, ou derivada desse facto ilícito típico gerador do benefício económico, que lhe é alheio e que nem sequer o responsabiliza penalmente. O terceiro assume desta forma a mesma posição figurada que o cofre que pretende servir como garantia de distanciamento entre o património que poderia ser objeto dos mecanismos de confisco e a pessoa do arguido (ou seja, daquele que determinou a ocorrência da vantagem – o agente do facto ilícito típico).

Nessa medida, o agente do crime não poderá deixar de ser responsável pelo confisco, mesmo nos casos em que a vantagem é obtida diretamente «para outrem».

A consequência jurídica materializada no confisco das vantagens deriva da conduta praticada pelo agente do facto ilícito típico, não existindo qualquer causa de exclusão da sua responsabilidade patrimonial pelo confisco pelo simples facto de a vantagem ter beneficiado outra pessoa. Não está prevista qualquer «imunidade patrimonial» para o agente do crime que opta por assegurar que a vantagem é obtida diretamente para outrem. Tendo a vantagem sido obtida por via da conduta assumida pelo agente do crime, este deverá sempre ser responsabilizado pelas consequências jurídicas do crime resultantes da conduta por si assumida, quer das consequências de natureza penal, quer daquelas que possam considerar-se de natureza não penal ou civil, como o confisco das vantagens.

A finalidade do confisco das vantagens anteriormente assinalada, de garantir o restabelecimento da ordem patrimonial dos bens correspondente ao direito vigente, assume neste particular especial importância.

[63] Entre nós: Mário Ferreira Monte, *Da Reparação Penal Como Consequência Jurídica Autónoma do Crime*, in Liber Discipulorum para Jorge Figueiredo Dias, Coimbra Editora, 2003, pp. 129/155.

Tendo sido o agente do crime que provocou essa «desordem patrimonial», permitindo a obtenção de benefícios económicos de origem ilícita, será o mesmo responsabilizado pela respetiva reposição.

Nos casos em que o agente determina que a recompensa pelo crime de corrupção deverá ser entregue diretamente ao seu familiar que se encontra noutro país, ou que o subsídio obtido no crime de fraude na obtenção de subsídio deve ser entregue diretamente a uma sociedade ou associação por si dominada, não existe qualquer fundamento jurídico que permita afastar a responsabilidade do agente do crime pela consequência jurídica traduzida no confisco. Quer porque a vantagem obtida «para outrem» cabe ainda no conceito de vantagem confiscável previsto no art. 110.º n.º 1 al. b) do CP, quer porque não existe nestes casos qualquer causa de exclusão da sua responsabilidade por esta consequência jurídica do crime.

A única diferença nestes casos relativamente às situações em que o agente do crime obtém a vantagem «para si», reside na quantidade ou no número de potenciais responsáveis por esta consequência jurídica traduzida no confisco. A vantagem será sempre a mesma, e o confisco não poderá naturalmente multiplicar o valor da vantagem pelos respetivos sujeitos potencialmente responsáveis (agente do crime e terceiros).

Deste modo, nos casos em que a vantagem tenha sido total ou parcialmente transferida para terceiro, o agente do crime será sempre responsável pela globalidade das vantagens geradas pela sua conduta, e os terceiros serão solidariamente responsáveis pela proporção das vantagens do crime que obtiveram, adquiriram, ou lhe foram transferidas para sua titularidade. Nesta conformidade, se as vantagens do crime, ou os seus sucedâneos forem ainda passiveis de apropriação em espécie na esfera patrimonial do «terceiro de má-fé» ou beneficiário, com o seu confisco na esfera patrimonial desse terceiro serão integralmente removidos os correspondentes benefícios económicos obtidos com a prática do crime, e consequentemente restaurada a ordem patrimonial dos bens correspondente ao direito vigente, nada mais havendo nessa parte a confiscar. Nos casos em que a apropriação em espécie não é possível, por qualquer razão, a responsabilidade pelo pagamento do valor equivalente a essas vantagens (110.º n.º 4 do CP) será solidária entre o agente do crime o terceiro que as recebeu[64].

[64] Esta solução relativa à responsabilidade solidária não decorre de qualquer «presunção»", mas da tarefa de convocar a regra estruturante do ordenamento jurídico nacional de

11.2. Importância confisco de bens de terceiros – o limite ao confisco

Pese embora não constitua uma modalidade autónoma de confisco, não poderá deixar de se assinalar a importância que o confisco de bens de terceiro[65] assume no instituto jurídico do confisco das vantagens.

Esta importância é manifesta se considerarmos que a necessidade de proteção dos terceiros de boa-fé constitui o único limite efetivo ao confisco das vantagens.

O art. 111.º n.º 1 do CP é esclarecedor a este respeito, quando refere que *«a perda não tem lugar se os instrumentos produtos ou vantagens não pertencerem, à data do facto, a nenhum dos agentes ou beneficiários (...)»*.

Na verdade, o confisco não cede perante qualquer outra vicissitude. Não encontra sequer no princípio geral e transversal de proporcionalidade[66] qualquer limitação. Se alguém lograr obter dez milhões de euros com a venda de estupefacientes, será precisamente esse valor que terá que ser confiscado, independentemente de o arguido não ter qualquer património quando decidiu dedicar-se a esta atividade. Operando o confisco, ficará novamente no estado em que estaria se o crime não tivesse sido praticado, ou seja, sem qualquer património.

As fronteiras ou os limites do confisco, em qualquer das suas tipologias, são definidos pela identificação e concretização dos benefícios económicos derivados do facto ilícito típico, ou seja, das vantagens (o mesmo vale para os produtos e instrumentos) e pela necessidade de assegurar que não é afetado o património de terceiros de boa-fé. Deste modo, definir o conceito de «terceiro de boa-fé» para efeitos de confisco significa identificar e

pagamento solidário nos casos de responsabilidade por factos ilícitos nomeadamente o artigo 497.º do Código Civil (mas igualmente do artigo 514.º n.º 2 do CPP).

[65] Sobre o confisco de bens de terceiro, vide: João Cura Mariano, «A perda de bens de terceiro relacionados com o crime», in Maria Raquel Desterro Ferreira/ Elina Lopes Cardoso/ João Conde Correia, (org.), *O Novo Regime de Recuperação de Ativos à luz da Directiva 2014/42/EU e da Lei que a Transpôs*, Lisboa, INCM, 2018; pp. 137/183, e ainda, na mesma obra: José Manuel Saportiti Machado da Cruz Bucho, «A transposição da Directiva 2014/42/EU. Notas à Lei n.º 30/2007, de 30 de maio (Aspectos Processuais Penais)»; pp. 185/263.

[66] O princípio de proporcionalidade aplica-se unicamente no âmbito da aplicação das medidas de garantia patrimonial, designadamente com vista a assegurar que o valor dos bens arrestados ou aprendidos como garantia não é desproporcional ao valor das vantagens que se pretende garantir.

reconhecer quem são aqueles que podem impedir a pretensão estadual traduzida no confisco[67].

Deste modo, apenas poderá ser considerado terceiro, para estes efeitos, aquele que não esteja, por qualquer modo, comprometido com a prática do crime. Este comprometimento com o crime, em qualquer das modalidades de autoria ou participação, poderá ocorrer por referência ao crime que gerou as vantagens, ou à utilização destas, quer através da adoção de alguma das modalidades típicas do crime de branqueamento (368.º – A do Código Penal) quer mediante auxílio para que o agente do crime aproveite os benefícios gerados pela conduta criminosa (artigo 232.º do Código Penal) ou ainda através do crime de recetação (artigo 231.º). Em qualquer destes casos, esse titular dos bens, mesmo não tendo praticado o crime gerador das vantagens, não poderá ser considerado terceiro, mas responsável por um novo crime. Estará em causa, nestas situações, uma mera simulação da qualidade de terceiro, não merecedora de tutela do Direito.

Por outro lado, tendo por base a referida premissa, de que a proteção dos terceiros de boa-fé constitui um limite ao confisco, (ou seja, significa que este terceiro, estando de boa-fé, deverá ser reconhecido como aquele que tem o poder ou a capacidade de impedir a concretização do confisco) importa assumir como tarefa primordial determinar se apenas o proprietário poderá ser considerado terceiro ou se, por outro lado, deverá ser reconhecida essa qualidade àqueles que possuem sobre o bem qualquer outro direito real.

Após a entrada em vigor da Lei n.º 30/2017, de 30 de Maio, o ordenamento jurídico nacional continuou a fazer referência, unicamente, aos bens «pertencentes» a terceiros.

A Diretiva 2014/42 EU refere a este respeito, no considerando 33, as garantias que são devidas aos «*terceiros que alegam ser proprietários dos bens em causa ou titulares de outros direitos de propriedade («direitos reais» ou «ius in re»), como o direito de usufruto*[68].

[67] Note-se todavia que o terceiro de boa-fé apenas pode, naturalmente, impedir o confisco relativamente ao bem em espécie que lhe pertença. Nada obsta, como é óbvio, que nos casos em que um bem tenha sido transferido para um terceiro de boa-fé, seja o agente do crime confrontado com a necessidade de pagar ao Estado o valor equivalente a esse bem que, por pertencer a um terceiro de boa-fé, não pode ser confiscado em espécie.

[68] As referências que no art. 8.º, n.º 9, da Directiva 42/2014UE se fazem à possibilidade de o terceiro invocar «*título de propriedade ou outros direitos reais*» não poderão deixar de ser integradas em conformidade com os esclarecimentos deste considerando.

Considerando a enunciada posição dos terceiros de boa-fé como constituindo um limite ao confisco, não vemos razão para que se altere a posição que já foi assumida por João Conde Correia, com a qual se concorda integralmente, quando afirma que «*Em nosso entender, atento o princípio da unidade da ordem jurídica, apesar da linguagem descuidada do legislador, parece-nos óbvio que só poderão ser considerados como terceiros aqueles que tenham uma situação jurídica tutelada pelo direito civil. O direito penal não pode ser utilizado para criar desvios ou para subverter as regras gerais relativas à transmissão de bens. Só quem, formalmente, for proprietário poderá reivindicar a exceção e usufruir do seu regime mais generoso*»[69].

Nesta conformidade, não deverá reconhecer-se legitimidade para evitar a concretização do confisco àquele que invoque outro direito real para além da propriedade plena. Ou seja, o confisco apenas não terá lugar se os bens pertencerem a um terceiro de boa-fé.

Relativamente aos titulares de outros direitos reais merecedores de tutela o problema coloca-se numa dimensão diferente, que é a de saber de que modo poderão assegurar a satisfação dos seus direitos e quem será responsável por essa satisfação. O titular de um direito real de garantia, designadamente o credor hipotecário, não tem legitimidade para evitar que o bem seja confiscado, do mesmo modo que não pode evitar a sua alienação. Relativamente a estes, e outros direitos reais, o problema coloca-se quanto ao enquadramento que deverá ser concedido à satisfação dos seus direitos[70], e não à sua classificação como terceiros de boa-fé, na dimensão de limite ao confisco que este conceito representa.

Com efeito, os efeitos do confisco das vantagens são os de uma aquisição derivada, o que significa que com o confisco das vantagens, o Estado não vai adquirir mais do que aquilo que o agente ou terceiro de má-fé possui.

[69] João Conde Correia, *Da proibição (...) ob cit* p. 74.

[70] Estes direitos deverão naturalmente ser respeitados, considerando que os seus titulares estejam igualmente de boa-fé. Não será razoável que o confisco prejudique injustificadamente os direitos destes titulares que não são proprietários, o que deverá merecer uma reflexão aturada sobre o modo como poderão ser assegurados. Existirão diversas soluções que não cumpre agora explorar, designadamente a obrigação do Estado assegurar esses direitos, nos mesmos termos que o teria que fazer o visado (caso se considere que o confisco não constitui um modo de aquisição originária), ou a transferência dos créditos correspondentes para outros bens do visado.

O direito que o Estado adquire com o confisco das vantagens depende assim da existência, conteúdo, amplitude e natureza do direito real pré-existente no anterior titular. Isto significa que se um imóvel estiver hipotecado ou arrendado enquanto na titularidade do agente do crime, o Estado através do confisco das vantagens adquire um imóvel precisamente com esses ónus. Os titulares desses direitos reais poderão continuar a exercê-los relativamente ao novo proprietário (Estado), mas não são terceiros para efeitos do confisco das vantagens, com capacidade para evitar que este se concretize[71].

Por outro lado, nos termos do art. 111.º do CP, aquele que for «beneficiário» não poderá ser considerado «terceiro», pelo que relativamente a estes beneficiários se poderia concluir que o confisco opera sempre, sem necessidade de se apurar a sua boa-fé.

Beneficiário, neste contexto, apenas poderá ser aquele que adquire – diretamente e sem intermediários – as vantagens da prática do crime sem que essas vantagens lhe sejam transmitidas pelo agente do crime[72]. Num caso em que o agente do crime de tráfico vende 1 Kg de estupefacientes ao B, e indica que o pagamento deverá ser entregue ao C, o «beneficiário» seria o este C, que recebe do «crime» diretamente e sem intermediários, um benefício económico.

O conceito de beneficiário é reflexo de uma solução juridicamente avançada da lei portuguesa relativamente a outros ordenamentos jurídicos que permite confiscar as vantagens obtidas para o agente ou «para outrem». Esse outrem será o beneficiário, que nos termos do elemento literal do art. 111.º não beneficiária da proteção concedida aos terceiros de boa-fé.

Outro conceito que deverá igualmente ser definido é precisamente a «boa fé». Isto porque, embora o conceito de boa-fé seja transversal ao ordenamento jurídico, não assume aqui, no domínio do confisco das vantagens, o significado de uma mera expressão com significado de valor de uso corrente, segundo o qual todos devem comportar-se mediante determinado padrão ético de confiança e lealdade. No que ao confisco das

[71] No sentido de que com o confisco opera uma aquisição derivada: Acórdão do TRP de 11.04.2019, proferido no processo 5964/09.6T2OVR-C.P1, (Fernanda Almeida).

[72] Sobre este conceito de beneficiário, vide: João Cura Mariano, «A perda de bens de terceiro relacionados com o crime», *ob cit.* (...), pp. 137/183.

vantagens diz respeito, estão bem definidos os critérios que devem seguir-se na construção desta boa-fé suscetível de prevalecer sobre as pretensões estaduais concretizadas no confisco das vantagens, não lhe sendo aplicável o conceito civilística de boa-fé.

No ordenamento jurídico nacional a boa-fé para efeitos de confisco existirá apenas quando o terceiro não se encontre numa das situações consagradas no n.º 2 do art. 111.º do CP. Com vista a facilitar a compreensão e integração do conceito de boa-fé para estes efeitos será adequado convocar dois critérios. O primeiro será o critério do conhecimento ou ignorância desculpável. E o seguindo o critério da influência de controlo.

O primeiro critério, traduzido na ignorância desculpável, materializa-se na ideia que não basta que o terceiro não saiba, é necessário que não lhe seja exigível que soubesse. Este conceito de ignorância desculpável poderá ser concretizado por referência ao art. 6.º da Diretiva 2014/42/EU que estabelece a existência de má-fé nos «*casos em que o terceiro sabia ou devia saber que a transferência ou a aquisição teve por objetivo evitar a perda, com base em circunstâncias e factos concretos, nomeadamente o facto de a transferência ou aquisição ter sido feita a título gracioso ou em troca de um montante substancialmente inferior ao do valor de mercado*». A proposta de Diretiva relativa à recuperação e perda de bens de maio de 2022 manteve o mesmo critério no art. 13.º.

O critério da influência de controlo, por seu lado, existe para identificar os casos em que a qualidade de terceiro é meramente simulada, ou seja, em que o objetivo na transferência formal da propriedade foi única ou principalmente a fraude à lei, com vista a evitar o confisco. O arguido é nestes casos o efetivo titular dos bens. Naturalmente que nenhum ordenamento jurídico num Estado de Direito admite nem tolera tais expedientes. Este critério da influência de controlo é especialmente relevante como modo de determinar a «má-fé» no caso das pessoas coletivas. O Regime jurídico do Registo Central do Benificiário efetivo, previsto na Lei n.º 89/2017, de 21 de agosto, bem como o guia de atualização das Melhores Práticas da UE para a implementação eficaz de medidas restritivas[73] produzido pelo Conselho da União Europeia em 27 de junho de 2022, poderão constituir

[73] Disponível em: https://data.consilium.europa.eu/doc/document/ST-10572-2022-INIT/pt/pdf

instrumentos relevantes na concretização deste conceito de influência de controlo.

No caso das pessoas coletivas, este critério influência de controlo servirá como forma de os tribunais poderem «levantar o véu» que cobre a sociedade para obter conhecimento da titularidade real dos bens e créditos que aparecem formalmente no património social e que foram transferidos para uma sociedade comercial ou para uma associação ou fundação para encobrir uma realidade económica com relevância em matéria penal.

5. O CONFISCO NO DIREITO DA UNIÃO À LUZ DA JURISPRUDÊNCIA DO TJUE

JOANA AMARAL RODRIGUES*

I. Enquadramento: o confisco no direito da União Europeia

O legislador da União Europeia, assumindo como incontornável que as organizações criminosas têm por principal objetivo o lucro, e acompanhando o esforço internacional[1] no sentido de *garantir que o crime não compensa (ou não deva compensar)*[2], tem adotado numerosos instrumentos

* Este estudo foi concluído em agosto de 2022, não tendo sido consideradas, nem a doutrina, nem a jurisprudência posteriores.

[1] Cfr., a título de exemplo: a Convenção do Conselho da Europa Relativa ao Branqueamento, Deteção, Apreensão e Perda dos Produtos do Crime e ao Financiamento do Terrorismo, de 2005, aprovada pela Resolução da Assembleia da República («AR») n.º 82/2009, de 27 de agosto e ratificada pelo Decreto do Presidente da República («PR») n.º 78/2009, de 27 de agosto; a Convenção das Nações Unidas contra a Corrupção, de 2003, aprovada pela Resolução da AR n.º 47/2007, de 21 de setembro e ratificada pelo Decreto do PR n.º 97/2007; a Convenção das Nações Unidas contra a Criminalidade Organizada Transnacional, de 2000, aprovada para ratificação pela Resolução da AR n.º 32/2004, de 2 de abril e ratificada pelo Decreto do PR n.º 19/2004, de 2 de abril.

[2] Sobre a «densidade jurídica [deste] mandamento», PEDRO CAEIRO, «Sentido e função do instituto da perda de vantagens relacionadas com o crime no confronto com outros meios de prevenção da criminalidade reditícia (em especial, os procedimentos de confisco *in rem* e a criminalização do enriquecimento "ilícito")», *RPCC*, 2011, ano 21, 2, pp. 267/321. Mais recentemente, sobre a justificação da intervenção da União em matéria de confisco, essencialmente orientada para a implementação do reconhecimento mútuo, mas temendo que também o confisco esteja «em risco de ser desencaminhado», PEDRO CAEIRO, «O confisco numa perspetiva de política criminal europeia» *in* Maria Raquel Desterro Ferreira/ Elena Lopes Cardoso/João Conde Correia (Coord,), *O novo regime de recuperação de ativos à luz da Diretiva 2014/42/UE e da lei que a transpôs*, Lisboa, INCM, 2018, pp. 21/38.

em matéria de recuperação e confisco (ou perda) de bens relacionados com a prática de crimes.

O atual quadro jurídico da União em matéria de deteção e identificação, congelamento, perda e administração de produtos, instrumentos e bens, é essencialmente constituído pela Diretiva 2014/42/UE[3], pela Decisão-quadro 2005/212/JAI[4] e pela Decisão 2007/845/JAI[5]. Já em matéria de reconhecimento mútuo das decisões de apreensão e perda rege o mais recente Regulamento (UE) 2018/1805, estabelecendo as regras segundo as quais um Estado-Membro («EM») reconhece e executa no seu território uma decisão de apreensão ou de perda emitida por outro EM no âmbito de *processos em matéria penal*[6].

[3] Diretiva 2014/42/UE do Parlamento Europeu e do Conselho, de 3 de abril de 2014, sobre o congelamento e a perda dos instrumentos e produtos do crime na União Europeia (JO L 127, 29.4.2014). Cfr., avaliando a diretiva, Comissão Europeia, *Relatório da Comissão ao Parlamento Europeu e ao Conselho. Recuperação e perda de bens: garantir que o crime não compensa* [COM (2020) 217 final – Bruxelas, 2.6.2020]. Analisando a diretiva, *vd.*, entre outros, Anna Maria Maugeri, «La direttiva 2014/42/UE relativa alla confisca degli strumenti e dei proventi da reato nell'Unione europea tra garanzie ed efficienza: un "work in progress"», *Diritto Penale Contemporaneo*, 2015, 1, pp. 300/36.

[4] Decisão-quadro 2005/212/JAI do Conselho, de 24 de fevereiro de 2005, relativa à perda de produtos, instrumentos e bens relacionados com o crime (JO L 68, 15.3.2005). Cfr. ainda a Decisão-quadro 2001/500/JAI do Conselho, de 26 de junho de 2011, relativa ao branqueamento de capitais, à identificação, deteção, congelamento, apreensão e perda dos instrumentos e produtos do crime (JO L 182, 5.7.2001); anteriormente, a Ação Comum de 3 de dezembro de 1998 adotada pelo Conselho com base no artigo K.3 do Tratado da União Europeia, relativa ao branqueamento de capitais, identificação, deteção, congelamento, apreensão e perda de instrumentos e produtos do crime (98/699/JAI) (JO L 333, 9.12.1998).

[5] Decisão 2007/845/JAI do Conselho, de 6 de dezembro de 2007, relativa à cooperação entre os gabinetes de recuperação de bens dos Estados-Membros no domínio da deteção e identificação de produtos ou outros bens relacionados com o crime (JO L 332, 18.12.2007).

[6] Regulamento (UE) 2018/1805 do Parlamento Europeu e do Conselho, de 14 de novembro de 2018, relativo ao reconhecimento mútuo das decisões de apreensão e de perda (JO L 303, 28.11.2018). O Regulamento substituiu, entre os EM por ele vinculados (a partir de 19 de dezembro de 2020), a Decisão-quadro 2006/783/JAI do Conselho, de 6 de outubro de 2006, relativa à aplicação do princípio do reconhecimento mútuo às decisões de perda (JO L 328, 24.11.2006); e mais substituiu as disposições da Decisão-quadro 2003/577/JAI do Conselho, de 22 de julho de 2003, relativa à execução na União Europeia das decisões de congelamento de bens ou de provas, relativamente à apreensão de bens entre os Estados-Membros por ele vinculados (a partir de 19 de dezembro de 2020) (JO L 196, 2.8.2003).

Pese embora a relevância do recente Regulamento 2018/1805 – o primeiro instrumento sob a égide do reconhecimento mútuo, em matéria penal, a assumir essa natureza jurídica[7] –, dedicaremos a nossa atenção aos instrumentos de *harmonização* das medidas de congelamento e perda de instrumentos e produtos do crime, na medida em que é nesse domínio de interpretação do direito da União que se tem pronunciado, no contexto de reenvios prejudiciais, o Tribunal de Justiça da União Europeia («TJUE»).

Referimo-nos, em primeiro lugar, à Decisão-quadro 2005/212/JAI, adotada no quadro do ex-terceiro pilar e prevendo, depois da fixação de certas definições (art. 1.º), a aproximação das legislações nacionais em matéria de *perda clássica* (art. 2.º) e de *perda alargada* (com a previsão de modelos alternativos), incluindo de *bens pertencentes a* determinados *terceiros* (art. 3.º). Isto com a previsão de adoção pelos EM das medidas necessárias para assegurar que as partes afetadas por essas medidas disponham de «vias de recurso eficazes para defenderem os seus direitos» (art. 4.º) e a declaração proclamatória de respeito pelos «direitos e os princípios fundamentais consagrados no artigo 6.º do Tratado da União Europeia, nomeadamente o da presunção de inocência» (art. 5.º).

Mais recentemente, num esforço de harmonização mais profundo – já com o enquadramento dado, pelo Tratado de Lisboa, ao *espaço de liberdade, segurança e justiça* (arts. 67.º e ss. do Tratado sobre o Funcionamento da União Europeia, «TFUE») e em particular à cooperação judiciária

[7] Sobre o Regulamento, cfr., para visões críticas desde o ponto de vista das garantias processuais e da proteção dos direitos fundamentais, Frank Meyer, «Recognizing the Unknown – the New Confiscation Regulation», *EuCLR*, 2020, 2, pp. 140/70; Nuno Brandão, «The right of defence under Regulation (EU) 2018/1805 on the mutual recognition of freezing orders and confiscation orders», *NJECL*, 2022, Vol. 13, Issue 1, pp. 28/41; Sandra Oliveira e Silva, «Regulation (EU) 2018/1805 on the mutual recognition of freezing and confiscation orders: A headlong rush into Europe-wide harmonisation?», *NJECL*, 2022, Vol. 13, Issue 2, pp. 198/215. Em perspetiva positiva, salientando que o Regulamento «procu[ra] elevar a apreensão e a perda internacional dos proventos do crime a níveis ideais, comunitariamente sustentáveis», ainda que criticando a circunstância de não ter ido tão longe quanto desejável (porque não inclui todos os mecanismos de ablação do património ilícito, designadamente a *civil confiscation*, e porque o reconhecimento não é automático), João Conde Correia, «Reconhecimento mútuo de decisões de apreensão e de confisco: o Regulamento (UE) 2018/1805 do Parlamento Europeu e do Conselho de 14 de novembro de 2018», *Julgar*, 2019, 39, pp. 183/201.

em matéria penal (arts. 82.º e ss. do TFUE) –, foi aprovada a Diretiva 2014/42/UE.

Tendo por base jurídica «dupla» os artigos 82.º, n.º 2, e 83.º, n.º 1, do TFUE, a diretiva estabelece regras mínimas para o congelamento de bens tendo em vista a eventual perda subsequente e para a perda de produtos (e instrumentos) do crime (art. 1.º), substituindo parcialmente, sem todavia revogar, a decisão-quadro anterior[8].

Aprofundando a harmonização, a diretiva contempla um preceito clarificador, para os respetivos efeitos, das definições de *produto*, *bens*, *instrumentos*, *perda*, *congelamento* e *infração penal* (art. 2.º), mais delimitando o seu âmbito de aplicação (art. 3.º) desde logo atenta a respetiva base jurídica fundante, cobrindo apenas os «euro-crimes» tal como previstos no artigo 83.º, n.º 1, do TFUE – com o alargamento possível contemplado no n.º 2 do artigo 83.º, desde que esses atos jurídicos prevejam especificamente que a diretiva se aplica às infrações penais neles harmonizadas, tal como acontece, aliás, com a «diretiva PIF»[9].

Em matéria de harmonização, destaca-se a previsão da medida de *perda* «sob reserva de uma condenação definitiva por uma infração penal, que também pode resultar de processo à revelia», incluindo de *confisco por equivalente*[10] (art. 4.º, n.º 1), bem como das medidas de *perda alargada* (art. 5.º), *perda de bens de terceiros* (art. 6.º) e ainda, em termos consideravelmente limitados, de *perda não baseada numa condenação* (art. 4.º, n.º 2) [11]; mais se

[8] A diretiva não revoga a Decisão-quadro 2005/212/JAI, na medida em que o respetivo artigo 14.º esclarece que aquela substitui, para os EM vinculados, o artigo 1.º, primeiro ao quarto travessões, e o artigo 3.º, da decisão-quadro, que assim se mantém em vigor.

[9] Diretiva (UE) 2017/1371 do Parlamento Europeu e do Conselho, de 5 de julho de 2017, relativa à luta contra a fraude lesiva dos interesses financeiros da União através do direito penal (JO L 198, 28.7.2017) – cfr. artigo 10.º.

[10] Cfr. Anna Maria Maugeri, «La direttiva 2014/42/UE...», cit., p. 306. Note-se que o considerando 17 prevê, quanto ao *confisco por equivalente* de instrumentos, uma cláusula de proporcionalidade.

[11] Analisando a questão de saber se esta perda não baseada numa condenação, tal como prevista na diretiva, é suscetível de constituir um «*EU-wide model*» que possa impactar significativamente nos sistemas nacionais, respondendo negativamente no sentido de que a diretiva harmonizadora não avança na definição de um modelo comum, persistindo um cenário «extremamente fragmentado», Michele Simonato, «Directive 2014/42/EU and Non-Conviction Based Confiscation: A Step Forward on Asset Recovery?», *NJECL*, 2015, Vol. 6, Issue 2, pp. 213/28. Aliás, como o Autor realça, p. 221, a base jurídica adotada pela

sublinha a previsão da medida de *congelamento* tendo em vista uma eventual decisão de perda (art. 7.º).

Particular relevância assume o artigo 8.º, preceito que sob a epígrafe «salvaguardas», estabelece um conjunto de *garantias processuais*, com a previsão, designadamente, de vias de recurso efetivas e de um julgamento equitativo para defesa de direitos, da fundamentação e comunicação da decisão de congelamento, da possibilidade efetiva de impugnar em tribunal a decisão de congelamento, da restituição de bens congelados não objeto de decisão de perda, da fundamentação e comunicação da decisão de perda, da possibilidade efetiva de impugnar em tribunal a decisão de perda, do direito de acesso a advogado durante todo o processo de decisão de perda tendo em vista a defesa de direitos (e do direito a disso ser informado), da possibilidade efetiva de contestar as «circunstâncias do caso» determinantes da perda alargada, do direito de os terceiros invocarem o seu título de propriedade ou outros direitos reais nos casos em que seja determinada a perda de bens a si pertencentes, bem como do direito das vítimas a que a reparação não seja prejudicada pela decisão de perda[12-13].

Entretanto, em maio de 2022, a Comissão apresentou a sua Proposta de Diretiva do Parlamento Europeu e do Conselho relativa à recuperação e perda de bens[14]. Fundada nas bases jurídicas dos artigos 82.º, n.º 2, 83.º,

diretiva (art. 83.º do TFUE) afigurava-se desde logo insuscetível de determinar a introdução de um «*pure system of civil asset forfeiture detached from substantive criminal law aspects*». Identificando a medida como «*un procedimento "autonomo" che consente di aggredire i profitti illeciti solo in specifiche situazioni in cui non sia possibile procedere* in personam», Anna Maria Maugeri, «La direttiva 2014/42UE...», cit., p. 324.

[12] Nuno Brandão, «The right of...», cit., p. 34, em perspetiva crítica ao Regulamento (UE) 2018/1805, invoca um paradoxo interessante: «*enshrining of procedural rights in such Directives ends up paving the way for procedural mechanisms based on mutual recognition that are increasingly aggressive towards people's fundamental rights, on the assumption that, under positive law, they will enjoy the means of defence proper to a fair trial, without, however, subsequently having to check whether they are in fact in a position to materialise in the real life of proceedings*».

[13] A Diretiva prevê ainda regras que permitem a deteção e o rastreio dos bens mesmo após uma condenação definitiva para assegurar a execução efetiva de uma decisão de perda, disposições sobre a administração dos bens congelados e declarados perdidos e disposições que exigem aos EM a recolha e manutenção de estatísticas sobre congelamento e perda.

[14] *Vd.* Comissão Europeia, *Proposta de Diretiva do Parlamento Europeu e do Conselho relativa à recuperação e perda de bens* (COM (2022) 245 final – Bruxelas, 25.5.2022), dispondo em matéria de: i) *deteção* e *identificação* de bens, incluindo dispondo sobre os gabinetes de recuperação de

n.os 1 e 2, e 87.º, n.º 2, do TFUE, e prevendo um conjunto alargado de normas, que incluem o aprofundamento das medidas de *perda não baseada numa condena*ção, propõe-se substituir vários instrumentos anteriores[15] e assegurar uma maior coerência e «quase-codificação».

II. A jurisprudência do TJUE: linhas orientadoras

No âmbito do processo C-234/18, *Agro In 2001*, um tribunal búlgaro dirigiu ao TJUE várias questões prejudiciais, suscitando dúvidas interpretativas relativas às medidas de perda clássica, alargada, nao baseada numa condenação e de bens de terceiros, tais como previstas na Diretiva 2014/42/UE, bem como às garantias aí consagradas. Considerando a latitude e interesse das questões, em especial no tocante ao alcance da perda não baseada numa condenação, aguardava-se com expetativa a pronúncia do TJUE, chamado pela primeira vez a pronunciar-se sobre a interpretação da diretiva em referência. Em especial atento o facto de poder estar em causa, considerando as questões prejudiciais dirigidas, a necessidade de refletir sobre a conformidade do regime dessas medidas com os direitos fundamentais tutelados pela Carta dos Direitos Fundamentais da União Europeia («CDFUE») e pela Convenção Europeia dos Direitos Humanos («CEDH»)[16].

O TJUE viria a pronunciar-se em termos muito redutores, atenta a conclusão de inaplicabilidade da diretiva ao caso. Ainda assim, o respetivo

ativos e respetivo acesso a informação; ii) medidas harmonizadas de *congelamento* e *perda*; iii) *administração* de bens congelados e cuja perda tenha sido decidida, incluindo quanto à venda antecipada; iv) *garantias* processuais; v) *quadro estratégico* de recuperação de bens, incluindo a criação de registos centralizados e de tratamento estatístico; e vi) *cooperação* com organismos e agências da UE e países terceiros; e bem assim estabelecendo normas destinadas a facilitar a aplicação efetiva de medidas restritivas da União e a subsequente recuperação dos bens conexos sempre que tal seja necessário para prevenir, detetar ou investigar infrações penais relacionadas com a violação de medidas restritivas da União. Remete-se, quanto a esta proposta, para a reflexão *infra* (III.).

15 A saber: a Ação Comum 98/699/JAI do Conselho, a Decisão-quadro 2001/500/JAI do Conselho, a Decisão-quadro 2005/212/JAI do Conselho, a Decisão 2007/845/JAI e a Diretiva 2014/43/UE (no que diz respeito aos EM vinculados).

16 Demos nota dessa expetativa em Joana Amaral Rodrigues, «Relações entre a Convenção e o direito penal europeu» *in* Paulo Pinto de Albuquerque (Org.), *Comentário da Convenção Europeia dos Direitos Humanos e dos seus Protocolos Adicionais*, Lisboa, UCE, 2020, 3, pp. 224/5.

Acórdão tem significativo interesse enquanto objeto de análise, em especial quando associado a outros reenvios prejudiciais entretanto decididos pelo tribunal da União – cfr. processos C-393/19, C-845/19 e C-863/19 (apensos), C-319/19, C-505/20. Analisemos as principais conclusões que se podem retirar desta jurisprudência, não obstante parca no número de Acórdãos proferidos – o que não deixa de surpreender se tomarmos em conta os oito anos de vigência da diretiva – e limitada quanto à jurisdição nacional que promove o reenvio prejudicial (todos casos reenviados pelos tribunais búlgaros).

1. Primeira conclusão: a Diretiva 2014/42/UE tem um âmbito de aplicação limitado e os EM não estão necessariamente a *aplicar o direito da União* quando tomam uma decisão de perda não baseada numa condenação

No processo C-234/18, *Agro In 2001*[17], o TJUE, convocando o âmbito material da diretiva, e constatando que no processo principal estavam em causa atos de desvios de fundos (art. 201.º do Código Penal búlgaro), conclui pela não correspondência entre esses atos e as infrações abrangidas pelos instrumentos jurídicos enumerados de maneira exaustiva no artigo 3.º da Diretiva 2014/42/UE, escapando assim o objeto do processo nacional ao âmbito de aplicação material da mesma (§ 47[18]) – com a inerente

[17] Acórdão do TJUE de 19 de março de 2020, *Agro In 2001* (C-234/18). Cfr. ainda as Conclusões da Advogada-Geral («AG») Eleanor Sharpston apresentadas em 31 de outubro de 2019, em termos que o TJUE acompanhou de perto. Contexto factual do caso (em síntese): em julho de 2014, o Ministério Público da cidade de Sófia, Bulgária, informou a Comissão encarregada da perda dos bens de que havia sido instaurada uma ação penal contra BP, na qualidade de presidente do conselho de supervisão de um banco búlgaro, por ter incitado outras pessoas a desviar fundos pertencentes ao referido banco. Ainda que tal ação penal estivesse em curso, não tendo dado origem a qualquer condenação, a referida Comissão intentou, com base no direito búlgaro, um processo no Tribunal de Sófia com vista à perda de bens de BP e de membros da sua família, bem como de terceiros ligados a BP ou controlados por este. O tribunal de reenvio salienta que resulta da lei búlgara que o processo de perda instaurado no tribunal cível é independente do processo penal instaurado contra a pessoa investigada e/ou as pessoas a ela ligadas ou por ela controladas: a simples existência de *acusações penais* é suficiente para instaurar um processo civil de perda.

[18] A AG Sharpston, na suas Conclusões, para além de ter recusado a aplicabilidade *ratione materiae*, recusou-a ainda *ratione temporis* (cfr. § 42 a 46).

impossibilidade de apreciar a perda não baseada numa condenação, prevista no direito búlgaro, à luz deste instrumento harmonizador.

No entanto, relembrando que a Diretiva 2014/42/UE não revogou a Decisão-quadro 2005/2012/JAI, mantendo-se esta em vigor, e mais constatando que no âmbito material da decisão-quadro já se integrariam os referidos atos de desvios de fundos (atenta a moldura penal prevista pelo direito nacional), o TJUE propõe-se consequentemente apreciar as questões prejudiciais com base nos preceitos da decisão-quadro (§ 48 a 50).

Reformulando a questão prejudicial a esta luz, o Tribunal propõe-se, assim, apreciar se a Decisão-quadro 2005/212/JAI deve ser interpretada no sentido de que se opõe a uma regulamentação de um EM que prevê que a perda de bens obtidos ilegalmente é ordenada por um órgão jurisdicional nacional no termo de um processo que não está subordinado, nem à constatação de uma infração penal, nem *a fortiori* à condenação dos presumíveis autores de tal infração, ou seja, se a decisão-quadro se opõe a uma perda não baseada numa condenação (§ 51). No entanto, depois de recordar o enquadramento político e normativo da decisão-quadro, o TJUE declara que esta «não regula (...) a perda de instrumentos e de produtos provenientes de atividades ilegais que é ordenada por um órgão jurisdicional de um Estado-Membro no âmbito ou na sequência de um processo que não tenha por objeto a constatação de uma ou várias infrações penais»[19].

Assim, e constando que o «processo de perda pendente no órgão jurisdicional de reenvio é de natureza civil e coexiste, no direito interno, com um regime de perda de direito penal», conclui que «a decisão que o órgão jurisdicional de reenvio é chamado a adotar no processo principal não se inscreve no âmbito ou na sequência de um processo relativo a uma ou mais infrações penais», pelo que «[n]ão está, portanto, abrangida pelo âmbito de aplicação da Decisão-Quadro 2005/212» (§ 57 a 61), consequentemente não se opondo esta ao quadro normativo nacional em matéria de perda não baseada numa condenação.

No âmbito do processo C-319/19[20], o TJUE chegou aparentemente à mesma conclusão, mas já numa leitura efetiva da Diretiva 2014/42/UE.

[19] Cfr. ainda o § 63 das Conclusões da AG Sharpston.

[20] Acórdão do TJUE de 28 de outubro de 2021, *Komisia za protivodeystvie na koruptsiyata i za otnemane na nezakonno pridobitoto imushtestvo contra ZV e o.* (C-319/19) (causa julgada sem apresentação de conclusões pelo AG). Contexto factual do caso (em síntese): em maio de 2015,

Os Acórdãos distinguem-se porquanto neste segundo caso o TJUE considerou a Diretiva 2014/42/UE parcialmente aplicável *ratione materiae*, mais optando por uma formulação conclusiva mais cautelosa («não se opõe» *versus* «não se aplica»). Todavia, têm em comum a conclusão enunciada em epígrafe: os EM não estão necessariamente a *aplicar o direito da União* quando tomam uma decisão de perda não baseada numa condenação. Veremos com mais pormenor nos pontos seguintes.

2. Segunda conclusão (relacionada com a anterior): a Diretiva 2014/42/UE estabelece apenas *regras mínimas* e os EM mantêm ampla margem de conformação legislativa, incluindo em matéria de perda não baseada numa condenação

No referido processo C-234/18, *Agro In 2001*, o TJUE, ao apreciar as questões prejudiciais tomando por base a Decisão-quadro 2015/212/JAI, sublinha que esta «é um ato que visa obrigar os Estados-Membros a instituir regras mínimas comuns de perda dos instrumentos e produtos relacionados com infrações penais» (§ 56). E apesar de o tribunal reconhecer que a decisão-quadro integra uma norma (limitada) sobre confisco não baseado numa condenação, já que o seu artigo 2.º, n.º 2, prevê que os EM possam recorrer a *processos não penais* para destituir o autor da infração dos produtos desta no que respeita a infrações fiscais, deixa claro que tal norma «[n]ão pode ser interpretada, *a contrario*, como significando que os Estados Membros seriam privados da possibilidade de instituir processos de perda diferentes dos processos penais que não

a Procuradoria Militar da Região de Sófia notificou à Comissão encarregada da perda dos bens o facto de terem sido instaurados processos penais contra ZV, acusada de ter realizado, na qualidade de funcionária dirigente de um Departamento da Academia de Medicina Militar de Sófia, determinados atos com o objetivo de obter uma vantagem patrimonial para si ou para uma sociedade na qual detinha uma participação maioritária. Não obstante o processo penal estar pendente, a referida comissão abriu um inquérito contra ZV em conformidade com o direito búlgaro; e constando que existia uma desproporção significativa entre o património de ZV e de seu marido e os respetivos rendimentos, apresentou no tribunal de reenvio um pedido de perda a favor do Estado dos bens adquiridos ilegalmente por ZV e por pessoas singulares e coletivas que se considerava estarem ligadas àquela ou sob o seu controlo. O tribunal de reenvio salienta que resulta da lei búlgara que o processo de perda instaurado no tribunal cível é independente do processo penal instaurado contra a pessoa investigada e/ou as pessoas a ela ligadas ou por ela controladas: a simples existência de acusações penais é suficiente para instaurar um processo civil de perda.

digam respeito a infrações fiscais», pois tal proibição iria além do alcance das regras mínimas instituídas pela decisão-quadro (§ 59)[21].

Na medida em que o TJUE não se estava a pronunciar sobre a Diretiva 2014/42/UE, designadamente sobre o alcance da perda não baseada numa condenação nela prevista (cfr. art. 4.º, n.º 2), o Acórdão deixa a dúvida sobre qual seria o entendimento do tribunal da União no específico contexto dessa diretiva. A questão ficou em aberto até à prolação do Acórdão do TJUE proferido no processo C-319/19, o qual permite efetivamente a formulação da conclusão em epígrafe: a diretiva estabelece apenas regras mínimas e os EM mantêm ampla margem de conformação legislativa, incluindo em matéria de confisco não baseado numa condenação.

Com efeito, o TJUE começa por salientar que, ao contrário do estabelecido em *Agro In 2001*, os crimes pelos quais a arguida no processo nacional era investigada entram no escopo material da Diretiva 2014/42/UE, concluindo ser esta suscetível de se aplicar no processo principal (§ 28 e 30).

No entanto, após contextualizar a diretiva do ponto de vista político e normativo, o tribunal conclui que esta, tal como a Decisão-Quadro 2005/212, constitui um ato que visa obrigar os EM a instituir *regras mínimas* comuns de perda dos instrumentos e produtos relacionados com infrações penais, com vista a facilitar o reconhecimento mútuo das decisões judiciais de perda adotadas no âmbito de processos penais (§ 36). Nessa medida, sublinhando que a perda de instrumentos e de produtos ordenada por um órgão jurisdicional de um EM no âmbito ou na sequência de um processo que *não tenha por objeto a constatação de uma ou várias infrações penais* «escapa às regras mínimas que [a] diretiva estabelece», a regulamentação dessa perda não baseada numa condenação «entra, portanto, na competência evocada no considerando 22 da referida diretiva, de que dispõem os Estados-Membros para preverem no seu direito nacional poderes mais alargados» (§ 36 e 37).

Note-se que esta premissa será da maior importância, na lógica do Acórdão, como se procurará explicitar no ponto seguinte, em termos de

[21] No mesmo sentido, ainda que com formulação diversa, a AG Sharpston: «A redação desta disposição mantém uma ligação clara com o processo penal» e «[n]ão pode ser interpretada no sentido de alargar o âmbito de aplicação da Decisão-Quadro a uma perda que não esteja relacionada com um processo penal».

proteção dos direitos fundamentais dos visados, *maxime* no que respeita ao «*trigger*» de aplicação da CDFUE. Com efeito, a visão mais restritiva do TJUE quanto ao âmbito de aplicação do direito da União redundou na desproteção – pelo menos à luz do nível de proteção dos direitos fundamentais consagrado na CDFUE – dos nacionais búlgaros visados pela medida de perda não baseada numa condenação.

3. Terceira conclusão (relacionada com as anteriores): a CDFUE tem por destinatários os EM apenas quando «aplicam direito da União», pelo que, atentos os limites de aplicabilidade da Diretiva 2014/42/UE, não é necessariamente aplicável aos casos de perda não baseada numa condenação

No âmbito do processo C-234/18, *Agro In 2001*, o órgão jurisdicional de reenvio integra nas questões prejudiciais que dirige ao TJUE a problemática da compatibilidade da perda não baseada numa condenação com a presunção da inocência, invocando para tal o artigo 8.º da Diretiva 2014/42/UE. No entanto, o Tribunal de Justiça é totalmente omisso na consideração desta questão, podendo apenas inferir-se que, tendo em conta o juízo sobre a inaplicabilidade da diretiva, a terá considerado prejudicada.

Já a AG Sharpston opta por enfrentar a questão, ainda que para igualmente defender a sua exclusão do escopo de pronúncia do órgão jurisdicional da União. Após enunciar que o artigo 48.º da CDFUE dispõe que «[t]odo o arguido se presume inocente enquanto não tiver sido legalmente provada a sua culpa», recorda o âmbito de aplicação da Carta, tal como previsto no respetivo artigo 51.º – «[a]s disposições da presente Carta têm por destinatários as instituições, órgãos e organismos da União (...) bem como os Estados-Membros, apenas quando apliquem o direito da União» (§ 4 e 5).

Assim sendo, segundo AG (e porventura segundo o TJUE, ainda que por entendimento não expresso), uma vez que é jurisprudência estabilizada que os direitos fundamentais garantidos pela ordem jurídica da União devem ser aplicados em todas as situações reguladas pelo direito da União, mas não fora dessas situações, «os processos de perda como o pendente no órgão jurisdicional de reenvio não podem ser considerados "relativo[s] a uma [...] infraç[ão] pena[l]" abrangidos pelo âmbito de aplicação da Decisão-quadro», pelo que «[o] artigo 5.º da Decisão-Quadro e o artigo 48.º da Carta não são, por conseguintes, aplicáveis ao caso em apreço».

Forçoso será concluir, por conseguinte, ter-se cristalizado – pelo menos implicitamente – o entendimento de que sempre que os EM decidam uma perda não baseada em condenação, no âmbito de um processo de natureza não-penal, ou de um processo penal por infração que não se inscreva no âmbito de aplicação material dos instrumentos harmonizadores, não estarão a aplicar direito da União, por conseguinte não se ativando o pressuposto de aplicação da Carta.

No Acórdão proferido no processo C-319/19 confirma-se este entendimento, mas agora expressamente. Com efeito, depois de considerar que os crimes pelos quais a arguida no processo nacional era investigada entram no escopo material da Diretiva 2014/42/UE, concluindo ser a diretiva suscetível de se aplicar no processo principal (§ 28 e 30), o TJUE vem no entanto afastar a sua aplicação com outro fundamento: o de que a diretiva não regula a perda de instrumentos e de produtos provenientes de atividades ilícitas ordenada por um órgão jurisdicional de um EM no âmbito ou na sequência de um processo que não tenha por objeto a constatação de uma ou várias infrações penais (§ 36), ou seja, «esse processo não está abrangido pelo âmbito de aplicação da Diretiva» (§ 61).

Assim, ainda que uma das questões prejudiciais se centrasse especificamente na conformidade do direito nacional com os artigos 17.º (direito de propriedade[22]) e 48.º (presunção de inocência[23] e direitos de defesa) da Carta, pressupondo a interpretação destes dois preceitos, o TJUE escapou-se à análise dessa «questão constitucional», adotando para tanto a seguinte linha argumentativa (§ 44 a 46): i) por força do artigo 51.º, n.º 1, da Carta, as suas disposições têm por destinatários os EM apenas quando *apliquem o direito da União*, sendo que, segundo jurisprudência constante[24],

[22] Sobre a relação entre o confisco e o direito de propriedade, Fernando Torrão, «Direito de propriedade e o confisco» *in* Paulo Pinto de Albuquerque (Org.), *Comentário da Convenção Europeia dos Direitos Humanos e dos seus Protocolos Adicionais*, Lisboa, UCE, 2020, 3, pp. 2139/65.

[23] Cfr., completamente arredada do juízo do TJUE, porventura por também pressupor um «processo penal», a Diretiva (UE) 2016/343 do Parlamento Europeu e do Conselho, de 9 de março de 2016, relativa ao reforço de certos aspetos da presunção de inocência e do direito de comparecer em julgamento em processo penal.

[24] O TJUE invoca o precedente do Acórdão de 22 de abril de 2021, *Profi Credit Slovakia* (C-485/19).

o conceito de «aplicação do direito da União» na aceção desta disposição pressupõe a existência de um nexo entre um ato do direito da União e a medida nacional em causa que ultrapasse a proximidade das matérias visadas ou as incidências indiretas de uma matéria na outra; ii) no caso em apreço não se pode considerar que o processo de perda em causa no processo principal é abrangido pelo âmbito de aplicação da Diretiva 2014/42, pelo que não se pode considerar que a legislação búlgara que regula esse processo *aplica o direito da União*; iii) uma vez que a Carta não é aplicável ao litígio no processo principal, o Tribunal de Justiça não é competente para responder às questões que se prendem com a interpretação dos direitos fundamentais previstos na CDFUE, pretensamente precludidos pela legislação nacional.

Em nenhum dos referidos processos, por conseguinte, o TJUE promoveu a análise de conformidade da perda não baseada numa condenação à luz dos direitos fundamentais previstos na CDFUE, designadamente com apelo à jurisprudência do TEDH, antes alinhando numa visão formalmente restritiva do pressuposto de *aplicação do direito da União* e, por conseguinte, do chamamento da Carta.

Não deixa de ser algo surpreendente, na lógica da fundamentação em especial do último Acórdão, que o Tribunal não tenha cuidado de apreciar a circunstância de a própria diretiva integrar uma medida, ainda que consideravelmente limitada nos respetivos pressupostos, de *perda não baseada numa condenação* (art. 4.º, n.º 2); e que não tenha igualmente cuidado de apreciar a circunstância de a medida prevista no direito nacional búlgaro não estar totalmente desligada de um processo penal, atento o invocado pressuposto de prévia existência de uma «acusação penal». Porventura mais crítico, por insuficiência argumentativa, é o facto de o TJUE se ter limitado a proclamar uma distinção formal entre um «regime de perda civil» e um «regime de perda penal», sem se dedicar, sequer sumariamente, a enfrentar o problema da eventual «natureza penal», em termos substantivos – para efeitos da eventual extensão das correspetivas garantias previstas na CDFUE –, de um processo de perda não baseada em condenação de feição civilista[25] (mesmo que para negar essa natureza, aliás

[25] Veja-se, neste sentido, MICHELE SIMONATO, «Directive 2014/42/EU...», cit., p. 219, suscitando a dúvida sobre se modelos de confisco sem prévia condenação, previstos por exemplo nos sistemas italiano, esloveno e búlgaro, «*entirely fall on the civil side of the "paradigmatic*

nos termos em que alguma jurisprudência do TEDH se tem orientado[26]). Tal não significaria considerar que o EM estivesse impedido de ir *além* das

divide" between criminal and civil law»; ainda do mesmo autor, sobre a natureza do confisco, «Confiscation and fundamental rights across criminal and non-criminal domains», *ERA Forum*, 2017, pp. 365/79. Sobre a natureza das medidas de confisco, cfr. FRANK MEYER, «Recognizing the Unknown...», cit, pp. 144 e ss. PEDRO CAEIRO, «Sentido e função...», cit., pp. 291 e 292, alerta contudo, de forma muito certeira, que não cabe aos tribunais europeus (referindo-se ao TEDH) «determinar a "verdadeira natureza", penal ou não-penal, de um certo procedimento ou sanção», pois «[e]ssa qualificação compete aos ordenamentos nacionais» – «[o] que a jurisprudência do TEDH tem afirmado desde o célebre Acórdão *Engel* (e depois *Öztürk*), é que o conceito de "pena" e "matéria penal" constante da CEDH, *para efeitos da aplicação das garantias aí contidas*, é autónomo em relação às qualificações operadas pelos Estados-Membros», ou seja, «pode suceder que certa sanção, procedimento ou infração, qualificados como não-penais (*v.g.*, administrativos) no direito interno, devam obedecer aos parâmetros postos pela CEDH para a matéria penal». Note-se, em todo o caso, tal como sinaliza MICHELE SIMONATO, «Confiscation and fundamental...», cit., p. 373, que a consideração de uma medida de confisco como «não-penal» não tem como consequência que não sejam aplicáveis quaisquer direitos fundamentais, mas apenas que serão considerados diferentes direitos ou diferentes aspetos desses direitos (cfr. os direitos de defesa do *«civil limb»* do art. 6.º da CEDH, bem como a proteção conferida ao direito de propriedade pelo art. 1.º do Protocolo adicional n.º 1 à CEDH); no mesmo sentido, FERNANDO TORRÃO, «Direito de propriedade...», cit., p. 2157.

[26] Cfr. JOÃO CONDE CORREIA, «*"Non-conviction based confiscations"* no direito penal português vigente: "quem tem medo do lobo mau"?», *Julgar*, 2017, 32, pp. 84/85, considerando que, pese embora algumas exceções (*v.g.*, *Varvara* e *Sud Fondi*), «o confisco civil não tem sido considerado como uma acusação em matéria penal para efeitos do artigo 6.º da [CEDH]», apoiando-se, para esta conclusão, nos casos *Butler*, *Dassa Foundation*, *Arcuri* e *Gogitidze* (cfr., respetivamente, *Varvara c. Itália*, n.º 17475/09, 29 outubro 2013; *Sud Fondi srl e. o. c. Itália*, n.º 75909/01, 30 agosto 2007; *Butler c. Reino Unido*, n.º 41661/98, 27 junho 2002; *Dassa Foundation e o. c. Liechtenstein*, n.º 696/05, 10 julho 2007; *Arcuri e o. c. Itália*, n.º 52024/99, 5 julho 2001; *Gogitidze e o. c. Geórgia*, n.º 36862/05, 12 maio 2015). Para uma análise da jurisprudência do TEDH, até 2017, e assinalando as dificuldades de «decifrar o racional por detrás da jurisprudência do TEDH», «incoerente, e como tal imprevisível», MICHELE SIMONATO, «Confiscation and fundamental...», cit.; ainda, FERNANDO TORRÃO, «Direito de propriedade...», cit., em especial pp. 2157 e 2160 e ss. Sinalizando a aludida inconsistência em termos particularmente claros, a *Partly concurring, partly dissenting opinion of Judge Paulo Pinto de Albuquerque* no caso *Varvara*: «*Under the* nomen juris *of confiscation, the States have introduced* ante delictum *criminal prevention measures, criminal sanctions (accessory or even principal criminal penalties), security measures in the broad sense, administrative measures adopted within or outside criminal proceedings, and civil measures* in rem. *Confronted with this enormous range of responses available to the State, the Court has not yet developed any consistent case-law based on principled reasoning*».

regras *mínimas*[27] estabelecidas na diretiva harmonizadora, prevendo um regime de confisco mais severo, mas apenas sujeitar o concreto resultado dessa margem de liberdade ao crivo de proteção de direitos fundamentais garantido pela CDFUE.

§ Ponto intercalar: a *aplicação do direito da União* quando está em causa o direito de terceiros afetados por decisões de congelamento e perda

São três os Acórdãos que se debruçam sobre a perda de bens de terceiros – os proferidos nos processos C-845/19 e C-863/19 (apensos), C-505/20 e 393/19.

No primeiro caso, *Varna*[28], o TJUE sinalizou que uma infração que consiste na detenção de estupefacientes para efeitos da sua distribuição, como a que estava em causa no processo principal, está abrangida pelo

[27] Quanto ao alcance das *regras mínimas*, permitimo-nos remeter para JOANA AMARAL RODRIGUES, *O Direito Penal Europeu e a dupla subsidiariedade: competência penal da União Europeia, condições do seu exercício e compatibilidade com o paradigma da proteção subsidiária de bens jurídicos*, Almedina, Coimbra, 2019, pp. 117/21, e para a bibliografia aí referida.

[28] Acórdão do TJUE de 21 de outubro de 2021, *Okrazhna prokuratura – Varna* (C-845/19 e C-863/19). Cfr. ainda as Conclusões do AG Priit Pikamäe, apresentadas em 24 de março de 2021. Contexto factual do caso (em síntese): em fevereiro de 2019, em Varna, DR e TS detinham, sem autorização, estupefacientes de alto risco, com vista à sua distribuição, tendo sido ambos condenados por esse crime. No decurso de uma busca na habitação onde DR vivia com a sua mãe e avós e de uma busca ao seu veículo, efetuadas pelas autoridades competentes, estas encontraram uma quantia em numerário; e no âmbito de uma busca na habitação onde TS vivia com a sua mãe, encontraram igualmente uma soma em numerário. Após a condenação, a Procuradoria Regional de Varna requereu ao Tribunal de Primeira Instância a perda destes montantes, tendo sido esse pedido apreciado em audiência na qual participaram os interessados e os seus advogados. DR declarou que o montante em dinheiro pertencia à sua avó, que o obtivera através de empréstimo bancário, apresentando prova documental. A avó de DR não participou no processo no tribunal de primeira instância, pois a lei búlgara não lhe permite intervir no processo como parte distinta do autor da infração em causa; e também não foi ouvida na qualidade de testemunha. TS declarou que o montante em dinheiro pertencia à sua mãe e à sua irmã, apresentando prova documental de empréstimo contraído pela mãe. A mãe de TS também não pôde participar no processo no tribunal de primeira instância, mas foi ouvida como testemunha. O tribunal de primeira instância não autorizou a perda, por considerar que o crime pelo qual os arguidos foram condenados – *detenção* de estupefacientes para distribuição – não era suscetível de gerar vantagens económicas (o Ministério Público não os acusara de *venderem* estupefacientes e o *tráfico* de estupefacientes não fora confirmado). O Ministério Público recorreu dessa sentença perante o órgão jurisdicional de reenvio.

âmbito de aplicação material da Diretiva 2014/42/UE (§ 26 e 30). No segundo caso[29], o TJUE salientou que as infrações ligadas à criminalidade organizada e ao tráfico de droga, como as que estavam em causa no processo principal, estão igualmente abrangidas pelo âmbito de aplicação material da diretiva (§ 22). Em ambos os casos, o TJUE não seguiu uma via tão formalmente restritiva da aplicabilidade da diretiva – e consequentemente da CDFUE –, como a que havia seguido nos casos de perda não baseada numa condenação analisados *supra*.

De ressaltar ainda, no âmbito do caso *Varna*, que o TJUE esclarece que a Diretiva 2014/42/UE «deve ser interpretada no sentido de que a detenção de estupefacientes com o objetivo da sua distribuição se enquadra no seu âmbito de aplicação, mesmo que todos os elementos inerentes à comissão dessa infração se circunscrevam ao interior de um único Estado-Membro».

Segundo o Tribunal, tendo a referida diretiva como base jurídica, nomeadamente, o artigo 83.º, n.º 1, do TFUE, relativo à harmonização das infrações penais e das sanções «em domínios de criminalidade grave com dimensão transfronteiriça que resulte da natureza ou das incidências dessas infrações, ou ainda da especial necessidade de as

[29] Acórdão do TJUE de 12 de maio de 2022, *Processo instaurado por RR e JG* (C-505/20) (causa julgada sem apresentação de conclusões pelo AG). Contexto factual do caso (em síntese): em janeiro de 2019, num controlo de veículo conduzido por WE e no qual também se encontrava RR, sua companheira e proprietária do veículo, foi detetada a presença de estupefacientes. WE e RR foram «pronunciados», mas o procurador, tendo considerado que RR não estava informada da presença dos estupefacientes, pôs termo à ação penal instaurada contra esta. Todavia, o veículo, que o inquérito demonstrou que se encontrava permanentemente à disposição de WE, continuou apreendido enquanto prova material, em conformidade com o artigo 111.º do Código de Processo Penal, no âmbito do processo contra WE. Em agosto de 2019, no âmbito de um processo penal instaurado contra uma associação organizada para tráfico de estupefacientes, foram feitas buscas no domicílio de JG durante as quais foram apreendidos dois telemóveis e uma quantia em dinheiro. JG não foi pronunciado, uma vez que o procurador considerou que não estava implicado na infração. Os dois telemóveis e a quantia em dinheiro continuaram apreendidos enquanto provas materiais, em conformidade com o mencionado artigo 111.º, no âmbito do processo contra os membros do bando organizado. RR e JG apresentaram no Tribunal Criminal Especial um pedido de restituição dos seus respetivos bens. Segundo esse órgão jurisdicional, embora a regulamentação nacional preveja a possibilidade de um terceiro pedir, durante a fase preliminar do processo penal, a restituição de um bem apreendido, não possibilita o pedido de tal restituição durante a fase judicial desse processo, fase que pode durar vários anos.

combater, assentes em bases comuns», inscrevendo-se expressamente o tráfico de armas nesses domínios, conclui-se que «o legislador da União tem competência para adotar, com base nesta disposição, regras mínimas de harmonização (...), não cobrindo essa competência apenas as situações em que os elementos inerentes à comissão de uma infração concreta não se circunscrevem ao interior de um único Estado-Membro»[30]. Assim se recusando que a existência de uma concreta situação transfronteiriça deva ser considerada uma *conditio sine qua non* da aplicação da diretiva.

Cabe questionar se poderá concluir-se por uma maior propensão do Tribunal na salvaguarda dos direitos de terceiros afetados por decisões de perda, quando em comparação com a desproteção a que foram votados os nacionais búlgaros abrangidos por decisões de perda não baseada numa condenação. No entanto, esta diferente perspetiva parece justificar-se na circunstância de as decisões de perda discutidas nos processos nacionais, nestes concretos casos, se reportarem, não a decisões de perda proferidas no âmbito de um processo de natureza não-penal (*maxime* civil), mas a decisões de congelamento e perda inequivocamente proferidas *no âmbito de um processo penal*, espoletando a aplicabilidade da diretiva e, consequentemente, da Carta.

Já no contexto do processo C-393/19, *OM*[31], o TJUE começa por notar que a infração de contrabando, em causa no processo principal, não figura

[30] Desenvolvendo a questão de forma mais exaustiva, as Conclusões do AG, § 26 e ss., em particular § 40 a propósito da diferença entre «dimensão transfronteiriça» e «elemento transfronteiriço» (e § 40: «a questão de saber se um dos elementos inerentes à prática da infração em causa, tais como a nacionalidade do autor da infração, o local onde a infração foi cometida ou a localização dos produtos do crime, possui um caráter transfronteiriço é desprovida de qualquer pertinência»).

[31] Acórdão do TJUE de 14 de janeiro de 2021, *Processo penal contra OM* (C-393/19). *Cfr.*, ainda as Conclusões do AG M. Campos Sánchez-Bordona, apresentadas em 25 de junho de 2020. Contexto factual do caso (em síntese): OM, empregado como motorista numa sociedade de transportes estabelecida na Turquia, efetuava transportes internacionais com um trator rodoviário e um semirreboque pertencente a essa sociedade. Em junho de 2018, quando se preparava para efetuar um transporte entre a Turquia e a Alemanha, aceitou uma proposta para transportar ilegalmente, mediante remuneração, 2 940 moedas antigas. OM foi sujeito a um controlo aduaneiro, tendo sido descobertas as moedas, dissimuladas no trator rodoviário. As moedas, o trator rodoviário, o semirreboque, a chave de contacto e os certificados de matrícula foram apreendidos e recolhidos como provas materiais da presumível infração. No decurso do inquérito, o diretor da sociedade turca, empregador de OM, pediu a restituição

entre as infrações a que a Diretiva 2014/42/UE se aplica, pelo que o objeto de litígio nacional escapa ao respetivo âmbito de aplicação material (§ 35). Todavia, depois de relembrar o Acórdão *Agro In 2022*, conclui que a infração de contrabando qualificada em causa, sendo punível com pena privativa da liberdade de três a dez anos, redunda em que «a situação jurídica no processo principal [seja] abrangida pelo âmbito de aplicação do direito da União», convocando a aplicação da Decisão-quadro 2005/212/JAI (§ 40). Nessa medida, o TJUE vem a considerar que as disposições dessa decisão-quadro haverão de ser «lidas à luz dos artigos 17.º e 47.º da Carta» (§ 41 e § 32 *a contrario*). Assim, também neste caso o TJUE se afastou da abordagem restritiva, em termos de proteção dos direitos fundamentais, que caracterizara as pronúncias anteriores em matéria de perda não baseada numa condenação – recusando a aplicação da diretiva, é certo, «[abriu] caminho à invocação da Carta» por via da decisão-quadro[32].

4. Quarta conclusão: no âmbito da *perda de bens de terceiros* são necessariamente asseguradas garantias processuais a esses terceiros «afetados»

a) Não é admissível a declaração de perda de um *instrumento* utilizado na prática de uma infração, quando este pertence a um *terceiro de boa-fé*

O TJUE, no caso do processo C-393/19, *OM*, tal como exposto anteriormente, recusou a aplicação da diretiva pela circunstância de a infração não se integrar no seu âmbito de aplicação material, analisando o caso à luz da decisão-quadro – que considerou, essa sim, aplicável. Isto para concluir que a perda de um instrumento, tal como prevista no artigo 2.º,

do trator rodoviário e do semirreboque, alegando que a referida sociedade não tinha nenhuma ligação com a infração penal, mas este pedido foi indeferido pelo procurador por decisão confirmada judicialmente. Em março de 2019, OM foi condenado por contrabando aduaneiro qualificado; as moedas e o trator rodoviário foram declarados perdidos a favor do Estado e o semirreboque, que não estava diretamente associado à prática da infração, foi restituído à sociedade empregadora de OM. OM interpôs recurso dessa sentença, na medida em que aquela decretava a perda do trator rodoviário, alegando que essa perda era contrária, designadamente, às disposições do TFUE e da Carta.

[32] Cfr. as Conclusões do AG, § 38 (e quanto ao «caminho de invocação da Carta», de forma esclarecedora, § 33 e ss.).

n.º 1, da decisão-quadro, «lido à luz do artigo 17.º, n.º 1, da Carta, deve ser interpretado no sentido de que se opõe a uma regulamentação nacional que permite a declaração de perda de um instrumento utilizado na prática de uma infração de contrabando qualificado, quando este pertence a um terceiro de boa-fé».

Ou seja, apesar de o TJUE ter admitido, como princípio, que a medida de perda «clássica» prevista no artigo 2.º, n.º 1, da decisão-quadro, se aplica igualmente à perda de bens pertencentes a terceiros, fá-la passar pelo crivo do artigo 17.º da Carta. E daí conclui que «tendo em conta a lesão sensível dos direitos das pessoas causada pela perda de um bem, a saber, o desapossamento definitivo do direito de propriedade sobre esse bem, há que salientar que, tratando-se de um terceiro de boa-fé, que não sabia nem podia saber que o seu bem tinha sido utilizado na prática de uma infração, tal perda constitui, à luz da finalidade prosseguida, uma intervenção excessiva e intolerável que atenta contra a própria substância do seu direito de propriedade», pelo que, «[n]estas condições, há que considerar [afinal] que, no âmbito do artigo 2.º, n.º 1, da Decisão-Quadro 2005/212, a perda não é extensível aos bens de terceiros de boa-fé» (§ 53 a 58).

Já no âmbito do processo C-505/20, estando em causa a aplicação da diretiva, o TJUE delimita a perda de bens de terceiros aos estritos pressupostos do artigo 6.º, excluindo à partida a possibilidade de perda de um *instrumento*. Através de uma fundamentação muito sintética, na lógica da concreta questão prejudicial dirigida[33], o TJUE esclarece a impossibilidade de perda de um *instrumento* pertencente a terceiro à luz da letra do artigo 6.º da diretiva, sem necessidade de confronto com o artigo 17.º da Carta. E chega por essa via, sem recurso ao crivo da Carta, à mesma conclusão de inadmissibilidade da declaração de perda de um *instrumento* utilizado na prática de uma infração, quando este pertence a um *terceiro de boa-fé* (§ 48 a 50).

[33] O órgão jurisdicional de reenvio perguntava, em substância, se o artigo 4.º, n.º 1, da diretiva, deve ser interpretado no sentido de que se opõe a uma regulamentação nacional que exclui a declaração de perda de um bem pertencente a um terceiro de boa-fé e utilizado como instrumento de uma infração, inclusive quando esse bem tenha sido posto por esse terceiro à disposição permanente do arguido. Ou seja, se a diretiva poderia ser invocada *contra* o visado.

b) O terceiro, enquanto «pessoa diferente da que praticou a infração», tem o direito a uma via de *recurso* efetiva em face da possibilidade de declaração de perda de um bem a si pertencente

No âmbito do processo C-393/19, *OM*, o TJUE, ainda que pronunciando-se à luz da decisão-quadro, veio a responder à questão prejudicial no sentido de que «[o] artigo 4.º da Decisão-Quadro 2005/212, lido à luz do artigo 47.º da Carta dos Direitos Fundamentais, deve ser interpretado no sentido de que se opõe a uma regulamentação nacional que, no âmbito de um processo penal, permite a declaração de perda de um bem pertencente a uma pessoa diferente da que praticou a infração penal, sem que a primeira pessoa disponha de uma via de recurso efetiva».

A essa conclusão chegou o TJUE orientado pelos seguintes fundamentos: i) a letra do artigo 4.º da decisão-quadro («vias de recurso»), que considera abranger, não só «as consideradas culpadas», mas também as «demais afetadas» (§ 60 e 61); ii) a consagração do direito fundamental previsto no artigo 47.º, primeiro e segundo parágrafos, da Carta (§ 62 a 65).

Contestando expressamente o argumento invocado pelo MP no processo nacional, de acordo com o qual, numa situação como a que estava em causa no processo principal, é permitido ao terceiro proprietário do bem declarado perdido agir contra a pessoa condenada pelos prejuízos resultantes dessa perda (§ 66), o TJUE declarou que «o direito a um recurso efetivo significa que [esse terceiro] deve poder contestar a legalidade dessa medida para recuperar esse bem quando a perda não se justifique» (§ 63); e mais invocou a jurisprudência do TEDH (*Ünsped Paket Servisi SaN. Ve TiC. A.Ş. v. Bulgaria*, n.º 3503/08, 13 de outubro de 2015[34]), num dos parcos diálogos jurisprudenciais promovidos pelo TJUE em matéria de confisco.

[34] § 32: «(...) *In the present case the State was at the origin of the confiscation and domestic law and practice did not provide for any procedure through which the applicant company could have its property rights defended. Consequently, the Court finds that the State cannot relieve itself of its responsibility under the Convention to provide for such a procedure by asking the person who was not tried for the criminal offence leading to the confiscation to seek recovery of their property from a third party*».

c) O terceiro, enquanto «pessoa diferente do autor da infração principal», tem o direito a constituir-se *parte* no processo de perda de um bem a si pertencente

No âmbito dos processos apensos C-845/19 e 863/19, *Varna*, o TJUE veio a aprofundar a proteção dos direitos de terceiros, esclarecendo que o terceiro, enquanto «pessoa diferente do autor da infração principal», tem, não apenas direito a uma via de recurso efetiva apta a permitir-lhe contestar a legalidade de uma medida de «confisco» para recuperar o bem a si pertencente, mas mesmo o *direito de se constituir parte no processo de perda*.

Em resposta à quarta questão prejudicial dirigida, o TJUE reconhece, assim, que «[o] artigo 8.º, n.os 1, 7 e 9, da Diretiva 2014/42, lido em conjugação com o artigo 47.º da Carta dos Direitos Fundamentais da União Europeia, deve ser interpretado no sentido de que se opõe a uma regulamentação nacional que permite a perda a favor do Estado de um bem que se alega pertencer a uma pessoa diferente do autor da infração penal, sem que essa pessoa tenha a possibilidade de se constituir parte no processo de perda».

O TJUE invoca o disposto no artigo 47.º da Carta, o disposto no artigo 8.º, n.º 1, da diretiva – que declara abranger, não apenas as pessoas condenadas pela prática de uma infração, mas igualmente os terceiros cujos bens são objeto de perda – e o respetivo considerando 33 (§ 75 a 77 e 80). Relativamente ao artigo 8.º da diretiva, o TJUE recorda que o respetivo n.º 7 integra no domínio das suas garantias o «direito de acesso a um advogado durante todo o procedimento de perda no que respeita à determinação dos produtos e instrumentos para poderem defender os seus direitos», o que inclui o direito à informação desse referido direito (§ 79).

Assim, na ótica do TJUE, e apelando ao decidido no caso C-348/16[35], «o direito de acesso a um advogado durante todo o processo de perda inclui manifestamente o direito do terceiro a ser ouvido no âmbito desse processo», o que «garante ao seu titular a possibilidade de exprimir de forma útil e efetiva o seu pronto de vista», conforme confirma o considerando 33 da Diretiva 2014/42/UE (§ 81). Assim, para o TJUE,

[35] Tendo por (diverso) contexto a Diretiva 2013/32/UE do Parlamento Europeu e do Conselho, de 26 de junho de 2013, relativa a procedimentos comuns de concessão e retirada do estatuto de proteção internacional – *cfr.* Acórdão do TJUE de 26 de julho de 2017, *Sacko* (C-348/16).

resulta do artigo 8.º, n.os 1, 7 e 9, da diretiva, que «um terceiro que alegue ou relativamente ao qual se alegue, no quadro de um processo de perda, que é proprietário do bem objeto da perda deve ser informado do seu direito de se constituir parte nesse processo e do seu direito de ser ouvido, devendo ser-lhe dadas condições para exercer estes direitos e para invocar o seu direito de propriedade antes de ser tomada a decisão de perda» (§ 82). O TJUE não sentiu necessidade, também neste caso, de apelar expressamente à jurisprudência do TEDH em matéria de «confisco» e proteção dos direitos de terceiros.

De referir um ponto de discordância entre o TJUE e as Conclusões do AG, a propósito de saber se, como observou o governo búlgaro, a circunstância de o direito nacional oferecer, a qualquer terceiro que alegue que o seu direito de propriedade foi violado no âmbito de uma decisão de perda, a possibilidade de invocar a sua pretensão num tribunal cível através de uma ação de revindicação, é condição suficiente para assegurar o cumprimento do disposto no artigo 8.º da diretiva lido à luz do artigo 47.º da CDFUE.

O TJUE responde negativamente à questão, de forma marcadamente sintética, bastando-se com a afirmação de que «tal ação não permite satisfazer a exigência que decorre do artigo 8.º, n.os 1, 7 e 9, da Diretiva 2014/42», pois «através de tal ação, o terceiro pode, quanto muito, reagir à eventual violação do seu direito de propriedade que resultaria de uma decisão da perda do seu bem, mas não invocar esse direito para impedir que fosse tomada a decisão» (§ 84).

Já o AG concluiu em termos distintos, considerando que o artigo 8.º da diretiva, lido à luz do artigo 47.º da Carta, deve ser interpretado no sentido de que «não se opõe a uma regulamentação nacional, como a que está em causa no processo principal, que permite a perda a favor do Estado de um bem que se alega pertencer a uma pessoa diferente do autor da infração penal, mesmo que esse terceiro não tenha o direito de se constituir como parte no processo de perda, quando este disponha de uma via de recurso de direito interno, perante o órgão jurisdicional civil, que lhe confira a possibilidade de recuperar o bem objeto de perda, desde que as normas processuais dessa via de recurso não tornem excessivamente difícil o exercício do seu direito de propriedade».

Com efeito, o AG (§ 72 a 82) começa mesmo por recusar que seja imposta aos EM a obrigação de prever uma via de recurso «reservada a terceiros que afirmem ter direitos de propriedade sobre o bem objeto de perda», considerando que o direito de recurso está previsto para a «pessoa destinatária de uma decisão de perda» (art. 8.º, n.º 6), ao passo que aos terceiros apenas está garantido o direito a serem ouvidos e o direito a terem acesso a um advogado durante todo o processo de decisão de perda (art. 8.º, n.º 7).

Posto isto, e estabelecendo a diferença entre a via de recurso analisada no caso C-393/19 (ação de indemnização contra a pessoa condenada) e a via de recurso prevista no direito nacional búlgaro ora enunciada (ação de *reivindicação*), o AG concluiu que esta, ao contrário daquela, «constitui uma via de recurso suscetível de resolver diretamente a situação contestada, uma vez que, se a referida ação tiver êxito, (...) permite ao terceiro em causa recuperar o bem que foi objeto de perda». Na sua opinião, o artigo 47.º da Carta exige que esse recurso permita que os terceiros afetados tenham condições para recuperar o seu bem, sem impor que seja interposto antes da data de decisão de perda. Assim, tudo estará, segundo o AG, em apreciar o respeito pelo *princípio da efetividade*, analisando concretamente as normas processuais que regem o exercício da ação de reivindicação no direito búlgaro, designadamente à luz da jurisprudência do TEDH em matéria de direito a um recurso efetivo e de direito a um processo equitativo (arts. 13.º e 6.º da CEDH).

O AG conclui que «o nível de proteção do direito a um recurso efetivo assim garantido não é, em meu entender, de modo algum inferior ao garantido pelo Tribunal Europeu dos Direitos do Homem», pois que «embora seja verdade que, segundo a jurisprudência decorrente do Acórdão Silickienė c. Lituânia, todas as pessoas cujos bens são objeto de perda devem, regra geral, beneficiar do estatuto de partes no processo em que a perda foi ordenada, é igualmente verdade que decorre da mesma jurisprudência que as circunstâncias factuais do processo podem demonstrar que as autoridades nacionais concederam efetivamente às pessoas em causa uma oportunidade razoável e suficiente para protegerem os seus direitos de forma adequada».

Não foi esta, como vimos, a decisão do TJUE: o Acórdão é indubitavelmente mais protetor dos direitos de terceiros, designadamente quanto a fazer derivar do direito de acesso a um advogado e do direito a ser ouvido um verdadeiro direito a *constituir-se como parte* no processo que determina a perda. Conclusão esta tanto mais importante quanto os terceiros afetados pela decisão de perda estão arredados do âmbito de aplicação das diretivas harmonizadoras das garantas processuais, as quais invariavelmente respeitam à pessoa *suspeita ou acusada* no processo penal[36]. Não obstante, o TJUE poderia porventura ter ido mais longe na fundamentação, mais se registando ser o Acórdão, uma vez mais, totalmente omisso no diálogo jurisprudencial com o TEDH.

d) O *terceiro de boa-fé*, em face de uma medida de *congelamento* (antecedendo a *perda*), tem o direito de apresentar ao órgão jurisdicional competente um pedido de restituição dos bens

No âmbito do processo C-505/20, agora no contexto de uma decisão de congelamento proferida no processo nacional, o TJUE deixou claro que, na medida em que os bens dos visados, primeiramente indiciados no processo penal, podiam, no momento em que o congelamento foi determinado, ser objeto de declaração de perda subsequente segundo o direito búlgaro, a situação dessas pessoas entra no âmbito de aplicação do artigo 7.º da Diretiva 2014/42/UE, o que «ativa» as garantias do artigo 8.º (§ 32). Na sequência deste raciocínio, e interpretando o artigo 8.º da diretiva, o TJUE conclui que «o artigo 8.º, n.º 1, da Diretiva 2014/42 deve ser interpretado

[36] Assinalando-o Nuno Brandão, «The right of...», cit., pp. 39 a 41, destacando que nem mesmo o arguido pode beneficiar, em toda a linha, dessas garantias no âmbito do processo de perda, com o exemplo da Diretiva 2016/1919, relativa ao apoio judiciário, que pressupõe designadamente a privação de liberdade (art. 2.º, n.º 1). Cfr. Diretiva 2010/64/UE do Parlamento Europeu e do Conselho, de 20 de outubro de 2010, relativa ao direito à interpretação e tradução em processo penal (JO L 280, 26.10.2010) (art. 1.º, n.º 2); Diretiva 2012/13/UE do Parlamento Europeu e do Conselho, de 22 de maio de 2012, relativa ao direito à informação em processo penal (JO L 142, 1.6.2012) (arts. 1.º e 2.º); Diretiva 2013/48/UE do Parlamento Europeu e do Conselho, de 22 de outubro de 2013, relativa ao direito de acesso a um advogado em processo penal e nos processos de execução de mandados de detenção europeus, e ao direito de informar um terceiro aquando da privação de liberdade e de comunicar, numa situação de privação de liberdade, com terceiros e com as autoridades consulares (JO L 294, 6.11.2013) (arts. 1.º e 2.º); Diretiva (UE) 2016/343 do Parlamento Europeu e do Conselho, de 9 de março de 2016, relativa ao reforço de certos aspetos da presunção de inocência e do direito de comparecer em julgamento em processo penal (JO L 65, 11.3.2016) (art. 2.º); Diretiva (UE) 2016/1919 do Parlamento Europeu e do Conselho, de 26 de outubro de 2016, relativa ao apoio judiciário para suspeitos e arguidos em processo penal e para as pessoas procuradas em processos de execução de mandados de detenção europeus (JO L 297, 4.11.2016) (arts. 1.º e 2.º).

no sentido de que se opõe a uma regulamentação nacional por força da qual, quando os bens são congelados enquanto instrumentos ou produtos supostos de uma infração, o proprietário desses bens, terceiro de boa-fé, não tem, durante a fase judicial do processo penal, nenhum direito de apresentar ao órgão jurisdicional competente um pedido de restituição dos referidos bens» (§ 38).

O TJUE invoca, para esta conclusão: i) o teor literal do artigo 8.º, 1.º, da diretiva, considerando por «pessoa afetada» também necessariamente os terceiros cujos bens são objeto de decisão de congelamento (§ 33 e 34); ii) o considerando 33 da diretiva, tal como interpretado pelo TJUE no caso *Varna* (§ 35); iii) o considerando 31 da diretiva, pressupondo que o terceiro de boa-fé proprietário de um bem congelado possa, igualmente no decurso do processo judicial, fazer examinar pelo órgão jurisdicional competente se as condições estabelecidas para o congelamento desse bem se mantêm preenchidas (§ 37); e mais relembra (§ 24), que o artigo 8.º da Diretiva 2014/42/UE reafirma os direitos fundamentais referidos no artigo 47.º da Carta, o qual enuncia nomeadamente que toda a pessoa cujos direitos e liberdades garantidos pelo direito da União tenham sido violados tem direito a uma ação efetiva perante um tribunal, no respeito das condições previstas nesse artigo, nomeadamente a que a sua causa seja julgada equitativamente.

O TJUE não cedeu, assim, a uma interpretação mais restritiva do artigo 8.º, limitando a proteção conferida aos terceiros – conforme sustentado designadamente pelo AG Priit Pikamäe no caso *Varna* –, antes lhes fazendo estender todas as garantias da «pessoa afetada». Note-se que, também neste caso, o TJUE não sentiu necessidade de dialogar, pelo menos expressamente, com a jurisprudência do TEDH.

5. Quinta conclusão: a Diretiva 2014/42/UE integra, ao lado da «perda clássica», a *perda alargada* condicionada a três condições cumulativas

O Acórdão proferido nos processos apensos C-845/19 e C-863/19, *Varna*, tem ainda a particularidade de interpretar o artigo 5.º da diretiva e a «perda alargada» aí prevista: «[a] Diretiva 2014/42 deve ser interpretada no sentido de que não prevê apenas a perda dos bens constitutivos de uma vantagem económica resultante da infração penal pela qual o autor dessa infração foi condenado, mas também a perda dos *bens pertencentes a esse autor*, que o órgão jurisdicional nacional chamado a conhecer do processo esteja convencido serem provenientes de *outras atividades criminosas*, com observância das garantias previstas no artigo 8.º, n.º 8, desta diretiva e na condição de *a infração pela qual o autor tenha sido condenado* figure entre as enumeradas no artigo 5.º, n.º 2, da referida diretiva e que *tal infração seja suscetível* de dar origem, direta ou indiretamente, a uma vantagem económica no sentido da mesma diretiva» (destaques nossos).

Estabelecendo a distinção entre a perda «clássica» e a perda alargada, previstas respetivamente nos artigos 4.º e 5.º da diretiva, o TJUE esclarece que a perda alargada «abrange situações em que o artigo 4.º da citada diretiva não pode ser aplicado devido à inexistência de ligação entre o bem em questão e a infração pela qual foi proferida a condenação definitiva» (§ 54). Assim, e na medida em que no processo penal nacional os arguidos foram condenados pela detenção, para efeitos de distribuição, de estupefacientes de alto risco, e essa infração não é, em si mesma, suscetível de gerar uma vantagem económica (não se tendo provado a subsequente venda), a perda não estaria abrangida pelo artigo 4.º, n.º 1, da diretiva (perda «clássica»), já que os montantes pecuniários cujo confisco vinha pedido não poderiam ter resultado dessa infração penal (§ 55 e 56).

Apreciando de seguida o âmbito da «perda alargada» (§ 58 a 71), tal como prevista no artigo 5.º, o tribunal fá-la depender de «três condições cumulativas»: i) a pessoa à qual pertence o bem deve ter sido condenada pela prática de uma «infração penal» tal como prevista no n.º 2 do artigo 5.º ; ii) a infração penal pela qual a pessoa foi condenada *deve ser suscetível de dar origem*, direta ou indiretamente, a uma vantagem económica (o que o TJUE indica caber ao órgão jurisdicional de reenvio averiguar, tomando em consideração, se for caso disso, tal como indicado no considerando 20 da diretiva, o modo de prática da infração, nomeadamente a circunstância de ter sido cometida no âmbito da criminalidade organizada ou com a intenção de obter lucros regulares); iii) o órgão jurisdicional deve, em todo o caso, estar convencido, com base nas circunstâncias do caso, incluindo os elementos factuais concretos e os elementos de prova disponíveis, de que os bens em questão provêm de atividades criminosas; tomando em conta, *nomeadamente*, tal como previsto no artigo 5.º, n.º 1, a desproporção entre o valor dos bens em questão e os rendimentos legais da pessoa. E isto sem perder de vista – na enunciação, diríamos, de uma adicional quarta condição – que a pessoa tenha a possibilidade real de contestar as referidas «circunstâncias do caso» (art. 8.º, n.º 8), no pleno exercício do contraditório.

Todavia, o TJUE não avança na interpretação em termos particularmente esclarecedores, desde logo deixando por desenvolver algumas complexas questões da *perda alargada*. Pense-se, por exemplo, na problemática do «estalão de prova»[37] quanto à atividade criminosa pretérita[38], incluindo quanto à consideração da desproporção entre o valor dos bens em questão e os rendimentos legais como *um de entre* os «elementos factuais concretos» a ponderar (portanto não exclusivo, ainda que certamente significativo). Ou, ainda, na delimitação temporal da presunção de origem ilícita dos bens a confiscar no contexto da perda alargada, omissa no

[37] Cfr. Pedro Caeiro, «Sentido e função...», cit., p. 317.

[38] O artigo 5.º da diretiva dispõe que «[o]s Estados-Membros tomam as medidas necessárias para permitir a perda, total ou parcial, dos bens pertencentes a pessoas condenadas por uma infração penal que possa ocasionar direta ou indiretamente um benefício económico, caso um tribunal, com base nas circunstâncias do caso, inclusive em factos concretos e provas disponíveis, como as de que o valor dos bens é desproporcionado em relação ao rendimento legítimo da pessoa condenada, *conclua* que os bens em causa provêm de comportamento criminoso»; já o considerando 21 esclarece que tal «não implica a obrigatoriedade de provar que os bens em causa provêm de comportamento criminoso» e que «[o]s Estados-Membros poderão determinar que bastará, por exemplo, que o tribunal considere em função das probabilidades, ou possa razoavelmente presumir que é bastante mais provável, que os bens em causa tenham sido obtidos por via de um comportamento criminoso do que de outras atividades». Já a decisão-quadro referia-se, no artigo 3.º, n.º 2, ao tribunal estar «*plenamente persuadido*» (na versão em inglês, a comparação entre a disposição da decisão-quadro e da diretiva faz-se por referência aos termos «*is fully convinced*» e «*is satisfied*», com esta última a evidenciar um abaixamento da exigência probatória). A diretiva parece optar pelo «standard civilístico», tendo o TJUE perdido a oportunidade para melhor orientar a questão. Anna Maria Maugeri, «La direttiva 2014/42/UE...», cit, pp. 316/7, pretende retirar do advérbio «mais» («mais provável»), no considerando 21, «*una sorta di standard civilistico reforzato*», que considera «*l'interpretazione preferibile in chiave garantistica*». Pedro Caeiro, «Sentido e função...», cit., pp. 314 e ss., ainda que sem apelo à diretiva (pois o texto data de 2011), referindo-se à necessidade de prova de uma atividade criminosa anterior, entende: «confisca-se porque se presume que os bens provêm de uma atividade especificamente criminosa, e não em função da sua origem *desconhecida* ou meramente *ilícita*», pelo que «tal atividade não é presumida, antes tem que ser provada, de maneira a que a presunção da proveniência possa operar». Mas tal «não significa provar, para lá da dúvida razoável, cada ilícito-típico nos seus contornos precisos de espécie, tempo e lugar (como seria necessário para proferir uma condenação), mas sim um conjunto de circunstâncias (indícios) que dão *preponderância* à probabilidade de o condenado ter tido uma atividade daquele género».

texto da diretiva[39]. Ou, por outro lado, na questão da natureza *análoga*, ou não necessariamente, da atividade criminosa precedente geradora da vantagem – note-se que o TJUE, interpretando literalmente a diretiva, exige que o crime pelo qual o agente é condenado *seja suscetível de dar origem*, direta ou indiretamente, a uma vantagem económica (i.e., que o crime seja reditício), mas é silencioso quanto à exigência de que a atividade criminosa anterior seja materialmente idêntica[40].

6. Sexta conclusão: a Diretiva 2014/42/UE não pode, por ela própria, criar obrigações em relação a um particular e não pode, enquanto tal, ser contra este invocada num órgão jurisdicional nacional

No âmbito do processo C-505/20, o órgão de reenvio havia questionado o TJUE sobre a conformidade, com a Diretiva 2014/42/UE, de uma norma do direito búlgaro que excluía (*impedia*) a declaração de perda de um bem pertencente a um terceiro de boa fé e utilizado como instrumento de uma infração, inclusive quando esse bem tivesse sido posto por esse terceiro à disposição permanente do arguido. Ou seja, o tribunal de reenvio pretendia saber se a diretiva *imporia* a perda nessa situação.

O Tribunal veio esclarecer que na medida em que a regulamentação nacional não permite a perda dos bens de terceiros de boa-fé numa situação como a do processo principal, resulta de jurisprudência constante do TJUE, que recordou, que uma diretiva não poderia, por ela própria,

[39] O artigo 5.º nada dispõe em termos de delimitação temporal, limitando-se o considerado 21 a enunciar que os EM «poderão também fixar um prazo durante o qual os bens possam ser considerados como provenientes de comportamento criminoso». Já a decisão-quadro previa, no seu artigo 3.º, n.º 2, «um período anterior à condenação pelo ilícito referido no n.º 1 do presente artigo que seja considerado razoável pelo tribunal dadas as circunstâncias do caso em espécie». Segundo Anna Maria Maugeri, «La diretitva 2014/42UE...», cit., p. 321, «*[t]ale delimitazione rende la presunzione di origine illecita dei beni maggiormente conforme ai principi di proporzione e di tassatività, rendendo non eccessivamente onerosa per il proprietário la prova dell'origine lecita del suo património*». Segundo a Autora, «*[s]oprattutto in un sistema in cui ci si accontenta della prova civilistica dell'origine illecita dei beni da confiscare, la delimitazione temporale o, ancora meglio, la 'correlazione temporale' rappresenta un importante indizio dell'origine illecita del bene*».

[40] A proposta de diretiva [COM (2012) 85 final – Bruxelas, 12.3.2012] referia-se a «atividades criminosas semelhantes», mas esse pressuposto foi afastado na redação final. Apoiando essa alteração, Anna Maria Maugeri, «La direttiva 2014/42UE...», cit, p. 320; mas defendendo a exigência de uma «atividade criminosa congénere», Pedro Caeiro, «Sentido e função...», cit., pp. 316 e 317.

criar obrigações em relação a um particular e não poderia, portanto, enquanto tal, ser contra este invocada num órgão jurisdicional nacional (§ 52).

No entanto, o TJUE não deixou de interpretar a diretiva, clarificando que a circunstância, invocada pelo órgão de reenvio, de o bem ter sido utilizado de forma permanente pelo arguido, não é suscetível de permitir a perda desse bem, nos termos do artigo 4.º, n.º 1 (artigo a convocar por estar em causa a perda de um *instrumento* do crime, § 44), quando este pertence a um terceiro de boa fé (§ 51). O TJUE clarifica que a perda de bens de terceiro só é equacionada nas situações previstas pelo artigo 6.º da diretiva, aí se visando *produtos*, mas não já *instrumentos*, não sendo portanto possível fundamentar essa perda com base na diretiva (§ 48).

III. Perspetivas de evolução: a recente proposta de (nova) diretiva

Em perspetiva de evolução futura, é de destacar a recente Proposta de Diretiva do Parlamento Europeu e do Conselho relativa à recuperação e perda de bens, apresentada pela Comissão em maio de 2022[41].

Não obstante não estar seguramente para breve a aprovação da diretiva, nem seja certo o grau de proximidade entre o projeto e o texto final, constata-se, relevando a proposta apresentada, que a mesma se situa a meio caminho entre uma lógica de continuidade[42] e de uma maior ambição harmonizadora.

[41] Cfr. nota 14 *supra*. Para uma síntese do contexto da proposta, cfr. European Parliamentary Research Service, *Revision of Diretive 2014/42/EU on the freezing and confiscation of the proceeds of crime and proposal for a new directive on asset recovery offices*, maio de 2022 (Author: Marie-Astrid Huemer). Cfr., para antecedentes, o já referido Comissão Europeia, *Relatório da Comissão ao Parlamento Europeu e ao Conselho. Recuperação e perda de bens: garantir que o crime não compensa* [COM (2020) 217 final – Bruxelas, 2.6.2020]. Também com interesse, aquando da aprovação da Diretiva 2014/42/EU, a Declaração do Parlamento Europeu e do Conselho, solicitando à Comissão «que, na primeira oportunidade e tendo em conta as diferentes tradições e sistemas jurídicos dos Estados-Membros, analise a viabilidade e as eventuais vantagens de introduzir novas regras comuns para o confisco de bens decorrentes de atividades de natureza criminosa, inclusive na falta de condenação de uma ou mais pessoas especificamente por essas atividades» (7329/1/14 REV 1 ADD 1 – Bruxelas 31.3.2014). Nesse seguimento, *vd.* Commission Staff Working Document, *Analysis of non-conviction based confiscation measures in the European Union* [SWD (2019) 1050 final – Bruxelas, 12.4.2019].

[42] No que respeita à lógica de *continuidade*, constata-se não se encontrarem diferenças materiais, pese embora ligeiríssimas diferenças textuais, nas definições de *produto*, *bens*,

Atentando concretamente às normas harmonizadoras das medidas de *congelamento e perda* propostas, e relativamente às regras mínimas mais ambiciosamente consideradas, destaca-se a previsão de uma nova medida de *perda de riqueza injustificada associada a atividades criminosas* – em concreto, no âmbito de uma *organização criminosa* –, mas não associada à condenação por crime específico. Tal medida surge limitada aos casos em que a «suspeita» de envolvimento recaia sobre infrações abrangidas pelo âmbito material da diretiva puníveis com pena privativa da liberdade com uma duração máxima de, pelo menos, quatro anos (art. 16.º e considerando 28).

A Comissão, na Exposição de Motivos, justifica este «novo modelo de perda» «pelas dificuldades inerentes ao estabelecimento de uma ligação entre os bens e crimes específicos nos casos em que o proprietário participa em atividades de criminalidade organizada que consista em múltiplas infrações penais cometidas durante um período prolongado», ainda que não verta esta concreta *multiplicidade* indiciária em pressuposto da medida no artigo 16.º. Note-se que também estas medidas de *confiscation of unexplained wealth* são geralmente integradas na classificação de *non-conviction*

instrumentos, congelamento e *perda* (art. 1.º). Não obstante as diferenças textuais, mantém-se sem alterações relevantes as medidas de *perda* «clássica» e de *perda por equivalente* (art. 12.º da proposta em comparação com o art. 4.º, n.º 1 da Diretiva 2014/42). Já a *perda alargada* (art. 14.º da proposta em comparação com o art. 5.º da Diretiva 2014/42) mantém a sua lógica essencial – o que inclui o pressuposto de uma prévia condenação por crime reditício –, sem prejuízo de alguma clarificação sistemática da norma, registando-se a essencial diferença na circunstância de não surgir já limitada a determinados crimes: aplicar-se-á, assim, a todos os casos abrangidos pelo âmbito material da diretiva (agora também substancialmente alargado, como veremos). Relativamente à *perda de bens de terceiros* (art. 13.º da proposta *versus* art. 6.º da Diretiva 2014/42), a norma harmonizadora perde a expressão «pelo menos nos casos», com o legislador da União a rigificar a noção de terceiro de má fé cujos bens podem ser abrangidos pela perda; por outro lado, e tal como clarificado pelo TJUE, continua a não estar prevista, e bem, a perda de *instrumentos* pertencentes a terceiros. A medida de *congelamento*, por sua vez (art. 11.º *versus* art. 7.º da Diretiva 2014/42), conhece algumas alterações: algumas de mera organização sistemática, com as garantias processuais relativas ao congelamento, anteriormente agrupadas na norma relativa às *salvaguardas* (art. 8.º da anterior diretiva), a estarem agora deslocadas para o preceito dedicado à medida de congelamento; todavia, vêm previstas duas novas disposições, nos n.os 3 e 5 do artigo 11.º da proposta, respetivamente prevendo que os gabinetes de recuperação de ativos posam tomar medidas de congelamento urgentes temporárias que não excedam sete dias e regulando a situação em que o bem a congelar consista em entidade que deva ser mantida em atividade.

based confiscation («NCBC»)[43], mas a diretiva opta por continuar a reservar a expressão «perda não baseada numa condenação» para a medida já anteriormente prevista na diretiva 2014/42/UE, agora redefinida no artigo 15.º, a qual pressupõe, diversamente desta, o *início* de um processo penal.

De referir, quanto à referida *perda de riqueza injustificada associada a atividades criminosas*, o esforço da Comissão no sentido de sustentar a persistente ligação ao processo penal, porventura consciente da dificuldade de enquadrar medidas de *civil forfeiture* na base jurídica que legitima, neste âmbito, a intervenção da União. O artigo 16.º prevê precisamente como condições de aplicação da medida que (i) a perda não tenha sido possível nos termos dos artigos 12.º a 15.º, (ii) que os bens tenham sido congelados no contexto de uma investigação de infrações penais cometidas no âmbito de uma organização criminosa, (iii) que «a infração penal referida» (ou infrações penais?) seja suscetível de gerar, direta ou indiretamente, um benefício económico substancial, e (iv) que o tribunal nacional esteja convencido de que os bens congelados provêm de infrações penais cometidas no âmbito de uma organização criminosa.

Relativamente à referida medida de *perda não baseada numa condenação*, prevista no artigo 15.º, destaca-se o seu alargamento, ainda que acompanhado – algo paradoxalmente – de um estreitamento.

Por um lado, evidenciando o referido *alargamento*, prevê-se que esta perda abrange também os bens que tenham sido transferidos para terceiro, nos termos referidos na norma que disciplina a perda destes bens (art. 13.º)[44]. Ademais, prevê-se expressamente que também possa abranger a *perda por equivalente*. E, por último, estendem-se os respetivos pressupostos, admitindo-se, para lá da doença e da fuga, também a morte, a imunidade penal e a amnistia do suspeito ao arguido, bem como a «expiração dos prazos previstos no direito nacional, caso esses prazos não sejam

[43] Aliás, mesmo a perda alargada (*extended confiscation*) tem sido considerada uma NCBC – veja-se o COMMISSION STAFF WORKING DOCUMENT, *Analysis of non-conviction...*, cit., p. 3, baseando-se na classificação (ainda que meramente indicativa) da CARIN (Camden Asset Recovery Inter-Agency Network).

[44] O artigo 15.º, na parte em que dispõe sobre a perda não baseada numa condenação de bens transferidos para terceiros, deve ser interpretado de acordo com o artigo 13.º, para o qual aliás expressamente remete, não integrando consequentemente a perda de *instrumentos* na propriedade ou posse de terceiros.

suficientemente longos para permitir a investigação e a repressão efetivas das infrações penais em causa».

Relativamente ao mencionado *estreitamento*, o mesmo materializa-se no estabelecimento de novas condições. Por um lado, a infração penal (ou infrações) que tenha determinado o processo penal – iniciado, mas que não prosseguiu por uma das razões tipificadas – tem de ser suscetível de gerar, diretamente ou indiretamente, um benefício económico *substancial* (e já não apenas um «benefício económico»). Por outro lado, a perda pode ser decidida se e *na medida em que o tribunal nacional considere que estão reunidos todos os elementos constitutivos da infração.* Por fim, a perda não baseada numa condenação apenas terá de ser prevista para as infrações abrangidas pelo âmbito material da diretiva *quando sejam puníveis com pena privativa de liberdade com uma duração máxima de, pelo menos, quatro anos.* A Comissão, na Exposição de Motivos, justifica as opções com a observância do princípio da proporcionalidade.

Os artigos 22.º e 23.º da proposta dedicam-se às *garantias* – ainda que os preceitos que integram as concretas medidas vão já prevendo algumas salvaguardas –, substituindo o artigo 8.º da Diretiva 2014/42/UE, mas sem que se possa identificar um *plus* de garantia assinalável, exceto quanto à obrigação dirigida aos EM de preverem, na transposição, que a perda não seja ordenada se a mesma for desproporcionada em relação à infração cometida ou à acusação contra a pessoa afetada pela perda, por um lado, e que, em circunstâncias excecionais, a perda não seja ordenada se acarretar dificuldade excessivas para a pessoa afetada, por outro. Todavia, quanto a esta vertente de proporcionalidade, o considerando 35 precisa «limitar-se aos casos em que a perda colocaria a pessoa em causa numa situação crítica de subsistência».

Destaca-se, finalmente, também numa linha mais ambiciosa para a harmonização do confisco, um claro alargamento do âmbito material da diretiva proposta (cfr. art. 2.º), na perspetiva dos tipos legais que determinam a sua aplicação, com a consequente «aplicação do direito da União».

A diretiva, tal como proposta, aplicar-se-á aos «euro-crimes» objeto de harmonização (quer através de diretivas adotadas com base jurídica no artigo 83.º do TFUE, quer de decisões-quadro e convenções adotadas no quadro do ex-terceiro pilar, quer de outros atos jurídicos da União se estes previrem especificamente a aplicação da diretiva), e bem assim a domínios de criminalidade não contemplados no artigo 83.º do TFUE, como seja a criminalidade ambiental ou o auxílio à entrada e residência irregulares. Por outro lado, propõe-se a aplicação da diretiva a uma multiplicidade de outros tipos legais «na medida em que sejam cometidos no âmbito de uma organização criminosa», assim se procurando estabelecer uma (muito discutível) relação com a aludida base jurídica: lista-se, entre outros que a Comissão entende «desempenh[arem] um papel central na geração de receitas e na facilitação de novos crimes, incluindo crimes graves de natureza transnacional» ou serem «frequentemente cometidos no âmbito de um grupo de criminalidade organizada» (considerando 10), o homicídio voluntário (doloso), as ofensas corporais graves, o rapto, o sequestro e a tomada de reféns, tráficos de bens culturais, incluindo antiguidades e obras de arte[45].

A maior ambição harmonizadora, traduzida na proposta de diretiva, poderá vir a traduzir-se num estreitamento das relações entre os regimes nacionais e os quadros de «aplicação do direito da União», com a consequente maior sindicância desses regimes nacionais – o que não deixa de ser paradoxal – à luz da proteção dos direitos fundamentai, tal como consagrada na CDFUE.

IV. Conclusão

A jurisprudência analisada não é particularmente rica, aprofundada ou diversa, se considerarmos a multiplicidade de problemas suscitados pelos regimes de confisco. Naturalmente que as pronúncias do TJUE, em sede de reenvio, têm um escopo condicionado pelas questões prejudiciais que lhe são dirigidas pelos tribunais nacionais, mas é possível afirmar, ainda assim, que o Tribunal foi particularmente restritivo na análise do âmbito material da diretiva, com a consequente recusa de extensão da proteção conferida pela CDFUE aos visados pelas medidas de perda não baseada numa condenação previstas no direito nacional (no caso, búlgaro)[46].

[45] E mais se prevê que seja igualmente incluída a violação de medidas restritivas da União harmonizadas ao nível da União, após aprovação do correspondente instrumento. De referir que a Comissão não fornece qualquer justificação concreta, designadamente baseada em estudos de suporte, sobre a relação entre os tipos legais previstos e a fenomenologia da criminalidade organizada.

[46] Recorde-se a paradigmática expressão do Acórdão do TJUE de 26 de fevereiro de 2013, *Åkerberg Fransson* (C-617/10), § 19: «quando uma regulamentação nacional se enquadra no âmbito de aplicação [do direito da União], o Tribunal de Justiça, chamado a pronunciar-se

Diversamente, no respeitante à proteção dos terceiros afetados por decisões de congelamento e perda, o TJUE empenhou-se numa abordagem protetora dos direitos fundamentais, ainda que não tenha sido impelido a aprofundar a *cross-fertilization* com a jurisprudência do TEDH – isto não obstante se ler, no considerando 38 da Diretiva 2014/42/UE, que esta respeita os direitos fundamentais e observa os princípios consagrados CDFUE e na CEDH, *na interpretação que lhe é dada pela jurisprudência do Tribunal Europeu dos Direitos do Homem.*

É expetável que o TJUE continue a ser chamado a pronunciar-se sobre a interpretação da diretiva e dos regimes de perda nela instituídos, designadamente à luz da Carta e no confronto com os regimes nacionais, sendo também de antecipar que possam suscitar-se questões relevantes (e difíceis) no quadro do recente Regulamento (UE) 2018/1805[47]. Por outro lado, a nova diretiva que vier a ser aprovada, em especial no que respeita ao nível de aprofundamento das medidas NCBC, trará certamente novos desafios interpretativos, *maxime* no respeitante à conformidade das mesmas com os direitos fundamentais e o princípio da proporcionalidade. Assim queiram os órgãos jurisdicionais nacionais reforçar o seu próprio diálogo com o TJUE, concedendo-lhe a oportunidade de intervenção jurisdicional.

sobre uma questão prejudicial, deve fornecer todos os elementos de interpretação necessários à apreciação, pelo órgão jurisdicional nacional, da conformidade desta regulamentação com os direitos fundamentais cujo respeito assegura».

[47] Pense-se, a título de exemplo, na interpretação do que seja, para efeitos de reconhecimento e execução, uma decisão de apreensão ou de perda emitida por um EM no *âmbito de processos de matéria penal* ou o que seja, para efeitos de exclusão desse reconhecimento e execução, uma decisão de apreensão ou de perda emitida *no âmbito de processos em matéria civil ou administrativa*, atenta a diversidade e – em certos casos – natureza *sui generis* das medidas de confisco previstas pelos direitos nacionais (cfr. art. 1.º). Pense-se ainda, também a título meramente exemplificativo, na interpretação dos motivos de não reconhecimento e de não execução das decisões de perda, em particular do previsto para *situações excecionais* («*motivos* substanciais», «nas *circunstâncias específicas do caso*», «violação *manifesta* de um direito fundamental *relevante*» – cfr. art. 19.º).

6. O CONFISCO NÃO BASEADO NUMA CONDENAÇÃO NO DIREITO EUROPEU: O REENVIO PREJUDICIAL COMO REAÇÃO À TRANSPOSIÇÃO PORTUGUESA DA DIRETIVA 2014/42/UE SOBRE O CONGELAMENTO E A PERDA DOS INSTRUMENTOS E PRODUTOS DO CRIME NA UNIÃO EUROPEIA

Júlio Barbosa e Silva

1. Introdução

Este texto parte de duas constatações.

A primeira é de que, como se verá à frente, Portugal não transpôs de forma adequada e completa a Diretiva 2014/42/UE do Parlamento Europeu e do Conselho, de 3 de abril de 2014 sobre o congelamento e a perda dos instrumentos e produtos do crime na União Europeia[1].

A segunda constatação é que, passados mais de 35 anos da adesão à UE, em Portugal, especialmente no âmbito do direito criminal e processual penal, continuam a ser confrangedoramente escassos os casos em que se lançou mão do mecanismo de reenvio prejudicial, instrumento fulcral na uniformidade de aplicação do Direito da União Europeia em todo o espaço da União.

Para se ter uma ideia, desde 1986 até 2021, o mecanismo do reenvio prejudicial foi utilizado pelos tribunais portugueses por apenas 240 vezes,

[1] Doravante referida como a Diretiva.

sendo que o Supremo Tribunal de Justiça suscitou 18, o Supremo Tribunal Administrativo 78 e os restantes tribunais, de várias jurisdições 144[2].

Entre 2017 e 2021, o mecanismo do reenvio prejudicial foi acionado pelos tribunais portugueses por 87 vezes, o que demonstra que é nos últimos 5 anos que se tem lançado mais mão daquele mecanismo.

Também resulta que na área de liberdade, segurança e justiça, em 2021, foi acionado o mecanismo ao nível de todos os países da UE por 102 vezes e que, no que diz respeito ao mecanismo urgente de reenvio, em toda a UE, entre 2017 e 2022, foi usado por 40 vezes.

Embora se desconheçam números concretos na área do direito criminal europeu e da cooperação judiciária em matéria penal, a verdade é que muitos dos casos de reenvio estão relacionados com o Mandado de Detenção Europeu[3] e cerca de uma mão cheia relativos à Diretiva Decisão Europeia de Investigação.

O conhecimento adquirido no âmbito do seguimento de casos e jurisprudência, é que são raríssimos os processos em que os tribunais portugueses lançaram mão do reenvio, mesmo partindo da constatação que o direito criminal europeu é uma construção relativamente recente, mas desempenhando já um papel essencial ao nível de direitos fundamentais e cooperação judiciária internacional em matéria penal (pense-se, desde logo, exatamente nos aludidos Mandado de Detenção Europeu e na Decisão Europeia de Investigação, para além das várias diretivas referentes a confisco).

Por fim, Portugal faz parte dos nove países que mais processos de ações por incumprimento de obrigações foram instaurados e levados ao TJUE, tendo sido instaurados, entre 1986 e 2021, um total de 207 processos.

[2] Cfr. quanto aos números e estatísticas apresentados neste parágrafo e nos ss., cfr. o relatório anual do Tribunal de Justiça da UE de 2022, especialmente as pp. 226 e ss., mais especificamente a parte D do relatório «Statistics concerning the judicial activity of the Court of Justice», acessível apenas em inglês e francês através da ligação https://curia.europa.eu/jcms/upload/docs/application/pdf/2022-06/_ra_2021_en.pdf

[3] Casos em que se colocam em causa, essencialmente, as condições prisionais; julgamento na ausência e a independência do Ministério Público. Sobre as duas primeiras matérias, cfr. as Fichas sobre Direitos Humanos e Cooperação Judiciária, Departamento de Relações Internacionais e Cooperação Judiciária da PGR, Joana Gomes Ferreira/Raquel Tavares/Júlio Barbosa e Silva, acessíveis através do SIMP (destaques de 20 de abril de 2021 e de 24 de junho de 2021).

É, pois, da junção destas duas realidades, que andam de mão dada, que me ocuparei neste texto, na tentativa de retirar daí algum efeito prático e útil.

2. Os objetivos legais em sentido lato e a não transposição da Diretiva em toda a sua plenitude no direito português

Partindo-se então da ideia central que a recuperação de ativos é, de facto, uma prioridade que visa dar corpo à ideia de que o crime não pode compensar, e constatando as óbvias dificuldades que a crescente sofisticação inerente à prática criminal e dissimulação das vantagens que esta prática gera[4], foram avançando, um pouco por todo o mundo e no âmbito das diversas organizações internacionais, aqui e ali de forma mais robusta ou mais tímida, os chamados procedimentos de confisco não baseados numa condenação (*non conviction based confiscation*).

Conforme se refere, de forma direta e impressiva, no documento «The Use of Non-Conviction Based Seizure and Confiscation» do Conselho da Europa[5], «the rationale behind NCB recovery is precisely to tip the scales in favour of the state. The reasoning for this is self-evident – in such cases there is often a significant "proof imbalance", meaning that defendants are often in a stronger position to demonstrate their innocence than the state is to prove their guilt. For example, in transnational financial crime cases, the use of opaque and complex financial structures established across multiple jurisdictions, combined with the typically intelligent and well-educated nature of the accused, means the authorities are faced with

[4] Conforme se refere no Commission Staff Working Document, *Analysis of non--conviction based confiscation measures in the European Union*, de 12.4.2019 [SWD(2019) 1050 final], apenas acessível em inglês através da ligação https://ec.europa.eu/transparency/documents-register/detail?ref=SWD(2019)1050 &lang =pt, p. 2: «The confiscation process is complicated in practice. When seeking to deprive criminals of the proceeds deriving from organised criminal activity, law enforcement services are often faced with complex financial flows aimed at hiding the illicit origin of assets as well as structures that distance the offender from the crime. Even if illicit funds are discovered, connecting them to a criminal act and an offender can pose considerable obstacles».

[5] Cfr. p. 20, texto de outubro de 2020 e acessível através da ligação https://rm.coe.int/the-use-of-non-conviction-based-seizure-and-confiscation-2020/1680a0b9d3, consultado pela última vez a 12.09.2022.

exceptionally well-equipped opponents. An attempt has been made to re-draw the battle lines»[6].

A Diretiva 2014/42/UE corporiza o culminar de um caminho que se iniciou com a Decisão Quadro 2005/212/JAI de 24 de fevereiro de 2005, relativa à perda de produtos, instrumentos e bens relacionados com o crime, passando ainda pela Decisão Quadro 2003/577/JAI de 22 de julho 2003 relativa à execução na União Europeia das decisões de congelamento de bens ou de provas e a Decisão Quadro 2006/783/JAI de 6 de outubro de 2006, relativa à aplicação do princípio do reconhecimento mútuo às decisões de perda, tendo todas o objetivo de comum de incrementar e facilitar os procedimentos de confisco, especialmente no âmbito de processos criminais.

Pretendeu-se avançar nesta matéria, prevendo o considerando 15 da Diretiva que «Se não se puder decidir a perda com base numa condenação definitiva, deverá todavia continuar a ser possível, em determinadas circunstâncias, decidir a perda de instrumentos e de produtos, pelo menos em casos de doença ou de fuga do suspeito ou arguido. (...) Se o suspeito ou arguido estiver em fuga, os Estados-Membros deverão tomar todas as medidas razoáveis e poderão exigir que a pessoa em causa seja notificada ou informada do processo de perda»[7].

Por outro lado, também é muito relevante evidenciar que a Diretiva estabeleceu um objetivo muito concreto de harmonização das legislações nacionais no que diz respeito à perda alargada, originalmente fruto da aludida Decisão-Quadro 2005/212/JAI, constatando-se, no considerando

[6] Esta última constatação, de certa forma, deveria levar, por vezes, ao repensar de algumas alegações ao conceito tradicional do princípio da igualdade de armas.

[7] Cfr. artigo 4.º da Diretiva, sob epígrafe «Perda»:
«1. Os Estados-Membros tomam as medidas necessárias para permitir a perda, total ou parcial, dos instrumentos e produtos ou dos bens cujo valor corresponda a tais instrumentos ou produtos, sob reserva de uma condenação definitiva por uma infração penal, que também pode resultar de processo à revelia.
2. Se não for possível a perda com base no n.º 1, e pelo menos se tal impossibilidade resultar de doença ou de fuga do suspeito ou arguido, os Estados-Membros tomam as medidas necessárias para permitir a perda dos instrumentos ou produtos nos casos em que foi instaurado processo penal por uma infração penal que possa ocasionar direta ou indiretamente um benefício económico, e em que tal processo possa conduzir a uma condenação penal se o suspeito ou arguido tivesse podido comparecer em juízo».

19, que, na «transposição dessa decisão-quadro, os Estados-Membros optaram por diferentes alternativas, o que deu origem a conceitos divergentes de perda alargada nas jurisdições nacionais. Essas divergências dificultam a cooperação transfronteiriça em casos de perda. Por conseguinte, afigura-se necessário aprofundar a harmonização das disposições em matéria de perda alargada, estabelecendo uma norma mínima única»[8].

Explicando-se aí, com simplicidade e clareza, o racional por detrás da ideia de perda alargada do seguinte modo:

«Deverá ser possível decidir a perda alargada caso o tribunal conclua que os bens em causa derivaram de comportamento criminoso. O que precede não implica a obrigatoriedade de provar que os bens em causa provêm de comportamento criminoso. Os Estados-Membros poderão determinar que bastará, por exemplo, que o tribunal considere em função das probabilidades, ou possa razoavelmente presumir que é bastante mais provável, que os bens em causa tenham sido obtidos por via de um comportamento criminoso do que de outras atividades. Se assim for, o tribunal terá de ponderar as circunstâncias específicas do caso, incluindo os factos e as provas disponíveis com base nos quais poderá ser pronunciada uma decisão de perda alargada. O facto de os bens da pessoa serem desproporcionados em relação aos seus rendimentos legítimos poderá ser um dos elementos que levam o tribunal a concluir que os bens provêm de comportamento criminoso. Os Estados-Membros poderão também fixar um prazo durante o qual os bens possam ser considerados como provenientes de comportamento criminoso».

Por fim, a Diretiva ataca diretamente, também, a problemática relacionada com terceiros e a transferência de bens para estes, definindo as circunstâncias mínimas em que deve ser possibilitado aos Estados ir atrás

[8] Cfr. art. 5.º, n.º 1 sob epígrafe «Perda alargada», o qual refere que «Os Estados-Membros tomam as medidas necessárias para permitir a perda, total ou parcial, dos bens pertencentes a pessoas condenadas por uma infração penal que possa ocasionar direta ou indiretamente um benefício económico, caso um tribunal, com base nas circunstâncias do caso, inclusive em factos concretos e provas disponíveis, como as de que o valor dos bens é desproporcionado em relação ao rendimento legítimo da pessoa condenada, conclua que os bens em causa provêm de comportamento criminoso».

desses terceiros para operar a perda de bens na sua esfera, desde que estejam de má fé[9-10].

A Diretiva pretendeu, desta forma, dar «dentes» aos mecanismos através dos quais se pode operar a perda e, principalmente, garantir, em toda esta arquitetura, que os Estados Membros se atribuam – efetivamente – armas jurídicas sem as quais se frustram facilmente os seus objetivos.

O considerando 26 da Diretiva aborda o problema, afirmando que «A perda conduz à privação definitiva de um bem. Contudo, a salvaguarda dos bens pode constituir uma das condições prévias da perda, podendo ser importante para a execução de uma decisão de perda. Os bens são salvaguardados por meio de congelamento. A fim de evitar o desaparecimento dos bens antes de a decisão de congelamento poder ser proferida, deverão ser conferidos às autoridades competentes dos Estados-Membros poderes para tomarem medidas imediatas destinadas a salvaguardar esses bens», pretendendo igualmente aproximar os conceitos e interoperabilidade entre a perda e congelamento, arma provisória tão necessária e determinante para garantir que de facto, os bens não são dissipados e que, a final, se pode dar execução a uma decisão de perda com efeito útil[11].

[9] Expressamente se referindo no considerando 24 que «nos casos em que o terceiro saiba ou deva saber que a transferência ou aquisição teve por objetivo evitar a perda, com base em circunstâncias e factos concretos, inclusive no facto de a transferência ter sido efetuada a título gracioso ou em troca de um montante substancialmente inferior ao do valor de mercado».

[10] Cfr. art. 6.º, sob epígrafe «Perda de bens de terceiros»:
«1. Os Estados-Membros tomam as medidas necessárias para permitir a perda dos produtos ou dos bens cujo valor corresponda a produtos que, direta ou indiretamente, foram transferidos para terceiros por um suspeito ou arguido, ou que foram adquiridos por terceiros a um suspeito ou arguido, pelo menos nos casos em que o terceiro sabia ou devia saber que a transferência ou a aquisição teve por objetivo evitar a perda, com base em circunstâncias e factos concretos, nomeadamente o facto de a transferência ou aquisição ter sido feita a título gracioso ou em troca de um montante substancialmente inferior ao do valor de mercado.
2. O n.º 1 deve ser interpretado de forma a não prejudicar os direitos de terceiros de boa-fé».

[11] O art. 7.º, sob epígrafe «Congelamento» refere que:
«1. Os Estados-Membros tomam as medidas necessárias para permitir o congelamento de bens, tendo em vista uma eventual decisão de perda subsequente. Tais medidas, que devem ser impostas pela autoridade competente, incluem uma atuação urgente quando necessário para preservar os bens.

Conforme se pode ler nas conclusões do colóquio «Recuperação de Ativos, Diretiva 2014/42/EU Conclusões», de 8 de novembro de 2017[12]:

«Todos os mecanismos da Diretiva têm como objeto a perda em espécie dos bens que podem ocasionar direta ou indiretamente um benefício económico (a substituição pelo valor é algo que surge depois quando a apropriação em espécie não é possível).

A transposição para o direito interno podia ter sido feita por uma de duas vias, optando:

- por um sistema da "maior probabilidade" dos bens serem de origem ilícita por derivarem de comportamento criminoso, ou
- por um "sistema de presunções".

Ora, a Lei n.º 30/2017, introduzindo alterações na Lei n.º 5/2002, não transpôs a "perda alargada" prevista na Diretiva, uma vez que manteve a redação dos artigos 7.º e 12.º. Continua-se a prever a perda do valor de vantagem de atividade criminosa, sem previamente prever o confisco dos bens que nos termos do artigo 5.º da Diretiva derivam de conduta criminosa da pessoa condenada por determinados crimes.

A não transposição, ou transposição incorreta, além de chocar com o primado do direito europeu, pode implicar que a UE acione o Estado Português com o consequente sancionamento pecuniário» (foram excluídos o negrito e os sublinhados constantes do original).

Na medida em que parte dos artigos escritos na obra essencial nesta matéria denominada «O Novo Regime de Recuperação de Ativos à Luz da Diretiva 2014/42/UE e da Lei que a Transpôs»[13] alertam já para a transposição incorreta – havendo quase sempre alguém que já o disse melhor – não se irá aqui repetir, de forma exaustiva, o que ali já se deixou evidenciado, a não ser para, de forma direta e clara, expor as bases em que assenta essa

2. Os bens na posse de terceiros, conforme referido no art. 6.º, podem ser sujeitos a medidas de congelamento para efeitos de uma eventual decisão de perda subsequente», prevendo o art. 8.º salvaguardas a esse respeito.

[12] Cfr. pp. 6 e 7 (o negrito e o sublinhado dos originais foram retirados), documento acessível através da ligação https://www.pgdporto.pt/proc-web/news.jsf?newsItemId=1107, acedido pela última vez a 12 de setembro de 2022.

[13] Maria Raquel Desterro Ferreira/Elina Lopes Cardoso/João Conde Correia (coordenadores), Lisboa, INCM, 2018.

não transposição, e daí partir para uma análise mais detalhada do que se poderá eventualmente fazer com essa constatação em termos práticos.

2.1. O *periculum in mora* como requisito legal, cumulativo, essencial e determinante para o deferimento judicial do pedido de arresto

O artigo 7.º, n.º 1, da Diretiva, sob epígrafe «Congelamento», estabelece que «Os Estados-Membros tomam as medidas necessárias para permitir o congelamento de bens, tendo em vista uma eventual decisão de perda subsequente. Tais medidas, que devem ser impostas pela autoridade competente, incluem uma atuação urgente quando necessário para preservar os bens», estabelecendo o artigo 8.º diversas salvaguardas a esse respeito e ao exercício de direitos por parte do visado.

Como refere certeiramente Hélio Rigor Rodrigues[14] «O que verdadeiramente interessa demonstrar como condição de aplicação do arresto preventivo (no que ora nos interessa, ou seja como garantia do confisco das vantagens) é a existência de indícios da prática do crime e das vantagens que este gerou.

Este *fumus commissi delicti* como pressuposto do arresto preventivo deverá assim ser concretizado nesta dupla vertente: Indícios da prática do crime e indícios que desse crime resultaram vantagens e ainda, pelo menos, do seu valor.

Por outro lado, entendemos que sempre que esteja em causa o objetivo de garantir o confisco do valor das vantagens não será exigível para aplicação do arresto, ou do arresto preventivo, a demonstração do «*periculum in mora*» ou seja, do receio de perda da garantia patrimonial.

Bastará que se convoquem as finalidades e fundamentos dogmáticos do confisco das vantagens do crime, e imediatamente se conclui que não será dogmaticamente sustentável a exigência relativa à demonstração do "*periculum in mora*" nos casos de arresto para o confisco das vantagens.

Se o MP demonstrar que existem fortes indícios da prática de um crime e demonstrar igualmente que esse crime gerou vantagens, não será de todo

[14] Cfr. «O confisco das vantagens do crime: entre os direitos dos homens e os deveres dos Estados A jurisprudência do Tribunal Europeu dos Direitos do Homem em matéria de confisco», *in* Maria Raquel Desterro Ferreira/Elina Lopes Cardoso/João Conde Correia (coordenadores), *O Novo Regime de Recuperação de Ativos à Luz da Diretiva 2014/42/UE e da Lei que a Transpôs*, Lisboa, INCM, 2018, pp. 81/82.

compreensível que se exija a demonstração que os arguidos se preparam para dissipar esse património para que o Estado possa assegurar que esse montante, que não lhes pertence, será a final confiscado.

Será necessário que o Estado prove que existe perigo que os arguidos dissipem as vantagens do crime para que se possa estabelecer um vínculo de indisponibilidade sobre essas vantagens? [...]

O crime não é título aquisitivo da propriedade, e o arguido não pode dispor (ainda que temporariamente) desse incremento patrimonial, mesmo que não tenha intenção de o dissipar. Isto significa que o arguido pode até ter vontade de não alienar um cêntimo do valor que obteve com a prática do crime, e pode até nunca ter praticado ou se prepare para praticar qualquer ato que indicie que pretende dissipar esse património, mas mesmo nesses casos deverão ser arrestadas as vantagens do crime ou o seu valor, impedindo-se de imediato o arguido de as usufruir.

Não será certamente necessário aguardar que o arguido pratique factos suscetíveis de integrar os elementos típicos do crime de branqueamento para que as vantagens ou o seu valor possam ser arrestadas».

Creio que esta é, de facto, a posição mais acertada e consentânea com a arquitetura e objetivos legais, não fazendo qualquer sentido, no âmbito de um dever essencial do Estado, de confisco das vantagens da atividade criminosa, estar a colocar entraves e dificultar a sua perda.

Apesar desta posição e de nada na Diretiva o impor (bem pelo contrário, na medida em que apenas dificulta, ao invés de facilitar, a perda das vantagens), a verdade é que o legislador português, de forma expressa, consagrou no artigo 10.º, n.º 2, da Lei n.º 5/2002, através da Lei n.º 30/2017, o requisito do *periculum in mora*, o que torna muitíssimo complicada a assunção de posição divergente, apesar das sucessivas tentativas do Ministério Público nesse sentido.

Mas pior do que isso, constata-se, de forma inquietante, uma antinomia legislativa dentro da mesma lei e artigo, estabelecendo, contrariamente ao que estabelece o seu n.º 2, o n.º 3, do artigo 10.º, que «O arresto é decretado pelo juiz, independentemente da verificação dos pressupostos referidos no n.º 1 do artigo 227.º do Código de Processo Penal, se existirem fortes indícios da prática do crime», sendo esta a norma que existia desde o início, remetendo para os requisitos da caução económica, acrescentando a Lei n.º 30/2017 uma al.ª b) ao n.º 1 desse artigo 227.º, passando a ler-se que: «1 – O Ministério Público requer prestação de caução económica quando haja fundado receio de que faltem ou diminuam substancialmente as garantias:

a) Do pagamento da pena pecuniária, das custas do processo ou de qualquer outra dívida para com o Estado relacionada com o crime;
b) Da perda dos instrumentos, produtos e vantagens de facto ilícito típico ou do pagamento do valor a estes correspondente».

Passámos então a ter, sobre o mesmo assunto e objetivo, duas normas no mesmo artigo que se contradizem entre si, sendo que apenas por benevolência corretiva[15], reconhecendo embora o esforço para que tudo possa fazer algum sentido, se consegue tentar dar a volta ou harmonizar

[15] Creio que construções jurídicas que diferenciam entre o antes e o depois da acusação/liquidação para estabelecer ali a exigência do *periculum in mora* (até à liquidação manter-se-ia a exigência dos dois requisitos – fortes indícios do crime e *periculum in mora* – e após a liquidação apenas seria necessário ao MP provar os fortes indícios da prática do crime, pelo que o n.º 2 do art. 10º apenas se aplicaria aos casos em que o MP teria de alegar e provar o *periculum in mora* antes da liquidação) se afiguram como relativamente artificiais, não se descortinando o racional por detrás da suposta opção legislativa tudo menos clara e, quanto a mim, sem apoio na letra da lei, pelos seguintes motivos:
– contraria, em dimensão muito razoável, para dizer o mínimo, o facto inquestionável de o arresto poder ser promovido e determinado a todo o tempo (portanto antes da acusação/liquidação), interessando apenas que haja solidez de provas do crime;
– o MP não está dispensado de efetuar, mesmo antes da acusação e para este efeito, uma liquidação provisória, sendo que, por regra, a investigação patrimonial e financeira está concluída antes da acusação e permite desde logo requerer o arresto, estabelecendo-se logo por aí a prova da incongruência que se manterá (embora sujeita a redução ou ampliação) até ao julgamento, pelo que me parece tendencialmente indiferente discutir se surge antes ou depois da acusação;
– tentar dar sentido ao n.º 2 e 3 do art. 10.º da Lei 5/2022 pegando no conceito de fortes indícios – antes ou depois da acusação/liquidação – para se entender que após essa peça processual se poderia lançar mão do conceito de indícios suficientes, nestes casos, não será algo que assuma relevância, na medida em que ambos espelham já, por assim dizer, um caso assente naquilo que se pode caracterizar como tendo solidez probatória, que, em substância, não assume grandes alterações;
– a Diretiva, no art. 7.º, prevê que os Estados-Membros tomam as medidas necessárias para permitir o congelamento de bens, tendo em vista uma eventual decisão de perda subsequente e que tais medidas, que devem ser impostas pela autoridade competente, incluem uma atuação urgente quando necessário para preservar os bens, não fazendo sentido, como vimos, pugnar por teses que permitem que o arguido se mantenha na posse de bens que não lhe

normas que, claramente, são fruto de distrações do legislador às quais importa colocar termo, pois em nada contribui para os objetivos legais estar a tentar descortinar qual o objetivo do legislador quando pouco ou nenhum sentido fazem as opções que, à primeira vista, parece que quiseram ser tomadas.

É caso para questionar: que sentido faz a complicação e acrescento de requisitos legais que apenas dificultam os objetivos da Diretiva? Não é claro, pela leitura da Diretiva e considerandos, que este requisito legal frustra os objetivos de harmonização legislativa no espaço europeu?

Até se poderia ter efetuado o aludido acrescento ao artigo 227.º, n.º 1, do CPP desde que se deixasse intocado o artigo 10.º da Lei n.º 5/2002, pois dessa forma ainda se mantinha a coerência do sistema, ainda que redundante, sendo claro que o legislador pretendia que o *periculum in mora* não fosse um requisito para o decretamento do arresto (ou da própria caução económica) sempre que existissem fortes indícios da prática do crime, reservando-se aquele requisito para os casos em que não existissem fortes indícios da prática do crime.

2.2. A perda alargada e a perda do valor da vantagem de atividade criminosa: os nomes e a coisa

Sabe-se que o legislador nacional não foi particularmente feliz na transposição da Diretiva, parecendo subsistir alguma confusão entre os conceitos

pertencem e que são fruto da atividade criminosa, sendo conveniente que o Estado assegure o quanto antes esses bens para o seu lado;
– o legislador parece não ter feito expressamente uma diferenciação, caso contrário e pretendendo dizer o que ali se entende que quis dizer, certamente o teria escrito de forma direta e muito mais clara, sendo a confusão legislativa criada, assim estou em crer, fruto da falta de apreensão e/ou compreensão dos conceitos do legislador europeu;
– tendo o confisco alargado um claro objetivo dissuasor e estando assente no património incongruente, o entrave que assume o requisito de *periculum in mora* contraria esses objetivos, não fazendo qualquer sentido ter de aguardar até final para poder atuar sobre bens e valores, sendo natural que nessa altura nada haja para composição e execução do valor apurado na liquidação;
Defendendo a tese descrita e tentando uma congruência entre o n.º 2 e 3 do artigo 10.º da Diretiva, cfr. Cruz Bucho, «A transposição da Diretiva 2014/42/UE. Notas à Lei n.º 30/2017, de 30 de maio (aspetos processuais penais)», *in* Maria Raquel Desterro Ferreira/Elina Lopes Cardoso/João Conde Correia (coordenadores), *O Novo Regime de Recuperação de Ativos à Luz da Diretiva 2014/42/UE e da Lei que a Transpôs*, Lisboa, INCM, 2018, pp. 219/20.

de «produto» e «vantagem» previstos nos artigos 109.º/110.º do Código Penal e 335.º, n.º 5 e 347.º-A do Código de Processo Penal e aqueles previstos no artigo 2.º da Diretiva, contrariando e frustrando dessa forma os objetivos do legislador da União de estabelecer uma linguagem comum através dos conceitos legais aos Estados Membros, tendentes a facilitar a cooperação internacional em matéria de recuperação de ativos[16].

Apesar de a lei n.º 5/2002 ter 20 anos, demorou a «arrancar», constatando-se, aqui e ali, especialmente nalgumas decisões e opções, ainda alguma confusão conceptual e dogmática acerca do que consiste a perda clássica, prevista nos artigos 109.º a 112.º-A do Código Penal e a perda alargada prevista na Lei n.º 5/2002, sendo certo que o objetivo bem sedimentado de ambos é o de repor a situação patrimonial do arguido/condenado no ponto em que se situava antes do cometimento da atividade criminosa.

Nada mais, nada menos do que isso.

Mas não só existe alguma confusão a esse nível, como o próprio legislador se confunde, procede a uma indevida mistura de conceitos e acaba por não consagrar, como se demonstrará melhor à frente, na lei portuguesa, a perda alargada prevista pelo legislador europeu no artigo 5º da Diretiva.

A Lei n.º 30/2017 poderia ter aproveitado para melhor harmonizar a Diretiva com a lei nacional, sendo que o Considerando 21 da Diretiva não impunha um modelo único de perda alargada, sendo claro o enunciar dos objetivos a esse respeito, com duas vias abertas para o efeito, ideia que depois foi vertida expressamente para o artigo 5.º, n.º 1 da Diretiva:

«Deverá ser possível decidir a perda alargada caso o tribunal conclua que os bens em causa derivaram de comportamento criminoso. O que precede não implica a obrigatoriedade de provar que os bens em causa provêm de comportamento criminoso. Os Estados-Membros poderão determinar que bastará, por exemplo, que o tribunal considere em função

[16] Sobre este tema, seguimos aqui muito de perto MARIA DO CARMO SILVA DIAS, «"Perda alargada" prevista na Diretiva 2014/42/UE (artigo 5.º) e "Perda do valor de vantagem de atividade criminosa" prevista na Lei n.º 5/2002 (artigos 7.º a 12.º)», *in* Maria Raquel Desterro Ferreira/Elina Lopes Cardoso/João Conde Correia (coordenadores), *O Novo Regime de Recuperação de Ativos à Luz da Diretiva 2014/42/UE e da Lei que a Transpôs*, Lisboa, INCM, 2018, pp. 85 e ss.

das probabilidades, ou possa razoavelmente presumir que é bastante mais provável, que os bens em causa tenham sido obtidos por via de um comportamento criminoso do que de outras atividades. Se assim for, o tribunal terá de ponderar as circunstâncias específicas do caso, incluindo os factos e as provas disponíveis com base nos quais poderá ser pronunciada uma decisão de perda alargada. O facto de os bens da pessoa serem desproporcionados em relação aos seus rendimentos legítimos poderá ser um dos elementos que levam o tribunal a concluir que os bens provêm de comportamento criminoso. Os Estados-Membros poderão também fixar um prazo durante o qual os bens possam ser considerados como provenientes de comportamento criminoso».

O Tribunal de Justiça da União Europeia (TJUE) já teve ocasião de se pronunciar, de forma expressa, acerca dos objetivos da Diretiva no Acórdão de 21 de outubro de 2021 nos processos apensos C-845/19 e C-863/19[17], estando em causa a descoberta de dinheiro em duas investigações de tráfico de droga, alegando os arguidos que esses valores encontrados pertenciam a terceiros.

Na medida em que se afigura relevante para a interpretação da Diretiva e economia deste texto, a argumentação que entendo ser mais impressiva do TJUE foi no seguinte sentido:

> «40 (...) Em conformidade com o seu artigo 1.º, n.º 1, a Diretiva 2014/42 estabelece regras mínimas relativas, nomeadamente, à perda de bens em matéria penal. [...]
>
> 48 Mais especificamente, em virtude dos seus artigos 4.º, 5.º e 6.º, esta diretiva impõe aos Estados-Membros que prevejam essa perda em três hipóteses que devem ser examinadas sucessivamente.
>
> 49 No que respeita, em primeiro lugar, ao artigo 4.º, n.º 1, da referida diretiva, este impõe aos Estados-Membros que tomem as medidas necessárias para permitir a perda da totalidade ou de parte dos produtos, ou seja, as vantagens económicas decorrentes, direta ou indiretamente, de infrações penais, sob reserva de uma condenação definitiva por uma infração penal, que também pode resultar de processo à revelia.

[17] Decisão acessível através da ligação: https://curia.europa.eu/juris/document/document.jsf?text=&docid =247864&pageIndex=0&doclang=PT&mode=lst&dir=&occ=first&part =1&cid=321686

50 A este respeito, importa salientar que embora esta disposição vise uma condenação definitiva por uma infração penal, ela não precisa se essa infração penal deve necessariamente ser aquela de que resulta o produto em questão ou se pode tratar-se de outra infração penal eventualmente relacionada com a primeira. [...]

52 Por força do artigo 5.º da Diretiva 2014/42, os Estados-Membros são obrigados a adotar as medidas necessárias para permitir a perda total ou parcial dos bens pertencentes a uma pessoa considerada culpada de uma infração penal suscetível de dar origem, direta ou indiretamente, a uma vantagem económica, quando um órgão jurisdicional, com base nas circunstâncias do processo, incluindo os elementos factuais concretos e os elementos de prova disponíveis, estiver convencido de que os bens em questão provêm de atividades criminosas.

53 Quanto ao considerando 19 dessa diretiva, ele enuncia que, para combater eficazmente a atividade criminosa organizada, pode haver situações em que seja conveniente que a uma condenação penal se siga a perda não apenas dos bens associados ao crime em questão, mas também de bens que o tribunal apure serem produto de outros crimes. Segundo este mesmo considerando, esta abordagem corresponde ao conceito de «perda alargada», na aceção do artigo 5.º da referida diretiva.

54 Assim, impõe-se considerar que a perda alargada, prevista neste artigo 5.º, abrange situações em que o artigo 4.º da citada diretiva não pode ser aplicado devido à inexistência de ligação entre o bem em questão e a infração pela qual foi proferida a condenação definitiva.

55 Por conseguinte, o artigo 4.º da Diretiva 2014/42, lido à luz do artigo 5.º e do seu considerando 19, deve ser interpretado no sentido de que, para efeitos da sua aplicação, é necessário que o produto cuja perda está prevista resulte da infração penal pela qual ocorreu a condenação definitiva do seu autor. [...]

58 No que diz respeito, em segundo lugar, ao artigo 5.º da Diretiva 2014/42, precisando-se que o conceito de "bens" nele previsto abrange, nos termos do artigo 2.º, ponto 2, desta diretiva, bens de "qualquer natureza" e, portanto, também quantias em dinheiro, importa observar que, como resulta da sua letra, o n.º 1 deste artigo 5.º exige, para efeitos da perda de um bem, que estejam reunidas três condições cumulativas.

59 Em primeiro lugar, a pessoa à qual pertence o bem deve ter sido condenada pela prática de uma "infração penal". [...]

64 Em segundo lugar, a infração penal pela qual a pessoa foi considerada culpada deve ser suscetível de dar origem, direta ou indiretamente, a uma vantagem económica. [...]

67 Em terceiro lugar, como resulta do considerando 21 da Diretiva 2014/42, o órgão jurisdicional deve, em todo o caso, estar convencido, com base nas circunstâncias do processo, incluindo os elementos factuais concretos e os elementos de prova disponíveis, de que os bens em questão provêm de atividades criminosas. A este respeito, o órgão jurisdicional de reenvio poderá nomeadamente ter em conta, como previsto no artigo 5.º, n.º 1, da Diretiva 2014/42, a desproporção entre o valor dos bens em questão e os rendimentos legais da pessoa em causa. Todavia, essa pessoa deve ter uma possibilidade real de contestar as circunstâncias do caso em apreço, incluindo os elementos factuais concretos e os elementos de prova disponíveis com base nos quais os bens em causa são considerados bens provenientes de atividades criminosas, nos termos do artigo 8.º, n.º 8, da Diretiva 2014/42».

Tal como refere MARIA DO CARMO SILVA DIAS[18] «Optando pela primeira via apontada (sistema da maior probabilidade dos bens serem de origem ilícita por derivarem de comportamento criminoso), as provas a produzir serão as suficientes e bastantes para permitir razoavelmente ao tribunal, de forma objetiva, retirar a conclusão (portanto formar a convicção razoável) da maior probabilidade dos bens em causa serem provenientes, derivarem de comportamento criminoso. [...]

Mas caso se queira criar o regime da perda alargada referido na Diretiva 2014/42/UE a partir de uma presunção [...] então o legislador terá de criar uma norma segundo a qual o tribunal poderá declarar a perda, total ou parcial, de bens pertencentes a pessoa condenada por infração do catálogo, que ocasionem direta ou indiretamente benefício económico, estabelecendo a presunção, por exemplo, desses bens derivarem de comportamento criminoso, "quando haja desproporção entre o seu valor e o rendimento legítimo da pessoa condenada" (art. 5º, n.º 1).

Neste caso, o Ministério Público terá de provar os factos que integram essa presunção (ou seja, que os bens que identifica pertencem ao condenado, ocasionam benefício económico de determinado valor, indicando o rendimento legítimo do condenado, devendo a partir desses factos ver-se

[18] Obra citada, pp. 100/2.

que existe desproporção entre o valor dos bens e o rendimento legítimo do condenado, funcionando a partir daí a presunção de que provém de comportamento criminoso) e o condenado, para ilidir a presunção, tem de provar que aqueles bens em discussão são congruentes com rendimentos legítimos.

De qualquer modo, nenhuma dessas soluções foi consagrada na nossa legislação, o que significa que não foi transposta a perda alargada prevista no artigo 5.º da Diretiva 2014/42/EU».

Continuando, mais à frente, afirmando que «Lendo a Diretiva 2014/42/UE facilmente se percebe que a "perda alargada" se refere à perda de bens em espécie.

Aliás, todos os mecanismos relativos ao confisco, previstos na Diretiva 2014/42/UE, têm como objetivo a perda em espécie, como se extrai da análise de cada um deles e, também das próprias definições contidas no artigo 2.º, nomeadamente de "produto" e "bem". [...]

O legislador europeu concebeu o confisco alargado como uma figura mais de natureza patrimonial e caráter civil, dirigida à perda em espécie até porque, como é normal, a substituição pelo valor é algo que surge depois, quando a apropriação em espécie não é possível.

Prescinde-se de qualquer nexo entre os bens abrangidos pela perda alargada e o crime pelo qual a pessoa a quem eles pertencem foi condenada.

Claro que isso também acontece porque é difícil de estabelecer a prova de que o bem é de origem criminosa (pelo menos fazer a ligação direta).

Produzidas as provas ou decorrida a fase da sua produção, desde que o tribunal chegue razoavelmente àquela conclusão/juízo, profere decisão de perda alargada dos bens em espécie»[19].

E expondo claramente a confusão do legislador nacional, a autora refere «Na Lei n.º 5/2002 o legislador trata equívoca e contraditoriamente como "perda de bens" (apenas na epígrafe do artigo 7.º) a perda do valor das vantagens consideradas incongruentes, apesar de saber (até pelo regime geral que consagrou no Código Penal) que a "perda do valor" é um sucedâneo da perda de bens, quando a "perda em espécie" não é possível: assim acabou por referir-se a duas figuras distintas (perda de bens e perda do valor), embora apenas admitisse que só uma delas (a perda do valor) pudesse vir a ser declarada»[20].

[19] Cfr. obra citada, pp. 107/8.

[20] Cfr. obra citada, p. 111.

O problema que foi criado pelo legislador nacional por ocasião da transposição da Diretiva é, então, claro, sendo que esta impunha a perda alargada dos bens em espécie e não apenas a perda pelo valor[21], sendo que o conceito tradicional de perda alargada instituído pela primitiva Lei n.º 5/2002, surgiu mais por ser algo que permitia ir mais além do que a perda clássica, podendo ser vista como consagrando algo que pode ser melhor enquadrado no conceito de confisco do enriquecimento ilícito do que uma adequação aos objetivos do legislador europeu, que claramente pretende outra coisa que não a que foi consagrada pela lei portuguesa, faltando a previsão expressa da perda de bens em espécie como solução erigida como preferencial (nada se opondo a que simultaneamente consagre a perda pelo valor).

Concordamos, assim e mais uma vez, com Maria do Carmo Silva Dias quando refere que «querer confundir esse regime de perda do valor previsto na Lei n.º 5/2002 com a perda alargada da previsão do artigo 5.º da Diretiva 2014/24/UE seria uma forma de desvirtuar a finalidade com que este último mecanismo foi criado, além de o descaracterizar e também prejudicar a pretendida harmonização e cooperação judiciária»[22].

Por fim, como nota João Conde Correia[23], Duarte Rodrigues Nunes[24] e, mais recentemente, Bernardo Costa Faria[25] o legislador nacional, ao efetuar a transposição da Diretiva «não transpôs cabalmente

[21] Apesar da epígrafe dos artigos 7.º e 8.º fazer referência a bens, a verdade é que o corpo se refere ao valor, pelo que as alterações legais da Lei 30/2017 a este respeito são meramente cosméticas, sendo que esta solução portuguesa não existe, tal e qual, na Diretiva.

[22] Cfr. obra citada, p. 114.

[23] Cfr. «O Confisco e a "fixação" do enriquecimento ilícito», AA.VV., *Estudos Projeto Ethos, Corrupção e Criminalidade Económico-Financeira,* Lisboa, PGR, 2018, p. 276; e ainda antes da transposição da diretiva, «Reflexos da Diretiva 2014/42/UE do Parlamento Europeu e do Conselho de 3 de abril de 2014, sobre o congelamento e a perda dos instrumentos e produtos do crime na União Europeia no direito português vigente», RCEJ, 2014, 2, pp. 83 e ss.

[24] Cfr. «Reflexões acerca da transposição da Diretiva 2014/42/UE em matéria de confisco "alargado" de vantagens provenientes da prática de crimes», *in* Maria Raquel Desterro Ferreira/Elina Lopes Cardoso/João Conde Correia (coordenadores), *O Novo Regime de Recuperação de Ativos à Luz da Diretiva 2014/42/EU e da Lei que a Transpôs,* Lisboa, INCM, 2018, p.130.

[25] «*Perda Alargada de Bens no Sistema Penal Português: as singularidades do confisco na lei n.º 5/2002: uma "non-conviction based confiscation" dirigida à perda do valor do património incongruente*», Coimbra, Almedina, 2022, pp. 78/9.

o artigo 5.º da Diretiva, continuando a não ser possível o confisco do património do arguido que, embora congruente com os seus rendimentos lícitos, é provavelmente proveniente de (outros) crimes eventualmente cometidos pelo arguido. E tal lacuna seria colmatada de o artigo 5.º da Diretiva tivesse sido devidamente transposto para a nossa ordem jurídica ainda que nos termos (para nós) demasiado restritivos previstos na Diretiva no que tange ao *standard* probatório»[26].

2.3. A proposta de Diretiva relativa à recuperação e perda de bens e o reforço da efetividade do congelamento

O legislador europeu, partindo da constatação que os esforços e objetivos legais corporizados na Diretiva ficaram aquém do esperado, veio recentemente[27] propor nova legislação relativa à recuperação e perda de bens, reforçando a ideia de rápida execução do congelamento[28], previsto no artigo 11.º da proposta, sendo que não faz depender – como não o faz a Diretiva – essa atuação com outras considerações ou imposição de exigências ao nível de requisitos adicionais, prevendo-se apenas que se trate de crime de catálogo e que essa atividade tenha gerado vantagens que sejam de congelar para garantir a sua perda a final (cfr. proposta do art. 12.º), devendo os Estados Membros, para esse efeito, prever medidas imediatas, propondo inclusive que permitam que os gabinetes de recuperação de bens tomem essas medidas imediatas até que seja emitida uma decisão de congelamento, sendo que a validade dessas medidas de congelamento urgentes temporárias não poderia exceder sete dias[29].

[26] Cfr. Duarte Rodrigues Nunes, obra citada, p. 134.

[27] Proposta acessível através da ligação https://eur-lex.europa.eu/legal-content/PT/TXT/PDF/?uri =CELEX:52022PC0245&from=PT

[28] O considerando 5 refere: «É necessário reforçar a capacidade das autoridades competentes para privar os criminosos dos produtos das atividades criminosas. Para o efeito, devem ser estabelecidas normas destinadas a reforçar a deteção e identificação de bens, bem como as capacidades de congelamento, melhorar a administração dos bens congelados e declarados perdidos, reforçar os instrumentos para facilitar a perda dos instrumentos e produtos do crime e dos bens provenientes de atividades criminosas levadas a cabo por organizações criminosas e melhorar a eficiência global do sistema de recuperação de bens». Os considerandos 20 e ss. referem-se especificamente à efetividade do congelamento.

[29] Cfr. art. 11.º, n.º 1 a 3, da proposta.

Creio que estes novos objetivos legais, de certa forma, reforçam ainda mais o entendimento da desconformidade da lei portuguesa nos termos que se deixaram evidenciados, ao estabelecer outros requisitos estranhos àqueles objetivos, para que se opere o arresto, que consubstancia, em parte, aquele desejável congelamento rápido.

3. A transposição incorreta da Diretiva e o reenvio prejudicial

Sabendo embora que a Comissão Europeia poderá, nos casos de incorreta transposição de Diretivas, lançar mão do procedimento de infração, o qual poderá culminar numa decisão judicial e ainda na aplicação de sanções financeiras[30], quero aqui referir-me especificamente ao papel fulcral do Tribunal de Justiça da União Europeia (TJUE) e ao mecanismo do reenvio prejudicial como solução que se impõe para, finalmente, se saber se, de facto, a lei portuguesa que transpõe a Diretiva está em linha com esta e com os seus objetivos ou, pelo contrário, fica aquém dos mínimos, retira efeito útil a, pelo menos, parte da Diretiva, frustrando assim a pretendida harmonização e uniformidade de aplicação da lei nos vários Estados Membros vinculados pela mesma, sendo certo que o artigo 288.º do TFUE estabelece que uma diretiva é vinculativa, quanto ao resultado a alcançar, nos Estados-Membros destinatários, deixando no entanto às instâncias nacionais a competência quanto à forma e aos meios para alcançar o resultado.

3.1. O mecanismo do reenvio prejudicial

Como refere Francisco Pereira Coutinho[31], «Como o direito da União não configura uma "criação de laboratório cuja estrita aplicabilidade se imponha sempre com claridade meridiana", a escolha de um modelo descentralizado de aplicação do direito potenciou os riscos de alastramento de divergências jurisprudenciais no interior da União "suscetíveis de comprometer a própria unidade da ordem jurídica (da União) e de prejudicar a exigência fundamental de segurança jurídica". Para o evitar,

[30] Cfr. artigos 258.º a 260.º do Tratado sobre o Funcionamento da União Europeia (TFUE).

[31] Cfr. «Os Juízes Portugueses e o Reenvio Prejudicial», Maria Luísa Duarte/Luís Fernandes/Francisco Pereira Coutinho (coord.), *20 Anos de Jurisprudência da União sobre Casos Portugueses: o que fica do diálogo entre os juízes portugueses e o Tribunal de Justiça da União Europeia*, Lisboa, Instituto Diplomático, 2011, p. 14, acessível através da ligação https://papers.ssrn.Com/sol3/papers.cfm? abstract_id=2957854

não foi adotada uma solução de inspiração federal, de acordo com a qual caberia recurso para o TJUE das decisões dos tribunais nacionais que aplicassem contraditória ou divergentemente normas da União, ou as preterissem em benefício de normas nacionais incompatíveis. A alternativa escolhida foi a consagração do reenvio prejudicial».

De acordo com o artigo 267.º do TFUE, «O Tribunal de Justiça da União Europeia é competente para decidir, a título prejudicial:

a) Sobre a interpretação dos Tratados;
b) Sobre a validade e a interpretação dos atos adotados pelas instituições, órgãos ou organismos da União.

Sempre que uma questão desta natureza seja suscitada perante qualquer órgão jurisdicional de um dos Estados-Membros, esse órgão pode, se considerar que uma decisão sobre essa questão é necessária ao julgamento da causa, pedir ao Tribunal que sobre ela se pronuncie.

Sempre que uma questão desta natureza seja suscitada em processo pendente perante um órgão jurisdicional nacional cujas decisões não sejam suscetíveis de recurso judicial previsto no direito interno, esse órgão é obrigado a submeter a questão ao Tribunal.

Se uma questão desta natureza for suscitada em processo pendente perante um órgão jurisdicional nacional relativamente a uma pessoa que se encontre detida, o Tribunal pronunciar-se-á com a maior brevidade possível».

O TJUE tem, a respeito deste mecanismo de reenvio, recomendações à atenção dos órgãos jurisdicionais nacionais, relativas à apresentação de processos prejudiciais[32], tratando-se de um guião dos passos a seguir para uma correta tramitação[33], indicando como se organiza todo esse

[32] As mais recentes, à data, são de 2019 e podem ser consultadas através da seguinte ligação: https://eur-lex.europa.eu/legal-content/PT/TXT/PDF/?uri=OJ:JOC_2019_380_R_0001

[33] No qual se pode ler, especificamente, no seu ponto 1 e 2, que:
«1. Previsto nos artigos 19.º, n.º 3, alínea b), do Tratado da União Europeia (a seguir «TUE») e no artigo 267.º do Tratado sobre o Funcionamento da União Europeia (a seguir «TFUE»), o reenvio prejudicial é um mecanismo fundamental do direito da União Europeia. Visa garantir a interpretação e a aplicação uniformes deste direito na União, oferecendo aos órgãos jurisdicionais dos Estados-Membros um instrumento que lhes permite submeter ao Tribunal de Justiça da União Europeia (a seguir «Tribunal de Justiça»), a título prejudicial, questões

procedimento, incluindo qual a forma e local/plataforma para onde se devem encaminhar as peças diretamente ao TJUE.

E de acordo com ponto 5 dessas recomendações, parte final, «Um reenvio prejudicial pode revelar-se particularmente útil nomeadamente quando for suscitada perante o órgão jurisdicional nacional uma questão de interpretação nova que tenha um interesse geral para a aplicação uniforme do direito da União ou quando a jurisprudência existente não dê o necessário esclarecimento num quadro jurídico ou factual inédito».

Tratando-se de interpretação ou validade de direito da União (e não de normas nacionais), o TJUE só se pode pronunciar sobre o pedido de decisão prejudicial se o direito da União for aplicável ao processo principal, pelo que será indispensável que o órgão jurisdicional de reenvio exponha todos os elementos pertinentes, de facto e de direito, que o levam a considerar que há disposições do direito da União suscetíveis de ser aplicáveis. (cfr. ponto 9).

Face ao exposto, e seguindo de muito perto as aludidas recomendações e o disposto no artigo 94.º do Regulamento de Processo do Tribunal de Justiça, uma vez assente a necessidade de interpretar direito da UE, creio serem os seguintes os pontos absolutamente essenciais para efetuar o pedido de decisão prejudicial por parte do tribunal nacional, sendo que tal pedido deverá ser alvo de uma decisão especificamente para o efeito, dirigida ao TJUE:

- Identificação do tribunal de reenvio, das partes e dos seus representantes;
- Uma exposição sumária do objeto do litígio no processo principal e dos factos pertinentes;
- Indicação do teor das disposições nacionais e de direito da União suscetíveis de serem aplicadas no caso concreto e, sendo caso disso, a jurisprudência nacional e do TJUE pertinente;
- Exposição das razões que levaram o tribunal nacional a interrogar-se sobre a interpretação/validade das concretas normas de direito

relativas à interpretação do direito da União ou à validade dos atos adotados pelas instituições, órgãos ou organismos da União.
2. O processo prejudicial assenta numa estreita colaboração entre o Tribunal de Justiça e os órgãos jurisdicionais dos Estados Membros. (...)».

da União, podendo dar desde logo o seu ponto de vista quanto à resposta a dar às concretas questões formuladas;
- Exposição da ligação estabelecida entre essas disposições e a lei nacional aplicável ao litígio no processo principal;
- Formulação da(s) concreta(s) questão(ões) suscitada(s), que deverá(ão) ser formulada(s) de forma direta, clara, precisa e auto-suficiente(s), devendo figurar no início ou no fim da decisão de reenvio;
- Segundo aquelas orientações, 10 páginas serão normalmente suficientes para o efeito, devendo numerar os parágrafos, à semelhança do que é feito nas decisões do TJUE;
- Quando a natureza do processo exija tramitação urgente ou dentro de prazos curtos, deverá tal ser requerido pelo tribunal nacional, nos termos dos artigos 105.º a 112.º do Regulamento de Processo do Tribunal de Justiça;
- O órgão de reenvio, caso seja necessário preservar o anonimato de alguma das partes, deverá produzir uma versão nominativa e uma outra anonimizada do pedido de decisão prejudicial (substituindo nesta última, por exemplo pelas iniciais ou por uma combinação de letras, o nome das pessoas singulares referidas no pedido e ocultando os elementos que poderiam permitir identificar essas pessoas);

Por fim, é importante ter em consideração, conforme se refere no ponto 11 das recomendações, que, quando se pronuncia sobre a interpretação ou a validade do direito da União, o Tribunal de Justiça procura dar uma resposta útil para a solução do litígio no processo principal, mas é ao órgão jurisdicional de reenvio que cabe retirar as respetivas consequências concretas, deixando, sendo caso disso, de aplicar a regra nacional declarada incompatível com o direito da União.

4. As perguntas que poderiam eventualmente ser formuladas pelo órgão jurisdicional de reenvio

4.1. Quanto ao requisito do *periculum in mora* para decretamento do arresto

Como se tentou deixar evidenciado, a incorreta ou deficiente transposição da Diretiva colocou, na prática, entraves aos objetivos europeus de facilitação de recuperação de bens, exigindo o legislador nacional, na parte relativa ao arresto, o requisito do *periculum in mora*, que se afigura como um bloqueio acrescido e algo totalmente estranho à ideia de confisco de vantagens da prática de crimes, permitindo, na prática, que o arguido mantenha, se necessário durante anos, na posse de algo que não lhe pertence.

Face ao exposto, quanto a este requisito legal português, poderia desde logo colocar-se, a título de pedido de decisão prejudicial, a seguinte questão:

Uma correta interpretação do artigo 7.º da Diretiva 2014/42/EU opõe-se a uma legislação como a portuguesa, prevista no artigo 10.º da Lei n.º 5/2002, de 11 de janeiro e artigos 227.º e 228.º do Código de Processo Penal, que exigem, para o decretamento de uma medida de garantia patrimonial (arresto ou arresto preventivo) sobre as vantagens/produtos provenientes de infração penal, para além dos indícios da prática do crime, a condição adicional da verificação da existência de fundado receio de diminuição de garantias patrimoniais (*periculum in mora*), ou seja, um perigo de dissipação de bens e perda da garantia patrimonial, dessa forma permitindo que o agente se mantenha na posse das vantagens, mesmo que não tenha intenção de as dissipar, contrariando assim os objetivos da Diretiva 2014/42/UE, mais concretamente o objetivo de privar os agentes dessa atividade das vantagens provenientes do cometimento de infrações penais, através dos mecanismos de confisco previstos nos artigos 4.º e 5.º da Diretiva?

Sendo certo que, caso se conclua que contraria os objetivos legais, o julgador terá necessariamente de desaplicar a lei nesta parte e considerar como não escrito esse requisito.

4.2. Incorreta transposição do artigo 5.º da Diretiva

Quanto à incorreta transposição do artigo 5.º da Diretiva, que não implementou na legislação portuguesa o mecanismo de perda de bens em espécie cuja vinculação com o crime específico em investigação num processo concreto não tenha sido possível demonstrar, poderiam ser colocadas as seguintes questões:

- Sendo o objetivo do artigo 5.º da Diretiva 2014/42 estabelecer a perda alargada, obrigando os Estados Membros à adoção de legislação que permita a perda de bens concretos quando exista o convencimento, com base nas circunstâncias do processo, de que esses bens são provenientes de atividades criminosas, esse conceito europeu de perda alargada previsto no referido artigo 5.º permite que a legislação portuguesa não preveja a possibilidade de perda desses bens, mesmo quando o julgador está convencido que são provavelmente provenientes da prática de crimes, embora não diretamente relacionados com o crime pelo qual o arguido foi condenado?

- Um mecanismo de confisco de enriquecimento ilícito estabelecido na lei portuguesa n.º 5/2002, de 11 de janeiro, que se baseia no confronto entre o rendimento lícito e a globalidade do património, permitindo o confisco do valor da incongruência, permite dispensar a implementação de um mecanismo de perda alargada como aquele previsto no artigo 5.º da Diretiva, que admite expressamente a perda de bens concretos/específicos?

5. Conclusão

Face a tudo o que se deixou escrito pode-se adotar uma posição resignada, mantendo as críticas ao legislador português e fazendo apelos a que, talvez um dia – embora os apelos de há anos não tenham surtido qualquer efeito – se lembre de emendar aquilo que se entende como sendo uma deficiente transposição da Diretiva.

Mas também se pode adotar uma postura proativa que tente resolver essas deficiências na fonte, forçando e obrigando, dessa forma e eventualmente, o legislador nacional a alterar a lei e, finalmente, respeitar aquelas que foram as intenções do legislador europeu.

Neste texto, partindo da opinião que a Diretiva não foi de facto transposta corretamente, pelo menos em dois dos pontos focados, e de que ainda vão sendo raros os casos de pedidos de decisão de reenvio prejudicial em matéria penal e processual penal, tentou-se ensaiar uma alternativa ao fado português do «esperar sentado para ver», pretendendo que nos processos concretos seja, de uma vez por todas, questionada a compatibilidade da lei nacional com os objetivos do legislador europeu.

Cabem, neste âmbito, especiais responsabilidades ao Ministério Público, de assumir uma postura proativa e construtiva, promovendo, impulsionando e sugerindo, em processos concretos e aos magistrados judiciais, o recurso ao mecanismo do reenvio prejudicial para, finalmente e de uma vez por todas, dar a palavra a quem tem por incumbência uma interpretação para aplicação uniforme do direito da União.

Todos os dias se aplica direito da União, seja pelo recurso às leis nacionais que transpuseram Diretivas, seja pelo recurso direto aos Regulamentos.

Os ainda reduzidos casos em que, em Portugal, se lançou mão do mecanismo de reenvio prejudicial denotam, de forma preocupantemente inquietante, um ainda enorme e persistente afastamento e falta de interiorização, por parte dos tribunais nacionais, do direito da União Europeia e do papel que eles próprios têm na arquitetura jurídica e jurisprudencial no espaço da UE.

Este texto, aproveitando as constatações a que já haviam chegado outros autores como pontapé de saída, não pretende ser mais do que um pequeno contributo para facilitar, ou ser encarado como ponto de partida, para potenciar pedidos específicos de decisões a título de reenvio prejudicial, ou, pelo menos, para relembrar que esse mecanismo existe, bem como que pode e deve ser utilizado, de facto, para que, num espírito de cooperação judicial pleno, se estabeleça um diálogo profícuo entre o tribunal nacional e o TJUE, contribuindo para a uniformização da aplicação do direito e segurança jurídica, sempre tendo como objetivo final que a justiça do caso concreto seja sempre a melhor possível.

7. O CONFISCO NA PERSPETIVA JURISPRUDENCIAL DO TEDH

Natacha Borges de Pinho

I. Introdução

Ciente da necessidade de debelar a criminalidade atacando o seu móbil (o seu lucro/provento), desde cedo o legislador português manifestou preocupação com a perda de instrumentos, produtos e vantagens, a qual ficou plasmada desde a sua origem no CP de 1982 – onde já se encontrava previsto o confisco não baseado numa condenação[1] –, e que se manteve, com atualizações, até ao presente atualidade, encontrando-se vertida presentemente nos artigos 109.º a 112.º-A do mesmo diploma legal.

Também no n.º 2 do art. 109.º[2] atual do CP, quanto à perda de instrumentos, e no n.º 5 do art. 110.º[3] atual do CP, quanto à perda de produtos e vantagens, está previsto o confisco não baseado numa condenação, sendo que tal possibilidade de confisco não baseado numa condenação adquiriu o seu exponencial em 2002, com a publicação da Lei n.º 5/2002, de 11 de janeiro.

[1] Na redação originária do CP, aprovada pelo DL 400/82, de 23 de setembro, estabelecia-se no n.º 2 do seu art. 107.º que «A perda dos objetos tem lugar, ainda que nenhuma pessoa determinada possa ser criminalmente perseguida ou condenada».

[2] Aí se estabelece que «O disposto no número anterior tem lugar ainda que nenhuma pessoa determinada possa ser punida pelo facto, incluindo em caso de morte do agente ou quando o agente tenha sido declarado contumaz».

[3] Já no n.º 5 do art. 110.º estabeleceu-se que «O disposto nos números anteriores tem lugar ainda que nenhuma pessoa determinada possa ser punida pelo facto, incluindo em caso de morte do agente ou quando o agente tenha sido declarado contumaz».

Com efeito, a perceção de que os elevados proventos advindos da criminalidade organizada[4], além de servirem de estímulo à perpetuação da atividade criminosa, eram investidos no desenvolvimento dessa mesma criminalidade, exacerbou a preocupação com a reposição do agente na situação em que se encontrava antes da prática do crime, aniquilando a vantagem ilícita pelo mesmo auferida.

Nesse sentido, não apenas no âmbito das diversas Leis de Política Criminal, com especial realce para a Lei n.º 72/2015, de 20 de julho[5], se definiu a recuperação de ativos como prioritária, como já anteriormente a tais Leis de Política Criminal, com a referida Lei n.º 5/2002, de 11 de janeiro, o legislador português manifestou a sua preocupação com o confisco da vantagem do crime, confisco este também não baseado numa condenação.

No art. 7.º da Lei n.º 5/2002, de 11 de janeiro, e tendo presente um concreto catálogo de crimes, estatui-se no seu n.º 1, que «Em caso de condenação pela prática de crime referido no artigo 1.º, e para efeitos de perda de bens a favor do Estado, presume-se constituir vantagem da atividade criminosa a diferença entre o valor do património do arguido e aquele que seja congruente com o seu rendimento lícito».

E esta previsão legal, ao possibilitar uma maior efetividade e eficácia do confisco, contribui de forma significativa para a real reposição do agente na situação em que se encontrava antes da prática do crime, evitando que o mesmo usufrua de um injustificável enriquecimento ilícito.

[4] Não deixa, no entanto, de ser curiosa a inexistência legal de uma noção do que seja a criminalidade organizada. Com efeito, no art. 1.º, al. m) do CPP apenas se encontra a definição de «criminalidade altamente organizada», sendo esta definida como «as condutas que integrarem crimes de associação criminosa, tráfico de órgãos humanos, tráfico de pessoas, tráfico de armas, tráfico de estupefacientes ou de substâncias psicotrópicas, corrupção, tráfico de influência, participação económica em negócio ou branqueamento».

[5] Esta Lei, no seu art. 12.º, define, pela primeira vez, a recuperação de ativos como prioritária, estatuindo que «É prioritária a identificação, localização e apreensão de bens ou produtos relacionados com crimes, a desenvolver pelo Gabinete de Recuperação de Ativos», preocupação também presente nas sucessivas leis de política crimina, seja na Lei n.º 96/2017, de 23 de agosto (cfr. art. 16.º), seja na Lei n.º 55/2020, de 27 de agosto (cfr. art. 19.º).

II. A natureza jurídica do confisco

Não obstante a bondade da intenção do legislador, cedo se foi colocando a questão sobre qual a natureza jurídica deste «instituto» do confisco das vantagens, perfilando-se como inegável que a resposta a tal questão acarreta inegáveis e importantes consequências a nível prático, desde logo quanto à efetividade e ao âmbito de aplicação do confisco, dependendo inclusive da aplicabilidade, ou não, das garantias concedidas no âmbito do direito penal.

E, afigura-se-nos inegável que a aplicabilidade de tais garantias contende em muito com a natureza jurídica do mesmo, e esta, por sua vez, estará dependente do concreto modelo de confisco desenhado pelo legislador.

Na verdade, a configuração concreta que é atribuída no âmbito da lei nacional ao confisco é, no fundo, o vetor determinante da definição da sua natureza jurídica, e esta, por sua vez, determinará a aplicação ou não das regras previstas na CEDH quanto aos direitos de natureza penal.

Com efeito, e caso o confisco assuma natureza penal, necessariamente terá que estar subordinado a determinados princípios estruturantes não apenas do direito penal interno, mas bem assim dos princípios penais estruturantes da própria CEDH, desde logo no que tange ao princípio da presunção da inocência (art. 6.º, n.º 2 da CEDH), ao princípio da legalidade (art. 7.º, n.º 1 da CEDH – seja na sua vertente da necessidade da existência de lei prévia, seja na vertente da proibição de aplicação retroativa de lei penal desfavorável), ao princípio de *ne bis in idem* (art. 4.º, n.º 1 do protocolo adicional 7 da CEDH) e, mesmo, ao princípio da irretroatividade da lei penal (art. 7.º, n.º 1, da CEDH).

Para efeitos de definir o que adquire densidade de matéria penal, e, logo, está submetido às normas específicas de tal âmbito da CEDH, o TEDH avançou com alguns critérios para aferir se uma determinada matéria em causa assume ou não natureza penal. Tais critérios, denominados de *critérios Engel* ou *Engel criteria*, assentam na qualificação que a infração assume no ordenamento jurídico nacional, na sua natureza intrínseca e no grau de severidade da sanção.

Foi no Acórdão Engel and others v. the Netherlands, de 8 de junho de 1976, que tais critérios foram avançados, com manifesta mais valia. Com o definir de tais critérios não foi propósito do TEDH substituir-se aos Estados na definição do que se seja facto criminal ou civil. O que se pretendia, e claramente alcançou, foi um densificar do que seja «criminal charge» no âmbito da CEDH, tendo precisamente em vista a aplicação ou não das garantias previstas na CEDH em matéria penal.

Ora, em tal Acórdão Engel and others v. the Netherlands salienta-se que se a matéria/sanção em causa for considerada como penal no ordenamento jurídico nacional, a regra é que igualmente assuma tal qualidade para efeitos de aplicação da CEDH. Em tal consiste o primeiro critério referido (a qualificação que a infração assume no ordenamento jurídico nacional), sendo de se salientar que, no entanto, a inversa já não se verifica[6].

Todavia, este primeiro critério, marcadamente formal, avançado no referido acórdão não é absoluto, tendo de ser complementado pelos outros dois critérios: o da natureza intrínseca da infração e o do grau de severidade da sanção.

E sem dúvida que o critério da natureza da sanção é mais exigente na medida em que se atende às concretas caraterísticas da sanção e do respetivo procedimento, verificando se estão ou não mais conexionadas com a lei criminal em diferentes campos (por exemplo o ónus da prova quanto à culpa ou o averbamento em registo criminal). Também a consideração da severidade da sanção adquire particular relevo nesta matéria. Com efeito, e como se refere no dito acórdão do TEDH, nunca se poderá olvidar «o grau de severidade da sanção que a pessoa visada corre o risco de incorrer[7]».

[6] «The Convention without any doubt allows the States, in the performance of their function as guardians of the public interest, to maintain or establish a distinction between criminal law and disciplinary law, and to draw the dividing line, but only subject to certain conditions. The Convention leaves the States free to designate as a criminal offence an act or omission not constituting the normal exercise of one of the rights that it protects. This is made especially clear by Article 7 (art. 7). Such a choice, which has the effect of rendering applicable Articles 6 and 7 (art. 6, art. 7), in principle escapes supervision by the Court.
The converse choice, for its part, is subject to stricter rules. If the Contracting States were able at their discretion to classify an offence as disciplinary instead of criminal, or to prosecute the author of a "mixed" offence on the disciplinary rather than on the criminal plane, the operation of the fundamental clauses of Articles 6 and 7 (art. 6, art. 7) would be subordinated to their sovereign will. A latitude extending thus far might lead to results incompatible with the purpose and object of the Convention. The Court therefore has jurisdiction, under Article 6 (art. 6) and even without reference to Articles 17 and 18 (art. 17, art. 18), to satisfy itself that the disciplinary does not improperly encroach upon the criminal.
In short, the "autonomy" of the concept of "criminal" operates, as it were, one way only».

[7] «the degree of severity of the penalty that the person concerned risks incurring».

É certo que se tem verificado alguma oscilação na aplicação destes critérios pelo TEDH. Mas tal oscilação ocorre única e exclusivamente na sua aplicação face à riqueza e diversidade dos casos concretos submetidos à apreciação do TEDH, e não nos critérios em si, os quais se vêm mantendo estáveis na sua conceção.

Afigura-se-nos inegável que estes critérios logram aplicação ao confisco e foi seguindo e aplicando tais critérios que, casuisticamente, o TEDH se foi pronunciando e tomando posição sobre a sua natureza jurídica e, consequentemente, sobre a aplicação ao mesmo das garantias de natureza penal previstas na CEDH, consoante o modo como o confisco de vantagens foi desenhado na legislação interna de cada Estado.

Não se poderá olvidar que a posição a assumir quanto à natureza jurídica do confisco depende em concreto da sua definição e do modo como opera, em termos da lei nacional. Se, no âmbito da lei nacional, o confisco é decretado tendo em conta não a medida do concreto enriquecimento do agente do crime mas a medida da sua culpa, por recurso ao critério da natureza da medida, naturalmente teria que assumir natureza penal.

Tal foi precisamente o que sucedeu desde logo no Acórdão Welch v. United Kingdom, proferido em 9 de fevereiro de 1995[8]. Neste acórdão estava em causa a situação do confisco de £ 66,914 com base no «The Drug Trafficking Offences Act 1986», sendo que, na eventualidade do indivíduo alvo do confisco não proceder ao pagamento de tal quantia, além de ter de cumprir a pena de 22 anos de prisão em que havia sido condenado pelo crime de tráfico de estupefacientes, teria que cumprir mais 2 anos de prisão.

Atendendo à situação em concreto em análise no referido Acórdão Welch v. United Kingdom, por apelo aos critérios Engel, da natureza da medida e do grau de severidade da sanção, o confisco em causa teria necessariamente que assumir natureza penal, aplicando-se-lhe, natural e consequentemente, as garantias penais previstas na CEDH. Nessa medida, e nessa concreta situação, o TEDH considerou que havia ocorrido violação do disposto no art. 7.º, n.º 1 da CEDH por aplicação retroativa de lei penal desfavorável.

E, mais do que a consideração que *in casu* o TEDH fez da natureza penal do confisco em análise, é relevante ser o próprio TEDH a salientar

[8] Caso n.º 17440/90, *https://hudoc.echr.coe.int/eng?i=001-57986* (27/12/2022).

que a natureza do confisco terá que ser analisada em função das concretas circunstâncias do caso, não se podendo extrapolar de tal situação particular – em que o TEDH atribuiu natureza penal ao confisco – para a afirmação genérica de que todo o confisco assume natureza penal.

Aliás, muito pelo contrário, já que resulta do teor do acórdão que a natureza atribuída ao confisco o foi casuisticamente, em função das concretas caraterísticas do caso[9]. Nessa medida, este acórdão afigura-se essencial ao avançar com o entendimento de que é a configuração em concreto do confisco face às circunstâncias de cada caso em análise que permitirá concluir pela sua natureza penal, civilística ou outra.

III. O caráter meramente civil do confisco das vantagens do facto ilícito típico

Apesar do entendimento do TEDH quanto à natureza do confisco das vantagens depender, como ora referido, dos concretos contornos atribuídos pela lei nacional ao confisco, é possível, como refere HÉLIO RIGOR RODRIGUES, divisar uma linha orientadora do entendimento do TEDH: «Se o confisco incidir apenas sobre os bens que foram obtidos com a prática do crime, ou seja, se se restringir ao efetivo enriquecimento obtido pelo agente, o confisco não terá carácter penal e a sua natureza será comparável à reconstituição natural que existe no direito civil»[10].

Apesar de estarmos cientes que toda a celeuma instalada em torno da questão da natureza jurídica do confisco das vantagens desenhado na nossa lei nacional ainda não se encontra ultrapassada, não podemos deixar de concordar com HÉLIO RIGOR RODRIGUES, quando afirma que «o confisco das vantagens assume natureza civil – nem penal, nem administrativa, nem sequer minimamente sancionatória, mas puramente civil»[11], ou seja, «uma consequência jurídica do crime de carácter

[9] «Taking into consideration the combination of punitivie elements outlined above, the consfiscation order amounted, in the circunstances of the presente case, to a penalty" (ponto 35 do acórdão).

[10] HÉLIO RODRIGUES RODRIGUES – «O Confisco das Vantagens do Crime: entre os Direitos dos Homens e os Deveres dos Estados. A Jurisprudência do Tribunal Europeu dos Direitos do Homem em matéria de Confisco» *in* Maria Raquel Desterro Ferreira/Elina Lopes Cardoso/João Conde Correia (coordenadores), *O Novo Regime de Recuperação de Ativos à Luz da Diretiva 2014/42/EU e da Lei que a Transpôs*, Lisboa, INCM, 2018; p. 53.

[11] HÉLIO RODIGUES RODRIGUES, *op. cit.*, p. 53.

civil»[12]. Além de todos os argumentos esgrimidos no sentido de defender a natureza civilística do confisco[13], acresce, no que ao confisco da Lei n.º 5/2002, concerne, que a fixação do prazo limite de 5 anos mencionado nas al.ªs b) e c) do n.º 2 do art. 7.º, contribui para a atribuição da natureza civilística ao confisco, associando tal limite de 5 anos ao prazo de caducidade do direito de impugnação pauliana, previsto no art. 618.º do CC.

Tendo presente que o que se pretende com o confisco das vantagens é o repor da situação prévia à prática do crime, não dependendo o confisco das vantagens (e a sua medida) da culpa e tendo sempre presente que o crime não é, nem pode ser, título aquisitivo da propriedade, dúvidas não restam, em nosso entendimento, da natureza civilística do confisco das vantagens.

Assumindo-se como uma «consequência jurídica do crime de carácter civil», entendemos que quanto ao confisco previsto na nossa lei não lograrão nem poderão lograr aplicação as garantias do direito penal que se encontram previstas na CEDH.

Tal vem sendo, aliás, o caminho que o TEDH vem seguindo e sedimentando ao longo dos anos. É precisamente sobre a jurisprudência mais relevante do TEDH quanto ao confisco e a necessidade, ou não, do seu concatenar com as garantias previstas na CEDH que nos iremos de seguida debruçar.

IV. Reflexos da natureza do confisco

1. A nível probatório

a) A presunção de inocência

Não se poderá olvidar que no âmbito do processo penal português, e tendo por base o disposto no art. 32.º, n.º 2, da CRP[14], rege o princípio da presunção da inocência[15]. Tal princípio contende necessariamente com

[12] Hélio Rodigues Rodrigues, *op. cit.*, p. 54.

[13] Desde a desnecessidade da culpa do agente (cfr. art. 110.º, n.º 1, al. b) do CP) e mesmo da condenação (art. 110.º, n.º 5 e art. 109.º, n.º 2 do CP), a existência do confisco dos sucedâneos e pelo valor e bem assim relativamente a terceiros) – cfr. a este propósito Hélio Rigor Rodrigues, *op. cit.*, p. 54

[14] Em tal norma constitucional estabelece-se que «Todo o arguido se presume inocente até ao trânsito em julgado da sentença de condenação, devendo ser julgado no mais curto prazo compatível com as garantias de defesa».

[15] Por todos, entre nós, Alexandra Vilela, *Considerações Acerca da Presunção de Inocência em Direito* Processual Penal, Coimbra, Coimbra Editora, 2000, pp. 17 e ss.

a produção da prova e a sua livre valoração pelo Tribunal, sendo que ao arguido, beneficiário da presunção de inocência, nenhuma postura ativa e interventiva é exigida e demandada a nível da prova, não lhe incumbindo provar ou demonstrar seja o que for, e desde logo a sua inocência.

Este princípio da presunção da inocência, além de se encontrar consagrado no referido art. 32.º, n.º 2 da CRP, encontra-se plasmado de forma límpida no n.º 2 do art. 6.º da CEDH.

Resulta, no entanto, límpido que, enquanto o n.º 1 do art. 6.º da CEDH tem um âmbito de aplicação mais abrangente, não estando circunscrito à matéria penal, o n.º 2 (bem como o n.º 3) de tal normativo tem o seu campo de aplicação bem delimitado: é apenas o que contende com a matéria penal.

Nessa medida, o que se impõe ao TEDH é que, por recurso aos critérios Engel, aprecie casuisticamente se em causa está verdadeiramente matéria penal, e, concluindo pela negativa, afaste a aplicação do n.º 2 do art. 6.º, arredando de todo a possibilidade, logo por tal motivo, de uma sua hipotética violação.

E é precisamente nessa senda que o TEDH tem caminhado, desde logo no acórdão Butler v. the United Kindgom[16]. Neste acórdão estava em causa o confisco preventivo, ao abrigo da Drug Traffickting Act 1994, de uma determinada quantia (presumidamente ligada ao tráfico ilegal de estupefacientes) de um indivíduo sem que tenha havido qualquer acusação contra si ou seja quem for. O TEDH considerou que a medida em causa, visando unicamente retirar da circulação dinheiro com a referida origem ilícita presumida, não constituía matéria penal, não logrando assim aplicação nessa parte o n.º 1 do art. 6.º da CEDDH, nem a presunção da inocência prevista no n.º 2 do mesmo artigo, que, desta forma, não foi violado.

A importância da definição do que é ou não matéria criminal, como referimos já supra, é essencial para posterior verificação da eventual violação ou não, não apenas do n.º 2, mas bem assim do n.º 1 do art. 6.º, no segmento que respeita à matéria criminal. Neste âmbito, quer no acórdão Air Canada v. the United Kingdom, quer no acórdão Agosi v. the United Kingdom, o TEDH manteve o entendimento de que, não estando em

[16] Decisão de 27 de junho de 2002, caso n.º 41661/98 (Criminal Asset Recovery – European Court of Human Rights – Selected Judgments and Decisions).

causa qualquer matéria criminal, inexistia qualquer violação do art. 6.º da CEDH.

Com efeito, no acórdão Air Canada v. the United Kingdom, de 5 de maio de 1995, (caso n.º 18465/91)[17], analisava-se a seguinte situação: na sequência da apreensão de estupefacientes transportados por um aircraft da Air Canada, o aircraft foi materialmente apreendido tendo em vista o confisco, havendo a possibilidade de ser devolvido à Air Canada mediante o pagamento de uma determinada quantia. A Air Canada considerava que havia sofrido uma verdadeira pena, invocando ter ocorrido violação do art. 6.º, n.º 1 da CEDH. Contudo, o TEDH entendeu que, não tendo havido nenhuma acusação criminal contra a Air Canada, nem sequer tendo estado envolvidos os tribunais criminais, não logra aplicação o normativo que a mesma havia invocado, inexistindo assim a sua violação.

Já no acórdão Agosi v. the United Kingdom, de 24 de outubro de 1986 (caso n.º 9118/80)[18], dois indivíduos, X e Y, foram condenados em processo criminal por importação de moedas de ouro, sendo tais moedas, pertença da empresa Agosi, confiscadas. Foi invocado pela empresa que havia sido violado o art. 6.º da CEDH. Não obstante aqui estivesse unicamente em causa a violação do art. 6.º, a verdade é que o TEDH considerou que o processo criminal correu apenas contra os indivíduos X e Y e não contra a empresa Agosi. Mais salientou o TEDH que o facto de as medidas decorrentes de um ato pelo qual terceiros foram processados afetarem de forma adversa os direitos de propriedade da Agosi não pode, por si só, levar à conclusão de que, no decurso dos procedimentos denunciados, foi deduzida qualquer «acusação criminal» contra a Agosi para efeitos do art. 6.º[19].

Assim, no contexto de tal acórdão, o TEDH concluiu que o confisco operado contra terceiro não sujeito do procedimento criminal não estava sujeito às exigências do art. 6.º da CEDH.

[17] *https://hudoc.echr.coe.int/eng?i=001-57939* (29/12/2022).

[18] *https://hudoc.echr.coe.int/eng?i=001-57418* (29/12/2022).

[19] No ponto 65 de tal acórdão o TEDH exarou que «The fact that measures consequential upon an act for which third parties were prosecuted affected in an adverse manner the property rights of AGOSI cannot of itself lead to the conclusion that, during the course of the procedures complained of, any "criminal charge", for the purposes of Article 6 (art. 6), could be considered as having been brought against the applicant company».

E a mesma conclusão foi vertida no acórdão C.M. c. França (caso n.º 28078/95), de 26 de junho de 2001. Neste acórdão, um indivíduo foi condenado por contrabando de estupefacientes, tendo o veículo pelo mesmo usado, pertença do seu pai, sido confiscado. Tendo sido questionada pelo pai a violação do art. 6.º no que tange ao confisco do veículo na sequência da condenação sofrida pelo seu filho, o TEDH considerou que tal confisco não constituía matéria criminal (único âmbito questionado) por, na verdade, não ter existido qualquer acusação criminal contra o pai. De forma clara, o TEDH exarou que «aquele Artigo 6.º da Convenção não se aplicou aos presentes procedimentos na medida em que diz respeito a uma acusação criminal»[20].

b) A inversão do ónus da prova

A questão do recurso à inversão do ónus da prova contende de forma clara com o princípio da presunção da inocência. Importa, no entanto, salientar que o princípio da presunção da inocência apenas logra aplicação no âmbito da matéria penal.

E, mesmo no âmbito da matéria penal, como salientou o TEDH no acórdão Grayson e Barnham c. o Reino Unido (casos n.º 19955/05 e 15085/06), proferido a 23 de setembro de 2008, «o direito à presunção da inocência não é absoluto, uma vez que as presunções de facto ou de direito operam em todos os sistemas de direito penal»[21].

Um dos reflexos essenciais da natureza civilística – ou, pelo menos, não penal – do confisco contende precisamente com a inaplicabilidade de vários princípios, direitos e garantias em matéria penal e, desde logo, com o princípio da presunção da inocência, viabilizando-se, assim, o recurso quer à inversão do ónus da prova, quer às presunções, quer ainda ao balanço das probabilidades.

Não operando o princípio da presunção da inocência, como claramente não tem que operar até porque o confisco não tem por base uma

[20] Em tal acórdão o TEDH exarou que «that Article 6 of the Convention did not apply to these proceedings in so far as a «criminal charge» was concerned». (Criminal Asset Recovery – European Court of Human Rights – Selected Judgments and Decisions).

[21] No ponto 40 de tal acórdão, o TEDH considerou que "the right to the presumption of innocence is not absolute, since presumptions of fact or of law operate in every criminal-law system". Disponível em *https://hudoc.echr.coe.int/eng?i=001-88541* (a 29/12/2022).

condenação, não se encontra minimamente tal princípio beliscado quando, em sede de confisco, o legislador inverte o ónus da prova, quando recorre a presunções ou quando recorre à regra do balanço das probabilidades, conquanto sejam cumpridas as regras de um processo equitativo.

O TEDH foi claro ao tomar posição quanto à inaplicabilidade dos n.ºs 2 e 3 do art. 6.º da CEDH quanto a matérias não penais, desde logo no que tange a medidas preventivas, mas que, em nosso entender, tem plena correspondência em matéria do confisco. Com efeito, o TEDH decidiu que «as medidas preventivas [...] que não implicam uma declaração de culpa mas são concebidas para prevenir a prática de infrações, não são comparáveis a uma "sanção" penal»[22].

No entanto, e não obstante se perfilem como límpidas a inoperacionalidade e a inaplicabilidade prática dos n.os 2 e 3 do art. 6.º da CEDH quanto a matérias não penais, importará sempre que sejam asseguradas as regras previstas no n.º 1 do art. 6.º CEDH, quanto a ser seguido um processo equitativo, visto que o âmbito de aplicação do n.º 1, diversamente dos n.os 2 e 3, não se encontra já circunscrito à matéria penal.

No já referido acórdão Grayson e Barnham v. the United Kingdom, sendo questionados os procedimentos de confisco na sequência da condenação por tráfico de estupefacientes, o TEDH foi claro no seu entendimento de que, tendo sido assegurado um processo equitativo, a circunstância de o ónus da prova da sua situação financeira atual, e respetiva origem, recair sobre o visado do confisco não é incompatível com o estatuído no art. 6.º da CEDH, até porque tendo sido realizada prova do crime e de que o mesmo gerara elevados proventos, não era irrazoável esperar que o visado tivesse explicado o que acontecera a todos tais proventos, bem como não era irrazoável que o visado tivesse demonstrado a licitude da origem de tais proventos e bens. E isto até porque o visado tem um conhecimento privilegiado de tais elementos, não sendo excessivo que tal ónus sobre si recaia.[23]

[22] No ponto 2. do acórdão Arcuri and Others v. Italie (caso n.º 52024/99), de 5 de julho de 2001, o TEDH referiu que "the preventive measures (...), which do not involve a finding of guilt, but are designed to prevent the commission of offences, are not comparable to a criminal «sanction»". Disponível em https://hudoc.echr.coe.int/eng?i=001-22586 (29/12/2022).

[23] No ponto 49 de tal acórdão, o TEDH consignou que «it was not incompatible with the notion of a fair hearing in criminal proceedings to place the onus on each applicant to give a credible account of his current financial situation. In each case, having been proved to

c) O recurso a presunções e ao balanço das probabilidades

Intimamente ligada à inversão do ónus da prova, encontra-se a existência e a admissibilidade do recurso a presunções, e bem assim ao balanço das probabilidades.

Com efeito, e como sucede de forma cristalina no art. 7.º, n.º 1 da Lei n.º 5/2002, de 11 de junho, o legislador ao estatuir uma presunção do que seja a vantagem da atividade criminosa, de forma a ser suscetível de confisco, isenta o Ministério Público de assumir um papel ativo e interventivo na prova do que seja em concreto tal vantagem, ficando o ónus de ilidir tal presunção a cargo do visado.

Na verdade, no seu art. 9.º, n.º 1, a Lei n.º 5/2002, estabelece-se que «Sem prejuízo da consideração pelo tribunal, nos termos gerais, de toda a prova produzida no processo, pode o arguido provar a origem lícita dos bens referidos no n.º 2 do artigo 7.º», ilidindo a presunção da vantagem da atividade criminosa[24].

Ora, esta inversão do ónus da prova com o estatuir de uma presunção do que seja a vantagem da atividade criminosa não fere nem belisca minimamente o princípio da presunção da inocência, precisamente porque contende com uma matéria que não tem qualquer natureza penal/criminal, sendo algo que não se prende à verificação ou não em concreto do crime de catálogo precedente e pressuposto da aplicação do confisco.

No que concerne à prova da prática do crime que conduza à condenação do indivíduo, porque no âmbito de matéria penal, logra plena aplicação o princípio da presunção da inocência com todas as suas decorrências a

have been involved in extensive and lucrative drug dealing over a period of years, it was not unreasonable to expect the applicants to explain what had happened to all the money shown by the prosecution to have been in their possession, any more than it was unreasonable at the first stage of the procedure to expect them to show the legitimacy of the source of such money or assets. Such matters fell within the applicants' particular knowledge and the burden on each of them would not have been difficult to meet if their accounts of their financial affairs had been true».

[24] No n.º 3 do art. 9.º estatui-se que «A presunção estabelecida no n.º 1 do artigo 7.º é ilidida se se provar que os bens:

a) Resultam de rendimentos de atividade lícita;
b) Estavam na titularidade do arguido há pelo menos cinco anos no momento da constituição como arguido;
c) Foram adquiridos pelo arguido com rendimentos obtidos no período referido na alínea anterior».

nível de prova, e, desde logo, com o seu corolário do princípio *in dubio pro reo*. Mas, uma vez provado este e o indivíduo condenado, a apreciação que é feita pelo Tribunal quanto ao confisco pode ser perfeitamente ancorada em presunções, como aquela que se encontra prevista na nossa lei nacional.

E, na verdade, tal é o entendimento que vem sendo perfilhado pelo TEDH. Na verdade, no que tange à prova necessária ao operar do confisco, desde que se encontrem salvaguardadas as garantias do processo equitativo previsto no art. 6.º, n.º 1 da CEDH, nenhum óbice divisa o TEDH no recurso a presunções. Com efeito, já no acórdão Salabiaku v. France (caso n.º 10519/83), de 7 de outubro de 1988[25], o TEDH considerou que «as presunções de facto ou de direito operam em todos os sistemas jurídicos. É evidente que a Convenção não proíbe, em princípio, tais presunções»[26] (ponto 28 de tal acórdão).

Igualmente no que tange ao balanço das probabilidades, não divisa o TEDH qualquer obstáculo ao seu recurso. Assumindo o confisco natureza não penal, mas antes civilística, como parece ser também o entendimento do TEDH – na medida em que constitui uma medida de reposição no *status quo ante* à prática do crime –, a exigência a nível probatório necessariamente se encontrará mais próxima do padrão de prova civilístico do que do penal.

Nessa medida, perfila-se como natural e perfeitamente aceitável que no âmbito do confisco o Tribunal lance mão da regra do balanço das probabilidades, que, no fundo, consiste em considerar, num contexto comparativo, uma realidade mais provável de ter ocorrido do que outra. E tal logra plena aplicabilidade em matéria do confisco, como o TEDH vem admitindo, sem que com tal aplicabilidade seja minimamente colocado em causa qualquer princípio estruturante do direito penal vertido na CEDH.

Paradigmático de tal posicionamento do TEDH é o acórdão Phillips v. The United Kingdom, de 5 de julho de 2001 (caso n.º 41087/98)[27]. Neste acórdão estava em causa a situação de um indivíduo condenado a 9 anos de prisão por tráfico de estupefacientes, tendo posteriormente sido determinado o confisco de £ 91,400.

[25] *https://hudoc.echr.coe.int/eng?i=001-57570* (29/12/2022).

[26] No ponto 28 de tal acórdão exarou o TEDH que «Presumptions of fact or of law operate in every legal system. Clearly, the Convention does not prohibit such presumptions in principle».

[27] *https://hudoc.echr.coe.int/eng?i=001-59558* (28/12/2022).

Com efeito, em tal acórdão, e no que tange ao valor da vantagem da atividade criminosa, o tribunal nacional ancorou a sua decisão por recurso a presunções, conjugado com a regra do balanço das probabilidades, transferindo para o visado a prova da licitude dos bens em causa, presumindo que, na ausência de tal prova por parte do visado, os bens que o mesmo possuía à data e nos 6 anos anteriores ao início do processo eram advindos do crime. Ora, o TEDH, confrontado com tal decisão, foi assaz límpido ao esclarecer que o art. 6.º, n.º 2 da CEDH não era aplicável ao procedimento do confisco[28].

Baseou o TEDH a sua decisão na circunstância de o procedimento do confisco não ter como propósito a condenação ou a absolvição do visado da prática de um crime, salientando que o que se visou foi o apuramento da quantia/valor a ser confiscado, sendo que a circunstância de o visado ter efetivamente beneficiado com a prática do crime não constou, desde logo, no seu registo criminal, não correspondendo de modo algum o procedimento do confisco a uma condenação em matéria penal.

Por conseguinte, em tal acórdão, o TEDH é cristalino ao afirmar que «o direito de ser presumido inocente nos termos do art. 6.º, n.º 2 surge apenas em conexão com o crime específico acusado. Uma vez que o acusado tenha sido devidamente considerado culpado do crime, o art. 6.º, n.º 2 não pode ter nenhuma aplicação em relação às alegações feitas sobre o carácter e a conduta do acusado como parte do processo de decisão»[29].

Vem, assim, o TEDH trilhando um caminho em que considera que o princípio da presunção da inocência, e, logo, todos os princípios corolários deste (desde logo o princípio *in dubio pro reo* e o princípio *nemo tenetur*) não adquirem aplicação em matéria de confisco, inexistindo qualquer óbice ao recurso a presunções, à inversão do ónus da prova e ao balanço das probabilidades.

[28] «the Court holds that Article 6 § 2 of the Convention was not applicable to the confiscation proceedings» (ponto 36 do referido acórdão).

[29] «the right to be presumed innocent under Article 6 § 2 arises only in connection with the particular offence «charged». Once an accused has properly been proved guilty of that offence, Article 6 § 2can have no application in relation to allegations made about the accused's character and conduct as parte of the sentencing process» (ponto 35 do acórdão referido).

d) O direito ao silêncio

É de salientar que mesmo no âmbito de matéria penal, o TEHD já vem considerando inexistir violação do princípio do *nemo tenetur*[30], admitindo que o silêncio a que o arguido se vota, em determinadas situações, na medida em que opta por não apresentar qualquer explicação ao Tribunal, o pode desfavorecer.

Com efeito, no Acórdão John Murray v. the United Kingdom, de 8 de fevereiro de 1986 (caso n.º 18731/91)[31], estava em causa a situação de um indivíduo, que sempre ao longo do processo se remeteu ao silêncio, tendo sido condenado numa pena de 8 anos de prisão pelo crime de ajuda e cumplicidade na prisão ilegal de uma pessoa[32]. Face à evidência e à exuberância da prova produzida sem que o indivíduo apresentasse qualquer explicação para a presença no local e para a sua concreta atuação presenciada pelos órgãos de polícia criminal, o Tribunal nacional decidira que tal silêncio do arguido, conjugado com a demais prova, permitia o admitir como provado de um facto que o desfavorece. Atenta tal decisão do Tribunal nacional, e considerando as circunstâncias do caso concreto, o TEDH considerou que tal decisão não violava qualquer princípio, desde logo o direito ao silêncio e à não auto-incriminação, conquanto seja concedido, como foi no caso, o direito a um processo e a um julgamento equitativo.

Ora, se mesmo no âmbito de matéria penal o TEDH já admitiu que, sendo concedido o direito a um processo equitativo, e analisando as caraterísticas concretas de cada caso, inexiste violação do princípio *nemo tenetur* caso se inferira do silêncio do visado, concatenado com mais elementos, facto que o desfavorece, necessariamente se terá considerar que tal princípio não é minimamente atingido com a inversão do ónus da prova face à possibilidade concedida ao visado de ilidir a presunção do que seja a vantagem da atividade criminosa, bem como não contende com

30 Sobre este princípio, entre nós, por todos, Sandra Oliveira e Silva, *O arguido como meio de prova contra si mesmo: considerações em torno do princípio nemo tenetur se ipsum accusare*, Coimbra, Almedina, 2018, pp. 59 e ss. e, especialmente, pp. 489 e ss.

31 *https://hudoc.echr.coe.int/eng?i=001-57980* (28/12/2022).

32 «was found guilty of the offence of aiding and abetting the unlawful imprisonment of Mr L. and sentenced to eight years' imprisonment. He was acquitted on the remaining charges» – *https://hudoc.echr.coe.int/eng?i=001-57980* (28/12/2022).

a valoração do silêncio do arguido nessa matéria[33]. E não contende desde logo porque, além de não se tratar de matéria de natureza penal – apesar de no âmbito da nossa lei interna depender de uma condenação por um dos crimes de catálogo –, a prova que o visado traga para o processo e as declarações que a tal propósito preste serão apreciadas para efeitos da definição e da concretização da vantagem criminosa e não para aferir da sua culpabilidade e responsabilidade criminal.

2. Quanto à aplicação da lei no tempo

O art. 29.º, n.º 1, da CRP explicita o princípio da legalidade (*nulla poena sine lege*), estatuindo que «Ninguém pode ser sentenciado criminalmente senão em virtude de lei anterior que declare punível a ação ou a omissão». Mais estatui, no seu n.º 4, o princípio da proibição de aplicação retroativa de lei desfavorável[34], que tem colhimento também no nosso CP no art. 2.º, n.º 4[35].

Também na CEDH o princípio da legalidade e o princípio da proibição de aplicação retroativa de lei desfavorável adquirem respaldo normativo no art. 7.º, n.º 1, estatuindo-se que «Ninguém pode ser condenado por uma ação ou uma omissão que, no momento em que foi cometida, não constituía infração, segundo o direito nacional ou internacional. Igualmente não pode ser imposta uma pena mais grave do que a aplicável no momento em que a infração foi cometida».

É certo que no acórdão Welch v. the United Kingdom[36], proferido em 9 de fevereiro de 1995, se colocou precisamente a questão da violação do art. 7.º, n.º 1 da CEDH, tendo o TEDH concluído verificar-se tal situação.

Em tal acórdão apreciava-se a situação de um indivíduo condenado em 22 anos de prisão, tendo sido determinado o confisco de £ 59,914. Todavia, a lei que previa o confisco apenas entrou em vigor após a prática dos

[33] Bernardo Costa Faria, *Perda Alargada de Bens no Sistema Penal Português: singularidades do confisco previsto na Lei n.º 5/2002: uma «non conviction bassed confiscation» dirigida à perda do valor do património incongruente*, Coimbra, Almedina, 2022, pp. 52 e 62/3.

[34] Em tal n.º 4 do art. 29.º da CRP estatui-se que «Ninguém pode sofrer pena ou medida de segurança mais graves do que as previstas no momento da corresponde conduta ou da verificação dos respetivos pressupostos, aplicando-se retroativamente as leis penais de conteúdo mais favorável ao arguido».

[35] Entre nós, cotinua a ser fundamental a obra de Américo A. Taipa de Carvalho, *Sucessão de Leis Penais*, Coimbra, Coimbra Editora, 1990, pp. 35 e ss.

[36] Caso n.º 17440/90, https://hudoc.echr.coe.int/eng?i=001-57986 (pesquisa em 28/12/2022).

factos integradores do crime que conduziram à condenação do indivíduo. Considerou-se então, por recurso aos critérios Engel, que se estava perante uma pena, e, nessa medida, que havia ocorrido violação do disposto no art. 7.º, n.º 1 da CEDH.

Todavia, já no acórdão Dassa Foundation and Others v Liechenstein, de 10 de julho de 2007 (caso n.º 696/05)[37], a posição do TEDH foi diversa. Em tal acórdão um indivíduo era suspeito do crime de branqueamento e de ter transferido o produto de tal crime para a Dassa Foundation para tal fim. No decurso da investigação os ativos da sociedade foram materialmente apreendidos, tendo o indivíduo sido condenado a 11 de prisão, ainda não se encontrando o processo findo. Todavia, aquando da prática dos factos integradores do crime de branqueamento a apreensão material dos ativos ainda não se encontrava legalmente prevista, tendo ocorrido uma aplicação retroativa de lei mais desfavorável.

Neste caso, diversamente do sucedido no acórdão Welch, atenta a particular natureza do confisco previsto na lei do Liechtenstein (a qual não prevê a prisão em caso de falta de pagamento do valor confiscado), considerando-o comparável à restituição do enriquecimento ilícito da lei civil, o TEDH entendeu que a ordem de apreensão material tendo em vista o subsequente confisco dos bens não constitui uma «pena» para efeitos do art. 7.º, n.º 1 da CEDH[38].

Aliás, da análise deste acórdão pode mesmo confirmar-se o entendimento que vem sendo seguido pelo TEDH quanto ao âmbito de aplicação do art. 7.º, n.º 1 da CEDH. Com efeito, além de reiterar que tal normativo apenas é aplicável a medidas/procedimentos com efeitos retroativos se constituírem penas para efeitos de tal artigo[39], também reitera que «o conceito de "pena" do Artigo 7, n.º 1, é um conceito autónomo. Para tornar

[37] https://hudoc.echr.coe.int/eng?i=001-82083 (pesquisa em 29/12/2022).

[38] «given in particular the nature of forfeiture under Liechtenstein law which makes it comparable to a civil law restitution of unjustified enrichment, the orders of seizure made against the applicant foundations in view of a subsequent forfeiture of their assets did not amount to a "penalty" within the meaning of Article 7 § 1, second sentence, of the Convention» (Ponto C.)

[39] Com efeito, no ponto C. de tal acórdão, o TEDH exarou que: «Article 7 § 1, second sentence, of the Convention, is only applicable to measures with retrospective effect if they constitute a "penalty" within the meaning of that Article. The Court reiterates that the concept of "penalty" in Article 7 § 1 is an autonomous one».

efetiva a proteção conferida por este artigo, o Tribunal deve ser livre de se pronunciar e, de se pronunciar por si próprio, se uma determinada medida equivale, em substância, a uma "pena" na aceção da presente disposição»[40].

Daqui resulta, de forma clara, que a apreciação a efetuar pelo TEDH, baseada nos critérios Engel, será sempre casuística, não obstante a tendência para o considerar o confisco, na maioria dos casos, matéria não penal.

3. Quanto ao princípio *ne bis in idem*

O princípio do *ne bis in idem* encontra-se consagrado, a nível interno, no art. 29.º, n.º 5 da CRP. Aí se estatui que «Ninguém pode ser julgado mais do que uma vez pela prática do mesmo crime»[41].

Também na CEDH se encontra consagrado tal princípio no n.º 1 do art. 4.º do Protocolo Adicional n.º 7. Em tal normativo estabelece-se que «Ninguém pode ser penalmente julgado ou punido pelas jurisdições do mesmo Estado por motivo de uma infracção pela qual já foi absolvido ou condenado por sentença definitiva, em conformidade com a lei e o processo penal desse Estado».

Se dúvidas inexistem da importância da observância de tal princípio em matéria penal, suscitam-se já questões quanto à sua aplicabilidade em matéria de confisco. Não se poderá, no entanto, olvidar que se o confisco não constitui matéria penal – como não constitui na nossa lei interna –, o confisco encontrar-se-á subtraído ao âmbito de aplicação do princípio *ne bis in idem*.

Da simples leitura do referido art. 4.º, n.º 1, resulta que subjacente à aplicação de tal princípio está a existência de matéria penal a ser alvo de apreciação. E, neste contexto, e para aferir da aplicabilidade casuística de tal princípio, o TEDH tem-se socorrido dos acima mencionados critérios Engel para aferir se, face aos concretos contornos do caso em apreço, se está ou não perante uma pena e matéria penal.

[40] Mais exarou, ainda no ponto C do mesmo acórdão, que «"the concept of "penalty" in Article 7 § 1 is an autonomous one. To render the protection afforded by that Article effective, the Court must remain free to go behind appearances and assess for itself whether a particular measure amounts in substance to a "penalty" within the meaning of this provision».

[41] Na doutrina nacional, Inês Ferreira Leite, *Ne (Idem) bis in idem: proibição de dupla punição e de duplo julgamento: contributos para a racionalidade do poder punitivo público*, Lisboa, AAFDL, 2016, pp. 33 e ss.

Foi o que sucedeu desde logo no Acórdão Asadbeyli e Outros v. Azerbaijão, de 11 de dezembro de 2012 (casos n.os 3653/05, 14729/05, 20908/05, 26242/05, 36083/05 e 16519/06)[42]. Com efeito, nesse acórdão precisou-se que «a caraterização legal do procedimento de acordo com a lei nacional não pode ser o único critério de relevância para a aplicação do princípio *ne bis in idem* do art. 4, n.º 1 do Protocolo n.º 7»[43], mais se referindo que «A noção de "procedimento penal" do texto do art. 4.º do Protocolo n.º 7 tem de ser interpretado à luz dos princípios gerais que respeitam às correspondentes palavras "acusação" e "pena" dos artigos 6.º e 7.º da Convenção respetivamente».[44]

Este acórdão assume particular interesse na medida em que avança mesmo com a presunção de que se a sanção em causa envolve a perda de liberdade se está perante matéria criminal[45].

Contudo, mesmo sendo afastada a aplicabilidade direta do princípio *ne bis in idem* ao confisco, face à sua diversa natureza (decida e marcadamente não penal), a verdade é que se colocam questões quanto à necessidade deste princípio vigorar em situações em que o confisco ocorre depois de ter sido proferida já uma decisão condenatória, e bem assim quando o confisco ocorre após o arquivamento ou a absolvição.

a) Confisco depois da condenação

Exemplificativo da situação ora em apreço é, uma vez mais, o já referido acórdão Phillips v. The United Kingdom, de 5 de julho de 2001 (caso n.º 41087/98). Relembremos que neste acórdão se analisava a situação de um

[42] *https://hudoc.echr.coe.int/eng?i=001-115208* (28/12/2022).

[43] No ponto 150 do referido acórdão exarou-se que «the legal characterisation of the procedure under national law cannot be the sole criterion of relevance for the applicability of the principle of *ne bis in idem* under Article 4 § 1 of Protocol n.º 7».

[44] Ainda no mesmo ponto 150 consignou o TEDH que «"The notion of "penal procedure" in the text of Article 4 of Protocol n.º 7 must be interpreted in the light of the general principles concerning the corresponding words "criminal charge" and "penalty" in Articles 6 and 7 of the Convention respectively».

[45] No ponto 154 do mesmo acórdão exarou o TEDH que «in a society subscribing to the rule of law, where the penalty liable to be and actually imposed on an applicant involves loss of liberty, there is a presumption that the charges against the applicant are "criminal", a presumption which can be rebutted entirely exceptionally, and only if the deprivation of liberty cannot be considered "appreciably detrimental" given its nature, duration or manner of execution».

indivíduo que, tendo sido condenado em pena de prisão por tráfico de estupefacientes, foi posteriormente alvo de um processo tendo em vista apurar qual a vantagem da atividade criminosa por si auferida, tendo sido determinado o confisco de £ 91,400. Em tal acórdão, e conforme acima referido, foi considerado que a matéria que contendia com o confisco não consubstanciava matéria penal, e, nessa medida, não lhe eram aplicáveis as normas do art. 6.º, n.º 2 da CEDH. Daqui se pode extrapolar para idêntica afirmação quanto à inaplicabilidade da norma prevista no art. 4.º do Protocolo Adicional n.º 7 da CEDH.

No fundo, resume-se ao aquilatar da natureza criminal ou não da matéria em apreço, sendo necessário apreciar casuisticamente face ao desenho que cada medida em concreto exibe na respetiva lei nacional.

Importa salientar que a situação de que nos ocupamos não tem cabimento legal no nosso ordenamento jurídico interno visto que se infere dos artigos 109.º a 111.º do C.P. que o pedido da declaração de perda seja deduzido no âmbito do processo crime, o mesmo sucedendo, de forma cristalina, com a perda da vantagem da atividade criminosa prevista na Lei n.º 5/2002, de 11 de janeiro. Aliás, no art. 8.º da Lei n.º 5/2002, é estabelecido, de forma esclarecedora, que a liquidação do montante que deve ser declarado perdido a favor do Estado deve ser efetuada com a dedução da acusação (n.º 1), sendo que, caso tal não se mostre possível, deverá ser efetuada até ao 30.º dia anterior à data designada para a audiência de julgamento e no próprio processo.

Todavia, outros sistemas existem em que ocorre a possibilidade de dedução em separado, e é precisamente em tais situações que se questiona com mais pertinência da existência, ou não, da aplicabilidade no contexto do confisco do princípio *ne bis in idem* e da sua eventual violação.

No que tange aos casos de «confisco subsequente», Inês Ferreira Leite acaba por defender que «desde que estes mecanismos mantenham como requisito a prova de que os bens ou produtos foram utilizados na prática do crime ou obtidos como resultado direto da prática do crime, a sanção não visa a imposição de um sacrifício sobre o património ou a pessoa do arguido, mas apenas a supressão de bens ou rendimentos de proveniência ilícita, sendo qualificada como tendo meros efeitos civis»[46],

[46] Inês Ferreira Leite, «Ne bis in idem» *in* Paulo Pinto de Albuquerque (org.), *Comentário da Convenção Europeia dos Direitos Humanos e dos Protocolos Adicionais*, Lisboa, UCE,

sendo que, em tal caso, se encontrariam subtraídos ao crivo dos princípios estatuídos no art. 6.º da CEDH e do art. 4.º do Protocolo Adicional n.º 7. No entanto, este entendimento pressupõe a realização de prova da relação dos bens ou produtos com o crime, afastando-se assim da noção do confisco da vantagem da atividade criminosa presente na nossa lei.

Ora, o TEDH tem salientado que o princípio *ne bis in idem* para lograr aplicação tem que ter por base a verificação de 3 requisitos: 1) ambos os procedimentos têm que ser de natureza criminal; 2) ambos têm que respeitar aos mesmos factos; 3) tem que se verificar duplicação de procedimentos[47], visando-se com o art. 4.º do Protocolo Adicional n.º 7 proibir a repetição de procedimentos criminais que tenham concluído com uma decisão final (absolutório ou condenatória)[48].

Sendo, como é, o confisco matéria diversa da criminal, necessariamente inexiste qualquer óbice à sua verificação mesmo em momento posterior ao processo crime e não em simultâneo e contemporâneo do mesmo, não se divisando qualquer violação do princípio *ne bis in idem* desde logo por o mesmo não ter aplicação atenta a diversidade da matéria em causa.

b) Confisco depois do arquivamento

No que respeita ao confisco que ocorra após o arquivamento, e sendo certo que, na lei interna tal apenas poderá suceder no âmbito do CP já que a Lei n.º 5/2002 exige e requer uma condenação por um dos crimes de catálogo, as mesmas considerações quanto à natureza do confisco estão presentes.

A questão prévia essencial para o operar do princípio *ne bis in idem* reside na identidade da matéria penal em causa. Considerando que o confisco

2020, III, p. 2480. Isso mesmo parece fazar o TEDH no caso Todorov and others v. Bulgaria, n.º 50705/11, § 307, 13 de julho de 2021.

[47] Com efeito, no acórdão Mihalache v. Romania (caso n.º 54012/10), de 8 de julho de 2019, o TEDH exarou, no seu ponto 49, que «the wording of the first paragraph of Article 4 of Protocol No. 7 sets out the three components of the *ne bis in idem* principle: the two sets of proceedings must be "criminal" in nature (1); they must concern the same facts (2); and there must be duplication of the proceedings (3)». –*https://hudoc.echr.coe.int/eng?i=001-194523* (28/12/2022).

[48] No ponto 81 do referido acórdão Mihalache v. Romania, o TEDH foi esclarecedor ao afirmar que «the aim of Article 4 of Protocol No. 7 is to prohibit the repetition of criminal proceedings that have been concluded by a final decision».

não assenta em matéria penal, necessariamente que tal princípio não pode adquirir operacionalidade independentemente de o confisco apenas ocorrer após uma decisão de arquivamento.

No fundo, esta decisão é a que sucedeu no âmbito de processos em que não venha a ser deduzida qualquer acusação, desde logo por falta de prova, procedendo-se, no entanto, ao confisco. É que para este ocorrer nem sempre é necessário que tenha existido uma condenação.

No nosso ordenamento jurídico tal sucede desde logo com o previsto no n.º 2 do art. 9.º do CP quanto à perda dos instrumentos do crime, mesmo que o agente do facto ilícito típico não venha a ser criminalmente perseguido por qualquer motivo (seja a sua morte, seja por ter sido declarado contumaz, seja por ser inimputável, seja por qualquer outro motivo). Também no art. 110.º, n.º 5 do CP se acautela idêntica situação, agora quanto aos produtos e vantagens do facto ilícito típico.

Pese embora não se pronunciando especificamente sobre esta questão, no já referido acórdão Butler v. the United Kingdom, situação em que estava em causa um confisco preventivo sem que tenha havido acusação contra seja que for, o TEDH considerou que não estava em causa qualquer matéria criminal.

É certo que este entendimento foi vertido no que concerne ao art. 7.º, n.º 1 da CEDH. Todavia, cremos ser já pacífico que a aplicação do n.º 1 do art. 4.º do Protocolo Adicional n.º 7 pressupõe que em causa esteja matéria criminal. Tendo o TEDH determinado a inexistência de matéria criminal, de forma algum se poderia também nesta situação intentar divisar a violação de tal normativo por o confisco, ainda que preventivo, ter ocorrido sem que tenha existido uma qualquer acusação.

V. Conclusão

A recuperação de ativos, com o confisco da vantagem da atividade criminosa, já se encontra prevista a nível nacional há muito, apesar de apenas mais recentemente vir logrando efetiva aplicação prática, com a maior sensibilização para a importância da sua aplicação prática por parte dos magistrados do MP – a quem compete o exclusivo impulso da sua iniciativa com o determinar da investigação patrimonial, em paralelo com a investigação criminal.

A nível europeu e mesmo internacional de igual forma se vai enraizando uma cada vez maior consciencialização da premência de repor o *status quo ante*, evitando que se verifique e permaneça na esfera do agente do crime um injustificado enriquecimento ilícito.

Demonstrativo e revelador de tal maior consciencialização são os instrumentos internacionais (desde logo a Diretiva 2014/42 UE, o Regulamento 2018/1805 e a Diretiva 2019/1153 UE) que visam o definir de um mínimo denominador comum entre os Estados, almejando uma estreita colaboração para a efetivação da recuperação transfronteiriça de ativos, com o confisco e a execução dos bens ou dos valores declarados perdidos a favor do Estado.

E esta maior consciencialização vem dando os seus frutos, não apenas a nível nacional, mas igualmente internacional, sendo de tal demonstrativo a jurisprudência do TEDH a propósito do confisco.

Duma análise ainda que perfunctória da jurisprudência do TEDH, resulta evidente um evoluir no seu entendimento quanto ao modo de operar do confisco, salientando-se que a apreciação da natureza concreta do confisco em apreço na lei nacional se mostra essencial para se aferir da aplicabilidade ou não de certos princípios consagrados na DEDH. Na verdade, e como o próprio TEDH vem demonstrando, o desenho em concreto que cada medida ou procedimento de confisco assume no âmbito da lei interna de cada Estado é determinante para se aferir da sua natureza, penal ou outra, e, em consequência, se poder concluir, caso a caso, da violação ou não de tais princípios da DEDH.

Nesse sentido, a definição dos critérios Engel assumiu-se como um vetor e um instrumento determinante na avaliação a efetuar casuisticamente pelo TEDH sobre a natureza penal ou não da matéria submetida à sua apreciação

E conforme se extrai dos acórdãos referidos, das decisões proferidas pelo TEDH resulta o reconhecimento da importância do confisco, com a possibilidade do recurso à inversão do ónus da prova, a presunções e ao balanço das probabilidades, sem que de tal recurso advenha qualquer violação dos princípios do TEDH conquanto a estrutura essencial do confisco concebido pela lei interna seja definida como não penal (como é notoriamente o caso português), e, ademais, seja sempre garantido um processo equitativo.

8. ALGUMAS NOTAS SOBRE O REGIME PENAL E PROCESSUAL PENAL DA PERDA SEM CONDENAÇÃO

ANTERO TAVEIRA*

I. Introdução

O confisco não baseado em condenação constitui-se, no ordenamento jurídico-penal português, não como uma excentricidade ou um destino exótico alcançado no culminar de uma tortuosa expedição processual com vista à recuperação de ativos, mas como um mecanismo deveras tradicional e teleologicamente até bastante familiar, ainda que, na prática judiciária, subsistam (ou persistam) dúvidas e receios quanto à sua efetiva aplicação, quiçá ancorados em representações menos acertadas ou talvez menos atentas às soluções inequivocamente consagradas nesse ordenamento jurídico.

Como refere JOÃO CONDE CORREIA[1], o legislador penal português foi até precursor da ideia segundo a qual não era obrigatória uma decisão condenatória para ser determinada a perda de objetos relacionados com o crime, ao consagrar, logo na primeira versão do Código Penal, aprovada pelo Decreto-Lei n.º 400/82, de 23 de Setembro, no n.º 2 do artigo 107.º, que «*A perda dos objetos tem lugar ainda que nenhuma pessoa determinada possa ser criminalmente perseguida ou condenada*».

Com a revisão de 1995, através do Decreto-Lei n.º 48/95, de 15 de março, para além de se consolidar e afinar a distinção entre «instrumentos»,

* Não foi considerada nem literatura nem jurisprudência posterior a novembro de 2022.

1 «*Non-conviction based confiscations* no direito penal português vigente: "Quem tem medo do lobo mau?"», *Julgar*, 2017, 32, p. 86.

«produtos», «recompensa» e «vantagens», foi substituída referência a «crime» pela expressão «facto ilícito típico», para, mediante a esconjuração do elemento culpa, tornar ainda mais clara a possibilidade de «confiscar sem castigar»[2], na feliz expressão cunhada, entre nós, por Hélio Rigor Rodrigues.

E a evolução legislativa subsequente, em boa medida resultante da necessidade de conformar o direito nacional com o direito comunitário e com obrigações emergentes de convenções internacionais, mais veio reforçar tal regime, de que constitui exemplo a consagração, através da Lei n.º 5/2002, de 11 de janeiro, de mais uma possibilidade neste domínio, no caso, o confisco baseado na presunção de ilicitude do património (art. 7.º da referida Lei), independentemente das vantagens geradas pelo crime pressuposto.

Bem como a alteração introduzida pela Lei n.º 30/2017, de 30 de maio, na redação do n.º 2 do artigo 109.º e no n.º 5 do artigo 110.º do Código Penal, com a especificação – não taxativa – da morte ou da contumácia do arguido como circunstâncias que não impedem o confisco.

E eis que se perspetiva mais um aprofundamento das possibilidades de perda sem condenação, com a novel proposta de Diretiva sobre recuperação de ativos e confisco do Parlamento Europeu e do Conselho, datada de 25 de Maio de 2022[3], em cujo artigo 15.º se propõe um alargamento das ocorrências processuais legitimadoras da prolação de uma decisão de confisco sem condenação. Alargamento que, no que concerne ao direito pátrio, será aparente, pois o nosso ordenamento penal já permite a perda sem condenação nos casos especificados na proposta. A mesma vontade de alargamento está subjacente ao artigo 16.º («Perda de riqueza injustificada associada a atividades criminosas») da referida proposta, que permite a perda de bens, nos casos em que «a) Os bens foram congelados no contexto de uma investigação de infrações penais cometidas no âmbito de uma organização criminosa; b) A infração penal referida na alínea a) é suscetível de gerar, direta ou indiretamente, um benefício económico substancial;

[2] Em monografia intitulada «*Cooperação Judiciária em casos de confisco não baseado numa condenação*», *in* «*Cooperação Internacional para Efeitos de Recuperação de Ativos*», obra coletiva promovida pela Procuradoria-Geral regional do Porto, coordenação de Maria Raquel Desterro Ferreira/Elina Lopes Cardoso/João Conde Correia, Coimbra, Almedina, 2021, pp. 149/203.

[3] COM(2022) 245 final.

c) O tribunal nacional está convencido de que os bens congelados provêm de infrações penais cometidas no âmbito de uma organização criminosa».

Mas mais do que indagar as razões de alguma desconfiança com que é encarada a perda não baseada em condenação, e da limitada aplicação prática de soluções consagradas há décadas, importa elencar as possibilidades de perda sem condenação existentes no Código Penal e verificar de que forma podem ser aplicadas, nas diferentes fases do processo penal português.

II. Regime substantivo

1. *Objeto da declaração de perda*

O confisco não baseado numa condenação no Código Penal português abarca hoje, indiscutivelmente, tanto a perda dos instrumentos e dos produtos do crime, como a perda das vantagens e recompensas geradas pelo mesmo, e isto independentemente das diferenças dogmáticas e de fundamentação político-criminal existentes entre os primeiros e as segundas, assinaladas, desde logo, por Jorge De Figueiredo Dias[4], quando referia «*Nos instrumentos e produto está em causa a sua perigosidade imediata, resultante da sua adequação para a prática de crimes. Nas vantagens, diversamente, o que está em causa primariamente é um propósito de prevenção da criminalidade em globo*».

Diferenças essas que foram plenamente acolhidas na redação inicial do Código Penal, pois, como refere o citado autor[5] «*A letra do art. 107.º, ela mesma, vai no sentido desta distinção, por isso que assinala à perda dos instrumentos e do produto, como fundamento, o perigo de segurança das pessoas, da moral ou da ordem pública, ou de cometimento de novos crimes, enquanto das vantagens se não pode obviamente dizer que elas assumam tais características e, nomeadamente, que sejam, em si mesmas, perigosas. Como se procurará demonstrar, esta diferença traduz, se bem que por forma extremamente imperfeita, a verdadeira linha de separação, dogmática e político-criminal, de dois regimes, um relativo aos instrumentos e produto do crime, o outro às vantagens (tomadas num sentido amplo e complexivo) que do crime sejam retiradas*».

[4] *Direito Penal Português. Parte Geral II: As Consequências Jurídicas do Crime*, Lisboa, Aequitas/Editorial Notícias, 1993, p. 632.

[5] Jorge De Figueiredo Dias, *op. cit.*, p. 616.

Por ocasião das alterações introduzidas pelo legislador penal decorrentes da transposição da Diretiva 2014/42/EU do Parlamento Europeu e do Conselho, de 3 de abril, foi abandonada, no Código Penal, esta pureza dogmática da separação entre, por um lado, «instrumentos» e «produtos» e, por outro «vantagens» e «recompensas», com a total equiparação do regime dos «produtos» do crime ao das «vantagens» resultantes do crime, o qual ficou alojado no artigo 110.º, numa aparente concessão do legislador nacional ao conceito de *proceeds [of crime]* internacionalmente consagrado[6].

Daqui resulta que, no regime atualmente vigente, já não são considerações acerca da perigosidade intrínseca dos «produtos» que determinam a viabilidade da sua perda a favor do Estado – como continua a suceder quanto aos instrumentos do crime (art. 109.º, n.º 1 do Código Penal) – mas apenas valorações de uma índole predominantemente patrimonial, que somente num sentido muito amplo se poderão ainda timbrar como preventivas, ligadas «*à ideia – antiga, mas nem por isso menos prezável – de que «o "crime" não compensa».*»[7].

Assim, é consagrada, no n.º 1 do artigo 109.º, a obrigatoriedade da declaração de perda a favor do Estado dos «*instrumentos do facto ilícito típico, quando, pela sua natureza ou pelas circunstâncias do caso, puserem em perigo a segurança das pessoas, a moral ou a ordem públicas, ou oferecerem sério risco de ser utilizados para o cometimento de novos factos ilícitos típicos, considerando-se instrumentos de facto ilícito típico todos os objetos que tiverem servido ou estivessem destinados a servir para a sua prática*».

Obrigatoriedade essa que se mantém, nos termos do n.º 2 do mesmo preceito, «*ainda que nenhuma pessoa determinada possa ser punida pelo facto, incluindo em caso de morte do agente ou quando o agente tenha sido declarado contumaz*».

São aqui contemplados quer aqueles objetos que, pela sua natureza, se devam considerar originariamente excluídos do comércio jurídico

[6] No artigo 2.º, 1) da Diretiva 2014/42/EU é definido «Produto» como «*qualquer vantagem económica resultante, direta ou indiretamente, de uma infração penal; pode consistir em qualquer tipo de bem e abrange a eventual transformação ou reinvestimento posterior do produto direto assim como quaisquer ganhos quantificáveis*». Esta definição vai na linha das restantes definições internacionais, como o artigo 2.º, al.ª e) da Convenção das Nações Unidas Contra a Corrupção ou o artigo 1.º, al.ª a), Convenção do Conselho da Europa Relativa ao Branqueamento, Detenção, Apreensão e Perda dos Produtos do Crime e ao Financiamento do Terrorismo.

[7] Jorge de Figueiredo Dias, *op. cit.*, p 632.

(por exemplo, uma arma não legalizável, a nota falsa ou os produtos estupefacientes), bem como aqueles que, não se devendo considerar como tal – sendo, nessa medida, «legais» – pelas suas características ou pelas circunstâncias do caso, sejam aptos a colocar em perigo a segurança das pessoas, a moral ou a ordem pública ou oferecer sério risco de ser utilizados para o cometimento de novos factos ilícitos típicos (por exemplo, uma faca de cozinha, uma impressora ou uma balança), configurando a sua perda uma medida de natureza sancionatória de natureza análoga à medida de segurança[8], e prescindindo da condenação.

Como já foi referido, com as alterações que lhe foram introduzidas pela Lei n.º 30/2017, de 30 de Maio, passou o artigo 110.º do Código Penal a albergar quer os produtos do crime quer as vantagens, unificando o seu regime, consagrando porém uma definição de «produtos» que diverge do aludido conceito de *proceeds* [*of crime*] perfilhado pela Diretiva que o enformou.

Desde modo, na al. a) do n.º 1 do artigo 110.º, é consagrada a obrigatoriedade da perda a favor do Estado dos «*produtos do facto ilícito típico, considerando-se como tal todos os objetos que tiverem sido produzidos pela sua prática*», ao passo que na al. b) se prescreve a obrigatoriedade da perda das «*vantagens do facto ilícito típico, considerando-se como tal as coisas, direitos ou vantagens que constituam vantagem económica, direta ou indiretamente resultante desse facto, para o agente ou para outrem*».

Paralelamente, no n.º 2 é equiparada à vantagem a «*recompensa dada ou prometida aos agentes de um facto ilícito típico, já cometido ou a cometer, para eles ou para outrem*» e, no n.º 3 é esclarecido que a perda dos produtos ou vantagens «*tem lugar ainda que os mesmos tenham sido objeto de eventual transformação ou reinvestimento posterior, abrangendo igualmente quaisquer ganhos quantificáveis que daí tenham resultado*».

E, à semelhança do já estabelecido para os instrumentos do facto ilícito típico, no n.º 5 é previsto que a perda tem lugar «*ainda que nenhuma pessoa determinada possa ser punida pelo facto, incluindo em caso de morte do agente ou quanto o agente tenha sido declarado contumaz*».

Como já foi referido supra, apesar da identidade de regime agora perfilhada pelo legislador nacional, com relevantes implicações práticas,

[8] Assim, Jorge de Figueiredo Dias, *op. Cit.*, p. 628 e João Conde Correia, *op. cit.*, p. 89.

não deixou o mesmo de clarificar o que se deva entender por «produto» do crime, que se analisa, ao cabo e ao resto, nas coisas resultantes do facto ilícito, i. e., que não existiam antes, de que constituem clássicos exemplos uma nota falsificada ou um documento forjado.

Desta identidade de regime que é conferida a duas realidades conceptualmente diversas emerge que, para decretar a perda dos produtos do crime, sejam completamente alheias quaisquer considerações acerca da respetiva perigosidade ou da sua potencialidade para a prática de novos factos ilícitos, como sucede quanto aos instrumentos do crime, mau grado a evidente similitude dogmática.

Daqui decorre que o fundamento para a declaração de perda de uma nota falsificada deixa de ser a sua potencial utilização no tráfico jurídico para ser apenas a circunstância de ter na sua génese um facto ilícito típico.

De igual modo, o fundamento dogmático da perda das vantagens geradas pelo facto ilícito típico é, não a respetiva perigosidade intrínseca ou conjuntural – o que dificilmente se divisaria – mas uma ideia de reconstituição, dir-se-ia aritmética, do património do agente à condição em que estaria se não houvesse sido cometido o facto ilícito gerador de vantagens.

Visa-se aqui já não, atendendo à perigosidade intrínseca ou conjuntural do objeto, prevenir a prática de outros factos ilícitos, mas neutralizar o enriquecimento ilegítimo produzido na esfera patrimonial do agente, demonstrando, passe a redundância, que o facto ilícito típico não é um meio lícito de aquisição[9].

Num exercício em que se convocam e relacionam os interesses em causa, João Conde Correia[10] refere que «*O património do condenado deve ser restituído à situação anterior ao seu cometimento, àquilo que ele teria se não o tivesse praticado. Só desta forma será possível, quer ao nível individual, quer ao nível colectivo, prevenir a prática de futuros crimes, impedindo a sua reprodução.*

[9] «*Um Estado de Direito não pode deixar de preocupar-se em reconstituir a situação patrimonial que existia antes de alguém através de condutas ilícitas ter adquirido vantagens patrimoniais indevidas, mesmo que estas não correspondam a um dano de alguém em concreto*» (João Conde Correia/Hélio Rigor Rodrigues, «O confisco das vantagens e a pretensão patrimonial da Autoridade Tributária e Aduaneira nos crimes tributários», *in Julgar Online*, Janeiro de 2017, p. 27 e citando o ac. do TC n.º 392/2015, de 12 de agosto.

[10] *Da proibição do confisco à perda alargada*, Lisboa, INCM, 2012, p. 94.

O Estado não pode, ao mesmo tempo, proibir uma determinada conduta e permitir que o condenado dela beneficie».

E o disposto no n.º 6 do artigo 110.º, conjugado com o disposto no artigo 130.º, n.º 2 do Código Penal[11], mais vem acentuar este carácter patrimonial, admitindo que, a final, a perda a declarar não seja a favor do Estado, mas a favor do ofendido/lesado.

Aqui se falando, com inteira propriedade, em recuperação de ativos.

Não sendo, naturalmente, de menosprezar a eficácia preventiva reflexa, decorrente da demonstração de que o crime não compensa, a que alude PEDRO CAEIRO, quando, de forma elucidativa, refere[12]: «*Parece claro que a eliminação de todas as compensações do crime que esteja ao alcance da ação pública tem um efeito relevante de prevenção, em todas as suas dimensões, que será tão mais importante quanto à obtenção de tais vantagens obedecer a uma lógica comercial, onde a sujeição às penas clássicas seja contabilizada como um custo. Assim, não pode pretender-se que a ablação das vantagens provenientes da prática de crimes prossegue um fim puramente moral, porque ela é imanente à prevenção de certas formas de criminalidade, que se legitima na proteção de bens jurídicos*».

[11] É a seguinte a redação atual desse preceito:
«*Artigo 130.º*
Indemnização do lesado
1. Legislação especial fixa as condições em que o Estado poderá assegurar a indemnização devida em consequência da prática de atos criminalmente tipificados, sempre que não puder ser satisfeita pelo agente.
2. Nos casos não cobertos pela legislação a que se refere o número anterior, o tribunal pode atribuir ao lesado, a requerimento deste e até ao limite do dano causado, os instrumentos, produtos ou vantagens declarados perdidos a favor do Estado ao abrigo dos artigos 109.º a 111.º, incluindo o valor a estes correspondente ou a receita gerada pelos mesmos.
3. Fora dos casos previstos na legislação referida no n.º 1,se o dano provocado pelo crime for de tal modo grave que o lesado fique privado de meios de subsistência, e se for de prever que o agente o não reparará, o tribunal atribui ao mesmo lesado, a requerimento seu, no todo ou em parte e até ao limite do dano, o montante da multa,
4. O Estado fica sub-rogado no direito do lesado à indemnização até ao montante que tiver satisfeito».

[12] «Sentido e função do instituto da perda de vantagens relacionadas com o crime no confronto com outros meios de prevenção da criminalidade reditícia (em especial, os procedimentos de confisco in rem e a criminalização do enriquecimento "ilícito")», *RPCC*, 2011, 2, pp. 267/321, p. 276.

2. Circunstâncias legitimadoras do confisco sem condenação

No Código Penal português, são expressamente tipificadas como circunstâncias legitimadoras de uma declaração de perda sem condenação a morte do agente e a sua declaração como contumaz.

Apesar de, como já foi referido, a redação inicial do diploma logo contemplar a possibilidade de declarar a perda «*ainda que nenhuma pessoa determinada pudesse ser criminalmente perseguida ou condenada*» (artigo 107.º, n.º 2 da redação original), somente em 2017, através da Lei n.º 30/2017, de 30 de Maio, que transpôs a Diretiva 2014/42/UE, foi aditado o n.º 3 ao artigo 127.º, expressando que «*a extinção da responsabilidade criminal pela morte do agente não impede o prosseguimento do processo para efeitos da declaração da perda de instrumentos, produtos e vantagens a favor do Estado*» e, paralelamente, aditada uma segunda parte ao n.º 2 do artigo 109.º e ao n.º 5 do artigo 110.º, especificando que a obrigatória declaração de perda teria lugar «*incluindo em caso de morte do agente ou quando o agente tenha sido declarado contumaz*».

A este respeito, o legislador nacional foi além daquilo que lhe era exigido em termos de transposição da referida Diretiva, uma vez que esta apenas previa o confisco não baseado em condenação para os casos de doença ou de fuga do suspeito ou arguido.

Consignava-se, com efeito, no artigo 4.º da referida Diretiva, sob a epígrafe «Perda»:

> «*1. Os Estados-Membros tomam as medidas necessárias para permitir a perda, total ou parcial, dos instrumentos e produtos ou dos bens cujo valor corresponda a tais instrumentos ou produtos, sob reserva de uma condenação definitiva por uma infração penal, que também pode resultar de processo à revelia.*
>
> *2. Se não for possível a perda com base no n.º 1, e pelo menos se tal impossibilidade resultar de doença ou de fuga do suspeito ou arguido, os Estados-Membros tomam as medidas necessárias para permitir a perda dos instrumentos ou produtos nos casos em que foi instaurado processo penal por uma infração penal que possa ocasionar direta ou indiretamente um benefício económico, e em que tal processo possa conduzir a uma condenação penal se o suspeito ou arguido tivesse podido comparecer em juízo*».

Ou seja, o legislador nacional, em 2017, não se limitou a cumprir as exigências mínimas impostas, nesta sede, pelo direito comunitário, vincando, através da utilização da forma gerundiva do verbo «incluir», a possibilidade de a perda sem condenação dos instrumentos, produtos e vantagens do crime ser decretada mercê da ocorrência de outras circunstâncias para além da doença ou fuga do suspeito ou arguido[13].

Entre essas circunstâncias avultam a amnistia e a prescrição[14], caracterizadas, entre nós, como pressupostos negativos da punição[15].

Note-se que, pelo menos quanto à amnistia, esta inclusão nem sequer assume natureza inovatória, uma vez que, ainda reportando-se à redação original do Código Penal, já o Supremo Tribunal de Justiça, no Acórdão n.º 6/95, proferido no processo n.º 43490[16], havia fixado jurisprudência no sentido de «*Declarado extinto o procedimento criminal por efeito de amnistia, à perda dos instrumentos e produtos do crime aplica-se, salvo disposição em contrário da lei de amnistia, o disposto no artigo 107.º do Código Penal, na versão de 1982, ressalvando-se o especificadamente estabelecido em legislação penal extravagante, relativa a esse tipo de crime, quanto àquele instituto*». Nesse Acórdão refere-se, de forma muito clara, que «*O Código Penal de 1982 não pressupõe, ao contrário do Código Penal de 1886, a existência de uma sentença condenatória para poder ser declarada a perda dos objetos do crime, antes entendendo este termo como facto ilícito típico. Se existir este pressuposto, a perda dos objetos do crime será declarada se se verificarem os demais requisitos do artigo 107.º, n.º 1, do Código Penal de 1982.*».

[13] O ac. da RC de 6 de maio de 2022 (processo n.º 41/18.1T9CBR), refere, justamente, «que o instituto é aplicável não obstante a verificação de qualquer outro pressuposto de punibilidade, *v.g.*, a prescrição do procedimento ou a amnistia». Ainda antes desta alteração, o ac. do TRP de 15 de janeiro de 2014 (processo n.º 137/09.0EAPRT-A.P1) já tinha referido (no respetivo sumário) que «Face ao disposto no n.º 1 do art. 330.º do Código da Propriedade Industrial, norma especial que manda sejam declarados perdidos a favor do Estado os objectos que em que se manifeste um crime previsto no Código, devem ser declarados perdidos a favor do Estado os objectos que foram fabricados sem licença nem autorização do titular da patente, ainda que não tenha havido julgamento por desistência da queixa por parte do lesado».

[14] Segundo o sumário do ac. do TRP de 30 de setembro de 2015 (processo n.º 736/03.4TOPRT.P2): «O instituto da perda de bens, direitos ou vantagens, atualmente previsto no artigo 111.º do Código Penal, não tem natureza penal – não constituindo, nomeadamente, uma pena acessória, nem um qualquer efeito da pena – pelo que a declaração de extinção, por efeito de prescrição, do procedimento criminal relativamente a determinados crimes não interfere com a declaração de perda de vantagens, quando se comprove que as coisas, direitos ou vantagens foram adquiridos através de facto ilícito típico».

[15] Sobre essa caracterização *vd.* Jorge De Figueiredo Dias, *Op. cit.*, p. 682 e 702. Na jurisprudência, para um caso de desistência de queixa, ac. do TRP de 15 de janeiro de 2014 (processo n.º 137/09.0EAPRT-A.P1).

[16] Publicado no Diário da República nº 298 I.ª Série-A, de 18 de dezembro de 1995, pp. 8207 e ss.

Não poderiam, assim, ser afastadas quaisquer causas de extinção da responsabilidade criminal, independentemente da sua caracterização dogmática, sendo pressuposto fundamental, em qualquer caso, a demonstração da existência um facto ilícito típico e da existência de instrumentos, produtos ou vantagens daí decorrentes.

Não é despicienda a perspetivada ainda maior densificação desta matéria a nível comunitário com a recente proposta de Diretiva do Parlamento Europeu e do Conselho relativa à recuperação e perda de bens, de 25 de Maio de 2022[17], em cujo artigo 15.º, sob a epígrafe «Perda não baseada numa condenação», se dispõe:

«1. Os Estados-Membros devem tomar as medidas necessárias para permitir, nas condições estabelecidas no n.º 2, a perda dos instrumentos e produtos ou dos bens a que se refere o artigo 12.º, ou que tenham sido transferidos para terceiros como referido no artigo 13.º, nos casos em que tenha sido iniciado um processo penal mas o mesmo não tenha podido prosseguir devido às seguintes circunstâncias:

a) Doença do suspeito ou arguido;

b) Fuga do suspeito ou arguido;

c) Morte do suspeito ou arguido;

d) Imunidade penal do suspeito ou arguido, tal como prevista no direito nacional;

e) Amnistia concedida ao suspeito ou arguido, tal como prevista no direito nacional;

f) Expiração dos prazos previstos no direito nacional, caso esses prazos não sejam suficientemente longos para permitir a investigação e a repressão efetivas das infrações penais em causa.

2. A perda sem condenação prévia deve limitar-se às infrações penais suscetíveis de gerar, direta ou indiretamente, um benefício económico substancial, e apenas na medida em que o tribunal nacional considere que estão reunidos todos os elementos constitutivos da infração.

3. Antes de o tribunal proferir uma decisão de perda na aceção dos n.ºs 1 e 2, os Estados-Membros devem assegurar que os direitos de defesa da pessoa afetada sejam respeitados, nomeadamente concedendo-lhe acesso ao processo, assim como o direito de ser ouvida sobre questões de direito e de facto.

4. Para efeitos do presente artigo, o conceito de «infração penal» inclui as infrações enumeradas no artigo 2.º quando sejam puníveis com pena privativa de liberdade com uma duração máxima de, pelo menos, quatro anos».

[17] https://eur-lex.europa.eu/legal-content/PT/TXT/PDF/?uri=CELEX:52022PC0245&from=EN.

Do texto da proposta resulta, numa primeira análise, a consagração expressa da amnistia, da prescrição e da «*imunidade penal do suspeito ou arguido, tal como prevista no direito nacional*», para além da doença[18], morte ou fuga do suspeito ou arguido, como causas legitimadoras da perda sem condenação.

Por «*imunidade penal do suspeito ou arguido, tal como prevista no direito nacional*», deverá entender-se, não apenas a inimputabilidade em razão da idade (art. 19.º do Código Penal) ou anomalia psíquica (art. 20.º), mas também as imunidades resultantes, por exemplo, das garantias da irresponsabilidade penal parlamentar ou diplomática.

Assim, tendo em consideração que o primeiro pressuposto, presente desde a redação original do Código Penal, para viabilizar a perda sem condenação, é a demonstração do facto ilícito típico e sempre que a tal demonstração não obste a inimputabilidade do suspeito ou a aplicação de um regime de imunidade, é lícito concluir que tais circunstâncias já se deverão considerar incluídas no rol de causas legitimadoras de uma decisão de perda sem condenação.

Diversamente, onde se vislumbra conteúdo inovatório, a este respeito, na proposta, será na condição erigida para considerar a prescrição como causa legitimadora de perda sem condenação (al. f) do n.º 1) e na restrição do regime da perda sem condenação «*às infrações penais suscetíveis de gerar, direta ou indiretamente, um benefício económico substancial*» (n.º 2).

No considerando (26) da proposta consigna-se que «*A perda deverá também ser possível se um tribunal considerar que os instrumentos, produtos ou bens em questão provêm de atividades criminosas, mas não seja possível obter uma condenação definitiva devido a doença, fuga ou morte do suspeito ou arguido, ou ao facto de o suspeito ou arguido não poder ser responsabilizado por beneficiar de imunidade ou amnistia, tal como previsto no direito nacional. O mesmo deverá ser possível nos casos em que os prazos previstos no direito nacional tenham expirado, caso esses prazos não sejam suficientemente longos para permitir uma investigação e repressão efetivas das infrações penais em causa. Nesses casos, a perda só deverá ser permitida se o tribunal nacional considerar que estão reunidos todos os elementos constitutivos da infração. Por razões de proporcionalidade, a perda de bens sem*

[18] Entendida, para os efeitos da proposta de Directiva, no considerando (27) como «*a incapacidade do suspeito ou arguido de comparecer no processo penal durante um período prolongado, impedindo assim o processo de continuar*».

condenação prévia deve limitar-se aos casos de crimes graves. O direito que assiste ao arguido de ser informado do processo e de se fazer representar por um advogado não deve ser afetado».

E será por aqui, pelo especificamente plasmado em sede de prescrição, designadamente na densificação do que sejam prazos «*suficientemente longos para permitir uma investigação e repressão efetivas das infrações penais em causa*» e na definição do que se deva entender por «*crimes graves*», que terá forçosamente, e uma vez mais, que existir intervenção legislativa que deverá, pensamos, aproveitar o ensejo para clarificar e especificar que circunstâncias estão, afinal, «incluídas» para além da morte e contumácia do agente, como causas legitimadoras da perda sem condenação.

Já fora do Código Penal, consagrou o legislador nacional uma outra possibilidade de perda sem condenação, a saber, a perda do património incongruente do arguido nos termos do plasmado no artigo 7.º da Lei n.º 5/2002, de 11 de Janeiro.

Diferentemente do que sucede na denominada «perda clássica» prevista no Código Penal, não se trata aqui de declarar a perda de instrumentos, produtos ou vantagens do crime, nem sequer do valor equivalente, mas de declarar a perda de um património que se presume constituir vantagem da atividade criminosa e se define como a diferença entre o valor do património do arguido e aquele congruente com o seu rendimento lícito.

Apesar da aplicação deste regime depender de uma condenação do arguido por um dos crimes referidos no catálogo do artigo 1.º da referida Lei, certo é que o património a confiscar se considera, por força de uma presunção, proveniente de uma atividade criminosa precedente, pela qual o arguido não é condenado.

Diversamente do que sucede na «perda clássica», não se exige, na perda prevista no artigo 7.º da Lei n.º 5/2002, a representação dos bens a confiscar como instrumentos, produtos ou vantagens do «facto ilícito típico», mas apenas a sua incongruência com os rendimentos provenientes da atividade lícita do arguido[19].

[19] Segundo o sumário do ac. do STJ de 25 de fevereiro de 2015 (processo n.º 1653/12.2JAPRT.P1.S1): «O instituto da perda de bens, direitos ou vantagens, atualmente previsto no artigo 111.º do Código Penal, não tem natureza penal – não constituindo, nomeadamente, uma pena acessória, nem um qualquer efeito da pena – pelo que a declaração de extinção, por efeito de prescrição, do procedimento criminal relativamente a determinados crimes não

III. Regime processual

Em termos processuais, prescindindo da prolação de uma sentença condenatória, a declaração de perda dos instrumentos, produtos ou vantagens do crime pode até prescindir de uma sentença de absolvição e até mesmo da dedução de acusação por parte do Ministério Público.

Com efeito, logo na fase de inquérito, encontrando-se apreendidos instrumentos, produtos ou vantagens do facto ilícito típico, e perante uma decisão de arquivamento proferida nos termos dos artigos 277.º, 280.º e 282.º do Código de Processo Penal, estabelece a al. e) do n.º 1 do artigo 268.º do mesmo Código a competência do juiz de instrução para «*Declarar a perda a favor do Estado de bens apreendidos, com expressa menção das disposições legais aplicadas (...)*»[20].

Como é por demais evidente, não subjaz a esta decisão de perda qualquer decisão condenatória, cabendo notar que os despachos de arquivamento aqui expressamente contemplados, relativamente aos quais é expressamente afirmada a possibilidade de decisão de confisco, assumem uma natureza bastante heterogénea, contemplando fundamentos de índole mais processual ou material.

Essa heterogeneidade manifesta-se logo nos dois primeiros números do artigo 277.º do Código de Processo Penal, abarcando o seu n.º 1[21] – numa formulação enganadoramente enxuta – fundamentos de arquivamento tão díspares como:

- existir prova bastante da não ocorrência dos factos participados/denunciados;

interfere com a declaração de perda de vantagens, quando se comprove que as coisas, direitos ou vantagens foram adquiridos através de facto ilícito típico»; no mesmo sentido, cfr. o ac. do mesmo tribunal, de 14 de março de 2018 (processo n.º 22/08.3JALRA.E1.S1); na jurisprudência das relações, por exemplo, ac. do TRL de 30 de setembro de 2020 (processo n.º 65/17.6PJLRS.L1-3).

[20] Como se refere no sumário do ac. do TRC de 16 de dezembro de 2020 (processo n.º 899/16.9T9CLD-A.C1) «da interpretação integrada dos arts. 186.º, n.º 3, e 268.º, n.º 1, al. e), do CPP, decorre que, em caso de arquivamento do inquérito nos termos dos arts. 277.º, 280.º e 282.º, do mesmo diploma, a perda a favor do Estado de animais, coisas e objectos apreendidos não opera ope legis; antes exige prévia declaração do juiz de instrução».

[21] «*O Ministério Público procede, por despacho, ao arquivamento do inquérito, logo que tiver recolhido prova bastante de se não ter verificado crime, de o arguido não o ter praticado a qualquer título ou de ser legalmente inadmissível o procedimento*».

- existir prova bastante da ocorrência dos factos participados/denunciados mas também da sua atipicidade objetiva;
- existir prova bastante da ocorrência dos factos participados/denunciados, mas também de o arguido não os ter praticado;
- existir prova bastante da verificação de uma causa de justificação ou exculpação;
- falta de uma condição de punibilidade; ou
- Inadmissibilidade legal de procedimento, compreendendo: imunidades, falta de legitimidade do Ministério Público, existência de caso julgado ou litispendência, prescrição do procedimento criminal, amnistia, inimputabilidade em razão da idade, inimputabilidade por anomalia psíquica sem perigosidade ou morte do arguido/extinção da pessoa coletiva[22].

Sendo certo que, como é evidente, nem todos estes fundamentos do arquivamento do n.º 1 do artigo 277.º habilitam à formulação de um juízo de demonstração de um facto ilícito e típico e, por conseguinte, à prolação de uma decisão de perda.

Já no n.º 2[23] do artigo 277.º do Código de Processo Penal é contemplado o arquivamento por falta de indícios suficientes da verificação do crime ou da sua autoria, numa decisão de raiz material, no culminar da apreciação da prova recolhida. Ora, sendo certo que tal juízo de prognose negativa quanto a uma condenação pode perfeitamente deixar incólume a evidenciada relação dos objetos ou coisas apreendidas com o facto ilícito típico que fundamentou tal apreensão, é expressamente admitida, também neste caso, a prolação de uma decisão de perda.

Por outro lado, nas modalidades de arquivamento do inquérito que pressupõem a existência de indícios suficientes da prática do crime e do seu agente, designadamente, no arquivamento na sequência de cumprimento curial das injunções/regras de conduta estabelecidas como condição da suspensão provisória do processo (art. 282.º, n.º 3 do Código de Processo Penal) ou no arquivamento em caso de dispensa de pena (artigo 280.º do

[22] Que ocorrerá com o encerramento da liquidação da pessoa colectiva – artigo 57.º, n.º 8 do Código de Processo Penal.

[23] *«O inquérito é igualmente arquivado se não tiver sido possível ao Ministério Público obter indícios suficientes da verificação de crime ou de quem foram os agentes».*

Código de Processo Penal)[24], igualmente pode o juiz de instrução proferir decisão de perda a favor do Estado dos bens apreendidos.

Ou seja, nos casos a que se refere o artigo 268.º, n.º 1, al. e) do Código de Processo Penal, não apenas uma decisão final de confisco prescinde de uma prévia condenação, como até pode prescindir da existência de indícios probatórios suficientes da ocorrência de crime e do respetivo agente[25].

Sendo este o regime em sede de inquérito, nenhuma razão há que impeça afirmar idêntica competência do juiz de instrução, na fase processual em que tal autoridade judiciária é o *dominus*, i.e., na facultativa fase da instrução.

Na verdade, ainda que o artigo 268.º do Código de Processo Penal se insira sistematicamente nas disposições relativas aos atos de inquérito, não apenas uma decisão instrutória de não-pronúncia pode ter como fundamento qualquer um dos fundamentos de arquivamento contemplados no artigo 277.º, n.º 1, como é expressamente prevista, no artigo 307.º, n.º 2 a possibilidade de suspender provisoriamente o processo em sede de instrução, com o subsequente arquivamento em caso de cumprimento satisfatório das injunções/regras de conduta estabelecidas como condições da suspensão provisória.

Quanto ao arquivamento em caso de dispensa de pena, decorre expressamente do n.º 2 do artigo 280.º do Código de Processo Penal a possibilidade de o juiz de instrução *«arquivar o processo»*, se se verificarem os pressupostos da dispensa de pena, depois de deduzida a acusação e enquanto decorrer a instrução, mas aqui com a concordância do Ministério Público e do arguido.

[24] Será duvidoso, porém, que à luz do que consta na proposta de Diretiva *supra* referida, se mantenha a possibilidade de confisco sem condenação no arquivamento em caso de dispensa de pena, atendendo ao limiar de gravidade penal plasmado no n.º 4 do artigo 15.º da proposta, por contraposição com as molduras penais abstratas dos crimes relativamente aos quais se admite a dispensa de pena.

[25] O ac. do STJ n.º 11/2016, de 20 de julho, fixou a seguinte jurisprudência: «Em caso de arquivamento do inquérito, cabe ao juiz de instrução, nos termos do artigo 116.º, da lei do jogo (Decreto-Lei n.º 422/89, de 02.12, alterado pelo Decreto-Lei n.º 10/95, de 19.01, pela Lei n.º 28/2004, de 16.07, pelo Decreto-Lei n.º 40/2005, de 17.02, pela Lei n.º 64-A/2008, de 31.12, e pelo Decreto-Lei n.º 114/2011, de 30.11), declarar perdido a favor do Estado e mandar destruir o material e utensílios de jogo».

Nada obsta, portanto, a que o juiz de instrução, também em caso de decisão de não-pronúncia, ou de arquivamento decorrente do cumprimento da suspensão provisória do processo ou em caso de dispensa de pena, possa igualmente declarar a perda a favor do Estado de bens apreendidos, estando obrigado a fazê-lo sempre «*com expressa menção das disposições legais aplicadas*».

Na fase processual do julgamento, a eventual declaração de contumácia do arguido não impede que o processo prossiga, apenas para efeitos da declaração de perda de instrumentos, produtos e vantagens a favor do Estado, conforme preceitua o artigo 335.º, n.º 5 do Código de Processo Penal[26].

Por outro lado, realizado o julgamento, mesmo em caso de sentença absolutória, decorre do disposto no artigo 374.º, n.º 3, al. c) do Código de Processo Penal, onde se estabelecem os requisitos da sentença, que deve constar do dispositivo «*a indicação do destino a dar a animais, coisas ou objectos relacionados com o crime, com expressa menção das disposições legais aplicáveis*».

Ora, como é bom de ver, a sentença absolutória, à semelhança do despacho de arquivamento ou da decisão de não-pronúncia pode fundar--se nos mais variados motivos, de raiz material ou processual, como por exemplo, a falta de prova dos factos da acusação, a prova de factos consubstanciadores de causas de desculpação[27], a amnistia ou a prescrição, desde que, em todo o caso, subsista a prova de um facto ilícito e típico e existam instrumentos ou produtos do mesmo ou tenha tal facto gerado vantagens.

Deste modo, mesmo transitando o processo para a fase de julgamento, nem por isso a perda a favor do Estado dos instrumentos, produtos ou vantagens fica condicionada à prolação de uma sentença condenatória.

Necessário é que, em qualquer caso, o Ministério Público formule o pedido respetivo, promovendo a perda a favor do Estado dos instrumentos do crime, nos termos do artigo 109.º, n.º 1 do Código Penal, dos produtos e vantagens, nos termos do artigo 110.º, n.º 1 – ou do respetivo valor, nos termos dos n.ºs 3 e 4 dos referidos artigos 109.º e 110.º.

[26] «*A declaração de contumácia não impede o prosseguimento do processo para efeitos da declaração da perda de instrumentos, produtos e vantagens a favor do Estado*».

[27] Já não pela prova de factos consubstanciadores de causas de justificação, pois aí faltaria o pressuposto fundamental da ilicitude – art. 31.º do Código Penal.

Uma questão que se poderia suscitar, em face dos termos em que são formuladas as possibilidades de processualmente decretar a perda dos instrumentos, produtos e vantagens do crime é a de saber se, inexistindo sentença condenatória, apenas poderia ser declarada a perda dos instrumentos, produtos ou vantagens que se encontrassem «*apreendidos*» – artigo 268.º, al. e) do Código de Processo Penal – ou «*relacionados com o crime*» – artigo 374.º, n.º 3, al. c) – ou se será possível, igualmente, na falta de decisão condenatória, determinar a perda de bens, pertença do arguido ou de terceiros que, não se encontrando apreendidos, se encontrem sujeitos à medida de garantia patrimonial do arresto preventivo, previsto no artigo 228.º do Código de Processo Penal.

Esta questão assume particular relevância naqueles casos em que não se revele possível a apropriação em espécie dos instrumentos, produtos ou vantagens e por isso, e nos termos do n.º 3 do artigo 109.º e do n.º 4 do artigo 110.º do Código Penal, a perda desses bens tenha de ser substituída pela perda do respetivo valor.

Nessas situações, com efeito, assume utilidade o arresto preventivo, uma vez que o mesmo «*procura salvaguardar a possibilidade de executar o confisco no "património lícito" do arguido: para o património comprovadamente resultante do crime já existe a apreensão (art. 178.º, n.º 1, do Código de Processo Penal)*»[28], assim se delimitando o âmbito material dos dois mecanismos adjetivos do confisco.

É hoje indiscutível que a apreensão não visa somente finalidades probatórias, mas também finalidades cautelares, como garantia adjetiva dos artigos 109.º e 110.º do Código Penal, já referindo, a este propósito, GERMANO MARQUES DA SILVA[29] «*tenha-se em atenção que a apreensão não é apenas um meio de obtenção e conservação de provas, mas também de segurança de bens para garantir a execução, embora na grande maioria dos casos esses objetos sirvam também como meios de prova*», acrescentando que «*a apreensão destina-se essencialmente a conservar provas reais e bem assim de objetos que em*

[28] JOÃO CONDE CORREIA, «Apreensão ou Arresto Preventivo dos Proventos do Crime», *RPCC*, 2015, p. 541.

[29] *Curso de Processo Penal*, Lisboa, Verbo, 1993, 3, p. 169. Na jurisprudência, na mesma linha, o ac. do TC n.º 294/2008, de 29 de maio de 2008, referiu que: «a apreensão tem a dupla função de meio de obtenção de prova e de garantia patrimonial do eventual decretamento de perda de valores a favor do Estado».

razão do crime com que estão relacionados podem ser declarados perdidos a favor do Estado».

Não sendo possível apreender as próprias coisas que consubstanciam os instrumentos, produtos e vantagens do crime, e posto que, mau grado tal impossibilidade, a respetiva declaração de perda continue a ser obrigatória, impõe-se arrestar preventivamente bens de valor equivalente, seja qual for a sua origem.

Ora, partindo da consideração que «*o arresto preventivo é uma medida de garantia patrimonial que permite a apreensão judicial dos bens do arguido e nela se materializa*»[30] e que, transitada em julgado a decisão que o decrete, o mesmo subsiste até à decisão final absolutória[31]/ [32] ou até à extinção das obrigações que o mesmo vise garantir, não se vislumbra como seja possível restringir a possibilidade de declarar a perda apenas aos bens que se encontrem apreendidos – instrumentos, produtos ou vantagens do facto ilícito típico – e já não aos bens que se encontrem preventivamente arrestados, para salvaguardar a perda do valor equivalente, na impossibilidade de apreensão dos primeiros.

Em apoio deste entendimento, como lugar paralelo, poder-se-á convocar o disposto no artigo 12.º, n.º 4 da Lei n.º 5/2002, de 11 de Janeiro, de onde resulta – imperativamente – que os bens arrestados para garantir a perda do património «meramente» incongruente «*são perdidos a favor do Estado*» caso o arguido não proceda voluntariamente ao pagamento do respectivo valor. Sendo de notar que, neste caso, o arresto decretado nem sequer visa garantir a perda do valor dos instrumentos, produtos ou vantagens do facto ilícito típico, mas apenas do valor de um património que nenhuma relação tem com o crime imputado ao arguido, no que configura um caso paradigmático de confisco sem condenação, fora do Código Penal.

Forçoso é, assim, concluir que o património lícito do arguido, arrestado preventivamente nos termos do artigo 228.º do Código de Processo Penal para garantir a obrigatoriedade da perda dos instrumentos, produtos

[30] Conforme, a título de exemplo, se refere no ac. do TRL de 23 de setembro de 2020 (processo n.º 324/14.0TELSB-CX.L1).

[31] Veja-se também o aresto *supra* citado acerca da inaplicabilidade da cláusula *rebus sic stantibus* em sede de medidas de garantia patrimonial, por contraposição com o que sucede nas medidas de coacção.

[32] Paulo Pinto de Albuquerque, *Comentário ao Código de Processo Penal*, Lisboa, UCE, p. 629, e João Conde Correia, *op. cit.*, p. 536 e nota 70.

e vantagens do facto ilícito típico – perda essa que, como vimos, tanto pode ocorrer na sequência de uma decisão condenatória como de uma decisão absolutória, da extinção da responsabilidade criminal do arguido decorrente da sua morte ou extinção, da amnistia ou da prescrição, ou até na sequência da comprovação da impossibilidade prática de proceder ao julgamento por desconhecimento do paradeiro do arguido (contumácia), ou mesmo na sequência de um arquivamento do inquérito, por razões materiais ou processuais – não pode ficar imune ao confisco.

Como diz João Conde Correia[33], «*Como em termos substantivos tanto faz recuperar a própria vantagem em espécie, como um valor equivalente, também em termos adjetivos terá que ser possível criar as condições indispensáveis para acautelar a perda desse valor equivalente*».

E isto, quer exista condenação, quer não exista.

Essencial é que, para além dos pressupostos fundamentais da demonstração da existência de um facto ilícito típico e da existência de instrumentos, produtos e vantagens relacionados com o mesmo, igualmente se demonstre a impossibilidade da sua perda em espécie e a concomitante inevitabilidade da perda do respetivo valor, para o que se encontra preordenada a medida de garantia patrimonial em causa.

IV. Conclusão

Aqui chegados, e em jeito de conclusão, face à primeiramente aludida parcimónia na aplicação destas soluções legais, caberá, uma vez mais, perguntar, com João Conde Correia, quem afinal «tem medo do lobo mau»?

Seja quem for, não poderão nem deverão ser, certamente, os aplicadores do Direito «em ação», a quem incumbe participar na realização plena do Estado de Direito, pois esses dispõem, como vimos, de amplas possibilidades de «confiscar» os instrumentos, produtos e vantagens do crime, mesmo nas situações em que não se revele possível «castigar».

[33] *Op. cit.*, p. 542.

9. CONFISCO NÃO BASEADO NUMA CONDENAÇÃO EM LEGISLAÇÃO PENAL AVULSA

MARIA DO CARMO SARAIVA DE MENEZES DA SILVA DIAS

1. A importância do confisco/perda não baseado numa condenação

As decisões de perda/confisco[1], em contexto penal, visam genericamente a privação definitiva de quaisquer «instrumentos», «produtos»,

[1] Alguns Autores atribuem significados diferentes aos conceitos de «perda» e «confisco». Por exemplo, JOSÉ M. DAMIÃO DA CUNHA, *Medidas de Combate à Criminalidade Organizada e Económico-Financeira A Lei nº 5/2002, de 11 de Janeiro de 2002*, Porto, UCE – Porto, 2017, pp. 25/8, chama à atenção para a distinção que faz entre a «ordem de confisco», em que não há «reversão direta para o Estado» (como sucede na «ordem de pagamento» da Lei nº 5/2002) e a «perda de bens», como sucede, por exemplo, no artigo 111.º do CP, ou nos artigos 36.º a 38.º da Lei nº 15/93, ou mesmo com a perda ampliada da Diretiva 2014/42/UE, caraterizadas pela «reversão direta para o Estado de qualquer bem ou ativo "inquinado"». Por sua vez, JORGE ALEXANDRE FERNANDES GODINHO, «Brandos Costumes? O Confisco Penal com Base na Inversão do Ónus da Prova (Lei nº 5/2002, de 11 de Janeiro, artigos 1.º e 7.º a 12.º)», AAVV., *Liber Discipulorum para Jorge de Figueiredo Dias*, Coimbra, Coimbra Editora, 2003, p. 1356, nota 126, insurge-se contra o termo usado pelo legislador português de «perda de bens» essencialmente por razões históricas, considerando-o inadequado (pela falta de rigor terminológico) e até artificial, preferindo o de «confisco» por ser mais apreensível pelos leigos e ter até maior equivalência em várias línguas europeias. Não deixa de considerar que se trata de uma «uma privação intencional e uma típica manifestação do poder público, pelo que é aliás feliz a menção de que a aquisição é feita em benefício do "fisco", ou seja, de entes públicos». JÁ PEDRO CAEIRO, «Sentido e função do instituto da perda de vantagens relacionadas com o crime no confronto com outros meios de prevenção da criminalidade reditícia (em especial os procedimentos de confisco *in rem* e a criminalização do enriquecimento "ilícito")», *RPCC*, Ano 21, abril-junho de 2011, n.º 2, p. 269, entende por «perda» ou confisco «as medidas *jure imperii* que instauram o domínio do Estado sobre certos bens ou valores, fazendo cessar os

«bens»[2], pertencentes a pessoas singulares ou coletivas, quando relacionadas com crimes.

Trata-se de um dos mecanismos mais eficazes na luta contra a criminalidade, que é variada e transnacional, possibilitando hoje em dia combater de forma mais eficiente o terrorismo, na medida em que, sendo declarados perdidos os ativos de origem criminosa deixam de poder ser utilizados como fonte de financiamento de células terroristas que existem por esse mundo fora.

A criminalidade organizada, com ramificações nacionais e transnacionais, movendo-se em redes cifradas, utilizando o mundo digital a seu favor, recorrendo a meios tecnológicos cada vez mais sofisticados e de última geração, consegue produzir facilmente riqueza ilícita, como se vê pelos montantes que foram atingidos, por exemplo, no ano de 2019, nos nove principais mercados criminosos da União Europeia, no valor de 139 mil milhões de euros anuais (correspondente a 1% do produto interno bruto da União Europeia)[3] – sendo essa a receita mínima anual

direitos reais e obrigacionais que sobre eles incidissem, bem como outras formas de tutela jurídica das posições fácticas que os tivessem por objecto (*v.g.*, a posse)». Defende o mesmo Autor (*ob. cit.*, p. 270), que «as expressões "perda de bens a favor do Estado" e "confisco" exprimem adequadamente a mesma noção e podem, por isso, ser usadas indistintamente». Quanto a nós, consideramos que ambos os termos («perda de bens a favor do Estado» que por simplificação normalmente se reduz para «perda de bens» por um lado e, «confisco» por outro lado, apesar de já não haver reversão em benefício do «fisco») tem o mesmo significado (como defende Pedro Caeiro), ainda que qualquer um deles possa em parte estar desatualizado ou possa ser menos rigoroso, o que é irrelevante para este escrito.

[2] Para usar a terminologia que consta das definições do art. 2.º, 1, 2, 3, da Diretiva 2014/42/UE, de 3 de abril de 2014, sobre o congelamento e a perda dos instrumentos e produtos do crime na União Europeia.

[3] Ver COM (2021) 170 final, Comunicação da Comissão ao Parlamento Europeu, ao Conselho, ao Comité Económico e Social Europeu e ao Comité das Regiões sobre a estratégia da UE para lutar contra a criminalidade organizada (2021-2025), Bruxelas, 14 de abril de 2021, p. 1, onde se assinalam como constituindo os 9 principais mercados criminosos da União Europeia os seguintes: Drogas ilícitas, tráfico de seres humanos, introdução clandestina de migrantes, fraude (fraude intracomunitária do operador fictício, infrações aos direitos de propriedade intelectual, fraude alimentar), criminalidade ambiental (tráfico ilícito de resíduos e tráfico ilícito de espécies selvagens), armas de fogo ilícitas, comércio ilícito de tabaco, atividades no domínio da cibercriminalidade, crime organizado contra a propriedade – Estudo intitulado «Mapping the risk of serious and organised crime infiltration in legitimate businesses»

considerada ainda em 2021 como gerada pelo crime organizado[4], sabido que «70% dos grupos criminosos que operam na UE estão ativos em mais de três Estados-Membros e 65% deles são compostos por membros de várias nacionalidades»[5] – o que lhes permite infiltrar-se habilidosa e facilmente na economia legal, fazendo a respetiva lavagem/branqueamento e transformando tudo em «lucros lícitos», dando a necessária aparência de legalidade, assim evitando a perseguição e fácil deteção dos criminosos, seus detentores[6].

As organizações criminosas, que são cada vez mais sofisticadas, veem de certa forma a sua atividade internacional facilitada, por um lado, com a variada legislação existente nos diferentes Estados, que nem sempre é uniforme em matérias centrais, como esta relacionada com a recuperação de ativos, apesar da regulamentação comunitária existente, como se verifica, por exemplo, com Diretivas já em vigor, que não são totalmente transpostas (o que permite aos criminosos escolher os Estados com legislação mais favorável para poderem esconder e branquear, sem serem descobertos, as fortunas obtidas ilicitamente) e, por outro lado, por se depararem com uma investigação que não tem o mesmo poder

(Levantamento do risco de infiltração da criminalidade grave e organizada nas empresas legítimas), março de 2021, DR0221244ENN, https://data.europa.eu/doi/10.2837/6410.

[4] Ver COM (2022) 245 final, Proposta de uma Diretiva do Parlamento Europeu e do Conselho sobre a recuperação e confisco de bens {SEC(2022) 245 final} – {SWD(2022) 245 final} – {SWD(2022) 246 final}, p. 14.

[5] Ver Relatório de Avaliação do Documento de Trabalho do Staff da Comissão que acompanha a Proposta de Diretiva do Parlamento Europeu e do Conselho sobre a recuperação e confisco de bens {COM(2022) 245 final} – {SEC(2022) 245 final} – {SWD(2022) 246 final}, p. 48. Adianta-se na p. 49 que gerando o crime organizado «pelo menos 139 milhões de euros por ano, ou 1% do PIB da UE», as maiores receitas são provenientes «da fraude e das drogas ilícitas.»

[6] Refere-se na mesma COM (2021) 170 final, p. 3, que «Atualmente, a criminalidade organizada é uma atividade internacional. 65 % dos grupos criminosos ativos nos Estados-Membros da UE são compostos por membros de múltiplas nacionalidades. As rotas de transporte de drogas, armas de fogo ou produtos de contrafação atravessam todos os continentes através de uma cadeia de abastecimento mundial. Os grupos de criminalidade organizada móveis envolvidos no crime organizado contra a propriedade deslocam-se rapidamente através de múltiplas jurisdições para cometer os seus crimes. Ao operarem em diferentes jurisdições, os grupos criminosos evitam ser detetados e exploram as diferenças entre os direitos nacionais aplicáveis.»

para lhe fazer frente, desde logo pela falta de meios e de recursos, mas que ao mesmo tempo, não pode ultrapassar determinados limites (ao contrário dos criminosos que não tem limites) para não ofender e observar princípios e direitos fundamentais reconhecidos nomeadamente na Carta dos Direitos Fundamentais da União Europeia e na própria Convenção Europeia dos Direitos Humanos, o que também funciona como mais um fator que dificulta a recolha de provas e o êxito na investigação e numa perseguição eficaz (mas que, assim, oferecem a garantia de se viver em Estados de direito).

De qualquer modo, impõe-se garantir às autoridades que procedem à investigação soluções que lhes assegurem o acesso lícito aos meios que lhes permitam fazer a «decifragem» necessária das informações criminosas «cifradas», preservando ao mesmo tempo a privacidade, a confidencialidade, os direitos fundamentais e a segurança das comunicações.

Como se adianta na Resolução do Conselho sobre encriptação[7]: «As autoridades competentes devem poder aceder aos dados de forma legal e direcionada, no pleno respeito dos direitos fundamentais e da legislação pertinente em matéria de proteção de dados, salvaguardando ao mesmo tempo a cibersegurança. As soluções técnicas para aceder aos dados encriptados devem reger-se pelos princípios da legalidade, da transparência, da necessidade e da proporcionalidade, incluindo a proteção dos dados pessoais, desde a conceção e por defeito. Haverá que procurar possíveis soluções de forma transparente, em cooperação com prestadores de serviços de comunicação nacionais e internacionais e outros intervenientes relevantes. Tais soluções e normas técnicas – bem como a rápida evolução da tecnologia em geral – exigem também um constante reforço das competências técnicas e operacionais e dos conhecimentos especializados por parte das autoridades competentes para responderem eficazmente aos desafios da digitalização no seu trabalho à escala mundial».

E, repare-se que, a criminalidade organizada, vai-se expandindo em diversas áreas, de forma opaca e fluída, motivada pelos ganhos fáceis, atuando com grande mobilidade (sendo constituída por membros de diferentes nacionalidades, mas operando com «modelos empresariais» paralelos, em diversas jurisdições, o que joga a seu favor na medida em

[7] Segurança através da encriptação e segurança apesar da encriptação, 13084/1/20 REV 1, 24.11.2020.

que assim evitam ser detetados e exploram as diferenças entre os direitos nacionais respetivos que forem aplicáveis), particularmente nos setores mais lucrativos, utilizando os seus lucros ilegais para se infiltrar na economia dos diferentes Estados e nas instituições públicas, aproveitando todas as oportunidades, como sucedeu, por exemplo, com a pandemia provocada pela Covid-19[8], para cometer novas fraudes e obter enriquecimentos ilícitos, assim continuando a minar a economia lícita e o próprio Estado de direito.

Por isso, exige-se uma resposta enérgica e sólida, o que significa desde logo que a investigação não pode parar e a cooperação internacional, seja a nível policial, como judiciário, entre os Estados-membros, sendo útil e necessária nesta área, nomeadamente na partilha de conhecimentos e intercâmbio de informações e dados, tem de ser atempada e célere para ser mais eficiente[9], uma vez que não tem sido suficiente para combater

[8] Na COM (2021) 170 final, Comunicação da Comissão ao Parlamento Europeu, ao Conselho, ao Comité Económico e Social Europeu e ao Comité das Regiões sobre a estratégia da UE para lutar contra a criminalidade organizada (2021-2025), Bruxelas, 14.04.2021, p. 2, assinala-se que «Os grupos criminosos aproveitaram a pandemia para expandir as atividades criminosas em linha e para cometer fraudes, nomeadamente no domínio da contrafação de produtos médicos. A grande procura contínua de vacinas contra a COVID-19 tornou-se um filão atrativo para os criminosos que procuram produzir e fornecer vacinas contrafeitas ou participar em esquemas fraudulentos contra particulares ou autoridades públicas. Até à data, os governos da UE detetaram tentativas de burlas e falsas ofertas por parte de autores de fraudes que tentavam vender mais de 1,1 mil milhões de doses de vacinas por um preço total superior a 15,4 mil milhões de euros. A crise económica resultante da pandemia aumenta os riscos ligados às atividades da criminalidade organizada e de estas se infiltrarem ainda mais na sociedade e na economia».

[9] Essencial, nesta área, a plena interoperabilidade entre os vários sistemas de informação da União Europeia, sendo um objetivo a alcançar até final de 2023, segundo a COM (2021) 170 final, p. 4. A propósito ver Regulamento (UE) 2019/817 do Parlamento Europeu e do Conselho, de 20 de maio de 2019, relativo à criação de um quadro para a interoperabilidade entre os sistemas de informação da UE no domínio das fronteiras e dos vistos e que altera os Regulamentos (CE) n.º 767/2008, (UE) 2016/399, (UE) 2017/2226, (UE) 2018/1240, (UE) 2018/1726 e (UE) 2018/1861 do Parlamento Europeu e do Conselho, e as Decisões 2004/512/CE e 2008/633/JAI do Conselho (JO L 135 de 22.5.2019) e Regulamento (UE) 2019/818 do Parlamento Europeu e do Conselho, de 20 de maio de 2019, relativo à criação de um regime de interoperabilidade entre os sistemas de informação da UE no domínio da cooperação policial e judiciária, asilo e migração, e que altera os Regulamentos (UE) 2018/1726, (UE) 2018/1862 e (UE) 2019/816 (JO L 135 de 22.5.2019).

eficazmente todas as formas de criminalidade organizada, sabido que estas aproveitam (em seu benefício, sempre tendo em vista o máximo de lucro ilícito e o seu branqueamento, nomeadamente, através da utilização crescente de canais financeiros com uma supervisão mais limitada do que a do setor bancário, como as moedas virtuais) o espaço europeu, sem controlos nas fronteiras internas.

Daí que, também os diferentes mecanismos de perda de bens – nomeadamente o confisco não baseado numa condenação (*Non Conviction Based Confiscation – NCBC*) – traduzem estratégias encontradas para melhor conseguir desapropriar os criminosos dos ativos ilícitos, sabido que, como é estimado pela Europol, «na UE apenas cerca de 2% dos produtos do crime são congelados e 1% declarado perdido»[10], o que é muito pouco e mostra que ainda há muito a fazer, nomeadamente, a nível da uniformização de procedimentos nos vários Estados da União Europeia, para que se consiga inverter essa proporção (passando a ser os criminosos desapossados de 99% dos lucros estimados da criminalidade e sendo perdidos ao menos 98%!).

Mas será essa uma meta inatingível?

O ideal é conseguir alcançar esse objetivo rapidamente, tendo, para o efeito, de continuar a arranjar-se mecanismos viáveis para mostrar que o crime não compensa e, ao mesmo tempo implementá-los no terreno para, assim, dissuadir em geral os criminosos de prosseguir na atividade criminosa, melhor prevenindo e lutando contra a criminalidade e, em particular, contra a criminalidade organizada e económico-financeira, que é a que gera mais lucros ilícitos.

A perda sem condenação é mais uma forma de mostrar que «o crime não compensa» (*crime doesn`t pay*) e, ao mesmo tempo, é eficaz na prevenção da criminalidade, acabando por conferir maior segurança às sociedades, contribuindo para que as economias se tornem mais transparentes, diminuindo a concorrência com intervenientes ilegais (que são os criminosos que se tornam investidores para poderem branquear os seus lucros ilícitos e continuarem a maximizar os lucros, assim contaminando a economia lícita, alterando as regras de mercado e, simultaneamente, gerando um «sistema financeiro paralelo e clandestino»), sendo menos prejudicados

[10] Assim, COM (2020) 217 final, Relatório da Comissão ao Parlamento Europeu e ao Conselho, sobre Recuperação e perda de bens: garantir que o crime não compensa, p. 2.

os intervenientes legais e, também criando maior confiança nos sistemas judiciais dos Estados-membros e da União Europeia em geral, o mesmo se passando com as próprias políticas nacionais de cada Estado (aliás, quanto maior for a receita a nível da recuperação de ativos ilícitos isso significa que mais eficiente é a investigação e, consequentemente, a intervenção dos órgãos de polícia criminal e das autoridades judiciárias no âmbito do processo penal).

Também por esta via se conseguem despojar as organizações criminosas (no sentido definido no artigo 1.º da Decisão-Quadro 2008/841/JAI do Conselho[11]) dos seus lucros ilícitos, o que é uma forma de as desmantelar/eliminar, o que a par do objetivo europeu de cumprir as 10 prioridades na luta contra a criminalidade grave e organizada no período de 2022 a 2025[12], não esquecendo ainda o combate às «ameaças transversais» (desde

[11] Nos termos do artigo 1.º da Decisão-Quadro 2008/841/JAI do Conselho, de 24 de outubro de 2008 relativa à luta contra a criminalidade organizada:
«1. "Organização criminosa", a associação estruturada de mais de duas pessoas, que se mantém ao longo do tempo e atua de forma concertada, tendo em vista a prática de infrações passíveis de pena privativa de liberdade ou medida de segurança privativa de liberdade cuja duração máxima seja, pelo menos, igual ou superior a quatro anos, ou de pena mais grave, com o objetivo de obter, direta ou indiretamente, benefícios financeiros ou outro benefício material.
2. "Associação estruturada", uma associação que não foi constituída de forma fortuita para a prática imediata de uma infração e que não tem necessariamente atribuições formalmente definidas para os seus membros, continuidade na sua composição ou uma estrutura sofisticada».

[12] Ver Conclusões do Conselho que fixam as prioridades da UE em matéria de luta contra a criminalidade grave e organizada para a EMPACT de 2022 a 2025, Bruxelas, 12 de maio de 2021 (OR. en) 8665/21 COSI 90 ENFOPOL 182 CRIMORG 47 CYBER 140 ENFOCUSTOM 70 JAI 531 (*em resumo:* 1.º «identificar e desmantelar as redes criminosas de alto risco que estão ativas na União Europeia»; 2.º «combater os criminosos responsáveis por ciberataques, em especial os que oferecem serviços criminosos especializados em linha.»; 3.º «desmantelar as redes criminosas envolvidas no tráfico de seres humanos para todas as formas de exploração»; 4.º «combater o abuso de crianças em linha e fora de linha, incluindo a produção e a difusão de material pedopornográfico, bem como a exploração sexual de crianças em linha»; 5.º «combater as redes criminosas envolvidas na introdução clandestina de migrantes»; 6.º identificar e combater as redes criminosas envolvidas no Tráfico de droga: produção, tráfico e distribuição de canábis, cocaína e heroína; produção, tráfico e distribuição de drogas sintéticas e novas substâncias psicoativas (NSP); 7.º identificar e combater as redes criminosas envolvidas na Fraude, criminalidade económica e financeira: esquemas de fraude em linha, fraude no domínio dos impostos especiais de consumo, fraude intracomunitária do operador

logo à fraude documental), constituem contributos para o crescimento saudável e para a transparência da economia legal, das instituições públicas e do próprio Estado de direito.

Aliás, para melhor concretizar a recuperação de ativos e melhor agilizar os mecanismos de confisco, foi essencial, também, a entrada em vigor do Regulamento (UE) 2018/1805 do Parlamento Europeu e do Conselho de 14 de novembro de 2018, relativo ao reconhecimento mútuo das decisões de apreensão e de perda.

Pela sua importância, repercussão e eficácia, compreende-se que o recurso à apreensão e confisco de bens estejam igualmente a ser utilizados pela União Europeia para «preservar a paz e a segurança internacionais», bem como para «consolidar o apoio à democracia, ao Estado de direito e aos direitos humanos», que têm sido afetados designadamente com a invasão da Ucrânia pela Rússia[13]. Com efeito, nesse sentido, a União Europeia tem tomado (ao abrigo dos arts. 29.º do TUE e 215.º do TFUE) uma série de medidas restritivas contra pessoas singulares e coletivas russas e bielorussas, assim como medidas setoriais, tendo inclusivamente a Comissão criado «o Grupo de Trabalho "Congelar

fictício, criminalidade no domínio da propriedade intelectual (PI), contrafação de bens e moedas, delitos financeiros, branqueamento de capitais e recuperação do produto do crime; 8.º «desmantelar as redes criminosas envolvidas em crime organizado contra a propriedade, nomeadamente em assaltos e roubos organizados, no tráfico de veículos roubados e no comércio ilegal de bens culturais, com especial destaque para as redes de alta mobilidade e que operam em toda a UE»; 9.º«desmantelar as redes criminosas envolvidas em todas as formas de criminalidade ambiental, com especial destaque para o tráfico de resíduos e de espécies selvagens, bem como para as redes criminosas e os empresários criminosos individuais com capacidade para infiltrar estruturas empresariais legais a alto nível ou para criar as suas próprias empresas a fim de facilitar os seus crimes»; 10.º «combater as redes criminosas e os criminosos envolvidos no tráfico e na distribuição e utilização ilícitas de armas de fogo»).

[13] Mas, já anteriormente, desde 2014, na sequência da anexação ilegal da Crimeia pela Rússia, que a União Europeia tem vindo a impor progressivamente sanções e medidas restritivas contra a Rússia. Ver, entre outros, o Regulamento (UE) N.º 833/2014 DO CONSELHO de 31 de julho de 2014 que impõe medidas restritivas tendo em conta as ações da Rússia que desestabilizam a situação na Ucrânia. Sobre a Cronologia das medidas restritivas da UE contra a Rússia a respeito da Ucrânia, ainda que de forma sintética, pode-se consultar, https://www.consilium.europa.eu/pt/policies/sanctions/restrictive-measures-against-russia-over-ukraine/history-rest rictive-measures-against-russia-over-ukraine/

e Apreender", no qual participam os serviços da Comissão, os representantes dos Estados-Membros e as agências da União, como a Eurojust e a Europol».[14]

Foi precisamente por ser urgente responsabilizar as pessoas singulares e coletivas envolvidas na violação das medidas restritivas da União, que logo em 25 de maio de 2022 a Comissão Europeia, em comunicação ao Parlamento e ao Conselho, delineou os principais elementos para uma futura diretiva relativa às sanções penais pela violação das regras da União em matéria de medidas restritivas[15], a qual se aplicava «à violação de medidas restritivas da União. Estas medidas restritivas são adotadas nos termos do artigo 29.º do Tratado da União Europeia (TUE) e do artigo 215.º do TFUE e incluem medidas específicas selecionadas, ou seja, o congelamento de ativos, a proibição de disponibilizar fundos e recursos económicos e restrições de admissão (proibições de deslocação), bem como medidas restritivas setoriais, ou seja, embargos ao armamento ou medidas económicas e financeiras (por exemplo, restrições à importação e exportação, restrições à prestação de determinados serviços, como serviços bancários).»[16]

E, para melhor concretizar os seus objetivos, ainda em 25 de maio de 2022[17], o Conselho reforçou «as capacidades das autoridades nacionais para detetar, identificar, congelar e gerir bens que constituem os produtos ou instrumentos do crime», prevendo ainda «um quadro jurídico reforçado em matéria de confisco, incluindo casos específicos em que não é possível uma condenação por um crime específico.»

Tudo isso porque, para além da violação das medidas restritivas da União dever ser qualificada como um domínio particularmente grave da criminalidade, importando uniformizar definições e sanções nos vários

[14] Ver COM (2022) 249 final, Comunicação da Comissão ao Parlamento Europeu e ao Conselho, Para uma Diretiva relativa às sanções penais pela violação de medidas restritivas da União, Bruxelas 25 de maio de 2022, p. 2.

[15] Ver COM (2022) 249 final.

[16] Ver COM (2022) 249 final, Anexo da Comunicação da Comissão ao Parlamento Europeu e ao Conselho Para uma Diretiva relativa às sanções penais pela violação de medidas restritivas da União, Bruxelas 25 de maio de 2022, p. 1.

[17] Ver COM (2022) 247 final, de 25 de Maio de 2022, Proposta de Decisão do Conselho relativa ao aditamento da violação de medidas restritivas da União aos domínios de criminalidade previstos no artigo 83.º, n.º 1, do Tratado sobre o Funcionamento da União Europeia.

Estados-Membros (e, assim, estabelecer uma resposta uniforme de todos e cada um dos Estados-Membros), a verdade é que, também, é preciso impedir o acesso aos bens congelados pelos seus detentores e, bem assim, não contribuir para a exploração ilegal de bens e recursos naturais comercializados em violação das medidas restritivas da União (que sempre podem perpetuar a prática de crimes).

Toda esta luta contra a criminalidade organizada, corrupção, branqueamento de ganhos ilícitos manifestou-se, ainda em 25 de maio de 2022, com a apresentação da Proposta de uma Diretiva do Parlamento Europeu e do Conselho sobre a recuperação e confisco de bens[18], que no seu artigo 35.º, n.º 1, substitui, entre outros instrumentos, a Diretiva 2014/42/UE de 3 de abril de 2014, sobre o congelamento e a perda dos instrumentos e produtos do crime na União Europeia[19].

E, claro que uma das metas a alcançar é precisamente alargar os pressupostos para ser possível, em maior número de casos, aplicar a perda *non conviction based (NCB)*, na medida em que assim pode contribuir para aumentar a recuperação de ativos quando, por exemplo, não é possível ligar os bens apreendidos a uma condenação penal.

O modelo de *NCB*, importado do sistema de *comnon law*, consagrado de uma forma ainda simplificada no artigo 4.º, n.º 2, da Diretiva 2014/42/UE, não deixa de ser, como salienta ANABELA MIRANDA RODRIGUES[20], uma «novidade» no «âmbito jurídico europeu», uma vez «que esta modalidade de perda só era conhecida da Convenção das Nações Unidas contra a

[18] Ver COM (2022)245 final, 2022/0167(COD).

[19] Esses esforços globais contra a criminalidade organizada, a corrupção e o branqueamento, estabelecendo regras de congelamento e confisco de bens e produtos, já vinham sendo implementado pela Convenção das Nações Unidas sobre o Crime Organizado Transnacional e seus Protocolos, pela Convenção das Nações Unidas contra a Corrupção, pela Convenção de Varsóvia do Conselho da Europa sobre Branqueamento, Busca, Apreensão e Confisco dos Produtos do Crime e Financiamento do Terrorismo, bem como pela Recomendação 4 do GAFI (Grupo de Ação Financeira).

[20] «O Regulamento (UE) 2018/1805, de 14 de novembro de 2018, relativo ao reconhecimento mútuo das decisões de apreensão e perda como pedra angular da cooperação judiciária na União Europeia – eficácia *versus* direitos fundamentais?», *in* Maria Raquel Desterro Ferreira/Elina Lopes Cardoso/João Conde Correia (coord.), *Cooperação Internacional para Efeitos de Recuperação de Ativos*, Coimbra, Almedina, 2021, p. 20.

Corrupção[21]». Mas, como realça a mesma Autora[22], «ainda que não se esqueça que a Diretiva apenas estabelece "regras mínimas" – sublinhadas a este propósito –, pode concluir-se que o legislador europeu foi cauteloso na previsão da perda *NCB*. Para além de a ter limitado aos casos de doença ou fuga, saliente-se que não contemporizou com a suficiência de um padrão civilista de prova, referindo-se a um processo penal capaz de conduzir a uma condenação penal – logo como um escalão superior de prova – caso o julgamento tivesse sido possível. Pode aqui falar-se em perda *NCB de índole criminal* que, tal como a de índole civil, é possível mesmo na ausência de condenação».

2. Diferentes modalidades de perda não baseado numa condenação

A perda não baseado em condenação (que se contrapõe ao mecanismo clássico do confisco ou perda de bens dependente de uma condenação) tanto pode ocorrer em contexto civil, como em contexto penal[23].

Em contexto civil a perda sem condenação assume em geral pura natureza civil, como sucede no caso de ação instaurada autonomamente no tribunal civil, no qual o aí visado/demandado não foi acusado da prática de qualquer crime, não foi investigado criminalmente, nem sequer foi alvo de qualquer processo penal e fica sujeito às regras do ónus da prova (é a chamada *actio in rem*).

Em contexto penal, a perda sem condenação, no nosso direito nacional, particularmente na lei penal fundamental (que é subsidiária da legislação penal avulsa, desde que esta não disponha em sentido contrário – art. 8.º

[21] «Cf. Artigo 54.º, n.º 1, alínea c), onde se estabelece que cada Estado Parte considerará a possibilidade de adotar as medidas que sejam necessárias para permitir o confisco de ativos sem que envolva uma pena, «nos casos em que o suspeito não possa ser condenado por motivo de *falecimento, fuga ou ausência*, ou em outros casos apropriados» (itálicos nossos).

[22] Anabela Miranda Rodrigues, *ob. cit.*, pp. 23 e 24.

[23] Hélio Rigor Rodrigues, «Cooperação judiciária em casos de confisco não baseado numa condenação», *in* Maria Raquel Desterro Ferreira/Elina Lopes Cardoso/João Conde Correia (coord.), *Cooperação Internacional para Efeitos de Recuperação de Ativos*, Almedina, Coimbra, 2021, pp. 157 e 158, escreve a propósito da perda não baseada numa condenação que «este modelo resulta da necessidade de garantir a possibilidade de confisco nos casos em que, pese embora não tenha sido possível garantir a condenação do agente pela prática do crime, é possível estabelecer o nexo ou vínculo entre os ativos e a prática do facto ilícito típico. Estes mecanismos (...) poderão ocorrer no âmbito do processo penal, ou através de mecanismos de "confisco civil", fora do processo penal».

do Código Penal) pode assumir diferentes modalidades, abrangendo a perda de bens clássica prevista nos artigos 109.º, n.º 2 e 110.º, n.º 5, do Código Penal[24] (por exemplo, casos em que o processo penal pode não chegar ao seu termo e, inclusivamente, logo na fase de inquérito podem os autos ser arquivados) e a perda de bens de terceiros (art. 111.º do Código Penal) que não são simultaneamente perseguidos criminalmente.

Portanto, genericamente, considerando agora apenas a lei penal fundamental, podemos dizer que, em contexto penal, é uma das formas de despojar a pessoa (seja suspeito, arguido ou terceiro, independentemente da qualidade ou estatuto no âmbito do processo em curso) dos «instrumentos», «produtos» ou «bens» de uma infração penal, mas sem que haja uma decisão condenatória, portanto, sem que se chegue até a formular um juízo de culpa.

Segundo o artigo 4.º, n.º 2, da Diretiva 2014/42/UE, esta modalidade de perda de bens sem condenação, tem lugar quando a impossibilidade de aplicação do n.º 1 (ou seja, da perda com condenação) resultar de doença ou de fuga do suspeito ou do arguido, sendo que então é permitida a perda dos instrumentos, produtos ou bens, nos casos em que foi instaurado processo penal por uma infração penal que possa ocasionar direta ou indiretamente um benefício económico, e em que tal processo possa conduzir a uma condenação se o suspeito ou arguido tivesse podido comparecer em juízo.

Isso significa que, segundo a Diretiva, nesses casos de «doença ou fuga» do suspeito ou do arguido, em que existe o processo penal, a perda sem condenação funciona subsidiariamente em relação à perda com condenação, sendo que o tribunal para proferir a decisão *NCB* tem de continuar com o processo, realizar a audiência e produzida a prova, formular um juízo de prognose[25] para aferir «se tal processo poderia conduzir a uma condenação penal se o suspeito ou arguido tivessem podido comparecer».

[24] Apesar da Lei n.º 30/2017, de 30 de maio, ter visado transpor a Diretiva 2014/42/UE do Parlamento Europeu e do Conselho de 3 de abril de 2014, sobre o congelamento e a perda dos instrumentos e produtos do crime na União Europeia, a verdade é que o legislador português não adotou a mesma nomenclatura constante do seu artigo 2.ºs 1, 2 e 3, quanto a «produtos», «bens» e «instrumentos», mantendo os anteriores conceitos que já usava no código de «instrumentos», «produtos» e «vantagens».

[25] Como refere Anabela Miranda Rodrigues, *ob. cit.*, pp. 22/3, «a exigência de instauração de um processo penal permite garantir o direito de defesa; e, o requisito, em relação ao processo penal, de que este "possa conduzir a uma condenação penal se o suspeito ou arguido

Claro que, correndo a apreensão de bens no processo penal, não havendo uma decisão condenatória (*NCB*), tem de ser garantido à pessoa destinatária da decisão de perda a possibilidade de impugnar em tribunal essa mesma decisão (importando respeitar os direitos fundamentais e assegurar as garantias processuais, tal como resulta das salvaguardas previstas no art. 8.º, n.º 6 e n.º 7 da Diretiva 2014/42/UE).

Como se viu, no direito português, no que aqui interessa a perda sem condenação prevista na lei penal fundamental, quer no caso da perda dos instrumentos, quer no caso da perda de produtos e vantagens do crime, respetivamente nos artigos 109.º, n.º 2, e 110.º, n.º 5 do Código Penal (com uma redação equivalente, apenas divergindo quanto à referência, ao número anterior, que na primeira disposição legal é feita no singular e, na segunda, é feita no plural, mas em ambas, o texto coincidia no essencial: «O disposto no número anterior tem lugar ainda que nenhuma pessoa determinada possa ser punida»), foram alvo de uma redação mais completa, com a Lei n.º 30/2017, de 30 de maio (que transpõe a Diretiva 2014/42/UE sobre o congelamento e a perda dos instrumentos e produtos do crime na União Europeia), quando depois foi acrescentado «incluindo em caso de morte do agente ou quando o agente tenha sido declarado contumaz».

Como diz JOÃO CONDE CORREIA[26], «A morte do agente, elevada pelo legislador à categoria de caso específico de *non-conviction based confiscation* dos instrumentos, dos produtos, das vantagens e das recompensas (artigos 109.º, n.º 2, 110.º, n.º 5, 127.º, n.º 3 e 128.º, n.º 1) não resulta da necessidade de transpor a Diretiva 2014/42/UE do Parlamento Europeu e do Conselho de 3 de abril, que apenas fala em doença ou fuga do suspeito ou arguido (artigo 4.º, n.º 2). [...] O fundamento internacional deste caso é, assim, apenas o artigo 54.º, n.º 1, alínea c), da Convenção das Nações Unidas Contra a Corrupção. [...] A declaração de contumácia é o segundo caso específico de *non-conviction based confiscation* dos instrumentos, dos produtos, das vantagens e das recompensas (artigos 109.º, n.º 2, 110.º, n.º 5, do Código Penal e 335.º, n.º 5, do Código de Processo Penal),

tivesse podido comparecer em juízo" significa que é uma "prognose do tribunal" o que pode justificar um confisco não baseado em condenação».

[26] «"*Non-Conviction Based Confiscations*" no Direito Penal Português vigente: "Quem tem medo do lobo mau?"», *Julgar*, 2017, 32, p. 91.

resultando quer da necessidade de transpor a Diretiva 2014/42/UE do Parlamento Europeu e do Conselho de 3 de abril (artigo 4.º, n.º 2), quer das obrigações decorrentes do artigo 54.º, n.º 1, alínea c), da Convenção das Nações Unidas Contra a Corrupção».

Também Maria João Antunes[27] realça que o legislador português foi mais além do que o previsto no artigo 4.º, n.º 2, da Diretiva 2014/42/UE, quando contemplou «expressamente a hipótese de morte do autor» como fundamento de perda sem condenação previsto no artigo 112.º, n.º 5, do CP, o que apesar de ser «causa de extinção da responsabilidade penal que extingue tanto o procedimento penal como a pena ou a medida de segurança (arts. 127.º, n.º 1 e 128.º, n.º 1, CP), todavia "não impede a prossecução do processo" para efeitos de declaração de perda dos produtos ou vantagens a favor do Estado, nos termos do disposto nos arts. 127.º, n.º 3 e 128.º, n.º 1, CP. O processo também continua para efeitos de declaração de perda dos produtos ou vantagens a favor do Estado se o acusado for declarado contumaz, conforme o estabelecido no art. 335.º, n.º 5, do Código de Processo Penal».

Para o futuro, a COM (2022) 245 final, relativa à Proposta de uma nova Diretiva do Parlamento Europeu e do Conselho sobre a recuperação e confisco de bens, prevê um alargamento dos (dois) casos de confisco sem condenação previstos no artigo 4.º, n.º 2, da Diretiva 2014/42/UE.

Com efeito, propõe-se no correspondente artigo 15.º, que seja permitido o confisco ainda que a condenação não seja possível «além de doença e fuga (já incluída na Diretiva de Confisco)», também por «morte do suspeito ou acusado, bem como imunidade ou amnistia, ou o facto de os prazos prescritos pela legislação nacional terem expirado. A abrangência em termos de infrações é limitada àqueles com pena máxima de prisão de pelo menos 4 anos».

Por isso, na Proposta de Diretiva, consignou-se nos considerandos 26 e 27:

> «(26) O confisco também deve ser possível quando um tribunal estiver convencido de que os instrumentos, produtos ou bens em questão são

[27] «Recuperación de Activos. Garantías Procesales Del Decomisso de Bienes en el Derecho Portugués», *in* Ignacio Berdugo Gómez de la Torre y Nicolás Rodríguez-García (editores), *Decomisso y Recuperación de Activos Crime Doesn't Pay*, Valencia, Tirant lo Blanch, 2020, p. 588.

derivados de conduta criminosa, mas quando uma condenação definitiva não for possível devido a doença, fuga ou morte do suspeito ou acusado, ou porque o suspeito ou arguido não pode ser responsabilizado devido à imunidade ou amnistia prevista na legislação nacional.

O mesmo deve ser possível quando os prazos prescritos pela legislação nacional tenham expirado, quando esses prazos não forem suficientemente longos para permitir a investigação e o julgamento eficazes das infrações penais relevantes.

O confisco nesses casos só deve ser permitido se o tribunal nacional estiver convencido de que todos os elementos da infração estão presentes. Por razões de proporcionalidade, o confisco de bens sem condenação prévia deve limitar-se aos casos de crimes graves. O direito do arguido a ser informado do processo e a ser representado por advogado não deve ser afetado.

(27) Para efeitos da presente diretiva, entende-se por doença a incapacidade do suspeito ou arguido de comparecer ao processo penal por um período prolongado, em resultado do qual o processo não pode prosseguir».

2.1. Finalidade e natureza jurídica da perda não baseado numa condenação

A finalidade desta particular modalidade de perda de bens é retirar da posse de pessoa singular ou coletiva – assuma a qualidade de arguido ou não[28] – todo e qualquer bem, produto, vantagem ou benefício proveniente da prática de um crime (incluindo também os instrumentos utilizados ou que se destinem a ser utilizados no cometimento de infrações), mesmo não sendo perseguida ou sancionada.

O que se compreende na medida em que irá permitir a máxima recuperação de ativos de origem criminosa.

Aliás, como é assinalado na Proposta de uma nova Diretiva do Parlamento Europeu e do Conselho, sobre a recuperação e confisco de bens, de 25 de maio de 2022[29], a propósito das medidas ali adotadas, nomeadamente

[28] O legislador português nem sequer, quando completou a redação dos art. 109.º, n.º 2 e 110.º, n.º 5, do CP com a Lei n.º 30/2017, fez qualquer referência ao arguido ou suspeito; apenas no complemento que acrescentou é que se refere ao «agente» (sendo certo que se tratam de casos em que «nenhuma pessoa determinada possa ser punida pelo facto»).

[29] COM (2022) 245final, Bruxelas 25.05.2022, Proposta de uma Diretiva do Parlamento Europeu e do Conselho sobre a recuperação e confisco de bens {SEC(2022) 245 final} - {SWD(2022) 245 final} - {SWD(2022) 246 final}, p. 9.

as relativas ao confisco, afetarem «direitos fundamentais (incluindo em particular os direitos de propriedade), isso justifica-se pela necessidade de privar eficazmente os criminosos e em particular o crime organizado dos seus bens ilícitos, uma vez que estes são tanto a principal motivação para a prática de crimes como os meios para continuar e expandir as suas atividades criminosas. As medidas propostas limitam-se ao necessário para atingir esse objetivo. O modelo de confisco recém introduzido justifica-se pelas dificuldades inerentes à vinculação de bens a crimes específicos em que o proprietário está envolvido em atividades de crime organizado que consistem em múltiplas infrações penais cometidas por um período de tempo prolongado».

Sobre a preocupação de ainda assegurar a proporcionalidade das medidas de confisco em relação à respetiva infração que estiver em questão, alerta-se no considerando 35 dessa mesma Proposta de uma nova Diretiva do Parlamento Europeu e do Conselho, sobre a recuperação e confisco de bens, de 25 de maio de 2022, que «os Estados-Membros devem prever a possibilidade de que, em circunstâncias excecionais, o confisco não seja ordenado, na medida em que, de acordo com a legislação nacional, represente um sofrimento indevido para a pessoa afetada, com base nas circunstâncias do respetivo caso individual, que deve ser decisivo. Essas circunstâncias excecionais devem limitar-se aos casos em que colocariam a pessoa em causa numa situação em que seria muito difícil para a pessoa afetada sobreviver e as circunstâncias do respetivo caso individual deveriam ser decisivas».

E, apesar da perda de bens ser um instrumento de política criminal, que em primeira linha até está inserido sistematicamente desde logo no Código Penal, não se pode esquecer que o seu objetivo é o de pôr fim a qualquer enriquecimento que derive da prática de um facto ilícito típico e, portanto, pretendeu-se com ele repor a legalidade patrimonial.

Particularmente o confisco não baseado em condenação penal (*NCB*), sendo subsidiário do confisco que depende de condenação (art. 4.º, n.º 2, da Diretiva 2014/42/UE), não chega a assumir natureza punitiva, nem sancionatória, nem pode ser encarado como um «efeito da pena».

Aliás, a jurisprudência mais marcante do TEDH, que se tem debruçado sobre o confisco civil (nomeadamente o acórdão Gogitidze e Outros c. Geórgia, n.º 36862/05, 12 de maio de 2015 e o acórdão Dassa Foundation c. Liechtenstein, n.º 696/06, 10 de julho de 2007), realça que este tipo de procedimento não deriva de uma condenação penal, nem implica uma acusação pública, não tem carater sancionador ou punitivo, sendo antes «uma medida de controlo do uso dos bens no sentido do art. 1.º do Protocolo n.º 1 da CEDH»[30], chegando também a reconhecer-lhe um caráter preventivo e/ou compensatório.

Dir-se-á que a perda sem condenação (quer em contexto civil, quer em contexto penal), terá uma natureza preventiva e/ou compensatória, que visa eliminar uma situação de ilicitude, operando, como diria Jorge de Figueiredo Dias[31], «a restauração da ordenação dos bens correspondente ao direito», importando, de qualquer modo, que sejam dadas todas as garantias de defesa ao destinatário do confisco para, querendo, justificar a posse dos bens em questão.

Como salienta Fernando Torrão[32] «A jurisprudência do TEDH admite o confisco não baseado em condenação penal prévia, contanto se verifiquem os princípios (interesse geral, proporcionalidade, legalidade, processo equitativo) que o ajuste aos limites de interferência na propriedade admitidos no artigo 1.º do PA n.º 1», adiantando que «Respeitados os princípios enunciados, pode dizer-se, em suma, que o TEDH admitiu o confisco não baseado em condenação por se não tratar de confisco de natureza punitiva, mas compensatória por enriquecimento sem causa justificada».

Em contexto penal, considerando apenas a lei penal fundamental, a perda sem condenação deve ser conhecida no âmbito do respetivo processo penal que tiver sido instaurado, haja ou não acusação (arts. 109.º, n.º 2,

[30] Dispõe o artigo 1.º do Protocolo 1, adicional à CEDH:
«Qualquer pessoa singular ou coletiva tem direito ao respeito dos seus bens. Ninguém pode ser privado do que é sua propriedade a não ser por utilidade pública e nas condições previstas pela lei e pelos princípios gerais do direito internacional.
As condições precedentes entendem-se sem prejuízo do direito que os Estados possuem de pôr em vigor as leis que julguem necessárias para a regulamentação do uso dos bens, de acordo com o interesse geral, ou para assegurar o pagamento de impostos ou outras contribuições ou de multas».

[31] Jorge de Figueiredo Dias, *Direito Penal Português, As Consequências Jurídicas do Crime*, Aequitas, Editorial Notícias, Lisboa, 1993, pp. 632 e 633.

[32] «Direito de propriedade e o confisco», *in* Paulo Pinto de Albuquerque (Org.), *Comentário da Convenção Europeia dos Direitos Humanos e dos Protocolos Adicionais*, Lisboa, UCE, 2020, 3, p. 2163.

110.º, n.º 5, 127.º, n.º 3 do Código Penal e art. 335, n.º 5 do Código de Processo Penal).

De todo o modo, não é pelo facto desta específica modalidade de perda sem condenação não ter uma natureza sancionatória ou punitiva, que deixam de ser assegurados, no âmbito do processo penal, ao destinatário da decisão de perda, os respetivos direitos para a poder impugnar.

Com efeito, tem de ser respeitado o princípio da legalidade e também o princípio da proporcionalidade[33] (ou seja, o confisco de bens sem condenação deve ater-se a crimes graves, considerando as particulares circunstâncias do caso concreto, das quais resulta que são passíveis, por exemplo, de gerar benefícios ou lucros substanciais[34]), impondo-se garantir um justo equilíbrio dos interesses em conflito e permitir o acesso a um processo justo e equitativo e, assim, salvaguardar o direito de defesa do cidadão afetado pelo confisco sem condenação.

Ou seja, impõe-se que, no caso de decisões de perda em que todos os elementos da infração estejam presentes, mas a condenação não seja possível (por morte do agente ou por o agente ter sido declarado contumaz), que tenham sido igualmente garantidos ao afetado (destinatário do confisco) todos os direitos de defesa e a representação por um advogado, para que se possa afirmar que foi assegurado o acesso a um processo justo e equitativo.

O interesse daqueles que pretendem sustentar que a perda sem condenação, mesmo em contexto penal, não assume a natureza de um instrumento de carater penal é precisamente, como diria MARIA JOÃO ANTUNES[35], «a de constituir a forma de subtrair o processo de confisco aos

[33] Ver acórdãos do TEDH nos casos Phillips v. UK, n.º 41087/98 de 12 de dezembro de 2001 e Butler v. UK, n.º 41661/98, de 27 de junho de 2002.

[34] Por exemplo, o caso de traficante que faleceu sem haver condenação, mas estava acusado de ter vendido na sua casa por 20 vezes embalagens de cocaína que atingiram o máximo de 1,5 grama, com lucros de 20 euros. Seria desproporcionado a declaração de perda do imóvel/casa, sua habitação e da família (mulher e filhos), em relação à atividade criminosa do traficante (proprietário), que não fora condenado pelo crime de tráfico de estupefacientes por ter falecido.
Recorde-se que o respeito pelo princípio da proporcionalidade não é uma novidade na nossa jurisprudência nesta matéria relacionada com a perda de bens.

[35] *Ob. cit.*, pp. 600 e 601, em relação em geral «à vantagem de sustentar a natureza não penal do confisco de bens».

princípios e garantias do processo penal», o que é uma ilusão uma vez que, desde logo (como adianta a mesma Autora) «não podemos nem devemos ignorar que o que for declarado confiscado em favor do Estado será sempre proveniente de um facto ilícito típico ou de uma atividade delitiva anterior e que, por isso, terá de ser declarado no processo penal segundo as regras e os princípios próprios deste ramo do Direito».

E, isso independentemente de haver ou não arguido ou suspeito e de não ser possível formular um juízo de culpa.

Se assim não for, isto é, se não forem assegurados plenamente os direitos de defesa, mesmo sem haver condenação penal, sempre o destinatário da decisão de perda nesses casos pode, verificados os respetivos pressupostos, reclamar junto do TEDH, por ter havido violação dos seus direitos de defesa, do acesso a um processo justo e equitativo e, além disso, do seu direito de propriedade sobre os bens declarados perdidos.

3. A perda não baseada numa condenação em legislação penal avulsa, particularmente na legislação de combate à droga

Existe variada legislação extravagante que contém normas relativas à perda de bens.

É o caso, como recorda João Conde Correia[36], «por exemplo, dos artigos 8.º, al.ª a) e 9.º do Decreto-Lei n.º 28/84, de 20 de janeiro (infrações contra a economia e a saúde pública)[37], do artigo 201.º do Decreto-Lei

[36] «Reflexos da Diretiva 2014/42/UE (do Parlamento Europeu e do Conselho, de 3 de abril de 2014, sobre o congelamento e a perda dos instrumentos e produtos do crime na União Europeia) no direito português vigente», *RCEJ*, 2014, 2, p. 88.

[37] *Infrações contra a economia e a saúde pública:*
«Artigo 8.º
(Penas acessórias)
[...]
a) Perda de bens;
[...]
Artigo 9.º
(Perda de Bens)
1- A perda de bens, a declarar nos termos do presente diploma e do Código Penal, abrange o lucro ilícito obtido pelo infrator.
2 – Se o tribunal apurar que o agente adquiriu determinados bens empregando na sua aquisição dinheiro ou valores obtidos com a prática do crime, serão os mesmos também abrangidos pela decisão que ordenar a perda»; sobre este regime especial, João Conde Correia,

n.º 63/85, de 14 de março (Código dos Direitos de Autor e dos Direitos Conexos)[38], do artigo 117.º do Decreto-Lei n.º 422/89, de 2 de dezembro (Lei do Jogo)[39], dos artigos 35.º a 38.º do Decreto-Lei n.º 15/93, de 22 de janeiro (tráfico e consumo de estupefacientes), do artigo 380.º A do Decreto-Lei n.º 486/99, de 13 de novembro (Código dos Valores Mobiliários)[40], dos

«A recuperação de ativos dos crimes contra a economia e a saúde pública (Decreto-Lei n.º 28/84, de 20 de janeiro)», *RMP*, 2016, 146, pp. 47/76.

[38] «*Artigo 201.º*

(Apreensão e perda de coisas relacionadas com a prática do crime) do Código dos Direitos de Autor e dos Direitos Conexos

1 – São sempre apreendidos os exemplares ou cópias das obras usurpadas ou contrafeitas, quaisquer que sejam a natureza da obra e a forma de violação, bem como os respetivos invólucros materiais, máquinas ou demais instrumentos ou documentos de que haja suspeita de terem sido utilizados ou de se destinarem à prática da infração.

2 – Nos casos de flagrante delito, têm competência para proceder à apreensão as autoridades policiais e administrativas, designadamente a Polícia Judiciária, a Polícia de Segurança Pública, a Polícia Marítima, a Guarda Nacional Republicana, a Autoridade de Segurança Alimentar e Económica e a Inspeção-Geral das Atividades Culturais.

3 – A sentença que julgar do mérito da ação judicial declara perdidos a favor do Estado os bens que tiverem servido ou estivessem destinados diretamente a servir para a prática de um ilícito, ou que por este tiverem sido produzidos, sendo as cópias ou exemplares destruídos, sem direito a qualquer indemnização.

4 – Na aplicação destas medidas, o tribunal deve ter em consideração os legítimos interesses de terceiros, em particular dos consumidores.

5 – O tribunal, ponderada a natureza e qualidade dos bens declarados perdidos a favor do Estado, pode atribuí-los a entidades, públicas ou privadas, sem fins lucrativos se o lesado der o seu consentimento expresso para o efeito.

6 – O tribunal pode igualmente impor ao infrator, ou ao intermediário cujos serviços estejam a ser utilizados pelo infrator, uma medida destinada a inibir a continuação da infração verificada, designadamente a interdição temporária do exercício de certas atividades ou profissões, a privação do direito de participar em feiras ou mercados ou o encerramento temporário ou definitivo do estabelecimento.

7 – Nas decisões de condenação à cessação de uma atividade ilícita, o tribunal pode prever uma sanção pecuniária compulsória destinada a assegurar a respetiva execução».

[39] «*Artigo 117.º*

(Apreensão de dinheiro ou valores) da Lei do Jogo

Todo o dinheiro e valores destinados ao jogo, bem como os móveis do local em que sejam cometidos os crimes previstos nesta secção, serão apreendidos e declarados pelo tribunal perdidos a favor do Fundo de Turismo».

[40] *Artigo 380.º A*

(Apreensão e perda das vantagens do crime) do Código dos Valores Mobiliários

artigos 18.º, 19.º e 20.º da Lei n.º 15/2001, de 5 de junho (Regime Geral das Infrações Tributárias)[41], do artigo 330.º do Decreto-Lei n.º 36/2003,

1 – Sempre que o facto ilícito gerar para o arguido ou para terceiro por conta de quem o arguido negoceie vantagens patrimoniais, transitórias ou permanentes, incluindo juros, lucros ou outros benefícios de natureza patrimonial, esses valores são apreendidos durante o processo ou, pelo menos, declarados perdidos na sentença condenatória, nos termos previstos nos números seguintes.
2 – As vantagens patrimoniais geradas pelo facto ilícito típico abrangem as mais-valias efetivas obtidas e as despesas e os prejuízos evitados com a prática do facto, independentemente do destino final que o arguido lhes tenha dado e ainda que as tenha posteriormente perdido.
3 – O valor apreendido nos termos dos números anteriores é afeto à reparação dos lesados que tenham feito valer a sua pretensão no processo-crime, sendo, do remanescente, 60 /prct. declarado perdido a favor do Estado e 40 /prct. a favor da CMVM.
4 – Nos processos por crimes contra o mercado são aplicáveis as medidas de garantia patrimonial previstas no Código de Processo Penal, sem prejuízo do recurso às medidas de combate à criminalidade organizada e económico-financeira previstas em legislação avulsa».

41 *«Artigo 18.º*
(Perda de mercadorias objeto do crime)
1 – As mercadorias que forem objeto dos crimes previstos nos artigos 92.º, 93.º, 94.º, 95.º e 96.º desta lei serão declaradas perdidas a favor da Fazenda Nacional, salvo se pertencerem a pessoa a quem não possa ser atribuída responsabilidade na prática do crime.
2 – No caso previsto na parte final do número anterior, o agente será condenado a pagar à Fazenda Nacional uma importância igual ao valor das mercadorias, sendo o seu proprietário responsável pelo pagamento dos direitos e demais imposições que forem devidos.
3 – Quando as mercadorias pertencerem a pessoa desconhecida não deixarão de ser declaradas perdidas.
4 – Se as mercadorias não tiverem sido apreendidas, o agente responderá pelo quantitativo equivalente ao seu valor de mercado, salvo quando o mesmo não se possa determinar, caso em que o agente pagará uma importância a fixar pelo tribunal entre (euro) 15 e (euro) 15000.
5 – Sem prejuízo dos casos em que por lei é vedada, os interessados poderão requerer a reversão das mercadorias sujeitas a perda a favor da Fazenda Nacional, desde que, satisfeitas a multa e demais quantias em dívida no processo, paguem uma importância igual ao seu valor.
6 – As mercadorias perdidas a favor da Fazenda Nacional nos termos do presente artigo, quando se trate de equipamentos de telecomunicações e de informática ou outros com interesse para a instituição que procedeu à sua apreensão, ser-lhe-ão afetos sempre que esta reconheça interesse na afetação.
7 – As mercadorias objeto do crime previsto no artigo 97.º-A são sempre declaradas perdidas a favor da Fazenda Pública.

de 5 de março [que hoje corresponde ao artigo 329.º do Decreto-Lei n.º 110/2018, de 10 de Dezembro] (Código da Propriedade Industrial)[42]

Artigo 19.º
(Perda dos meios de transporte)
1 – Os meios de transporte utilizados para a prática dos crimes previstos no n.º 1 do artigo anterior serão declarados perdidos a favor da Fazenda Nacional, exceto se:
a) For provado que foi sem conhecimento e sem negligência dos seus proprietários que tais meios foram utilizados, caso em que o infrator pagará o respetivo valor;
b) O tribunal considerar a perda um efeito desproporcionado face à gravidade da infração e, nomeadamente, ao valor das mercadorias objeto da mesma, caso em que fixará a perda da quantia que entender razoável.
2 – À perda de meios de transporte é aplicável, com as necessárias adaptações, o disposto nos n.ºs 3 e 5 do artigo anterior.
3 – Os meios de transporte perdidos a favor da Fazenda Nacional nos termos do presente artigo serão afetos à instituição que procedeu à sua apreensão, sempre que esta reconheça o interesse na afetação.
Artigo 20.º
(Perda de armas e outros instrumentos)
1 – As armas e demais instrumentos utilizados para a prática de quaisquer crimes aduaneiros, ou que estiverem destinadas a servir para esse efeito, serão declarados perdidos a favor da Fazenda Nacional, salvo se se provar que foi sem conhecimento e sem culpa dos seus proprietários que tais armas e instrumentos foram utilizados, caso em que o infrator pagará o respetivo valor.
2 – É aplicável, com as necessárias adaptações, o disposto no n.º 3 do artigo 18.º e, quanto aos instrumentos que não sejam armas, é-lhes aplicável o disposto no n.º 5 do mesmo artigo.
3 – As armas, munições e outros instrumentos perdidos a favor da Fazenda Nacional, nos termos do presente artigo, serão afetos à Brigada Fiscal sempre que por despacho do comandante-geral da Guarda Nacional Republicana for reconhecido o seu interesse para a atividade policial».

42 «*Artigo 329.º*
(Destinos dos objetos apreendidos)
1 – São declarados perdidos a favor do Estado os objetos em que se manifeste um crime previsto no presente Código, bem como os materiais ou instrumentos que tenham sido predominantemente utilizados para a prática desse crime, exceto se o titular do direito ofendido der o seu consentimento expresso para que tais objetos voltem a ser introduzidos nos circuitos comerciais ou para que lhes seja dada outra finalidade.
2 – Os objetos declarados perdidos a que se refere o número anterior são total ou parcialmente destruídos sempre que, nomeadamente, não seja possível eliminar a parte dos mesmos ou o sinal distintivo nele aposto que constitua violação do direito.
3 – O disposto no presente artigo é aplicável sempre que se manifeste um ilícito contraordenacional previsto no presente código».

ou do artigo 10.º da Lei n.º 109/2009, de 15 de setembro (Lei do cibercrime)».[43]

Deixando agora de lado a legislação de combate à droga, lendo as demais normas acima transcritas podemos adiantar que as mesmas não contrariam o que se estabelece na lei penal fundamental, sendo, por isso, subsidiariamente aplicável o Código Penal (como dispõe o seu art. 8.º), particularmente, no que aqui agora estamos a tratar, quanto à «perda sem condenação» prevista nos artigos 109.º, n.º 2 e 110.º, n.º 5, do Código Penal.

A Diretiva 2014/42/UE define ainda o seu âmbito de aplicação, no artigo 3.º, identificando infrações penais que são abrangidas.

Tendo a Diretiva aqui em apreciação, por objetivo combater eficazmente a criminalidade organizada, ainda que estabelecendo regras mínimas, compreende-se que também impusesse a aplicação das diferentes modalidades de confisco que ali previu a determinadas infrações graves e, por isso, tivesse o cuidado de definir o seu âmbito de aplicação às infrações penais abrangidas nos atos indicados no artigo 3.º, bem como a quaisquer outros atos jurídicos, se os mesmos previrem especificamente que a mesma diretiva se aplica às infrações penais neles harmonizadas.

Ora, só analisando cada um daqueles atos jurídicos enunciados é que se pode concluir se era ou não necessário fazer a transposição da Diretiva a nível do direito de cada Estado-membro.

Olhando agora apenas para os casos mais emblemáticos apontados no artigo 3.º da Diretiva 2014/42/UE, considerando só a legislação penal avulsa, vemos que, por exemplo, no caso da Lei n.º 52/2003, de 22 de agosto (lei de combate ao terrorismo), não há nenhuma normal especial relacionada com a «perda de bens» e, no seu artigo 7.º (direito subsidiário) estabelece que «São aplicáveis subsidiariamente à matéria constante da presente lei as disposições do Código Penal e respetiva legislação complementar».

43 «*Artigo 10.º*
(Perda de bens)
1 – O tribunal pode decretar a perda a favor do Estado dos objetos, materiais, equipamentos ou dispositivos que tiverem servido para a prática dos crimes previstos na presente lei e pertencerem a pessoa que tenha sido condenada pela sua prática.
2 – À avaliação, utilização, alienação e indemnização de bens apreendidos pelos órgãos de polícia criminal que sejam suscetíveis de vir a ser declarados perdidos a favor do Estado é aplicável o disposto no Decreto-Lei n.º 11/2007, de 19 de janeiro».

O que significa que a esse nível (art. 3.º, al. e), da Diretiva 2014/42/UE), no que aqui importa agora tratar, aplica-se o regime geral previsto no Código Penal (ou seja, aplica-se a perda não baseada numa condenação prevista nos seus arts. 109.º, n.º 2 e 110.º, n.º 5) e, portanto, não se impunha fazer qualquer transposição da diretiva.

Por exemplo, vendo a Lei n.º 20/2008, de 21 de abril (Cria o novo regime penal de corrupção no comércio internacional e no sector privado, dando cumprimento à Decisão Quadro n.º 2003/568/JAI, do Conselho, de 22 de julho), não há nenhuma normal especial relacionada com a «perda de bens».

Daí que, nesse domínio (art. 3.º, al. f), da Diretiva 2014/42/UE) seja aplicável o regime geral previsto no Código Penal, por força do seu art. 8.º (e, portanto, no que aqui importa, aplica-se a perda não baseada numa condenação, prevista nos seus arts. 109.º, n.º 2 e 110.º, n.º 5).

Analisando, em particular, a legislação de combate à droga, ou seja, o DL n.º 15/93, verifica-se que no n.º 3 do artigo 35.º (perda de objetos)[44] está previsto o confisco sem condenação aplicável a objetos, o qual, por força do disposto no artigo 38.º do mesmo diploma legal[45], igualmente se aplica genericamente à perda de juros, lucros e a outros benefícios obtidos com os bens referidos nos artigos 35.º a 37.º[46], ou seja, que se relacionam com vantagens e produtos obtidos com a prática de uma infração prevista naquele mesmo diploma legal.

[44] «*Artigo 35.º*
(perda de objetos)
1 – São declarados perdidos a favor do Estado os objetos que tiverem servido ou estivessem destinados a servir para a prática de uma infração prevista no presente diploma ou que por esta tiverem sido produzidos. 2 – As plantas, substâncias e preparações incluídas nas tabelas I a IV são sempre declaradas perdidas a favor do Estado.
3 – O disposto nos números anteriores tem lugar ainda que nenhuma pessoa determinada possa ser punida pelo facto».

[45] «*Artigo 38.º*
(Lucros e outros benefícios)
O disposto nos artigos 35.º a 37.º é também aplicável aos juros, lucros e outros benefícios obtidos com os bens neles referidos».

[46] «*Artigo 36.º*
(Perda de coisas ou direitos relacionados com o facto)
1 – Toda a recompensa dada ou prometida aos agentes de uma infração prevista no presente diploma, para eles ou para outrem, é perdida a favor do Estado.

No entanto, se é certo que o legislador nacional quando transpôs esta Diretiva com a Lei n.º 30/2017, de 30 de maio, preocupou-se *v.g.* em alterar algumas disposições legais do Código Penal, relacionadas com a perda sem condenação (como sucedeu, por exemplo, com os acima citados artigos 109.º, n.º 2 e 110.º, n.º 5), a verdade é que deixou intocado o artigo 35.º, n.º 3, do DL n.º 15/93, apesar da sua redação similar àqueles («O disposto

2 – São também perdidos a favor do Estado, sem prejuízo dos direitos de terceiro de boa-fé, os objetos, direitos e vantagens que, através da infração, tiverem sido diretamente adquiridos pelos agentes, para si ou para outrem.
3 – O disposto nos números anteriores aplica-se aos direitos, objetos ou vantagens obtidos mediante transação ou troca com os direitos, objetos ou vantagens diretamente conseguidos por meio da infração.
4 – Se a recompensa, os direitos, objetos ou vantagens referidos nos números anteriores não puderem ser apropriados em espécie, a perda é substituída pelo pagamento ao Estado do respetivo valor.
5 – Estão compreendidos neste artigo, nomeadamente, os móveis, imóveis, aeronaves, barcos, veículos, depósitos bancários ou de valores ou quaisquer outros bens de fortuna.
Artigo 36.º-A
(Defesa de direitos de terceiros de boa-fé)
1 – O terceiro que invoque a titularidade de coisas, direitos ou objetos sujeitos a apreensão ou outras medidas legalmente previstas aplicadas a arguidos por infrações previstas no presente diploma pode deduzir no processo a defesa dos seus direitos, através de requerimento em que alegue a sua boa-fé, indicando logo todos os elementos de prova.
2 – Entende-se por boa-fé a ignorância desculpável de que os objetos estivessem nas situações previstas no n.º 1 do artigo 35.º
3 – O requerimento a que se refere o n.º 1 é autuado por apenso, notificando-se o Ministério Público para, em 10 dias, deduzir oposição.
4 – Realizadas as diligências que considerar necessárias, o juiz decide.
5 – Se, quanto à titularidade dos objetos, coisas ou direitos, a questão se revelar complexa ou suscetível de causar perturbação ao normal andamento do processo, pode o juiz remeter o terceiro para os meios cíveis.
Artigo 37.º
(Bens transformados, convertidos ou misturados)
1 – Se as recompensas, objetos, direitos ou vantagens a que se refere o artigo anterior tiverem sido transformados ou convertidos em outros bens, são estes perdidos a favor do Estado em substituição daqueles.
2 – Se as recompensas, objetos, direitos ou vantagens a que se refere o artigo anterior tiverem sido misturados com bens licitamente adquiridos, são estes perdidos a favor do Estado até ao valor estimado daqueles que foram misturados»; sobre este regime, por todos, Hélio Rigor Rodrigues, «Perda de bens no crime de tráfico de estupefacientes: harmonização dos diferentes regimes jurídicos aplicáveis», *RMP*, 2013, 134, pp. 189/244.

nos números anteriores tem lugar ainda que nenhuma pessoa determinada possa ser punida pelo facto»).

Será que foi esquecimento? Entendimento que não era aplicável a mesma Diretiva na legislação penal avulsa? Ou eventualmente considerou o legislador ser suficiente o estabelecido no artigo 8.º do Código Penal e, portanto, não precisava de alterar o artigo 35.º, n.º 3, do DL n.º 15/93?

Conjugando os artigos 3.º, al. g) e 4.º, n.º 2, da Diretiva 2014/42/UE, podemos deduzir (no que aqui interessa) que se quis impor, também, a perda não baseada em condenação no caso das infrações penais no domínio do tráfico ilícito de droga[47].

Assim, como regra mínima tinha de ser transposto o equivalente ao fundamento da «*fuga*» previsto no artigo 4.º, n.º 2, da Diretiva 2014/42/UE, o qual tendo em atenção o direito processual penal português significava incluir, para que não houvesse dúvidas, o arguido declarado contumaz (sendo, por isso, que foi também alterado o art. 335.º, n.º 5, do CPP); já o fundamento da «*doença*», igualmente previsto no artigo 4.º, n.º 2, da mesma Diretiva, face ao direito processual penal português, não precisava de ser autonomizado uma vez que, em princípio, desde que o arguido doente preste TIR não há impedimento do julgamento e da perda com condenação aludida no artigo 4.º, n.º 1, da qual a perda sem condenação é subsidiária (de resto, se houvesse fuga do arguido doente ou se este não prestasse TIR, funcionava então o fundamento que incluía o arguido declarado contumaz); finalmente, uma vez que o legislador português, na lei penal fundamental, quis ir mais além do que o legislador europeu, incluindo o fundamento «*morte*», previsto no artigo 54.º, n.º 1, al.ª c), da Convenção das Nações Unidas Contra a Corrupção, justificava-se incluir também esse fundamento, até por uma questão de uniformidade.

Nesta perspetiva, por uma questão de unidade e coerência de todo o sistema jurídico português, visto ainda que as normas relativas à perda de bens previstas no DL n.º 15/93, praticamente seguem o estabelecido no regime geral previsto no Código Penal (ressalvado o disposto quanto à perda dos «objetos» previsto no artigo 35.º, n.º 1 e n.º 2 do DL n.º 15/93, que prescindem de qualquer referência, designadamente à sua

[47] Ver Decisão-Quadro 2004/757/JAI do Conselho, de 25 de outubro de 2004, que adota regras mínimas quanto aos elementos constitutivos das infrações penais e às sanções aplicáveis no domínio do tráfico ilícito de droga e, entre nós, o cit. DL n.º 15/93.

perigosidade, como sucede no art. 109.º, n.º 1, do CP[48]), impunha-se ao legislador nacional ter transposto a referida Diretiva, da mesma forma que o fez para o Código Penal, alterando para o efeito o artigo 35.º, n.º 3, do DL n.º 15/93 (de modo a que ficasse a constar: «O disposto nos números anteriores tem lugar ainda que nenhuma pessoa determinada possa ser punida pelo facto, *incluindo em caso de morte do agente ou quando o agente tenha sido declarado contumaz*») à semelhança do que fez com os artigos 109.º, n.º 2 e 110.º, n.º 5, do Código Penal.

E isso independentemente da «morte do agente» como fundamento de perda sem condenação prevista nos artigos 109.º, n.º 2 e 110.º, n.º 5, do Código Penal decorrer apenas, como acima se disse, do disposto artigo 54.º, n.º 1, al.ª c), da Convenção das Nações Unidas Contra a Corrupção (e não da Diretiva 2014/94/UE).

De todo o modo, não tendo alterado a redação do artigo 35.º, n.º 3, do DL n.º 15/93, no mínimo quanto ao fundamento da «fuga», passando também a referir-se, isto é, passando a incluir o agente que tenha sido declarado contumaz, dir-se-á que não deu integral cumprimento à Diretiva 2014/42/UE.

Porém, sabendo nós que o Código Penal, como lei fundamental não revoga a lei especial (designadamente contida em legislação penal avulsa), salvo se outra for a intenção inequívoca do legislador (art. 7.º, n.º 3, do Código Civil), podemos concluir que, ressalvados os casos em que haja normas ou regimes especiais em sentido contrário valem, isto é, aplicam-se subsidiariamente as regras gerais do Código Penal (art. 8.º do Código Penal)[49].

[48] Notando-se, mais uma vez, a falta de vontade do legislador português em uniformizar a diferente terminologia utilizada na ordem jurídica portuguesa (quer na lei penal geral, quer em legislação penal avulsa, como sucede no DL n.º 15/93), com a usada no art. 2.º (definições) da Diretiva 2014/42/UE, revelando uma visão redutora, por esquecer a finalidade de uma «linguagem comum» entre todos os Estados-Membros, quando se pretende padronizar conceitos, o que permite melhor harmonizar as diversas legislações dos diferente Estados-membros e tornar depois muito mais eficaz a cooperação internacional transfronteiriça, a nível do reconhecimento mútuo de decisões de congelamento e de perda.

[49] Manuel Maia Gonçalves, *Código Penal Português anotado e comentado e legislação complementar*, 8ª edição, Coimbra, Almedina, 1995, p. 214, anotando o artigo 8.º escreve: «Neste artigo determina-se a aplicação subsidiária das disposições do CP a toda a legislação penal substantiva. Embora o CP seja a lei penal fundamental, há numerosíssima e inabarcável

E, assim, por força do artigo 8.º do Código Penal, será também aqui de aplicar a perda não baseada numa condenação, prevista nos seus artigos 109.º, n.º 2 e 110.º, n.º 5.

De esclarecer que, o facto de se poder recorrer ao disposto no artigo 8.º do Código Penal e, consequentemente, aplicar-se subsidiariamente o Código Penal, não apaga a incompleta (que não é única[50]) transposição da Diretiva 2014/42/UE.

Assim, se por exemplo, no decurso de um inquérito/processo instaurado, falecer um arguido a quem é imputada a prática de um crime de tráfico de estupefacientes, tivesse sido ou não deduzida acusação, deverão os autos prosseguir para efeitos da declaração de perda de instrumentos, produtos e vantagens a favor do Estado, apesar de se ter extinguido o procedimento criminal contra o arguido (art. 127.º, n.º 1 e n.º 3 do CP).

O processo continua apenas para efeitos da declaração de perda de instrumentos, produtos e vantagens a favor do Estado e, no respetivo julgamento, são garantidos todos os direitos de defesa, sendo o destinatário da decisão (no caso, o arguido falecido, mas podendo ser antes, por exemplo, um arguido contumaz) representado por advogado[51].

Concluído o julgamento, o tribunal terá de formular um juízo de prognose para aferir se tal processo podia conduzir a uma punição pela prática do facto ilícito típico[52] se o arguido falecido ou contumaz tivesse

legislação extravagante de natureza penal, a qual, quando não se disponha de outro modo, se subordina às normas e aos princípios consagrados no Código».

50 Como já tivemos anteriormente oportunidade de assinalar a propósito da perda alargada em Maria do Carmo S. M. Silva Dias, «"Perda Alargada" Prevista na Diretiva 2014/42/UE (Artigo 5.º) e "Perda do Valor de Vantagem de Atividade Criminosa" Prevista na Lei n.º 5/2002 (Artigos 7.º a 12.º)», *in* Maria Raquel Desterro Ferreira/Elina Lopes Cardoso/João Conde Correia (coord.), *O Novo Regime de Recuperação de Ativos à Luz da Diretiva 2014/42/UE e da Lei que a Transpôs*, Lisboa, INCM, 2018, pp. 113 e ss.

51 Sobre problemas que se podem colocar na continuação do processo para efeitos da declaração de perda de instrumentos, produtos e vantagens a favor do Estado, dada a falta de regulamentação do legislador português, ver com interesse, José Manuel Saporiti Machado da Cruz Bucho, «A Transposição da Diretiva 2014/42/UE. Notas à Lei n.º 30/2017, de 30 de maio (Aspetos Processuais Penais)», *in* Maria Raquel Desterro Ferreira/Elina Lopes Cardoso/João Conde Correia (coord.), *O Novo Regime de Recuperação de Ativos à Luz da Diretiva 2014/42/UE e da Lei que a Transpôs*, Lisboa, INCM, 2018, pp. 146 e ss.

52 A substituição do vocábulo «crime» constante dos artigos 107.º, 108.º e 109.º do Código Penal, na versão original, por «facto ilícito típico» nos artigos 109.º, 110.º e 111.º do Código

podido comparecer e, caso chegue a uma resposta afirmativa, declarar a perda dos instrumentos, produtos e vantagens a favor do Estado, embora sem condenação penal.

Claro que se, por exemplo, no inquérito instaurado por tráfico de estupefacientes, houver uma apreensão de uma tonelada de estupefacientes em imóvel abandonado, não havendo constituição de arguido, nem havendo suspeitos, tendo, entretanto, no decurso da investigação, falecido o proprietário do referido imóvel, que não foi apreendido, considerando o titular do inquérito que é caso de arquivamento, tal não prejudica a declaração da perda do estupefaciente, nos termos do artigo 35.º, n.º 2, do DL n.º 15/93.

Já no caso de haver um inquérito onde, por exemplo, há milhares de euros apreendidos, vários veículos de alta cilindrada e diversos imóveis apreendidos que se alegam provenientes da prática do crime de tráfico de estupefacientes exercido durante 2 anos, havendo um suspeito, que, entretanto, faleceu sem ter sido constituído arguido e, sem que tivesse sido deduzida acusação, será de aplicar, por força do artigo 8.º do CP, o regime previsto nos artigos 110.º, n.º 5 e 127.º, n.º 3, do mesmo código, devendo os autos prosseguir para declaração de perda de instrumentos, produtos e vantagens a favor do Estado.

E, isso, apesar da natureza mais frágil da figura do mero suspeito (mesmo considerando a definição que consta do art. 1.º, al. e), do CPP), que não chega a ser constituído arguido, nem como tal pode ser considerado (arts. 57.ºe 59.º do CPP) ou que nem sequer chegou a atingir este último «patamar».

Agora se não estiver previamente instaurado inquérito, não pode haver lugar a declaração de perda sem condenação nos termos dos artigos 109.º, n.º 2, 110.º, nº 5 e 127.º, n.º 3 do Código Penal e, como tal, esse regime previsto na lei penal geral, também não pode ser aplicado (por força do art. 8.º do CP) na legislação penal avulsa indicada no artigo 3.º da Diretiva 2014/42/UE, nomeadamente, ao DL n.º 15/93.

Penal, na versão do DL n.º 48/95, de 15 de março, que lhes sucederam relacionou-se com «o afastamento da ideia de culpa, valendo também a medida para os inimputáveis», como assinala João Conde Correia, *ob. cit.*, *RCEJ*, 2014, 2, p. 103, nota 52, lembrando a explicação de Jorge de Figueiredo Dias, na Comissão de Revisão do Código Penal de 1995, embora na altura reportando-se à substituição para «facto ilícito».

Ora, não havendo inquérito/processo-crime, terá de recorrer-se à perda sem condenação em contexto civil, ou seja, através de uma ação civil.

Mas, para esse efeito, dizem diversos Autores que importa regulamentar esta outra via ou solução (a chamada *actio in rem*), para permitir a recuperação dos ativos ilícitos e evitar o enriquecimento indevido mesmo de quem não é arguido, através da via civil.

De qualquer modo, diremos que também aqui se torna necessário que o legislador proceda à respetiva *regulamentação* uma vez que, ainda que o confisco em contexto civil tenha caráter preventivo e vise evitar um enriquecimento ilícito, a verdade é que, apesar de não estar ligado a um processo criminal, pode em algumas situações estar relacionado com a justiça criminal.

A *actio in rem* não pode ser usada para subtrair ao destinatário da perda os princípios subjacentes ao processo penal.

Ou seja, o procedimento civil não pode funcionar como uma «burla de etiquetas»[53] ou como uma manobra «ardilosa» para deixar cair princípios fundamentais do processo penal, quando estiver relacionado com a justiça criminal.

Assim, estando o confisco civil ligado a uma conduta ilícita (independentemente da causa da ilicitude, mas podendo, ainda que indiretamente, estar ligada à justiça criminal), é necessário definir um regime particular para este tipo de ação, a interpor no tribunal civil, caso se venha a alargar o seu campo de utilização, designadamente tendo em atenção o momento de justificar a ligação entre a perda do bem e a prática do facto ilícito (que pode ser típico, embora sem condenação).

É certo que se costuma justificar o procedimento *in rem* como sendo dirigido contra a coisa ilícita, cabendo ao respetivo titular o ónus de provar que a mesma é de origem lícita, sob pena de ser declarada perdida (tratam-se dos conhecidos casos da *civil forfeiture* norte americana ou da *civil recovery* inglesa).

[53] Pedro Caeiro, *ob. cit.*, p. 294, referindo a propósito que «o Estado não pode prevalecer-se (na veste de titular do *ius puniendi*) dos meios de obtenção de prova propiciados pelo processo penal para decretar e obter bens de origem ilícita e utilizar depois a prova obtida (na veste de simples "autor") num procedimento administrativo / civil, *inter partes,* "livre" das garantias previstas no processo penal. De outra forma, estaremos perante uma verdadeira "burla de etiquetas", incompatível com um princípio de *fairness* subjacente a todos os procedimentos que afectam direitos e pretensões individuais e com a própria ideia de Estado de direito"».

Diremos que, entre nós, importa regulamentar o confisco civil até consoante o âmbito de aplicação que lhe for conferido, estabelecendo regras relativas à prova, de cariz civilista (relacionadas com o ónus da prova), mas, além disso, há que respeitar, direitos fundamentais (*v.g.* direito de propriedade), o princípio da proporcionalidade e garantir o acesso a um processo justo e equitativo (precisamente para que o confisco civil não funcione como uma «sanção», que não é, nem deve ser).

Não se compreende, por isso, a inércia do legislador nesta matéria tão sensível, relacionada com as diferentes modalidades da perda de bens, que tem vindo a ser melhorada a nível europeu, particularmente com a Diretiva 2014/42/UE e que precisa de ser completamente transposta para o direito português, assim o aperfeiçoando, incluindo a nível da legislação penal avulsa, dessa forma promovendo uma adequada coerência do nosso sistema jurídico global, quando é certo que, ao mesmo tempo, não consegue ultrapassar a dificuldade, com que praticamente todos os anos é confrontado, tentando aprovar propostas de criminalização do enriquecimento ilegítimo, que acabam por ser «chumbadas» no Tribunal Constitucional (sendo que, em alternativa, podia antes recorrer a mecanismos como o do «confisco da riqueza inexplicável», até considerando que está atualmente previsto no artigo 16.º da Proposta de uma nova Diretiva do Parlamento Europeu e do Conselho, sobre a recuperação e confisco de bens, de 25 de maio de 2022, o «confisco de riqueza inexplicável ligada a atividades criminosas»).

Repare-se, a propósito do «confisco da riqueza inexplicável», que esta poderia ser uma fonte inspiradora para o legislador português poder ir mais além do que a regra mínima europeia, caso venha a ser aprovada a referida Proposta da nova Diretiva sobre a Recuperação e confisco de bens (que não trata do confisco civil).

Como diz João Conde Correia[54], a propósito do modelo teórico do «confisco da riqueza inexplicável», permitir a construção de «procedimentos civis, administrativos (ou até não penais) (...) porventura sem exigir sequer uma qualquer ligação com uma atividade criminosa pregressa», levaria a que então «o ónus da prova transfere-se para o visado, sendo os bens confiscados se ele não demonstrar a sua licitude».

[54] João Conde Correia, *ob. cit.*, *Julgar*, 2017, 32, p. 79.

Aliás, como acrescenta o mesmo Autor[55], «A Convenção das Nações Unidas contra o Tráfico de Estupefacientes e Substâncias Psicotrópicas, adotada em Viena, em 19 de dezembro de 1988, é um dos exemplos mais paradigmáticos desta opção: "As Partes podem considerar a possibilidade de inverter o ónus da prova no que diz respeito à origem lícita dos presumíveis produtos ou outros bens que possam ser objeto de perda, na medida em que os princípios do respetivo direito interno e a natureza dos procedimentos judiciais e outros o permitam"» (art. 5.º, n.º 7). «Perseguindo os mesmos objetivos, a Convenção do Conselho da Europa Relativa ao Branqueamento, Deteção, Apreensão e Perda dos Produtos do Crime e ao Financiamento do Terrorismo, adotada em Varsóvia, em 16 de maio de 2005, prevê que: "Cada uma das Partes adotará as medidas legislativas e outras que se revelem necessárias para exigir, em caso de uma ou mais infrações graves, de acordo com a definição do seu direito interno, que o autor declare a origem dos seus bens suspeitos de constituírem produtos ou de outros bens passíveis de perda, na medida em que tal exigência seja compatível com os princípios do seu direito interno"» (art. 3.º, n.º 4).

Portanto, seria, também, por esta via da implementação e regulamentação destas diferentes modalidades de confisco (e não pela criminalização do enriquecimento ilícito/injustificado), como já tivemos oportunidade de dizer noutro lugar[56], que o legislador poderia melhor combater a criminalidade organizada, a lavagem de dinheiro e a corrupção, assim como privar os criminosos de obter lucros das suas atividades criminosas.

Relembre-se que, na acima apontada pequena percentagem de bens declarados perdidos na União Europeia, segundo o Relatório de Avaliação do Documento de Trabalho do Staff da Comissão[57] que acompanha a Proposta de Diretiva do Parlamento Europeu e do Conselho sobre a recuperação e confisco de bens de 25 de maio de 2022, o mecanismo de confisco mais utilizado é o «confisco normal», ou seja, o confisco resultante de condenação pelo crime pelo qual está a ser julgado, em que apenas são

[55] João Conde Correia, *ob. ult. cit.*, pp. 79 e 80.

[56] Maria do Carmo Silva Dias, «Enriquecimento Ilícito/injustificado», *Julgar*, 2016, 28, p. 311.

[57] Ver Relatório de Avaliação do Documento de Trabalho do Staff da Comissão que acompanha a Proposta de Diretiva do Parlamento Europeu e do Conselho sobre a recuperação e confisco de bens {COM(2022) 245 final} – {SEC(2022) 245 final} – {SWD(2022) 246 final}, p. 60.

perdidos os bens apreendidos resultantes diretamente do crime cometido; já os bens perdidos por confisco alargado «representam menos de 30% do total dos bens confiscados», enquanto que «o confisco não baseado em condenação representa, com exceção de alguns Estados-Membros, menos de 15%».

Esses resultados mostram bem, como na prática, não estão suficientemente implementadas as diferentes modalidades de confisco existentes, particularmente as que não se baseiam numa condenação, seja na legislação penal clássica, seja na legislação penal avulsa, o que torna mais difícil quebrar a capacidade dos grupos criminosos expandirem as suas atividades, designadamente, as mais lucrativas.

4. Conclusão

Em Portugal, apesar da Lei n.º 30/2017, de 30 de maio, referir que transpõe a Diretiva 2014/42/UE (sobre o congelamento e a perda dos instrumentos e produtos do crime na União Europeia), tal não sucedeu de forma plena e completa.

Com efeito, perante o estatuído nos artigos 3.º, al. g) e 4.º n.º 2 da mesma Diretiva, verifica-se que não foi feita a devida transposição do confisco não baseado numa condenação em determinada legislação penal avulsa, como sucedeu, com o DL n.º 15/93, de 22 de janeiro, seu artigo 35.º, n.º 3.

Apesar de sempre se poder aplicar o regime da lei geral previsto no Código Penal, particularmente, os seus artigos 109.º, n.º 2, 110.º, n.º 5, 127.º, n.º 3 e 335.º, n.º 5, por se tratar de regime subsidiário (aplicável, neste caso, por via do disposto no art. 8.º do mesmo código), tal não significa que deixe de se verificar o incumprimento ou que fique apagada a obrigação de completa transposição da referida Diretiva.

Importa, pois, implementar os confiscos que não se baseiam numa condenação (seja na legislação penal clássica, seja na legislação penal avulsa), aperfeiçoando-os, regulamentar o confisco em contexto civil e adotar outras modalidades de perda de bens, para se conseguir combater com eficácia a criminalidade organizada, evitar que o crime continue a compensar e interromper a expansão das atividades criminosas.

10. REFLEXÕES SOBRE A NECESSIDADE, OU NÃO, DA SUBSTITUIÇÃO, NO DIREITO PORTUGUÊS, DO CONFISCO «ALARGADO» DO PATRIMÓNIO INCONGRUENTE PELO CONFISCO «ALARGADO» EM ESPÉCIE PREVISTO NA DIRETIVA 2014/42/UE

DUARTE RODRIGUES NUNES*

I. Introdução e colocação do problema

A criminalidade organizada, a criminalidade económico-financeira, o terrorismo e o cibercrime[1] (frequentemente utilizado pelas restantes formas de criminalidade que referimos[2] e também pelos Estados, para

* Não foram onsideradas quaisquer referências bibliográficas posteriores a julho de 2022.

[1] Sobre os conceitos destas formas de criminalidade, *vd.* DUARTE RODRIGUES NUNES, *O problema da admissibilidade dos métodos «ocultos» de investigação criminal como instrumento de resposta à criminalidade organizada*, Coimbra, Gestlegal, 2019, pp. 98 (organização criminosa *stricto sensu*), 130/31 (associação criminosa), 143 (criminalidade económica), 156 (criminalidade económica organizada), 171 (terrorismo e organização terrorista), 187/88 («contiguidade» à organização criminosa *lato sensu*, que inclui a organização criminosa *stricto sensu*, a associação criminosa e a organização terrorista) e 191/93 (conceitos descritivo--fenomenológico e normativo de criminalidade organizada *lato sensu*), e em *Os Meios de Obtenção de Prova Previstos na Lei do Cibercrime*, Gestlegal, Coimbra, 2021, p. 45 (cibercrime).

[2] O cibercrime é uma forma de crime transnacional em evolução e também uma realidade complexa, decorrendo essa complexidade do facto de a atividade criminosa ter lugar no território sem fronteiras do Ciberespaço (podendo os agentes e as vítimas estar situados em países diversos e os efeitos da prática dos crimes produzir-se em todo o Mundo) e do crescente envolvimento de organizações criminosas e/ou terroristas e/ou de criminosos de colarinho branco, o que gera a necessidade de criar uma resposta urgente, dinâmica e internacional

fins de guerra cibernética – declarada ou não – e, em alguns casos, para obtenção de lucro, que usarão para financiar programas de armamento[3]) constituem algumas das maiores ameaças para os direitos fundamentais dos cidadãos e para a própria subsistência do Estado de Direito na atualidade.

Os agentes destas formas de criminalidade possuem todo um *know-how* que aumenta a sua eficácia criminosa e a sua danosidade/perigosidade (e, consequentemente, a premência de uma resposta eficaz) e cria especiais dificuldades investigatórias, que, inclusivamente, tornaram obsoletos os tradicionais métodos «abertos» de investigação criminal (*v.g.*, revistas, buscas, apreensões, tomada formal de declarações), que passaram a ser meios complementares de outros – os métodos «ocultos» (*v.g.*, ações encobertas, intervenção nas comunicações de qualquer natureza e independentemente do local onde ocorram, buscas *online*) – que, esses sim, permitem neutralizar de forma eficaz os instrumentos que tais criminosos utilizam para se protegerem das atividades investigatórias das autoridades[4].

Nestas formas de criminalidade, apenas a criminalidade económico--financeira (organizada ou não) visa necessariamente a obtenção de lucro, ao passo que o terrorismo não visa a obtenção de lucro; no caso da criminalidade organizada *stricto sensu* e do cibercrime embora, na grande maioria das situações, seja esse o fim visado (mas não o único[5]), podemos dar como assente que, mesmo quando a finalidade «última» da atividade criminosa não seja a obtenção de lucro, a prossecução dessa finalidade «última» requer a disponibilidade de ativos patrimoniais, que, não poucas vezes, terão de ser muito substanciais (como sucede com o financiamento

(cfr. Duarte Rodrigues Nunes, *Os Meios de Obtenção...*, p. 14). Acerca do modo como o cibercrime é utilizado pelas formas de criminalidade referidas no texto, *vd.* Duarte Rodrigues Nunes, *Op. Cit.*, pp. 29 e ss.

[3] Cfr. Duarte Rodrigues Nunes, *Os Crimes Previstos na Lei do Cibercrime*, Coimbra, Gestlegal, 2020, p. 16.

[4] Cfr. Duarte Rodrigues Nunes, *O problema da admissibilidade dos métodos...*, pp. 17 e ss., com maiores desenvolvimentos.

[5] Acerca do porquê de entendermos que a obtenção de lucro não é a única finalidade da criminalidade organizada *stricto sensu*, *vd.* Duarte Rodrigues Nunes, *O problema da admissibilidade dos métodos...*, pp. 122 e ss., com maiores desenvolvimentos e amplas referências doutrinárias, jurisprudenciais e de Direito internacional, da União Europeia e comparado.

do terrorismo[6]). E, mesmo quando a finalidade «última» seja a obtenção de lucro, os ativos patrimoniais são igualmente essenciais para a proteção desses criminosos e da organização face às autoridades, bem como para reinvestir em novas mercadorias cuja revenda gerará mais lucros[7].

Daí a absoluta essencialidade de privar esses criminosos (e também os demais criminosos) dos proventos que tenham obtido através das suas atividades criminosas como *conditio sine qua non* de uma resposta a essas formas de criminalidade que observe as exigências de um Estado de Direito em termos de eficácia e efetividade (e não apenas no que tange à salvaguarda dos direitos fundamentais dos visados e/ou de terceiros).

A privação dos proventos do crime através do seu confisco, além de prosseguir uma função ordenadora do património conforme ao Direito, visa também, embora de uma forma *meramente reflexa*, finalidades de prevenção geral e especial[8], pois tais proventos são utilizados na

[6] Nas últimas décadas, tem-se verificado um esbatimento das fronteiras entre a criminalidade organizada e o terrorismo, existindo situações de cooperação mútua e negócios entre terroristas e membros de organizações criminosas *stricto sensu* (*v.g.*, prestação de proteção por parte dos terroristas às atividades do crime organizado e disponibilização, pelo crime organizado, de meios necessários para a prossecução de atividades terroristas), sendo também frequente a utilização, pelos terroristas, de mecanismos próprios da criminalidade organizada (designadamente, para obter financiamento para as suas atividades, após o fim do financiamento do terrorismo por determinados Estados) e, pelas organizações criminosas «tradicionais», de mecanismos próprios do terrorismo nos conflitos com outras organizações criminosas ou criminosos «não organizados», para fazer frente às autoridades ou para intimidar e/ou praticar extorsão contra cidadãos e/ou empresas (cfr. Duarte Rodrigues Nunes, «Criminalidade organizada e economia lícita. *Intimidazione del vincolo associativo* ou *Joint Venture?*», *in* Manuel Guedes Valente (coordenação) *Criminalidade Organizada Transnacional, Corpus Delicti III*, Coimbra, Almedina, 2021, pp. 41/2).

[7] Por exemplo, para pagar aos colaboradores externos os serviços prestados em operações de branqueamento de capitais, pagar os subornos devidos pela prática de atos de corrupção, pagar os honorários dos advogados e sustentar as famílias de membros presos como forma de «comprar» a fidelidade e o silêncio desses membros e dos seus familiares (evitando que cooperem com as autoridades).

[8] Cfr. João Conde Correia, *Da proibição do confisco à perda alargada*, Lisboa, INCM, 2012, pp. 63/4, e Acórdãos do TC n.ºs 392/2015, 476/2015 e 498/2019, *in www.tribunalconstitucional.pt*, e do STJ de 12 de novembro de 2008, *in www.dgsi.pt*; contra, Augusto Silva Dias, «Criminalidade organizada e combate ao lucro ilícito», *in* Maria Fernanda Palma/Augusto Silva Dias/Paulo de Sousa Mendes (organizadores), *2.º Congresso de Investigação Criminal*,

continuação da atividade criminosa e/ou na sua dissimulação[9] e são usufruídos pelos próprios criminosos (proporcionando-lhes uma condição socioeconómica que não lograriam ter caso optassem por não cometer infrações) e, desse modo, o confisco ou a possibilidade de confisco dessas vantagens (juntamente com as demais consequências jurídicas dos crimes em causa) farão os criminosos ponderarem os custos e os benefícios de prosseguirem aquela atividade criminosa[10] e poderá impedi-los de a prosseguirem (*v.g.*, no caso do tráfico de estupefacientes) ou de prosseguirem a atividade criminosa que os lucros obtidos visavam financiar (*v.g.*, a atividade terrorista que se pretendia financiar através do tráfico de estupefacientes)[11].

Todavia, para que a privação dos proventos do crime seja efetiva e eficaz, as autoridades terão de estar dotadas dos meios necessários para detetar, congelar, apreender/arrestar, administrar e decidir o confisco dos proventos do crime, incluindo mecanismos de Direito substantivo e processual. Atento o objeto do presente estudo, interessam-nos, essencialmente, os mecanismos de Direito substantivo.

Ao nível do Direito substantivo, têm sido propostas e consagradas medidas de vária índole, que vão desde a criminalização de certas condutas relacionadas com o lucro ilícito (*maxime* o branqueamento de capitais e o enriquecimento ilícito) até à tributação do património ilícito, passando por soluções ao nível das consequências jurídicas do ilícito, quer no que tange a medidas sancionatórias (*v.g.*, a antiga *Vermögensstrafe* do Direito

Coimbra, Almedina, 2010, p. 39, e Damião da Cunha, *Medidas de combate à criminalidade organizada e económico-financeira*, Porto, UCE – Porto, 2017, pp. 27/8.

[9] Daí que, como afirma João Conde Correia, *Da proibição do confisco ...*, p. 64, o princípio do Estado de Direito, além de proibir que o confisco de património se faça através de mecanismos incompatíveis com os ditames do Estado de Direito, constitui ele próprio o fundamento do confisco de património obtido através da prática de crimes.

[10] Cfr. Hélio Rodrigues/Carlos Rodrigues, *Recuperação de activos na criminalidade económico-financeira*, Lisboa, SMMP, 2013, p. 173, e Acórdãos do TC n.ºs 392/2015, 476/2015 e 498/2019, *in www.tribunalconstitucional.pt.*

[11] Cfr. Duarte Rodrigues Nunes, «Admissibilidade da inversão do ónus da prova no confisco "alargado" de vantagens provenientes da prática de crimes», *in Julgar Online*, p. 13, *in http://julgar.pt/wp-content/uploads/2017/02/20170220-ARTIGO-JULGAR-Invers%C3%A3o-%C3%B3nus-da-prova-confisco-alargado –Duarte-Nunes.pdf* (consultado em 31 de janeiro de 2022).

alemão[12] ou a multa «indexada» ao montante do lucro ilícito[13]) quer no que tange a medidas não sancionatórias, designadamente os procedimentos cíveis *in personam*[14] e o confisco de vantagens provenientes da prática de crimes, de que nos ocupamos no presente estudo.

II. O confisco de vantagens do crime no Direito português. As suas limitações para responder eficazmente à criminalidade organizada e económico-financeira e ao terrorismo

O confisco de vantagens provenientes da prática de crimes pode consistir no confisco de vantagens «clássico» (previsto nos arts. 110.º e ss. do

[12] A *Vermögensstrafe* (pena patrimonial) estava prevista no §43a do StGB, tendo sido introduzida em 1992 pela Lei de combate ao tráfico ilícito de estupefacientes e a outras manifestações da criminalidade organizada (*Gesetz zur Bekämpfung des illegalen Rauschgifthandels und anderer Erscheinungsformen der Organisierten Kriminalität* ou, abreviadamente, OrgKG), de 15 de julho de 1992. Tal norma foi julgada inconstitucional pelo *Bundesverfassungsgericht*, na sua Sentença de 20 de março de 2002 (2 BvR 794/95), *in https://lexetius.com/2002,273* (consultada em 31/01/2022), por violação do art. 103 II da *Grundgesetz* (GG), que consagra o princípio da legalidade das penas, mais concretamente no que tange à determinabilidade da pena, em virtude de o §43a do StGB não regular, com a clareza constitucionalmente imposta, os pressupostos da determinação da medida concreta da pena patrimonial. A pena patrimonial *podia* (a sua aplicação no caso concreto e a respetiva medida concreta dependiam do prudente arbítrio do Juiz) ser aplicada quando o agente fosse condenado pela prática de um crime para o qual estivesse prevista a possibilidade da sua aplicação e desde que a pena principal aplicada fosse igual ou superior a 2 anos de prisão ou de prisão perpétua, correspondendo o *quantum* máximo da pena patrimonial à totalidade do património do agente, não se considerando o valor que fosse alvo de confisco de vantagens do crime (*Verfall*); caso o agente não pagasse o valor correspondente à pena patrimonial, a mesma seria substituída por uma pena de prisão entre 1 mês e 2 anos.

[13] Cfr. art. 52 do Código penal espanhol, cujo n.º 1 prevê que, nos casos em que a lei o preveja, a *quantum* da multa será determinado tendo em conta o prejuízo causado ou o valor do objeto ou do benefício resultante do crime. Tal solução, como refere Augusto Silva Dias, *Criminalidade organizada ...*, pp. 36/7, é dificilmente compatível com os princípios da legalidade (por constituir uma pena absolutamente indeterminada, dada a impossibilidade de perceber quais são os seus limites mínimo e máximo) e da culpa (pois «escapa» à determinação do número de dias-multa, que é fixado com base na culpa do agente e nas necessidades da punição, jamais podendo a pena exceder a medida da culpa do agente).

[14] Cuja adoção no Direito interno é imposta no art. 53.º da Convenção das Nações Unidas contra a Corrupção. Os procedimentos civis *in personam* consistem em propor ações cíveis para obter o reconhecimento do direito de propriedade do Estado sobre bens adquiridos mediante a prática de crimes e a condenação do seu detentor a entregá-los ao Estado.

CP[15]), no confisco «alargado» (previsto nos arts. 7.º e ss. da Lei n.º 5/2002, de 11 de janeiro)[16] ou no confisco civil *in rem*[17] através de uma ação cível *in rem* (que não está previsto no Direito português)[18].

O confisco de vantagens «clássico» incide sobre as vantagens económicas *efetiva*[19] e direta/indiretamente[20] provenientes da prática de um

[15] E nos arts. 36.º a 38.º do DL n.º 15/93, de 22 de janeiro, quanto aos crimes previstos nesse diploma.

[16] Embora tenhamos consciência de que, de acordo com o *CARIN Manual, 5.ª Edição*, pp. 22 e ss., *in http://carin-network.org/ncb-guide http://carin-network.org/ncb-guide* (consultado em 31/01/2022), o mecanismo previsto nos arts. 7.º e ss. da Lei n.º 5/2002 não integre a tipologia do «confisco alargado», mas sim a tipologia do «confisco do património incongruente» e que, entre nós, Maria do Carmo Silva Dias, «Enriquecimento ilícito/injustificado», *Julgar*, 2016, 28, pp. 286 e ss., entende que tal mecanismo não constitui um verdadeiro confisco «alargado» de vantagens provenientes da prática de crimes, mas sim um mecanismo (civil) de confisco do enriquecimento ilícito, ainda assim, tal como vimos fazendo em escritos anteriores [desde logo em Duarte Rodrigues Nunes, *Admissibilidade da inversão do ónus da prova...*, *passim* (consultado em 31 de janeiro de 2022)], optamos por designar o confisco previsto nos arts. 7.º e ss. da Lei n.º 5/2002 como confisco «alargado».

[17] Ao contrário das demais formas de confisco, que são *in personam*, no confisco civil *in rem*, o fundamento do confisco não assenta na culpa do proprietário dos bens (sendo a sua eventual culpa absolutamente irrelevante), mas numa *fictio juris* de que a culpa recai sobre os bens.

[18] Embora nos pareça que a nossa lei deveria prever esta forma de confisco, pelas razões que aduzimos em Duarte Rodrigues Nunes, «Sobre a admissibilidade do confisco civil *in rem* de vantagens do crime», *Anatomia do Crime*, 2017, 6, pp. 187 e ss.

[19] No confisco «clássico» tem de ser feita prova, ainda que indiciária, de que as vantagens económicas (e os ganhos resultantes da transformação ou do reinvestimento) obtidas ou prometidas resultam *efetivamente* de um facto ilícito típico, inexistindo qualquer presunção legal nesse sentido (cfr. João Conde Correia, *Da proibição do confisco...*, p. 142).

[20] *V.g.*, se o agente reinvestir o dinheiro que recebeu ou evitou pagar/gastar por via da prática do facto ilícito típico em produtos financeiros e voltar a reinvestir o dinheiro com o produto ganho na primeira transação, pode ser confiscado o montante ganho nas ulteriores transações que tenham lugar. Diversamente de Figueiredo Dias, *Direito Penal Português, As consequências jurídicas do crime*, Lisboa, Editorial Notícias, 1993, p. 636, e Hélio Rodrigues/Carlos Rodrigues, *Recuperação de activos na criminalidade...*, p. 185, não nos parece que o confisco «em cadeia», por si só, ponha em causa os princípios da segurança jurídica, da legalidade e da proporcionalidade; o que terá de ser considerado é o reinvestimento sucessivo das vantagens e a percentagem que as vantagens representam nas transações subsequentes. E muito menos podemos concordar com Damião da Cunha, *Medidas de combate à criminalidade organizada...*, p. 25, quando afirma que a lei apenas permite o confisco da vantagem «direta» ou dos bens adquiridos na primeira transação com os bens «tocados pelo pecado original»: além de, na nossa ótica, não ser essa a solução que resulta da lei, um tal entendimento reduz

facto ilícito típico ou as recompensas[21] prometidas ou dadas aos agentes de um facto ilícito típico já cometido ou a cometer, para eles ou para outrem, ainda que tenham sido alvo de transformação ou reinvestimento posterior. A «vantagem» abrange quaisquer coisas, direitos de natureza patrimonial, benefícios de uso e evitações de dispêndios que os agentes de uma infração tenham obtido/evitado devido à prática do facto ilícito típico[22] e quaisquer ganhos quantificáveis que tenham resultado dessa transformação ou reinvestimento (cfr. art. 110.º, n.º 3, do CP)[23]. Por isso, os pressupostos do confisco «clássico» são: (1) a prática de um facto ilícito típico e (2) a existência de proventos *efetivamente* obtidos através da prática desse concreto ilícito típico (já cometido ou a cometer) ou prometidos como contrapartida da sua prática. Se a vantagem não puder ser apropriada em espécie, a perda é substituída pelo pagamento ao Estado do respetivo valor, podendo a substituição operar a todo o tempo, mesmo em fase executiva (cfr. arts. 110.º, n.º 4, e 111.º, n.º 3, do CP).

excessivamente o âmbito do confisco, comprometendo de sobremaneira a prossecução das finalidades que se pretendem atingir através do confisco de vantagens.

[21] A recompensa (pelo menos a dada) constitui uma subespécie da vantagem económica *lato sensu*, mas distingue-se da vantagem pelo facto de a recompensa se destinar a recompensar ou premiar a prática do facto ilícito típico (*v.g.*, o suborno pago como contrapartida de um ato de corrupção) e «surgir» no âmbito de uma relação intersubjetiva entre o agente e quem dá ou promete essa recompensa, ao passo que a vantagem consiste naquilo que é adquirido através da prática do facto (*v.g.*, o dinheiro auferido através do tráfico de droga) [cfr. Pedro Caeiro, «Sentido e função do instituto da perda de vantagens relacionadas com o crime no confronto com os outros meios de prevenção da criminalidade reditícia (em especial, os procedimentos de confisco in rem e a criminalização do enriquecimento "ilícito")», RPCC, 2011, pp. 272/3, e João Conde Correia, *Da proibição do confisco...*, p. 136].

[22] Cfr. Figueiredo Dias, *Direito Penal Português...*, p. 633. O *quantum* do confisco corresponde ao lucro obtido, pelo que, concluindo-se que foram investidos capitais de origem lícita na prática do crime (*v.g.*, na aquisição da droga para ulterior tráfico), tal valor terá de ser abatido ao valor dos proventos «totais» obtidos por via da prática do crime (princípio do ganho líquido ou *Nettoprinzip*, por oposição ao princípio do ganho bruto ou *Bruttoprinzip*) (cfr. Paulo Pinto de Albuquerque, *Comentário do Código Penal à luz da Constituição da República e da Convenção Europeia dos Direitos do Homem*, Lisboa, UCE, 2021, p. 497).

[23] A transformação e o reinvestimento referem-se aos casos em que, por exemplo, o agente do crime adquire um automóvel ou um imóvel com o dinheiro que auferiu no tráfico de estupefacientes ou que recebeu como contrapartida da prática de um ato de corrupção (reinvestimento) ou transforma as peças de ouro roubadas ou furtadas em barras de ouro (transformação).

O confisco de vantagens «clássico» será decretado mesmo que nenhuma pessoa determinada possa ser punida pelo facto, incluindo em caso de morte do agente ou quando o agente tenha sido declarado contumaz[24], mas, em princípio, não tem lugar se vantagens não pertencerem, à data do facto, a nenhum dos agentes ou beneficiários ou não lhes pertencerem no momento em que o confisco foi decretado[25]. Todavia, ainda que as vantagens pertençam a um terceiro, o confisco será decretado quando esse terceiro tiver (1) concorrido, de forma censurável, para a sua utilização ou produção ou tiver retirado benefícios do facto[26], (2) adquirido essas

[24] Cfr. art. 110.º, n.º 5, do CP. São igualmente subsumíveis ao art. 110.º, n.º 5, as situações em que o facto esteja prescrito ou tenha ocorrido uma amnistia. No fundo, o que está em causa neste art. 110.º, n.º 5, são, essencialmente, situações de extinção da responsabilidade penal nos termos dos arts. 118.º e ss. do CP, e de imunidades previstas no Direito interno (sobre as imunidades previstas no Direito interno, *vd.* Duarte Rodrigues Nunes, *Curso de Direito Penal, Parte Geral,* Coimbra, Gestlegal, 2021, 1, pp. 178 e ss.), a que acresce a declaração de contumácia nos termos do art. 335.º do CPP e a incapacidade judiciária do arguido (independentemente de ser inimputável ou imputável, o que é aferido em face do momento em que o crime é cometido e não em face do momento em que deva intervir no processo), mas não os casos de inimputabilidade, que são incluídos no art. 110.º por força de o legislador apenas exigir a prática de um ilícito típico e não de um crime. O art. 110.º, n.º 5, configura um caso de confisco não dependente de condenação penal, mas não constitui uma *actio in rem.* De notar que, à luz do art. 15.º da Proposta de Diretiva do Parlamento Europeu e do Conselho relativa à recuperação de ativos e ao confisco COM/2022/245, diversamente do que sucedia na Diretiva 2014/42/UE, o confisco «clássico» não baseado numa condenação também deverá ter lugar nos casos em que o agente não possa ser perseguido criminalmente por força de uma imunidade prevista no Direito interno e nos casos de amnistia e prescrição (o que já é possível à luz do art. 110.º, n.º 5, do CP, como referimos).

[25] Cfr. art. 111.º, n.º 1, do CP.

[26] As organizações criminosas intervêm na economia lícita visando obter lucro, proteger-se a si, aos seus membros e ao seu património face às autoridades e estabelecer relações, numa ótica de troca de favores, com membros do mundo da política, dos negócios, das instituições e da administração pública. Nessa intervenção, as organizações criminosas, por si mesmas ou utilizando empresas, estabelecem relações com outras empresas sob a forma de (1) intimidação (pagamento de «proteção» ou aquisição forçada de mercadorias ou de serviços a empresas pertencentes ou controladas pela organização criminosa, por ela «protegidas» ou a ela associadas em relações comerciais, designadamente sob a forma de subempreitadas ou fornecimento de materiais ou mão-de-obra em obras públicas ou privadas em que a empresa ameaçada seja a empreiteira), (2) auxílio a empresas em dificuldades económicas que não conseguem obter crédito junto da banca (empréstimos usurários ou «ofertas» de contratos de fornecimento/prestação de serviços a outras empresas, conluiadas ou vítimas da organização,

vantagens, por qualquer título, após a prática do facto, conhecendo ou devendo conhecer a sua proveniência ou (3) as vantagens ou o valor correspondente, tiverem sido, por qualquer título, transferidas para esse terceiro para evitar o confisco, conhecendo este ou devendo conhecer tal finalidade[27].

No entanto, apesar da sua abrangência (sobretudo após a transposição da Diretiva 2014/42/UE sobre o congelamento e a perda dos instrumentos e produtos do crime na União Europeia através da Lei n.º 30/2017, de 30 de maio), o confisco «clássico», por si só, não permite responder eficazmente à criminalidade organizada e económico-financeira, ao terrorismo e ao cibercrime, pois a reduzida visibilidade exterior que caracteriza estas formas de criminalidade e a utilização, por tais criminosos, de todos os meios à sua disposição (incluindo os mais sofisticados) para dissimularem a sua atividade criminosa e o património obtido através da mesma dificultam ou impedem o estabelecimento da ligação entre os proventos económicos e os crimes de que provêm em concreto[28]. E, para ultrapassar tal insuficiência, o legislador consagrou uma outra forma de confisco, que prescinde da prova de que o património foi obtido por via da prática do crime ou do

para, ulteriormente, adquirir o controlo sobre a empresa auxiliada ou a cooperação dos seus proprietários/administradores enquanto testas-de-ferro) ou (3) estabelecimento de relações comerciais «normais» (entre empresas não pertencentes nem controladas pela organização e a organização criminosa e/ou empresas por si detidas ou controladas) (cfr. Duarte Rodrigues Nunes, *Criminalidade organizada e economia lícita...*, pp. 46 e ss. e 57 e ss.). Por isso, existem empresas e empresários que retiram benefícios económicos das relações que estabelecem com as organizações criminosas e/ou empresas detidas ou controladas por estas. Tais vantagens económicas podem ser alvo de confisco «clássico». Assim, se a relação estabelecida ou a conduta concreta configurarem um facto ilícito típico ou um crime sob qualquer forma de comparticipação criminosa, o confisco terá lugar à luz do art. 110.º do CP; diversamente, quando a relação estabelecida ou a conduta concreta não configurarem um facto ilícito típico, mas o terceiro retirar um benefício da prática do facto ilícito típico por outrem (*v.g.*, no caso do fornecimento ou prestação forçados de mercadorias ou serviços por parte de empresas não pertencentes nem controladas pela organização criminosa – mas que com ela têm «boas relações» – a empresas vítimas da violência ou da intimidação perpetradas pela organização), o confisco será decretado com base no art. 111.º, n.º 2, al. a), do CP.

[27] Cfr. art. 111.º, n.º 2, do CP. No fundo, trata-se de terceiros de má fé.

[28] No mesmo sentido, Francisco Borges, «Perda alargada de bens: alguns problemas de constitucionalidade», *in* José de Faria Costa *et al* (organizadores) *Estudos em homenagem ao Prof. Doutor Manuel da Costa Andrade, Volume I, Direito Penal*, Coimbra, Universidade de Coimbra, 2017, p. 218.

facto ilícito típico concretamente em causa no processo e parte de uma presunção de que o património que seja incongruente com os rendimentos lícitos do condenado por um dos crimes previstos no artigo 1.º, n.º 1, da Lei n.º 5/2002 é proveniente de atividade criminosa, o que, pelas dificuldades que tais formas de criminalidade suscitam, é absolutamente necessário para responder eficazmente a esses fenómenos criminais tão danosos para a Sociedade, tão perigosos para a manutenção do Estado de Direito e de tão difícil investigação[29].

O confisco «alargado», tal como está previsto nos artigos 7.º e ss. da Lei n.º 5/2002, recai sobre uma parte ou mesmo a totalidade do valor do património do arguido e não sobre bens em concreto, estando em causa a «expropriação» da parte incongruente do património do arguido e não de bens determinados[30]. São pressupostos do confisco «alargado»: (1) o arguido ter sido condenado, por sentença transitada em julgado[31], pela prática de um dos crimes previstos no artigo 1.º, n.º 1, da Lei n.º 5/2002, independentemente da pena concretamente aplicada[32], (2) o arguido possuir um património[33], (3) o valor do património do arguido (correspondente ao somatório do valor dos bens que o integram) ser incongruente

[29] Cfr. Duarte Rodrigues Nunes, *Admissibilidade da inversão do ónus da prova ...*, p. 12 e Acórdãos do TC n.ºs 392/2015 e 476/2015, *in www.tribunalconstitucional.pt.*

[30] Cfr. Acórdãos do TRP de 11 de junho de 2014 (proc. 1653/12.2JAPRT-A.P1) e 16 de março de 2016 (proc. 2376/14.3TDPRT-D.P1), *in www.dgsi.pt.*

[31] Cfr. Augusto Silva Dias, *Criminalidade organizada ...*, p. 46, João Conde Correia, *Da proibição do confisco...*, p. 104, e Jorge Godinho, «Brandos costumes? O confisco penal com base na inversão do ónus da prova», *in* Manuel da Costa Andrade et al (organização), *Liber Discipulorum para Jorge de Figueiredo Dias*, Coimbra, Coimbra Editora, 2003, p. 1342.

[32] Cfr. João Conde Correia, *Da proibição do confisco ...*, p. 104, Pedro Caeiro, *Sentido e função do instituto da perda...*, p. 311 (nota 85), e Duarte Rodrigues Nunes, *O problema da admissibilidade dos métodos...*, p. 409 (incluindo a nota 1564); contra, Augusto Silva Dias, *Criminalidade organizada ...*, p. 45, e Damião da Cunha, «Perda de Bens a favor do Estado. Arts. 7.º-12.º da Lei n.º 5/2002, de 11 de janeiro (Medidas de combate à criminalidade organizada e económico-financeira)», *in* AA.VV. *Medidas de Combate à Criminalidade Organizada e Económico-Financeira*, Coimbra, Coimbra Editora, 2004, p. 125 (nota 1).

[33] *I.e.*, um conjunto de ativos de qualquer tipo, corpóreos ou incorpóreos, móveis ou imóveis, tangíveis ou intangíveis e os documentos ou instrumentos jurídicos que atestem a propriedade ou outros direitos sobre os referidos ativos que (1) estejam na sua titularidade ou em relação aos quais tenha o domínio e o benefício à data da constituição como arguido ou posteriormente e/ou tenham sido (2) transferidos para terceiros a título gratuito ou mediante contraprestação irrisória nos cinco anos anteriores à sua constituição como arguido e/ou (3)

com os seus rendimentos lícitos (após a dedução das suas despesas)[34] e (4) o património que é objeto do confisco «alargado» não ter sido obtido por via do crime pelo qual o arguido tenha sido condenado (seja do catálogo do art. 1.º, n.º 1, da Lei n.º 5/2002 ou não)[35]/[36]. No fundo, os bens a considerar para efeito do confisco «alargado» são bens que não foram obtidos por via do crime pelo qual o arguido foi condenado (ou, pelo menos, não se provou que o tenham sido).

Como resulta dos artigos 7.º, n.º 1, e 9.º da Lei n.º 5/2002, o legislador português estabeleceu uma presunção (ilidível) de que o património do arguido que tenha sido condenado por um dos crimes referidos no artigo 1.º, n.º 1, dessa Lei que seja incongruente com os seus rendimentos lícitos (concatenados com as suas despesas) tem origem criminosa, existindo uma inversão do ónus da prova quanto à proveniência (lícita) do património[37].

por ele recebidos nos cinco anos anteriores à sua constituição como arguido, ainda que não se consiga determinar o seu destino.

[34] Cfr. Paulo Pinto de Albuquerque, *Comentário do Código de Processo Penal à luz da Constituição da República e da Convenção Europeia dos Direitos do Homem*, Lisboa, UCE, 2011, p. 351, e Acórdão do TRL de 04 de dezembro de 2008 (proc. 7874/2008-9), *in www.dgsi.pt.*

[35] Pois, nesse caso, os bens serão perdidos à luz do confisco «clássico», não sendo admissível que um bem seja objeto de perdimento com base no confisco de vantagens «clássico» e, subsequentemente, o seu valor seja considerado para efeitos de confisco «alargado» (cfr. Duarte Rodrigues Nunes, *Admissibilidade da inversão do ónus da prova...*, pp. 37/38).

[36] Vários autores, invocando o princípio da proporcionalidade, entendem que, sob pena de se estar a fazer recair um ónus excessivo sobre o arguido, deveria exigir-se um quinto pressuposto: o MP demonstrar a ocorrência de indícios ou elementos que tornem plausível ou muito provável a existência de uma anterior atividade criminosa (que se refira a crimes do catálogo e tenha ligação com o tipo de crimes por cuja prática o arguido foi condenado). Tal pressuposto funcionaria como *conditio sine qua non* para que o cálculo das vantagens patrimoniais possa retroagir a um momento anterior ao da constituição como arguido. Pela nossa parte, entendemos que a exigência de um tal pressuposto não tem razão de ser, pelas razões que aduzimos em Duarte Rodrigues Nunes, «A incongruência do património no confisco "alargado" de vantagens provenientes da prática de crimes», *in* Recuperação de Ativos, pp. 26 e ss., *in https://cej.justica.gov.pt/LinkClick.aspx?fileticket=O-xuCBK9tSs%3d&portalid=30* (consultado em 31 de janeiro de 2022).

[37] Como se extrai dos trabalhos preparatórios da Lei n.º 5/2002 (cfr. Diário da Assembleia da República, I Série, de 20 de setembro de 2001, p. 28) e tem sido, de resto, o entendimento da Doutrina e da Jurisprudência (cfr. Damião da Cunha, *Perda de Bens a favor do Estado...*, p. 123, Jorge Reis Bravo, «Criminalidade Contemporânea e Discurso de Legalidade», *Polícia e Justiça,* 2006, 8, pp. 128 e ss., Duarte Rodrigues Nunes, *O problema da*

Esta presunção pode ser ilidida pelo condenado (que poderá utilizar todos os meios de prova admitidos em processo penal), demonstrando que (1) os bens têm uma proveniência lícita ou (2) estavam na sua posse há mais de cinco anos no momento da constituição como arguido ou (3) foram adquiridos com rendimentos obtidos nesse período ou (4) a transferência para terceiros a título gratuito ou mediante contraprestação irrisória ocorreu há mais de 5 anos contados da data da sua constituição como arguido[38]. E, não logrando o arguido demonstrar a verificação de uma dessas situações, o Tribunal considerará que o património do condenado, na parte em que não tiver sido ilidida a presunção (o que pode significar a totalidade do somatório dos bens do condenado, ressalvando-se sempre o que tiver sido alvo de confisco «clássico»), é de origem criminosa e decretará o confisco.

Do confronto entre o confisco «alargado» e o confisco «clássico» facilmente se percebe que o confisco «alargado» complementa, de uma forma substancial, o confisco «clássico» e, com isso, supre muitas das lacunas deste ao nível da confisco do património de origem criminosa, lacunas essas que resultam, essencialmente, da necessidade de provar (ainda que com base em prova indiciária) que aqueles bens ou aquele valor foi(ram) recebido(s) ou estava(m) prometido(s) relativamente ao crime ou facto ilícito típico em causa no processo.

Todavia, o confisco «alargado», tal como previsto na Lei n.º 5/2002, também apresenta diversas lacunas.

Assim, em primeiro lugar, existem lacunas ao nível do catálogo de crimes do artigo 1.º, n.º 1, da Lei n.º 5/2002, que, apesar de ter sido delimitado com base em critérios de potencialidade de obtenção de vantagens e de prioridades de política criminal[39], não inclui – como, na nossa ótica,

admissibilidade dos métodos..., pp. 411 e ss., e Acórdãos do TC n.ºs 392/2015, 476/2015 e 498/2019, *in www.tribunalconstitucional.pt*).

[38] Relativamente ao âmbito desta presunção e à sua constitucionalidade, *vd.* Duarte Rodrigues Nunes, *O problema da admissibilidade dos métodos...*, pp. 413 e ss. e 416 e ss., e Acórdãos do TC n.ºs 392/2015, 476/2015 e 498/2019, *in www.tribunalconstitucional.pt*.

[39] Cfr. Jorge Godinho, *Brandos costumes...*, p. 1339, Damião da Cunha, *Perda de Bens a favor do Estado...*, p. 125, e Acórdãos do TC n.º 392/2015, *in www.tribunalconstitucional.pt*, e do TRP de 11 de junho de 2014 (proc. 1653/12.2JAPRT-A.P1) e 16 de março de 2016 (proc. 2376/14.3TDPRT-D.P1), *in www.dgsi.pt*. João Conde Correia, *Da proibição do...*, p. 103, refere que as escolhas do legislador, por insuficientes, polémicas e pouco inteligíveis, dificilmente serão reconduzíveis a um denominador comum que explicite a *mens legislatoris*.

deveria incluir – muitos crimes que, de acordo com o saber adquirido, correspondem a atividades habituais da criminalidade organizada, da criminalidade económico financeira, do terrorismo e – desde 2017 – do cibercrime[40], o que seria essencial para conferir uma resposta mais eficaz a estas formas de criminalidade, que é precisamente a finalidade da Lei n.º 5/2002.

Em segundo lugar, existem lacunas ao nível do confisco «alargado» do património de organizações criminosas. Assim, quando tenha havido

[40] Na verdade, o legislador português não deu cumprimento ao art. 5.º, n.º 2, al. d), 2.ª parte, da Diretiva 2014/42/UE, de que resulta a obrigação de incluir a conduta p. e p. pelo art. 7.º, n.º 3, da Lei n.º 109/2009, de 15 de setembro no catálogo do art. 1.º da Lei n.º 5/2002. Ademais, apesar de terem vindo a ser incluídos novos crimes no catálogo do art. 1.º da Lei n.º 5/2002, consideramos que deveriam integrar esse catálogo, entre outros, os crimes de rapto (quando esteja em causa a obtenção de contrapartidas patrimoniais, ainda que indiretamente), jogo ilícito, determinados crimes contra o património (furtos e roubos quando os objetos subtraídos sejam obras de arte, burla qualificada, usura, extorsão, insolvência dolosa, recetação, burla informática, administração danosa, apropriação ilegítima), contrafação de mercadorias (incluindo a contrafação de CDs, DVDs, jogos de vídeo), fraude na obtenção de subsídio ou de subvenção, fraude fiscal e contra a segurança social, burla tributária, crimes contra o mercado financeiro, tráfico de espécies protegidas, tráfico de resíduos perigosos, falsidade informática (que é um tipo de crime que é praticado no âmbito de fenómenos criminais altamente danosos e igualmente lucrativos como o *phishing*, o *ransomware* ou o *cryptojacking* e crimes relacionados com as criptomoedas), etc. Aliás, tratando-se de um diploma que visa responder também à criminalidade económico-financeira, não se percebe o porquê de o catálogo do art. 1.º não ser aplicável, nos mesmos termos, a todos os instrumentos jurídicos previstos nessa Lei e, especificamente quanto ao confisco «alargado», não percebemos, de todo, o porquê de o catálogo não incluir também os crimes a que se referem os n.ºs 3 e 4 (ou, no caso do n.º 4, pelo menos os crimes referidos supra) do art. 1.º da Lei n.º 5/2002. De todo o modo, no que tange ao «confisco alargado» na aceção da Diretiva 2014/42/UE, o art. 14.º da Proposta de Diretiva do Parlamento Europeu e do Conselho relativa à recuperação de ativos e ao confisco COM/2022/245, já não prevê um catálogo mínimo como existia no art. 5.º da Diretiva 2014/42/UE, prevendo o confisco «alargado» em todos os casos em que o visado tenha sido condenado pela prática de um crime passível de gerar, direta ou indiretamente, vantagens económicas; ademais, no caso do «confisco de riqueza inexplicada relacionada com atividades criminosas» – cujos termos veremos mais adiante –, que já está consagrado na Lei n.º 5/2002, o art 16.º da referida Proposta de Diretiva prevê um tal confisco no caso de o visado ter sido condenado por algum dos crimes previstos no art. 2.º, cujo catálogo é mais extenso do que o catálogo do art. 1.º da Lei n.º 5/2002 e dos arts. 3.º e 5.º, n.º 2, da Diretiva. Por isso, no caso de uma futura Diretiva entrar em vigor nesses mesmos termos, o catálogo de crimes do art. 1.º da Lei n.º 5/2002 terá de ser alvo de um novo alargamento.

condenação, nos casos em que a organização criminosa «coincida» ou seja «parte»[41] de um ente coletivo[42], o património do ente coletivo cuja subsunção a alguma das situações previstas no artigo 9.º, n.º 3, da Lei n.º 5/2002 não seja demonstrada pode ser alvo de confisco «alargado»[43]; mas, no caso de condenação de pessoas singulares, o confisco «alargado» só será possível quando o condenado pelo crime *de* organização seja líder (quando a organização possua líderes) ou membro da organização (quando a organização não possua líderes, sendo dirigida pelos seus vários membros[44]) ou, sendo um colaborador externo ou um membro subalterno da organização, seja igualmente um fiduciário a quem o património que se concluiu ser pertença da organização *ex se* (e não de algum dos seus membros ou colaboradores externos) tenha sido confiado[45]/[46]. No fundo, ainda que o condenado não seja o proprietário desse património, tem-no na sua posse e esse património tem uma origem criminosa (pois não foi provada a sua proveniência lícita e, antes de tudo, esse património pertence a uma organização criminosa), pelo que o artigo 7.º da Lei n.º 5/2002 é aplicável, por interpretação extensiva (com base num argumento de igualdade ou mesmo de maioria de razão).

[41] Como refere Figueiredo Dias, *As «Associações Criminosas» no Código Penal português de 1982 (arts. 287.º e 288.º)*, Coimbra, Coimbra Editora, 1988, pp. 32/3, a associação criminosa poderá ser uma pessoa coletiva regularmente ou irregularmente constituída ou um grupo informal de indivíduos.

[42] No Direito português, as pessoas coletivas podem ser punidas pelo crime de associação criminosa ou de organização terrorista (cfr. arts. 11.º, n.º 2, do CP, 33.º-A do Decreto-Lei n.º 15/93, de 22 de janeiro, 3.º da Lei n.º 50/2007, de 31 de agosto, 7.º do Regime Geral das Infrações Tributárias, 182.º da Lei n.º 23/2007, de 4 de julho, e 6.º da Lei n.º 52/2003, de 22 de agosto).

[43] Cfr. Duarte Rodrigues Nunes, «O problema da confiscabilidade do património da organização criminosa», *in* AA.VV. *Prof. Doutor Augusto Silva Dias In Memoriam, Volume II*, Lisboa, AAFDL, 2022, p. 319.

[44] E, mesmo nestes casos, só será possível concluir que o património é da organização e não daquele membro concreto (cujo património pessoal também será alvo de confisco «alargado») nos casos em que, existindo divisão de tarefas, coubesse a esse membro em concreto a guarda e a administração do património da organização.

[45] Nesses casos, o património que será alvo de confisco «alargado» é o património pessoal desse colaborador ou membro subalterno cuja presunção de origem criminosa não tenha sido ilidida nos termos do art. 9.º, n.º 3, da Lei n.º 5/2002 e o património da organização criminosa que lhe tinha sido confiado.

[46] Cfr. Duarte Rodrigues Nunes, *O problema da confiscabilidade ...*, p. 319.

Nos casos em que não tenha havido condenação, não podemos deixar de concordar com AUGUSTO SILVA DIAS[47] quando afirma que o património da organização criminosa não pode ser alvo de confisco «alargado»[48] e que isso constitui uma grave lacuna da lei; de facto, nem a Lei n.º 5/2002 prevê a extensão do confisco ao património da própria organização criminosa nem a organização criminosa *ex se*, salvo quando constitua o todo ou parte de um ente coletivo passível de responsabilidade penal, poderá ser alvo de uma condenação penal[49].

Visando a consagração do confisco «alargado» o aumento da eficácia da resposta à criminalidade organizada e económico-financeira (incluindo a criminalidade económica organizada quando não seja levada a cabo por organizações criminosas «tradicionais» ou terroristas), ao terrorismo e (desde 2017) ao cibercrime, essa lacuna terá de ser suprida como *conditio sine qua non* de uma maior eficácia na resposta a essas formas de criminalidade e na proteção dos direitos fundamentais dos cidadãos contra tais fenómenos criminosos e, tendo em conta a finalidade prosseguida pela própria Lei n.º 5/2002, o preenchimento, pelo legislador, das duas lacunas que já referimos é imperiosa, sob pena de não prossecução dessas finalidades no plano do confisco dos proventos do crime.

E, em terceiro lugar, os artigos 7.º e ss. da Lei n.º 5/2002 não permitem o confisco «alargado» nos casos em que, apesar de as provas apontarem fortemente no sentido de determinados bens concretos (e não já um determinado valor patrimonial) terem sido obtidos através de uma atividade criminosa (de que também existem indícios fortes), mas, por exemplo:

a) não é possível demonstrar que esses bens foram obtidos por via da prática do crime ou do facto ilícito típico em causa no processo e, além disso, são congruentes com os rendimentos lícitos do condenado (após deduzidas as suas despesas);

[47] AUGUSTO SILVA DIAS, *Criminalidade organizada ...*, p. 44.

[48] Sem prejuízo de, nos casos em que a organização criminosa «coincida» ou seja «parte» de um ente coletivo passível de responsabilidade penal e esse ente tenha sido condenado pela prática de algum dos (outros) crimes do catálogo, o seu património poder ser alvo de confisco «alargado», mas não enquanto património da organização criminosa *ex se*, pelo que essa possibilidade não põe em causa o que referimos no texto e a nossa concordância com AUGUSTO SILVA DIAS.

[49] Cfr. DUARTE RODRIGUES NUNES, *O problema da confiscabilidade...*, p. 321.

b) o arguido faleceu anteriormente ao trânsito em julgado de sentença condenatória ou é inimputável por anomalia psíquica, o procedimento criminal está prescrito ou a responsabilidade penal extinguiu-se por amnistia (o que impede o confisco «alargado» nos termos da Lei n.º 5/2002, que exige a condenação numa pena), não é possível demonstrar que esses bens foram obtidos por via da prática do crime ou do facto ilícito típico em causa no processo, mas são incongruentes com os rendimentos lícitos do arguido;

c) não é possível demonstrar que esses bens foram obtidos por via da prática do crime ou do facto ilícito típico em causa no processo, tendo o arguido sido condenado pela prática de um crime não pertencente ao catálogo do artigo 1.º, n.º 1, da Lei n.º 5/2002 (o que impede o confisco «alargado» tal como está previsto na Lei).

No entanto, se atentarmos no artigo 16.º da Proposta de Diretiva do Parlamento Europeu e do Conselho relativa à recuperação de ativos e ao confisco COM/2022/245[50], no caso de a futura Diretiva contemplar um confisco de riqueza inexplicada relacionada com atividades criminosas nos termos previstos na Proposta, esta lacuna da nossa legislação será suprida quando a Diretiva for transposta para o Direito português.

III. O confisco de vantagens do crime previsto na Diretiva 2014/42/UE. Em especial, o confisco «alargado»

Antes de analisarmos a Diretiva 2014/42/UE, justifica-se fazer uma breve descrição da evolução do confisco de vantagens no Direito da União Europeia.

O primeiro instrumento de Direito da União Europeia em que existe uma referência ao confisco de vantagens é, ainda à luz do Tratado da União Europeia na versão do Tratado de Maastricht, a Ação Comum de 3 de dezembro de 1998 adotada pelo Conselho com base no artigo K.3 do Tratado da União Europeia, relativa ao branqueamento de capitais, identificação, deteção, congelamento, apreensão e perda de instrumentos

[50] *Disponível em https://eur-lex.europa.eu/legal-content/EN/TXT/PDF/?uri=CELEX:52022PC0245&*
from=EN (consultado em 4 de junho de 2022). Doravante mencionada como Proposta de Diretiva.

e produtos do crime, que foi revogada pela Diretiva 2014/42/UE no seu artigo 14.º, n.º 1. De acordo com esta Ação Comum, que visava reforçar a eficácia da resposta ao crime organizado, os Estados-Membros obrigaram-se a:

a) não formular nem manter quaisquer reservas a alguns artigos da Convenção de 1990 do Conselho da Europa relativa ao branqueamento, deteção, apreensão e perda dos produtos do crime;
b) garantir que a sua legislação e prática processual em matéria de confisco das vantagens[51] do crime permitiam decretar a perda dos bens cujo valor correspondesse a tais produtos, no quadro de procedimentos internos ou instaurados a pedido de outro Estado-membro, incluindo os pedidos de execução de ordens de perda estrangeiras;
c) garantir que a sua legislação e prática processual permitiam a identificação e deteção das presumidas vantagens do crime a pedido de outro Estado-membro, quando houvessem motivos plausíveis para suspeitar que foi cometida uma infração penal.

Em suma, a Ação Comum visava a melhoria da eficácia da resposta ao crime organizado mediante o efetivo confisco das vantagens do crime dentro de cada Estado-Membro e uma maior cooperação transfronteiriça em matéria de confisco de vantagens.

Seguidamente, já à luz do Tratado da União Europeia na versão do Tratado de Amesterdão, na sequência das conclusões dos Conselhos Europeus de Viena (11 e 12 de dezembro de 1998) e de Tampere (15 e 16 de outubro de 1999) e das recomendações do Plano de Ação relativo à «*Prevenção e controlo da criminalidade organizada: estratégia da União Europeia para o início do novo milénio*», aprovado pelo Conselho em 27 de março de 2000, foi adotada a Decisão-Quadro 2001/500/JAI, do Conselho de 26 de junho de 2001, relativa ao branqueamento de capitais, à identificação, deteção, congelamento, apreensão e perda dos instrumentos e produtos

[51] Na legislação da União Europeia utiliza-se a designação «produto do crime» ou «produtos do crime», que correspondem ao conceito, não de produto, mas de vantagem do crime no Direito português. Por isso, optamos por utilizar a designação adotada pelo legislador português.

do crime, cujo artigo 3.º (também revogado pelo art. 14.º, n.º 1, da Diretiva 2014/42/UE) obrigava os Estados-Membros a tomarem as medidas necessárias para que a sua legislação e prática processual em matéria de confisco das vantagens do crime permitissem[52], pelo menos nos casos em que as vantagens não pudessem ser confiscadas em espécie, confiscar os bens cujo valor correspondesse ao valor das vantagens, tanto nos procedimentos internos como em procedimentos instaurados a pedido de outro Estado-Membro, incluindo os pedidos de execução de ordens de perda emanadas do Estrangeiro. Ademais, a Decisão-Quadro impunha aos Estados-Membros que não formulassem nem mantivessem reservas relativamente às disposições da Convenção do Conselho da Europa relativa ao branqueamento, deteção, apreensão e perda dos produtos do crime, na medida em que a infração fosse punível com pena privativa de liberdade ou com uma medida de segurança de duração máxima superior a um ano (cfr. art. 1.º). Às finalidades que referimos quanto à Ação Comum, a Decisão-Quadro, que também as prosseguia, juntou uma outra: a harmonização das legislações e das práticas processuais dos Estados-Membros em matéria de confisco de vantagens.

Posteriormente, à luz Tratado da União Europeia na versão do Tratado de Nice, foi adotada a Decisão-Quadro 2005/212/JAI do Conselho de 24 de fevereiro de 2005 relativa à perda de produtos, instrumentos e bens relacionados com o crime, cujo artigo 2.º obrigava os Estados-Membros a tomarem as medidas necessárias para que pudessem ser declarados perdidos, no todo ou em parte, os instrumentos e as vantagens de infrações penais puníveis com pena privativa da liberdade superior a um ano ou bens de valor equivalente a esses produtos (n.º 1), permitindo que, no caso de infrações fiscais, fossem utilizados procedimentos não penais para o confisco de instrumentos e vantagens (n.º 2).

Referia-se, no preâmbulo, que as diferenças existentes entre as legislações dos Estados-Membros em matéria de deteção, congelamento, apreensão e perda das vantagens do crime dificultam a resposta à criminalidade

[52] Pedro Caeiro, «O confisco numa perspetiva de política criminal europeia», *in* Maria Raquel Desterro Ferreira/Elina Lopes Cardoso/João Conde Correia (coordenadores), *O Novo Regime de Recuperação de Ativos à Luz da Diretiva 2014/42/EU e da Lei que a Transpôs*, Lisboa, INCM, 2018, p. 28, considera que a Decisão-Quadro 2001/500/JAI apenas se referia ao confisco «clássico».

organizada (considerando 1), sendo que os instrumentos jurídicos vigentes nesta área não se vinham mostrando suficientes para que a cooperação transfronteiriça quanto ao confisco fosse efetiva, existindo ainda vários Estados-Membros cujo Direito interno não permite declarar perdidas as vantagens de todas as infrações puníveis com pena privativa de liberdade de duração superior a um ano (considerando 9). Ainda de acordo com o preâmbulo, a Decisão-Quadro visava assegurar que todos os Estados--Membros dispusessem de regras efetivas que regulassem a perda das vantagens do crime, nomeadamente no que respeita ao ónus da prova relativamente à origem dos bens detidos por uma pessoa condenada pela prática de uma infração relacionada com a criminalidade organizada (considerando 10), embora tal não impedisse os Estados-Membros de «*aplicarem os seus princípios fundamentais sobre o direito a um processo equitativo, em particular a presunção de inocência, os direitos de propriedade, a liberdade de associação, a liberdade de imprensa e a liberdade de expressão noutros meios de comunicação social*» (considerando 11).

No artigo 3.º, n.º 2, dessa Decisão-Quadro[53], encontramos a primeira referência ao confisco «alargado» no Direito da União Europeia[54], sendo imposto aos Estados-Membros que consagrem, no seu Direito interno, um regime legal que permita o confisco «alargado» das vantagens dos crimes elencados no n.º 1 (que o legislador limita às infrações penais cometidas

[53] O art. 3.º da Decisão-Quadro 2005/212/JAI foi totalmente revogado pelo art. 14.º, n.º 1, da Diretiva 2014/42/EU.

[54] Daí que Pedro Caeiro, *O confisco numa perspetiva...*, p. 28, refira que «*o novo diploma veio impor aos Estados-Membros, de súbito, a obrigação de adotarem um dos três modelos de perda alargada que também prevê. Não se percebe de que forma o estabelecimento de novos mecanismos de confisco (os poderes alargados) poderia suprir a insuficiência decorrente do incumprimento do dever de declarar perdidos os bens provenientes de infrações puníveis com prisão superior a um ano. Tratou-se, na verdade, de um pretexto opaco para a realização de um propósito político-criminal camuflado: a implementação de sistemas de confisco alargado em todos os Estados-Membros, que portanto ia muito para além da intervenção necessária para melhorar a cooperação*».
Contudo, como aduz o mesmo autor, *Op. Cit.*, p. 30, a Decisão-quadro não abrange o reconhecimento de decisões de confisco tomadas fora de um processo penal, como sucede no caso do confisco civil (tanto *in rem* como *in personam*); inexplicavelmente, essa limitação continua a verificar-se no Regulamento (UE) 2018/1805 do Parlamento Europeu e do Conselho de 14 de novembro de 2018 relativo ao reconhecimento mútuo das decisões de apreensão e de perda (cfr. art. 1.º, n.ºs 1 e 4).

no âmbito da criminalidade organizada e do terrorismo[55]) desse preceito, pelo menos quando[56]:

a) um Tribunal nacional, com base em factos objetivos, estivesse plenamente convencido de que os bens em questão haviam sido obtidos a partir das atividades criminosas da pessoa condenada durante um período anterior à condenação pelo ilícito referido no n.º 1 que fosse considerado razoável pelo Tribunal em face das circunstâncias do caso concreto; ou

b) um Tribunal nacional, com base em factos objetivos, estivesse plenamente convencido de que os bens em questão haviam sido obtidos a partir de atividades criminosas semelhantes da pessoa condenada durante um período anterior à condenação pelo ilícito referido no n.º 1 que fosse considerado razoável pelo Tribunal em face das circunstâncias do caso concreto; ou

c) o valor dos bens fosse desproporcionado em relação aos rendimentos legítimos da pessoa condenada e um Tribunal nacional, com base em factos objetivos, estivesse plenamente convencido de que os bens em questão haviam sido obtidos através da atividade criminosa da pessoa condenada.

Além disso, nos termos dos n.ºs 3 e 4 desse mesmo artigo 3.º, previa-se que os Estados-Membros equacionassem a possibilidade de preverem, no seu Direito interno, o confisco de bens adquiridos por pessoas próximas do condenado e de bens cuja propriedade tivesse sido transferida para uma pessoa coletiva em relação à qual a pessoa em questão (agindo individual ou conjuntamente com pessoas próximas) dispusesse de poderes de controlo, o mesmo se aplicando quando a pessoa em causa recebesse uma parte significativa do rendimento da pessoa coletiva (n.º 3) e permitia-se que os Estados-Membros utilizassem procedimentos de confisco não penais (n.º 4).

Por fim, nos artigos 4.º e 5.º da Decisão-Quadro, era imposto aos Estados-Membros que assegurassem o direito ao recurso relativamente às decisões que decretem o confisco, bem como o respeito pelos princípios

[55] Limitação que, como refere Pedro Caeiro, *O confisco numa perspetiva...*, p. 28, não era imposta pelos Tratados, sendo antes uma mera opção do legislador.

[56] Como resulta do art. 3.º, n.º 1, da Decisão-Quadro, tratava-se de uma regra mínima, que não impedia os Estados-Membros de irem mais além do que a Diretiva.

fundamentais consagrados no artigo 6.º do Tratado da União Europeia, nomeadamente, o princípio da presunção de inocência.

Por fim, surgiu a Diretiva do Parlamento Europeu e do Conselho de 3 de abril de 2014 sobre o congelamento e a perda dos instrumentos e produtos do crime na União Europeia, adotada à luz do Tratado da União Europeia na versão do Tratado de Lisboa, que contém a regulamentação até ao momento mais completa em matéria de confisco de bens relacionados com a prática de crimes no plano do Direito da União Europeia, regulando o confisco «clássico» de instrumentos e vantagens do crime (baseado numa condenação penal do agente) (art. 4.º, n.º 1), o confisco de instrumentos e vantagens do crime não baseado numa condenação (pelo menos quando a impossibilidade da condenação resultar de doença ou de fuga do suspeito ou arguido) (art. 4.º, n.º 2), o confisco «alargado» de vantagens do crime (pelo menos quando se trate dos crimes previstos no art. 5.º, n.º 2) (art. 5.º) e o confisco de bens de terceiros de má fé (art. 6.º), sendo que o confisco de vantagens em qualquer das suas modalidades deverá incluir os benefícios diretos e também os benefícios indiretos resultantes da prática do crime (cfr. arts. 4.º a 6.º).

No entanto, é também imposta a criação de diversas salvaguardas, designadamente no que tange à proteção dos terceiros de boa-fé (art. 6.º, n.º 2), ao direito ao recurso e a um julgamento equitativo no que tange à perda e ao congelamento (art. 8.º, n.ºs 1, 4, 6 e 8), à comunicação da decisão de congelamento o mais rapidamente possível após a sua execução ao titular dos bens, comunicação que terá de incluir, pelo menos de forma resumida, o fundamento ou os fundamentos da decisão, podendo ser adiada se tal for necessário para não prejudicar uma investigação criminal (art. 8.º, n.º 2), à duração do congelamento apenas enquanto for necessário para salvaguardar os bens tendo em vista a eventual decisão de perda subsequente, devendo os bens congelados que não venham a ser objeto de uma decisão de perda ser restituídos imediatamente (art. 8.º, n.ºs 3 e 5), à fundamentação e à notificação de todas as decisões de perda (art. 8.º, n.º 6), ao direito ao patrocínio por advogado e à informação acerca desse direito (art. 8.º, n.º 7), ao direito de os terceiros invocarem o seu título de propriedade ou outros direitos reais (art. 8.º, n.º 9) e ao direito das vítimas do crime reclamarem uma indemnização às pessoas sujeitas a medidas de perda previstas na Diretiva e de esse direito não ser impedido pelas medidas de perda (art. 8.º, n.º 10).

De acordo com o preâmbulo da Diretiva, as autoridades competentes deverão dispor dos meios necessários para detetar, congelar, administrar e decidir a perda das vantagens do crime enquanto condição essencial para prevenir eficazmente e combater a criminalidade organizada transnacional, o que requer a adoção, pelos Estados-Membros, de regras mínimas a fim de harmonizar os regimes de congelamento e de perda dos Estados-Membros, promovendo-se, consequentemente, a confiança mútua e uma cooperação transfronteiriça eficaz (que são reclamadas pela atuação transnacional das organizações criminosas (considerandos 1 a 5), dado que os regimes vigentes de perda alargada e de reconhecimento mútuo das decisões de congelamento e de perda não são plenamente eficazes, pois a perda é dificultada pelas diferenças existentes entre o Direito interno dos Estados-Membros (considerando 8).

No que ao confisco «alargado» diz respeito, de acordo com o artigo 5.º, n.º 1, da Diretiva, ainda que não seja possível provar que determinados bens foram obtidos através da prática do crime pelo qual o arguido foi condenado, poderá decretar-se o confisco desses bens desde que o arguido tenha sido condenado pela prática de um crime passível de gerar, direta ou indiretamente, benefícios económicos e, à luz das circunstâncias do caso concreto, seja possível concluir que esses bens foram obtidos através da prática de crimes. Por isso, o confisco apenas depende de o arguido ser condenado pelo cometimento de um crime em qualquer forma de comparticipação criminosa e numa qualquer pena (e não apenas em pena de prisão efetiva) ou medida de segurança.

A Diretiva não contém qualquer catálogo de crimes, apenas exigindo que o confisco «alargado» seja decretado, pelo menos nos casos em que o arguido tenha sido condenado por algum dos crimes mencionados no seu artigo 5.º, n.º 2, não impedindo que os Estados-Membros vão mais além e prevejam o confisco alargado em todos os casos em que esteja em causa a condenação pela prática (sob qualquer forma de comparticipação criminosa) de um crime passível de gerar proventos, podendo ter-se em conta o *modus operandi* do arguido (*v.g.*, o crime ter sido cometido no âmbito do crime organizado ou com o intuito de gerar lucros regulares)[57].

[57] Cfr. considerando 20 da Diretiva. Por isso, a condenação pela prática de um homicídio ou de ofensa à integridade física que tenha sido executado a soldo poderá despoletar o confisco «alargado» (no mesmo sentido, João Conde Correia, «Reflexos da Diretiva 2014/42/UE

O arguido terá de possuir um património, *i.e.*, um conjunto de ativos de qualquer espécie, corpóreos ou incorpóreos, móveis ou imóveis, bem como documentos legais ou atos comprovativos da propriedade desses ativos ou dos direitos com eles relacionados[58]. Embora a Diretiva nada refira quanto aos bens *formalmente* detidos por terceiros, mas que *materialmente* pertençam ao arguido (situação diversa da regulada no artigo 6.º da Diretiva), entendemos que tais bens também devem ser considerados como pertencentes ao arguido para efeitos de confisco «alargado».

Por último, o confisco «alargado» terá lugar sempre que, de acordo com as circunstâncias do caso concreto, se possa concluir que os bens foram obtidos através da prática de (outros) crimes. E, no Considerando 21 da Diretiva, refere-se que bastará que, atentas as circunstâncias do caso concreto, se considere ou possa razoavelmente presumir-se que é bastante mais provável que os bens em causa tenham sido obtidos por via da prática de um crime do que através de atividades lícitas, sendo a desproporção entre aquele património e os rendimentos lícitos um dos elementos que poderão fundar a conclusão de que os bens provêm de crimes. No fundo, nos termos da Diretiva, o ónus da prova da proveniência (ilícita) dos bens recairá sobre o MP, que terá de demonstrar, com base num *standard* probatório civilístico de preponderância de probabilidades «qualificado»[59], que é bastante mais provável (e não apenas mais provável) que os bens tenham sido obtidos através da prática de crimes do que mediante atividades lícitas[60].

Daqui resulta que a Diretiva tem em vista, não o confisco de um valor incongruente (como sucede no Direito português vigente), mas sim o confisco de bens concretos, o que poderá suscitar questões relativas à

(do Parlamento Europeu e do Conselho, de 3 de abril de 2014, sobre o congelamento e a perda dos instrumentos e produtos do crime na União Europeia) no Direito português vigente», *RCEJ*, 2.º Semestre de 2014, p. 99).

[58] Cfr. art. 2.º, n.º 2, da Diretiva.

[59] Menos exigente do que o *standard* probatório do processo penal, mas mais exigente do que o *standard* probatório «normal» do processo civil, que é o da preponderância de probabilidades, em que se considera provado o que for «mais provável do que».

[60] Cfr. Maugeri, «La Direttiva 2014/42/UE relativa alla confisca degli strumenti e dei proventi da reato nell' Unione Europea tra garanzie ed efficienza: Un "Work in progress"», *in Diritto Penale Contemporaneo*, 2014, pp. 23 e ss., *in http://www.dsps.unict.it* (consultado em 2 de fevereiro de 2022), e João Conde Correia, *Reflexos da Diretiva 2014/42/UE* ..., p. 97.

compatibilidade entre os artigos 7.º e ss. da Lei n.º 5/2002 e o artigo 5.º da Diretiva.

A imposição da consagração do confisco «alargado» no Direito interno dos Estados-Membros, pelo menos nos termos mínimos previstos na Diretiva[61], é justificada, no considerando 19, com o circunstância de os grupos criminosos desenvolverem uma grande diversidade de atividades criminosas e de, por isso, a resposta eficaz ao crime organizado poder, em certas situações, depender do confisco de bens que se apure terem sido obtidos através da prática de crimes diversos daquele pelo qual o arguido tenha sido condenado e não apenas dos bens que tenham sido obtidos através desse crime; e acrescenta-se que, porque a Decisão-Quadro 2005/212/JAI previa três conjuntos diferentes de exigências mínimas em matéria de confisco «alargado» e os Estados-Membros podiam optar por uma delas no processo de transposição, tendo optado por diferentes alternativas (o que gerou conceitos divergentes de perda alargada nas jurisdições nacionais, dificultando a cooperação transfronteiriça em matéria de confisco «alargado»), mostra-se necessário um aprofundamento da harmonização das disposições em matéria de perda alargada.

Recentemente, foi aprovada a Proposta de Diretiva do Parlamento Europeu e do Conselho relativa à recuperação de ativos e ao confisco COM/2022/245, cuja finalidade é «*reforçar a capacidades das autoridades competentes para identificar, congelar e administrar bens e ampliar as possibilidades de confisco, de modo a abranger todas as atividades criminosas levadas a cabo por organizações criminosas, permitindo o confisco de todos os bens em causa*» e «*melhorar a cooperação entre as autoridades envolvidas na recuperação de ativos e promover uma abordagem mais estratégica em matéria de recuperação de ativos*», não só para implementar a eficácia da resposta ao crime organizado, mas também para incrementar a eficácia da aplicação de medidas restritivas, pela União Europeia, a determinados países, entidades ou pessoas (tendo como pano de fundo a invasão da Ucrânia pela Rússia) e da investigação e punição das infrações penais relacionadas com a violação dessas medidas restritivas. A Proposta de Diretiva inclui melhoramentos ao nível do confisco «clássico» de instrumentos, produtos e vantagens (art. 12.º), do

[61] Cfr. considerando 22 da Diretiva, nos termos do qual, a Diretiva estabelece normas mínimas, pelo que os Estados-Membros poderão prever, no seu Direito interno, regimes de confisco «alargado» mais amplos, designadamente no que toca às suas regras probatórias.

confisco «clássico» de bens de terceiro (art. 13.º), do confisco não baseado numa condenação (art. 15.º) e, em matéria daquilo que era considerado o confisco «alargado» de vantagens, contém uma bipartição entre o confisco «alargado» (*extended confiscation*) (art. 14.º) e o «confisco de riqueza inexplicada relacionada com atividades criminosas» («*confiscation of unexplained wealth linked to criminal activities*») (art. 16.º).

Assim, o artigo 14.º prevê o confisco, no todo ou em parte, dos bens pertencentes a uma pessoa condenada por crimes que seja suscetíveis de gerar, direta ou indiretamente, um benefício económico sempre que o Tribunal nacional estiver convencido de que esses bens foram obtidos através da prática de crimes (por força das circunstâncias do caso concreto, *maxime* o valor desproporcionado desses bens face aos rendimentos lícitos do condenado), não contendo qualquer catálogo «mínimo» de crimes como sucedia no artigo 5.º, n.º 2, da Diretiva 2014/42/UE. Por seu turno, o «confisco de riqueza inexplicada relacionada com atividades criminosas» visa suprir eventuais lacunas do confisco «clássico», do confisco «clássico» de bens de terceiro, do confisco não baseado numa condenação e do confisco «alargado», pois apenas terá lugar quando o confisco não for possível nos termos dos artigos 12.º a 15.º da Proposta de Diretiva e desde que (1) os bens em causa em causa tenham sido apreendidos ou congelados numa investigação sobre um crime ou crimes (quando se trate de crimes elencados no art. 2.º da Proposta de Diretiva e sejam puníveis com pena privativa de liberdade cujo limite máximo seja de, pelo menos, quatro anos[62]) cometidos no âmbito de uma organização criminosa, (2) o crime ou crimes em causa sejam suscetíveis de gerar, direta ou indiretamente, um benefício económico substancial e (3) por força das circunstâncias do caso concreto (designadamente em face do valor desproporcionado desse património quando concatenado com os rendimentos lícitos do condenado), o

[62] Não nos parece que esta referência (ainda que enquanto requisito mínimo) a um limiar mínimo do limite máximo da pena aplicável faça sentido, uma vez que o confisco de vantagens do crime (mesmo tratando-se de um confisco de riqueza injustificada, como já acontece na nossa Lei) tem em vista as vantagens económicas indevidamente obtidas através da prática de crimes para impedir, não só o seu usufruto pelos criminosos, mas também a sua reutilização na prossecução (*v.g.*, adquirindo estupefacientes ou armas para novas atividades de tráfico) e/ou na proteção de atividades criminosas (*v.g.*, pagando subornos ou serviços de profissionais em atividades de branqueamento de capitais).

Tribunal nacional estiver convencido de que os bens congelados provêm de crimes cometidos no âmbito de uma organização criminosa.

IV. A consagração do confisco «alargado» tal como previsto no artigo 5.º da Diretiva 2014/42/UE no Direito português é necessária ou mesmo obrigatória?

Antes de entrarmos na análise da questão que referimos em epígrafe, cumpre afirmar, desde já, que o legislador português não deu cumprimento ao artigo 5.º, n.º 2, al. d), 2.ª parte, da Diretiva 2014/42/UE, de que resulta a obrigação de incluir a conduta p. e p. pelo artigo 7.º, n.º 3, da Lei n.º 109/2009, de 15 de setembro no catálogo do artigo 1.º da Lei n.º 5/2002, pelo que deverá introduzir uma nova alteração neste preceito, a fim de dar cabal cumprimento ao que é imposto pela Diretiva.

Passando à questão em epígrafe e tendo em conta que, como resulta do considerando 22, a Diretiva estabelece normas mínimas (pelo que os Estados-Membros poderão ir mais além na regulamentação do confisco «alargado» no seu Direito interno), comparando o regime dos artigos 7.º e ss. da Lei n.º 5/2002 com o artigo 5.º da Diretiva (concatenado com o que consta do preâmbulo da mesma), entendemos que o regime do Direito português é mais abrangente do que aquilo que é imposto pela Diretiva. Na verdade, o confisco do valor incongruente (ao partir da consideração de todo o património, não excluindo, por isso, os bens de baixo valor que, *ex se*, não sejam incongruentes com os rendimentos lícitos), que é uma forma de confisco de um valor, vai mais além do que a consideração de bens em concreto (confisco em espécie), permitindo que o confisco seja mais abrangente e, desse modo, mais eficaz para responder a tão nocivos fenómenos criminosos (e sem que, com isso, se violem direitos fundamentais).

Por isso, não nos convence o argumento aduzido por Maria do Carmo Silva Dias no sentido de que, como o legislador europeu pretendeu (e pretendeu efetivamente) criar um conceito único de confisco «alargado» (para obstar a dificuldades na cooperação transfronteiriça decorrentes de diferenças entre os conceitos de confisco «alargado» do Direito interno dos diferentes Estados-Membros) e, para isso, tal como sucede com as demais formas de confisco previstas na Diretiva, optou por construir um sistema de confisco «alargado» em espécie (e não de um valor, apenas admitindo que os Estados, ao transpor a Diretiva, prevejam o confisco pelo valor no caso de não ser possível o confisco em espécie), a manutenção, no Direito português, do confisco «alargado» do valor incongruente constitui uma violação da Diretiva[63].

Em primeiro lugar, como resulta do considerando 22, a Diretiva estabelece normas mínimas, pelo que os Estados-Membros poderão ir mais além na regulamentação do confisco «alargado» no seu Direito interno, sendo exatamente isso que o legislador português já havia feito anteriormente, pois o regime dos artigos 7.º e ss. da Lei n.º 5/2002 já ia além dos requisitos mínimos impostos pela Diretiva, que, obviamente, também não quis criar retrocessos ao nível de regimes jurídicos consagrados no Direito interno mais avançados do que as normas mínimas previstas na Diretiva. E, à luz da Proposta de Diretiva, ainda que se continue a falar em «bens» (*property*), a mesma prevê, no artigo 16.º, o «confisco de riqueza inexplicada relacionada com atividades criminosas», que visa permitir o confisco nos casos em que o mesmo não seja possível com base nas outras formas de confisco previstas nos artigos 2.º a 15.º (e que já estavam previstas na Diretiva 2014/42/UE) e que corresponde, *grosso modo,* ao confisco «alargado» previsto nos artigos 7.º e ss. da Lei n.º 5/2002.

Em segundo lugar (embora este argumento não pudesse ser invocado no momento em que a citada autora escreveu o seu artigo, pois o Regulamento foi publicado no JOUE de 28/11/2018), se atentarmos no artigo 19.º do Regulamento (UE) 2018/1805 do Parlamento Europeu e do Conselho de 14 de novembro de 2018 relativo ao reconhecimento mútuo das decisões de apreensão e de perda, a diferença, ao nível da natureza do confisco «alargado» (em espécie ou de valor incongruente), entre a lei do Estado de emissão e a lei do Estado de execução não constitui fundamento de não reconhecimento nem de não execução da decisão que determinou o confisco. Ademais, tendo em conta a previsão, no artigo 16.º da Proposta de Diretiva, do «confisco de riqueza inexplicada relacionada com atividades criminosas», denota-se uma nova tendência – dentro de uma tendência, que já não é recente, de incremento das possibilidades de confisco de vantagens – no sentido de as entidades da União Europeia considerarem

[63] Cfr. Maria do Carmo Silva Dias, «"Perda alargada" prevista na Diretiva 2014/42/UE (artigo 5.º) e "Perda do valor de vantagem de atividade criminosa" prevista na Lei n.º 5/2002 (artigos 7.º a 12.º)», *in* Maria Raquel Desterro Ferreira/Elina Lopes Cardoso/João Conde Correia (coordenadores), *O Novo Regime de Recuperação de Ativos à Luz da Diretiva 2014/42/UE e da Lei que a Transpôs,* Lisboa, INCM, 2018, pp. 107/8.

que o confisco «alargado» tal como previsto no artigo 5.º da Diretiva 2014/42/UE é insuficiente para responder eficazmente à criminalidade organizada, ao terrorismo, à criminalidade económico-financeira e ao cibercrime e que, por isso, as autoridades nacionais também deverão confiscar a «riqueza inexplicada relacionada com atividades criminosas» (o que já está consagrado na Lei n.º 5/2002 desde que esse diploma entrou em vigor) e não apenas bens (concretos) provenientes da prática de crimes ou relativamente aos quais as autoridades, com base nas circunstâncias do caso (designadamente a desproporção entre o valor dos bens e o rendimento legítimo da pessoa condenada pela prática de um crime passível de gerar, direta ou indiretamente, benefícios económicos), estejam convencidas de que têm uma proveniência criminosa. De todo o modo, haverá que aguardar pela futura Diretiva a que tal Proposta se refere.

Em terceiro lugar, não nos parece que o confisco «alargado» do valor incongruente viole o princípio *non bis in idem* [que constitui um dos fundamentos do não reconhecimento e/ou da não execução da decisão que determinou o confisco nos termos do artigo 19.º do Regulamento (UE) 2018/1805][64], dado que, no cômputo do valor do património do arguido, não será considerado o valor que, num anterior processo, tenha sido considerado como tendo uma origem lícita (*v.g.*, porque, nesse processo, tendo sido requerido o confisco «alargado», o arguido provou que o havia obtido licitamente).

Em quarto lugar, não nos parece que o facto de o arguido não ter sido condenado pela prática de um crime porque o procedimento se encontrava prescrito ou havia beneficiado de uma amnistia deva, por si só, impedir o confisco «alargado», precisamente porque não ficou demonstrado que um determinado património foi obtido de forma lícita; de resto, atualmente, a nossa Lei prevê a possibilidade de confisco «clássico» de vantagens mesmo nos casos em que o procedimento criminal esteja prescrito ou tenha tido lugar uma amnistia (pois trata-se de duas situações enquadráveis no confisco não baseado numa condenação previsto no artigo 110.º, n.º 5, do CPP), sendo que, em tais casos e ao contrário do que sucede no caso do confisco «alargado», o Tribunal vai decretar o confisco de bens *efetiva e*

[64] E também não é subsumível a qualquer outro dos fundamentos do não reconhecimento e/ou da não execução da decisão que determinou o confisco previstos no Regulamento (UE) 2018/1805.

comprovadamente obtidos através da prática de um facto ilícito típico (ou mesmo de um crime) prescrito ou que foi objeto de amnistia.

Em quinto lugar, não se nos afigura correto afirmar[65] que o facto de o confisco «alargado» do valor incongruente não implicar a privação dos bens (pois o condenado pode pagar o valor e manter os bens que lhe possam tenham sido apreendidos ou arrestados) seja uma aberração jurídica, pois, no confisco «alargado», não se trata de confiscar bens *efetivamente* obtidos através da prática de um crime (caso contrário, seriam ou teriam sido alvo de confisco «clássico»), mas de bens (ou de um valor) que integram o património do condenado e que não se provou terem sido obtidos por via do crime pelo qual foi condenado, mas cuja proveniência lícita ele não logrou provar e, por isso, são considerados como tendo sido obtidos através da prática de crimes. Por isso, não vemos em que medida, num sistema de confisco do valor, o condenado possa ficar com bens que obteve através da prática de crimes, dado que o confisco «alargado» se caracteriza precisamente por o confisco incidir sobre bens cuja conexão efetiva com um concreto crime não ficou demonstrada.

Em sexto lugar, no confisco «alargado» tal como previsto na Lei n.º 5/2002, o ponto de partida da determinação do valor a confiscar (o património do condenado) assenta precisamente no somatório do valor dos bens que integram o património do condenado.

Em sétimo lugar, mesmo tendo em conta os fundamentos da origem criminosa dos bens à luz do artigo 5.º da Diretiva e do preâmbulo da mesma, em que se refere, exemplificativamente, a incongruência do valor dos bens face aos rendimentos lícitos, cumpre perguntar como se vai determinar quais são os bens que, individualmente considerados, são incongruentes face aos rendimentos lícitos, o que parece apontar para a necessidade de determinar se, em função dos seus rendimentos lícitos, o arguido tem, ou não, condições para possuir cada um dos bens em causa, sobretudo quando, por natureza, a incongruência tanto pode resultar do valor muito elevado de determinados bens em concreto como do somatório do valor de bens de valor individual pouco significativo, mas que o arguido possui numa quantidade tal que, pelos seus rendimentos lícitos, jamais poderia possuir. Por isso, parece-nos que, se a incongruência apenas se basear em bens concretos individualmente considerados, o *quantum* do

[65] Como faz MARIA DO CARMO SILVA DIAS, *Perda alargada prevista na Diretiva ...*, pp. 114/5.

confisco tenderá a ser inferior ao *quantum* desse mesmo confisco no caso de se basear na incongruência (no todo ou em parte) do valor correspondente ao somatório do valor de *todos* os bens de que o arguido é proprietário (ainda que por interposta pessoa). Mas, ainda que estejamos errados e a determinação da incongruência dos bens parta forçosamente de uma prévia apreciação dos rendimentos lícitos do arguido (deduzidas as suas despesas) e seja depois determinada em função do confronto daquilo que tais condições económicas lícitas «permitem» possuir e aquilo que o arguido realmente possui, das duas uma:

a) Se todos os bens do arguido forem incongruentes, então a distinção entre o confisco do valor incongruente e o confisco em espécie dos bens incongruentes não tem qualquer utilidade, pois, na prática, conduzirão ambos ao mesmo resultado: o confisco de todo o património; ou

b) Se nem todos os bens do arguido individualmente considerados forem incongruentes, inexistindo (e o confisco «alargado» dispensa essa aferição) conexão entre alguns desses bens e um crime concreto, caberá perguntar qual ou quais dos bens pertencentes ao arguido é/são incongruentes e quais é que não são (sendo que não é forçoso que os bens mais valiosos tenham sido adquiridos através de um crime ou com dinheiro de origem criminosa nem que os bens menos valiosos tenham sido adquiridos de forma lícita ou com dinheiro de origem lícita), o que leva a concluir que, nestes casos, o confisco «alargado» de bens individualmente considerados levanta dificuldades que o confisco do valor incongruente não suscita, com claro prejuízo para a eficácia da resposta ao crime organizado, ao crime económico, ao terrorismo e ao cibercrime.

E, em oitavo lugar, em termos de impossibilidade de execução de uma decisão de confisco do valor incongruente por falta de pagamento voluntário e ausência de bens para penhorar, essa impossibilidade também pode ocorrer no caso do confisco «alargado» em espécie (pois os bens incongruentes também poderão não ser encontrados); e, caso tenham sido apreendidos ou arrestados bens, no confisco do valor incongruente, esses bens podem ser alvo de venda executiva para pagamento do valor confiscado; e, ainda que possam não ser suficientes para o pagamento integral, no caso do confisco em espécie, também pode suceder que não se logre localizar e apreender todos os bens incongruentes e, no fim, o arguido apenas ficar privado de alguns desses bens.

Em conclusão, o confisco «alargado» do valor incongruente é mais eficaz do que o confisco «alargado» em espécie (com evidentes ganhos ao nível da resposta ao crime organizado, ao crime económico, ao terrorismo e ao cibercrime), não viola direitos nem princípios constitucionais e observa as imposições da Diretiva 2014/42/UE.

No entanto, por outro lado, além do que referimos quanto ao catálogo de crimes, o regime dos arts. 7.º e ss. da Lei n.º 5/2002 ficou aquém do que a Diretiva impõe[66], dado que a Diretiva não exige que os bens sejam incongruentes com os rendimentos lícitos do arguido, mas exige que se conclua que os bens em causa provêm de comportamento criminoso, constituindo a incongruência (que o legislador europeu designa por desproporção) um dos exemplos de indícios em que essa conclusão poderá assentar[67].

Num artigo em que analisámos a questão da transposição da Diretiva para o Direito português, considerámos que o legislador português, estando obrigado a transpor a Diretiva[68] e fixando esta apenas regras mínimas, poderia optar por (1) modificar o regime de confisco «alargado» existente, substituindo-o por um sistema em que coubesse ao MP provar a proveniência ilícita dos bens (abandonando-se a presunção que atualmente existe na Lei), (2) manter o regime existente para a criminalidade organizada e económico-financeira e para o terrorismo e criar um novo regime para os crimes não elencados no artigo 1.º, n.º 1, da Lei n.º 5/2002, que seria similar ao previsto no artigo 5.º da Diretiva[69], (3) manter o regime atual e ampliar o catálogo de crimes (passando a incluir os crimes que,

[66] Cfr. João Conde Correia, *Reflexos da Diretiva 2014/42/UE...*, p. 98.

[67] Cfr. Duarte Rodrigues Nunes, «Reflexões acerca da transposição da Diretiva 2014/42/UE em matéria de confisco "alargado" de vantagens provenientes da prática de crimes», *in* Maria Raquel Desterro Ferreira/Elina Lopes Cardoso/João Conde Correia (coordenadores), *O Novo Regime de Recuperação de Ativos à Luz da Diretiva 2014/42/UE e da Lei que a Transpôs*, Lisboa, INCM, 2018, pp. 129/30.

[68] Cfr. Jon Petter Rui, «Introduction», *in* Rui/Sieber (eds.) *Non-Conviction-Based Confiscation in Europe: Possibilities and limitations on rules enabling confiscation without a criminal conviction*, Berlin, Duncker & Humblot, 2015, p. 9, e Maugeri, *La Direttiva 2014/42/EU...*, p. 22.

[69] Proposta por João Conde Correia, *Reflexos da Diretiva 2014/42/EU...*, p. 98.

de acordo com o saber adquirido, correspondem a atividades habituais da criminalidade organizada, da criminalidade económico-financeira e do terrorismo) ou suprimir o catálogo (passando o confisco «alargado» a incidir sobre qualquer crime passível de gerar vantagens económicas diretas ou indiretas[70]) e complementá-lo com um outro mecanismo de confisco, a fim de permitir também o confisco «alargado» do património do arguido que, embora sendo congruente com os seus rendimentos lícitos, é provavelmente proveniente de outros crimes eventualmente cometidos pelo arguido ou (4) transpor a Diretiva de uma forma minimalista, limitando-se a adicionar ao catálogo os crimes referidos no artigo 5.º, n.º 2, da Diretiva que não constassem já do artigo 1.º, n.º 1, da Lei n.º 5/2002 (acabando por, desse modo, não transpor devidamente a Diretiva).

Nesse artigo, também considerámos (e continuamos a considerar) que a melhor solução deveria passar pela adoção da terceira possibilidade, que observaria a Diretiva (que estabelece regras mínimas) e colmataria as insuficiências do catálogo de crimes que referimos sem violar quaisquer garantias constitucionais, *maxime* a presunção da inocência, o princípio do processo equitativo, o princípio da proporcionalidade, o principio *nemo tenetur se ipsum accusare*, a proibição (ínsita na Constituição) do confisco geral, o princípio da culpa, a estrutura acusatória do processo penal e o direito à propriedade privada; contudo, tal não permitiria transpor cabalmente o artigo 5.º da Diretiva, pois continuaria a existir uma lacuna no nosso Direito quanto ao confisco do património do arguido que, embora sendo congruente com os seus rendimentos lícitos, é provavelmente proveniente de crimes eventualmente cometidos pelo arguido[71].

[70] Como sucede nos Direitos alemão (cfr. §73a StGB) e angolano (cfr. art. 4.º da Lei n.º 15/18, de 26 de dezembro) e, de certa forma, no Direito francês (no qual o confisco de vantagens, quer o «clássico» quer o «alargado», é considerado uma pena complementar), em que o legislador exige que se trate de um crime ou delito punível com uma pena máxima de, pelo menos, 5 anos de prisão (cfr. art. 121-21 do *Code Pénal*) e na própria Diretiva, em que apenas se refere um catálogo «mínimo»; diversamente, nos Direitos italiano (cfr. art. 240*bis* do *Codice Penale*) e espanhol (art. 127*quinques* do *Codigo Penal*), os legisladores italiano e espanhol delimitaram um catálogo de crimes, tal como sucede no Direito português.

[71] Cfr. Duarte Rodrigues Nunes, *Reflexões acerca da transposição da Diretiva...*, pp. 130 e ss.

Uma possibilidade de colmatar a não transposição cabal da Diretiva poderá ser, como propõe João Conde Correia[72], complementar o mecanismo dos artigos 7.º e ss. da Lei n.º 5/2002 com um novo mecanismo similar ao previsto no artigo 5.º da Diretiva, sendo que o artigo 14.º da Proposta de Diretiva refere a desproporção entre o valor dos bens e os rendimentos lícitos do condenado como um dos fundamentos possíveis (mas não o único) do juízo de proveniência criminosa desses bens. Só que, sobretudo no caso da criminalidade organizada, da criminalidade económico-financeira, do terrorismo e do cibercrime, se se adotar um *standard* probatório como o previsto na Diretiva, será muito difícil demonstrar que é bastante mais provável que os bens em causa tenham sido obtidos por via da prática de um crime do que de outras atividades (ainda que essa «bastante maior probabilidade» possa resultar da desproporção entre aquele património e os rendimentos lícitos[73])[74]. De todo o modo, a Diretiva apenas fixa regras mínimas, pelo que o legislador português poderá sempre ir mais além e, ao complementar o mecanismo dos arts. 7.º e ss. da Lei n.º 5/2002 com um novo mecanismo para o confisco do património que, embora sendo congruente com os seus rendimentos lícitos, é provavelmente proveniente de crimes eventualmente cometidos pelo arguido, exigir apenas o *standard* probatório «normal» do processo civil (que é o da preponderância de probabilidades, em que se considera provado o que for «mais provável do que») em lugar de exigir um *standard* probatório baseado num juízo de preponderância de probabilidades «qualificado»[75].

Deste modo, sempre que o Tribunal conclua que, apesar de não se ter provado que aquele património foi obtido através da prática do crime pelo qual o arguido foi condenado e ainda que seja congruente com os rendimentos lícitos do arguido, é mais provável que tenha sido obtido mediante a prática de outros crimes do que por meios lícitos, decretará o confisco do valor correspondente; neste mecanismo «complementar» de confisco «alargado», tal como sucede com o mecanismo previsto na Lei n.º 5/2002, caberá ao MP provar que o arguido possui aquele património

[72] João Conde Correia, *Reflexos da Diretiva 2014/42/EU...*, p. 98.

[73] Que é um dos elementos que, segundo a Diretiva, poderá levar o Tribunal a concluir que os bens provêm de crimes.

[74] Cfr. Duarte Rodrigues Nunes, *Reflexões acerca da transposição da Diretiva...*, p. 133.

[75] Assim, Duarte Rodrigues Nunes, *Reflexões acerca da transposição da Diretiva...*, pp. 133/4.

(ainda que, formalmente, esteja na posse de um terceiro), bem como – e aqui diferentemente do que sucede com o mecanismo previsto na Lei n.º 5/2002 – que é mais provável que esse património tenha sido obtido através da prática de crimes do que através de atividades lícitas[76].

Entendemos, porém, que a melhor solução será, ao transpor a futura Diretiva (que certamente apenas conterá regras mínimas) – e, desse modo, ultrapassar as limitações que o regime do confisco «alargado» dos artigos 7.º e ss. da Lei n.º 5/2002 apresenta (e que recenseámos *supra*) –, consagrar, na ordem jurídica portuguesa, o confisco civil *in rem* de vantagens do crime, sendo que o sistema inglês é aquele que se nos afigura mais adequado e é compatível com a nossa Constituição[77].

V. Conclusões

1. A criminalidade organizada, a criminalidade económico-financeira, o terrorismo e o cibercrime constituem algumas das maiores ameaças aos direitos fundamentais dos cidadãos e à própria subsistência do Estado de Direito.
2. A criminalidade económico-financeira visa sempre o lucro, ao passo que o terrorismo nunca visa o lucro.
3. Na criminalidade organizada e no cibercrime, muitas vezes, a finalidade é a obtenção de lucro, mas também podem ser prosseguidas outras finalidades.
4. Mesmo nos casos em que a finalidade «última» dos agentes destas formas de criminalidade não seja a obtenção de lucro, a prossecução da atividade criminosa «principal» implica a disponibilidade de bens patrimoniais.
5. Por isso, a resposta eficaz a estas formas de criminalidade requer que tais criminosos sejam privados dos proventos obtidos através de atividades criminosas.
6. Um dos meios de privar as organizações criminosas e/ou os agentes do crime dos proventos de origem criminosa é o confisco de vantagens.

[76] Cfr. Duarte Rodrigues Nunes, *Reflexões acerca da transposição da Diretiva...*, p. 134.

[77] Acerca do confisco *in rem* e da sua admissibilidade à luz do Direito português (*de jure condendo*), *vide* Duarte Rodrigues Nunes, *Sobre a admissibilidade do confisco civil in rem...*, pp. 187 e ss.

7. O confisco de vantagens pode consistir no confisco de vantagens «clássico» (previsto nos arts. 110.º e ss. do CP), no confisco «alargado» (previsto nos arts. 7.º e ss. da Lei n.º 5/2002) ou no confisco civil *in rem* (que não está previsto no Direito português).

8. O confisco «alargado» do valor patrimonial incongruente previsto nos artigos 7.º e ss. da Lei n.º 5/2002, apesar de apresentar lacunas (que podem ser adequadamente supridas através da consagração do confisco civil *in rem* na nossa ordem jurídica e da transposição da futura Diretiva a que se refere a Proposta de Diretiva do Parlamento Europeu e do Conselho relativa à recuperação de ativos e ao confisco COM/2022/245), é compatível com o confisco «alargado» de bens concretos previsto nos artigos 5.º da Diretiva 2014/42/UE e 14.º da Proposta de Diretiva (embora complementado pelo confisco de riqueza injustificada previsto no art. 16.º), sendo, inclusivamente, mais eficaz na resposta ao crime; de resto, a Diretiva 2014/42/UE fixa regras mínimas e não regras máximas, tal como sucederá com a futura Diretiva.

9. Por isso, não é necessário substituir o confisco «alargado» do valor incongruente previsto na Lei n.º 5/2002 pelo confisco «alargado» de bens concretos previsto na Diretiva 2014/42/UE nem tal é imposto por esta Diretiva, sendo certo que o artigo 16.º da Proposta de Diretiva indicia uma nova tendência da União Europeia quanto à previsão do confisco de riqueza injustificada *ad latus* do confisco «alargado» de bens concretos, o que não pode deixar de assentar na constatação da ineficácia desta forma de confisco «alargado» que não seja acompanhada pela previsão do confisco de riqueza injustificada.

10. A transposição cabal do artigo 5.º da Diretiva 2014/42/UE implica a inclusão do crime p. e p. pelo artigo 7.º, n.º 3, da Lei n.º 109/2009 no catálogo do artigo 1.º, n.º 1, da Lei n.º 5/2002, bem como a consagração de um regime complementar de confisco «alargado» relativamente ao património congruente com os rendimentos lícitos e sem conexão com o crime em causa no processo, mas relativamente ao qual, à luz de um juízo de preponderância de probabilidades, o Tribunal esteja convencido de que foi obtido através da prática de crimes.

11. O PROCESSO DE PERDA NÃO BASEADA NUMA CONDENAÇÃO

CELSO ALEXANDRE ROCHA

I. Introdução

Garantir que o *«crime não compensa»*, mediante a obtenção de uma decisão judicial definitiva que declare perdidos a favor do Estado os instrumentos, produtos e vantagens do fato ilícito típico (a decisão de *perda*[1]), é uma prioridade de política criminal[2], mas não só. Integra já o arquétipo da promoção da ação penal[3].

Em recente entrevista concedida à revista Spiegel pela Procuradora-Geral Europeia, LAURA KÖVESI[4], foi manifesto o destaque à expressão quantitativa das medidas cautelares aplicadas, num sinal claro do interesse público na efetividade da perda.

[1] Ou *confisco*. Para contextualização do conceito cfr. HÉLIO RIGOR RODRIGUES/CARLOS A. RODRIGUES, *Recuperação de Ativos na Criminalidade Económico-Financeira, Viagem pelas idiossincrasias de um regime de perda de bens em expansão*, Lisboa, SMMP/Editorial Minerva, 2013, pp. 167/9.

[2] O artigo 19.º da Lei n.º 55/2020, de 27/08, e a Diretiva n.º 1/2021 da PGR., com vista à prossecução dos objetivos ali traçados pelo legislador, são a mais recente expressão disso.

[3] É, por exemplo, um dos objetivos (5.) da IAP – https://www.iap-association.org/About/Vision-Objects.

[4] Entrevista de 09 de junho de 2022 – «The Embodiment of Justice» Europe's Top Prosecutor Brings In More Money than She Spends» – https://www.spiegel.de/international/europe/europe-s-top-prosecutor-brings-in-more-money-than-she-spends-a-ce2edb60-53a7-42ce-9b13-5dc78ec6aa76. Informações mais detalhadas em https://www.eppo.europa.eu/sites/default/files/2022-03/EPPO_Annual_Report_2021.pdf.

Nesse contexto algo fervilhante, impulsionou-se a perda não baseada numa condenação (*non conviction based confiscation/NCBC*[5]), na sua mais recente evolução, por efeito da transposição da Diretiva n.º 2014/42/EU, num quadro que poderá vir a ser alterado se vingar a Proposta de Diretiva COM/2022/245[6] (doravante, *Proposta de Diretiva*).

Nesses casos, já não será o agente do fato ilícito típico a personagem central, mas o ativo, conquanto contaminado pelo fato ilícito típico, a exigir uma atuação repristinatória por parte do Estado e que anule os benefícios patrimoniais incorridos com a sua prática.

Ora, se está em causa a promoção da ação penal ideal, que se quer efetiva, num campo inovador, e em evolução, revela-se essencial discutir o conjunto das normas e das práticas reguladoras da atividade judiciária relativa à decisão de perda (o *processo* de perda), em especial, aquele que permite atuar em caso de não condenação.

Não atuamos *no vazio*, mas sobre um quadro jurídico abrangente, nem sempre unívoco, inseridos numa dada *tradição legal*[7], posicionados, por opção do legislador, dentro dos vários debates que vão tendo lugar neste universo; isso não quer dizer que não haja *vazios*, por défice regulatório, a preencher.

Na NCBC, acresce a esse défice, o exotismo das figuras apesar de tudo previstas, um resultado do seu pelo menos aparente desencontro com a ritualística processual tradicional.

Propomo-nos um exercício sumário de reflexão sobre esse *processo* de perda, centrado no regime da perda *clássica* hoje previsto no Código Penal (arts. 110.º a 112.º-A)[8], em especial, na perda não dependente de uma condenação.

[5] Nem todos aceitam este regime europeu como uma verdadeira NCBC – cfr. Johan Boucht, *The Limits of Asset Confiscation: on the Legitimacy of Extended Appropriation of Criminal Proceeds*, Oxford, Hart Publishing, 2017, pp. 89/2.

[6] https://eur-lex.europa.eu/legal-content/EN/TXT/?uri=CELEX%3A52022PC0245

[7] Há diferentes modelos que seguem em traços largos a divisão dos sistemas jurídicos da *Common Law* (centrados nas ações *in rem*, cíveis, contra o próprio bem, e na eficácia) e da *Civil Law* (mecanismos *in personam*, não muito distintos da paradigmática penal). Isso não afasta miscigenações.

[8] Fica de fora, por conveniência, a legislação extravagante. E, por outro lado, a dita *perda alargada*, porque apesar de ser um mecanismo NCBC, a possibilidade de prossecução em caso de não condenação necessitaria de reflexão mais profunda. Aquela é a perda prevista pelos

II. Âmbito de aplicação

1. A NCBC prevista na Diretiva 2014/42/UE

No seu artigo 4.º, n.º 2, a Diretiva previu: «*se não for possível a perda com base no n.º 1, e pelo menos se tal impossibilidade resultar de doença ou de fuga do suspeito ou arguido, os Estados-Membros tomam as medidas necessárias para permitir a perda dos instrumentos ou produtos nos casos em que foi instaurado processo penal por uma infração penal que possa ocasionar direta ou indiretamente um benefício económico, e em que tal processo possa conduzir a uma condenação penal se o suspeito ou arguido tivesse podido comparecer em juízo*»[9].

Nos casos de doença e de fuga, entenderam-se suficientes os processos à revelia previstos nas legislações nacionais, fixando salvaguardas mínimas (art. 8.º). A fuga deverá levar à adoção de «*todas as medidas razoáveis*» para assegurar o conhecimento do processo de perda (Considerando n.º 15, *in fine*), em todo o caso, ressalvando-se o direito à assistência por advogado como imperativo (Considerando n.º 16, *in fine*, e art. 8.º, n.º 2).

Essas e outras salvaguardas processuais, estabelecidas por referência a uma categoria ampla – pessoas afetadas, nos casos i) a iii) *infra* –, e a uma categoria restrita – terceiros/vítimas, em iv), *infra* – podem então ser sistematizadas do seguinte modo:

i) Salvaguardas de ordem geral: direito de acesso a advogado durante todo o processo de decisão de perda, e informação respetiva (n.º 7); vias de recurso efetivas (n.º 1); julgamento equitativo (n.º 1);

ii) Salvaguardas relativas às medidas de congelamento[10]: comunicação motivada e o mais célere possível das decisões de congelamento à pessoa afetada (n.º 2); impugnação em tribunal das decisões de congelamento (n.º 4);

arts. 7.º a 12.º da Lei n.º 5/2002, de 11 de janeiro, incidente sobre uma presunção ilidível de *enriquecimento ilícito*, a operar se o agente for condenado por um dos crimes de catálogo, não tendo necessariamente por alvo um ativo relacionado com esse crime.

[9] Cfr. ainda o precedente art. 54.º. n.º 1, al. c) da Convenção das Nações Unidas contra a Corrupção (*de Mérida*), adotada pela Assembleia Geral das Nações Unidas a 31 de outubro de 2003.

[10] Entendidas, como na Diretiva (art. 2.º, n.º 5), como as medidas cautelares, de garantia da pretensão de perda (apreensão e arresto, sobretudo), sem ignorar que se trata de um *anglicismo*, mas de fácil digestão.

iii) Salvaguardas relativas à decisão de perda: fundamentação da decisão de perda (n.º 6); comunicação da decisão de perda (n.º 6); impugnação judicial da decisão de perda (n.º 6);
iv) Salvaguardas relativas a terceiros/vítimas: não afetação dos direitos das vítimas (n.º 10); possibilidade de invocação do direito de propriedade (n.º 9).

2. A regulação substantiva e processual da NCBC

O desenho normativo em vigor resultou (em grande medida) da transposição da Diretiva pela Lei n.º 30/2017, de 30/05, ao nível substantivo e adjetivo.

Na vertente substantiva, sobretudo, por alteração dos artigos 109.º, 110.º, 111.º, 112.º, 127.º, 128.º e 130.º do CP, e do aditamento do artigo 112.º-A.

A fórmula encontrada pelo legislador para permitir a perda não baseada numa condenação, aplicável aos instrumentos, produtos e vantagens, foi a de permissão da perda *«ainda que nenhuma pessoa determinada possa ser punida pelo facto, incluindo em caso de morte do agente ou quando o agente tenha sido declarado contumaz»* (arts. 109.º, n.º 2 e 110.º, n.º 5 do CP).

A utilização de uma locução conjuncional (*«ainda que»*) pode ser equívoca se convencer da excecionalidade, quando mais parece estar em causa uma norma interpretativa que dá conta de como a não condenação não será um obstáculo à decisão de perda que acompanhar naturalmente o processo penal. Acresce, a opção pelo verbo *«incluir»* no gerúndio, a marcar a transição entre o foco tendencialmente abrangente da permissão por referência a uma categoria universal (*«nenhuma pessoa determinada»*) e o foco concretizado (*«morte do agente»* ou *«contumaz»*), reforça essa natureza interpretativa, numa projeção antecipatória da necessária especialidade da regulação adjetiva, mas não verdadeiramente restritiva das possibilidades de perda não dependentes de condenação, não tendo sido essa a opção do legislador no plano substantivo. Em todo o caso, esta técnica legislativa, cruzada com a regulação adjetiva, leva-nos à impossibilidade prática, se mais não for, de prosseguir o processo de perda nos casos não literalmente *incluídos*[11].

[11] Incluindo, por ora, quaisquer outras causas de extinção da responsabilidade criminal, ou mesmo, a extinção da pessoa coletiva, salvo se ocorrer após condenação por equiparação

Por outro lado, como admitido pela Diretiva, não foi transposta a situação de fuga propriamente dita, ou de doença, por se entender suficiente o regime processual existente (arts. 333.º e 334.º do CPP)[12]. E talvez assim seja, se bem que pode haver situações indutoras da dilação considerável do trânsito em julgado (art. 333.º, n.º 5 do CPP), como a *incapacidade processual*[13], que aconselhassem talvez, como o legislador espanhol, a incluir essa possibilidade de prossecução[14], no seguimento das próprias motivações que fundamentaram a adoção da Diretiva (Considerando n.º 15).

Em todo o caso, a convidar a uma revisitação do regime no seu todo, o artigo 15.º da *Proposta de Diretiva* incluirá nas situações possivelmente geradoras de perda *«nos casos em que tenha sido iniciado um processo penal mas o mesmo não tenha podido prosseguir»* as seguintes: imunidade penal (al. d) do n.º 1); amnistia (al. e) do n.º 1); prescrição do procedimento

à multa ou indemnização (art. 127.º, n.º 2 do CPP). O legislador espanhol, ainda que com regulação adjetiva imperfeita, previu as situações em que *«no se le imponga pena por estar exento de responsabilidad criminal o por haberse ésta extinguido»* (art. 127 ter. 1 c) do CP espanhol), numa fórmula mais ampla.

12 Da exposição de motivos da Proposta de Lei n.º 51/XIII/2: *«em tais casos de doença ou de fuga, a existência de processos à revelia nos Estados-Membros é suficiente para dar cumprimento a essa obrigação»*. *Cfr.* ainda José Manuel da Cruz Bucho, «A transposição da Diretiva 2014/42/EU. Notas à Lei n.º 20/2017, de 30 de maio (Aspetos processuais penais), *in* Maria Raquel Desterro Ferreira/Elina Lopes Cardoso/João Conde Correia (coordenadores), O Novo Regime de Recuperação de Ativos à Luz da Diretiva 2014/42/EU e da Lei que a Transpôs, Lisboa, INCM, 2018, p. 243/4, num assertivo exercício de enquadramento crítico dessa opção.

13 Arts. 15.º e 16.º, 27.º e 234.º do CPC. Veja-se a situação de um arguido incapacitado (em coma, por exemplo). A lei considerá-lo-á processualmente presente na audiência de julgamento, mas o arguido não terá intervenção real, não estando sequer em condições de requerer ou consentir no julgamento na sua ausência (art. 334.º, n.º 2 do CPP, e que legitimaria a notificação da sentença ao seu defensor), nem mesmo quem lhe suceda terá fundamentos para intervir de modo a evitar a perda.

14 Aqui, sim, com preocupações de eficácia. O legislador espanhol reconheceu a situação geradora de perda sem condenação nos casos de *«enfermedad crónica que impida su enjuiciamiento y exista el riesgo de que puedan prescribir los hechos»* (art. *127 ter.* do CP). No sentido crítico dessa opção centrada na eficácia, *cfr.* Nicolás Rodríguez Garcia, *El decomiso de activos ilícitos*, Navarra, Aranzadi, 2017, p. 267.

penal dependente da consideração da duração dos prazos para a investigação e repressão efetiva das infrações penais (al. f) do n.º 1).

Na vertente adjetiva (ou com relevo para...), por outro lado, a transposição marcou o regime vigente, sobretudo, por alteração dos artigos 58.º, 178.º, 186.º, 192.º, 227.º, 228.º, 268.º, 335.º e 374.º do CPP, e o aditamento do artigo 347.º-A[15].

Previu-se expressamente a prossecução do processo para efeitos de perda em dois casos: com a morte do agente, não obstante a extinção da responsabilidade criminal e a consequente *extinção da instância* (art. 127.º, n.º 1 e 3 do CP[16]); com a contumácia, pese embora a *suspensão da instância* (art. 335.º, n.º 3 e 5 do CPP).

E pouco mais se alterou, reordenou ou aditou (nem sempre inovando), para dar corpo:

i) À clarificação das competências, indubitavelmente jurisdicionais, para a decisão de perda em caso de arquivamento (art. 268.º, n.º 1, al. e) do CPP);
ii) Ao conhecimento das decisões de congelamento (arts. 178.º, n.º 9, 11 e 12, 186.º, n.º 6, 2 228.º, n.º 6 do CPP, e respetivas alterações à *legislação registral*), num regime ainda, ver-se-á, a exigir revisitação (arts. 58.º, n.º 1, al. b), 192.º, n.º 2 a 5 do CPP);
iii) Ao conhecimento da decisão de perda por reporte à obrigatoriedade da sua inclusão no dispositivo da sentença (art. 374.º, n.º 3, al. c) do CPP);
iv) À não afetação dos direitos das vítimas, sem novidade (art. 110.º, n.º 6 do CP);
v) À possibilidade da invocação do direito de propriedade por terceiros, e em certa medida, a possibilidade de contestação da decisão de perda (art. 178.º, n.º 9 a 12 do CPP, o aditado art. 347.º-A do CPP, e art. 111.º do CP);
vi) À impugnação dessas decisões (arts. 178.º, n.º 7 e 8 do CPP);

[15] Por conveniência, não são referidas outras alterações, como à legislação extravagante, e de importância instrumental, como à legislação *registral*.

[16] De resto, como já se admite suceder em algumas situações no caso da prossecução do processo prescrito para conhecimento do pedido de indemnização civil, depois de proferido o despacho do art. 311.º do CPP, e por *influência* indireta do AUJ n.º 3/2002.

Para lá da genérica admissão da prossecução, e mesmo considerando a regulação já existente, a transposição não definiu suficientemente o modo de vir a obter a perda nesses dois casos. Por exemplo, será possível afirmar a possibilidade de perda na sequência do falecimento do agente, mas perguntar-se-á então, *como* será ela possível? Que papel têm os sucessores, e qual o seu estatuto? Como e quando intervêm? E como será a marcha do processo a partir desse evento?

A lei não responde. Se o processo de perda não se encontrava já sistematicamente condensado e formalizado de um modo afirmativo da sua autossuficiência, a opção minimalista de transposição da Diretiva veio a expor o processo de perda NCBC ao risco de inaplicabilidade, risco esse destacado no âmbito do processo legislativo[17].

A presente reflexão terá já atingido os seus objetivos se pelo menos problematizar as possibilidades de prossecução do processo de perda em caso de morte ou contumácia, não obstante esse quadro deficitário.

3. (Um)a regulação processual alternativa – o exemplo do decomiso espanhol

Com interesse para o nosso regime, por motivos de proximidade geográfica, cultural, e hoje até *regulatória* por efeito da expansão do direito comunitário, o legislador espanhol tomou outra opção ao transpor a Diretiva pela *Ley Orgánica* 1/2015 e pela *Ley* 41/2015, reformando o modo de proceder ao *decomiso* de *«bienes, efectos y ganancias»*[18] ou valor equivalente previsto para as situações em que *«no medie sentencia de condena, cuando la situación patrimonial ilícita quede acreditada en un proceso contradictorio» (art. 127 ter 1 do CP).*

[17] O CSMP, a propósito da Proposta de Lei n.º 51/XIII/2, destacou precisamente algumas das omissões preocupantes, e relembrou o risco de se imporem meros mecanismos simbólicos. O risco de inaplicabilidade por desadequação processual, centrado agora na perda *alargada*, já havia sido antecipado por JOÃO CONDE CORREIA: *«De nada valerá criar robustos mecanismos substantivos, se os mesmos não forem depois acompanhados dos meios processuais adequados»* («O Confisco e a "fixação" do enriquecimento ilícito», AA.VV., *Estudos Projeto Ethos, Corrupção e Criminalidade Económico-Financeira,* Lisboa, PGR, 2018, p. 269).

[18] Esquecendo os *«médios»* e os *«instrumentos»*, presentes na regulação substantiva (art. *127 do CP*) – NICOLÁS RODRIGUES GARCÍA, *op. cit.*, p. 254.

O regime adjetivo foi integrado no *Título III TER – De la intervención de terceros afectados por el decomiso y del procedimento de decomiso autonomo –*, do *Libro IV* da Ley de Enjuiciamiento Criminal (LECrim), em dois capítulos, o primeiro para a *intervención en el proceso penal de los terceros que puedan resultar afectados por el decomiso*, e o segundo, para o *procedimiento de decomiso autónomo* em si. Encontra-se assim previsto entre os arts. *803 ter a* e *803 ter u*, aplicando-se, por remissão, a Ley de Enjuiciamiento Civil (LECiv; art. *803 ter g*), maioritariamente, no que concerne às medidas de congelamento e no que for harmonizável (*art. 803 ter l 3*).

É um procedimento especial, que será a regra[19] para as situações de «*comisión de un hecho punible cuyo autor haya fallecido o no pueda ser enjuiciado por hallarse en rebeldía o incapacidad para comparecer en juicio*» (al. b) do n.º 2 do art. *803 ter e*)[20], e uma possibilidade quanto aos demais casos de obter a perda em, digamos, *liquidação de sentença* (art. *803.º ter e 2 a e 3*). E, apesar de o integrar no ordenamento jurídico processual penal[21], o legislador espanhol frisou a sua autonomia, por exemplo, ao fixar um efeito processual negativo à *sentencia de decomiso*, a qual não poderá ser oponível ao *encausado* caso o processo penal venha depois a prosseguir para fins de aplicação de uma pena (art. *803 ter p. 2, primeira parte*).

III. Especificidades de um processo de perda minimalista

1. A relação ambígua entre o processo de perda e o processo penal

O processo penal é, em sentido estrito, o «*o conjunto de normas jurídicas que disciplinam a aplicação do direito penal nos casos concretos*» [22], com fontes nos diferentes graus da hierarquia normativa, condicionantes da atividade processual[23], sustentantes ainda da decisão processual de encerramento

[19] «*Por necesidad*» –Nicolás Rodrigues García, *op. cit.*, p. 264.

[20] Esquecendo-se, porém, das situações de «*enfermedad crónica que impida su enjuiciamiento y exista el riesgo de que puedan prescribir los hechos*» (art. 127 ter. do CP).

[21] Nesse sentido Nicolás Rodrigues García, *op. cit.*, pp. 250/3, sem deixar de indicar os matizes (de «*alma civil*») que pontilham a regulação concreta do processo. E Tomás Farto Piay, *El Proceso de Decomiso Autónomo*, Valencia, Tirant Lo Blanch, 2021, p. 264.

[22] Germano Marques da Silva, *Direito Processual Penal Português*, Lisboa, UCE, 2022, 1, p. 13.

[23] Do ponto de vista estrito do Ministério Público, há ainda a considerar os instrumentos hierárquicos aplicáveis, como seja, além dos referentes às prioridades de política criminal/

de cada fase processual (*v.g.* arts. 262.º, n.º 1, 277.º e 283.º, 308.º, n.º 1, e 365.º e ss. do CPP)[24].

O *processo de perda* não é senão um conjunto específico, mas disperso, dessas normas, centrado em todas as dimensões da perda dos instrumentos, produtos e vantagens do fato ilícito típico, as quais sejam antecedentes, concomitantes, ou subsequentes à própria decisão de perda, que por sua vez integra indubitavelmente o *«multiversum que constitui o exercício do ius puniendi estadual»* [25]. Porém, num plano seguramente alienado dos fins de punição do agente, a ter reflexos na interpretação das normas substantivas e adjetivas sustentantes da decisão de perda.

Essa dispersão acentua um defeito genético da regulação adjetiva genericamente encarada do processo de perda, não só por convivência de diferentes regimes de perda, mas sobretudo por incipiente sistematização, falta que não evitou a sua aplicação frequente em alguns casos[26], mas dificulta a sua assunção como uma dimensão, em parte *alienígena*, em parte familiar, do processo penal. Para o concluir bastará tentar encontrar no CPP a palavra *«perda»* com o sentido indicado, ou mesmo *«instrumentos, produtos e vantagens»*, para talvez perceber uma parte da resistência à adoção generalizada do processo de perda.

objetivos: a Instrução n.º 1/13PGR e a Diretiva n.º 3/13PGR (GRA e GAB), Diretivas n.ºs 1/14 e 1/15 (SPP), Diretiva n.º 1/16 (processo sumaríssimo), Instrução n.º 2/18PGR (base de dados da recuperação de ativos).

[24] Note-se que a definição de crime (art. 1.º, al. a) do CPP) não só se refere à decorrente da teoria geral, mas também à *«geometria variável do objeto (possível) do processo nas diversas fases»* – António da Silva Henriques Gaspar, AA.VV. *Código de Processo Penal Comentado*, Coimbra, Almedina, 2021, p. 13.

[25] E mais: *«não havendo aqui nenhum poder de oportunidade (ou discricionariedade) na sua declaração»* – Hélio Rigor Rodrigues/João Conde Correia, «O confisco das vantagens e a pretensão patrimonial da Autoridade Tributaria e Aduaneira nos crimes tributários», *Julgar Online*, 2017, pp. 25/7.

[26] A prática judiciária, nos casos de não condenação, era algo frequente no que concerne aos instrumentos e produtos, por causa dos requisitos específicos estabelecidos para os instrumentos (de resto, consentâneo com a versão anterior do art. 109.º, n.º 2 do CP), e porque no caso dos produtos está também muitas vezes em causa uma coisa fora do comércio (art. 202.º, n.º 2 do CC). Vai também sendo frequente nos casos dependentes de condenação. E a apreensão, também para efeitos de perda, não peca pela raridade.

A recuperação do ativo[27], encarada do ponto de vista meramente operativo, compreenderá as seguintes fases[28]:

i) *Tracing* – deteção, rastreio e identificação de ativos;
ii) *Freezing* – congelamento, ou proibição temporária de transferência, destruição, conversão, alienação, ou mera movimentação de um ativo;
iii) *Confiscation* – perda ou privação definitiva do ativo judicialmente decretada;
iv) *Management*[29] – actos de gestão e conservação daqueles ativos[30];
v) *Disposal* – transferência para o Estado e/ou vítimas/lesados, no todo ou em parte.

Cruzadas com aquelas definições de fases da recuperação do ativo encontram-se as diversas normas processuais dispersas que com elas se poderão relacionar. As duas primeiras situadas sobretudo no inquérito[31],

[27] A expressão em inglês é em regra resumida como *«proceeds»*, como no art. 2.º, al. g) da Convenção *de Mérida*, palavra derivada de *«proceed»*, e esta, de *«proceden»* – *resultante de, tendo origem em...*, mas não só –, e finalmente, do latim *«procedere»*. Assim também na versão em inglês da *Proposta de Diretiva*. Pese embora a construção jurídica que lhe adicionou peso, a expressão pode ter um uso abrangente menos técnico, de uma simplicidade necessária: há uma causa (neste caso, uma atividade criminosa); e um resultado (qualquer um que seja, consequente e dela resultante, que configure um benefício patrimonial) – cfr. https://www.etymonline.com/. A tradução portuguesa da Convenção de Mérida reserva para o Capítulo V a epígrafe *«Recuperação de Ativos»*. Para uma referência ao conceito, e sua integração, *cfr.* Katalin Ligeti/Michele Simonato, *Asset Recovery in the EU: Towards a Comprehensive Enforcement Model Beyond Confiscation? an Introduction, in* Katalin Ligeti/Michele Simonato (edited by), *Chasing Criminal Money: Challenges and Perspectives on Asset Recovery in the EU*, Oxford, Hart, 2017, pp. 3/4.

[28] Há diversos instrumentos de *soft law* que se debruçam sobre esta temática numa perspetiva da atuação em abstracto, independentemente dos pormenores processuais aplicáveis, dos quais se destacam as Guidelines do Basel Institute on Governance – https://baselgovernance.org. Quando aos exemplos, cfr. p. 7 do documento de trabalho que acompanha a *Proposta de Diretiva* – https://eur-lex.europa.eu/legal-content/PT/TXT /HTML/?uri=CELEX:52022SC0246&from=EN.

[29] Art. 10.º da *Proposta de Diretiva*.

[30] Cfr. de i) a iv) arts. 2.º, 4) e 5), 4.º, 5.º, 7.º e 10.º da *Proposta de Diretiva*.

[31] O CPP não previu a possibilidade expressa no art. 262.º, n.º 1 de o inquérito servir igualmente para estes fins, mantendo-se em moldes clássicos primacialmente ocupado

o *tracing* correspondendo a labor materialmente investigatório, que poderá implicar atos processuais necessários (*v.g.* quebra do sigilo tributário/bancário, acessos a bases de dados[32]), entre outras diligências (*v.g.* vigilâncias, buscas...); o *freezing* englobando indubitavelmente, para além do mais evidente (arresto), a apreensão[33]. Como a terceira, *confiscation*, integra a fase de julgamento, por excelência (ou melhor dizendo, é *jurisdicional*, por poder ocorrer também no inquérito, como decorre por exemplo do art. 268.º, n.º 1, al. e) do CPP). O que demonstra o caráter necessariamente disperso – embora reclamando sistematização – do conjunto de normas reguladoras ou contribuintes do processo de perda.

O regime previsto pela Diretiva n.º 2014/42/EU é, tipicamente, de fixação de uma regulação mínima. Porventura, não só por esses motivos, pode impor leituras equívocas[34].

com *«investigar a existência de um crime»*, mas é inegável essa dimensão jurídico-processual do inquérito. Do mesmo modo, se justificaria definir a *perda* no art. 1.º do mesmo Código, sobretudo, em contraposição com a definição de crime da al. a) por não se procurar o mesmo efeito (aplicação de pena ou medida de segurança criminais).

[32] A título de exemplo, são diversas as normas dispersas com relevância para o processo de perda na fase de inquérito, ainda que secundariamente: arts. 174.º, 177.º e 178.º, 185.º e 186.º, 192.º, 194.º, 227.º e 228.º, 249.º, 267.º a 270.º do CPP, arts. 2.º a 6.º da Lei n.º 5/2002, de 11/01, art. 79.º, n.º 2, al. e) do DL n.º 298/92, de 31/12, 64.º, n.º 7 da LGT, das mais aplicáveis, entre outras inúmeras disposições.

[33] É já certo que a apreensão se direciona também aos *«instrumentos, produtos ou vantagens relacionados com a prática de um fato ilícito típico»* (art. 178.º, n.º 1 do CPP), distinguindo-se do arresto preventivo (art. 228.º do CPP) na medida em que visa aquele ativo concreto resultante desse fato, e o arresto é uma medida de garantia da pretensão de perda. Isso não implica que um ativo primeiramente apreendido não deva ser restituído, porque não decorreu desse fato ilícito típico por exemplo, mas podendo integrar o arresto preventivo porque constituinte dessa garantia (art. 186.º, n.º 5 do CPP); ou até, situações em que o ativo não integra a garantia do património do agente vindo a descobrir-se que pertence a terceiro, mas num caso em que a perda de bens de terceiro venha a afirmar-se possível, podendo então a perda ser efetivada já não como garantia, mas diretamente.

[34] Por reação, talvez, aos riscos apresentados, e ao dito *exotismo* – *cfr.* MICHELE PANZAVOLTA, «Confiscation and the Concept of Punishment: Can There be a Confiscation Without a Conviction?», *in* Katalin Ligeti/Michele Simonato (edited by), *Chasing Criminal Money: Challenges and Perspectives on Asset Recovery in the EU*, Oxford, Hart, 2017, pp. 26/7. *Cfr.* ainda, no que considerar ser uma recusa das ações *in rem* na Diretiva, ANNA MARIA MAUGERI, «La trasposición de la Diretiva 2014/42/EU en Italia», *in* Ignacio Berdugo Gómez de la Torre/Nicolás Rodrigues García (editores), *Decomiso y Recuperation de Activos Crime doesn't pay*, Valencia, Tirant lo Blanch, 2020, p. 520.

Revendo o artigo 4.º, n.º 2, da Diretiva:

i) o processo de perda é relativa e tendencialmente autónomo. Não há total subordinação à eficácia, porque a prossecução depende de não ser possível - e não, *difícil* ou *improvável* -, obter uma condenação penal. Mas o legislador europeu frisou a autonomia *natural* da recuperação do ativo[35], sobretudo nestes casos, embora parcialmente dependente do processo penal. A Diretiva não limita as opções processuais subsequentes para obtenção da perda (por exemplo, administrativas ou civis[36]), não exige que o início formal do processo seja antecedente ao fato gerador da perda não baseada numa condenação, apenas que seja instaurado processo penal que não possa prosseguir[37], nem o restringe a uma qualquer das fases do processo penal. Mas, com maior importância, não impõe qualquer regra de apreciação probatória, apesar da formulação final imprecisa («*em que tal processo possa conduzir a uma condenação penal se o suspeito ou arguido tivesse podido comparecer em juízo*»), mas tautológica, por se relacionar novamente com o requisito da impossibilidade da prossecução da perda contemporânea do

[35] O que, desde 1982, não é novidade entre nós. Pese embora a *perda alargada* implique a condenação num crime de catálogo, não tem de haver relação entre o ativo e esse fato ilícito. Está em causa, nessa dimensão do processo, a pura recuperação do ativo com base na ideia da anulação do engrandecimento patrimonial decorrente de uma atividade criminosa.

[36] De fato, o que seja «*medidas necessárias*», na senda do campo próprio de atuação do Direito Comunitário, pode permitir procedimentos administrativos ou civis. *Cfr.* nesse sentido Nicolás Rodrigues García *op. cit.*, p. 247.

[37] Como, por exemplo, a morte quando ocorrida antes de iniciado formalmente o processo penal. Isto é, o segmento «*nos casos em que foi instaurado processo penal*» não parece significar precisamente uma condição prévia, ao fato impulsionador da prossecução, de iniciação formal do processo penal. Imagine-se o caso do agente corruptor passivo, que transporta consigo uma quantia pecuniária significativa, e nesse mesmo dia, sofre um acidente de viação, e morre. Não faria qualquer sentido que, descobrindo-se o fato ilícito típico nesse momento, não fosse possível decretar a apreensão dessa quantia, a instauração do processo penal, e a posterior decisão de perda, neste caso, ao abrigo também do disposto pelo art. 268.º, n.º 1, al. e) do CPP, só porque o óbito ocorreu antes do início formal do processo. Para referências doutrinárias a favor e contra, Tomás Farto Piay, *El proceso...*, pp. 289/1.

processo penal *principal*[38]. A relativa e tendencial autonomia do processo de perda, também a este respeito, resulta da sua dimensão não punitiva;

(ii) relação causal direta ou indireta entre a infração penal e um benefício económico. Aqui, na senda e no espírito da *perda clássica*, o que terá novamente consequências interpretativas do regime jurídico aplicável, porque verdadeiramente centrado no ativo;

No caso da perda não dependente de uma condenação, a transposição, no entanto, focou-se totalmente na legislação penal e processual penal. O enquadramento *do que é* e *do que deve ser* a tramitação do processo de perda deverá resultar da posição do processo de perda dentro desse quadro ordenador jurídico-processual penal, com matizes, porque o objeto do processo centrar-se-á na reação à contaminação do ativo, e não na condenação penal. O que exige a especialidade da regulação desse processo é a sua independência, material e formal, da decisão judicial incidente sobre a aplicação de uma pena ou de uma medida de segurança, e por isso, ainda que regulado no processo penal, com autonomia do conjunto de normas que disciplina a punição do agente.

2. A natureza jurídica do processo de perda

A discussão sobre a natureza jurídica da perda dos instrumentos, produtos e vantagens do fato ilícito típico tem conhecido diversas posições. No entanto, muito do que aqui se tem afirmado aceita que o seu fim preponderante não é senão o de agir sobre o enriquecimento injustificado do agente, desprovido de título legítimo aquisitivo ou integrativo

[38] Com esta definição algo imprecisa e até *herética* quer-se apenas diferenciar o fim último do processo penal que é a condenação numa pena ou medida de segurança (o que se diria o processo *principal*) com este outro fim, relativamente autónomo daquele, mas necessitado de contraditório. Aproveitando a similitude: «*se trata de un decomiso de naturaleza penal, sin processo principal que, por circunstancias sobrevenidas, no há podido continuar y que exige la acreditación en sentencia de a situación patrimonial ilícita a través de un proceso contradictorio*» – CRISTINA MARQUÉZ DE PRADO, *El Decomiso y La Recuperación y Gestión de Actios Procedentes de Actividades Delitctivas,* Valencia, Tirant lo Blanch, 2018, pp. 16/8.

do ativo contaminado pelo fato ilícito típico[39], sobretudo, no caso das vantagens[40].

É por isso que se tratará, primacialmente, de uma dimensão da consequência jurídica do crime, desenquadrada de fins punitivos[41], ainda que com eficácia preventiva secundária com a criação de desutilidade ao beneficiário[42].

Está muito mais próximo do Direito Civil na medida em que visa evitar o enriquecimento sem causa[43], sem qualquer juízo de culpa subjacente, permitindo até a perda pelo valor quando não é possível, ou não é suficiente, a perda em espécie, para criar um efeito patrimonial repristinatório.

E, sublinhando esta ideia, na perda não baseada numa condenação, por exemplo, com a morte, age-se sobre o objeto da transmissão *mortis causa*, contaminado pelo vínculo ao fato ilícito típico[44], e não sobre a

[39] Ou seja, trata-se de privar o destinatário da vantagem económica provinda do seu envolvimento em atividades ilícitas, nos casos em que goze incremento patrimonial sem título de aquisição legítimo Cfr. Tommaso Trinchera, *Confiscare senza punire? Uno studio sullo statuto di garanzia della confisca della ricchezza illectia*, G. Torino, Giappichelli Editore, 2020, p. 11.

[40] Aceita-se que no caso dos instrumentos, e também dos produtos, intercederão razões de ordem pública, e no caso de perda pelo valor, poderá aproximar-se mais de fins punitivos. Mas não pode caraterizar todo um regime. Cfr. Michele Panzavolta, *op. cit.*, pp. 43/4, o qual destaca ainda, razões de proteção do mercado livre (*free market*), p. 46.

[41] Cfr. Hélio Rigor Rodrigues/Carlos A. Reis Rodrigues, *op. cit.*, pp. 185/93. E, embora não sendo essa a posição ali expressa, cfr. Tomás Fato Piay, «Los terceros afetados por el decomiso ante el proceso penal», *in* Ignacio Berdugo Gómez de la Torre/ Nicolás Rodrigues García (editores), *Decomiso y Recuperation de Activos Crime doesn't pay*, Valencia, Tirant lo Blanch, 2020, pp. 167/8.

[42] No campo da análise económica do Direito, não diretamente sobre isto, mas sobre as condições de superioridade preventiva das sanções de conteúdo económico se adequadas à gravidade do crime, e assumida a probabilidade da sua efetivação para criar desutilidade ao agente, *cfr.* Wolfgang Weigel, *Economics of the Law, a Primer*, Routlegde Advance Texts *in* Economics and Finance, 2008, UK, p. 112.

[43] E, assim, confisco civil e confisco criminal diferem no procedimento, e só secundariamente, na natureza – cfr. Joachim Vogel, «The legal construction that property can do harm – reflections on the rationality and legitimacy of "civil" forfeiture», *in* Rui/Sieber (eds.) *Non-Conviction-Based Confiscation in Europe*: *Possibilities and limitations on rules enabling confiscation without a criminal conviction*, Berlin, Duncker & Humblot, 2015, pp. 226/9.

[44] Justificado, precisamente, pelo seu caráter repristinatório – cfr. TRINCHERA, Tommaso, *op. cit.*, p. 429.

responsabilidade criminal, de transmissão proibida (art. 30.º, n.º 3 da CRP). Age-se verdadeiramente sobre o objeto, não sobre o sujeito[45], embora quem tenha posições jurídicas sustentáveis a defender sobre esse mesmo objeto deva poder, para preservar e fazer valer os seus direitos, intervir no processo.

Pretende-se, nesta posição, anular os benefícios patrimoniais alcançados por efeito desse vínculo, quer considerando o agente, quer quem o suceda, ou um terceiro com interesse relevante quanto ao ativo. Não, a condenação destes numa pena ou medida de segurança, nem sequer indiretamente[46]. Esta questão não pode ser de somenos ao considerar o regime adjetivo de prossecução do processo para fins de perda em caso de morte ou de contumácia.

A abordagem casuística do TEDH, ao interpretar a eventual violação das garantias de processo penal previstas no artigo 6.º da CEDH, permite antecipar diversos aspetos de peso considerável a ter em conta[47], e de entre eles, o caráter compensatório, restitutivo ou preventivo e não retributivo, para lá das aparências[48].

A discussão sobre a natureza jurídica não é, deste modo, teórica. Tem evidente interesse, para além do mais, na conformação adjetiva do processo de perda, impondo ao intérprete uma posição congruente na tramitação

[45] Cfr. Isidoro Blanco Cordero, «Recuperación de activos de la corrupción mediante el decomiso sin condena (comiso civil o extinción de domínio)», *in* AA.VV. *El Derecho Penal y la Política Criminal Frente a la Corrupcíon*, Ubijus, Mexico, 2012, p. 339.

[46] Foi previsto no Título III (*«Das consequências jurídicas do fato»*). Na Alemanha, integra o Título 7 do Capítulo 3 do StGB, dedicado às Consequências Legais, autónomo dos Títulos dedicados às penas. Também no país vizinho, o *decomiso* foi inserido no Título VI (*«De las consecuencias accesorias»*). Isso leva Cristina Marquéz de Prado (*op. cit.*, pp. 16/8) a encerrar a controvérsia sobre a sua natureza jurídica; contra, Tomás Farto Piay, *El processo...*, pp. 81/3.

[47] Cfr. Frank Meyer, «Recognizing the Unkown – the New Confiscation Regulation», *EuCLR*, 2020, pp. 138/9, onde é indicada a jurisprudência em que se suporta o Autor. No entanto, no sentido de que há falta de quadro coerente, dando maior prevalência à importância da classificação enquanto punição criminal ou não à luz dos critérios *ENGEL*, cfr. Michele Panzavolta, *op. cit.*, pp. 35/42.

[48] E assim, MEYER, Frank, *op. cit.*, pp. 139, relativamente ao *Codice AntiMafia* italiano. Por exemplo, no paradigmático caso Dassa Foundation e outros v. Liechtenstein, n.º 696/05, de 10 de julho de 2007, o Tribunal referiu: «forfeiture [... is] more comparable to a restitution of unjustified enrichment under civil law than to a fine under criminal law».

do processo de perda[49] que evite a *fraude de etiquetas*[50], e coloque em risco a decisão de perda.

3. O processo justo e equitativo na retaguarda do processo de perda

Ainda que se admita existir défice regulatório, é preciso relembrar que o CPP regula a integração de eventuais lacunas no artigo 4.º, por três vias: analogia; observância das normas do processo civil que sejam harmonizáveis com o processo penal[51]; na sua falta, «*os princípios gerais do processo penal*». Mas um caso omisso não é uma mera insuficiência, ou contrariedade por parte do aplicador, mas uma verdadeira omissão regulatória em casos disso necessitados para a realização dos fins do processo[52].

Nem sequer as remissões explícitas (art. 228.º, n.º 1 do CPP, por exemplo), nem no geral a interpretação de normas processuais penais, impedem que se tenha em conta o *contexto da lei* e *os lugares paralelos*[53], nem prescindem de harmonização[54].

[49] É disso exemplo, embora contraintuitivo, e a necessitar de maior aprofundação dogmática que anule verdadeiros *abusos de Direito* que a prática virá a revelar, a necessária consideração da perda como sendo líquida de modo a afastar qualquer intuito punitivo que outra consideração certamente imporia. No sentido da consideração da perda em bruto, sem descontar o investimento para a prática do ilícito, a que não é indiferente a posição sobre a natureza jurídica da perda, Tomás Farto Piay, *El processo...*, p. 93. Cfr. ainda a *Section 73d* da StGB, o qual impõe a dedução de despesas incorridas pelo agente, participante, ou outra pessoa, salvo no caso da comissão ou preparação do crime a não ser que tenha origem em obrigação para com a parte lesada – https://www.gesetze-im-internet.de/englisch_stgb/englisch_stgb.html#p0728.

[50] Mantendo-se, por exemplo, uma alma essencialmente punitiva, ainda que com designações que disso se afastem. Cfr. Nuria P. Matellanes Rodríguez, «Algunas dudas que suscita el decomiso autónomo: en especial, la descoordinación entre la regulación penal y la procesal», *in* Ignacio Berdugo Gómez de la Torre/ Nicolás Rodrigues García (editores), *Decomiso y Recuperation de Activos Crime doesn't pay*, Valencia, Tirant lo Blanch, 2020, p. 152.

[51] A lei indicou expressamente que as suas normas deverão ser apenas observadas («*observam-se*»). Ou seja, com cautela, acrescentando que deverão ser regras harmonizáveis, logo, a harmonizar efetivamente uma vez usadas, com o processo penal.

[52] E assim, a destacar que «*o Código de Processo Penal procurou criar um sistema suficiente para regulamentação do procedimento*» *cfr.* Germano Marques da Silva, *op. cit.*, p. 29.

[53] João Batista Machado, *Introdução ao Direito e ao Discurso Legitimador*, Coimbra, Almedina, 2000, p. 183, por apelo à consideração de «*outras disposições que formam o complexo normativo do instituto em que se integram a norma intepretanda* [...]».

[54] Numa interpretação restritiva da remissão para o processo civil em caso de arresto (art. 228.º, n.º 1 do CPP), há que a «*interpretar no horizonte da cultura do processo penal*», e «*as normas*

Daí que, reconhecendo pelo menos a imperfeição da regulação adjetiva, nem assim se poderá ignorar que a precede um quadro jurídico sólido, ainda que nem sempre evidente.

Há *standards* mínimos impostos pela CRP (acesso ao direito e tutela jurisdicional efetiva prevista no art. 20.º), pela CEDH (designadamente, o direito a um processo equitativo previsto no art. 6.º e a proteção da propriedade prevista no art. 1.º do Protocolo n.º 1[55]), e pela jurisprudência do TEDH, pela Carta dos Direitos Fundamentais da União Europeia (CDFUE, e designadamente, o art. 47.º). Acresce, na sequência dos artigo 82.º a 86.º do *Tratado de Lisboa*, vieram a ser adotados instrumentos legais vinculativos[56] de modo a, entre o mais, harmonizar as legislações dos Estados-Membros no âmbito da justiça penal, com a criação de um quadro normativo já amplo[57].

do processo civil terão de operar circunscritas ao âmbito de complexidade de antemão reduzido pelo direito processual penal, constitucional e ordinário» – MANUEL DA COSTA ANDRADE/MARIA JOÃO ANTUNES, «Da Natureza Processual do Arresto Preventivo», *RPCC*, 2017, pp. 143/4.

[55] Entre nós, também, com tutela constitucional por natureza análoga a direitos, liberdades e garantias –MARIA JOÃO ANTUNES, «Recuperación de activos, garantias procesales del decomiso de bienes en el derecho português», *in* Ignacio Berdugo Gómez de la Torre/ Nicolás Rodrigues García (editores), *Decomiso y Recuperation de Activos Crime doesn't pay*, Valencia, Tirant lo Blanch, 2020, p. 594.

[56] De um modo expansivo, convincente da criação de um efetivo espaço comum atribuidor de direitos individuais como resultará do ponto 2.4 do Programa de Estocolmo (2010/C 115/01), estribando-se também na«*confiança pública na União* [...]». No sentido dessa expansão, *cfr.* PEDRO CAEIRO, *Comentários: a agenda da União Europeia sobre os direitos e garantias da defesa em processo penal: a "segunda vaga" e o seu previsível impacto sobre o direito português*, Imprensa da Universidade de Coimbra, acessível in digitalis.uc.pt, pp. 9/11. Cfr. ainda a Resolução do Conselho, de 30 de novembro, de 2009 (2009/C 295/01).

[57] Como seja: Diretiva 2010/64/EU (interpretação e tradução); Diretiva 2012/13/EU (informação); Diretiva 2013/48/EU (acesso a um advogado); Diretiva 2016/343/EU (presunção de inocência e do direito de comparecer em julgamento); Diretiva 2016/800/UE (garantias processuais para os menores suspeitos ou arguidos); Diretiva 2016/1919/UE (apoio judiciário para suspeitos e arguidos). Nada disto afasta o risco, como lucidamente apontado por NUNO BRANDÃO, «The right of defence under Regulation (EU) 2018/1805 on the mutual recognition of freezing orders and confiscation orders», *New Journal of European Criminal Law*, 2022, Vol. 13(1), p. 33, da distância entre o aplicador do Direito, o texto legal originário, e a transposição inefetiva ou imprecisa desse mesmo texto, distorcendo ou nem sequer considerando as salvaguardas processuais efetivamente previstas.

A tudo isto acresce, para o aplicador do Direito, a interpretação conforme, não só à CRP e à CEDH, mas à própria Diretiva n.º 2014/42/UE – que já se viu ter estabelecido salvaguardas – e o primado do direito comunitário[58].

O quadro de atuação processual tem pois que ser exigente, mas na medida do certo e do adequado para os seus fins não punitivos, e respeitar o critério máximo de aferição da sua validade, que será o processo justo e equitativo (cfr. art. 8.º, n.º 1 da Diretiva), para evitar um processo manchado pela arbitrariedade[59].

IV. Enquadramento processual

Já se assumiu, perante o défice regulatório que se tentou evidenciar, que temos o propósito de provocar uma reflexão. Mais se assumiu, por outro lado, a natureza não punitiva da perda, centrada no objeto, sobretudo, nos casos não dependentes de condenação, a reclamar autonomização crescente do processo penal *principal*.

Daí que se inicia esta reflexão pela pretensão de perda, isto é, e em suma, a formulação do pedido de perda de um dado ativo (em espécie, ou pelo valor) contaminado pela sua relação com o fato ilícito típico, para que se opere o referido efeito patrimonial repristinatório. Essa pretensão de perda poderá ser deduzida, em termos gerais, no despacho de acusação ou, em certas condições, no despacho de arquivamento, ou resultar de promoção incidental sempre que o conhecimento do fato autorizador da prossecução a tanto obrigue.

[58] Cfr. Acórdãos *Van Gend en Loos* (C-26/62) e *Costa v ENEL* (C-6/64) quanto ao primado, e quanto à interpretação conforme, aqui relevante, Acórdãos *Von Colson* (C-14/83) e *Marleasing* (C-106/89).

[59] A previsão e a execução de efetivas salvaguardas processuais parece ser o tom predominante da jurisprudência do TEDH na avaliação da compatibilidade dos regimes de perda não baseada numa condenação com o art. 6.º da CEDH e o art. 1.º do Protocolo 1. Por exemplo, em *Arcuri v Italy* (n.º 52024/99, 05.07.2001), o TEDH considerou, para não encontrar qualquer violação ao mencionado art. 1.º do Protocolo 1, o respeito por essas salvaguardas processuais, como seja a dedução de objeções e apresentação de prova através de mandatário forense perante os Tribunais italianos, por parte dos afetados, não tendo os Tribunais decidido com base em meras suspeitas, sem aparência de arbitrariedade.

1. A pretensão (objeto e pedido)

a) O objeto

Numa perspetiva *formal*, o objeto do processo de perda radica na correlação entre o fato ilícito típico e o ativo[60] fixado na pretensão de perda deduzida. Opera num campo, comparando com o escopo do processo penal *principal*, significativamente restrito, a ter reflexos na tramitação, direito de defesa, e regras de apreciação probatória, entre outros.

Quanto ao ativo, ou o universo alvo da pretensão, numa perspetiva já *material* do objeto, recorde-se que a perda clássica integra três *modalidades* de perda, em espécie ou pelo valor (arts. 109.º, n.º 3 e 110.º, n.º 4 do CP), repartidas pelo legislador em:

i) instrumentos«*instrumenta sceleris*», aqueles objetos preexistentes ao fato ilícito típico e que «*tiverem servido ou estivessem destinados a servir para a sua prática*» (art. 109.º);
ii) produtos/«*producta sceleris*», aqueles objetos *pós-existentes* ao fato ilícito típico, no todo ou em parte, produzidos pela sua prática (art. 110.º, n.º 1, al. a), n.º 3 a 6);
iii) vantagens do fato ilícito típico, como todo o benefício patrimonial líquido[61], direto ou indireto, para o agente ou para outrem (art. 110.º, n.º 1, al. b), 2 a 6). No caso dos produtos e vantagens, incluindo a «*transformação ou reinvestimento posterior (...) quaisquer ganhos quantificáveis que daí tenham resultado*» (art. 110.º, n.º 3);

Estes conceitos, embora mutuamente excludentes, situam-se em fronteiras próximas, e navegam no seio de alguma confusão conceptual,

[60] Cfr. no sentido do vínculo HÉLIO RODRIGUES, «*Gabinete de Recuperação de Activos, O que é, para que serve, e como actua*», *RCEJ*, 2013, p. 71. Essa dependência, segundo alguma doutrina, afasta em parte este regime de uma verdadeira NCBC, e arrisca a sua inoperabilidade – *cfr.* JOHAN BOUCHT, *Loc. Cit.*

[61] Incluindo em princípio, para a dedução, não só o investimento lícito, mas também encargos e custos das benfeitorias necessárias e úteis – Cfr. JOÃO CURA MARIANO, «perda de bens de terceiro relacionados com o crime», *in* Maria Raquel Desterro Ferreira/Elina Lopes Cardoso/ João Conde Correia (coordenadores), *O Novo Regime de Recuperação de Ativos à Luz da Diretiva 2014/42/EU e da Lei que a Transpôs*, Lisboa, INCM, 2018, p. 155.

legal, doutrinária, e jurisprudencial, com incongruências propositadas[62], outras talvez acidentais ou resultantes de incompreensão[63], e obrigam por isso a disciplina para evitar confusões[64]. Importa, assim, ter em conta, na descrição fatual que se imponha para sustentar a pretensão de perda, e na consequente indicação das normas legais aplicáveis, os diferentes fundamentos habilitantes da perda.

Esta questão pressupõe uma rigorosa identificação prévia deste objeto *material*, e pode condicionar algumas das opções processuais que visem concretizar a decisão de perda.

b) O pedido

As ditas três *modalidades* distinguem-se consoante esteja em causa a constituição do direito do Estado ao ativo em contraposição com a privação definitiva de disposição desse ativo para os agentes ou quaisquer afetados (perda em espécie)[65], ou a condenação no pagamento do respetivo valor

[62] Por exemplo, o conceito de produto para o ordenamento jurídico-penal nacional não encontra paralelo na definição do art. 2.º, n.º 1 da Diretiva, e assim será caso vingue a *Proposta de Diretiva*. Foi quanto à primeira, como referido, uma opção propositada, conforme decorre da Proposta de Lei 51/XIII/2.

[63] Não há sequer coerência com outros ramos do Direito na definição do alvo do processo, mas apesar de tudo a lei é suficientemente concretizadora, e merece interpretação corretora expansiva quando ambígua – nesse sentido, Tomás Farto Piay, *El processo...*, p. 90. Refere-se aos instrumentos (art. 109.º, n.º 1 do CP), objetos no caso dos produtos (art. 110.º, n.º 1, al. a) do CP), que poderão nos dois casos ser coisas (art. 202.º do CC, mas sem exclusão daquelas que, pela sua natureza, estejam excluídas do tráfego jurídico, como uma nota contrafeita). Como se refere, no caso das vantagens, às coisas, direitos ou – novamente – vantagens (art. 110.º, n.º 1, al. b) do CP). E ao nível adjetivo, a «*animais, coisas ou objetos*» (art. 374.º, n.º 3, al. c do CPP). Nada disto exclui, por natureza, as coisas incorpóreas, e de entre elas os direitos, com problemas de compatibilização (direitos reais menores vs. direito de propriedade), sobretudo no caso de terceiros – cfr. quanto a essa compatibilização João Cura Mariano, *op. cit.*, pp. 142/3.

[64] Se a *gazua* usada para o furto é um instrumento passível de perda pela sua perigosidade, pode ter importância patrimonial, resultando até na perda pelo valor. Uma camisola *contrafeita* é um produto cuja manutenção na esfera jurídica do seu titular a lei considera intolerável, e se for vendida, gera tecnicamente uma vantagem (a própria venda é um ato ilícito), mas pode antes ser perseguida em perda pelo valor. Por outro lado, a rentabilização de um veículo automóvel viciado nos seus elementos essenciais (produto) pelo aluguer pode gerar uma vantagem, advinda do benefício retirado desse ato inovador primário.

[65] Ou a privação definitiva dos direitos reais, obrigacionais, ou de mero domínio fáctico, relativamente a esses bens ou valores.

(perda pelo valor) no caso de não ser possível a apropriação em espécie, constituindo-se o Estado no correspetivo direito de crédito. Neste último caso, também, na fase executiva, mesmo que a pretensão inicialmente tenha sido constitutiva (arts. 109.º, n.º 3, 110.º, n.º 5, 111.º, n.º 3, 112.º e 112.º-A).

No caso da prossecução por morte do agente, talvez será mais rigoroso afirmar que o pedido incidirá sobre o ativo em si, numa aproximação às ações *in rem*, já que constituirá, para quem suceda ao agente, um lugar paralelo à dívida da herança.

2. Especificidades processuais em caso de não condenação

Nos casos não dependentes de condenação, torna-se assim evidente que o ator principal deixa de ser o agente, e passa a ser o objeto *material*, ou o próprio ativo. A pretensão de perda incidirá primacialmente sobre esse ativo, pese embora devam ser *chamados* ao processo todos quantos, ver-se-á, possam ser afetados pela decisão.

Mas como se dá início ao processo de perda em tais casos?

No país vizinho, onde já se viu, foi estruturado um procedimento especial. A *demanda*, que dá início ao *decomiso*, indicará os sujeitos e os bens visados, o fato punível e sua relação com esses bens, a qualificação jurídico-penal, o fundamento legal do *decomiso*, a prova apresentada, e eventuais medidas cautelares (art. *803 ter l 1*). O que, por outro lado, pressupõe uma investigação patrimonial abrangente e detalhada (cfr. a Circular 4/2010 da *Fiscalía General del Estado*[66]).

Entre nós, é certo que a investigação patrimonial e financeira prévia é uma condição essencial para sustentar a pretensão de perda, mas pouco mais se poderá fazer, nos casos não dependentes de condenação, do que admitir hipóteses de prossecução.

Faltando-nos esse momento definidor que o legislador espanhol definiu com o *decomiso*, e ante a dispersão normativa por um lado (já para não dizer, a convivência frequente de regimes diferentes), e por outro, a

[66] *Sobre las funciones del Fiscal en la investigación patrimonial en el ámbito del processo penal, in* https://www.boe.es/buscar/doc.php?id=FIS-C-2010-00004. Cfr. ainda Luis M. Uriarte Valente, *La Lucha del Estado en la Recuperación de activos a través del decomiso. Especial Aeferencia a la actuación del Ministerio Fiscal,* Valencia, Tirant lo blanch, 2022.

sua insuficiência regulatória, revela-se uma tarefa laboriosa obter uma definição sintética compreensiva da tramitação processual.

Tome-se o caso da morte. Se a morte ocorrer depois de deduzida a acusação, a pretensão de perda será incidental na sua iniciativa. Mas se a morte ocorrer antes do encerramento do inquérito, haverá duas (ou talvez três) possibilidades de prossecução:

i) Ocorrendo apreensão, e por isso, nos casos de perda em espécie, o Ministério Público poderá arquivar os autos com o fundamento da extinção da responsabilidade criminal (arts. 127.º, n.º 1 do CP e 277.º, n.º 1 do CPP), e submeter à apreciação do Juiz de Instrução Criminal uma pretensão de perda (art. 268.º, n.º 1, al. e) do CPP). Existindo *terceiros*, ou quaisquer pessoas afetadas, abrir-se-á um incidente não regulado que dê efetividade ao contraditório. É o caso típico, porque frequente, dos instrumentos e dos produtos[67], podendo não se impor uma tramitação tão exigente, por estar em causa, por um lado, a perigosidade, e por outro, a possível exclusão desse ativo do tráfego jurídico, a enfraquecer a posição jurídica desses afetados[68], ou mesmo, porque há uma evidente e indiscutível conexão;

ii) Mas se inexistir apreensão, e a perda for pelo valor, sem prejuízo de uma interpretação extensiva da competência do Juiz de Instrução em caso de arquivamento (art. 268.º, n.º 1, al. e) do CPP), pode optar-se por submeter um despacho de acusação reduzido ao essencial para obter uma decisão de perda, o qual parta da indicação da possibilidade substantiva de prossecução (art. 127.º, n.º 1 do CP). Qualquer uma das soluções deverá permitir um processo contraditório, optando-se por apresentar uma reflexão que tenha em conta essas duas possibilidades[69];

[67] Tomás Farto Piay, *El processo...*, p. 94, distingue assim entre *«decomiso de seguridad o preventivo»* do *«decomiso de confiscación»*.

[68] Mas, por exemplo, o atual art. 12.º-B da Lei n.º 5/2002, de 11 de janeiro, ressalva a possibilidade de perda dos instrumentos mesmo sem o requisito da perigosidade.

[69] A competência do Juiz de Instrução no processo de perda, em caso de arquivamento, era já uma realidade que não parece ter sido alvo de contestação consequente, por exemplo, nos arts. 35.º a 39.º do Dec.-Lei n.º 15/93, de 22.01. Por outro lado, ao introduzir-se o art. 347.º-A do CPP na regulação da fase de julgamento, quis o legislador sinalizar que o processo contraditório deverá ser assegurado com a dedução de acusação? Sobretudo, se for previsível que a pretensão de perda será alvo de contestações relevantes e abrangentes?

No caso da contumácia, essa questão não é tão vincada, porque a falta de localização do suspeito (sem a sujeição a TIR, portanto) não impede a prossecução em inquérito (arts. 57.º, n.º 1, 272.º, n.º 1, e 283.º, n.º 5 do CPP). A pretensão de perda poderá até ser deduzida no despacho de acusação, ainda como dependente da condenação. A prossecução do processo para declaração da perda em caso de não condenação só se verificará a título superveniente, e verdadeiramente incidental na sua iniciativa, uma vez decretada a contumácia já na fase de julgamento (art. 335.º, n.º 5 do CPP). Para evitar questões quanto ao processo penal *principal*, crê-se que a melhor opção seria fazê-lo num processo *separado* (art. 30, n.º 1, al. d) do CPP)[70].

Por outro lado, a perda não dependente de condenação obriga a um necessário ajustamento: quer no caso da contumácia, mas sobretudo no caso da morte, a existência de *terceiros* que possam ser afetados pela decisão de perda implica a assunção do título de intervenção processual que estaria reservado ao agente enquanto arguido. Mas essa verdadeira expansão não poderá ser irrestrita, sob pena de total desvirtuação de estatutos diferentes, e de violação do escopo concentrado do processo de perda.

É por isso que se poderá eventualmente sintetizar que o pedido de perda pode ocorrer a título principal, no despacho de encerramento do inquérito[71], admitindo todas as formas do processo (no caso da acusação)[72], bem como, a título incidental, quando a morte ocorra depois de deduzida a acusação, ou no caso da contumácia.

O pedido de perda que acompanhe o despacho de encerramento do inquérito incidirá então sobre: a descrição do fato ilícito típico, com

[70] Também o regime alemão permite a autonomização caso, regra-geral, exista impedimento ou dilação irrazoáveis da decisão no processo penal *principal*, mas ficando essa decisão de perda dependente desta, da qual será subsequente – *Sections 422 e 423* da StPO https://www.gesetze-im-internet.de/englisch_stpo/englisch_stpo.html. É o caso, ainda, da *"Defesa de direitos terceiros de boa fé"*, previsto pelo art. 36.º-A do Dec.-Lei n.º 15/93, de 22.01.

[71] Recordando que não se aborda aqui a perda *alargada*, e com ela, a possibilidade prevista no art. 8.º, n.º 2 da Lei n.º 5/2002, de 11 de janeiro. A *pretensão* de perda, nestes meandros, recebeu a designação legislativa de *liquidação*, a qual deverá deduzida na acusação exceto se não for possível, e nesse caso, até ao 30.º dia anterior à data designada para a realização da primeira sessão da audiência de julgamento.

[72] É esse seguramente o caso no processo sumaríssimo, como superiormente imposto aos agentes do Ministério Público (Cap. III – 1 da Diretiva n.º 1/16PGR). E na suspensão provisória, como também imposto superiormente (Cap. III – 6 da Diretiva n.º 1/14PGR).

enquadramento fatual e jurídico-penal; a indicação e descrição do ativo; relação direta ou indireta entre um e o outro; e com o *sujeito passivo* se este já for conhecido; o fundamento legal do pedido por referência ao seu objeto e à pretensão em si; e, por último, a prova. Se ocorrer incidentalmente, porque para o mais se encontrará nos autos a acusação, incidirá sobre: o fundamento legal do pedido por referência ao seu objeto e à pretensão em si.

Tudo o mais objeto das reflexões seguintes terá, então, pressupostas essas possibilidades alternativas de prossecução.

3. Competência

Na fase de inquérito, são jurisdicionais, e da competência do Juiz de Instrução Criminal (arts. 17.º do CPP), o decretamento de medidas de congelamento (arresto e apreensões relacionadas com *segredos* para as quais seja prevista reserva jurisdicional[73]), o conhecimento do pedido de modificação ou revogação da apreensão, e a decisão de perda em caso de arquivamento (arts. 178.º, n.º 7 e 8 e 268.º, n.º 1, al. b), e) e f) do CPP), sem prejuízo de outras regras integrantes do processo de perda que recaiam na exclusiva competência do Juiz de Instrução[74], e como referido, admitindo-se ainda a possibilidade de interpretação extensiva da sua competência em caso de arquivamento para incluir os casos em que não há apreensão.

Mas prosseguindo o processo de perda com acusação, a decisão de perda será então da competência do Tribunal da *jurisdição criminal* competente (arts. 14.º e 16.º do CPP).

No caso do *decomiso*, a competência para a tramitação e decisão recaiu no tribunal competente para a decisão condenatória (jurisdição criminal), consoante o momento da ocorrência do fato gerador da autonomização do procedimento: o tribunal que se encontrava a julgar, ou que julgaria (als. b) e c) do art. *803 ter f*).

Questão diferente, mas conexa, é saber se o Tribunal tem a este respeito poderes oficiosos, ou limitados pelo princípio do acusatório transposto para o processo de perda[75].

[73] Arts. 135.º, e 179.º a 182.º do CPP.

[74] Por exemplo, uma busca domiciliária, pode ter o fim, ainda que secundário, de levar à apreensão de ativos, recaindo a competência para a ordenar no JIC conforme art. 177.º, n.º 1, do CPP.

[75] Nesse sentido, Tomás Farto Piay, *El processo...*, p. 135. E, com notas sobre a jurisprudência dos tribunais superiores *cfr.* Elena Lorente Pablo, «La investigacion patrimonial:

Pese embora o regime de perda clássica seja imperativo, e novamente, não esteja em causa a condenação numa pena ou em medida de segurança, o legislador veio a exigir impulso processual em diversas normas relevantes para o processo de perda.

Por exemplo, o arresto preventivo deve ser requerido pelo Ministério Público (art. 194.º, n.º 1 e 228.º, n.º 1 do CPP) ou pelo lesado (art. 228.º, n.º 1, mas aqui, restrito), não podendo o Tribunal decretá-lo oficiosamente ou para lá do pedido (art. 194.º, n.º 2 e 3 do CPP).

Por outro lado, para que o Juiz de Instrução exerça a sua competência exclusiva para declarar a perda em caso de arquivamento (art. 268.º, n.º 1, al. e) do CPP), isso implica necessariamente que o processo lhe seja apresentado com a posição expressa do Ministério Público[76]. No mesmo sentido, o *«destino a dar a animais, coisas ou objetos relacionados com o crime»* deve constar, acompanhado das disposições legais aplicadas, do dispositivo da sentença (art. 373.º, n.º 3, al. c) do CPP), o que também implica que essa pretensão tenha sido deduzida ainda que não conste dos requisitos obrigatórios da acusação (art. 283.º, n.º 3 do CPP[77]).

A acusação que não contiver as disposições legais aplicáveis será nula (art. 283.º, n.º 3, al. d) do CPP), mas tendo em conta a natureza jurídica do processo de perda, pese embora o impulso seja necessário, não se vislumbra que esteja vedada ao Ministério Público a promoção posterior da perda. A pretensão de perda deve estar contida (ainda que no mínimo indicando as normas aplicáveis) no despacho de encerramento do inquérito, ou em promoção subsequente por parte do Ministério Público. Com dúvidas, no caso de vir a ser proferido despacho de pronúncia no seguimento de despacho de arquivamento, e o RAI não contenha a menção

aspectos prácticos del decomiso y de la recuperación de ativos», *in* Ignacio Berdugo Gómez de la Torre/ Nicolás Rodrigues García (editores), *Decomiso y Recuperation de Activos Crime doesn't pay*, Valencia, Tirant lo Blanch, 2020, p. 861.

[76] A indicar expressamente que a perda, nestes casos, não ocorre *ope legis*, cfr. Acórdãos TRL, de 30 de novembro de 2010, e TRC, de 16 de dezembro de 2020, ambos acessíveis in www.dgsi.pt.

[77] Há jurisprudência, criticável ou não, a diferenciar, no silêncio do dispositivo, entre bens de detenção ilícita e lícita, reservando para estes a restituição após trânsito (art. 186.º, n.º 2 do CPP) de modo a respeitar o princípio do acusatório – *v.g.* Acórdão do TRP de 26 de maio de 2021, acessível in www.dgsi.pt.

a essas normas[78], ressalvando a possibilidade de vir a ser sustentada essa pretensão, por promoção subsequente do Ministério Público.

4. Legitimidade ativa e passiva

Quando à pretensão de perda em si, apenas o Ministério Público terá legitimidade ativa[79].O Estado, representado pelo Ministério Público, é o *sujeito ativo* do processo de perda. O *sujeito passivo*, com a respetiva legitimidade passiva, será todo aquele que pode perder a disponibilidade do ativo em causa, ou a quem será oponível um direito de crédito do Estado ao pagamento de uma quantia, ou quem tenha sobre ele um interesse juridicamente sustentável.

Em primeira linha, será seguramente esse o caso do agente do fato ilícito típico, que será em regra constituído arguido[80], ou do beneficiário, aquele em cuja esfera jurídica ingressa diretamente o ativo. Se qualquer outra pessoa – incluindo os *terceiros* – for comparticipante na prática do fato ilícito típico, ou praticar um crime autónomo, relacionado com o fato ilícito gerador do processo de perda[81], naturalmente, responderá como agente[82]. Os agentes não são os únicos sujeitos *passivos*.

[78] Poderá o JIC incluir essa pretensão no despacho de pronúncia? A resposta a esta questão depende em grande parte da natureza jurídica da perda, mas por cautela recomendar-se-ia a aplicação do AUJ n.º 7/2008, devendo cumprir-se o regime do art. 303.º, n.º 1 do CPP, ainda que não esteja em causa a condenação criminal.

[79] Com dúvidas, admite-se essa possibilidade para o Assistente nos casos de abstenção acusatória com subsequente abertura de instrução (art. 287.º, n.º 1, al. a) do CPP), ainda que em princípio não se vislumbre interesse nisso.

[80] Aplicando-se o regime processual previsto para o arresto (cfr. segmento *infra*), poderiam vir a ser constituídos arguidas pessoas que não são agentes do fato ilícito típico. No entanto, nestes casos, inexiste *«suspeita fundada da prática de crime»*, não se exigindo a constituição de arguido – cfr. JOÃO CONDE CORREIA, AA.VV., *Comentário Judiciário do Código de Processo Penal*, Coimbra, Almedina, 2021, 3, p. 630.

[81] Como seja, tipicamente, recetação (art. 231.º CP) ou branqueamento (art. 368.º-A do CP). Um terceiro que o seja até em sentido próprio, não poderá beneficiar do disposto pelo art. 111.º, n.º 1 do CP se tiver praticado ele próprio um ilícito, como de resto decorreria do disposto pelo n.º 2 do mesmo artigo.

[82] Como *«designação genérica que abrange todos aqueles que participam de forma penalmente relevante no seu cometimento, independentemente da modalidade»* – cfr. JOÃO CURA MARIANO, *op. cit.*, p. 141.

a) Os terceiros (art. 111.º do CP)

No processo de perda pode haver a intervenção de terceiros *em sentido próprio*. Com efeito, a *«perda não tem lugar se os instrumentos, produtos ou vantagens não pertencerem, à data do facto, a nenhum dos agentes ou beneficiários, ou não lhes pertencerem no momento em que a perda foi decretada»* (art. 111.º, n.º 1, do CP). Estes estarão em condições, apesar da contaminação do ativo, de poder garantir a sua imunização da decisão de perda, a não ser que se demonstrem as cláusulas de exclusão previstas: concorrência censurável para a produção ou utilização, ou retirada de benefícios (al. a) do n.º 2); aquisição posterior à prática do fato, conhecendo aqueles, ou devendo conhecer, a sua proveniência (al. b) do n.º 2); a transferência *fraudulenta* para evitar a perda, sendo ou devendo essa finalidade por ele conhecida (al. c) do n.º 2).

Para que se compreenda quem é um terceiro para aqueles efeitos, é preciso primeiro excluir obviamente o agente e o beneficiário[83], e depois verificar se os instrumentos, produtos e vantagens não pertenciam àqueles: i) à data do fato; ii) no momento em que a perda foi decretada.

A redação do artigo 6.º da Diretiva não foi tão inexata, centrada, pois, na transferência. Obriga os Estados-Membros a tomarem as *«medidas necessárias para permitir a perda dos produtos ou dos bens cujo valor corresponda a produtos que, direta ou indiretamente, foram transferidos para terceiros por um suspeito ou arguido, ou que foram adquiridos por terceiros a um suspeito ou arguido, pelo menos nos casos em que o terceiro sabia ou devia saber que a transferência ou a aquisição teve por objetivo evitar a perda, com base em circunstâncias e factos concretos, nomeadamente o facto de a transferência ou aquisição ter sido feita a título gracioso ou em troca de um montante substancialmente inferior ao do valor de mercado»* (n.º 1), não se prejudicando os terceiros *«de boa-fé»* (n.º 2). E os bens na posse de terceiros, mais autorizou o artigo 7.º, *«podem ser sujeitos a medidas de congelamento para efeitos de uma eventual decisão de perda subsequente»* (n.º 2).

[83] Excluindo, ainda, quem tenha celebrado um negócio simulado/nulo, ou pessoa coletiva com abuso da personalidade coletiva, os cônjuges no regime de comunhão de bens (beneficiários, antes), e os credores, que não poderão beneficiar por via do art. 111.º do CP da dita imunização – cfr. João Cura Mariano, *op. cit.*, pp. 141/2, 144/7. Isto não prejudica a sua participação, para a demonstração contrária.

Ora, no caso da contumácia, poderemos tipicamente antecipar a intervenção processual de terceiros por efeito, sobretudo, da transferência da propriedade *inter vivos*. Já no caso da morte, a situação será mais complexa.

A herança é uma *universalidade de direito*, constituída por situações jurídicas ativas e passivas, e designa genericamente o património do autor da sucessão, autónomo, pois que delimita as responsabilidades dos herdeiros ao valor dos bens que recebem[84] (arts. 2068.º, 2070.º, 2098.º do CC).

A sucessão é «o *chamamento de uma ou mais pessoas à titularidade das relações jurídicas patrimoniais de uma pessoa falecida e a consequente devolução dos bens que a esta pertenciam*» (art. 2024.º do CC). Abre-se com a morte *física* do seu autor (art. 2031.º do CC), mas não implica automática assunção por parte dos sucessores, exigindo aceitação.

Em traços muito sumários, a herança diz-se jacente desde o momento em que é aberta por decesso do seu Autor, mas ainda não aceite (expressa ou tacitamente por meio da escritura de habilitação de herdeiros, por exemplo) nem declarada vaga para o Estado (art. 2046.º, n.º 1, 2056.º e 2057.º do CC). Só até ao momento da aceitação é que a herança tem personalidade judiciária (art. 12.º, al. a) do CPC).

Após a aceitação, cujos efeitos retroagem ao momento inicial da abertura (art. 2050.º do CC)[85], ainda que a herança permaneça indivisa, os sucessores assumem uma quota ideal, abstrata, dessa universalidade, que só com a partilha se concretizará. Extingue-se, por outro lado, a personalidade judiciária da herança, e os direitos relativos à herança só podem ser exercidos conjuntamente por todos os herdeiros ou contra todos os herdeiros, numa situação de litisconsórcio necessário (art. 2091.º, n.º 1 do CC). Só na presença de todas essas pessoas, qualquer direito que se queira fazer valer é que terá efeito útil.

Há, porém, situações de partilha em vida (arts. 940.º e 2029.º do CC), entre outras situações com relevo neste campo, e ainda, a específica situação do legatário, o qual sucede em bens ou valores determinados por simples aceitação do legatário e sem necessidade de recurso a qualquer procedimento, em ambos os casos se equiparando essa situação a uma doação.

[84] Cfr. JOÃO LOPES CARDOSO, *Partilhas Judiciais*, Coimbra, Almedina, 2006, 1, p. 13/14.

[85] A transferência jurídica e a transferência real não coincidem – cfr. JOÃO LOPES CARDOSO, *op. cit.*, p. 19.

Pode assim reclamar se considere como terceiro para estes efeitos, em sentido próprio, quem tenha beneficiado da partilha em vida/legatário[86], ou mesmo se já tiver ocorrido a partilha, sem prejuízo da aplicação das cláusulas de exclusão que permitam a prossecução da pretensão de perda. Neste campo, de possível *fraude* para evitar a decisão de perda, essas cláusulas são de magna importância.

Já não assim para a herança jacente, nem para os sucessores. Com efeito, para estes, a suscetibilidade de perda do ativo que integra a herança funcionará como uma *dívida* da própria herança, e não faria sentido algum que pudessem garantir nestes termos a sua imunização. E isto, em benefício do próprio sucessor, mesmo se tiverem ocorrido partilhas, pois responderá no processo de perda na medida do património *onerado* e transmitido *mortis causa*, ainda que em caso de partilha (art. 2098.º do CC).

Isso significa que os sucessores serão, necessariamente, terceiros *em sentido impróprio*, não nos termos do disposto pelo art. 111.º do CP, mas tendo, como estes, uma posição substantiva defensável que implica necessariamente participação processual[87]. A Diretiva engloba diversas salvaguardas processuais por referência ao conceito de pessoas «*afetadas*».

b) Estatuto processual

No caso dos agentes, pressupondo que são investidos como arguidos, a lei define o modo de exercício da sua intervenção processual. Por exemplo, em termos gerais, na *contestação* (art. 311.º-B do CPP), defender-se-á, não só

[86] Nesse sentido, cfr. João Cura Mariano, *op. cit.*, pp. 143/4, o qual equipara os legatários aos donatários.

[87] Tendo em conta que estes não são «*intervenientes naturais do processo penal*», com uma intervenção «*convocada apenas pela relação que têm com os bens conexos com a atividade criminosa sob averiguação e julgamento*» – João Cura Mariano, *op. cit.*, p. 165. Não se verifica aqui total sintonia com a definição de sujeito processual, que é quem titula direitos «*autónomos de conformação da concreta tramitação do processo como um todo, em vista da sua decisão final*» – Jorge de Figueiredo Dias, «Sobre os sujeitos processuais no novo Código de Processo Penal», AA.VV., *Jornadas de Direito Processual Penal – O Novo Código de Processo Penal*, Coimbra, Almedina, 1989, p. 9. Por exemplo, a sua intervenção não admite a abertura de instrução (art. 287.º, n.º 1, als. a) e b) *a contrario* do CPP), sabendo-se que a instrução é uma fase facultativa, e neste caso, nem sequer estando em causa pena ou medida de segurança (cfr. Acórdão n.º 46/2019, do TC).

da pretensão deduzida a *título principal* (a aplicação da pena ou da medida de segurança), mas também da própria pretensão de perda.

Que estatuto processual é reservado àqueles sujeitos passivos que não sejam agentes?

Com a contumácia, poderá ser suficiente para assegurar a prossecução do processo de perda, no quadro de um processo justo e equitativo, a nomeação de defensor ao agente, e assegurar a intervenção do terceiro em sentido próprio nos termos do disposto pelo artigo 347.º-A do CPP, o que implica necessariamente assegurar o conhecimento do processo de perda; não assim tão simples no caso da morte.

A previsão do artigo 347.º-A do CPP parece ser o correlativo adjetivo do artigo 111.º do CP. A norma refere-se, por outro lado, ao terceiro *«titular dos instrumentos, produtos ou vantagens»* alvo da pretensão, que poderá muito bem assim ser quem sucedeu ou poderá suceder ao arguido.

Na falta de regulação processual clara, terá que se assegurar nesses moldes o modo de intervenção processual desses terceiros em sentido impróprio afetados pelo processo de perda, para que não se quebre a harmonia processual[88].

Essa previsão garante, por remissão, o exercício do direito do contraditório e a prestação de declarações, seguindo o regime das declarações não ajuramentadas do assistente e das partes civis sujeitos ao dever de verdade (art. 145.º, n.º 2 e 4 do CPP, *ex vi* art. 347.º-A, n.º 2 do mesmo Código).

Mas mesmo isso é insuficiente. Se no caso das medidas de congelamento há regras próprias de que poderão fazer uso os terceiros, não há regras processuais previstas, por exemplo: para a obrigatoriedade de comunicação da pretensão de perda deduzida em acusação (arts. 277.º, n.º 3 e 4, e 283.º, n.º 5 e 6 do CPP); para o alcance da contestação (art. 315.º do CPP); para o alcance do direito à representação por advogado. Isto é, sendo um primeiro passo, pode em alguns casos limitar-se ou dificultar-se o acesso ao processo, e a possibilidade efetiva e leal de contraditar a pretensão de perda impostas pela Diretiva.

[88] Nesse sentido, cfr. MÁRIO FERREIRA MONTE, destacando como o terceiro apenas é referido no art. 374.º-A do CPP, e perguntando *«o que vem a ser este terceiro»*, um *«quase-arguido»* («"Buracos negros" no Processo Penal? O exemplo da regulação processual da perda de bens de terceiro e em caso de não condenação penal», *in* AA.VV. *Prof. Doutor Augusto Silva Dias In Memoriam*, Lisboa, AAFDL, 2022, 2, p. 447.

O legislador espanhol, por seu turno, atribuiu legitimidade ativa exclusiva ao *Ministerio Fiscal* (art. *803 ter h*), e a passiva, por outro lado, a todos os sujeitos visados pelo procedimento em função da sua relação com o objeto do *decomiso* (arts. *803 ter e, 2, b* e *803 ter j, 1*). Os terceiros, para os efeitos do *decomiso*, serão no fundo todos quantos titulem direitos sobre o bem alvo do procedimento que possam ser afetados (als. a) e b) do n.º 1 do art. *803 ter a*) [89], a serem chamados oficiosamente ou a instância «*de parte*» (por despacho recorrível), salvo se não for possível identificá-los ou localizá-los, ou de questões relativas à sustentação da sua posição ou reação conivente com o agente (als. a) e b) do n.º 2 do mesmo). Os sujeitos passivos conservam o direito de *contestación* à *demanda* num prazo de 20 dias após a admissão desta (arts. *803 ter l. 2 e 803 ter m.*)[90].

Retornando ao caso português, assumido o necessário ajustamento já indicado, há que esbater a diferenciação entre esses terceiros em sentido próprio e impróprio para efeitos da sua participação processual, de modo a desbloquear um processo de perda que cumpra o princípio do contraditório de um modo minimamente claro e operativo.

Para isto há que admitir, pelo menos, o paralelismo com as pessoas com responsabilidade meramente civil, atentas as remissões operadas pelo artigo 347.º-A e a similitude de posições[91], para lhes garantir as salvaguardas processuais que também cabem a estes.

Tudo isso implica utilização pragmática do estatuto de arguido[92]. O demandando tem posição processual idêntica à do arguido quanto à sustentação e à prova das questões civis julgadas no processo (art. 74.º, 3 do CPP), fazendo-se representar por advogado (art. 76.º, n.º 2 do CPP), sendo

[89] No caso de morte, com legitimidade enquanto demandados, por exemplo: «*a la herencia yacente o los herederos o comunidade hereditária*» – Tomás Farto Piay, *El processo...*, p. 343.

[90] Note-se, no caso do *decomiso* por *liquidação de sentença*, esses terceiros poderão ver-se arredados do processo penal precedente ao *decomiso* (art. *803 ter e 2* da LECrim), o que é uma limitação significativa do *espírito* processual contraditório do processo de perda. Impondo pelo contrário a sua participação efetiva e plena, por interpretação corretiva – Nicolás Rodríguez Garcia, *op. cit.*, p. 278.

[91] Não há aqui qualquer argumento novo, como resumido em Mário Ferreira Monte, *loc. cit.*

[92] Para a lei adjetiva alemã, os terceiros serão, na tradução inglesa, *parties to confiscation proceedings*, os quais conservam o estatuto de *defendant* em tudo o que não for contrariado pela lei – *Section 424 e Section 427 (1)* da StPO.

notificado para contestar, querendo, no prazo de 20 dias (art. 78.º, n.º 1 do CPP), podendo requerer produção de prova (art. 79.º do CPP).

No caso da morte, na falta *física do* arguido, quer isso dizer que se devem assegurar os direitos atribuídos ao arguido a quem lhe suceda, incluindo, por exemplo, o direito ao silêncio (art. 61.º, n.º 1, al. d) do CPP)?

Nos termos gerais, esse direito permanecerá intacto para preservar o direito à não autoincriminação (art. 132.º, n.º 2 do CPP), mas não será por via desta interpretação que esse decalque deva ocorrer.

A aproximação ao estatuto do arguido é apenas a *chave* de desbloqueio da intervenção processual desses terceiros nos casos em que se exija a prossecução para um processo contraditório, não um incompreensível decalque que fizesse um paralelo com o julgamento para efeitos de imposição de uma pena. Impor-se-á a expansão sempre que for necessário para assegurar um processo justo e equitativo, e a contenção, quando se invada o campo próprio do estatuto do arguido relacionado exclusivamente com a possibilidade de condenação criminal.

O que nos trará a outras questões com relevo quanto à *assistência por advogado*, e quanto ao *chamamento ao processo.*

5. Assistência por advogado

Previu-se no país vizinho a assistência por advogado atribuída genericamente a todos esses sujeitos cujos bens ou direitos pudessem ver-se afetados pelo *decomiso*, tal como previstos para o *arguido* (art. *803 ter i*), obrigatória, para o terceiro afetado (art. *803 ter b 2)*, dispensando-se a presença física do terceiro afetado (n.º 3 do mesmo), e permitindo-se a prossecução em caso de não comparência (n.º 4 do mesmo). A não comparecência do terceiro afetado é tratada genericamente como *rebeldia*, e cumpridos os pressupostos, poderá implicar decisão favorável à pretensão; o mesmo regime é aplicável ao terceiro que só não se tenha oposto por desconhecimento (art. *803 ter d*).

No caso específico da revelia, confirmando-se ausência do *rebelde* no procedimento de *decomiso*, é nomeado *«procurador y abogado de ofício»* (art. 803.º *ter k*).

De acordo com a *Ley Orgánica 6/1985 del Poder Judicial*, os advogados são os licenciados em Direito que exercem a direção e defesa das partes em todo o tipo de processos (art. 542.º, n.º 1), e os procuradores, aqueles encarregues da exclusiva *«representación de las partes en todo tipo de procesos, salvo cuando la ley autorice otra cosa»* (art. 543.º, n.º 1), os quais poderão, de acordo agora com a *L. 1/1996 de asistencia jurídica gratuita*, ser nomeados gratuitamente nas situações de insuficiência económica, e quando, como é o caso, essa assistência for obrigatória (art. 6.º, n.º 3). Um procurador ocupa-se primacialmente, conforme decorre do seu Estatuto hoje fixado pelo *R.D. 1281/2002* da *«representación técnica de quienes sean parte en cualquier clase de procedimento»* (art. 1.º). Assegura o procurador a *«representacion processal»*, e o advogado, a defesa técnica (arts. *23 a 35 da LECiv* e *118. 3 da LECrim*), com um importante papel quanto a *«notificaciones, citaciones y emplazamientos»*, em regra, obrigatórios apenas a estes (art. 182.º da LECrim).

A lei, entre nós, impõe em certos casos a nomeação obrigatória de defensor oficioso ao arguido, cabendo-lhe exercer os direitos que cabem àquele exceto os pessoais (arts. 63.º, n.º 1 e 64.º do CPP).

Quanto àqueles terceiros afetados no processo de perda, é defensável o acesso a advogado, e a nomeação oficiosa caso tal pessoa não constitua mandatário: primeiro, porque nas salvaguardas processuais previstas para o demandado civil também cabe a representação por advogado (art. 76.º, n.º 2, do CPP)[93]; segundo, a nomeação oficiosa na falta de constituição de mandatário é também permitida por remissão para o estatuto do arguido (art. 44.º, n.º 2, da Lei n.º 34/2004, de 29/07)[94].

6. «Chamamento» ao processo

Já se indicou a possibilidade de contestação, aplicando o regime do demandado, a deduzir no prazo de 20 dias após notificação (art. 78.º,

[93] E, diga-se, no caso da herança jacente, tanto mais isso se justifica porque numa lógica estritamente processual-civil teria que ser nomeado advogado à mesma, visto que neste caso resultaria incongruente a prevista representação pelo Ministério Público (art. 22.º, n.º 1 e 2 do CPC).

[94] De resto, numa interpretação conforme ao art. 47.º, 3.º par. da CDFUE, e da relação há muito estabelecida entre o processo equitativo, o acesso à justiça, e o apoio judiciário. Neste domínio de sobreposição de papéis, e de substituição do sujeito passivo, poderia sempre justificar-se a aplicação do regime da proteção jurídica previsto para a nomeação oficiosa de defensor (art. 37.º, n.º 9 da Lei n.º 34/2004, de 29/07) mesmo em caso de suficiência. Nesse sentido, no *decomiso*, cfr. Nicolás Rodrigues García, *op. cit.*, p. 279. É também o caso de nomeação oficiosa ao sujeito passivo no processo de perda, embora sob condição de certas condições verificadas pelo juiz, da *Section 428* da StPO.

n.º 1, do CPP). O que nos traz à dúvida sobre em que momento deve ser operacionalizado esse *«chamamento»* ao processo, com uma certa adaptação exigível para permitir a participação processual na fase de julgamento. E assim:

i) com a ocorrência da morte antes da dedução de acusação: a pretensão de perda, sendo deduzida na acusação, implicaria que a notificação para contestar fosse ordenada quando proferido o despacho previsto pelo artigo 311.º do CPP. No caso de ser deduzida no despacho de arquivamento, teria que ser dado contraditório aos terceiros afetados, com a possibilidade de produção de prova e, em última análise, de audiência presencial que seguisse o regime da audiência de julgamento por falta de regulação;
ii) com a ocorrência da morte depois de deduzida a acusação, e proferido o despacho previsto pelo artigo 311.º do CPP: depois de promovida, por iniciativa incidental, a prossecução para efeitos de perda, essa notificação deveria estar contida no despacho judicial respetivo, após promoção nesse sentido por parte do Ministério Público. Nestes dois casos, isso implicará a circunscrição do universo de pessoas a *«chamar»*, e no limite, a notificação edital (art. 186.º, n.º 4, do CPP e 255.º, n.º 6, do CPC, a aplicar *mutatis mutandis*);
iii) com a contumácia: em princípio, essa notificação a eventuais terceiros devia também ser ordenada quando proferido o despacho previsto pelo artigo 311.º do CPP, porque a pretensão de perda se iniciaria como dependente de acusação. Após declarada a contumácia, e transmutada a fundamentação jurídica da pretensão de perda para o caso de não condenação, deveria estar contida no respetivo despacho judicial que a declarou, ou num subsequente, depois de promovida, por iniciativa incidental, a prossecução. Assegurando-se a notificação edital do contumaz também para estes efeitos expressos (igualmente, art. 186.º, n.º 4, do CPP e 255.º, n.º 6, do CPC, a aplicar *mutatis mutandis*);

Mas a morte ocorre, é verificada e declarada processualmente para efeitos da extinção do procedimento para efeitos punitivos, e cabe depois refletir sobre se, para se operar o *chamamento* ao processo desses terceiros, *sucessores*, bastará no limite a notificação edital, ou é preciso algo mais.

No caso do *decomiso*, a citação (para comparecer em juízo) foi estabelecida para aqueles afetados (art. 803.º *ter j 1*) ou, no caso da revelia, por notificação da sua *«representación procesal en el processo suspendido»* e notificação edital (art. 803.º *ter j 2*), e no caso dos terceiros, com a indicação de que o julgamento poderá decorrer na sua ausência e não sendo necessária a sua comparência física, mas apenas por intermédio da sua *«representación legal»* (arts. 803.º *ter j 3* e 803.º *ter b 3*).

O legislador não esclareceu, entre nós, no caso da morte, se deverão ser chamados esses terceiros em sentido impróprio ou próprio, como respetivamente a herança jacente/sucessores e os legatários, por exemplo[95], por iniciativa espontânea destes ou provocada[96] (designadamente, se deve operar uma condição prévia necessária, no caso da herança jacente, como a habilitação de herdeiros[97]).

Há exemplos legais de *autonomia penal*[98], a induzir uma resposta, num primeiro plano, negativa, mas aqui estará em causa mais do que o *nome*. Está em causa a suscetibilidade de transmissão do património.

O que bastará, crê-se, é assegurar que o universo de potenciais afetados seja rigorosamente identificado, com recurso às bases de dados disponíveis, e o auxílio da Autoridade Tributária e Aduaneira, ou outras entidades, se necessário, a promover incidentalmente, quando for esse o

[95] Haverá mais situações a necessitar de enquadramento, como as previstas nos arts. 958.º, 959.º, 2029.º CC, por exemplo.

[96] A propósito do pedido de indemnização civil, a questão é muito debatida. Cfr. notas em Salvador da Costa, *Os incidentes da instância*, Coimbra, Almedina, 2020, pp. 69/71. Diversa jurisprudência o aceita, com nuances, como: Acórdãos do TRP de 03 de outubro de 2018, TRC de 29 de outubro de 2013, TRL de 14 de março de 2013.

[97] Se nos casos de herança vaga em benefício do Estado (arts 2032.º, 2133.º e 2134.º do CC) se poderia pelo menos afirmar que o ativo não viria a integrar a esfera jurídica de outrem, nos demais casos poderia discutir-se se é necessário o incidente de habilitação de herdeiros regulado no art. 351.º e ss. do CPC.

[98] No art. 450.º, n.º 2 do CPP, o legislador concedeu legitimidade para requerer a revisão e para a continuar no caso de falecimento, ao cônjuge, descentes, adotados, ascendentes, adotantes, parentes ou afins até ao 4.º grau da linha colateral, os herdeiros que mostrem um interesse legítimo ou quem do condenado tiver recebido incumbência expressa. E no art. 68.º, n.º 1, al. c) do CPP não há também, para a constituição de Assistente em caso de morte, qualquer decalque de procedimentos civis que se impusessem.

caso. Sem necessidade, portanto, de importar mecanismos processuais civis, ainda que na prática isso acabe por acontecer.

Seguindo então o regime proposto, no caso de não ser possível circunscrever esse universo, será de notificar editalmente, como referido acima.

Estando circunscrito esse universo: no caso da herança indivisa, deverão ser notificados todos os herdeiros; já no caso da herança jacente, bastaria em princípio a notificação a um defensor nomeado. Mas não seria desajustado *enxertar* do processo civil a habilitação de herdeiros reduzida ao essencial para a tramitação processual penal, sob promoção do Ministério Público, com o chamamento do universo de sucessores ao processo para, querendo, contestarem[99].

7. A «contestação» à pretensão de perda

O demandado intervém para a sustentação e prova das questões civis julgadas no processo (art. 74.º, n.º 3, do CPP), o que é uma limitação, no seu caso, natural e compreensível. Mas estes terceiros afetados, quer o sejam em sentido próprio, ou impróprio, não arriscam a condenação numa pena ou numa medida de segurança, e por isso, também o exercício da sua defesa não poderá ser tão amplo quanto o reservado aos arguidos.

Em Espanha, o terceiro apenas poderá discutir os aspetos que diretamente disserem respeito a esse ativo e sua posição jurídica relativamente a eles (art. 803.º *ter b 1*), o que para alguns autores é insuficiente para assegurar uma tutela jurisdicional efetiva com o argumento, por exemplo, de que o *arguido* poderá descuidar a sua defesa quanto ao mais, em prejuízo desse terceiro[100].

Entre nós, o artigo 347.º-A do CPP dá pistas interpretativas restritivas desse direito.

Ora, se o terceiro está à partida limitado nesse exercício[101], há pelo menos que afastar uma conceção inflexível, insensível às situações em que se revele impossível uma defesa cabal sem uma justificada, mas comedida,

[99] Para salvaguardar a possibilidade de qualquer um desses *interessados*, ainda que no caso de herança jacente, tomarem conhecimento da existência do processo, que será até mais um argumento a fundamentar as suas opções futuras quanto à própria herança.

[100] Cristina Marquéz de Prado, *op. cit.*, p. 99.

[101] Nos mesmos moldes da apreensão, por exemplo. Cfr. Sofia Reis Rodrigues, «Dos Meios de Impugnação das Garantias Processuais Penais do Confisco», *in* Maria Raquel Desterro Ferreira/Elina Lopes Cardoso/João Conde Correia (coordenadores), *O Novo Regime*

expansão para o campo do direito de defesa do arguido nos casos não dependentes de condenação. Nestes casos, o principal interessado na discussão, e seu putativo conhecedor, não poderá intervir por razões naturais ou acidentais. Essa expansão, para ser comedida, não pode significar um decalque integral de posições, mas um equilíbrio sensível que nunca olvide a razão de ser da perda: a contaminação do ativo pelo fato ilícito típico, e não, a condenação criminal.

Isso implicará conceder-lhe a possibilidade de discutir a existência dos fatos, a qualificação jurídico-penal, os vínculos entre o fato ilícito típico e o ativo[102]. Mas já não se lhe admitindo essa possibilidade quanto a *questões internas* do próprio agente (questões de culpa, necessariamente), outras causas de extinção da responsabilidade criminal (porque não anulam a necessidade de intervir sobre o ativo, como a prescrição em caso de contumácia, por exemplo[103]), questões procedimentais (legitimidade processual do Ministério Público em caso de desistência de queixa, por exemplo). E no caso dos terceiros em sentido próprio (art. 111.º do CP), naturalmente, poderão ainda discutir as causas de exclusão da imunização do ativo do processo de perda.

Se, nesta marcha processual, quem for *chamado* ao papel de *sujeito passivo* não deduzir contestação, justifica-se ainda assim a realização de um julgamento ou de audiência presencial (aqui, quando a pretensão de perda for deduzida perante o Juiz de Instrução nos termos do art. 268.º, n.º 1, al. e) do CPP)?

Dificilmente se crê como necessária uma audiência presencial no caso de arquivamento, mas no caso de ter sido deduzida acusação, poderá interessar ao Ministério Público apresentar prova testemunhal para sustentar a pretensão de perda. Talvez se justifique, nos casos em que não é deduzida contestação pelos *sujeitos passivos*, que se dê vista ao Ministério Público sobre a possibilidade de não ser realizada qualquer audiência de julgamento/presencial, prosseguindo-se para decisão com a prova já apresentada na pretensão de perda (um pouco como ocorre com o art. 64.º,

de Recuperação de Ativos à Luz da Diretiva 2014/42/EU e da Lei que a Transpôs, Lisboa, INCM, 2018, pp. 266/7.

[102] Tomás Farto Piay, *Los terceros...*, p. 182.

[103] De resto, como já referido, tal como ocorre com o pedido de indemnização civil (AUJ n.º 3/2002).

n.º 1 e 2, do RGCC). Hipótese algo diferente do que sucede no caso do *decomiso*, em que a decisão é logo ditada na falta de contestação (art. 803.º *ter m 2.*), mas com esta convergente.

8. A prova

No caso do *decomiso*, o procedimento previsto para as situações de não condenação implica a produção de prova mais abrangente precisamente porque nesses casos não haverá processo penal subsequente à dedução da pretensão de perda. O acusador deve procurar provar *«la existência del bien, su origen ilícito, la pertinência directa o indiretca al delincuente y los indícios que pueden concurrir para acreditar lo anterior»*[104].

No artigo 9.º, n.º 1, da Lei n.º 5/2002, de 11, de janeiro, o legislador fez questão de recordar a consideração de toda a prova produzida no processo, nos termos gerais (*«Sem prejuízo»*). E é esse o regime que se deduz ser o do processo de perda, fazendo aplicar à marcha, nos casos em que se prossiga para realização de uma audiência presencial, quer em caso de morte, e necessariamente no caso da contumácia, o regime previsto para a produção de prova na fase do julgamento (arts. 340.º a 361.º do CPP), *mutatis mutandis*, admitindo-se por exemplo que o sujeito *passivo* conserve o direito à última palavra como o seria ao arguido.

Mas essa aproximação já não pode desvirtuar por completo os estatutos dos sujeitos processuais: não se pode aplicar a esse terceiro as mesmas restrições de prova quanto a, por exemplo, leituras de declarações do arguido (art. 356.º do CPP).

Também a apreciação probatória segue fundamentalmente o quadro ordenador penal aplicável (arts. 124.º a 167.º do CPP), incluindo a utilização de presunções judiciais, relevantíssimas neste domínio[105], mas com matizes no que concerne às regras de apreciação probatória.

Os *standards* a que se sujeita a apreciação probatória, como se sabe, são variáveis, desde a apreensão/arresto, à dedução de acusação, e mais ainda,

[104] ELENA LORENTE PABLO, *loc. cit.*

[105] Incluindo juízos que não são relevantes, por si, para o vínculo entre o ativo preciso e o fato ilícito, mas para o sustentar, como por exemplo: a desproporção entre rendimentos conhecidos e o valor dos ativos cuja perda se pretende, a utilização de *testas de ferro* ou esquemas sofisticados de disfarce do verdadeiro proprietário e/ou de sucessivas operações que visam dificultar o rastreamento financeiro, contabilidade falsa ou inexata, utilização massiva e inexplicável de quantias em dinheiro *vivo*, etc...

ao próprio julgamento, e decisão que vier a ser proferida, mas deve sempre ser respeitado aquele *standard* em vigor nessa respetiva fase, e o previsto para o ato processual em causa[106]. No entanto, esse *standard* deverá, a final, ser adaptado em função dos fins não punitivos do processo de perda (justificando-se uma aproximação ao *balanço de probabilidades*[107]).

Com efeito, o Ministério Público, enquanto *sujeito ativo*, terá o *ónus* (impor-se-á neste caso considerá-lo assim) de demonstrar a ocorrência do fato ilícito típico e do ativo, e a sua correlação entre um e outro, mas num esforço não tão exigente quanto aquele previsto para o processo penal *principal*[108], o que de resto não é novidade no ordenamento jurídico-processual penal (com o pedido de indemnização civil, por exemplo).

Não será assim rigoroso falar, por exemplo, em princípio *in dubio pro reo*[109], com a força que impõe ao julgador de formar convicção para *lá de qualquer dúvida razoável*, mas num juízo menos exigente, porque centrado no essencial para afirmar ou infirmar a relação do ativo com um fato ilícito penal[110], motivo pelo qual se justificou, na nossa ideia, a restrição da posição do *sujeito passivo* na contestação à decisão de perda.

[106] Cfr. nesse sentido MARIA JOÃO ANTUNES, *op. cit.*, p. 601.

[107] Novamente, a jurisprudência do TEDH segue os critérios, para classificação da NCBC como uma medida civil, estabelecidos em *Engel e outros v Países Baixos*, critérios esses usados por exemplo em *M v Italy* ao analisar a substância do confisco como integrando ou não uma dimensão punitiva, e aceitando em *Butler v Uk* a prevalência do fim repristinatório do confisco. Aceita-se, assim, ainda que não livre de controvérsia, uma visão jurisprudencial prevalecente da NCBC como essencialmente civil, impondo-se até um *standard* probatório de menor exigência sob pena de ineficácia – cfr. «The Use of Non-Conviction Based Seizure and Confiscation», Economic Crime and Cooperation Division, Council of Europe, 2020, p. 21/25, in https://rm.coe.int/the-use-of-non-conviction-based-seizure-and-confiscation-2020/1680a0b9d3.

[108] Assim: «*A general reference to a criminal lifestyle, based on rumours or very weak circumstamcial evidence, would not suffice. It must be required that the derivation of property from the crime be established on the basis of evidence which is sufficiently cogent*» (MICHELE PANZAVOLTA, *op. cit.*, p. 50).

[109] Contra, também quanto ao regime espanhol, *cfr.* NURIA P. MATELLANES RODRÍGUEZ, *op. cit.*, pp. 158-160.

[110] Considerando que um elevado nível probabilístico da proveniência ilícita dos bens será suficiente, *cfr.* ISIDORO BLANCO CORDERO, *op. cit.*, p. 345. Mas cfr. ainda SANDRA OLIVEIRA E SILVA, «O Regulamento (EU) 2018/1805 sobre reconhecimento mútuo das decisões de apreensão e perda: um sistema de regras para «reconhecer o desconhecido», *Católica Law Review*, 2021, V, n.º 3, p. 116, que entende a verificação necessária de duas condições: conexão entre bens e infração; respeito pelo essencial das garantias análogas às do processo penal.

9. Decisão de perda e seus efeitos processuais

Valerá para a decisão de perda o regime geral de motivação das sentenças e da nulidade dependente de arguição em caso de falta de fundamentação e de destino do ativo (arts. 97.º, n.º 5, 374.º, n.º 3, al. c) e 379.º, n.º 1, al. c) e 2 do CPP).

Já no que concerne aos efeitos, viu-se já o exemplo da decisão de perda no caso do *decomiso*.

É sobretudo importante considerar esse regime no caso da prossecução do processo por contumácia, com subsequente decisão de perda, se e quando a *suspensão* do processo penal *principal* for levantada por caducidade (art. 336.º do CPP).

A prova produzida no processo de perda, e a própria decisão, podem ser aproveitados para o processo penal *principal*?

Crê-se que não poderá ser esse o caso, sob pena de se transformar a prossecução do processo de perda por efeito da contumácia num verdadeiro *julgamento de arguido ausente*[111]. A decisão de perda não incidirá sobre a prática do crime, mas apenas sobre a relação entre o fato ilícito e o ativo, não envolvendo para os sujeitos passivos o risco de aplicação de uma pena ou de uma medida de segurança. Não se procura obter, num e noutro caso, o mesmo efeito jurídico decorrente da apreciação dos fatos por um tribunal criminal, e já daí, a própria discussão a ter lugar não será tão abrangente, nem se aplicando exatamente o mesmo *standard*.

10. Vias de recurso

Quanto ao recurso, encontra-se previsto um regime suficientemente adequado, se interpretado corretamente. Para além do arguido, tem legitimidade *recursória* ativa (e interesse em agir) quem tiver sido condenado ao pagamento de qualquer importância nos termos do CPP ou tiver a defender um direito afetado pela decisão (art. 401.º, n.º 1, als. b) e d) do CPP). Além disso, foi conferida legitimidade *recursória* ativa ampla[112], em

[111] Com riscos evidentes, claro, por causa das diferentes ramificações do princípio *ne bis in idem* (art. 29.º, n.º 5, da CRP), e das diferentes posições jurídicas sobre a natureza jurídica da perda, questão fundamental, bem como a consideração da eventual identidade fática.

[112] Entendendo que a lei não estabelece preferência, sendo o exercício do direito simultâneo, sem prejuízo, em caso de conflito, de reconhecimento à preferência pela ordem, *cfr.* MANUEL SIMAS SANTOS/MANUEL LEAL-HENRIQUES, *Recursos Penais*, Lisboa, Rei dos Livros, 2020, p. 239.

caso de morte do condenado, para interposição ou continuação de recurso extraordinário de revisão (art. 450.º, n.º 2 do CPP).

11. Medidas de congelamento

Quanto ao conhecimento e/ou audição no caso das medidas de congelamento, encontra-se igualmente previsto um regime suficientemente adequado[113], embora com correções necessárias.

O regime da apreensão prevê a audição do terceiro (*«interessado»*, na verdade) proprietário desse ativo (n.º 9 do art. 178.º do CPP), isto é, o terceiro em sentido próprio. Salvo se não for possível (n.º 10). Mais prevê a publicidade com o registo nos casos de bens sujeitos a registo (n.º 11), e a audição do titular inscrito nos casos de registo anterior que conflitue com quem no *«processo for considerada titular do mesmo»* (n.º 12). A lei possibilita, dir-se-á até impor, que essa audição se processe em qualquer fase conquanto relacionada com o ato processual em si, a ter lugar o quanto antes de modo a permitir o exercício dos respetivos direitos *de defesa* por parte do terceiro[114].

Já no caso do arresto, a lei manda aplicar o processo civil, tratando a questão da comunicação do seu decretamento com um rigor superior (mas distorcido, porque simbiótico do regime previsto para as medidas de coação[115]) ao que seria exigível apenas para o conhecimento célere da decisão de congelamento (arts. 192.º, n.º 2, 3 e 4 do CPP).

[113] Cfr. ainda, para uma operacionalização das garantias previstas com vista à efetivação da perda, focadas nestas medidas, MARIA JOÃO ANTUNES, *op. cit.*, pp. 593/6.

[114] Igualmente não vendo razões para restringir a audição a uma só fase processual, *cfr.* SOFIA REIS RODRIGUES, *op. cit.*, pp. 266/7.

[115] O legislador, sobretudo por causa da imposição da audição presencial prévia/constituição de arguido como regime regra, ou na sua ausência, com a constituição de arguido obrigatória e sob pena de nulidade no prazo de 72 horas após aplicação (arts. 192.º, n.º 2, 3 e 5, e 194.º, n.º 1 e 4 do CPP), previu um regime-regra que, a ser aplicado cegamente, poderá determinar a constituição de arguido de alguém que nunca o deveria ser no caso de *terceiros* (cfr. nota 80), como perigará o próprio fundamento do pedido de decretamento do arresto. Na sua essência, o arresto preventivo visa garantir a viabilidade futura e efetiva da pretensão de perda, e daí ser uma proibição temporária, sob reserva jurisdicional, sem qualquer paralelo tangível com a liberdade potencialmente afetada com uma medida de coação. Numa posição mais equilibrada, mas que ainda assim anota diferenças, *cfr.* JOÃO CONDE CORREIA, *Da proibição ...*, pp. 170/73.

Deve a nosso ver assegurar-se antes: primeiro, nos casos de constituição de arguido imposta legalmente depois do decretamento do arresto, que a comunicação tenha lugar no prazo de 72 horas após aplicação do arresto (ou seja, *efetividade*[116]), o que se resolve com interpretação corretiva; segundo, que a comunicação, e o conhecimento, se não confundissem com a constituição de arguido, o que poderá já não ser resolvido com interpretação corretiva por causa da nulidade prevista.

A questão não se coloca exatamente nos mesmos termos no caso da *revelia*, ainda que antes da declaração de contumácia, porque nesses casos não existirá necessariamente intervenção de terceiros em sentido impróprio, e se dispensará fundamentadamente a constituição prévia ou subsequente de arguido e/ou a audição (arts. 192.º, n.º 4 e 5 e 194.º, n.º 4 do CPP).

No caso da morte, o arresto não impedirá, porque verdadeiramente incidente sobre o ativo, que seja promovido, e decretado, conquanto se *chame* ao processo, conforme já admitido, a herança jacente/sucessores. E poderá até funcionar como um modo de obstaculizar a dissipação do património após a morte do agente, desde que fundamentados os seus pressupostos.

Depois, quanto à sua impugnação, o regime da apreensão, para além da audição, prevê a possibilidade de requerimento ao juiz para modificar ou revogar a medida por parte dos titulares alvo da medida e, por interpretação extensiva necessária, e em caso de morte, a quem lhe suceda ainda que não titular desde logo dos mesmos (art. 178.º, n.º 7 e 8 do CPP).

[116] Além da nota anterior, o que interessa é sobretudo o conhecimento do decretamento para que o visado/afetado se possa *defender* (art. 8.º, n.º 2 da Diretiva 2014/42/EU), o que é diferente do estatuto de arguido. Com efeito, defendemos que o segmento «*daquela aplicação*» tem que ser indissociável da efetividade do arresto, e não da data da respetiva sentença. É indubitável que o verbo «*aplicar*» pressupõe uma ação que está para lá da decisão, e que implica necessariamente a própria execução desta. Caso contrário, o legislador teria seguramente optado por referir «*decretamento*», ou palavra similar, cujo sentido demonstrasse apego apenas à decisão como critério para o início da contagem do prazo. E que que sentido faria irrelevar o perigo, que afastou a constituição prévia, na fase seguinte, e mais crítica, de efetivação do arresto com uma constituição de arguido que se desse até antes da citação? O direito processual espanhol, transpondo a mesma Diretiva, vem a estabelecer no art. 733.º, n.º 2 da LECiv: «*El auto será notificado a las partes sin dilación y, de no ser posible antes, inmediatamente después de la ejecución de las medidas*».

O regime do arresto é um regime jurisdicional, que prevê as possibilidades conferidas no processo civil para o arresto/penhora[117] (arts. 194.º, n.º 1, 228.º, 268.º, n.º 1, al. b) do CPP, e a remissão operada para o processo civil). Isso deve compreender a oposição quando a audição prévia é dispensada (e o recurso da decisão que vier a ser proferida) ou o recurso *direto* da decisão (art. 372.º, n.º 1 do CPC)[118], não cumulativamente, bem como os embargos de terceiro (art. 344.º do CPC)[119], num regime adequado conquanto, novamente, se assegure o *chamamento* ao processo desses terceiros afetados.

Há ainda a possibilidade de arguição de nulidade da decisão de arresto por falta de fundamentação (arts. 194.º, n.º 6 do CPP).

V. Conclusão

Urge uma clarificação legislativa da regulação adjetiva do processo de perda – e a oportunidade estará aí, *ao virar da esquina*, com a *Proposta de Diretiva*[120] –, mas enquanto não for esse o caso, há que procurar aplicar os mecanismos legais previstos.

A perda não baseada numa condenação não é uma questão *justicialista*, nem retributiva. É sobretudo uma dimensão da execução dum

[117] Para uma compreensão do significado destas remissões, e das especificidades processuais penais limitadoras da aplicação integral das normas remitidas, cfr. João Conde Correia, AA.VV., *Comentário Judiciário do Código de Processo Penal*, Coimbra, Almedina, 2021, 3, quanto por exemplo: casos de controvérsia quanto à propriedade dos bens (p. 626), possibilidade paralela à apreensão de arresto urgente por parte do OPC ou MP, sujeitos a validação judicial, até por interpretação conforme à Diretiva (p. 632); autonomia total do arresto repressivo de bens dos contumazes, sendo a remissão do n.º 4 do art. 337.º do CPP apenas quanto ao meio de execução (p. 636); possibilidade de dedução de oposição em 10 dias, sem possibilidade de cumulação de oposição e recurso (p. 639); desconformidade das regras do registo em relação à especificidade do arresto preventivo *penal* (p. 640), entre outras questões.

[118] *Cfr.* nesse sentido Sofia Reis Rodrigues, *op. cit.*, pp. 270/1, 278.

[119] Conquanto esteja em causa, verdadeiramente, a situação substantivamente enquadrada no artigo 111.º do CP, na aceção, consequentemente, própria de *«terceiro»*.

[120] Não só para o legislador, o próprio Ministério Público, por exemplo, poderá, se calhar noutras condições em termos de recursos humanos e até legais, é certo, procurar adaptar algumas recomendações de boas práticas, como a existência de Gabinetes de Procuradores especializados na recuperação de ativos – *cfr.* Barbara Vettori, *Tough on criminal wealth. Exploring the Practice of Proceeds from Crime Confiscation in the EU*, Dordrecht, Springer, 2006, p. 116/9.

imperativo ético que procura responder a questões milenares: *dar a cada um o que é seu*.

Não há razão alguma, identificando ativos que não existiriam não fosse o fato ilícito típico, para que não se procure, ainda que com uma regulação adjetiva imperfeita, que o crime não compense. Reconhecendo, acresce, não se visar a condenação numa pena ou numa medida de segurança, mas assegurar um efeito patrimonial repristinatório, essencial para se assegurar uma regulação congruente.

Há apesar de tudo um regime assegurador das garantias processuais de defesa, e que uma vez aplicado, poderá dar resposta a esse imperativo ético, sem perigar as fundações do Estado de Direito, ainda que seja necessária permanente vigilância para que nunca nos abandone a objetividade nessa procura processual do bem comum.

12. O CONFISCO NO DIREITO DE MERA ORDENAÇÃO SOCIAL

ALEXANDRA VILELA*

Introdução

Estando nós no âmbito de um direito sancionatório, facto que é indiscutível para toda a doutrina, a primeira questão que devemos colocar é a de saber como se relacionam o direito de mera ordenação social e o direito penal, na medida em que, sobre a matéria referente à perda de vantagens económicas e de objetos, o regime do direito penal encontra-se relativamente estabilizado. Não que o primeiro direito não o esteja, mas ele, muito mais do que o penal, nesta sede do confisco, carece de alterações profundas e claras, como em seguida se verá.

De qualquer modo, perscrutar como se relacionam aqueles direitos e quais as suas afinidades é importante, porquanto se se entender, tal como é o nosso caso (e desde há muito), que estamos na presença de um direito que pertence à ciência do direito penal «total (ou conjunta)»[1] e que, num significativo número de casos, é destinado, tal como o direito penal, à proteção de bens jurídicos portadores de dignidade penal que

* Sensibilizada, agradeço ao Doutor João Conde Correia o convite para colaborar no presente livro.

[1] Cf. ALEXANDRA VILELA, *O Direito de Mera Ordenação Social: entre a ideia da «recorrência» e a de «erosão» do Direito Penal Clássico*, Coimbra, Coimbra Editora, 2013. Ver, em especial, a Nota Prévia à 2.ª edição (2.ª edição, apenas porque a editora é agora a Edições Lusófonas, não tendo sido materialmente alterado o conteúdo deste trabalho), pp. 10/19. Futuramente, quando nos referirmos a este trabalho, será sempre à 2.ª edição: *O Direito de Mera Ordenação Social entre a ideia de «recorrência» e a de erosão do Direito Penal Clássico*, 2.ª edição, Lisboa, Edições Lusófonas.

não carecem de pena, mas tão-só de coima[2], então, a partir daí, podemos discutir se o regime do confisco do direito de mera ordenação social pode ser substituído pelo do direito penal, ou se, em termos menos drásticos, aquele pode, para efeitos de futuras alterações, inspirar-se neste.

Descartada que está a primeira hipótese, porque o confisco contraordenacional tem especificidades próprias e porque, apesar de tudo, podemos encontrar no RGCO um importante conjunto de normas que não deve ser desperdiçado, mas apenas aperfeiçoado, através de alterações legislativas, impõe-se olhar para o direito penal, enquanto direito subsidiário que é do contraordenacional.

Em jeito introdutório, diríamos, ainda, que, pese embora os ventos que sopram do lado do direito administrativo, no sentido de entenderem o ilícito de mera ordenação social como matéria administrativa (ou pelo menos de o aproximarem dele, em detrimento do direito penal)[3], perma-

[2] Para aprofundar esta forma de entender o direito contraordenacional, veja-se o nosso *O Direito de Mera Ordenação Social*, cit., pp. 345/380.

[3] Nesse sentido, cf. Diogo Freitas do Amaral, «O poder sancionatório da administração pública», *in Estudos Comemorativos dos 10 anos da Faculdade de Direito da Universidade Nova de Lisboa* (Coord. Diogo Freitas do Amaral/Carlos Ferreira de Almeida/Marta Tavares Almeida), Vol. I, Coimbra, Almedina, 2008, pp. 221 a 223. Já assim na sua obra *Introdução ao Direito I*, reimpressão, Vol. I (Colab: Ravi Afonso Pereira), Coimbra, Edições Almedina S.A., 2021, pp. 277/281, onde, para além de já incluir o direito de mera ordenação social no direito administrativo, afirma que ele constitui um capítulo muito importante do *direito administrativo sancionatório*. Cf., em especial, pp. 279/280. Ver, ainda, Miguel Prata Roque, «O direito sancionatório público enquanto bissetriz (imperfeita) entre o direito penal e o direito administrativo: a pretexto de alguma jurisprudência constitucional», *in C&R*, 2013, n.ºs 14/15, p. 128, n. 95, que, sem razão, nos critica quando aproximamos a fase «organicamente» administrativa do direito penal e não do administrativo. Com efeito, urge que se enxergue o óbvio: as autoridades administrativas, na primeira fase do processo contraordenacional, possuem os mesmos direitos e deveres das entidades competentes para o processo criminal, sendo que os seus preceitos reguladores são os do processo penal (art. 41.º, n.ºs 1 e 2 do RGCO) e é das autoridades administrativas a competência não apenas para o processo das contraordenações, como também para a aplicação das coimas (art. 33.º). Ora, do exposto, decorre que a tramitação do processo contraordenacional, na fase organicamente administrativa, não se aproxima, nem de longe, nem de perto, do procedimento administrativo e que, em retas contas, no final, não temos um ato administrativo (contra Diogo Freitas do Amaral, na segunda obra acima referida), mas sim uma decisão condenatória, o que é por demais evidente no teor das normas do RGCO. Oblitera, ainda, que, aquando da única verdadeira revisão (em nosso entendimento, claro está) ao RGCO, operada pelo Decreto-Lei

necemos convictamente fiéis ao nosso primeiro pensamento, qual seja o de que não o entendemos como direito administrativo, seja sob o ponto de vista substancial, seja processual, o que também é diferente de afirmar que ele é direito penal em sentido amplo[4].

n.º 244/95, de 14 de setembro, a preocupação que norteou o legislador foi aproximar o direito contraordenacional do direito penal, e não do direito administrativo. E ainda: não tem presente que o direito de mera ordenação social é o único direito sancionatório que partilha com o penal a proteção de bens jurídicos fundamentais, não se cingindo à proteção de interesses sociais e administrativos. Derradeiramente: não se atire o argumento de que o número de impugnações de decisões condenatórias para os tribunais administrativos tem vindo a crescer. Na verdade, a razão para que tal aconteça é bem mais prosaica do que aquilo que se possa conjeturar. É assim, porque o legislador, nos últimos tempos, tem tido a preocupação de entregar, a tribunais especializados, a competência para a apreciação de impugnações judiciais, também elas de áreas mais técnicas e provenientes de áreas mais especializadas. Apenas isso e nada mais do que isso. Deste modo, a este propósito, recordamos, por exemplo, que as impugnações judiciais das decisões condenatórias de direito laboral são apreciadas pelo tribunal de trabalho, que as fiscais são apreciadas nos tribunais tributários, que, para as do regime jurídico da urbanização e edificação, são igualmente competentes os tribunais administrativos, e que as dos setores da concorrência, da regulação e da supervisão são decididas, igualmente, por um tribunal de competência especializada. Estes alguns, entre muitos outros exemplos, que aqui poderíamos deixar. Portanto, não se trata de afirmarmos que o direito de mera ordenação social não é direito administrativo, porque as impugnações judiciais das decisões condenatórias são, em regra, apreciadas por tribunais judiciais e não pelos administrativos. A este propósito, cf., de novo, Diogo Freitas do Amaral, *Introdução ao Direito I*, cit., p. 280.

[4] A este propósito, importa salientar que não esquecemos que, na 1.ª edição do *Direito de Mera Ordenação Social entre a ideia de «recorrência» e a de erosão do Direito Penal Clássico*, escrevemos que o direito de mera ordenação social é direito penal. A fim de que dúvidas não restassem, na 2.ª edição do mesmo trabalho, mais especificamente na Nota Prévia à 2.ª edição, deixámos assinalado que, ao termos efetuado tal afirmação, não nos referíamos, bom é de se ver, ao direito penal em sentido estrito, mas sim ao direito penal em sentido amplo, enquanto conceito equivalente ao da ciência do direito penal total ou conjunta, onde há lugar, outrossim, para o direito disciplinar e para todos os direitos penais secundários que os novos tempos nos têm dado a conhecer. Cf., pois, *O Direito de Mera Ordenação Social*, cit., p. 10. Partilhando connosco a proximidade da natureza do ilícito de mera ordenação social à ciência do direito penal total ou conjunta, cf. o Parecer do Conselho Consultivo da Procuradoria-Geral da República (PGR) n.º 29/2020, com o sumário *Perda de coisas perigosas no direito de mera ordenação social*, relatado por João Conde Correia, cujo extrato se encontra publicado no *Diário da República*, 2.ª série, n.º 204, Parte D, p. 128, de 20 de outubro de 2021. O texto integral do acórdão poderá ser consultado em https://www.ministeriopublico.pt/sites/default/files/documentos/pdf/pp2020029.pdf, por nós acedido em 12 de agosto de 2022.

É, pois, com este pano de fundo, que partimos para a análise do tema que nos é proposto: o confisco no direito de mera ordenação social. Cientes, ainda, da incompletude do regime do confisco nesta sede, muito por causa de o benefício económico ser tratado no âmbito das regras de determinação da coima e não do confisco. Por assim ser, começamos o presente estudo, justamente, por esse ponto e partindo do artigo 18.º do RGCO, para, ulteriormente, nos dedicarmos ao estudo da perda de objetos.

I. O benefício económico retirado ao infrator através da sua absorção na medida da coima (o art. 18.º, em especial, o seu n.º 2)

1. As alterações sofridas pelo atual art. 18.º; sua razão de ser e algumas observações críticas

Desde que o Decreto-Lei n.º 232/79 de 24 de julho foi aprovado, assim se instituindo, pela primeira vez (ainda que não de forma definitiva), o ilícito de mera ordenação social, o benefício económico obtido com a prática da contraordenação foi assumido como um dos critérios de determinação da medida da coima, no então art. 17.º. Deste modo, ficava claro que o primevo legislador do direito de mera ordenação social entendia que a coima possuía uma função que se situava nos antípodas da pena, isto é, a de «advertência puramente social», mas também que o seu pagamento se associava à privação do lucro, dos benefícios da infração ou dos meios que impedissem o agente de continuar a praticar ilícitos contraordenacionais. Daí, pois, que aquele legislador nos falasse em consequências acessórias suscetíveis de se ligarem às medidas patrimoniais[5], depois, plasmadas nos arts. 19.º a 24.º daquele diploma, enquanto sanções acessórias.

Recorde-se que, àquela altura, dado o estado de hipertrofia do direito penal, praticamente todos os quadrantes pugnavam pela criação de um ilícito eticamente neutro, o que, obviamente, traria consequências no plano da culpa e, concomitante, no das sanções. Daí que, se nos situarmos no contexto espacial daquele tempo e bem assim no ordenamento jurídico português que começou a surgir após a Revolução de Abril, tais soluções legais não nos causam qualquer espécie de estranheza.

[5] Eduardo Correia, «Direito Penal e Direito de Mera Ordenação Social», *in Direito Penal Económico e Europeu: textos doutrinários*, Volume I, Coimbra, Coimbra Editora, 1998, pp. 12/3.

No entanto, as coisas alteraram-se com o Decreto-Lei n.º 433/82, de 27 de outubro, na medida em que o seu então art. 18.º deixou de referir o benefício económico como critério de medida da coima, para, em um novel n.º 2, passar a dispor que, sem prejuízo dos limites máximos fixados no art. 17.º, a coima deveria, sempre que possível, ser superior àquele benefício, proveniente da prática da infração, o que, parecendo a mesma coisa, efetivamente, não o é.

Por fim, aquando da revisão operada pelo Decreto-Lei n.º 244/95, de 14 de setembro, manifestamente com o intuito de reforçar as garantias dos arguidos, porquanto as contraordenações perderam o seu carácter bagatelar e as suas sanções passaram a ser pesadas, o art. 18.º ganha a sua atual redação, acrescentando-se, ao n.º 1, enquanto critério de determinação da medida da coima, o benefício económico que o infrator retirou da prática da infração. Em simultâneo, o n.º 2 passa a prever a possibilidade de o limite legal máximo da coima, de uma contraordenação, ser elevado até ao montante do benefício económico obtido com a infração, desde que não existam outros meios de o retirar da esfera patrimonial do infrator[6]. É, no entanto, colocado um teto a esse novo valor da coima (note-se que é de sanções que estamos a tratar), correspondente a um terço do limite máximo legalmente fixado. Pois bem, que dizer de tudo isto? No essencial, o que temos vindo a referir, ora em estudos mais antigos, ora em outros mais recentes[7], e que, aqui, tentamos sintetizar de uma forma breve, dada a economia que um trabalho desta natureza requer.

Todavia, previamente, impõe-se que teçamos duas ou três reflexões: se se compreendem as opções legislativas tomadas em sede do Decreto-Lei n.º 232/79 e do Decreto-Lei n.º 433/82, o mesmo já não acontece com a revisão operada ao RGCO pelo Decreto-Lei n.º 244/95. É, assim, de lamentar que, num momento em que já se antevia o crescimento do direito de mera ordenação social, em que o valor das coimas já disparava em subida vertiginosa e em que se percebia com alguma (para não dizer bastante) nitidez que o direito de mera ordenação social já não se destinava

[6] Como por exemplo, através de sanção acessória, o que, de resto, como veremos, também não nos parece correto.

[7] ALEXANDRA VILELA, *O Direito de Mera Ordenação Social*, cit., pp. 412/422 e «Questões em torno das sanções do direito de mera ordenação social», in: *Prof. Doutor Augusto Silva Dias* in memoriam, Volume II, Lisboa: AAFDL, 2022 pp. 599/605.

exclusivamente a sancionar a violação de deveres administrativos e a ordenar e promover a ordenação da vida em sociedade, mas se revelava igualmente apto a proteger, de forma direta e imediata, bens jurídicos portadores de dignidade penal[8], essencialmente, pertencentes ao direito penal secundário, é de lamentar – dizíamos – que o benefício económico continuasse umbilicalmente ligado à medida da coima e fosse considerado nos termos infelizes em que o é no n.º 2 do art. 18.º[9].

É ainda de lamentar que o legislador dessa reforma (que, em boa hora, aproximou o direito de mera ordenação social do penal)[10] não tenha percebido que essas novas infrações contraordenacionais que protegem bens jurídicos com dignidade penal implicariam, inexoravelmente, uma maior aproximação da coima à pena, devendo a primeira passar a cumprir funções que, até aí, se entendia deverem ser exclusivas da pena.

É, enfim, de lamentar, por todos esses motivos, que o legislador não tenha colhido o exemplo do CP, para, a partir dele, criar um regime imbuído do espírito do então art. 111.º, assim libertando a coima para desempenhar as funções que, a partir da transformação do direito contraordenacional acima referida, lhe passaram a pertencer, quais sejam as de sancionar, tendo em mente fins neorretributivos[11] e, igualmente, de prevenção. Na verdade, à coima nada mais deve ser pedido do que «ser sanção», devendo, por isso mesmo, a sua determinação ser totalmente alheia à subtração, do património do agente, do benefício económico com a contraordenação obtido.

[8] Segundo podemos concluir, em sentido contrário ao que em texto referimos, cf. Tiago Lopes Azevedo, *Da subsidiariedade no direito das contra-ordenações: problemas, críticas e sugestões práticas*, Coimbra, Coimbra Editora, 2011, pp. 65/68 e, em especial, p. 69.

[9] O estudo crítico desta norma, abordando uma eventual violação do princípio da determinabilidade, bem como o facto de a epígrafe da norma ter perdido o sentido, entre outras, pode ser encontrado em Alexandra Vilela, *O Direito de Mera ordenação Social*, cit., pp. 413 e ss.

[10] Contra Jorge de Figueiredo Dias, *Direito Penal Parte Geral*, Tomo I, 3.ª edição, Coimbra: Gestlegal, 2019, p. 182. O autor alude a tal revisão como uma «*"contrarrevolução contraordenacional"*».

[11] Sobre a conceção neorretributiva, seguimos a de Faria Costa. Assim, deste autor, cf. José de Faria Costa, *Direito Penal*, Lisboa, incm, 2017, pp. 378/385. Ver, outrossim, Alexandra Vilela, *O Direito de Mera ordenação Social*, cit., pp. 3/4, n. 12, pp. 419/422 e p. 650.

Mais ainda: o n.º 2 do art. 18.º do RGCO não se apresentava, então, e agora, igual, capaz de cumprir desideratos de justiça, pois que, por força da sua aplicação prática, pode suceder que uma parte do benefício económico não seja incorporado na coima, permanecendo, por esse motivo, indevidamente na esfera patrimonial do agente. Um exemplo ajuda-nos a perceber melhor o que pretendemos significar: se um agente pratica uma contraordenação cujo valor máximo da coima é de 90.000,00 €, e se, com a sua prática, o agente beneficia 150.000,00 €, de acordo com aquele normativo, o montante máximo da coima passará a ser não de 90.000,00 €, mas sim de 120.000,00 €, equivalentes a 90.000,00 € mais um terço desse valor, ou seja, 30.000,00 €. Ora, a ser assim, verifica-se que trinta mil euros, obtidos ilicitamente através da prática da contraordenação, permanecem na esfera patrimonial do agente[12]. Por outras palavras: a coima, neste caso concreto, nem desempenha cabalmente as suas funções próprias de uma sanção, nem permite a subtração integral do benefício económico obtido.

Não se pense, todavia, que estamos a pretender seguir doutrina que defende a criação de mecanismos que permitam a incorporação do benefício económico total obtido pelo agente na reação sancionatória[13]. Bem ao invés, refutamo-la, porque, se a coima passar a ser, essencialmente, balizada nos seus máximos, pelo benefício económico, estamos a conferir-lhe não um papel sancionatório, como deve ter, mas sim uma função essencial, ou exclusivamente, confiscatória, sendo que tal se revela incoerente com a marca de água do direito contraordenacional, incoerência essa que se agrava ainda mais para quem o entende enquanto parte integrante do direito penal em sentido amplo[14].

Obviamente, que o ora dito não significa pugnarmos para que o benefício económico permaneça na esfera patrimonial do agente condenado em coima, porquanto daí resultaria que o ilícito de mera ordenação social

[12] Aqui, tal como na n. 38, p. 604, do nosso «Questões em torno das sanções do ilícito de mera ordenação social», cit.

[13] Referimo-nos ao entendimento de Nuno Brandão, *Crimes e Contra-Ordenações: da cisão à convergência material*, Coimbra, Coimbra Editora, 2016, pp. 483/4.

[14] Nuno Brandão, *Crimes e Contra-Ordenações*, cit., pp. 863/866. Igualmente pelas razões expostas em texto, não defendemos a retirada do benefício enquanto circunstância agravante da coima.

não cumpriria com o desiderato de justiça que assiste a qualquer direito sancionatório[15].

Como, pois, retirar, agora que as coimas atingem valores inimagináveis para o cidadão comum, da esfera patrimonial, o benefício económico resultante da prática do ilícito contraordenacional? A título de sanção acessória, na senda de alguns regimes contraordenacionais setoriais, como é o caso do art. 404.º, n.º 1, al.ª *a)* do Código de Valores Mobiliários? Atendendo aos pressupostos e aos princípios que presidem a aplicação destas sanções, cremos que não. Basta pensar que a aplicação de sanções acessórias encontra-se sujeita a princípios como sejam o da não automaticidade (a sanção acessória depende da averiguação da gravidade da infração e da culpa) e o da acessoriedade (na medida em que a aplicação da sanção acessória só será aplicada se a principal também o for)[16].

[15] Obviamente que temos presente o § 30 da lei das contraordenações alemães, aplicável às pessoas jurídicas. Com efeito, de acordo com esta norma, a pessoa jurídica que obtenha uma vantagem económica graças à prática de um crime ou de uma contraordenação, praticado por uma pessoa com poderes para a vincular, poderá ser condenada numa coima no valor, respetivamente, de dez milhões e de cinco milhões de euros, conforme o crime praticado seja doloso ou negligente. Segundo cremos, uma das razões fundantes para esta norma incluir o benefício económico, no montante da coima, reside no facto de o ordenamento jurídico alemão ser tributário do princípio da impossibilidade de responsabilidade penal das pessoas jurídicas. Ora, assim sendo, se o titular de um órgão da pessoa jurídica praticar um crime que beneficie economicamente a pessoa jurídica, embora ele seja julgado e condenado, enquanto pessoa singular, o certo é que o benefício económico permanece na esfera da pessoa jurídica. Daí que uma das razões de ser da contraordenação prevista neste § 30 seja retirar o lucro da esfera da pessoa jurídica. Acrescente-se, todavia, conforme salienta Nikolaos Pavlakos, que «apenas o lucro pecuniário real é levado em consideração na determinação da coima». O autor destaca, ainda, o facto de as consequências pecuniárias desta contra contraordenação serem «bastante eficazes no combate à criminalidade empresarial». Cf. Nikolaos Pavlakos, «The confiscation of company assets in German Law», in: *Assets Confiscation and Prevention of Crime in Europe*, Editors, Serena Quattrocolo, Sandra Oliveira e Silva, Ernestina Sacchett, Milano: Wolter Kluwer Italia, 2022, pp. 267/70.

[16] Cf. Paulo Pinto de Albuquerque (com a colaboração de Gabriel Mateus Albuquerque), *Comentário do Regime Geral das Contra-Ordenações à luz da Constituição da República e da Convenção Europeia dos Direitos Humanos e da Carta dos Direitos Fundamentais da União Europeia*, 2.ª edição atualizada, Lisboa, Universidade Católica Editora, 2022, pp. 130/1.

2. Como deveria o RGCO prever as perdas de beneficio económico?

Relativamente à pergunta colocada, um princípio de resposta apresenta-se igual à que temos vindo a defender: «a retirada do benefício económico dev[e] ser um efeito da condenação, mas nunca automático», em termos próximos aos do confisco[17], sendo que a noção de benefício económico que perfilhamos é «mais ampla do que o lucro, pois inclui todas as vantagens económicas, permanentes, temporárias e ocasionais, repetitivas e isoladas, presentes e futuras, desde que previsíveis, sem dedução das despesas suportadas pelo agente para a aquisição do dito benefício, uma vez que o agente só incorreu nestas despesas porque quis, aqui incluindo, ainda, o aumento da clientela»[18].

Por assim ser, ora se impõe uma reflexão mais ampla e profunda, na medida em que, até ao momento, apenas consideramos a perda do benefício económico ligada à decisão condenatória em coima, enquanto efeito não automático daquela. Antes, porém, façamos uma reflexão intercalar.

Cientes das divergências, em sede de doutrina penal nacional e estrangeira, quanto às finalidades e natureza jurídica da perda[19] não apenas dos instrumentos, mas também de produtos e vantagens, em sede penal, se de pena acessória, se de medida de segurança[20], sem espaço para uma cabal análise da questão, seguindo Pedro Caeiro, com as devidas adaptações do direito penal para o contraordenacional, a perda do benefício

[17] Alexandra Vilela, «Questões em torno das sanções do direito de mera ordenação social», cit., p. 604.

[18] Cf. Paulo Pinto de Albuquerque, *Comentário do Regime Geral das Contra-Ordenações*, cit., p.114. No mesmo sentido, cf. Augusto Silva Dias/Rui Soares Pereira, *Direito das Contra-Ordenações*, 2.ª edição, Coimbra, Almedina, 2022, p. 211.

[19] Perda ou confisco definidas por Pedro Caeiro, em noção que acolhemos, como sendo «as medidas *jure imperii* que instauram o domínio do Estado sobre certos bens ou valores, fazendo cessar os direitos reais e obrigacionais que sobre eles incidissem, bem como outras formas de tutela jurídica das posições fácticas que os tivessem por objecto (*v.g.*, a posse)». Cf. Pedro Caeiro, «Sentido e função do instituto da perda de vantagens relacionadas com o crime no confronto com outros meios de prevenção da criminalidade reditícia (em especial, os procedimentos de confisco *in rem* e a criminalização do enriquecimento "ilícito"»), in *RPCC*, 2011, n.º 2, pp. 269/70.

[20] Por todos, cf. Jorge de Figueiredo Dias, *Direito Penal Português, as consequências jurídicas do crime*, Lisboa, Aequitas/Editorial Notícias, 1993, pp. 613 e ss.

económico (o autor fala-nos «de vantagens relacionadas com o crime»)[21] é «como um *tertium genus* dentro da panóplia de reacções penais» (aqui, obviamente, contraordenacionais): todas visam prosseguir finalidades de prevenção e todas arrancam de um tronco comum, «um concreto facto ilícito-típico», «requerendo, depois, circunstâncias particulares». Deste modo, enquanto a pena exige a culpa e a medida de segurança clama pela perigosidade do agente[22], a «perda basta-se muito prosaicamente com a existência de vantagens patrimoniais obtidas através da prática de um crime»[23] (transpondo, para o campo em que nos movemos, uma contraordenação).

Ora, se a perda, ou confisco, se basta com a vantagem patrimonial, obtida a partir de um qualquer «concreto facto ilícito-típico», tal há-de querer significar, como bem assinala Jorge de Figueiredo Dias, que ele pode ser cometido, por exemplo, por um inimputável[24] ou por alguém que atue em situação de inexigibilidade, alguém, enfim, que não é suscetível de um juízo de culpa. A ser assim, fica inviabilizada a retirada do benefício económico como acima defendemos, pois que, aqui, ela não se apresenta como efeito da condenação em coima, na medida em que ela não é aplicada. Logo, e porque pode haver benefício económico sem que haja condenação, e sendo certo que esse benefício não deve, em caso algum, ficar na disponibilidade do agente, julgamos ser adequado que o RGCO, para além de prever a perda de objetos independente de coima (art. 25.º), passe igualmente a prever a perda ou o confisco que resultou da prática de um «concreto facto ilícito-típico» de natureza contraordenacional.

Dentro desta medida, defendemos, para estes casos, em que não é possível aplicar a coima, a perda, sem necessidade de condenação prévia, isto é, a *non-conviction based confiscation*. Mais uma razão, pois, para não ser plausível configurar a perda como sanção acessória, porque, neste caso,

21 Pedro Caeiro, «Sentido e função do instituto da perda de vantagens relacionadas com o crime no confronto com outros meios de prevenção da criminalidade reditícia», cit., p. 269.

22 Sendo ainda certo, com João Conde Correia, que o confisco em causa não está dependente da «perigosidade (ainda que apenas abstracta, latente ou mediata) das recompensas ou vantagens do crime». Cf., *Da proibição do confisco à perda* alargada, Lisboa, INCM, 2013, pp. 96/7.

23 Pedro Caeiro, «Sentido e função do instituto da perda de vantagens relacionadas com o crime no confronto com outros meios de prevenção da criminalidade reditícia», cit., p. 308.

24 Jorge de Figueiredo Dias, *Direito Penal Português, as consequências jurídicas do crime*, cit., p. 627.

não se cumpre um dos seus princípios, qual seja o da acessoriedade, face à sanção principal.

Podemos e devemos, todavia, ir mais longe ainda: olhando, primeiro, para o atual n.º 5 do art. 110.º do CP, concluímos que a perda de produtos e vantagens aplica-se nos casos em «que nenhuma pessoa determinada possa ser punida incluindo em caso de morte do agente» ou quando este tiver sido declarado contumaz[25]. Nessa senda, topamos, de novo, com um caso de *non-conviction based confiscation* que poderia inspirar a criação de uma norma semelhante, no âmbito do RGCO.

Aliás, sem ser preciso sairmos do direito contraordenacional, também o futuro legislador, que queira alterar o regime da perda de benefícios económicos, se pode inspirar no da perda de objetos perigosos independente de coima, previsto no art. 25.º, porque, em sede de tal norma, se prevê que o objeto perigoso seja declarado perdido, «ainda que não possa haver procedimento contra o agente ou a este não seja aplicada uma coima»[26]. Ora, se tal objeto pode ser declarado perdido por motivos de prevenção e se, como salienta Pedro Caeiro, a perda se basta com o benefício económico, independentemente de existir condenação em crime, qual a razão pela qual o regime da perda de objetos perigosos não baseado em condenação não pode também ser transposto para o do benefício económico? Sinceramente, não a enxergamos. Não obstante, e como pensamos que já se intui do que já foi sendo dito, claro que as regras a aplicar não poderão nunca ser as relativas às sanções acessórias.

Por fim, argumentos de direito comparado podem, também, ser chamados a este caso: o § 29a do Regime Contraordenacional alemão[27] prevê, há muito, a possibilidade de perda, independentemente da instauração de processo contraordenacional ou do seu arquivamento, conforme o disposto no seu n.º 5 de tal §[28].

Tudo, enfim, razões que militam para que o confisco do benefício económico seja aplicado não apenas quando estamos perante uma decisão

[25] Assim reza o disposto em tal normativo.

[26] Este o teor do art. 25.º.

[27] Norma essa cujo âmbito de aplicação foi recentemente alargado, através do art. 5.º da Lei de Reforma da Recuperação de Bens Criminais, de 13 de abril de 2017.

[28] No mesmo sentido crítico, face ao que usámos, veja-se a nota 78 do Parecer do Conselho Consultivo da PGR n.º 29/2020, p. 34.

condenatória em coima, mas também nos casos em que o procedimento contraordenacional não pode ser iniciado, ou não pode prosseguir, por prescrição, amnistia, ou qualquer outro motivo. Todavia, tem de ser inquestionável que o benefício económico obtido pelo agente foi fruto da prática da contraordenação. Também assim, nos casos em que foi praticado um facto típico e ilícito contraordenacional, mas não culposo ou culposo, mas não punível.

Só assim estamos em crer que, efetivamente, o direito de mera ordenação social se tornaria eficaz e, à vez, justo, pois que, mesmo nestes casos em que inexiste processo ou condenação, nada justifica que o benefício económico se mantenha na esfera patrimonial do agente.

Em jeito conclusivo, diremos, apenas, que é incompreensível, a todos os títulos, que regimes jurídicos recentes, como é o caso do RJCE, aprovado pelo DL n.º 9/2021, de 29 de janeiro, e que entrou em vigor em julho de 2021, continue a tratar a retirada do benefício económico, enquanto critério da medida da coima (art. 20.º, n.º 1) e enquanto circunstância agravante da coima, mas agora de forma autónoma e se não existirem outros meios de o eliminar (art. 22.º. *b)*)[29]. Tratada a primeira das duas questões que aqui nos trouxeram, avancemos, pois, para a perda de objetos.

II. A perda de objetos no RGCO

O bloco normativo do RGCO, formado pelos artigos 21.º, n.º 1, *a)* e 21.º-A a 26.º, é o único local onde encontramos prevista a perda ou o confisco, porque, como já acima se disse, não foi essa a opção do legislador daquele diploma quanto à retirada do benefício económico da esfera patrimonial do agente.

Abordaremos, pois, os dois regimes que resultaram da revisão levada a cabo pelo DL n.º 244/95, de 14 de setembro, à versão original do DL n.º 433/82, de 27 de outubro: o primeiro, a perda de objetos (ou do seu valor) pertencentes ao agente (al.ª *a)* do n.º 1 do art. 21.º, n.º 1 do art.

[29] Em sentido igualmente crítico, cf. Parecer do Conselho Consultivo da PGR n.º 29/2020, p. 33. A este propósito, cf. António Augusto Costa/José Miguel Figueiredo, *Regime Jurídico das Contraordenações Económicas Anotado*, Lisboa, AAFDL, 2021, bem como Ana Sirage Coimbra, *Regime Jurídico das Contraordenações Económicas Anotado*, Coimbra, Almedina, 2021, pp. 60, 62/3, sendo que em nenhuma destas obras se assinala a preocupação manifestada em texto.

21.º-A, art. 23.º e art. 24.º); o segundo, quanto à perda de objetos perigosos (art. 22.º), passível de se subdividir em outros dois: a perda de objetos do agente, independente (ou não) do procedimento contraordenacional ou da aplicação de coima ao agente (art. 25.º) e a perda de objetos perigosos pertencentes a terceiros (art. 26.º)[30].

Nesta sede, pensamos não ter cabimento um estudo comparativo minucioso do regime atual, face ao anterior a 1995[31], desde logo, por mor do arco espacial que devemos ocupar neste contexto e pelo facto de essa tarefa já ter sido exaustivamente efetuada em sede do Parecer do Conselho Consultivo da PGR n.º 29/2020, sobre perda de coisas perigosas no direito de mera ordenação social[32].

Não obstante, não podemos deixar de assinalar algumas evoluções positivas, operadas pelo Decreto-Lei n.º 244/95, de 14 de setembro, das quais destacamos a corretíssima substituição da expressão «apreensão» pela de «perda», usada então nos artigos 21.º a 26.º, porquanto, a primeira se traduz em uma medida de natureza processual e não definitiva, contrariamente à segunda, que tem pendor substancial e definitivo, originando a transferência de propriedade da coisa ou dos objetos declarados perdidos[33]. Com efeito, de apreensão em sentido rigoroso trata o art. 48.º-A, sob a epígrafe «apreensão de objectos», norma que foi aditada pelo art. 2 do DL n.º 244/95, de 14 de setembro[34].

[30] No sentido de considerar, também, a existência de dois regimes diferentes no tocante ao ponto em análise, um referente à sanção acessória da perda de objetos, de um lado, e do outro, à perda de objetos perigosos, veja-se Parecer do Conselho Consultivo da PGR n.º 29/2020, p. 36.

[31] Não nos esquecemos que, no tocante à matéria em estudo, existiu uma outra alteração legislativa, mais precisamente a levada a cabo pelo Decreto-Lei n.º 356/89, de 17 de outubro. Todavia, dado que a mesma não foi expressiva, não nos referimos a ela de forma expressa e exaustiva.

[32] Cf. o mencionado Parecer do Conselho Consultivo da PGR n.º 29/2020, em especial, pp. 26-33.

[33] No mesmo sentido, cf., novamente, o Parecer do Conselho Consultivo da PGR n.º 29/2020, p. 31. Fazendo luz sobre a confusão terminológica usada e extensível, outrossim, ao Código Penal, veja-se o documento referido nas notas anteriores, agora, na sua n. 64, p. 27.

[34] Mau grado o que acima dissemos a propósito das diferenças entre os dois institutos, não podemos deixar de lamentar a falta de rigor de alguns diplomas do ilícito de mera ordenação social de diferentes setores, porquanto continuam a subsumir de forma forçada e descabida a "apreensão" a uma sanção acessória. São exemplos disso mesmo o art. 30.º, n.º 1 *a)*, da

Louvável, ainda, porque eliminou, do então artigo 22.º, «o princípio da subsidiariedade da apreensão» e porque tratou, de forma mais minuciosa, os pressupostos de aplicação da perda, enquanto sanção acessória, precisando alguns dos princípios que lhe são próprios, como sejam os da taxatividade e da proporcionalidade[35], assim diminuindo, em simultâneo e de um jeito significativo, a esfera de discricionariedade do órgão decisor. No entanto, impõe-se que vejamos o resultado obtido após a revisão de 1995, de acordo com os regimes e sub-regimes que acima identificámos e que, ulteriormente, opinemos sobre o mesmo. Assim:

1. A perda de objetos (ou do seu valor) pertencentes ao agente (al.ª *a)* do n.º 1 do art. 21.º, n.º 1 do art. 21.º-A, arts. 23.º e 24.º), enquanto sanção acessória

De acordo com a al.ª *a)* do n.º 1 do art. 21.º do RGCO, na senda da versão primeva do Decreto-Lei n.º 433/82, a perda de objetos pertencentes ao agente é tratada enquanto sanção acessória, com todas as implicações que daí decorrem, nomeadamente, quanto à aplicação dos princípios próprios desta, como sejam o da não automaticidade e o da acessoriedade.

Acima deixámos já vincado que esta solução legal não merece o nosso aplauso enquanto modo de retirar o benefício económico obtido com a prática da infração. Ora, relativamente aos objetos usados na prática da contraordenação, cremos, outrossim, que a sua perda não deve estar sujeita aos pressupostos de que dependem a aplicação das sanções

Lei-Quadro das Contraordenações Ambientais, aprovado pela Lei n.º 50/2006, de 29 de agosto, alterado em 2019, e do art. 404.º, n.º 1, *a)*, do CVM, entre outros. Sobre a confusão entre os termos «apreensão» e «perda», em diferentes diplomas legais, cf. Jorge de Figueiredo Dias, *Direito Penal Português, as consequências jurídicas do crime*, cit., 616/7.

[35] É certo que não são apenas estes os princípios que presidem à aplicação de uma sanção acessória, havendo a acrescentar os da acessoriedade e da não automaticidade, e se, quanto ao primeiro princípio, o RGCO apenas o respeita nos casos em que é aplicada uma sanção acessória, o mesmo não se passa com o segundo, na medida em que a experiência mostra à saciedade que as sanções acessórias são aplicadas, seja pelas autoridades administrativas, seja pelos tribunais, de forma automática e sem curarem de analisar a gravidade da infração e grau de culpa do agente. Quanto aos princípios que regem em matéria de sanções acessória, cf. Paulo, Pinto de Albuquerque, *Comentário do Regime Geral das Contra-Ordenações*, cit., pp. 128/131.

acessórias. Aliás, tal como salientam Figueiredo Dias[36] e, depois, nos recorda JOÃO CONDE CORREIA[37], a elas anda ligada, inexoravelmente, a necessidade de «que o juiz comprove, no facto, um particular conteúdo de ilícito, que justifique materialmente a aplicação em espécie da pena acessória»[38].

Daí que, se transpusermos (e com legitimidade cremos que o podemos fazer[39]) este raciocínio das penas acessórias, para as sanções acessórias, respetivamente, do direito penal para o de mera ordenação social, não podemos deixar de considerar dogmaticamente incorreta a opção de conferir a natureza de sanção acessória à perda dos objetos pertencentes ao agente[40]. Mais: o próprio teor do n.º 1 do art. 21.º, para efeitos de aplicação de uma daquelas sanções, obriga a que o órgão decisor avalie não apenas a gravidade da infração, como também a culpa do agente, o que, aliás, é próprio do regime das sanções acessórias, seja das do direito penal, seja das deste.

Ora, daqui decorre que, se o arguido praticar uma contraordenação grave, ou muito grave, com reduzido grau de culpa, não pode o órgão decisor aplicar-lhe uma sanção acessória, na medida em que se revela contrária à letra da norma em apreço. Mas, mais ainda: não é pelo facto de a lei classificar uma infração como grave, ou muito grave, que o órgão decisor se encontra desonerado de apurar, em concreto, a gravidade *em concreto* da prática *daquela* contraordenação grave ou muito grave.

Não obstante, diga-se, em abono da verdade, que razões de prevenção, de segurança e, segundo o nosso entendimento, também de cumprimento de uma certa ideia de restauração da ordem jurídica violada, os «objetos pertencentes ao agente» que «serviram ou estavam destinados a servir para a prática da contra-ordenação ou por esta foram produzidos» devem

[36] JORGE DE FIGUEIREDO DIAS, *Direito Penal Português, as consequências jurídicas do* crime, cit., p. 158.

[37] JOÃO CONDE CORREIA, *Da proibição do confisco à perda* alargada, cit., pp. 56 e ss.

[38] JORGE DE FIGUEIREDO DIAS, *Direito Penal Português, as consequências jurídicas do* crime, cit., p. 158.

[39] Seguimos o autor referido em texto, quando defende que as regras do confisco, em sede penal, são aplicáveis ao direito de mera ordenação social. Cf. ponto V, p. 26, do Parecer do Conselho Consultivo da PGR n.º 29/2020.

[40] Também assim, JOÃO CONDE CORREIA, *Da proibição do confisco à perda* alargada, cit., pp. 77/8.

ser-lhes retirados e declarados perdidos a favor do Estado, independentemente da gravidade da infração ou da culpa do infrator, não porque sejam perigosos, mas sim porque se encontram numa relação de instrumentalidade com a prática do ilícito[41].

Por outras palavras: não há razão alguma para que os objetos que serviram, ou estavam destinados a servir, para a prática de uma contraordenação, ou que tenham sido por esta produzidos, permaneçam na esfera patrimonial do agente. Bem ao contrário, os argumentos acima referidos militam no sentido inverso aos pressupostos contidos nos n.ºs 1 dos artigos 21.º e 21.º-A do RGCO.

Não ficam, todavia, por aqui, os motivos para que rejeitemos a natureza de sanção acessória para a perda. Vejamos, pois, o derradeiro argumento que nos faz rejeitar esta tese, em tempos, defendida por Damião da Cunha e da qual nos dá conta João Conde Correia: se a perda for tratada como pena acessória, tal significa que ela está sempre dependente da aplicação da pena principal. Daí a expressão acessória – acessória no sentido de «que se junta ao principal, sem lhe ser essencial; o que é secundário»[42].

E, uma vez mais, não pode, nem deve, ser assim, na justa medida em que a perda destes objetos não pode estar dependente nem da sua perigosidade, nem da aplicação da sanção principal do ilícito de mera ordenação social. Bem sabemos que o RGCO contempla a possibilidade da perda independentemente da aplicação de coima, no seu art. 25.º, mas a sua aplicação circunscreve-se à perda de objetos perigosos e não apresenta a natureza de sanção acessória.

Concluímos, pois, por uma impossibilidade lógica de reconduzir as perdas de que curamos à natureza de sanção acessória e, em simultâneo, rejeitamos, ainda, a perda cunhada com a natureza de «providência sancionatória análoga à da medida de segurança», como defendem Figueiredo Dias, para as vantagens económicas obtidas com a prática do crime, e

[41] As expressões entre aspas correspondem a parte dos n.ºs 1 dos arts. 21.º e 21.º-A. Sobre o tema, cf. Paulo Pinto de Albuquerque, *Comentário do Regime Geral das Contra-Ordenações*, cit., p. 134, a propósito da doutrina e da jurisprudência que salientam o nexo de instrumentaliade.

[42] Cf. Col. 1, p. 50, do *Dicionário da Língua Portuguesa Contemporânea da Academia das Ciências de Lisboa*, I Volume, Lisboa, Editorial Verbo, 2001.

Paulo Pinto de Albuquerque, para a perda independente de coima no caso de objetos perigosos[43], pois que estas requerem a perigosidade do agente, coisa não necessária para se declarar a perda.

Na verdade, também em matéria de perda de objetos consideramos dever valer a posição perfilhada por Pedro Caeiro, quando refere a «perda clássica» «como um *tertium genus* dentro da panóplia de reacções penais» que se basta, neste particular caso, com o nexo de instrumentalidade estabelecido entre os objetos e o ilícito contraordenacional.

Manifestada a nossa rejeição à perda de objetos pertencentes ao agente a título de sanção acessória, deixe-se sublinhada uma palavra acerca dos efeitos da perda (art. 24.º), para, em seguida, nos debruçarmos sobre a perda do valor, em substituição da de objetos, fruto de atuação dolosa do agente (art. 23.º).

Pouco haverá a acrescentar quanto aos efeitos da perda previstos no artigo 24.º, face à sua clareza. Assim, com a revisão operada ao RGCO em 1995, o legislador passou a distinguir os casos em que a aplicação da perda é decretada pela autoridade administrativa (o caráter definitivo da decisão de perda) e aqueloutros em que ela é sentenciada pelo tribunal, (o trânsito em julgado da decisão). E, graças, ainda, a tal alteração, passou-se a prever a possibilidade de os objetos serem declarados perdidos a favor de uma instituição particular de solidariedade social ou pessoa coletiva. Importa, por fim, ressaltar que, não sendo a decisão (administrativa ou judicial) impugnada, a sua execução é levada a cabo, com a transferência de propriedade do agente infrator para uma destas instituições mencionadas no art. 24.º.

Quanto à perda do valor, prevista no art. 23.º, encontramos plasmada a regra segundo a qual se o agente destruir deliberadamente os objetos que lhe pertenciam [e que, obviamente, são os referidos no art. 21.º, n.º 1, *a)*, do RGCO] no momento da prática do facto, assim inviabilizando, no todo, ou em parte, a execução da perda, o órgão decisor dispõe da possibilidade de declarar perdida uma quantia em dinheiro, correspondente ao valor dos bens destruídos. *A contrario sensu*, resulta do teor da norma que, se, por acaso, os objetos forem destruídos negligentemente pelo agente, ele não

[43] Jorge de Figueiredo Dias, *Direito Penal Português, as consequências jurídicas do* crime, cit., p. 638, e Paulo Pinto de Albuquerque, *Comentário ao Regime Geral das Contraordenações*, cit., p. 136.

será objeto da perda do valor correspondente. Atendendo à fluidez das fronteiras entre o dolo eventual e a negligência consciente, não estamos seguros de que a perda do valor se deva limitar aos casos de destruição dolosa. Na verdade, estamos perante um problema de prova, em que poderá ser difícil provar a existência do dolo, na ação de destruição. Daí, pois, as nossas reservas.

De qualquer modo, atenta letra do normativo em apreço, não vemos aqui possibilidade de violação de princípios constitucionais, na medida em que foi o próprio agente que inviabilizou a perda total, ou parcial, do objeto que lhe pertencia e que foi usado na prática do ilícito contraordenacional. Essa, no fundo, é a razão de ser da perda do valor, que se substitui à perda do objeto, assim se levando a cabo as funções preventivas do instituto.

Salientamos, outrossim, que, estando nós em presença de uma solução legal alternativa à do artigo 21.º, n.º 1, *a)*, aplicável por causa imputável ao agente, pensamos que a mesma é tratada, pelo RGCO, igualmente, como sanção acessória[44], solução com que não concordamos, tal como já o dissemos.

Uma última palavra para deixarmos assinalado a traço grosso e com uma certa preocupação que, não obstante todos os regimes setoriais se encontrarem sujeitos a um incansável legislador que persiste em alterá-los, em média, uma vez por ano, lamentavelmente, o artigo 28.º, n.º 1, *a)* do Regime Geral das Infrações Tributárias, o artigo 30.º n.º 1, *a)* da Lei-Quadro das Contraordenações Ambientais permanecem fiéis ao entendimento de que a perda dos bens seja tratada enquanto sanção acessória, erro que persiste em se manter no RJCE[45].

[44] Neste sentido, veja-se Paulo Pinto de Albuquerque, *Comentário ao Regime Geral das Contraordenações*, cit., p. 137.

[45] Em sentido igualmente crítico, cf. Parecer do Conselho Consultivo da PGR n.º 29/2020, pp. 33/4. Já não assim, António Augusto Costa/José Miguel Figueiredo, *Regime Jurídico das Contraordenações Económicas Anotado*, cit., p. 164, referindo-se, mesmo, à perda de instrumentos e de produtos do art. 109.º do CP como sanção acessória, coisa que, na verdade, não é. Aliás, a este propósito revela-se pertinente a precisão feita por Paulo Pinto de Albuquerque, *Comentário do Código Penal à luz da Constituição da República e da Convenção Europeia dos Direitos do Homem*, 4.ª edição atualizada, Lisboa, UCE, 2021, p. 487: «Não se trata de uma pena acessória, porque não tem relação com a culpa do agente».

2. A perda de objetos perigosos

O regime da perda de objetos perigosos espraia-se por três artigos, dois referentes aos objetos perigosos do agente (arts. 22.º e 25.º, respetivamente a perda desses objetos, na sequência de coima e a perda independente da existência de procedimento contraordenacional ou da aplicação de coima), e um outro, o artigo 26.º, atinente à perda de objetos perigosos pertencentes a terceiro.

Destas três normas, merece, desde já, destaque o artigo 25.º, porque ali se contemplam os dois únicos casos, em sede do RGCO, de «confisco não baseado numa condenação»[46]. No entanto, como veremos, esta única norma dedicada ao *non conviction based confiscation* é manifestamente insuficiente, considerando não apenas o regime contraordenacional isoladamente, mas, também, quando confrontamos as suas normas com as disposições paralelas do direito penal, em especial com o n.º 2 do art. 109.º do CP. Antes, porém, vejamos cada um dos diferentes casos.

a) A perda de objetos perigosos do agente, independente (ou não) do procedimento contraordenacional ou da aplicação de coima ao agente

Atendendo ao teor do artigo 22.º do RGCO e ao seu homólogo do CP, o artigo 109.º, rapidamente podemos concluir que a similitude entre ambos é meramente aparente, existindo diferenças significativas entre eles, que tornam a norma do RGCO bem mais restritiva. Se não, vejamos: as diferenças começam logo nas primeiras palavras usadas pelas duas distintas normas: assim, enquanto, no seio do CP, a perda se aproxima da automaticidade (melhor dito, da sua instrumentalidade, face ao facto típico e ilícito), na medida em que se dispõe que «[S]*ão* declarados perdidos a favor do Estado» os instrumentos ali referidos, já, no RGCO, a perda está sujeita à discricionariedade do órgão decisor, pois o n.º 1 daquele artigo, ao invés de usar o verbo ser, usa o poder, de tal forma que aí lemos que «[P]*odem ser declarados perdidos os objectos que serviram ou estavam destinados a servir para a prática da contra-ordenação*».

No entanto, diga-se, desde já, que não há razão alguma para que, uma vez verificados os pressupostos contidos no n.º 1 do artigo 22.º, o objeto não

[46] Assim refere o Parecer do Conselho Consultivo da PGR n.º 29/2020, ponto 4, p. 34.

seja declarado perdido a favor do Estado ou de qualquer outra instituição prevista na lei. Esta, pois, desde já, uma diferença significativa, sendo que a segunda diz respeito ao que é declarado perdido: deste modo, enquanto o artigo 109.º nos fala apenas de instrumentos, reservando a perda de objetos para o artigo 110.º, já o RGCO, na norma em apreço, não faz a distinção entre objetos e instrumentos[47].

Outra diferença, esta não tanto referente ao conteúdo material das normas, mas sim quanto à sistemática dada pelos dois diplomas legais à questão da perda independentemente de o agente ser sancionado (aqui a expressão usada em sentido lato, abrangendo a pena e a coima). Assim, enquanto o CP opta por tratar da perda, dependente e independente de pena, no âmbito de um só artigo (o art. 109.º), já o artigo 25.º RGCO cura, de forma autónoma, do caso em que a perda é independente da coima, aqui se incluindo os casos em que não houve processo contraordenacional (porque, por exemplo, o processo prescreveu ou a autoridade administrativa teve conhecimento da infração, mas não procedeu à sua abertura, por já saber, naquele momento, que ela irá ser amnistiada), mas

[47] É, ainda, de salientar que o próprio CP não descura a noção de cada um destes termos. Assim, enquanto os instrumentos se encontram definidos na última parte do n.º 1 do art. 109.º, a noção de produtos é dada pela al.ª *a)* do n.º 1 do art. 110.º. No fundo, instrumentos e produtos, à luz do CP, possuem o mesmo valor semântico que o n.º 1 do art. 21.º-A do RGCO dá à noção de objetos. Já quanto às vantagens, podemos encontrar a sua definição no 110.º, n.º 1, alínea *b)*, e n.º 2. Cf., igualmente, os artigos 111.º a 112.º-A do CP. A propósito destas diferenças de conceitos, usados no CP e no RGCO, cf. Paulo Pinto de Albuquerque, *Comentário do Código Penal*, cit., pp. 488, 495/498. Não está em causa, no âmbito do presente artigo, o estudo das expressões usadas pelo RGCO, em confronto com as do CP. Todavia, sempre diremos que a opção legislativa de definir exaustivamente os termos usados tem contra si a desvantagem de, sendo taxativa, excluir algum objeto ou vantagem que devessem ser incluídos. Ao invés, a ausência de noções precisas, ao mesmo tempo que pode beliscar o princípio da legalidade, faz recair sobre a doutrina e sobre a jurisprudência a tarefa de burilar os conceitos em causa. Dir-se-á, em apertada síntese, que os diplomas legais não devem assumir um caráter exaustivo, mas sim exemplificativo, deixando, assim, àqueles a tarefa de os densificar à luz dos novos conhecimentos. Não especificamente a este propósito, mas sim quanto ao conceito de objetos perigosos, quer no âmbito penal, quer no contraordenacional, cf., respetivamente, as considerações tecidas por João Conde Correia, *Da proibição do confisco à perda alargada*, cit., pp. 70/72, e o Parecer Consultivo da PGR n.º 29/2020, p. 37. Diremos, por fim, que há, obviamente, uma vantagem enorme na uniformização destes conceitos, nos distintos direitos sancionatórios, coisa que não sucede, neste ponto, com o CP e com o RGCO.

também os casos em que, embora tenha havido processo, não foi aplicada a coima (a prática da contraordenação foi provada, mas não se fez prova quanto à identificação do seu autor, situações em que este é inimputável ou foi declarado contumaz e, entre outras, a de o agente ter sido submetido a procedimento contraordenacional, mas a coima ter sido depois amnistiada).

Se atentarmos, agora, no n.º 2 do artigo 109.º do CP, verificamos que este se limita a referir-se aos casos em «que nenhuma pessoa determinada possa ser punida pelo facto» (por exemplo, porque não se determinou o seu autor, porque ele morreu ou porque foi declarado contumaz). Todavia, esta restrição, em sede deste n.º 2, é colmatada pelo facto de o n.º 1 não se referir à prática de um crime, mas sim à de «facto ilícito típico», o que, obviamente, inclui todas as hipóteses em que o agente não é suscetível de sofrer um juízo de culpa, ou, por outras palavras, todos os factos ilícitos e típicos, mas não culposos.

Quanto a nós, seria preferível efetuar a destrinça que é concretizada no âmbito do art. 25.º do RGCO. Não obstante, ainda assim, neste específico ponto, qualquer dos regimes se afigura adequado.

Seria igualmente desejável que, em sede do RGCO, à semelhança do CP, tivesse expressamente previsto não apenas os casos dos objetos, mas, outrossim, o dos instrumentos, na medida em que um objeto não é necessariamente um instrumento.

b) A perda de objetos perigosos pertencentes a terceiros (art. 26.º)

Em norma que encontra grande paralelismo com o artigo 111.º do CP, em especial com o seu n.º 2, o artigo 26.º do RGCO prevê a perda de objetos perigosos pertencentes a terceiros de um jeito bastante espartilhado, o que é indiciado, desde logo, pelo uso da expressão «só pode ter lugar» e que encontra justificação no facto de a medida ser radical e de carácter definitivo para os terceiros. Para que a perda se verifique é necessário, porém, que esse terceiro seja proprietário do objeto aquando da prática da infração ou aquando da declaração de perda, conforme resulta da letra da al.ª *a)*. Exige-se, pois, que a atuação, ou qualquer outra forma de intervenção, destes seja culposa, o que abrange quer as atuações dolosas, quer as negligentes [al.ª *a)*]. Todavia, neste particular ponto, devemos atender à pertinência das palavras de PAULO PINTO DE ALBUQUERQUE, segundo as quais «os agentes que com culpa contribuíram para a utilização ou produção dos objetos no momento da prática da contraordenação não são terceiros, mas agentes da infração»[48].

Já em sede da al.ª *b)*, o que está em causa é o facto de os terceiros, apesar de não terem qualquer espécie de intervenção na prática da infração, adquirirem os objetos, seja a que título for, após a prática da mesma, com conhecimento da sua origem, o que significa que, nesta alínea, a conduta do terceiro é dolosa ou cometida com negligência consciente.

Dado que também aqui o legislador não se refere aos instrumentos de alguma forma relacionados com o crime, seríamos favoráveis a uma referência, igualmente a eles.

c) a perda de objetos perigosos: breve conclusão da análise aos dois sub-regimes

Tal como se salienta no Parecer do Conselho Consultivo da PGR n.º 29/2020, tratando-se de objetos perigosos para a sociedade em geral, não está tanto em causa a pessoa (no sentido, segundo pensamos, de ser o proprietário dos bens), mas sim a própria coisa que é considerada perigosa[49]. E, por assim ser, a perda do valor correspondente ao objeto, que, entretanto, não pode ser declarado perdido, poderá ser salva, na sua constitucionalidade, porque, de acordo com o art. 23.º, a inexequibilidade da perda do objeto foi provocada por atuação dolosa do agente[50]. Maiores dúvidas de constitucionalidade poderão, pois, surgir, não quando seja o agente a determinar a inexequibilidade da perda do objeto, mas sim, um terceiro, na medida em que o art. 22.º apenas se refere à atuação inviabilizadora da

[48] Paulo Pinto de Albuquerque, *Comentário do Regime Geral das Contra-Ordenações*, cit., p. 139.

[49] Cf. Parecer Consultivo da PGR n.º 29/2020, p. 36.

[50] Levantando, outrossim, objeções à perda do valor dos bens perigosos, *cf.* Parecer Consultivo da PGR n.º 29/2020, p. 17, que, por sua vez, a este propósito remete para as considerações de Pedro Caeiro, quando este aponta certeiramente algumas linhas de reflexão, em matéria de confisco, para a política criminal europeia. Vale a pena transcrever esse específico excerto: «[Q]uando se deixa de fazer depender o confisco dos instrumentos da respetiva perigosidade intrínseca, e se permite a perda subsidiária do valor dos mesmos, o confisco não pode deixar de constituir uma pena, destinada a censurar *especialmente* a utilização criminosa daqueles bens» («O Confisco numa Perspetiva de Política Criminal Europeia» *in* Maria Raquel Desterro Ferreira/Elina Lopes Cardoso/João Conde Correia (coordenadores), *O Novo regime de Recuperação de Activos à luz da Diretiva 2014/42/UE e da Lei que a transpôs*, Lisboa, INCM, 2018, pp. 35 e ss.

perda praticada com dolo pelo próprio agente, sendo omisso o art. 26.º, quanto a este preciso ponto, referente aos objetos de terceiros.

3. Conclusão quanto à perda de objetos (perigosos ou não) do agente e de terceiro

Como já se referiu, se nada há a apontar à única norma em que o RGCO prevê o *non conviction based confiscation*, estamos em crer que ele é manifestamente insuficiente. Com efeito, impunha-se que não apenas os objetos perigosos ficassem sujeitos a este regime, mas sim todos os objetos em geral, ou seja, os que não são perigosos, mas que, ainda assim, «serviram ou estavam destinados a servir para a prática de uma contra-ordenação, ou por esta foram produzidos»[51]. Aliás, o que ora defendemos apoia-se, ainda, no n.º 5 do § 29a, da Lei das Contraordenações alemã, acima referido, a propósito da perda do benefício. Com efeito, cremos que haveria toda a vantagem em adotar uma norma semelhante àquela, não apenas no âmbito do benefício económico, como igualmente no da perda de objetos, independentemente de eles serem perigosos ou não.

No fundo, dizendo-o com Oliveira Mendes e Santos Cabral, «o que releva para efeitos de *perda* é a existência de uma actividade contra-ordenacional, ou seja, a ocorrência de uma situação em que se verifiquem todos os elementos de que depende a existência de uma contra-ordenação, com ressalva dos requisitos atinentes à culpa do agente [...]. Tal situação tanto pode decorrer por efeito da existência de causa extintiva da responsabilidade, por falta de pressupostos processuais, como por ser impossível determinar o agente da contraordenação ou por a este não dever ser aplicada uma coima, o que sucede nos casos de admoestação»[52].

4. Conclusões finais

1. Cremos que se revelaria tarefa profícua aderir a uma conceção unitária da natureza jurídica da perda do benefício económico e dos objetos, em sede de RGCO.

[51] O texto entre aspas corresponde a parte do art. 21.º-A, n.º 1.

[52] António Jorge Fernandes de Oliveira Mendes/José António Henriques dos Santos Cabral, *Notas ao Regime Geral das Contra-Ordenações e Coimas*, 3.ª edição, Coimbra, Almedina, 2009, pp. 75/6, a propósito do regime previsto no art. 25.º. Com esta mesma citação, embora correspondente a outra edição, cf. p. 34 do Parecer do Conselho Consultivo da PGR n.º 29/2020.

2. A razão encontra-se integralmente do lado de JOÃO CONDE CORREIA, quando o autor nos recorda que a classificação da natureza jurídica da perda do benefício económico e dos objetos (seja como sanção acessória ou como medidas de segurança) possui muito mais do que um interesse académico, na medida em que, cada uma delas, acarreta, na prática, consequências diferentes[53].

3. Assim, se rejeitamos a sua natureza de sanção acessória, nomeadamente, devido ao facto de esta pressupor uma sanção principal (princípio da acessoriedade) e porque a perda não tem de estar relacionada nem com o grau de culpa, nem com o da gravidade da infração, também a rejeitamos como medida de segurança, porquanto a perda não se encontra ligada à perigosidade do agente e basta-se, com a prática de um ilícito-típico contraordenacional.

4. Uma vez dado como provado, na decisão condenatória, que o benefício económico adveio da prática de uma contraordenação, e dado como provada a identificação dos objetos (perigosos ou não) e instrumentos usados para a prática da contraordenação, consumada, ou não, os mesmos devem ser retirados da esfera patrimonial do agente, através do instituto do confisco, aqui equivalente a perda.

5. A conclusão referida na alínea anterior é igualmente válida e com a mesma extensão, quando o agente não foi condenado em coima ou quando o processo contraordenacional não foi instaurado ou não prosseguiu.

6. O regime do confisco a desenhar não pode, nem deve, ser alheio a determinados princípios constitucionais, dos quais destacamos o da proporcionalidade, querendo com ele significar que ao agente (ou a terceiro) não se deve retirar mais do que o benefício económico obtido, nem retirar objetos que não caibam no âmbito da noção deles, dada no n.º 1 do art. 21.º-A do RGCO.

7. Ao prever os casos em que há uma impossibilidade de se executar a perda, seja dos objetos, seja dos instrumentos, a substituição destes pela perda de valor equivalente deve ser concretizada no respeito pelos princípios constitucionais da necessidade e da proporcionalidade, entre outros, que se devem evidenciar igualmente no confisco.

[53] JOÃO CONDE CORREIA, *Da proibição do confisco à perda alargada*, cit., pp. 56/7.

13. CONFISCO E DIREITO ADMINISTRATIVO

André Folque[*]

I. Tem em vista o presente estudo refletir acerca das relações, nem sempre lineares, entre direito administrativo e direito penal, em duas áreas que, de um modo especial, se prestam a equívocos: o *direito administrativo sancionatório* – conformado por alguns princípios gerais de direito penal – e o *direito de polícia administrativa* – conformado pelos princípios gerais de direito administrativo. Refletir, de igual modo, acerca da expropriação, quando ordenada, pelo menos, de modo aparente, a fins repressivos: *expropriação-sanção ou expropriação confiscatória*.

Vem esta reflexão a propósito da perda de bens declarada a favor do Estado pelos tribunais, mas também por autoridades administrativas[1]. Vale

[*] Um modesto contributo com que me associo à comemoração dos primeiros 20 anos da Lei n.º 5/2002, de 11 de janeiro, e do 40.º aniversário do Código Penal. Seja-me permitida a saudosa evocação do Conselheiro José Menéres Pimentel (1928-2014), então Ministro da Justiça, e cuja ação pessoal foi determinante para levar a bom porto a reforma penal.

[1] À partida, tomamos como sinónimos *perda de bens* e confisco, na linha das convincentes razões históricas apontadas por Pedro Caeiro, «Sentido e função do instituto da perda de vantagens relacionadas com o crime no confronto com outros meios de prevenção da criminalidade reditícia (em especial, os procedimentos de confisco *in rem* e a criminalização do enriquecimento "ilícito"», in *RPCC*, Ano 21, n.º 2, 2011, p. 257 (nota 2). Não obstante admitir, igualmente, que para a adoção do termo perda terá contribuído, embora de modo equívoco, a proibição constitucional do confisco – limitada, porém, ao confisco geral – opõe Jorge Godinho a inadequação da expressão perda, em face da denotação deste vocábulo com extravio acidental («Brandos costumes? O confisco penal com base na inversão da prova», *in* Liber Discipulorum *para Jorge Figueiredo Dias* (Manuel da Costa Andrade/José de Faria Costa/Anabela Miranda Rodrigues/Maria João Antunes), Coimbra, Coimbra Editora, 2003, p. 1356 (nota 126).

a pena percorrermos os poderes de que a administração pública dispõe para extinguir direitos patrimoniais dos particulares e para se apropriar dos seus bens, de modo a tomarmos posição sobre o lugar do confisco no direito administrativo e saber se ele pode prestar-se a fins de política criminal e de administração da justiça, designadamente na recuperação de ativos.

Do lado do direito penal, a perda alargada de património (art. 7.º e ss. da Lei n.º 5/2002, de 11 de janeiro[2]), a perda de instrumentos (art. 109.º do CP[3]) e a perda de produtos e vantagens de facto ilícito típico (art 110.º), embora reconhecidas como consequência jurídica de crimes cometidos ou de factos típicos criminalmente ilícitos, permanecem à margem do conceito de pena, relegadas, com algum desconforto, para uma categoria diáfana que invoca afinidades com o direito administrativo e com o direito civil.

Especialmente controvertida mostra-se a natureza jurídica da perda alargada[4]. Se para alguns constitui medida análoga às medidas de segurança não privativas da liberdade[5], ordenada, a título principal, à prevenção, não falta quem a considere materialmente administrativa[6],

[2] Regime especial de recolha de prova, quebra do segredo profissional e perda de bens a favor do Estado relativa à criminalidade organizada e económico-financeira. A redação atual compreende as alterações sucessivamente introduzidas pela Lei n.º 19/2008, de 21 de abril, pelo Decreto-Lei n.º 317/2009, de 30 de outubro, pelo Decreto-Lei n.º 242/2012, de 7 de novembro, pela Lei n.º 60/2013, de 23 de agosto, pela Lei n.º 55/2015, de 23 de junho, pela Lei n.º 30/2017, de 30 de maio, pela Lei n.º 79/2021, de 24 de novembro, pela Lei n.º 99-A/2021, de 31 de dezembro, pela Lei n.º 13/2022, de 1 de agosto, e pela Lei n.º 2/2023, de 16 de janeiro.

[3] Referimo-nos ao Código Penal aprovado pelo Decreto-Lei n.º 400/82, de 23 de setembro, na redação que lhe atribuíram as sucessivas alterações e revisões até à publicação da Lei n.º 2/2023, de 16 de janeiro.

[4] No sentido de não possuir natureza penal, tão-pouco sancionatória, mas de reposição patrimonial, v. João Conde Correia, «Presunção de proveniência ilícita de bens para perda alargada: anotação aos acórdãos do Tribunal Constitucional n.º 101, n.º 392 e n.º 476/2015», in *RMP*, Ano 37, n.º 145, 2016, p. 213.

[5] Jorge Figueiredo Dias, *Direito Penal Português*, Parte Geral, II (As Consequências Jurídicas do Crime), Coimbra, Coimbra Editora, 2005, p. 628; Paulo Pinto de Albuquerque, *Comentário ao Código Penal à luz da Constituição da República Portuguesa e da Convenção Europeia dos Direitos Humanos*, Lisboa, UCE, 2021, p. 499.

[6] V.g. Pedro Caeiro, «Sentido e função...», *op. cit.*, pp. 310/11; Francisco Borges, «Perda alargada de bens: alguns problemas de constitucionalidade», in *Estudos em Homenagem ao Prof. Doutor Manuel da Costa Andrade*, vol. I, Coimbra, Almedina, 2017, pp. 224/5.

apesar de promovida pelo Ministério Público (art. 8.º da Lei n.º 5/2002) e declarada pelo tribunal da condenação pelo crime pressuposto (art. 12.º).

Uma vez que a extensão da perda resulta simplesmente de um cálculo aritmético – «*a diferença entre o valor do património do arguido e aquele que seja congruente com o seu rendimento lícito*» (art. 7.º, n.º 1) – sem considerações de perigosidade pessoal, como é próprio das medidas de segurança, uma qualificação difusa da perda alargada como medida substancialmente administrativa libertá-la-ia de encontrar maiores justificações.

A qualificação como providência administrativa possuiria uma inegável vantagem pragmática, pois, sob tal rótulo, a perda alargada subtrair-se-ia ao princípio da culpa na determinação da medida das penas (arts. 40.º e 71.º do CP), ajustando-se às suas características.

Contudo, a fuga para a natureza administrativa traz consigo a subordinação ao direito administrativo e este, há muito que deixou de ser couraça de um poder executivo robusto – senão mesmo, autoritário – para se empenhar na defesa dos direitos dos administrados.

Assim, dispõe o artigo 266.º, n.º 1, da Constituição, que a função administrativa do Estado «*visa a prossecução do interesse público, no respeito pelos direitos e interesses legalmente protegidos dos cidadãos*». E, se, como tal, a atividade administrativa se encontra ordenada, necessariamente, a um fim de interesse público, à satisfação das necessidades coletivas, mas não à administração da justiça, reservada aos tribunais (art. 202.º), não se vê como possa o tribunal da condenação penal, sem usurpação de funções, declarar uma perda de bens substancialmente administrativa. A única parcela da função administrativa que pode competir aos tribunais, por conta da sua independência e dos estatutos das magistraturas, é a do seu autogoverno.

Por outro lado, se a qualificação permite subtrair a perda alargada ao princípio da culpa, a verdade é que sempre depararia com o princípio da proporcionalidade (art. 266.º, n.º 2, da Constituição) e com o seu tríplice juízo sucessivo de *adequação*, *necessidade* e *razoabilidade*, a conformar todos os atos e normas administrativos que imponham lesões ou sacrifícios aos administrados.

O aprofundamento dogmático das questões suscitadas é apelativo. No entanto, iremos limitar-nos a expor aquilo que, em nosso entender, o direito administrativo tem, no essencial, a dizer. Num campo de investigação que não é o nosso, seria temerário irmos mais longe.

II. Se tribunais e administração pública são competentes para, nos termos da lei, determinarem a privação de bens pertencentes a particulares, fazem-no, porém, segundo pressupostos e finalidades distintas; ou não estivéssemos diante de duas funções do Estado tão diferentes entre si – a função jurisdicional e a função administrativa – confiadas a poderes que, sem embargo de vínculos de interdependência, devem conservar-se separados.

À primeira vista, a delimitação mostrar-se-ia linear. Os tribunais determinariam a perda de bens a favor do Estado, ao administrarem a justiça, designadamente, em processo penal, ao passo que a administração o faria ao expropriar por utilidade pública ou ao apoderar-se de bens considerados perigosos para a ordem pública[7].

Contudo, um segundo olhar adverte-nos para que nada é assim tão simples.

Tomemos dois exemplos reveladores de um certo sincretismo que, em não raras ocasiões, se presta a equívocos e ambiguidades.

Nos termos do artigo 109.º do Código Penal «*são declarados perdidos a favor do Estado os instrumentos de facto ilícito típico, quando, pela sua natureza ou pelas circunstâncias do caso, puserem em perigo a segurança das pessoas, a moral ou a ordem públicas, ou oferecerem sério risco de ser utilizados para o cometimento de novos factos ilícitos típicos, considerando-se instrumentos de facto ilícito típico todos os objetos que tiverem servido ou estivessem destinados a servir para a sua prática*».

Nos termos desta norma, a perda de instrumento de facto ilícito típico pode fundamentar-se em razões de interesse público – o risco de tais bens perturbarem a segurança das pessoas, os bons costumes ou, mais vagamente, a ordem a pública – sugerindo a satisfação de necessidades coletivas, própria da função administrativa do Estado.

Por outro lado, no artigo 8.º, al.ª c), do Regime das Infrações contra a Economia e contra a Saúde Pública[8], encontramos uma injunção judiciária,

[7] Ordem pública subordinada à promoção e defesa dos direitos fundamentais, tal como resulta do artigo 29.º, n.º 2, da Declaração Universal dos Direitos do Homem. Assim, é em tal perspetiva, e não como fim em si, que a preservação da tranquilidade na via pública, da salubridade e da segurança de pessoas e bens é por nós entendida.

[8] Decreto-Lei n.º 28/84, de 20 de janeiro (cf. Declaração de Retificação publicada in *Diário da República*, Série I, n.º 177, 2.º suplemento, de 31 de março de 1984, na sua atual redação, resultado das modificações operadas, sucessivamente, pelo Decreto-Lei n.º 347/89, de 12 de outubro, pelo Decreto-Lei n.º 6/95, de 17 de janeiro, pelo Decreto-Lei n.º 20/99, de 28 de

como pena acessória, e que, nos termos do artigo 11.º, n.º 1, consiste numa intimação do agente pelo tribunal para «*que cesse, imediatamente, ou no prazo que lhe for indicado, a atividade ilícita ou, em caso de omissão, que adote as providências legalmente exigidas*». A perplexidade aumenta com o n.º 2, ao identificar o fim essencial de tal pena: «*pôr termo a uma situação irregular ou potencialmente perigosa e restabelecer a legalidade*» (n.º 2). Algo que se diria constituir um fim tipicamente administrativo: conservar ou repor a ordem pública, na sua tríplice compreensão de *tranquilidade, salubridade* e *segurança.*

Em ambas as disposições é reconhecido, como pressuposto, um perigo concreto e indica-se um fim tipicamente administrativo, de polícia administrativa: a reintegração da legalidade e da ordem pública. Encontramo-nos longe dos crimes de perigo e nada perto das medidas cautelares e de polícia judiciária.

Por outro lado, prevê-se no artigo 21.º, n.º 1, al.ª a), do RGCO[9], tal como se dispõe no artigo 28.º, n.º 1, do RJCE[10], competir às autoridades administrativas a declaração de perda a favor do Estado de objetos pertencentes ao agente, como sanção acessória à coima, em função da gravidade da infração e do grau de culpa[11]. Aqui, a autoridade administrativa atua

janeiro, pelo Decreto-Lei n.º 162/99, de 13 de maio, pelo Decreto-Lei n.º 143/2001, de 26 de abril, pela Lei n.º 13/2001, de 4 de junho, pela Lei n.º 108/2001, de 28 de novembro, pelo Decreto-Lei n.º 81/2002, de 4 de abril, lo Decreto-Lei n.º 70/2007, de 26 de março, pela Lei n.º 20/2008, de 21 de abril, e pelo Decreto-Lei n.º 9/2021, de 29 de janeiro.

[9] Aprovado pelo Decreto-Lei n.º 433/82, de 27 de outubro (cf. Declaração de retificação in *Diário da República*, Série I, n.º 4, de 6 de janeiro de 1983), revisto pelo Decreto-Lei n.º 356/89, de 19 de outubro, pelo Decreto-Lei n.º 244/95, de 14 de setembro, modificado pelo ac. TC n.º 265/2001, de 16 de julho, pelo Decreto-Lei n.º 323/2001, de 17 de dezembro, pela Lei n.º 109/2001, de 24 de dezembro, e pelo ac.do TC n.º 27/2006, de 3 de março.

[10] Aprovado pelo Decreto-Lei n.º 9/2021, de 29 de janeiro.

[11] Trata-se, na formulação deste último preceito da «a) Perda a favor do Estado, ou de outra entidade que a lei preveja, dos objetos e seres vivos que serviram ou estavam destinados a servir para a prática de uma contraordenação económica ou que, em consequência desta, foram produzidos, quando tais objetos ou seres vivos representem, pela sua natureza ou pelas circunstâncias do caso, perigo para a saúde e a segurança de pessoas e bens ou exista sério risco da sua utilização para a prática de um crime ou contraordenação; b) Perda a favor do Estado, ou de outra entidade que a lei preveja, dos objetos e dos seres vivos pertencentes ao agente, utilizados ou destinados a ser utilizados para a prática da contraordenação ou que foram por esta produzidos».

de modo semelhante ao tribunal, numa derivação estranha à satisfação de necessidades coletivas.

Devem as medidas descritas considerar-se confisco, todas elas, independentemente da função do Estado – jurisdicional ou administrativa – em cujo exercício são praticadas? E o que dizer de medidas análogas adotadas à margem de um procedimento contraordenacional, como, por exemplo, a perda por demolição das obras de edificação que se revelem insuscetíveis de legalização (art. 106.º do Regime Jurídico da Urbanização e da Edificação[12])?

É que semelhante demolição[13] pode ser aplicada como pena acessória pelo tribunal da condenação penal, a expensas do autor[14], relativamente *«a obra de construção, reconstrução ou ampliação de imóvel que incida sobre via pública, terreno da Reserva Ecológica Nacional, Reserva Agrícola Nacional, bem do domínio público ou terreno especialmente protegido por disposição legal»*, caso

[12] A versão originária do Regime Jurídico da Urbanização e da Edificação foi aprovada pelo Decreto-Lei n.º 555/99, de 16 de dezembro (cf. Declaração de Retificação n.º 5-B/2000, de 29 de fevereiro). Seria suspensa pela Lei n.º 13/2000, de 20 de julho, que repristinou o regime anterior. A suspensão foi prorrogada pela Lei n.º 30-A/2000, de 20 de dezembro, até à publicação e entrada em vigor do Decreto-Lei n.º 177/2001, de 4 de junho, logo retificado (Declaração n.º 13-T/2001, de 30 de junho). Seguiram-se alterações introduzidas pela Lei n.º 15/2002, de 22 de fevereiro, pela Lei n.º 4-A/2003, de 19 de fevereiro, e pelo Decreto-Lei n.º 157/2006, de 8 de agosto, pela Lei n.º 60/2007, de 4 de setembro, pelo Decreto-Lei n.º 116/2008, de 4 de julho, pelo Decreto-Lei n.º 18/2008, de 29 de janeiro, pelo Decreto-Lei n.º 26/2010, de 30 de março, pela Lei n.º 28/2010, de 2 de setembro, pelo Decreto-Lei n.º 266-B/2012, de 31 de dezembro, pelo Decreto-Lei n.º 136/2014, de 9 de setembro (cf. Declaração de Retificação n.º 46-A/2014, de 10 de novembro), pelo Decreto-Lei n.º 214-G/2015, de 2 de outubro, pelo Decreto-Lei n.º 97/2017, de 10 de agosto, pela Lei n.º 79/2017, de 18 de agosto, pelo Decreto-Lei n.º 121/2018, de 28 de dezembro, pelo Decreto-Lei n.º 66/2019, de 21 de maio, e pela Lei n.º 118/2019, de 17 de setembro.

[13] Semelhante já que parece indiferente à suscetibilidade de legalização, prevista no artigo 102.º, n.º 1, do Regime Jurídico da Urbanização e da Edificação: «Quando se verifique a realização de operações urbanísticas ilegais nos termos do n.º 1 do artigo anterior, se for possível assegurar a sua conformidade com as disposições legais e regulamentares em vigor, a câmara municipal notifica os interessados para a legalização das operações urbanísticas, fixando um prazo para o efeito».

[14] A demolição voluntária pelo agente, se anterior à instauração do procedimento criminal, pode justificar a dispensa da pena (art. 278.º-B, n.º 1, do CP). A pena é especialmente atenuada se o agente demolir a obra ou restituir o solo ao estado anterior à obra até ao encerramento da audiência de julgamento em primeira instância (n.º 2).

o autor se encontrasse «*consciente da desconformidade da sua conduta com as normas urbanísticas aplicáveis*» (art. 278.º-A, n.º 4, do CP), a menos que a obra possua escassa relevância urbanística (n.º 2).

Os conceitos de *sanção* e de *medida de polícia* (judiciária ou administrativa) conhecem, na verdade, uma surpreendente margem de ambiguidade. Ambiguidade a que não será alheia a circunscrição, no direito penal, do conceito de medida de segurança a pressupostos de perigosidade do agente e nunca de perigosidade de objetos, atividades ou situações de facto: «*A medida de segurança só pode ser aplicada se for proporcionada à gravidade do facto e à perigosidade do agente*» (art. 40.º, n.º 3, do CP[15]).

Tão-pouco é unívoco o conceito de *expropriação*[16].

Se a expropriação não pode, por definição, ser praticada sem justa indemnização (art. 62.º, n.º 2, da Constituição), a verdade é que a ordem jurídica prevê modos de aquisição coativa de meios de produção alheios aos critérios de justa indemnização, consignados pelo Código das Expropriações[17].

Só este, com efeito, garante a justa indemnização, a qual, embora não vise compensar o benefício alcançado pela entidade expropriante, deve «*ressarcir o prejuízo que para o expropriado advém da expropriação, correspondente ao valor real e corrente do bem de acordo com o seu destino efetivo ou possível numa utilização económica normal, à data da publicação da declaração de utilidade pública, tendo em consideração as circunstâncias e condições de facto existentes naquela data*» (art. 23.º, n.º 1). E porque a indemnização, para ser justa, deve ser contemporânea, garante-se uma atualização do montante «*à data da decisão final do processo de acordo com a evolução do índice de preços no consumidor, com exclusão da habitação*» (art. 24.º, n.º 1). Por outro lado, só o Código das Expropriações determina a precedência da investidura na posse administrativa por uma vistoria *ad perpetuam rei memoriam* [art. 20.º, n.º 1, al.ª c)] e garante o depósito à ordem do expropriado de quantia equivalente

[15] V. de igual modo, os artigos 91.º e ss do CP.

[16] Sustentando uma noção de expropriação própria da ordem constitucional, mais ampla do que a tradicional v. José de Oliveira Ascensão, «Nacionalizações e inconstitucionalidade», in *Estudos sobre Expropriações e Nacionalizações*, INCM, Lisboa, 1989, pp. 234 e ss; Maria Lúcia Amaral Pinto Correia, *Responsabilidade do Estado e Dever de Indemnizar do Legislador*, Coimbra Editora, 1998, pp. 517 e ss.

[17] Aprovado pela Lei n.º 168/99, de 18 de setembro, com a redação da Lei n.º 4-A/2003, de 19 de fevereiro, da Lei n.º 67-A/2007, de 31 de dezembro, e da Lei n.º 56/2008, de 4 de setembro.

ao resultado da estimativa inicial dos encargos com a expropriação [art. 20.º, n.º 1, al.ª b)].

Confirmaremos, seguidamente, a legitimidade constitucional dos poderes da administração pública para praticar atos confiscatórios, em sentido próprio, começando por rastrear os contornos que o termo trouxe do passado e dos que possui nos nossos dias, o que implica distinguir um sentido técnico estrito e um outro, bem mais amplo, usado como qualificador de apropriações públicas arbitrárias. Pelo meio, encontraremos outros sentidos menos vincados.

III. O confisco apresenta-se historicamente identificado com a punição dos crimes de lesa-majestade. Paradigmático terá sido o confisco geral decretado pela Junta da Inconfidência sobre as Casas de Aveiro, Atouguia e Távora, que antecedeu a execução dos seus mais elevados membros, por implicação na tentativa de regicídio contra D. José I, de 3 de setembro de 1759.

Representou o confisco, ao longo dos tempos, a pena patrimonial mais severa, ao privar o condenado de tudo o que possuía, independentemente de qualquer ligação direta ou indireta entre os bens confiscados e a sua conduta. A pena continha, assim, um cunho infamante e atingia, indiscriminada e derradeiramente, a família do confiscado e seus dependentes, de tal sorte que a descendência não pudesse recuperar a honra e dignidade perdidas.

As objeções iluministas ao confisco levaram a que, não raro, o confisco assumisse designações eufemísticas, em especial, ao ser decretado por ato político: o *sequestro dos bens dos Regulares da Companhia de Jesus*, em 1759; o *sequestro do património dos emigrados* liberais, em 1828, como também, pouco depois, em 1834, dos seus antigos perseguidores miguelistas; a *incorporação dos bens das ordens de religiosos regulares na Fazenda Nacional*, em 1834[18]; a *declaração de pertença ao Estado ou aos corpos administrativos dos bens da Igreja Católica*, em 1911[19].

Por razões humanitárias, associadas à intransmissibilidade das penas, o liberalismo oitocentista proclamaria o fim do confisco.

[18] Decreto de 30 de maio de 1834.

[19] Expressão usada pela *Lei da Separação do Estado das igrejas*, de 20 de abril de 1911, no artigo 62.º.

O artigo 11.º da Constituição de 1822, proibiu-o, entre nós, pela primeira vez, e segundo razões de moderação e proporcionalidade que as penas haveriam de conter: «*Toda a pena deve ser proporcionada ao delito; e nenhuma passará da pessoa do delinquente. Fica abolida a tortura, a confiscação de bens, a infâmia, os açoites, o baraço e pregão, a marca de ferro quente, e todas as demais penas cruéis ou infamantes*».

Sem cuidar de distinguir o confisco praticado pelos tribunais do confisco político ou administrativo, a um tempo em que a separação de poderes se confrontava com um sistema de relativa indistinção funcional, herdado do Antigo Regime, a proibição deveu-se, principalmente, ao caráter aviltante, imoderado da pena e ao efeito predador sobre a subsistência de pessoas inocentes (a família do confiscado), como ressalta do artigo 145.º, §19.º da Carta Constitucional: «*Nenhuma pena passará da pessoa do delinquente. Portanto não haverá em caso algum confiscação de bens nem a infâmia do Réu se transmitirá aos parentes em qualquer grau que seja*».

Contudo, à Guerra Civil (1831-34) seguira-se uma vaga de medidas confiscatórias. Como tal, a Constituição de 1838 se, por um lado, proibia a confiscação de bens (art. 22.º), por outro, salvaguardava, como irrevogável «*a venda dos Bens Nacionais, feita na conformidade das leis*», referindo-se, deste modo, ao confisco de património eclesiástico, em especial do património das ordens religiosas, iniciado com o Decreto de 28 de maio de 1834.

De igual modo, a Constituição de 1911, no n.º 23 do artigo 3.º, trasladava integralmente da Carta a proibição do confisco, mas, no n.º 12 do mesmo artigo, ressalvava «*a legislação em vigor que extinguiu e dissolveu em Portugal a Companhia de Jesus, as sociedades nela filiadas, qualquer que seja a sua denominação, e todas as congregações religiosas e ordens monásticas, que jamais serão admitidas em território português*». A administração dos bens espoliados seria regulada pelo Congresso da República (art. 26.º, 22.º), a quem competia também decretar a sua alienação (n.º 23).

Contrariamente à Constituição Política do Estado Novo, que, no artigo 8.º, §12.º, conservara a proibição do confisco, a Constituição de 1976 absteve-se de o fazer, pelo menos, de modo taxativo.

As nacionalizações empreendidas após 11 de março de 1975[20], sem pronta indemnização dos lesados, foram apontadas como confisca-

[20] V.g. O Decreto-Lei n.º 132-A/75, de 14 de março, nacionalizou «todas as instituições de crédito com sede no continente e ilhas adjacentes, com exceção do Crédit Franco-Portugais,

tórias, pois abstinham-se de garantir aos proprietários das empresas nacionalizadas uma qualquer indemnização. E, de certo modo, muitas das expropriações levadas a cabo com a Reforma Agrária, de especial incidência no latifúndio alentejano, foram acusadas de constituírem medidas confiscatórias.

Ora, tais nacionalizações, consideradas, constitucionalmente, uma conquista das classes trabalhadoras (art. 83.º, n.º 1) eram irreversíveis[21], como outrora o fora a desamortização de bens eclesiásticos.

É certo que a Lei n.º 80/77, de 26 de outubro[22], veio programar o pagamento de indemnizações, mas este seria diferido (em *obrigações do Tesouro*) e passaria por comissões arbitrais, além de deixar de fora numerosos lesados (art. 3.º). A definição do valor das participações nacionalizadas, relativamente a cada empresa, competia ao Governo[23], sob parecer de uma comissão com representação minoritária dos lesados (art. 15.º, n.º 1).

Além de salvaguardar as nacionalizações do período revolucionário, o texto originário da Constituição de 1976 admitia que, de futuro, fossem adotadas medidas de apropriação coletiva sem indemnização: «*A lei pode determinar que as expropriações de latifundiários e de grandes proprietários e acionistas não deem lugar a qualquer indemnização*» (art. 82.º, n.º 2). Tal norma,

dos departamentos portugueses do Bank of London & South America e do Banco do Brasil, das caixas económicas e das caixas de crédito agrícola mútuo». O Decreto-Lei n.º 135-A/75, de 15 de março, nacionalizou «todas as companhias de seguros com sede no continente e ilhas adjacentes, com exceção das Companhias de Seguros Europeia, Metrópole, Portugal, Portugal Previdente, A Social, Sociedade Portuguesa de Seguros e O Trabalho».

[21] Com exceção de algumas nacionalizações indiretas (art. 83.º, n.º 2).

[22] Alterada pelo Decreto-Lei n.º 343/80, de 2 de setembro. Só este último revogou o Decreto-Lei n.º 528/76, de 7 de julho, e que estabelecera as primeiras regras sobre indemnizações a ex-acionistas de empresas nacionalizadas. O Tribunal Constitucional viria a declarar a inconstitucionalidade com força obrigatória geral de algumas normas (ac. n.º 39/88, de 9 de fevereiro). O Decreto-Lei n.º 332/91, de 6 de setembro, veio a introduzir-lhe importantes modificações, a um tempo em que se iniciara um vasto programa de reprivatizações.

[23] Pugnando pela inconstitucionalidade material da competência do Governo, v. José de Oliveira Ascensão, «A reserva constitucional da jurisdição», in *O Direito*, Ano 123 (2), pp. 465 e ss. O TC, porém, na senda de anterior jurisprudência, não confirmaria a desaplicação por inconstitucionalidade julgada pelo Supremo Tribunal Administrativo (ac. n.º 280/89, de 9 de março de 1989, 1.ª Secção, P.º 61/88).

porém, logo veio a ser modificada pela I Revisão Constitucional[24], e nunca adquiriu expressão efetiva no direito ordinário[25].

As exceções, contudo, não se ficavam por aqui, pois, até à II Revisão26, por meio do artigo 88.º, n.º 1, o legislador encontrava-se incumbido de definir por lei *«as atividades delituosas contra a economia nacional»*, de modo a serem *«objeto de sanções adequadas à sua gravidade»*. Numa distinção pouco clara entre a pena e os seus efeitos, o n.º 2 admitia *«a perda dos bens, direta ou indiretamente obtidos com a atividade criminosa, e sem que ao infrator caiba qualquer indemnização»*.

O confisco especial, enquadrado por estas duas disposições constitucionais, não se limitava ao crime, pois compreendia outros delitos[26]. O que, além do mais, sobressaía do artigo 88.º era, na opinião de SOUSA FRANCO[27], reconhecer a singularidade da não indemnização, de modo a demonstrar a *contrario sensu* que a ordem constitucional não consentia outras manifestações de confisco: «*Parece-nos ficar claro que só no caso de delitos contra a economia nacional pode haver perda de bens sem indemnização – outra consequência não despicienda deste preceito constitucional*».

Apesar do silêncio constitucional deixado pela II Revisão, ao eliminar o artigo 88.º, continuou a entender-se, e de modo pacífico, que o confisco geral ou universal permanecia absolutamente interdito, seja pela formação de um costume constitucional, seja porque tal sanção é imprópria de um Estado de direito[28], tal como consagrado no artigo 2.º da Constituição ou, simplesmente, por efeito da garantia da propriedade privada contra medidas ablativas sem indemnização. A privação

[24] A garantia de indemnização viria a decorrer da Lei Constitucional n.º 1/82, de 30 de setembro, ao dispor como redação do artigo 82.º a seguinte: «A lei determinará os meios e as formas de intervenção e de nacionalização e socialização de meios de produção, bem como os critérios de fixação de indemnizações».

[25] V. ANTÓNIO DE SOUSA FRANCO, *Noções de Direito da Economia*, 1.º vol., Lisboa, AAFDL, 1983, p. 220.

[26] V. ANTÓNIO SOUSA FRANCO, *op. cit.*, p. 219, referindo-se ao ilícito de mera ordenação social.

[27] *Ibidem*.

[28] V. JOÃO CONDE CORREIA, *Da Proibição do Confisco à Perda Alargada*, INCM, Lisboa, 2012, p. 64. JOSÉ CASALTA NABAIS, *Direito Fiscal*, 11.ª edição, Coimbra, Almedina, 2019, p. 41, nota 36, definindo o confisco especial como reação criminal conforme com as exigências de necessidade, proporcionalidade e subsidiariedade.

indiscriminada de todo o património de alguém atentaria contra a intransmissibilidade das penas[29] (art. 30.º, n.º 3) e contra a proporcionalidade das sanções[30].

Não houve intenção alguma, porém, de banir o confisco especial, como nunca tinha havido nas anteriores constituições que proibiam a pena de confisco.

A verdade é que o sentido do confisco passou a representar uma encruzilhada: por um lado, o de apropriação pública coativa sem indemnização, determinada por razões políticas ou económico-sociais; por outro, o de sanção patrimonial, diferente das sanções pecuniárias por incidir num bem ou numa universalidade de bens, em concreto, mas sem expressa menção constitucional.

O confisco como sanção não pode, por definição, justificar um dever de indemnizar e, por conseguinte, os dois sentidos passaram a confundir-se, apesar de a falta de indemnização não ter, necessariamente, de justificar-se em fins punitivos.

A expressão prestar-se-ia, igualmente, a fins retóricos para qualificar manifestações de arbítrio na apropriação pública de bens ou direitos dos particulares, atestadas por expressões como *confisco tributário*[31], de modo a verberar impostos excessivos em relação à capacidade contributiva, capazes de comprometer níveis mínimos de subsistência familiar ou empresarial.

[29] Jorge Miranda, *Direito da Economia*, Faculdade de Ciências Humanas da Universidade Católica Portuguesa, Lisboa, 1982, p. 272.

[30] Sobre as garantias de indemnização ou de reparação ancoradas no direito internacional, v. Fausto de Quadros, *A Proteção da Propriedade Privada pelo Direito Internacional Público*, Almedina, Coimbra, 1998, em especial, pp. 299 e ss, pp. 415 e ss, pp. 467 e ss.

[31] Acerca da proibição de impostos confiscatórios, v. Clotilde Celorico Palma, «Tributos e confisco: algumas reflexões», in *Revista de Finanças Públicas e Direito Fiscal*, IDEFF, Ano 5, n.º 3, p. 127. A Autora considera que a proibição do confisco incide sobre cada imposto, mas também sobre o sistema fiscal (*idem*). Sustenta porém que só casuisticamente se pode qualificar um imposto como confiscatório. É preciso atender ao *quantum*, mas também ao mínimo vital, ao caráter extrafiscal de certos impostos e à possibilidade de transferência da carga tributária, concluindo o seguinte: «É por isso que uma tributação aparentemente excessiva pode ser justificável em face do sistema constitucional, quando se queira, por exemplo, utilizar a tributação para desincentivar a prática de atividades económicas socialmente nocivas» (p. 129). V. Paulo Marques/Joaquim Miranda Sarmento, *Impostos: Porquê e para quê?* Cadernos IDEF, n.º 24, Coimbra, Almedina, 2022, pp. 81 e ss.

IV. As constituições liberais, como afirmámos, apenas tinham banido o confisco geral; não o confisco especial, que o Código Penal de 1852 designara como declaração de perda. Era este o entendimento da doutrina[32] em consonância com o sentido geralmente atribuído à declaração de perda de bens a favor do Estado.

Nunca se pretendera que a administração pública, no exercício de funções de polícia, ficasse privada de meios para tomar posse de coisas perigosas para a segurança de pessoas e bens ou suscetíveis de comprometerem a saúde pública, nem que a lei penal deixasse de prever a apreensão e o posterior confisco de objetos e vantagens patrimoniais direta ou indiretamente associados à atividade criminosa.

Com efeito, a perda de proventos auferidos através de meios criminosos constitui garantia dos fins das penas, pois sem a declaração da perda a favor do Estado, relativamente ao património obtido de forma criminosa, a pena privativa da liberdade pode revelar-se um encargo recompensador. O indivíduo suporta o cumprimento da pena de prisão como prelúdio à plena fruição da riqueza obtida através da prática do delito e com a aplicação venturosa dos seus réditos. A reintegração do agente na sociedade, como fim das penas[33], fica seriamente comprometida.

Se a declaração de perda, em processo penal, surge como reação ao uso criminoso dos bens ou à sua proveniência, o direito administrativo é chamado a disciplinar o uso dos bens em ordem à função social dos mesmos e, quando necessário, à direta prossecução do interesse público, por via da satisfação das necessidades de segurança, bem-estar, ambiente e cultura que a Constituição e a lei confiam à administração pública.

No entanto, a autonomização científica do direito administrativo[34] surgiu nas vésperas do triunfo do liberalismo, a um tempo em que a palavra de ordem era já banir o confisco e reservar aos tribunais a aplicação de sanções, em nome de uma conceção rígida do princípio da separação de

[32] V. Marcello Caetano, *Manual de Direito Administrativo*, vol. II, 9.ª edição, 2.ª reimpressão, Coimbra, Almedina, 1983, p. 990.

[33] Cf. Artigo 40.º, n.º 1, do Código Penal.

[34] Acerca da noção de direito administrativo, por todos, v. Diogo Freitas do Amaral, *Estudos de Direito Público e Matérias Afins*, vol. I, Coimbra, Almedina, 2004, pp. 191 e ss.

poderes[35], adotada pela Revolução Francesa, iniciada em 1789. Como tal, na sua matriz, o direito administrativo mostra-se tributário de uma especial reverência para com a propriedade privada, quanto mais não fosse, por imperativo constitucional.

A Constituição de 1822 reconhecia na propriedade «*um direito sagrado e inviolável*» (art. 6.º) e a Carta Constitucional, no artigo 145.º, § 21.º, garantia o direito de propriedade «*em toda a sua plenitude*». E, se excecionalmente tivesse de ser atingido pela administração pública, por superiores razões de interesse geral, importaria a prévia reparação do proprietário: «*Se o Bem Público, legalmente verificado, exigir o uso e emprego da propriedade do Cidadão, será ele previamente indemnizado do valor dele. A lei marcará os casos, em que terá lugar esta única exceção, e dará as regras para se determinar a indemnização*».

A denominada constituição económica[36] apresenta-se como o quadro conformador primário do direito administrativo da economia. Por outro lado, importa observar o domínio que as normas constitucionais preveem para a aplicação de sanções por parte das autoridades administrativas.

Diante do lastro constitucional de proibições do confisco, em especial da proibição consignada pela Constituição Política do Estado Novo, não é de estranhar que MARCELLO CAETANO, no seu ensino[37], abordasse o confisco, muito sumariamente, a propósito dos modos de constituição do domínio privado do Estado e de outras pessoas coletivas públicas.

E aborda-o, fundamentalmente, para nos dar conta da proibição constitucional do confisco geral, depois de o definir como «*sanção aplicável*

[35] A mesma conceção que se encontra na origem da jurisdição administrativa, historicamente assente na premissa de que julgar a administração é ainda administrar.

[36] Sobre o conceito de constituição económica, v. ANTÓNIO SOUSA FRANCO, *Noções de Direito da Economia*, 1.º volume, Lisboa, AAFDL, 1982, pp. 87 e ss.; GUILHERME D'OLIVEIRA MARTINS, *Constituição Económica*, 1.º volume, Lisboa, AAFDL, 1983, pp. 10 e ss.; MANUEL AFONSO VAZ, *Direito Económico: a ordem económica portuguesa*, Coimbra Editora, 1987, pp. 70 e ss.; JOÃO PACHECO DE AMORIM, *Direito Administrativo da Economia*, vol. I (*Introdução e Constituição Económica*), Almedina, Coimbra, 2014, pp. 93 e ss.; PEDRO COUTINHO, *A Constituição Económica Portuguesa – à luz da globalização e da integração europeia*, Lisboa, AAFDL, pp. 43 e ss.

[37] *Op. cit.* p. 990. Depois do contrato, da sucessão *mortis causa*, da usucapião, da ocupação e da acessão, o Autor expunha os modos de aquisição de direito público: a aquisição *ope legis* de bens abandonados, a extinção de pessoas coletivas públicas, a reversão de obras executadas por concessionários, a desafetação de bens do domínio público, a execução fiscal e o confisco.

em consequência de certos factos ilícitos e que consiste na apropriação pelo Estado, sem qualquer indemnização, da totalidade ou de parte dos bens do responsável[38]».

Já, pelo contrário, o confisco especial – restrito a um concreto bem do património do agente – poderia ser aplicado como pena ou adotado como medida de polícia.

No entanto, como pena só os tribunais poderiam decretá-lo e, como medida de polícia, o confisco especial a que se referia o Autor corresponde à declaração de perda a favor do Estado, por vezes, antecipada pela apreensão.

Mais tarde, Nuno Sá Gomes[39] veio sugerir um conceito unitário de confisco, talhado sobre e infração e sobre a falta de indemnização: «*O* confisco *é uma* sanção *que consiste na apreensão e perda a favor do Estado de todo ou parte do património do agente da* infração, *sem indemnização*».

Ao invés, procurando circunscrever o confisco a um sentido mais preciso, José de Oliveira Ascensão afirmaria o seguinte[40]: «*O Estado pode (...) apropriar-se de bens dos privados como sanção. Ainda poderíamos distinguir consoante a conduta do privado que justifica esta reação está ligada ao uso dos bens ou não está. Se não está ligada, temos a figura do confisco, como sanção de condutas políticas, por exemplo*».

Nesta aceção estrita, o confisco não seria toda e qualquer sanção ou efeito de pena que importasse a perda de bens, mas tão-só a privação coativa de bens sem relação alguma com a prática da infração, nomeadamente, no cumprimento de um programa político.

Já António de Sousa Franco recortaria o confisco sobre a punição de atos delituosos e, por isso, outros atos de apropriação coletiva de bens particulares sem indemnização só em sentido impróprio deveriam ser considerados confisco[41]. Assim, o legislador constituinte no artigo 88.º da redação originária, não teria incorrido em redundância, ao estatuir que a perda de bens, direta ou indiretamente obtidos com a atividade ilícita, não dava lugar a qualquer indemnização.

[38] *Idem.*

[39] *Nacionalizações e Privatizações*, Cadernos de Ciência e Técnica Fiscal (155), Centro de Estudos Fiscais, Lisboa, 1988, p. 99.

[40] «Reprivatização e direitos dos ex-titulares das empresas nacionalizadas (parecer)», in *Revista da Ordem dos Advogados*, Ano 51 (abril, 1990), p. 302.

[41] *Op. cit.* p. 219.

Por fim, ALVES CORREIA[42], na esteira da doutrina germânica[43], distingue o confisco de direito comum do confisco político, decretado sem indemnização, e que o Autor reconhecia na versão originária do artigo 82.º da Constituição. O primeiro consistiria[44] «*na ablação de um bem, que atinge o proprietário como consequência jurídica da violação de uma lei penal ou de uma lei administrativa*»: a investidura estadual na posse dos *instrumenta sceleris* e dos *producta sceleris*. Conclui, afirmando[45] que tal confisco ou bem que é decidido pelos tribunais ou, então, tem de ser decretado «*num processo administrativo que vá desembocar numa jurisdição penal ou administrativa*».

V. Entendida como apropriação sancionatória de bens na posse de particulares, porque direta ou indiretamente associados a comportamentos ilícitos, a declaração de perda encontra-se, como vimos, entre as sanções aplicáveis por autoridades administrativas, quer no RGCO [art. 21.º, n.º 1, al.ªa)] quer no RJCE [art. 28.º, n.º 1, al.ªs a) e b)].

Se o liberalismo procurara comprimir o direito sancionatório administrativo ao poder disciplinar – no que mais tarde se denominaria *relações especiais de poder* (no contexto militar, da função pública civil, dos utentes de certos serviços públicos) – e a um poder de polícia da via pública, o intervencionismo do Estado, primeiro, e o incremento da regulação administrativa, depois, convocaram a função administrativa para um alargamento sem precedentes de poderes sancionatórios. De modo cada vez mais sensível, a administração pública é chamada a aplicar elevadas coimas e sanções acessórias de considerável severidade: com valor muito superior ao da multa penal.

A Constituição, no entanto, limita-se a um tratamento parcimonioso e incidental do direito administrativo sancionatório, o que não impediu a jurisprudência de burilar os princípios gerais de direito penal, a partir

[42] *As garantias do particular na expropriação por utilidade pública*, separata do volume XXIII do Suplemento ao BFDUC, 1983, pp. 59 e ss.

[43] O Autor informa-nos de que a Constituição Alemã de 1949 prevê, no artigo 18.º, o confisco de bens de alguém que abusa do direito de propriedade para combater a ordem fundamental livre e democrática, e, no artigo 21.º, n.º 2, o confisco patrimonial aos partidos políticos que pretendam prejudicar a democracia ou pôr em perigo a República Federal (*op. cit.*, p. 60, nota 111).

[44] *Idem*, p. 60.

[45] *Idem*, p. 62.

das suas coordenadas constitucionais e do direito internacional, e ali identificar aqueles que, sem prejuízo de adaptações, são, na verdade, princípios comuns a todo o direito sancionatório.

Assim, o poder disciplinar da administração pública aflora no artigo 27.º, n.º 3, al.ª d), para admitir a pena disciplinar de prisão imposta a militares, no artigo 269.º, n.º 3, a fim de garantir a audiência e defesa do arguido e no artigo 165.º, n.º 1, al.ª d), a fim de reservar à competência da Assembleia da República legislar ou autorizar ao Governo que legisle sobre o regime geral «*de punição das infrações disciplinares*». No mais, uma breve referência no artigo 282.º, n.º 3, ao admitir exceções ao efeito de caso julgado perante a declaração de inconstitucionalidade de uma norma disciplinar com força obrigatória geral menos favorável ao arguido.

Por seu turno, a aplicação administrativa de coimas e suas sanções acessórias, em processo contraordenacional, conhece menção no citado artigo 165.º, n.º 1, al.ª d)[46], no artigo 282.º, n.º 3, e no artigo 32.º, n.º 10, a fim de garantir os direitos dc audiência e defesa do arguido.

A Constituição importaria o conceito de ilícito de mera ordenação social do direito ordinário, pois nem sequer determinou que a impugnação dos atos praticados pelas autoridades administrativas em procedimento contraordenacional coubesse a um contencioso de jurisdição plena, como já dispusera o legislador ordinário, confiado à jurisdição comum[47]. Aspeto fundamental, pois o tribunal conhece dos factos e do direito como se interviesse em primeira mão, sem os limites com que depara a jurisdição administrativa perante a reserva de administração, de modo especial, no que se refere às valorações próprias do exercício da função administrativa.

[46] A reserva compreende apenas o regime geral dos atos ilícitos de mera ordenação social e o processo contraordenacional. Ao contrário do regime geral de punição das infrações disciplinares, que só pode ser delegado no Governo, o regime geral dos atos ilícitos de mera ordenação social e o processo contraordenacional pode também ser objeto de autorizações legislativas às assembleias legislativas das regiões autónomas [cf. art. 227.º, n.º 1, al.ª b)].

[47] Exceção feita às «impugnações judiciais de decisões da Administração Pública que apliquem coimas no âmbito do ilícito de mera ordenação social por violação de normas de direito administrativo em matéria de urbanismo e do ilícito de mera ordenação social por violação de normas tributárias», por força do art. 4.º, n.º 1, al.ª l), do Estatuto dos Tribunais Administrativos e Fiscais, aprovado pela Lei n.º 13/2002, de 19 de fevereiro, na redação que lhe atribuiu o Decreto-Lei n.º 214-G/2015, de 2 de outubro.

O artigo 32.º, n.º 10, da Constituição, não exclui, antes parece admitir, «*outros procedimentos sancionatórios*» e não faltam vozes autorizadas na doutrina[48] a adotarem um conceito amplíssimo de sanção administrativa, a ponto de abarcar a revogação de atos favoráveis. Tal extensão, supostamente, reforçaria as garantias dos administrados, consignadas no artigo 268.º, se e na medida em que se tratasse de verdadeiras sanções, o que nem sempre se confirma.

Habilitada a aplicar sanções pecuniárias – v.g. coimas contraordenacionais e multas disciplinares – pode a administração pública declarar a perda de bens a favor do Estado, quando a propriedade privada parece consentir apenas a expropriação e a requisição como únicas restrições admissíveis?

Como vimos, só as penas privativas da liberdade se encontram à margem do direito administrativo, como decorre, *a contrario sensu*, da exceção assinalada para o direito disciplinar militar [art. 27.º, n.º 3, al.ª d)].

Mas, por outro lado, a todos se garante «*o direito à propriedade privada e à sua transmissão em vida ou por morte, nos termos da Constituição*» (art. 62.º, n.º 1, da Constituição), além de que requisições e expropriações só podem ser praticadas em ordem a uma concreta utilidade pública, previamente declarada, «*com base na lei e mediante o pagamento de justa indemnização*» (n.º 2).

Em conformidade com o princípio da proporcionalidade a que obedece toda a atividade administrativa, a «*expropriação deve limitar-se ao necessário*

[48] Assim, Diogo Freitas do Amaral descortina um domínio sancionatório específico, mas inominado, em torno do controlo administrativo de certas atividades públicas e privadas [«O poder sancionatório da Administração Pública», in *Estudos Comemorativos dos 10 Anos da Faculdade de Direito da Universidade Nova de Lisboa* (Diogo Freitas do Amaral/ Carlos Ferreira de Almeida/ Marta Tavares de Almeida), vol. I, Coimbra, Almedina, 2008, pp. 223 e ss.]. Além da revogação por ilegalidade e da revogação por mérito, o Autor considera dever autonomizar-se a revogação sancionatória (p. 225). Em sentido convergente, v. Miguel Prata Roque, «O direito sancionatório público enquanto bissetriz (imperfeita) entre o direito penal e o direito administrativo – a pretexto de alguma jurisprudência constitucional», in *Revista de Concorrência e Regulação*, vol. 4, n.º 14 (2013), p. 105 e ss. Entendemos, pelo contrário, que a revogação nunca constitui, em si, uma sanção. Ela pode constituir o meio de executar a extinção de um direito. Só nesse caso, ainda que impropriamente, se pode aludir a revogações sancionatórias. Em geral, a revogação e a anulação de atos administrativos não constitutivos de direitos devem-se a razões de mérito ou de reposição da legalidade. Assinalando a necessária distinção entre as sanções administrativas e medidas desfavoráveis, v. José Carlos Vieira de Andrade, *Lições de Direito Administrativo*, 6.ª edição, Coimbra, Imprensa da Universidade de Coimbra, 2020, p. 136 e p. 176.

para a realização do seu fim, podendo, todavia, atender-se a exigências futuras, de acordo com um programa de execução faseada e devidamente calendarizada, o qual não pode ultrapassar o limite máximo de seis anos» (art. 3.º, n.º 1, do Código das Expropriações).

Às garantias constitucionais o Código das Expropriações acrescenta[49], entre outras, a caducidade da declaração de utilidade pública (art. 4.º, n.º 5, e art. 13.º, n.º 3), o direito de reversão (art. 74.º e ss), a precedência de negociações com vista à aquisição por mútuo acordo (art. 33.º e ss), a instituição de meios de arbitragem do valor da indemnização (art. 38.º e ss), o recurso judicial da deliberação arbitral (art. 58.º e ss), o pagamento contemporâneo da indemnização (art. 67.º, n.º 1) ou mesmo, em alguns casos, antecipado [art. 20.º, n.º 1, al.ª b)].

A utilidade pública que serve de causa a determinada expropriação pode também importar a utilização temporária de terrenos próximos ao imóvel a adquirir. Em tais casos, ocorre uma privação temporária da posse por via de ocupação[50], pois, nos termos do artigo 18.º, n.º 1, o Código das Expropriações, dispõe que a declaração de utilidade pública «*confere à entidade expropriante o direito de ocupar prédios vizinhos e de neles efetuar os trabalhos necessários ou impostos pela execução destes, nos termos previstos nos estudos ou projetos aprovados, ou daqueles que forem definidos em decisão da entidade que produziu aquele ato*». O cômputo da indemnização é, porém, devolvido, no essencial, ao regime da responsabilidade civil do Estado: «*Aos proprietários e demais interessados prejudicados pela ocupação são devidas indemnizações nos termos gerais de direito, a determinar em processo comum, ao qual se aplica, com as necessárias adaptações, o disposto nos artigos 71.º e 72.º do presente Código*».

A ter de justificar-se nova declaração de utilidade pública, o instrumento adequado é a requisição por utilidade pública[51], a qual, por definição, não pode ir além do uso temporário de bens – não mais de um ano, ainda que

[49] Sobre as garantias do particular na expropriação por utilidade pública, v. FERNANDO ALVES CORREIA, *Manual de Direito do Urbanismo*, vol. II, Coimbra, Almedina, 2010, p. 204 e ss.; *As garantias ..., op. cit.*, 1983, pp. 127 e ss.

[50] Poderia designar-se requisição por utilidade pública, não fora a circunstância de tal expressão ser habitualmente reservada a coisas móveis. Todavia, o Código das Expropriações, no artigo 80.º, refere-se expressamente à requisição de imóveis.

[51] Acerca da requisição, v. LUÍS PINTO COELHO, *Subsídios para o Estado da "Requisição"*, Separata da Revista da Faculdade de Direito da Universidade de Lisboa, vol. X, 1954; JORGE MIRANDA, *Direito da Economia...*, pp. 269 e ss.

em requisições continuadas ou interpoladas (art. 80.º, n.º 2). Apesar de tradicionalmente respeitar a bens móveis, o Código das Expropriações, aplicou-a a imóveis e direitos a ele inerentes, «*em caso de urgente necessidade e sempre que o justifique o interesse público e nacional*» (n.º 1).

Já a cedência de bens móveis ou semoventes, como ainda, a utilização temporária de quaisquer outros, por via de requisição civil, encontra-se regulada pelo Decreto-Lei n.º 637/74, de 20 de novembro[52], tendo por escopo, «*assegurar o regular funcionamento de serviços essenciais de interesse público ou de sectores vitais da economia nacional*» em circunstâncias particularmente graves, não restritas aos estados de sítio e de emergência (art. 1.º, n.º 1).

VI. Todavia, expropriação e requisição estão longe de constituir um *nec plus ultra*, entre as ablações ao direito de propriedade privada consentidas – ou mesmo favorecidas – pela ordem jurídica, sem excluir o direito civil.

Em anotação ao artigo 62.º, n.º 2, da Constituição, observam J. J. Gomes Canotilho/ Vital Moreira[53]: «*É possível entender-se que estas figuras não esgotam as formas* de privação forçada da propriedade *nomeadamente as que sejam feitas a favor de terceiros (e não do Estado), mas a falta de uma explícita credencial constitucional não deixa de levantar dificuldades a algumas figuras correntes no direito civil, de perda ou transmissão forçada do direito de propriedade, incluindo a acessão (industrial) (cf. AcTC n.º 205/00), a remição de colonia (cf. AcsTC n.ºs 404/87 e 327/92) e a usucapião (cf. AcTC n.º 205/00). Aparentados com a desapropriação são os casos de* destruição *de bens por utilidade pública, previstos em diversa legislação (demolição de prédios ameaçando ruína, abate de animais doentes, inutilização de bens alimentares deteriorados, etc.)*».

Na verdade, a garantia do direito de propriedade privada não exclui outras formas de privação coativa, por parte da Administração Pública,

[52] Alterado pelo Decreto-Lei n.º 23-A/79, de 14 de fevereiro. É este diploma que prevê outrossim que se requisite a prestação de serviços, individual ou coletiva (art. 1.º, n.º 1), designadamente por incumprimento dos serviços mínimos decretados em face de situações de greve.

[53] *Constituição da República Portuguesa Anotada*, volume I, 4.ª edição, Coimbra Editora, 2007, p. 805.

ainda que comprometam os traços fundamentais da expropriação e da requisição: utilidade pública[54], legalidade e justa indemnização.

É certo que a eliminação do n.º 2 do artigo 82.º da Constituição, consentindo nacionalizações sem indemnização, teve consequências de monta. Como pode ler-se no Acórdão TC n.º 39/88, de 9 de fevereiro[55], «*a possibilidade de expropriação sem indemnização "de latifundiários e de grandes proprietários e empresários ou acionistas", prevista no n.º 2 do artigo 82.º da Constituição, na sua versão originária, foi eliminada na revisão constitucional de 1982. Deixou, assim, de ser constitucionalmente admissível* o confisco *que não seja fundado em atividades criminosas*».

Ali, se reconheceu, inequivocamente, que a garantia constitucional da propriedade privada não impede a perda de bens fundamentada em condenação penal, mas reconheceu também a admissibilidade de outras formas de apropriação pública com menores garantias dos proprietários.

Desde logo, a definição de um regime geral da expropriação por utilidade pública[56] não impede a aprovação de regimes especiais – por regra, menos generosos – como ainda há pouco admitiu o TC[57].

Por outro lado, o artigo 83.º da Constituição confia ao legislador a tarefa de determinar «*os meios e as formas de intervenção e de apropriação pública dos meios de produção, bem como os critérios da fixação da correspondente indemnização*». Ao prever-se a fixação pelo legislador de critérios de indemnização a Constituição está, de modo sintomático, a afirmar a autonomia de outras formas de apropriação pública, relativamente à *justa indemnização* garantida pelo artigo 62.º, n.º 1.

[54] O artigo 65.º, n.º 4, sugere que a utilidade pública urbanística possa ser declarada de modo específico, por comparação com a declaração de utilidade pública prevista nos artigos 10.º e ss do Código das Expropriações.

[55] *Diário da República*, I Série, n.º 52, de 3 de março de 1988.

[56] Sob reserva relativa da competência parlamentar, nos termos do artigo 165.º, n.º 1, al.ª e), da Constituição.

[57] Acórdão n.º 695/2022, de 25 de outubro de 2022 (Plenário, Proc.º 388/2021). Estavam em causa normas do regime especial aplicável à expropriação e à constituição de servidões administrativas (Decreto-Lei n.º 15/2021, de 23 de fevereiro) com vista à concretização das intervenções integradas no âmbito do Programa de Estabilização Económica e Social, aprovado em anexo à Resolução do Conselho de Ministros n.º 41/2020, de 6 de junho (PEES). A Lei n.º 5/2023, de 20 de janeiro, estendeu tal regime especial à execução de projetos integrados no Plano de Recuperação e Resiliência (PRR).

Contudo, critérios diversos do paradigma (o Código das Expropriações) não podem servir de fundamento para indemnizações irrisórias. A indemnização não terá de satisfazer ao princípio da igualdade na repartição dos encargos com o interesse público[58], podendo ficar-se pela reparação ou compensação e não terá de ser paga de imediato, mas tem de revelar-se minimamente retributiva.

Sem qualquer referência a indemnizações, «*os meios de produção em abandono podem ser expropriados em condições a fixar pela lei*» (art. 88.º, n.º 1), como podem ainda, se o abandono for injustificado, «*ser objeto de arrendamento ou de concessão de exploração compulsivos, em condições a fixar por lei*» (n.º 2).

Há quem considere estarmos perante uma expropriação sancionatória, no caso do n.º 1. Nessa linha, afirma JORGE MIRANDA[59]: «*Esta sanção não é criminal, nem civil, nem administrativa; é uma sanção tipicamente económica, uma manifestação de particularismo do direito público económico*».

O conceito de *expropriação sancionatória* parece-nos, contudo, representar uma contradição nos termos, uma vez que o pagamento de uma indemnização razoável constitui elemento essencial do conceito de expropriação. Sem indemnização pode, na verdade, haver confisco, mas nem sempre a falta de indemnização se deve a motivações sancionatórias.

De todo o modo, cremos que o artigo 88.º, n.º 1, pressupõe o pagamento de indemnização, até porque, do contraste com o n.º 2, decorre cuidar-se ali de *abandono justificado*. Há casos de abandono justificado por motivos de racionalidade económica, em que a expropriação se revela um auxílio dos proprietários. Em zonas deprimidas, sem procura alguma de imóveis, o proprietário cujo prédio é expropriado, nos termos do referido preceito constitucional, pode considerar-se beneficiado.

É por isso que o n.º 2 – meios de produção em abandono injustificado – prevê abrir mão da expropriação: «*Os meios de produção em abandono injustificado podem ainda ser objeto de arrendamento ou de concessão de exploração compulsivos, em condições a fixar por lei*».

[58] Acerca de tal modulação do princípio da igualdade, v. FERNANDO ALVES CORREIA, *O Plano Urbanístico e o Princípio da Igualdade*, Coimbra, Almedina, 1989, pp. 459 e ss.

[59] *Direito da Economia*, *op. cit.*, p. 268.

Se o abandono for ao ponto de não deixar sequer conhecer o proprietário do imóvel, presume-se *juris et de jure*, integrar o património do Estado (art. 1345.º do CC). Esta norma obedece a propósitos de segurança jurídica e de restituição dos imóveis à sua função social[60] e encontra-se, hoje, regulamentada, no que diz respeito a prédios rústicos, pelo Decreto-Lei n.º 15/2019, de 21 de janeiro[61].

Por fim, a expropriação agrária por utilidade social: ao latifundiário expropriado em ordem ao cumprimento dos objetivos da política agrícola é simplesmente garantida «*a correspondente indemnização*» e uma «*reserva de área suficiente para a viabilidade e a racionalidade da sua própria exploração*» (art. 94.º, n.º 1).

Uma vez mais, os critérios de fixação da indemnização não têm de coincidir com os do Código das Expropriações[62]. De outro modo, mostrar-se-iam superabundantes.

Com efeito, a expropriação agrária por utilidade social permite a indemnização diferida, em títulos[63], contrariamente à expropriação por utilidade pública, embora, por sua vez, confira ao proprietário o direito de conservar para si uma parcela das terras expropriadas, até certo limite (direito de reserva).

VII. A indemnização reclamada ao Estado pelos antigos proprietários de empresas e participações sociais nacionalizadas em 1975 deu lugar, no último quartel do passado século, a uma tão viva como profícua discussão

[60] As Bases Gerais da Política de Solos, do Ordenamento do Território e do Urbanismo permitem que os prédios rústicos ou mistos sem dono conhecido e que não estejam a ser utilizados para fins agrícolas, florestais, silvo-pastoris ou de conservação da natureza, sejam disponibilizados na bolsa nacional de terras, nos termos da Lei n.º 62/2012, de 10 de dezembro, na redação do Decreto-Lei n.º 15/2019, de 21 de janeiro (cf. art. 36.º, n.º 3, da Lei n.º 31/2014, de 30 de maio, na sua atual redação, atribuída pelo Decreto-Lei n.º 51/2021, de 15 de junho). As formas e o procedimento de cedência dos prédios do domínio privado do Estado e do património próprio dos institutos públicos através da bolsa nacional de terras para utilização agrícola, florestal ou silvo-pastoril encontram-se disciplinadas pelo Decreto-Lei n.º 21/2014, de 11 de fevereiro.

[61] Alterado e republicado pelo Decreto-Lei n.º 149/2019, de 9 de outubro.

[62] Neste sentido, v. António Carlos dos Santos/ Maria Eduarda Gonçalves/ Maria Manuel Leitão Marques, *Direito Económico*, 8.ª edição, Coimbra, Almedina, p. 52.

[63] Assim, Jorge Miranda, *Direito da Economia*, *op. cit.*, p. 266.

doutrinária[64] e jurisprudencial[65], pois a Lei n.º 80/77, de 26 de outubro, foi, por muitos, considerada como consolidação do confisco anteriormente iniciado, até por deixar de fora um importante conjunto de lesados (art. 1.º, n.º 4).

Da ampla controvérsia, contudo, emergiu, pelo menos um consenso quanto às nacionalizações. Ainda que produzindo uma lesão nos proprietários das empresas ou das participações sociais, a nacionalização não deve constituir, em sentido próprio, uma sanção.

A nacionalização é um ato de apropriação coletiva que, geralmente, assume a forma de ato legislativo e que obedece a propósitos políticos. Dá lugar a uma indemnização que pode revelar-se mais modesta do que a indemnização a que se refere o artigo 62.º, n.º 2, da Constituição, e o seu pagamento relegado para momento oportuno e até fracionado em prestações.

A nacionalização não depende de prévia declaração de uma concreta utilidade pública, até porque, na verdade, obedece a um interesse público geral, implícito ao próprio ato político: passar para o setor público determinadas empresas, setores de atividade ou participações sociais.

Assim, JORGE MIRANDA[66] define nacionalização como a «*transferência da propriedade de certo bem de produção para a coletividade com o fim de, doravante, ser gerido segundo finalidades de interesse geral diferentes das que presidiam à sua anterior gestão privada*».

[64] V. FERNANDO JOSÉ BRONZE, «As indemnizações em matéria de indemnizações», in *RDE*, Ano 2, 1976, n.º 2; JOAQUIM DA SILVA LOURENÇO, «Reforma Agrária», in *Estudos sobre a Constituição*, 1.º vol., Lisboa, Petrony, 1977, pp. 213 e ss.; CARLOS ALBERTO DA MOTA PINTO, *Direito Económico Português – desenvolvimentos recentes*, separata do vol. LVII do BFDUC, 1981, pp. 18 e ss.; ANTÓNIO DE SOUSA FRANCO, «A Revisão da Constituição Económica», in *ROA*, Ano 42, 1982, pp. 644 e ss.; JORGE MIRANDA, *Direito da Economia, cit.*, pp. 287 e ss.; NUNO SÁ GOMES, *Nacionalizações e Privatizações, op. cit.*, pp. 184 e ss.; SIMÕES PATRÍCIO, «Nacionalizações e empresas nacionalizadas», in *RDE*, Ano 8, n.º 2; MANUEL AFONSO VAZ, *Direito Económico*, Coimbra, Coimbra Editora, 1984, pp. 172 e ss.; JOSÉ DE OLIVEIRA ASCENSÃO, *Estudos sobre Expropriações e Nacionalizações*, INCM, Lisboa, 1989.

[65] Do TC, em Plenário, v. ac. n.º 11/84, de 7 de fevereiro (Proc.º 91/83), ac. n.º 25/85, de 6 de fevereiro, ac. n.º 26/85, de 15 de fevereiro (Proc.º 20/85), ac. n.º 102/87, de 18 de março (Proc.º 52/87, ac. n.º 108/88, de 31 de maio (Proc.º 221/88), ac. n.º 71/90, de 21 de março (Proc.º 68/90), ac. n.º 452/95, de 6 de julho (Proc.º 417/91).

[66] *Op. cit.*, p. 261.

De modo aproximado, Luís Cabral de Moncada[67] caracteriza a nacionalização como «*ato político juridicamente expresso, quase sempre, num diploma legislativo, que provoca a transferência dos bens de propriedade privada para a órbita da propriedade pública ou "nacional" e exprime o intuito de gerir os bens no interesse coletivo, obedecendo ainda a uma estratégia política de liquidação do capital privado, monopolista ou não, ou a um mero desígnio conjuntural, como, por ex., evitar uma falência, a estabilidade bancária ou outra*».

A utilidade prestada pelos bens e meios de produção nacionalizados continuará a ser a mesma, ao passo que a expropriação importa a afetação a uma utilidade que, embora de natureza pública, se mostra diversa da que o proprietário lhe dava, sob pena de reversão[68].

Nas palavras do Tribunal Constitucional[69], «*se, por justa indemnização, dever entender-se 'indemnização completa', 'equilibrada compensação', 'entrega de equivalência', 'substituição de valor patrimonial', etc. (expressões todas a significar indemnização total) – questão que, aqui, não tem que decidir-se –, então, é seguro que essa regra só vale para a clássica expropriação por utilidade pública (e, naturalmente, para a requisição), mas não também para a nacionalização de bens económicos*».

Paradigmático da jurisprudência administrativa tirada sobre as nacionalizações mostra-se, em sentido convergente, o acórdão do STA de 20 de março de 1990[70], admitindo significativas restrições à indemnização dos proprietários de bens nacionalizados: «*I – Nacionalização é o ato político--legislativo pelo qual se transferem bens da propriedade privada para a propriedade pública, com o intuito de os gerir no interesse coletivo; II – A Constituição, ao referir-se no artigo 82.º, na redação anterior à 2.ª Revisão Constitucional, a critérios específicos de indemnização, aponta claramente para uma distinção entre o regime das indemnizações por nacionalizações e o das indemnizações por expropriações em*

[67] *Direito Económico*, 7.ª edição, Coimbra, Almedina, 2018, p. 379.

[68] De acordo com o artigo 5.º, n.º 1, do Código das Expropriações, o proprietário pode reaver o bem expropriado (restituindo a indemnização percebida) se, entretanto, tiver cessado o fim que justificara a declaração de utilidade pública [al.ª b)] ou se, passados dois anos, o bem expropriado não se encontrar aplicado a essa mesma utilidade pública [al.ª a)].

[69] Ac. n.º 39/88, citado. Com relação ao conceito de justa indemnização, indissociável da expropriação por utilidade pública v. ac. TC n.º 341/86, de 10 de dezembro, 1.ª Secção, proc.º 111/84; ac. TC n.º 442/87, de 18 de novembro, 1.ª Secção, proc.º 10/87; ac. do TC n.º 131/88, de 8 de junho, Plenário, proc.º 3/88; ac.TC n.º 52/90, de 7 de março, 1.ª Secção, proc.º 173/89; ac. TC n.º 417/2006, de 11 de julho, 1.ª Secção, proc.º 538/05.

[70] 2.ª Subsecção (proc.º 14716).

sentido estrito, previstas no n.º 2 do artigo 62.º; III – Falta sanção jurídica à não publicação por parte do Governo dos regulamentos necessários a boa execução das leis; IV – Em caso de nacionalização, não há lugar a indemnização dos prejuízos resultantes do protelamento do processo indemnizatório, porquanto a nacionalização é um ato lícito, que não se compadece com a ideia duma indemnização igual ao valor do lucro cessante mais o dano emergente».

O regime jurídico de apropriação pública por via de nacionalização encontra-se, hoje, no anexo aprovado com a Lei n.º 62-A/2008, de 11 de novembro, mas circunscreve-se, como observa António Menezes Cordeiro[71], às «*participações sociais de pessoas coletivas privadas, quando, por motivos excecionais e especialmente fundamentados, tal se revele necessário para salvaguardar o interesse público*» (art. 1.º).

A nacionalização faz-se por decreto-lei (art. 2.º, n.º 1), o qual «*evidencia sempre o reconhecimento do interesse público subjacente ao ato de nacionalização, com a observância dos princípios da proporcionalidade, da igualdade e da concorrência*» (n.º 2).

O dever de indemnizar não é geral: «*Aos titulares das participações sociais da pessoa coletiva, bem como aos eventuais titulares de ónus ou encargos constituídos sobre as mesmas, é reconhecido o direito a indemnização, quando devida, tendo por referência o valor dos respetivos direitos, avaliados à luz da situação patrimonial e financeira da pessoa coletiva à data da entrada em vigor do ato de nacionalização*» (art. 4.º n.º 1). E em relação ao seu cálculo, estabeleceu-se que «*o valor dos respetivos direitos é apurado tendo em conta o efetivo património líquido*» (n.º 2).

Nos termos do artigo 14.º, reforça-se a executoriedade do ato, pois o reconhecimento do interesse público «*dispensa a adoção da resolução fundamentada a que se refere o n.º 1 do artigo 128.º do Código de Processo nos Tribunais Administrativos para que a eventual impugnação de quaisquer atos ou normas adotados em execução do disposto no presente regime não produza efeitos suspensivos*».

VIII. Uma última nota para assinalar a presença, na nossa ordem jurídica, da venda forçada. De modo a serem reabilitadas as edificações e cumprirem a sua função social e cultural, o proprietário pode ser obrigado a trazer para o mercado os imóveis que deixaram de cumprir para a sua função social.

[71] «Da nacionalização do BPN», in *Revista de Direito das Sociedades*, I (2009), n.º 1, pp. 65/6.

Referimo-nos ao artigo 62.º do Regime da Reabilitação Urbana[72] como instrumento compulsório de execução de obras[73]: «Se *os proprietários não cumprirem a obrigação de reabilitar nos termos do disposto no n.º 1 do artigo 55.º, ou responderem à respetiva notificação alegando que não podem ou não querem realizar as obras e trabalhos indicados, a entidade gestora pode, em alternativa à expropriação a [...[, proceder à venda do edifício ou fração em causa em hasta pública a quem oferecer melhor preço e se dispuser a cumprir a obrigação de reabilitação no prazo inicialmente estabelecido para o efeito, contado da data da arrematação*».

Embora, na hasta pública, assista um direito de preferência ao município ou empresa municipal (art. 62.º, n.º 3), a venda forçada não importa a aquisição pública.

Aliás, ao proprietário assiste o direito de alienar o edifício ou fração em causa a terceiro, em determinado prazo, «*bem como o de dizer o que se lhe oferecer sobre a proposta de valor base apresentada, no mesmo prazo, podendo apresentar contraproposta fundamentada em relatório elaborado por perito da sua escolha*» (n.º 5).

Tal instrumento foi previsto pelo legislador – e bem – à margem das normas de direito sancionatório (art. 77.º-C e ss).

A perda de imóveis ou de suas parcelas pode, ainda, apresentar-se como satisfação voluntária de um ónus ou encargo. Perda, verdadeiramente, visto que importa a aquisição originária por uma pessoa coletiva pública.

É o caso das cedências ao domínio público ou privado municipal como condição de uma operação de loteamento urbano (art. 44.º do Regime Jurídico da Urbanização e da Edificação).

Tem lugar uma aquisição originária[74], gratuita, a que o proprietário se dispõe, de modo a ser-lhe permitido empreender uma operação de loteamento urbano, criando novas unidades fundiárias.

Sem tais cedências, que potenciarão solos destinados a equipamentos ou a outras utilidades públicas, a operação urbanística que o proprietário tenciona levar a cabo será inviabilizada.

[72] Aprovado pelo Decreto-Lei n.º 307/2009, de 23 de outubro de 2009. V. ac. do TC n.º 421/2009, de 13 de agosto de 2009 (*Diário da República*, 2.ª Série, n.º 270, de 2 de setembro de 2009).

[73] No artigo 59.º prevê-se o arrendamento forçado com desiderato semelhante.

[74] Cf. André Folque, «Expropriação por utilidade particular: efeitos de cedência de imóvel ao domínio público – comentário ao Acórdão do Supremo Tribunal Administrativo (1ª secção) de 29 de abril de 2014», in *Cadernos de Justiça Administrativa*, n.º 110 (2015), pp. 25/36.

IX. Com isto, estaremos em condições de nos debruçarmos sobre o direito administrativo sancionatório.

Vimos que a lei confia a órgãos da administração pública a aplicação de sanções contraordenacionais que consistem na perda de bens a favor do Estado, apesar de a Constituição não enquadrar o alcance das sanções acessórias. A verdade, porém, é que pouco adiantam as normas constitucionais acerca das sanções disciplinares ou contraordenacionais.

A única limitação expressa, já o dissemos, decorre da norma que exceciona a prisão disciplinar aplicada a militares ao princípio da reserva jurisdicional para aplicar sanções e medidas de segurança privativas da liberdade [art. 27.º, n.º 3, al.ª d), da Constituição]. Em nenhum outro caso pode a administração pública – civil ou militar – aplicar sanções privativas da liberdade.

Por outro lado, não podem os poderes públicos servir-se da expropriação por utilidade pública para aplicarem sanções, sem garantias de audiência e defesa, nem, ao invés servir-se da aplicação de sanções patrimoniais para adquirirem bens ou direitos necessários a satisfazer uma concreta utilidade pública. As normas que o consentissem incorreriam em desvio de poder legislativo[75].

É incontestado, porém, que a privação coativa de um bem determinado constitui elemento específico de algumas sanções administrativas. Trata-se de um bem que o sujeito passivo do confisco tem em seu poder, mas que usou de modo contrário a certa norma penal ou contraordenacional, que pertence a uma categoria de bens cuja posse ou detenção são ilícitas, ou que adquiriu como provento de infração administrativa praticada.

No procedimento contraordenacional, o confisco encontra-se previsto como sanção acessória[76]. Acessória, pois sem aplicação de coima não haveria perda de bens.

E admite-se que se o agente, agindo dolosamente, «*tiver tornado total ou parcialmente inexequível a perda de objetos que, no momento da prática do facto, lhe*

[75] Acerca do desvio de poder legislativo, v. Jorge Miranda, *Fiscalização da Constitucionalidade*, 2.ª edição, Coimbra, Almedina, 2022, pp. 43 e ss.

[76] Cf. Artigo 21.º, n.º 1, al.ª a), do RGCO: «1 – A lei pode, simultaneamente com a coima, determinar as seguintes sanções acessórias, em função da gravidade da infração e da culpa do agente: «a) Perda de objetos pertencentes ao agente; (...)». No direito disciplinar não encontrámos nenhuma sanção deste tipo.

pertenciam, pode ser declarada perdida uma quantia em dinheiro correspondente ao valor daqueles» (art. 23.º).

A perda consolida-se na ordem jurídica, uma vez esgotado o prazo para a impugnação judicial ou transitada em julgado a decisão. Só então ocorre a «*transferência da propriedade para o Estado ou outra entidade pública, instituição particular de solidariedade social ou pessoa coletiva de utilidade pública que a lei preveja*» (art. 24.º).

Já não constitui sanção, todavia, a perda de objetos que, tendo servido ou estado destinados a servir para a prática de uma contraordenação, ou que por esta tenham sido produzidos, «*representem, pela sua natureza ou pelas circunstâncias do caso, grave perigo para a comunidade ou exista sério risco da sua utilização para a prática de um crime ou de outra contraordenação*» (art. 22.º, n.º 1).

A medida pode ser socialmente compreendida como aflitiva, mas o seu fim não é repressivo. Destina-se unicamente a fazer cessar um perigo e, por isso, é decretada sem qualquer juízo relativo à culpa do agente ou à gravidade da infração. É considerada a probabilidade de perturbação da ordem, da saúde pública ou mesmo de lesão de bens jurídicos protegidos por norma incriminadora, mas sem vinculação aos critérios que presidiram à determinação da coima ou à eventual sanção acessória aplicada. Trata-se de uma medida de polícia administrativa.

Ciente de que não se trata de uma sanção, o legislador, porém, considera «*aplicáveis à perda de objetos perigosos as regras relativas à sanção acessória*» com igual designação (art. 22.º, n.º 2), o que sugere uma incongruência.

E vai mais longe, ainda, admitindo, no artigo 25.º, atos de verdadeiro confisco, à margem de qualquer procedimento sancionatório: «*A perda de objetos perigosos ou do respetivo valor pode ter lugar ainda que não possa haver procedimento contra o agente ou a este não seja aplicada uma coima*».

Adotando uma interpretação restritiva, dir-se-ia que o juízo de perigo acerca dos objetos teria de resultar da lei. Apenas a prescrição ou a inimputabilidade do agente teriam inviabilizado a perda em procedimento contraordenacional. Estaríamos diante de uma medida de polícia administrativa ordenada a salvaguardar um interesse protegido por norma contraordenacional.

Contudo, ali se permite que, no lugar da perda de objetos perigosos, possa exigir-se do infrator uma prestação pecuniária de valor equivalente. Ora, esse valor, em si próprio, não encerra qualquer perigo. Presta-se, como tal, a sérias dúvidas de conformidade constitucional por ofensa ao princípio da proporcionalidade, na sua vertente de adequação ou idoneidade[77].

A perda de valor equivalente não elimina nenhum perigo e, por isso, é igualmente atingido o princípio da necessidade a que obedecem as medidas de polícia (judiciária ou administrativa) segundo o disposto no artigo 272.º, n.º 2, da Constituição: «*As medidas de polícia são as previstas na lei, não devendo ser utilizadas para além do estritamente necessário*».

Suponhamos que o agente tinha em seu poder produtos farmacêuticos sem a pertinente licença. Contudo, destruiu tais produtos, incinerando-os. A determinação da perda de quantia equipolente ao valor patrimonial dos produtos extravasa por completo da função administrativa. Se o agente obteve ganhos indevidos por meio do uso dos produtos, ao longo do tempo em que os conservou consigo, a sua recuperação não compete ao procedimento contraordenacional nem às medidas de polícia administrativa. Só o tribunal pode condenar o agente na restituição dos ganhos ilícitos e na sua perda a favor do Estado.

É certo que no artigo 23.º se determina a perda de uma quantia em dinheiro correspondente ao valor dos bens que deixaram de pertencer ao agente, após a prática do ilícito de mera ordenação social, por efeito de uma sua atuação dolosa, destinada a tornar total ou parcialmente inexequível a perda dos objetos. Todavia, esta norma tem como pressuposto a condenação do arguido. Como tal, não pode aplicar-se aos casos de perda decretada, independentemente de aplicação de coima ou sequer de procedimento contraordenacional.

Somos chegados, assim, à linha de fronteira entre sanções administrativas e medidas de polícia administrativa, também estas podendo compreender, embora com maiores limitações, a perda transitória ou definitiva de bens dos particulares.

X. Com efeito, antes da perda definitiva, a lei prevê a adoção de medidas de polícia administrativa que importam somente a perda da posse ou detenção e de modo transitório.

[77] V. Votos de vencido juntos ao Parecer do Conselho Consultivo da Procuradoria-Geral da República n.º 29/2020, de 18 de fevereiro de 2021 (www.ministeriopublico.pt/pareceres). No mesmo sentido, v. António de Oliveira Mendes/ José dos Santos Cabral, *Notas ao Regime Geral das Contraordenações e Coimas*, Almedina, Coimbra, 2003, p. 72.

É o caso da apreensão de objetos[78] prevista no artigo 48.º-A do RGCO. Prevê-se que sejam *«provisoriamente apreendidos pelas autoridades administrativas competentes os objetos que serviram ou estavam destinados a servir para a prática de uma contraordenação, ou que por esta foram produzidos, e bem assim quaisquer outros que forem suscetíveis de servir de prova»* (n.º 1). Provisoriamente, visto que, *«os objetos são restituídos logo que se tornar desnecessário manter a apreensão para efeitos de prova, a menos que a autoridade administrativa pretenda declará-los perdidos»* (n.º 2).

Decorre do artigo 48.º-A, n.º 1, que a privação dos bens apreendidos é provisória e resulta do n.º 2 e do n.º 3 que a restituição dos mesmos terá lugar em momento ulterior, salvo se ocorrer declaração de perda. A declaração de perda definitiva não se presume, conquanto possa resultar da inércia do interessado, depois de notificado para proceder ao levantamento.

A apreensão adotada em procedimento contraordenacional é sempre uma medida de polícia administrativa, sem embargo de poder convolar-se em perda definitiva, eventualmente como sanção acessória.

O que a distingue de outras medidas de polícia administrativa é sujeitar-se a um controlo de plena jurisdição (art. 55.º). Por conseguinte, aquilo que constituiria margem de livre apreciação e de livre decisão em outras medidas de polícia administrativa não depara, aqui, com a reserva de administração[79].

Pode, porém, dar-se o caso de os bens apreendidos serem perecíveis e não deverem ser destruídos por poderem satisfazer a necessidades básicas de alimentação. É o caso da apreensão dos *«exemplares de espécies aquícolas mortos apreendidos e suscetíveis de consumo público»* São entregues *«tão breve quanto possível, assim evitando a sua depreciação, a instituições de solidariedade social da área onde a infração foi cometida»* (art. 75.º, n.º 1, do Regime do Ordenamento e da Gestão Sustentável das Águas Interiores[80]).

[78] Acerca da distinção entre apreensão e perda no direito criminal, v. João Conde Correia, *A proibição do confisco...*, *op. cit.*, p. 143 e p. 153 e ss.

[79] Com algumas exceções, nomeadamente a revogação do ato que aplica a coima, até à remessa dos autos ao Ministério Público, em caso de impugnação. V. António Leones Dantas, *Direito Processual das Contraordenações*, Coimbra, Almedina, 2022, pp. 32 e ss.

[80] Decreto-Lei n.º 112/2017, de 6 de setembro, na redação fixada pela Declaração de Retificação n.º 37/2017, de 2 de novembro.

A razão de ser da apreensão encontra-se em dois objetivos: (i) conservar meios de prova e/ou (ii) impedir ou fazer cessar o perigo que certos bens representam para a ordem pública[81]. E, neste caso, das duas, uma: ou a simples detenção por particulares já representa, em si, um facto ilícito ou o juízo de perigo resulta de uma ponderação feita, em concreto, pela autoridade administrativa.

Se tais apreensões pressupõem o início de um procedimento contra-ordenacional, a verdade é que se encontram muitas outras previsões de apreensão fora de procedimentos sancionatórios.

Assim, o artigo 80.º. n.º 6, do Regime Jurídico das Armas e Munições[82], dispõe sobre a apreensão de armas de fogo, «*independentemente do motivo que determinou a apreensão*». É apreendida arma se «*quem a detiver, portar ou transportar se encontrar sob influência do álcool, de estupefacientes, substâncias psicotrópicas ou produtos de efeito análogo, verificada nos termos da presente lei ou recusar a submeter-se a provas para sua deteção*», como, simplesmente se as armas «*se encontrarem fora das condições legais ou em violação das prescrições da autoridade competente*» [art. 107.º, n.º 1, al.ªs a) e c), respetivamente].

É igualmente o caso da apreensão administrativa de material pornográfico exposto na via pública, pois nos demais casos a apreensão depende de decisão judicial (art. 7.º, n.º 3, do Decreto-Lei n.º 254/76, de 7 de abril[83]).

De igual modo, constitui medida de polícia administrativa a apreensão de «*exemplares vivos de espécies aquícolas ilicitamente pescados ou mantidos em estabulação sem a devida autorização*» São, de imediato, «*devolvidos à água onde foram capturados ou perdidos a favor do Estado e entregues ao ICNF, I. P., que lhes dá o destino que tiver por conveniente, de acordo com as suas atribuições*» (art. 75.º, n.º 2, do Regime do Ordenamento e da Gestão Sustentável das Águas Interiores).

[81] Acerca da natureza híbrida da apreensão processual penal, prevista nos artigos 178.º e ss, do CPP, v. João Conde Correia, *op. cit.*, pp. 153 e ss.

[82] Lei n.º 5/2006, de 23 de fevereiro, alterada pela Lei n.º 59/2007, de 4 de setembro, pela Lei n.º 17/2009, de 6 de maio, pela Lei n.º 26/2010, de 30 de agosto, pela Lei n.º 12/2011, de 27 de abril, pela Lei n.º 50/2013, de 24 de julho, e pela Lei n.º 50/2019, de 24 de julho.

[83] Alterado pelo Decreto-Lei n.º 653/76, de 31 de julho, e pelo Decreto-Lei n.º 174/2012, de 2 de agosto.

Outro exemplo podemos retirá-lo do Decreto-Lei n.º 54/2013, de 17 de abril[84], que procede à definição do regime jurídico da prevenção e proteção contra a publicidade e comércio das novas substâncias psicoativas.

Quando do encerramento provisório de um estabelecimento, as autoridades podem apreender os objetos usados na infração [art. 5.º, n.º 3, al.ª b)], mas em outras circunstâncias, podem as mesmas autoridades, simplesmente, apreender «*os produtos que contenham novas substâncias psicoativas e os objetos que sirvam ou estejam destinados a servir para a prática de infrações ao disposto no artigo 4.º, ou que por esta forem produzidos, e bem assim quaisquer outros que se revelem suscetíveis de servir de prova*» (art. 8.º, n.º 1).

O caráter de medida de polícia evidencia-se no n.º 2: «*Os objetos são restituídos logo que se tornar desnecessário manter a apreensão para efeitos de prova, a menos que a autoridade competente pretenda declará-los perdidos a favor do Estado*», como também no n.º 3: «*Em qualquer caso, os objetos são restituídos logo que a decisão condenatória se torne definitiva, salvo se tiverem sido declarados perdidos a favor do Estado*».

Tal regime não afasta, pois, a perda definitiva a favor do Estado como sanção acessória, «*dos objetos pertencentes ao agente e que se encontrem na causa ou origem da infração ou destinados a servir para a prática de uma contraordenação, ou que por esta foram produzidos*», independentemente da perigosidade [art. 11.º, n.º 1, al.ª a)].

É evidente que a apreensão praticada por órgão de polícia criminal com necessária intervenção de autoridade judiciária encontra-se à margem da polícia administrativa, ainda que tal intervenção não tenha ainda ocorrido. São medidas de polícia judiciária e medidas cautelares, na perspetiva do processo penal.

Logo que a apreensão em processo penal possua efeitos definitivos, constitui uma perda[85], ainda que se trate de «*coisas sem valor, perecíveis, perigosas, deterioráveis ou cuja utilização implique perda de valor ou qualidades*», como aquelas em relação às quais pode a autoridade judiciária «*ordenar,*

[84] Alterado pelo Decreto-Lei n.º 9/2021, de 29 de janeiro.

[85] Divergimos, neste ponto, de JOÃO CONDE CORREIA, para quem, apesar do efeito definitivo, não está em causa uma perda (*op. cit.*, pp. 143/4). Quer-nos parecer que o Autor sobrestima a natureza processual de tais apreensões, a partir da possibilidade de o lesado vir a ser indemnizado. Se vier a sê-lo, situamo-nos, em princípio, na responsabilidade por facto lícito. Como veremos, infra, algumas medidas de polícia administrativa podem dar lugar a indemnização por conta do sacrifício especialmente imposto ao lesado.

conforme os casos, a sua venda ou afetação a finalidade pública ou socialmente útil, as medidas de conservação ou manutenção necessárias ou a sua destruição imediata», nos termos do artigo 185.º, n.º 1, do CPP[86].

Simões de Oliveira[87] define a apreensão executada pela administração pública como o «*ato da autoridade que retira do poder do detentor objetos, documentos ou valores, colocando-as à ordem da mesma ou de outra autoridade, enquanto não lhes é dado destino legal*».

O uso da expressão detentor vinca o exercício de um poder meramente factual. Não se trata do possuidor jurídico, menos ainda do proprietário, visto que os bens apreendidos são, porventura, insuscetíveis de apropriação privada.

Explica o Autor[88] que tal apreensão não se confunde com a expropriação nem com a requisição, pois «*destina-se a colocar as provas reais à disposição da autoridade julgadora ou a garantir a execução da decisão final que vier a ser proferida, ou serve de medida policial preventiva*». Consequentemente, distingue, em razão do seu fim, a apreensão probatória, a apreensão cautelar e a policial.

XI. Confirmaremos, seguidamente, que nem todos os atos desfavoráveis praticados pela administração pública constituem sanções administrativas[89], nem mesmo alguns atos lesivos que privem alguém de um bem sem indemnização. O imposto é suficientemente ilustrativo a esse propósito.

Fundamentalmente, trata-se de medidas de polícia administrativa, entendida esta no sentido funcional proposto por Sérvulo Correia[90], como «*a atividade da Administração Pública que consiste na emissão de regulamentos e na prática de atos administrativos e materiais que controlam condutas*

[86] Referimo-nos ao CPP, aprovado pelo Decreto-Lei n.º 78/87, de 17 de fevereiro, na sua mais recente redação, fruto da Lei n.º 13/2022, de 1 de agosto.

[87] *Dicionário Jurídico da Administração Pública*, I, José Pedro Fernandes (direção), 2.ª edição, Lisboa, 1990, p. 423.

[88] *Ibidem*.

[89] V. Juan Alfonso Santamaría Pastor, *Principios de Derecho Administrativo General*, II, 2.ª edição, Madrid, Ed. Iustel, 2009, p. 387; Marcelo Madureira Prates, *Sanção Administrativa Geral: Anatomia e Autonomia*, Coimbra, Almedina, 2005, pp. 167 e ss.

[90] «Polícia», in *Dicionário Jurídico da Administração Pública* (direção de José Pedro Fernandes), vol. VI, Lisboa, 1994, p. 394.

perigosas dos particulares com o fim de evitar que estas venham ou continuem a lesar bens sociais cuja defesa preventiva através de atos de autoridade seja consentida pela Ordem Jurídica». Não se cuida apenas da segurança, mas também, como nota PEDRO MACHETE[91] «*da garantia dos direitos dos cidadãos num quadro de defesa da legalidade*», pois «*a segurança não é um valor absoluto*».

Referimo-nos a medidas tomadas pela administração pública, no exercício de poderes de autoridade e que, independentemente da culpa do destinatário e da licitude ou ilicitude do seu comportamento, proíbem a um particular certa atividade, intimam-no a um comportamento ou privam-no de um certo bem, a fim de fazer cessar um perigo[92] ou uma perturbação da ordem pública. São as medidas previstas na lei, de acordo com o já transcrito artigo 272.º, n.º 2, da Constituição, e não devem «*ser utilizadas para além do estritamente necessário*». Podem encontrar-se em regulamentos administrativos de aplicação imediata ou em contratos administrativos, mas, na sua larga maioria, constituem atos administrativos que beneficiam de executoriedade.

O Código do Procedimento Administrativo[93], nos artigos 175.º e seguintes, estabelece «*o regime comum aplicável aos procedimentos administrativos dirigidos à obtenção, através de meios coercivos, da satisfação de obrigações pecuniárias, da entrega de coisa certa, da prestação de factos ou ainda do respeito por ações ou omissões em cumprimento de limitações impostas por atos administrativos*» (cf. art. 175.º, n.º 1).

Tal regime não se aplica, contudo, às medidas de polícia de coação direta, em ordem «*à execução de obrigações diretamente decorrentes do quadro normativo aplicável*», as quais serão objeto de lei própria[94] (n.º 2), tão-pouco às medidas adotadas em estado de necessidade (cf. art. 177.º, n.º 2).

[91] Cf. *Constituição Portuguesa Anotada*, vol. III, 2.ª edição, Lisboa, UCE, 2020, p. 603.

[92] V. PEDRO LOMBA, «Sobre a Teoria das Medidas de Polícia Administrativa», in *Estudos de Direito de Polícia*, 1.º vol. (organização de JORGE MIRANDA), Lisboa, 2003, p. 211; MIGUEL NOGUEIRA DE BRITO, «Direito Administrativo da Polícia», in *Tratado de Direito Administrativo Especial*, I, (organização de PAULO OTERO/ PEDRO GONÇALVES), Coimbra, Almedina, 2009, p. 307.

[93] Aprovado pelo Decreto-Lei n.º 4/2015, de 7 de janeiro, com alterações introduzidas pela Lei n.º 72/2020, de 16 de novembro.

[94] Independentemente da referida lei, o artigo 178.º, n.º 2, determina que a coação direta «só pode exercida com observância dos direitos fundamentais e no respeito pela dignidade da pessoa humana».

É certo que uma das inovações mais significativas do atual Código decorria do afastamento do outrora denominado privilégio da execução prévia. Com ressalva do cumprimento de obrigações pecuniárias, a executoriedade passaria, nos termos do artigo 176.º, a depender de especificação na lei, observando-se, então, os termos aí fixados: «*1 – Sem prejuízo do disposto no n.º 2 do artigo anterior, a satisfação de obrigações e o respeito por limitações decorrentes de atos administrativos só podem ser impostos coercivamente pela Administração nos casos e segundo as formas e termos expressamente previstos na lei, ou em situações de urgente necessidade pública, devidamente fundamentada. 2 – A execução coerciva de obrigações pecuniárias é sempre possível, nos termos do artigo 179.º*».

Contudo, a entrada em vigor do n.º 1 do artigo 176.º encontra-se sujeita a termo incerto: a definição dos casos, formas e termos «*em que os atos administrativos podem ser impostos coercivamente pela Administração*» (art. 8.º, n.º 2, do Decreto-Lei n.º 4/2015, de 7 de janeiro).

Há muito que se esgotaram os 60 dias previstos para o efeito, motivo por que se mantém em vigor o artigo 149.º, n.º 2, do anterior Código (art. 6.º), cujo teor é o seguinte: «*O cumprimento das obrigações e o respeito pelas limitações que derivam de um ato administrativo podem ser impostos coercivamente pela Administração sem recurso prévio aos tribunais, desde que a imposição seja feita pelas formas e nos termos previstos no presente Código ou admitidos por lei*».

Por conseguinte, também artigo 149.º, n.º 1, do anterior Código vigora plenamente, uma vez que o n.º 2 o toma como seu necessário pressuposto. Por isso, a eficácia de um ato administrativo continua a ser condição suficiente para lhe conferir executoriedade.

O novo Código conserva o princípio da precedência do ato administrativo, segundo o qual o exercício de meios coercivos deve constituir execução de um ato administrativo anteriormente praticado (art. 177.º, n.º 1 e n.º 2). Assim, no que toca a lesões do direito de propriedade, ato de execução e ato exequendo devem ser notificados ao proprietário, mesmo que de forma concomitante (n.º 4).

XII. É notória alguma opacidade entre medidas de polícia e sanções administrativas, apesar das diferenças de regime serem significativas. Observou oportunamente NUNO SÁ GOMES[95], a este propósito:

[95] *Op.cit.*, p. 107, nota 83.

«A legislação portuguesa consagra uma profusa multiplicidade de medidas de apreensão e de figuras afins incidindo sobre muitos diversificados bens, quanto à respetiva natureza, regime jurídico e fins, tendo escopo cautelar, probatório, compulsório, preventivo e sancionatório cuja constitucionalidade é duvidosa face aos artigos 30.º e 32.º da Constituição, medidas que não têm sido objeto de estudo atento (apreensão, arrolamento, arresto, retenção, abandono, caução, prescrição a favor da Fazenda Nacional, privilégios creditórios e hipotecas legais a favor de entes públicos, etc.)».

A distinção não tem despertado especial interesse na doutrina nacional, ao contrário do que sucede em outras ordens jurídicas[96], em que as divergências se devem, fundamentalmente, ao critério usado para a distinção.

Se o critério usado for apenas o da finalidade ínsita – repressão, nas sanções, e prevenção, nas medidas de polícia – deparamos com muitos atos que podem ser, ao mesmo tempo, considerados sancionatórios e medidas de polícia administrativa[97]. A fragilidade da prevenção como critério unívoco resulta, aliás, dos fins preventivos das penas.

O critério determinante deve, a nosso ver, ser o do efeito. A aplicação de uma sanção (administrativa ou não) é desprovida de um efeito reintegrativo da legalidade e pode nem sequer pôr termo ao perigo que se pretende evitar. Daí que o procedimento sancionatório se preste a garantias de contraditório que o procedimento administrativo de polícia não pode consentir.

Perante a ruína iminente de um edifício, a posse administrativa, a fim de dar início a operações de escoramento, tem de ser imediata. Para o efeito, pouco importa saber se a iminência de ruína se deve ao proprietário,

[96] A doutrina e a jurisprudência dos tribunais espanhóis mostram-se especialmente ricas, tendo em conta que aquela ordem jurídica não importou nenhum modelo inspirado no ilícito de mera ordenação social alemão. V. EDUARDO GARCÍA DE ENTERRÍA/ TOMÁS-RAMÓN FERNÁNDEZ, *Curso de Derecho Administrativo*, II, 6.ª edição, Ed. Civitas, Madrid, 1999, pp. 105 e ss, p. 159 e ss. RAMON PARADA, *Derecho Administrativo*, I (Parte general), Marcial Pons, Madrid, 1995, pp. 496 e ss. Para uma visão compreensiva das múltiplas questões controvertidas, ao nível jurisprudencial, v. MIGUEL CASINO RUBIO, *El concepto constitucional de sanción administrativa*, 2.ª edição, Madrid, Centro de Estudios Políticos y Constitucionales, 2021.

[97] Sobre esta questão, na jurisprudência e doutrina francesas, v. NATACHA PAGET-BLANC, «La distinction entre mesure de police administrative et sanction administrative», in XAVIER DUPRÉ DE BOULOIS (direção), *Les classifications en droit administratif*, Mare & Martin, Paris, Institut des Sciences Juridique et Philosophique de la Sorbonne, 2021, pp. 191 e ss.

por se ter furtado a obras de conservação, se resultou de escavações num imóvel confiante ou se teve como causa um defeito de construção que o empreiteiro ocultou. Por isso, Regime Jurídico da Urbanização e da Edificação dispensa o cumprimento de formalidades que, perante outras circunstâncias, seriam essenciais[98]. Algo que, a não ser assim, só poderia, no limite, ser justificado pelo estado de necessidade administrativo[99]. O direito de polícia administrativa antecipa para momento mais oportuno – o da verificação de um concreto risco agravado – a intervenção pública que se substitui ao proprietário.

A medida de polícia, não obstante poder ser interpretada comunitariamente como uma sanção, tem por efeito imediato desagravar ou fazer cessar um perigo para a ordem pública, ao passo que à aplicação de uma medida sancionatória escapa esse efeito. Não raro, a sanção é aplicada já depois de o perigo, em concreto, ter deixado de se verificar.

Vale dizer, pois, que a aplicação de sanções administrativas assenta numa imputação subjetiva que molda a maior ou menor severidade e não é menos certo que as medidas de polícia administrativa assentam exclusivamente numa prognose do risco e num juízo de proporcionalidade entre fins e meios. Se um determinado sujeito se encontra na posse indevida de um bem que representa um perigo para a ordem pública (segurança, tranquilidade, saúde pública) a sua imediata apreensão faz-se independentemente de um juízo sobre o comportamento do possuidor, designadamente sobre a culpa. Nada impede a sua posterior punição criminal, disciplinar ou de ordenação social.

Contudo, embora intuitivamente nos possamos aperceber da relevância ou irrelevância da imputação subjetiva, tal diferença entre medidas de polícia e sanções deve representar uma consequência da sua prévia qualificação.

De resto, são múltiplas as medidas de polícia administrativa relativas a factos e circunstâncias completamento alheios à ação humana. As situações que levam a ativar mecanismos de proteção civil, como é o caso das catástrofes naturais, obrigando a despejos sumários ou à requisição civil de equipamentos, não têm um culpado nem um responsável objetivo.

[98] Cf. Artigo 90.º, n.º 8.

[99] Cf. Artigo 3.º, n.º 2, do Código de Procedimento Administrativo.

Assim, a distinção entre medidas de polícia e sanções administrativas não deve partir do regime, sem embargo de, na qualificação, o intérprete se interrogar pela pertinência da imputação subjetiva e de tal prognose contribuir para aclarar a diferente natureza de uma e outras.

XIII. O Conselho Consultivo da Procuradoria-Geral da República vem demarcando alguns traços dos atos de polícia administrativa, justamente para explicar o motivo por que não se aplica um regime inteiramente igual ao das sanções administrativas, em especial, por que motivo não faz sentido aplicar os princípios gerais de direito penal.

Assim, no Parecer n.º 35/89, de 25 de outubro de 1990[100], considerou-se que «*o encerramento de estabelecimentos ou consultórios (...) não tem natureza criminal não relevando do direito penal ou processual penal, revestindo a natureza de medida de policia, com sede própria no direito administrativo, sujeita aos respetivos princípios*».

Por outro lado, no Parecer n.º 52/93, de 9 de dezembro de 1993[101], aquele corpo consultivo pôde divisar no encerramento do estabelecimento, ora uma sanção contraordenacional acessória, ora uma verdadeira medida de polícia administrativa, consoante as normas que o prevejam e em obediência a diferentes regimes: «*Se a medida de encerramento do estabelecimento representar a sanção acessória duma contraordenação, nos termos do disposto pelo artigo 74.º do Decreto-Lei n.º 328/86, de 30 de setembro, o agente da infração que não a acatar, não incorre na prática de um crime de desobediência*».

No Parecer n.º 161/2004, de 3 de fevereiro de 2005[102], o Conselho Consultivo vincou a distinção: «*As medidas de polícia "não devem exceder 'a mera prevenção' de comportamentos ilícitos e, portanto, nunca sancioná-los". Têm sempre apenas uma "função de garantia": "ou da legalidade democrática, ou da segurança interna, ou dos direitos dos cidadãos, pelo que 'previnem' apenas em geral". Continua a existir, assim, um "denominador comum entre todas as suas funções: o carácter preventivo e o da natureza de garantia". São medidas preventivas e não sancionatórias*».

[100] *Diário da República*, 2.ª Série, n.º 65, de 19 de março de 1991.

[101] *Diário da República*, 2.ª Série, n.º 116, de 19 de maio de 1994.

[102] *Diário da República*, 2.ª Série, n.º 8, de 11 de janeiro de 2008.

Por seu turno, no Parecer n.º 28/2008, de 8 de maio de 2008[103], acentuou-se que as medidas de polícia administrativa nem sempre são restritivas ou impositivas de sacrifício: «*A noção de polícia não se confina já a uma atividade de cariz negativo, de restrição de direitos, antes se alarga a intervenções vinculadas de proteção dos direitos, liberdades e garantias dos cidadãos*».

Isto, em contramão com a doutrina tradicional, que, na expressão de Marcello Caetano[104] definia medidas de polícia como «*providências limitativas da liberdade de certa pessoa ou do direito de propriedade de determinada entidade, aplicadas pelas autoridades administrativas independentemente da verificação e julgamento de transgressão ou contravenção ou da produção de outro ato concretamente delituoso, com o fim de evitar a produção de danos sociais cuja prevenção caiba no âmbito das atribuições da polícia*».

Mais recentemente, no Parecer n.º 16/2019, de 26 de setembro de 2019[105], o Conselho Consultivo insistiria na destrinça perante as sanções administrativas: «*As sanções devem ser demarcadas por entre o vasto conjunto dos atos que produzem licitamente consequências desfavoráveis, devendo distinguir-se, como tal, das medidas de polícia e da sua função de reintegração da legalidade, ainda que interpretadas muitas vezes como ações aflitivas ou repressivas (v.g. o encerramento de estabelecimentos de ensino por incumprimento de normas sanitárias ou por funcionarem clandestinamente, sem autorização)*».

E, pouco antes, no Parecer n.º 19/2019, de 8 de agosto de 2019[106], o Conselho Consultivo dá conta da ampla compreensão do conceito: «*A generalidade das licenças e autorizações, das habilitações e homologações, das certificações e reconhecimentos administrativos são medidas de polícia administrativa tanto como as intimações prescritivas ou proibitivas de comportamentos ou o emprego de meios coercivos para fazer cumprir um ato administrativo, um regulamento ou uma lei, dentro de certos pressupostos*».

No lugar do efeito punitivo, encontra-se a cessação de um perigo e a reintegração da ordem pública ou da legalidade. Algo que a aplicação da sanção, por si, não alcança.

É para isso que as autoridades de polícia dispõem de meios de coação «*que lhes permitem fazer respeitar as suas ordens e proibições e tornar eficiente a sua*

[103] *Diário da República*, 2.ª Série, n.º 155, de 12 de agosto de 2008.

[104] *Manual de Direito Administrativo*, vol. II, *op. cit.*, p. 1170.

[105] www.ministeriopublico.pt/pareceres.

[106] *Diário da República*, 2.ª Série, de 19 de novembro de 2019.

vigilância pela intervenção oportuna para atalhar as perturbações que não haja sido possível evitar», segundo explicava MARCELLO CAETANO[107]. A aplicação de sanções ou a intimidação que estas possam especialmente causar são, justamente, um desses meios, como acrescenta o Autor[108]: «*Como órgãos administrativos, as autoridades policiais possuem a faculdade de usar os meios que constituem a garantia dos direitos da Administração: a execução direta, a execução sub-rogatória e as sanções penais*».

As medidas de polícia administrativa são, nas palavras de J.J. GOMES CANOTILHO/ VITAL MOREIRA «*fundamentalmente de carácter preventivo e mesmo quando assumem natureza repressiva (v.g. dispersão pela força de uma assuada), não revestem natureza sancionatória ou punitiva (cf. Ac.TC n.º 489/89)*», ao passo que «*a aplicação de sanções exige um procedimento justo, de acordo com as pertinentes regras constitucionais, e um juízo sancionatório que não cabe nas funções constitucionais da polícia*».

Um importante passo na distinção entre medidas de polícia administrativa e sanções deveu-se ao Conselheiro ROSENDO DIAS JOSÉ[109], ao ter recortado umas e outras para eximir as primeiras de iguais exigências de tipicidade, não sem reconhecer os motivos que levam ao tratamento indiferenciado das categorias: «*porque para realizar de forma duradoura muitos dos fins de polícia são necessárias medidas cuja estrutura é perfeitamente a mesma das sanções administrativas (como o encerramento de um estabelecimento a partir de certa hora ou a expulsão de um estrangeiro)*»[110].

Contributo igualmente decisivo veio de FERNANDA MAÇÃS[111] com uma análise minuciosa do papel da infração: «*Em muitas situações a infração releva de modo autónomo e direto, constituindo o único pressuposto do exercício do poder administrativo. Neste caso o fim imediato e direto da sanção é o de punir o autor da conduta reputada como ilícita. Noutros casos, a infração releva de modo indireto, representando apenas um pressuposto da atuação da Administração com vista a repristinar ou conservar interesses substanciais lesados pela infração, prescindindo da qualificação da conduta do sujeito. Tal significa que, em muitas*

[107] *Manual de Direito Administrativo*, vol. II, *op. cit.*, p. 1171.

[108] *Ibidem.*

[109] «Sanções Administrativas», in *Revista de Direito Público*, Ano IV, n.º 9 (1991), pp. 37 e ss.

[110] *Idem*, p. 47.

[111] «A caducidade no direito administrativo português», in *Estudos em Homenagem ao Conselheiro José Manuel Cardoso da Costa*, II, Coimbra, Coimbra Editora, 2005, pp. 133 e ss.

situações, o que interessa não é a infração em si mas a lesão ou perigo de lesão de um interesse público específico».

E prossegue a Autora, tocando num ponto fulcral[112]: «*A seguir-se um conceito amplo de sanção administrativa, caberia no conceito de toda a reação desfavorável, da Administração, à infração de normas ou de atos administrativos, com a consequente diluição da figura no universo dos meios coativos ou de reação à violação de normas ou obrigações com vista à salvaguarda do interesse público. Os autores que perfilham tal tese acabam por reconduzir a esta noção, considerada vaga e pouco rigorosa, figuras muito diferentes. Além das sanções pecuniárias incluem, por exemplo, a revogação de autorizações ou de concessões, isto é, as denominadas sanções rescisórias de atos ou contratos administrativos anteriores, por incumprimento das condições fixadas nos respetivos títulos*».

A caracterização do que pertence e do que não pertence ao domínio sancionatório convoca, de igual modo, a civilística. Ao interrogar-se sobre se uma desvantagem, «*prevista pelas partes como consequência de um eventual inadimplemento, será verdadeiramente uma pena convencional*», António Pinto Monteiro[113] pondera como elemento característico da pena o efeito extintivo de um direito, referindo-se a cláusulas de perda, a respeito, por exemplo, da interrupção do fornecimento de energia elétrica, em caso de incumprimento.

No direito administrativo, José Carlos Vieira De Andrade[114] propõe uma sistematização de tais «*procedimentos e atos de reação à violação de disposições preceptivas, que não visam punir transgressões (factos ilícitos), mas responder a quaisquer tipos de atuações ou situações lesivas do interesse público com outras finalidades, designadamente a pura prevenção (neutralização do risco ou perigo) e a mera reintegração*», repartindo-os entre medidas preventivas, extintivas, repressivas e reparatórias.

Deve-se, porém, a José António Veloso[115] ter assinalado na perda de um direito alheio á relação jurídica administrativa – e não um qualquer efeito desfavorável – o elemento diferenciador das sanções em sentido

[112] *Idem*, p. 134.

[113] *Cláusula Penal e Indemnização*, Coimbra, Almedina, Coimbra, 1990, pp. 58 e ss.

[114] *Op. cit.*, p. 136. Sob a orientação do Autor, v. Marcelo Madureira Prates, *Sanção Administrativa Geral: Anatomia e Autonomia*, Coimbra, Almedina, 2005 (dissertação de mestrado apresentada na Faculdade de Direito da Universidade de Coimbra).

[115] «Sobre a natureza não-sancionatória da revogação da autorização das instituições de crédito e outras questões de fiscalização de atividades reservadas: algumas notas de

próprio: «*Só há punição se existir uma privação de direitos cujo título seja outro que não o poder que se exerce pela punição. O direito de liberdade, por exemplo, não é conferido pelo juiz que condena o réu em prisão: e é por isso que a prisão é uma pena. Mas o direito de exercer uma atividade especial não é anterior à competência da autoridade que vem cancelá-lo: pelo contrário, decorre exclusivamente do ato dessa mesma autoridade que anteriormente o constituiu. Ninguém tem o direito de exercer atividades reservadas antes de lhe ser concedida a licença que confere esse direito: até então, tem apenas o direito subjetivo público de requerer a licença e de ver o seu requerimento apreciado nos termos da lei, direito que é elemento do seu* status activus *genérico de cidadão. E é por isso que a revogação da autorização, por inexistência superveniente de algum requisito, não é uma pena, mas uma medida administrativa – o ato inverso do ato de autorização*».

Cada um destes contributos foi permitindo circunscrever, de modo progressivo, o campo exato da sanção administrativa, extirpando-o de múltiplas situações de atos administrativos desfavoráveis ao destinatário.

XIV. Há um outro dado relativo às medidas de polícia administrativa que pode perturbar a sua caracterização, não tanto no confronto com as sanções aplicadas por autoridades administrativas, mas, principalmente em face da expropriação por utilidade pública.

É que, por vezes, o exercício de poderes de polícia dá lugar ao pagamento de uma indemnização, apesar de a autoridade administrativa em nada ter preterido a lei e de não se verificarem os pressupostos da presunção de culpa ou da responsabilidade por facto lícito. É algo que sucede, frequentemente, na aplicação de normas de polícia veterinária.

Pode, eventualmente, resultar da determinação do sequestro[116] – medida de polícia veterinária que consiste no absoluto isolamento de uma unidade pecuária sob confirmação ou suspeita de contaminação por determinadas doenças.

Já o abate sanitário frequentemente constitui o Estado no dever de indemnizar o proprietário dos animais. Entre outros possíveis casos,

justificação de decisões legislativas», in *Direito e Justiça, Revista da Faculdade de Direito da Universidade Católica Portuguesa*, Vol. XIV, Tomo 1, Lisboa, 2000, pp. 67/8.

[116] Em execução do Decreto-Lei n.º 178/98, de 3 de julho, a Portaria n.º 430/98, de 25 de julho, determina o sequestro e posterior abate de animais considerados suspeitos (cf. art. 9.º).

refira-se o abate previsto pelo Decreto-Lei n.º 39 209, de 14 de maio de 1953[117], e pelo Decreto-Lei n.º 195/87, de 30 de abril[118]. Tal abate dá lugar ao pagamento de uma indemnização, cujo cálculo obedece ao despacho conjunto dos Ministros das Finanças e da Agricultura, do Desenvolvimento Rural e das Pescas n.º 530/2000, de 2 de maio[119].

De igual modo, o abate e a destruição compulsivos de carcaças animais, previstos no Decreto-Lei n.º 131/2008, de 21 de julho[120], dá lugar a indemnização (art. 21.º).

Não se trata, contudo, de uma expropriação, pois não está em causa a necessidade do rebanho ou da vara para satisfazer a uma utilidade pública, mas, sim, a erradicação de um perigo, a contenção de um risco não despiciendo.

A distinção entre medidas de profilaxia sanitária, por um lado, e sanções acessórias por ilícito de mera ordenação social, por outro, apresenta-se claramente no Decreto-Lei n.º 244/2000, de 27 de setembro[121], em matéria de erradicação da brucelose. Se entre as sanções acessórias figura a perda objetos pertencentes ao agente [art. 17.º, al.ª a)], é entre as medidas profiláticas e outras de polícia sanitária que encontramos o abate sanitário compulsivo dos animais reagentes [art. 10.º, n.º 3, al.ª a)], a destruição imediata de placentas e nados mortos [n.º 4, al.ª g)], das palhas e fenos em contacto [al.ª h)], o sequestro sanitário (art. 11.º) ou o abate total (art. 12.º).

117 Estabelece medidas destinadas a combater as doenças contagiosas dos animais. A atual redação decorre das modificações introduzidas, sucessivamente, pelo Decreto-Lei n.º 51/90, de 10 de fevereiro, pelo Decreto-Lei n.º 69/93, de 10 de março, e pela Lei n.º 30/2006, de 11 de julho.

118 Revê algumas disposições em vigor quanto à atribuição de indemnizações no abate sanitário de bovinos.

119 *Diário da República*, II Série, n.º 113, de 16 de maio de 2000.

120 Estabelece medidas gerais de luta contra certas doenças dos animais, bem como medidas específicas respeitantes à doença vesiculosa do suíno, transpondo para a ordem jurídica interna a Diretiva n.º 2007/10/CE, da Comissão, de 21 de fevereiro, que alterou o anexo II da Diretiva n.º 92/119/CEE, do Conselho, de 17 de dezembro, Veio a ser alterado pelo Decreto-Lei n.º 79/2011, de 20 de junho, e pelo Decreto-Lei n.º 9/2021, de 29 de janeiro.

121 Alterado pelo Decreto-Lei n.º 265/2002, de 26 de novembro, e pelo Decreto-Lei n.º 227/2004, de 7 de dezembro.

Neste regime, embora o abate, em princípio, dê lugar a indemnização (art. 15.º, n.º 1) previu-se a culpa do lesado como pressuposto da perda de tal direito (art. 15.º, n.º 2[122]). Tal perda significa que o abate perdeu o seu caráter expropriatório para se convolar numa medida de polícia administrativa.

Com efeito, a indemnização não decorre de uma obrigação jurídica emergente de responsabilidade civil, nem de nenhuma outra fonte das obrigações. Antes corresponde à compensação por danos que o Estado entendeu, de forma solidária, assumir como um risco social[123]. Sem a assunção desse risco, os pressupostos e requisitos conformes à responsabilidade civil pública não se encontrariam preenchidos.

O dever de indemnizar é elemento puramente acidental das medidas de polícia administrativa. Assim, a recolha compulsiva de animal perigoso «*que tenha causado ofensa ao corpo ou à saúde de uma pessoa*» faz-se a expensas do detentor (art. 14.º, n.º 1, do Regime da Detenção de Animais Perigosos e Potencialmente Perigosos[124]), como também o abate determinado por médico veterinário municipal «*após o cumprimento das normas vigentes em matéria de isolamento e sequestro dos animais agressores e agredidos em caso de suspeita de raiva*» (art. 15.º, n.º 2). Determina-se, expressamente, não caber direito a qualquer indemnização (n.º 6).

Uma vez mais, trata-se de medida de polícia administrativa, em contraponto com a sanção contraordenacional acessória de perda a favor do Estado de objetos e animais pertencentes ao agente, incluindo as ninhadas

[122] «Sempre que por inquérito epidemiológico se verifique o proprietário de animais sujeitos a abate sanitário total foi responsável pela reintrodução da doença no efetivo, este perderá o direito a qualquer indemnização por abate sanitário por um período de dois anos».

[123] Acerca da ideia de socialização do risco, V. Maria da Glória Dias Garcia, «Sociedade de risco, política e direito», in *Estudos Comemorativos dos 10 Anos da Faculdade de Direito da Universidade Nova de Lisboa* (Diogo Freitas do Amaral/ Carlos Ferreira de Almeida/ Marta Tavares de Almeida), volume I, Coimbra, Almedina, 2008, pp. 111 e ss.; Sobre os regimes de indemnização fundada num dever de solidariedade nacional, no direito francês, v. Pierre Serrand, *Droit administratif*, tomo 2 (*Les obligations administratives*), 3.ª edição, Paris, PUF, pp. 215 e ss.

[124] Aprovado pelo Decreto-Lei n.º 315/2009, de 29 de outubro, veio a ser integralmente republicado com modificações pelo Decreto-Lei n.º 46/2013, de 4 de julho, ao que se seguiram alterações introduzidas pela Lei n.º 110/2015, de 26 de agosto, pelo Decreto-Lei n.º 82/2019, de 27 de junho, e pelo Decreto-Lei n.º 9/2021, de 29 de janeiro.

resultantes da reprodução ilícita de cães das raças classificadas como especialmente perigosas pela Portaria n.º 422/2004, de 24 de abril[125].

A apreensão de animais que serviram, ou estavam a destinados a servir, para a prática de certas contraordenações (art. 39.º, n.º 1), não obstante a sua adoção se encontrar prevista para o decurso de procedimento contraordenacional, constitui medida de polícia administrativa.

XV. São ainda medidas de polícia administrativa os atos que determinam a reintegração ou a reposição de situações anteriores[126], bem como os atos com fins compulsórios que visam induzir ao cumprimento voluntário de uma obrigação, designadamente de obrigações decorrentes de contrato administrativo[127].

Embora socialmente vistos como repressivos, tais atos não infligem um mal. A prestação de facto ou a entrega de coisa constituem objetivamente um bem.

Não deve impressionar-nos demasiado poderem ter como pressuposto um facto ilícito – até porventura uma infração administrativa – e de o destinatário do ato que o intima à reintegração poder, concomitante ou subsequentemente, vir a ser sancionado pela sua conduta.

É que as infrações administrativas, bem como as infrações financeiras, não têm apenas como consequência (ou não têm como consequência necessária) a aplicação de uma sanção.

A distinção, por vezes, ressalta com clareza da própria lei, como acontece no Regime de Conservação dos Habitats Naturais[128], em

[125] A revogação da referida portaria encontra-se relegada para quando da entrada em vigor de regulamento que a substitua (art. 44.º, n.º 2, do Regime da Detenção de Animais Perigosos e Potencialmente Perigosos).

[126] A reposição de dinheiros públicos indevidamente percebidos, nos termos do artigo 36.º e ss do Regime da Administração Financeira do Estado (Decreto-Lei n.º 155/92, de 28 de julho, alterado pelo Decreto-Lei n.º 275-A/93, de 9 de agosto, pelo Decreto-Lei n.º 113/95, de 25 de maio, pela Lei n.º 10-B/96, de 23 de março, pelo Decreto-Lei n.º 190/96, de 9 de outubro, pela Lei n.º 55-B/2004, de 30 de dezembro, pelo Decreto-Lei n.º 29-A/2011, de 1 de março, pela Lei n.º 83-C/2013, de 31 de dezembro, pelo Decreto-Lei n.º 85/2016, de 21 de dezembro, pelo Decreto-Lei n.º 84/2019, de 28 de junho, e pelo Decreto-lei n.º 53/2022, de 12 de agosto).

[127] V. Ramon Parada, *Op. cit.*, 1995, p. 537.

[128] Decreto-Lei n.º 140/99, de 24 de abril (cf. Declaração de Retificação n.º 10-AH/99, de 31 de maio) que, depois de alterado e republicado pelo Decreto-Lei n.º 49/2005, de 24 de fevereiro, foi modificado pelo Decreto-Lei n.º 156-A/2013, de 8 de novembro.

cujo artigo 25.º, n.º 1, se dispõe o seguinte: «*Sem prejuízo da aplicação da coima e das sanções acessórias, o ICNF, I.P. ou a comissão de coordenação e desenvolvimento regional territorialmente competente podem, nos termos dos n.ºs 1 e 2 do artigo anterior, intimar o infrator a proceder à reposição da situação anterior à infração, fixando as ações necessárias para o efeito e o respetivo prazo de execução*».

O n.º 1 não deixa dúvidas quanto ao concurso entre a sanção contraordenacional e a intimação para «*reposição da situação anterior à infração*»: sem prejuízo da aplicação de sanção, adotam-se as medidas de polícia adequadas à reconstituição natural.

As coisas do domínio público (art. 84.º da Constituição), inalienáveis por definição, consentem, no entanto usos comuns e usos privativos compatíveis. Para sua defesa e proteção dispõe a administração pública de poderes próprios que a desobrigam de recorrer aos meios possessórios, até porque, em rigor, não há outra posse de coisas públicas que não seja do Estado ou de outra pessoa coletiva pública.

Assim, o Regime Jurídico do Património Imobiliário Público[129], contendo algumas normas estritamente aplicáveis ao domínio público, dispõe no artigo 21.º que «*A Administração tem a obrigação de ordenar aos particulares que cessem a adoção de comportamentos abusivos, não titulados, ou, em geral, que lesem o interesse público a satisfazer pelo imóvel e reponham a situação no estado anterior, devendo impor coercivamente a sua decisão, nos termos do Código do Procedimento Administrativo e demais legislação aplicável*».

É este outro vasto campo de medidas de polícia administrativa e com um escopo reintegrativo. Assim, por exemplo, o domínio público rodoviários: «*a publicidade, suportes ou estruturas publicitárias indevidamente afixados na zona da estrada são de imediato removidos pela administração rodoviária, na sua área de jurisdição, sem aviso prévio e a expensas dos infratores, podendo ser considerados perdidos a favor daquela, nos termos da lei*» (art. 61.º, n.º 1, do Estatuto das Estradas da Rede Rodoviária Nacional[130]).

[129] Decreto-Lei n.º 280/2007, de 7 de agosto, com a redação conferida, sucessivamente, pela Lei n.º 55-A/2010, de 31 de dezembro, pela Lei n.º 64-B/2011, de 30 de dezembro, pela Lei n.º 66-B/2012, de 31 de dezembro, pela Lei n.º 36/2013, de 11 de março, pela Lei n.º 83-C/2013, de 31 de dezembro, e pela Lei n.º 82-B/2014, de 31 de dezembro.

[130] Aprovado pela Lei n.º 34/2015, de 27 de abril, e alterado pela Lei n.º 42/2016, de 28 de dezembro.

A remoção e perda de objetos ali consignados não isenta os infratores da responsabilidade contraordenacional que lhes caiba (art. 62.º).

XVI. Fora situações de estado de necessidade, as medidas de polícia administrativa, nas palavras do TC[131], devem consistir «*em procedimentos individualizados e com conteúdo suficientemente definido na lei seja qual for a sua natureza: quer sejam regulamentos gerais emanados das autoridades de polícia, decisões concretas e particulares, medidas de coerção ou operações de vigilância, todas as medidas de polícia estão sujeitas ao princípio da precedência de lei e da tipicidade legal*».

A sanção administrativa consiste num mal infligido ao particular e que pode até constituir um mal menor quando comparado com as consequências desfavoráveis de certas de medidas de polícia. Contudo, esse mal (eventualmente, a perda de um direito) é sempre ordenado a um fim repressivo; não à reintegração da legalidade ou das condições de segurança e salubridade. Por outro lado, a sanção aplicada pela administração pública resulta de procedimento em que, pelo menos, se garantem os direitos de audiência e defesa (art. 32.º, n.º 10, e art. 269.º, n.º 3, da Constituição) e em que a concreta medida reflete proporcionalmente a gravidade da infração cometida e a culpa mais ou menos leve do infrator.

A diferente qualificação de um ato administrativo como sancionatório ou como medida de polícia administrativa possui consequências de vulto. A estas não se aplicam os princípios gerais de direito sancionatório que não sejam também princípios gerais da atividade administrativa. É o caso da presunção de inocência, da garantia *ne bis in idem*, da suscetibilidade de prescrição ou do princípio da culpabilidade[132]. Aplicam-se, sim, os princípios da tipicidade, da legalidade, da proporcionalidade, da prossecução do interesse público e do respeito, tanto quanto possível, pelos direitos e interesses legalmente protegidos dos cidadãos.

A perda de bens que se encontrem fora do comércio jurídico ou a revogação de licenças precárias por razões de interesse público nunca podem, verdadeiramente, representar sanções. Como tal, perante o concurso entre

[131] Ac. do TC n.º 479/94, de 7 de julho de 1994 (Plenário, proc.º 208/94), in *Diário da República*, Série I-A, n.º 195, de 24 de agosto de 1994.

[132] Para maior desenvolvimento, v. André Folque, *Direito da Urbanização e da Edificação*, Coimbra, Coimbra Editora, 2007, pp. 262 e ss.

duas normas que se sucedem no tempo, a administração pública não tem de aplicar a mais favorável, pois não se encontra sob a esfera de proteção do artigo 29.º, n.º 4, da Constituição. Aplicará, necessariamente, a norma posterior.

XVII. Um outro contexto em que as medidas de polícia administrativa são frequentemente aplicadas é o da execução dos contratos administrativos. No âmbito das relações de concessão, denomina-se sequestro a assunção unilateralmente decidida pelo concedente das atividades concessionadas, nos termos do artigo 421.º do *Código dos Contratos Públicos*[133].

Como pode ler-se no Parecer complementar n.º 11/94, do Conselho Consultivo da Procuradoria-Geral da República, de 8 de junho de 1995[134], o sequestro «*pode acontecer quando o concessionário, por carência de recursos, inabilidade administrativa ou técnica, desentendimento com o concedente, acumulação de défices, abandonou a exploração do serviço público, ou quando esteja iminente tal perspetiva*».

Nos termos do artigo 419.º, n.º 1, do Código dos Contratos Públicos, «*à concessão corresponde um estabelecimento, que integra os bens móveis e imóveis afetos àquela e os direitos e obrigações destinados à realização do interesse público subjacente à celebração do contrato*». Em caso de sequestro, o concedente toma posse, não apenas dos bens existentes à data de celebração do contrato, como também dos bens criados, construídos, adquiridos ou instalados pelo concessionário em cumprimento do mesmo, desde «*que sejam indispensáveis para o adequado desenvolvimento das atividades concedidas, independentemente de o direito de propriedade pertencer ao concedente, ao concessionário ou a terceiros*» (n.º 2). E mais se determina no n.º 7 do mesmo artigo, que o concessionário tome «*de aluguer, por locação financeira ou por figuras contratuais afins bens e equipamentos a afetar à concessão desde que seja reservado ao concedente o direito de, mediante contrapartida, aceder ao uso desses bens e suceder na respetiva posição contratual em caso de sequestro, resgate ou resolução da concessão, não devendo, em*

[133] Referimo-nos ao Código dos Contratos Públicos aprovado pelo Decreto-Lei n.º 18/2008, de 29 de janeiro (Declaração de Retificação n.º 18-A/2008, de 28 de março), na sua atual redação, em resultado das alterações introduzidas pelo Decreto-Lei n.º 78/2022, de 7 de novembro).

[134] *Diário da República*, 2.ª Série, n.º 4, de 5 de janeiro de 1996.

qualquer caso, o prazo de vigência do respetivo contrato exceder o prazo de vigência do contrato de concessão a que diga respeito».

Já o resgate – antecipação pelo concedente do termo final resolutivo da exploração de um serviço ou de um bem do domínio público, importando, por vezes, a posse de bens privados – até porque não depende de qualquer incumprimento, pelo concessionário, dos seus deveres contratuais ou legais ou de outras situações relativas à sua posição contratual[135], obriga a indemnizar o concessionário, à semelhança do que ocorre com a expropriação ou com a requisição por utilidade pública.

Por seu turno, a resolução do contrato de concessão «*determina, além dos efeitos previstos no contrato, a reversão dos bens do concedente e a obrigação de o concessionário entregar àquele, no prazo que lhe seja fixado na notificação a que se refere o número anterior, os bens afetos à concessão abrangidos por eventual cláusula de transferência*» (art. 423.º, n.º 3, do Código dos Contratos Públicos).

XVIII. A execução de obra pública em vias de facto[136], ao privar o proprietário do imóvel sem o pagamento de indemnização, ainda que

[135] Ac. do TCA do Norte, de 18 de junho de 2018 (Proc.º 02774/17.0BEBRG-A). Sobre a figura do resgate da concessão, v. ainda o ac. do Tribunal de Contas n.º 31/2021, de 21 de dezembro de 2021 (1.º Secção SS, processo n.º 1741/2021 processo n.º 1742/2021).

[136] A categoria conceptual da via de facto remete-nos para a construção jurisprudencial do Conselho de Estado francês: *voie de fait*. Sobre a sua inculturação no direito português v. Carla Amado Gomes, *Contributo para o estudo das operações materiais da Administração Pública e do seu controlo jurisdicional*, Coimbra, Coimbra Editora, 1999, pp. 198 e ss.; «'Via de facto' e tutela jurisdicional contra ocupações administrativas sem título», *Revista do Ministério Público*, 150, 89-109; André Folque, «Antes de ser expropriado, já o era... (Comentário ao Acórdão do Supremo Tribunal Administrativo, 1.ª Secção, de 6 de fevereiro de 2001, Proc. 43 274)», in *Cadernos de Justiça Administrativa*, n.º 48, pp. 18 e ss. A respeito do reconhecimento, entre nós, de um princípio de intangibilidade da obra pública executada em vias de facto, v. ac. do STA, 3.ª Subsecção, de 6 de fevereiro de 2001 (proc. 043274); ac. do STA, 2.ª Subsecção, de 7 de junho de 2005 (proc. 66/05); ac. do STA, 1.ª Subsecção, de 20 de dezembro de 2007 (proc. 347/07). Acerca da incompetência dos tribunais administrativos para conhecerem da indemnização pela execução de obras públicas em vias de facto, v. ac. TCA do Sul, 2.º Juízo, de 21 de novembro de 2012 (proc. 5515/09) e ac. do TCA do Norte, 1.ª Secção, de 16 de dezembro de 2016 (proc. 02871/13.1BEPRT). A respeito da prescrição da obrigação de indemnizar em expropriação por via de facto, v. ac. do TCA do Norte, 1.ª Secção, de 7 de dezembro de 2018 (proc. 00217/14.0BECBR).

não evidencie um escopo punitivo só retoricamente pode considerar-se confisco, pois decorre de operações materiais ilícitas.

O Estado toma posse de um determinado bem, dando início à execução de uma obra pública, sem o consentimento do proprietário, nem um procedimento expropriatório adequado, por vezes, sem dispor sequer de declaração de utilidade pública válida e juridicamente eficaz. Ocorre materialmente um esbulho. Ainda que a administração pública possa não ter recorrido a meios coercivos, as operações materiais praticadas trazem consigo a marca da executoriedade.

O Código do Processo nos Tribunais Administrativos[137], no artigo 2.º, n.º 2, al.ª i), confia à jurisdição dos tribunais administrativos a condenação da administração pública na adoção das necessárias operações em ordem à reintegração dos direitos ou interesses legítimos violados por intervenções ablativas desprovidas de título que as legitime, nomeadamente em vias de facto.

E prevê, consequentemente, a ação administrativa de «*condenação da Administração à adoção das condutas necessárias ao restabelecimento de direitos ou interesses violados, incluindo em situações de via de facto, desprovidas de título que as legitime*» [art. 37.º, n.º 1, al.ª i)].

XIX. Aqui chegados, vemos confirmada a nossa convicção inicial acerca da natureza jurídica da perda do património incongruente, não fundada em condenação penal. A sua analogia com as medidas de segurança mostra-se insuficiente e não permite ultrapassar algumas das objeções que a natureza jurídica de pena enfrentaria.

A natureza jurídica administrativa tão-pouco de se mostra ajustada. O confisco alargado – ainda assim, um confisco especial, compatível com as normas constitucionais – não possui afinidade com nenhum dos instrumentos que permitem à administração pública reaver ou transferir para o seu domínio (público ou privado) bens que se encontram na posse de particulares.

Se o confisco encontra lugar no direito administrativo, ora como sanção, ora como medida de polícia, identificá-lo numa condenação judicial significaria reconhecer uma usurpação da função administrativa pelos

[137] Aprovado pela Lei n.º 15/2002, de 22 de fevereiro, com sucessivas alterações, última das quais veiculada pela Lei n.º 56/2021, de 16 de agosto.

tribunais. E, de qualquer modo, as adversidades suscitadas pelo princípio da culpa na determinação da pena subsistiriam perante a qualificação como sanção administrativa ou dariam lugar a outras tantas adversidades, decorrentes do princípio da proporcionalidade.

A perda inscrita no artigo 7.º da Lei n.º 5/2002, não é apta a servir nenhum interesse público, nenhuma necessidade coletiva assumida constitucionalmente que não seja a administração da justiça. Com efeito, quer-nos parecer que o seu escopo se encontra, a título principal, num imperativo de justiça.

Em nosso entender, a perda alargada, não constituindo uma pena[138], apresenta-se como pressuposto necessário à consecução do fim da pena aplicada. Sem o confisco do património incongruente apurado, a pena aplicada ao crime pressuposto vê-se frustrada nos seus fins de «*reintegração do agente na sociedade*» (art. 40.º do *Código Penal*).

Por outro lado, só a perda assim determinada permite pôr cobro a um enriquecimento injustamente obtido. Enriquecimento que pode até não ser demonstradamente ilícito, mas cuja obtenção obscura é suficiente para asseverar que foi obtido à custa alheia, mesmo sem ter causado um empobrecimento equivalente.

António Menezes Cordeiro[139] aponta de forma acutilante para a subtileza do enriquecimento oriundo daquilo que designa ilicitude imperfeita: «*O Direito pretende que não haja enriquecimentos sem causa. Fá-lo por constatar que os instrumentos mais diretos, como o contrato e os delitos, não são suficientes para promover, na periferia, os valores do sistema: sem dúvida. Mas fá-lo, antes de mais, por entender que as situações de enriquecimento sem causa não devem ter lugar. Os objetivos do sistema levam a que não se requeiram, aqui, os requisitos subjetivos que animaram a responsabilidade civil. [...]Falamos de "ilicitude imperfeita" por se tratar de uma situação despida de elementos subjetivos. A ilicitude*

[138] A perda alargada não tem como causa o crime pressuposto. Este, na verdade, tem como consequência constituir no arguido o ónus de dissociar certas aquisições patrimoniais ou a fruição de determinadas vantagens com relação a uma atividade criminosa pregressa. V. Pedro Caeiro, *op. cit.*, p. 310; Bernardo Costa Faria, *Perda Alargada de Bens no Sistema Penal Português (As Singularidades do Confisco Previsto na Lei n.º 5/2002: Uma* "Non-Conviction Based Confiscations" *Dirigida à Perda do Valor Patrimonial Incongruente), Coimbra,* Almedina, 2022, p. 53.

[139] *Tratado de Direito Civil*, VIII *(Direito das Obrigações: Gestão de Negócios, Enriquecimento sem Causa, Responsabilidade Civil)*, Coimbra, Almedina, 2020, p. 219.

verdadeira (perfeita) pressupõe um ato humano (logo, voluntário), contrário a uma regra jurídica: aqui não se atenta nessa dimensão mas, apenas, no resultado. Todavia, pelas consequências, verifica-se que está, sempre e só, em causa, a valoração das atuações humanas».

Encontramo-nos perante o ressarcimento da comunidade nacional com relação a um enriquecimento sem causa, tal como previsto no artigo 473.º e seguintes do Código Civil: «*Aquele que, sem causa justificativa, enriquecer à custa de outrem é obrigado a restituir aquilo com que injustamente se locupletou*» (n.º 1).

Dir-se-ia que, pelo contrário, o património incongruente resulta de um enriquecimento com causa – uma causa toldada, contudo, pela ilicitude penal – mas, na verdade, «*o enriquecimento carecerá de causa justificativa sempre que o direito não o aprove ou consinta, dado não existir uma relação ou um facto que, de acordo com as regras ou os princípios do nosso sistema jurídico, justifique a deslocação patrimonial ocorrida, isto é, que legitime o enriquecimento*[140]».

Trata-se de enriquecimento obtido com sacrifício de bens jurídicos penalmente tutelados pela previsão dos crimes enunciados no artigo 1.º da Lei n.º 5/2002, de 11 de janeiro, e daí decorre a obrigação de restituir, a qual «*compreende tudo quanto se tenha obtido à custa do empobrecido ou, se a restituição em espécie não for possível, o valor correspondente*» (art. 479.º, n.º 1, do CC). Em lugar da prescrição no prazo de três anos (art. 482.º), a Lei n.º 5/2002, institui um prazo de cinco, ao considerar o património incongruente do arguido a partir dos bens transferidos para terceiros a título gratuito ou por valor irrisório nos cinco anos anteriores à sua constituição como arguido [art. 7.º, n.º 2, al.ª b)] e dos bens recebidos no mesmo intervalo, «*ainda que não se consiga determinar o seu destino*» [al.ª c)].

A obrigação de restituir não se encontra condicionada pelo cálculo do empobrecimento ocorrido em outra esfera jurídica, pois no enriquecimento à custa de outrem nem sempre a vantagem que ingressa no património do enriquecido é de igual valor ao sacrifício sofrido pelo empobrecido: «*Os exemplos clássicos da instalação em casa alheia (ou do uso de coisa alheia, em geral) ou da alienação de coisa alheia mostram que não há neles correspondência entre o* enriquecimento *de um dos sujeitos e o* empobrecimento

[140] *Ibidem.*

do outro. Não há um valor que saia *do património de um para* entrar *no património do outro»* (J. ANTUNES VARELA[141]).

Onde se encontra a coisa alheia? Nas coisas fora do comércio que o agente usou para delas tirar proveito e enriquecer: os produtos contrafeitos, os estupefacientes, armas e pessoas traficadas, a moeda falsificada.

A este propósito mostra redobrado interesse o acórdão do TEDH tirado no caso *Dassa Foundation c. Liechtenstein*, de 10 de julho de 2007[142], e que JOÃO CONDE CORREIA[143] analisa.

Ressalta claramente do aresto que o direito interno daquele Estado conforma a perda alargada sobre o instituto civil do enriquecimento sem causa, e não como uma pena nem uma medida administrativa inominada. O Tribunal de Estrasburgo ali encontrou sólidas razões para dar por não infringido o artigo 6.º da CEDH.

Parece-nos ser esse o bom caminho.

[141] *Das Obrigações em Geral*, vol. I, 10.ª edição, Coimbra, Almedina, 2000 (17.ª Reimpressão), pp. 489/90.

[142] 5.ª Secção (Queixa n.º 696/05).

[143] «Non conviction Based Confiscations» ..., *op. cit.*, p. 85.

14. *CIVIL CONFISCATION* OU CONFISCO NÃO BASEADO NUMA CONDENAÇÃO NO PROCESSO PENAL: VANTAGENS E DESVANTAGENS

João Conde Correia*

1. Introdução

A partir dos anos setenta do século passado, sobretudo por influência norte americana, o confisco tornou-se, por todo o lado, num imprescindível instrumento de combate à acumulação das vantagens decorrentes da prática do crime. No entanto, apesar desta unanimidade, o mecanismo utilizado para o efeito não é sempre o mesmo, variando de ordenamento jurídico para ordenamento jurídico: a pluralidade de finalidades que lhe pode ser atribuída originou diferentes linhas evolutivas[1], que, não obstante comungarem os mesmos objetivos práticos, parecem, muitas vezes, ser inconciliáveis.

Esquecendo, quase sempre, a diversidade e a riqueza das soluções individuais, as representações aprioristas do quotidiano tendem, geralmente, a reduzir a análise à *summa divisio* entre *civil* e *criminal confiscation*. Nesta perspetiva, de um lado poderíamos encontrar uma *actio in rem*, de natureza civil, que privilegia a eficácia em detrimento dos direitos individuais (*maxime* o direito de propriedade); do outro lado poderíamos identificar

* Este artigo tem na sua base a nossa participação num encontro realizado em Lisboa, no dia 6 de julho de 2022, denominado «Apoio à adoção da perda sem condenação/confisco civil como uma ferramenta para a recuperação de ativos», uma iniciativa do *Basel Institute on Governance*, financiado Departamento de Estado dos EUA.

[1] Jorge de Figueiredo Dias, *Direito Penal Português: as consequências jurídicas do crime*, Lisboa, Aequitas/Editorial Notícias, 1993, p. 614.

uma *actio in persona*, de natureza penal, que favorece estes em prejuízo daquela. Dois mundos opostos, inconciliáveis e inevitavelmente contraditórios: a eficácia e os direitos individuais são difíceis de harmonizar.

Uma análise mais profunda, centrada na essência das coisas, revela, todavia, outra realidade mais complexa. Os sinais de convergência mútua são inquestionáveis. A *civil confiscation* pode ter garantias semelhantes às do processo criminal e o confisco não baseado numa condenação, decretado no processo penal, não tem hoje que obedecer aos procedimentos inerentes à aplicação de uma pena. A diversidade dos procedimentos não é, afinal, assim tão radical[2]: as suas fronteiras tradicionais perderam nitidez e fiabilidade. Mais do que a origem civil ou penal do mecanismo, importa, hoje, a sua bondade: a qualidade do processo, *maxime* as garantias que, em cada caso concreto, lhe estão associadas, é que será determinante para a solvabilidade constitucional e convencional do confisco.

2. *Civil confiscation*

A *civil confiscation* americana tem na sua base o direito arcaico[3]: a perda fundava-se, então, na velha ideia inglesa de que também os objetos inanimados podiam, afinal, ser declarados culpados de um qualquer mal e, em consequência disso mesmo, confiscados. A reprovação comunitária que incidia sobre eles justificava a sua perda como *deo dandum* (*deodand*). «*Simply put, the theory has been that, if the object is "gilty", it should be held forfeit. In the words of a medieval Englisch writer, "where a man killeth another with the sword of John at Stile, the sword shall be forfeit as deodand and yet no default is in the owner"*»[4]. Os bens usados no cometimento de um facto ilícito seriam, eles próprios, responsáveis pelos danos causados.

[2] Theodore S. Greenberg/Linda M. Samuel/Wingate Grant/Larissa Gray, *Stolen Asset Recovery: A Good Practices Guide for Non-Conviction Based Asset Forfeiture*, Washington, World Bank, 2009, p. 95.

[3] Entre muitos outros, Leonard W. Levy, *A License to steal: the forfeiture of property*, Chapel Hill, The University of North Carolina Press, 1996, pp. 7 e ss.; Charles Doyle, *Forfeiture, Conspiracy, Venue: Federal Crime Law*, New York, Nova Science Publishers inc, 2011, p. 2; ou, na rica jurisprudencia americana, por exemplo, o caso Calero-Toledo v. Pearson Yacht Leasing Co., de 15 de maio de 1974 (416 U.S. 663, 680 e ss.).

[4] United States v. U.S. Coin & Currency, de 5 de abril de 1971 (401 U.S. 715, 719 e ss.). Para justificar esta teoria, era costume invocar a seguinte passagem da Bíblia: «se um boi ferir um homem ou mulher e lhe causar a morte, o boi será apedrejado, e ninguém comerá da

Esta velha ficção jurídica, particularmente útil no direito marítimo[5], influenciou a legislação norte-americana emergente, tornando-se mesmo no paradigma da moderna *civil forfeiture*[6]. As normas preexistentes cedo foram replicadas pelo Congresso e sancionadas pelo Supremo Tribunal. Na verdade, na esmagadora maioria dos casos de contrabando ou de pirataria, o responsável era desconhecido e não podia, sequer, ser identificado ou, então, não estava presente, sendo necessário proceder contra as embarcações ou a sua carga: era a única forma de lograr o confisco e de, assim, o «sancionar». O navio ou as suas mercadorias eram tratados como arguidos, como os instrumentos ou as coisas suscetíveis de censura jurídica e merecedora do confisco. Os atos praticados pelo capitão ou pela tripulação, independentemente da culpa ou da inocência do seu efetivo proprietário, eram considerados suficientes para o justificar. Havia nas próprias coisas uma certa capacidade de culpa. «*A certain personality, a power of complicity and guilty in the wrong*»[7].

Na década de 80 do século passado, esta conveniente ficção começou também a ser utilizada na «guerra contra a droga»: à semelhança da pirataria, do contrabando ou do tráfico de escravos, este velho instrumento jurídico passou, então, a ser utilizado no combate contra o moderno tráfico

sua carne; o dono do boi será absolvido» (Êxodo, 21, 28). Em sentido contrário, Leonard W. Levy (*A License to steal*..., pp. 8 e ss.) defende, contudo, que os *deodands* não derivaram da Bíblia. O boi não era confiscado para ninguém, nem sequer para os familiares da vítima ou para alguma autoridade. O antigo pensamento grego, segundo o qual os objetos e os animais tinham personalidade, podiam ser processados e condenados, fornece, em seu entender, uma melhor explicação, que, todavia ainda assim, será deficiente.

[5] Stephan B. Herpel, «Toward a Constitutional Kleptocracy: Civil Forfeiture in America», *Michigan Law Review*, 1998, pp. 1916 e ss.; Caleb Nelson, «The Constitutionality of Civil Forfeiture», *The Yale Law Journal*, 2016, pp. 2457 e ss.

[6] Leonard W. Levy, *A License*..., p. 39; Michaël Fernandez-Bertier, «The History of Confiscation Laws: From the Book of Exodus to the War on White-Collar Crime», *in* Katalin Ligeti/Michele Simonato (edited by), *Chasing Criminal Money*, Oxford, Hart, 2017, p. 60 ou Dee R. Edgeworth, *Asset Forfeiture Practice and Procedure in State and Federal Courts*, Chicago, Aba Publishing, 2008, pp. 23/4.

[7] J.W. Goldsmith, Jr. – Grant Co. v. United States, de 17 de janeiro de 1921, 254 U.S. 510. Sobre esta possibilidade inicial de demandar os próprios barcos ou mercadorias e as suas consequências, cfr., igualmente, Stefan D. Cassella, «Civil Asset Recovery: The American Experience», *in* Rui/Sieber (eds.), *Non-conviction-based confiscation in Europe*, Berlin, Duncker & Humblot, 2015, pp. 19 e ss.

ilícito de estupefacientes e foi, depois, gradualmente alargando o seu âmbito de aplicação, até abranger a maior parte dos crimes federais[8]. De modo que, hoje, a *civil forfeiture* norte americana está convertida num eficaz instrumento de ablação dos instrumentos e proventos do crime.

Os mecanismos *in rem* cedo foram também adotados por outros sistemas, em particular por aqueles onde, por razões históricas, a influência do direito inglês é mais notória (*v.g.* Austrália, África do Sul). Pouco a pouco, a possibilidade de demandar as próprias coisas (procedimento *in rem*), em vez de perseguir e punir os verdadeiros culpados (procedimento *in persona*), tornou-se numa ideia conatural nestes sistemas, convertendo-se na pedra angular do seu atual regime de recuperação dos ativos provenientes da prática do crime. Nestes casos, a condenação do autor do facto é, geralmente, considerada irrelevante.

2.1. O exemplo mais paradigmático deste poderoso mecanismo legal (até pela sua influência global) é, hoje, a *civil forfeiture* norte americana[9]. Com efeito, para além da *criminal forfeiture* e do confisco administrativo[10], o direito federal norte americano admite (o mesmo acontece, depois, ao nível estadual) o confisco civil (18 U.S.C. §§ 981 e 983): trata-se de um procedimento independente da condenação, desencadeado pelo Ministério Público, contra um determinado bem relacionado com um crime e considerado culpado do mesmo.

Apesar de pressupor o cometimento de um crime, a *civil forfeiture* é um procedimento jurisdicional de natureza remedial, sem caráter penal,

[8] STEFAN D. CASSELLA, *Civil Asset Recovery ...*, p. 20.

[9] Segundo STEFAN D. CASSELLA (*Civil Asset Recovery ...*, p. 14) a denominação *civil forfeiture* é equívoca. O vocábulo «civil» tem diversos significados: evoca a distinção entre a *common law* e a *civil law*, implica que a ação tem lugar nos tribunais civis e não nos tribunais penais, sugere uma ação entre partes privadas e não entre um privado e o Estado ou que este apenas procura compensar as perdas sofridas. Ainda segundo o mesmo autor, nenhum destes sentidos é válido nos EUA. Por isso, para evitar equívocos, ele prefere utilizar antes a expressão *non-conviction-based forfeiture.*

[10] A «administrative forfeiture» ou «non-judicial forfeiture» é, basicamente, uma forma de confisco não baseada numa condenação efetuada por entidades administrativas e não contestada pelo visado. Caso haja oposição, o confisco carece sempre de decisão judicial; STEFAN D. CASSELLA, «Nature and basic problems of non-conviction-based confiscation in the United States», *RIDP*, 2019, 2, p. 207.

alheio à generalidade das garantias processuais penais, nomeadamente o *ne bis in idem* ou a irretroatividade da lei penal[11], ficando a cargo do Ministério Público demonstrar, segundo a mera preponderância de provas (*preponderance of the evidence*), os seus pressupostos.

2.2. Embora a *civil confiscation* mergulhe, como acabámos de ver, as suas raízes no antigo direito inglês, a verdade é que ela só foi introduzida no *Proceeds of Crime Act* (POCA) em 2002. Mais do que a punição do crime, estava em causa a ablação dos seus produtos nos casos em que a perseguição criminal não é possível ou, até, falhou[12]. Por isso, a *civil recovery* é um mecanismo focado na origem ilícita dos bens recuperáveis (ou dos seus substitutos) e sem qualquer censura contra o seu atual proprietário: o seu objetivo é apenas retirar da economia legal a propriedade relacionada com a prática de um crime.

O processo decorre no *High Court* (tribunal civil) contra a pessoa que detém a propriedade recuperável (*id est:* a propriedade obtida com a prática de um crime ou a propriedade que agora a representa), devendo o Estado demonstrar os pressupostos do confisco, com base num mero balanço de probabilidades[13].

2.3. Mesmo nos sistemas de *civil law,* tradicionalmente associados ao confisco criminal, surgem, cada vez mais, adeptos da adoção do confisco *in rem*[14]. É o caso paradigmático da generalidade dos países da américa latina

[11] United States v. Ursery, 518 U.S. 267 (1996); United States v. Certain Funds Located at the Hong Kong and Shanghai Banking Corp., 96 F.3d 20, 25–27 (2nd Cir. 1996).

[12] Gale v. Serious Organized Crime Agency [2011] UKSC 49, [123]; IAN SMITH, «Civil Asset Recovery: The English Experience», in Rui/Sieber (eds.), *Non-Conviction-Based Confiscation in Europe,* Berlin, Dunker & Humblot, 2015, p. 31. A perseguição criminal e o confisco que lhe está associado deverá ter preferência sobre a civil recovery: MALIN THUNBERG SCHUNKE: *Extended confiscation in criminal law: national, european and international perspectives,* Cambridge, Intersentia, 2017, p. 48.

[13] POCA, s. 241 (3); IAN SMITH, *Civil Asset Recovery...*, p. 33.

[14] Na Europa continental é o caso da Bulgária [para este regime, cfr. ROSITSA DZHEKOVA, «Civil Forfeiture of criminal assets in Bulgaria», *in* Colin King/Clive Walker (edited by), *Dirty Assets: emerging issues in the regulation of criminal and terrorist assets,* Surrey, Ashgate, 2014, pp. 91 e ss. ou da Geórgia [para este ordenamento jurídico, *cfr.* o caso Gogitidze and Others v. Georgia (n.º 36862/05, §§ 49 e ss., de 12 de maio de 2015)].

que vêm adotando potentes ações de extinção de domínio[15]. Também nesse caso, embora tenha na sua base a prática de um facto ilícito, o confisco se dirige contra uma coisa concreta e é independente de uma condenação. As suas consequências são, estritamente, patrimoniais.

2.3.1. A *Ley modelo sobre extincion de dominio*, elaborada, em 2011, pela UNDOC (*United Nations Office on Drugs and Crime*), ao abrigo do programa de assistência jurídica para a América Latina e o Caribe, deu um contributo fundamental para a consolidação, o desenvolvimento e a harmonização destes mecanismos inovadores.

Segundo este modelo, desenhado em termos máximos para permitir que os Estados escolham as medidas que melhor se ajustam ao seu ordenamento jurídico[16], «*La extinción de dominio es una consecuencia patrimonial de actividades ilícitas consistente en la declaración de titularidad a favor del Estado, de los bienes a que se refiere esta ley, por sentencia de autoridad judicial, sin contraprestación, ni compensación de naturaleza alguna. La extinción de dominio es de naturaleza jurisdiccional, de carácter real en cuanto se dirige contra bienes, y se declara a través de un procedimiento autónomo, e independiente de cualquier otro juicio o processo*» (art. 2.º). O direito de propriedade, devidamente ressalvado no respetivo preâmbulo, «*no puede ser reconocido cuando se trate de bienes obtenidos de actividades ilícitas, ni gozarán de protección constitucional ni legal cuando sean destinados a ellas*». De forma que [mesmo retroativamente (art. 3.º) e com caráter imprescritível (art. 4.º)] poderá ser declarada a perda de

[15] Para além da Colômbia e do México, que iremos desenvolver *infra*, é o caso da Argentina (*Régimen procesal de la acción civil de extinción de domínio*, aprovado pelo Decreto 62/2019, de 21 de janeiro), da Bolívia (*Ley de extinción de dominio de bienes da favor del Estado*, de outubro de 2012) , de El Salvador (*Ley Especial de Extinción de Dominio y de la Administración de los Bienes de Origen o Destinación Ilícita*, consagrada no Decreto 534 de 7 de novembro de 2013), do Equador (*Ley Orgánica de Extinción de Dominio*, de 14 de maio de 2021), da Guatemala (*Ley de Extinción de Dominio*, de 7 de dezembro de 2010), das Honduras (*Ley de Privación de Dominio de Bienes de Origen Ilícito*, constante do Decreto Legislativo 27 de 2010), do Perú (Decreto Legislativo n. 992, de 22 de julho de 2007), da República Dominicana (*Ley Orgánica de Extinción de Dominio*, de 2022) ou do Uruguai (lei 19574 de 2018). Noutros países (Bolívia, Chile, Costa Rica, Panama, Paraguai, Venezuela), embora não exista lei de extinção de domínio, há projetos para a sua adoção.

[16] Isidoro Blanco Cordero, «Recuperación de activos de la corrupcíon mediante el decomiso sin condena (comiso civil o extincíon de domínio)», *AA.VV. El Derecho Penal y la Política Criminal Frente a la Corrupcíon*, Mexico, Ubijus, 2012, p. 371.

bens que sejam instrumento, produto ou vantagem de atividades ilícitas ou que provenham da transformação ou conversão daqueles; a perda de bens lícitos utilizados para ocultar a proveniência de bens ilícitos ou misturados com eles; a perda de bens que constituam um incremente patrimonial não justificado quando existam elementos que permitam razoavelmente considerar que provêm de atividades ilícitas; a perda de bens que sejam rendas, juros, lucros ou outros benefícios dos bens *supra* mencionados; ou a perda de bens lícitos de valor equivalente aos bens anteriormente referidos, quando não seja possível identifica-los, localizá-los ou apreendê-los ou aqueles já pertençam a um terceiro de boa-fé (art. 6.º).

A Lei modelo centra-se, sobretudo, nos aspetos processuais[17], constituído a violação do processo equitativo nulidade (art. 37.º, al.ª c): são protegidos e reconhecidos os direitos plasmados na Constituição e nos tratados internacionais (art. 10.º), nomeadamente o direito de acesso ao processo, o direito a conhecer os factos e os fundamentos que sustentam a pretensão confiscatória, o direito de apresentar e de solicitar provas ou o direito ao contraditório (art. 11.º) e, exceto em caso de urgência ou outra necessidade devidamente fundamentada, só podem ser limitados direitos fundamentais [*v.g.* através da realização de ações encobertas, da intervenção e gravação das comunicações privadas ou da vigilância eletrónica (art. 22.º) ou da adoção de medidas cautelares (art. 16.º)] por ordem judicial prévia (art. 10.º).

O processo decompõe-se em duas fases. A fase inicial destinada a identificar e localizar e reunir indícios dos demais pressupostos da extinção de domínio (art. 21.º) e a fase judicial, que compreende uma audiência preparatória (art. 27.º) e uma audiência de prova e alegações (art. 29.º). No final desta fase, que poderá ser abreviada (art. 31.º), o juiz declarará ou não a extinção de domínio, considerando as provas legal e oportunamente incorporadas (art. 32.º). São admissíveis todos os meios de prova lícitos (art. 36.º), diretos e indiretos, com utilidade para a decisão da causa (art. 33.º), devendo da parte (sem prejuízo da atuação judicial oficiosa – art. 33.º),

[17] ANA E. CARRILLO DEL TESO, «La recuperación de activos como estrategia común contra la criminalidad», *in* Ignacio Berdugo Gómez de la Torre/Eduardo A. Fabián Caparrós/Nicolás Rodrígues García (Diretores), *Recuperación de Activos y Decomiso: reflexiones desde los sistemas penales iberoamericanos*, Valencia, Tirant lo Blanch, 2017, p. 31; IDEM *Decomiso y recuperación de activos en el sistema penal español*, Valencia, Tirant lo Blanch, 2018, p. 223.

provar os fundamentos da sua posição (art. 35.º). O juiz apreciará a prova em conjunto, de acordo com as regras da critica sã (art. 34.º) e decidirá segundo a preponderância da prova (art. 32.º).

Está, ainda, contemplada, como não podia deixar de ser, a possibilidade de recurso (art. 14.º).

2.3.2. A Constituição colombiana de 1991, inspirada na legislação civil agrária de 1936, proíbe as penas de desterro, prisão perpétua e confisco, mas refere que *«no obstante, por sentencia judicial, se declarará extinguido el domínio sobre los bienes adquiridos mediante enriquecimento ilícito, em prejuicio del Tesoro Público e con grave deterioro de la moral social»* (art. 34.º)[18]. Assim, muito antes da *ley modelo*, de forma pioneira, a Colômbia fez aprovar a sua lei de extinção de domínio (Ley 333 de 1996)[19], tornando o confisco independente da condenação penal.

Desenvolvendo este regime constitucional e refletindo já a *ley modelo*, a Lei n.º 1708/2014 consagra o atual *Código de Extinción de Dominio*, tendo como limites o respeito pela dignidade humana (art. 2.º) e o direito de propriedade, licitamente obtida, de boa-fé, isenta de culpa e exercido conforme à função social e ecológica que lhe é inerente (art. 3.º). A ação de extinção de domínio tem natureza constitucional, pública, jurisdicional, direta, patrimonial e procederá sobre quaisquer bens (*in rem*), com plena autonomia da ação penal (arts. 17.º e 18.º)[20]. De facto, o que está em causa

[18] Rafael Simón Jiménez Tapia/Emilio J. Urbina Mendoza, *El Comiso Autónomo y la Extinción de Dominio en la Lucha Contra la Corrupción*, Santiago- Chile, Ediciones Olejnik, 2021, p. 120. O artigo 58.º garante depois a propriedade adquirida em conformidade com as leis civis, de modo que aqueles que se tornam proprietários ao arrepio destas normas não estão verdadeiramente protegidos (Wilson Alejandro Martínez Sánchez, «La Extinción de Dominio y la Acción de Extinción de Dominio en Colombia: perspectiva general», AA.VV. *Extinción del Derecho de Dominio en Colombia: nuevo Código de Extinción de Dominio Colombiano*, Bogotá, UNDOC, 2015, pp. 7/8). Como referiu o Tribunal Constitucional colombiano, a Constituição *«rechaza, en términos absolutos, toda protección jurídica a la adquisición de bienes mediante enriquecimiento ilícito, en perjuicio del Tesoro Público o con grave deterioro de la moral social»* (Sentença C-374/1997).

[19] Sobre esta lei e a sua origem, Luz Marina Múnera Márquez/Gustavo Osmares Escobar Marín, *Extincíon del derecho de domínio en Colombia: afectaciones injustificadas de los derechos del sujeto passivo*, Editorial Academica Española, 2012, p. 12.

[20] Luz Marina Múnera Márquez/Gustavo Osmares Escobar Marín, *Extincíon de domínio ...*, p. 25. Isto não significa que a extinção de domínio, tal como a *civil forfeiture*,

«es una institución autónoma, de estirpe constitucional, de carácter patrimonial, en cuya virtud, previo juicio independiente del penal, con previa observancia de todas las garantías procesales, se desvirtúa, mediante sentencia, que quien aparece como dueño de bienes adquiridos en cualquiera de las circunstancias previstas por la norma lo sea en realidad, pues el origen de su adquisición, ilegítimo y espurio, en cuanto contrario al orden jurídico, o a la moral colectiva, excluye a la propiedad que se alegaba de la protección otorgada (...). En consecuencia, los bienes objeto de la decisión judicial correspondiente pasan al Estado sin lugar a compensación, retribución ni indemnización alguna»[21].

A ação é composta por duas etapas: uma etapa inicial, pré-processual ou administrativa, desencadeada pelo Ministério Público e destinada a identificar e definir o objeto da ação e a demostração dos seus pressupostos (arts. 117.º e ss.) e uma fase judicial, contraditória, que termina com a sentença (arts. 137.º e ss.).

A prova dos pressupostos da extinção de domínio constitui uma parte importante do Código, que lhe dedica o título V (arts. 148.º a 202.º)[22]. O Ministério Público deverá demonstrar os pressupostos da extinção de domínio e o visado deverá provar os factos subjacentes à sua oposição (art. 152.º). Contudo, tratando-se de bens intimamente ligados com grupos delitivos organizados presume-se que têm origem ou estão destinados a uma atividade ilícita (art. 152.º a). Atenta a natureza civil do procedimento, não se exige a demonstração daqueles pressupostos para além da dúvida razoável, sendo suficiente um mero balanço de probabilidades.

2.3.3. O atual sistema mexicano não é muito diferente do modelo colombiano. Com efeito, a Constituição Política dos Estados Unidos Mexicanos (CPEUM) também consagrava, desde 2008, a extinção de domínio (art. 22.º)[23]. Ainda assim, em 2019, o legislador constitucional

tenha caráter civil: «*Se trata de una institución especial, de rango superior, consustancial al régimen constitucional del derecho de propiedad*» (sentença C-406/2021).

[21] Sentença da Corte Constitucional colombiana n.º C-374/1997.

[22] Por todos, sobre este regime, Jairo Acosta Aristizábal, «Régimen Probatorio de la Extinción de Dominio», AA.VV. *Extinción del Derecho de Dominio en Colombia: nuevo Código de Extinción de Dominio Colombiano*, Bogotá, UNDOC, 2015, pp. 275 e ss.; na jurisprudência, cfr. as sentenças da Corte Constitucional colombiana n.ºs C-740/03 e C-406/2021.

[23] Griselda Anguiano Espinosa, *La extinción de domínio en Máxico: antes y despúes de la reforma de 2019*, Editorial Académica Española, 2021, p. 14; Jorge Rivero Evia, *El Hecho*

federal mexicano, reforçou essa consagração, definindo pormenorizadamente as principais características da extinção de domínio. No mesmo ano foi, também, publicada a Lei Nacional de Extinção de Domínio (LNED). Deste modo, apesar de proibir o confisco de bens, o legislador mexicano admite a extinção de domínio através de um procedimento jurisdicional, de natureza civil e autónomo do processo penal.

Mais uma vez não está em causa sancionar o responsável pela prática de um facto ilícito típico, mas recuperar os seus instrumentos e as suas vantagens[24] ou seja, bens de caráter patrimonial cuja legítima procedência não se possa comprovar e que se encontrem relacionados com a investigação de determinados crimes graves (art. 22.º CPEUM e art. 7.º LNED). Daí que as garantias associadas ao procedimento sejam, também aqui, menores.

2.4. A *confisca di prevenzione* italiana, apesar de conservar traços muito próprios, que a convertem num caso particular no direito comparado[25], também é, normalmente, associada à *civil forfeiture* dos sistemas da *common law*. De facto, as duas soluções prescindem da condenação criminal do visado e facilitam a demonstração dos pressupostos do confisco. A luta contra a máfia e outras associações criminosas pressupõe a integral ablação dos instrumentos e dos proventos do crime[26], que, objetivamente, podem ser são perigosos como aqueles que os detêm. A mera perigosidade do próprio bem (em particular, a possibilidade de perverter a economia legal e de propiciar outros delitos) fundamenta assim, em determinados casos, a solução. Embora na esmagadora maioria das situações, persista uma conexão entre um determinado-suspeito ou pessoa perigosa e a propriedade, o confisco preventivo italiano não é uma verdadeira *actio in persona* aproximando-se das *actio in rem*, com quem compartilha aqueles requisitos. De modo que acaba por ser associada à *civil recovery*.

Ilícito Como Elemento de la Acción de Extinción de Dominio: derecho penal para civilistas, Ciudad de México, Tirant lo Blanch, 2021, p. 58.

[24] Jorge Rivero Evia, *El Hecho Ilícito...*, p. 59.

[25] Michele Panzavolta/Roberto Flor, «A Necessary Evil? The Italian "non-criminal system" of asset forfeiture», *in* Rui/Sieber (eds.), *Non-conviction-based confiscation in Europe*, Berlin, Duncker & Humblot, 2015, p. 113.

[26] Michele Panzavolta/Roberto Flor, *A Necessary Evil...*, p. 121.

Todavia, mesmo assim, em vez de se dirigirem retrospetivamente para aquilo que aconteceu no passado, atingindo os ativos relacionados com um facto típico (ou o seu valor equivalente), estas ações preventivas viram-se prospectivamente para o futuro. Já não está em causa apenas a ablação das vantagens de um crime pretérito, mas a sua mera prevenção (*praeter delictum* ou *ante delictum*): o que importa é a *«incapacitazione patrimoniale»* da criminalidade económica[27]. De modo que, ao contrário da *civil confiscation*, que embora aligeire a sua demonstração, não prescinde da conexão entre o ativo e o crime, as ações preventivas italianas dispensam a prova dessa relação, assim alargando as fronteiras da recuperação dos ativos que podem ser declarados perdidos. O âmbito de aplicação dos mecanismos é diverso [28].

2.5. Apesar de terem na sua origem a mesma matriz – uma *actio in rem* completamente desligada do processo penal – a extinção de domínio e, sobretudo, a *civil confiscation* conservam especificidades, mais ou menos agressivas para os direitos fundamentais: os sistemas não são todos iguais. Particular destaque merece a possibilidade de atingir bens lícitos de valor equivalente aos instrumentos, produtos ou vantagens do facto ilícito típico[29]. O procedimento já não se dirige apenas contra a coisa *ab initio* relacionada com o crime e, logo, na velha ficção jurídica considerada como culpada do mesmo, atingido outros ativos lícitos de valor correspondente. Para lutar contra o enriquecimento ilícito, o legislador alargou as fronteiras iniciais do mecanismo, muito pouco eficazes em economias pujantes e globais.

3. Confisco não baseado numa condenação no processo penal

Nos sistemas europeus continentais, o confisco das vantagens do crime continua maioritariamente associado ao processo criminal, sendo a ideia

[27] Sofia Milone, «La natura della confisca di prevenzione all'esito delle recenti modifiche legislative: la difesa a oltranza del modello preventivo tra ragione di opportunità politico--criminale e rischio di mistificazioni», *Rivista Trimistrale di Diritto Penale dell'economia*, 2015, p. 531.

[28] Tommaso Trinchera, «Civil forfeiture e confisca di prevenzione: quale comparazione possible?», *Diritto Penale contemporâneo*, 2020, 2, p. 170.

[29] Art. 6.º, al.ª j), da *Ley modelo*; art. 16.º, n.º 10, do Código de Extinção de Domínio Colombiano; art. 7.º, al.ª IV), da Lei Nacional de Extinção de Domínio Mexicana.

da *civil confiscation* considerada contrária às leis fundamentais[30]. Isto não significa, todavia, que estes sistemas não tenham evoluído, sendo, hoje, possível declarar a perda retroativamente (art. 316h EGStGB), mesmo na ausência de condenação penal (arts. 109.º, n.º 2 e 110.º, n.º 5, do CP; art. 127.º *ter* do CP espanhol, § 76a do StGB), utilizar para o efeito presunções (art. 7.º, n.º 2, da Lei n.º 5/2002, de 11 de janeiro, arts. 127.º *quater*, n.º 2 e 127.º *sexies* do CP espanhol) ou estimativas (art. 37.º, n.º 2, do Dec-Lei n.º 15/93, de 22 de janeiro, § 73d StGB) ou, até, decidir com base em meros indícios (art. 268.º, n.º 1, al.ª e, do CPP) ou segundo um mero «balanço de probabilidades» (§ 437.º StPO).

Com efeito, sobretudo a partir da década de oitenta do século passado, os mecanismos clássicos de confisco, associados à condenação penal, começaram a revelar as suas insuficiências congénitas. Muitas vezes não é possível (*maxime* por meras questões de índole adjetiva) lograr a condenação ou, sequer, demonstrar a indispensável conexão entre os bens confiscáveis e o crime pregresso, assim se inviabilizando a desejável perda das vantagens daquele. Por isso mesmo, em matéria de confisco, os grandes areópagos internacionais começaram por preconizar a suavização das regras probatórias clássicas[31] e acabaram por instigar à consagração do confisco não baseado numa condenação.

De facto, numa reunião dos Ministros da Justiça e da Administração Interna, que teve lugar em Paris, em 5 de maio de 2003, o G-8 adotou um documento (*G8 Best Principles on tracing, freezing and confiscation of assets*) nos termos do qual «*States are encouraged to examine the possibility to extend, to the*

[30] Por exemplo, Robert Esser, «A Civil Asset Recovery Model: The German Perspective and European Human Rights», *in* Rui/Sieber (eds.) *Non-Conviction-Based Confiscation in Europe*, Berlin, Dunker & Humblot, 2015, pp. 86 e ss. ou, entre nós, Pedro Caeiro, «Sentido e função do instituto da perda de vantagens relacionadas com o crime no confronto com outros meios de prevenção da criminalidade reditícia (em especial, os procedimentos de confisco in rem e a criminalização do enriquecimento "ilícito")», *RPCC*, 2011, 21, pp. 296; ; Idem, «Offence-based confiscation: replacing criminal law with something better?», *in* Serena Quattrocolo/Sandra Oliveira e Silva/Ernestina Sacchetto (editors), Assets Confiscation and prevention of crime in Europe: an overview upon the EU and domestic legislations, Milano, CEDAM, 2022, pp. 16 e ss.

[31] Art. 6.º, n.º 7 da Convenção das Nações Unidas Contra o Tráfico Ilícito de Estupefacientes; art. 12.º, n.º 7 da Convenção das Nações Unidas Contra a Criminalidade Organizada Transnacional; art. 3.º, n.º 4, da Convenção do Conselho da Europa Relativa ao Branqueamento, Detenção, Apreensão e Perda dos Produtos do Crime e ao Financiamento do Terrorismo.

extent consistent with the fundamental principles of their domestic law, confiscation by: permitting the forfeiture of property in the absence of a criminal conviction»[32].

Pouco tempo depois, em 31 de outubro de 2003, a Assembleia-Geral das Nações Unidas adotou a Convenção Contra a Corrupção, nos termos da qual, cada Estado Parte deverá, em conformidade com o seu direito interno, «considerar a adoção de medidas que se revelem necessárias para permitir a declaração de perda desses bens na ausência de sentença criminal quando contra o autor da infração não possa ser instaurado um procedimento criminal em razão de falecimento, fuga, ausência ou noutros casos apropriados»[33].

Ainda nesse mesmo ano, nas suas 40 recomendações, o Grupo de Ação Financeira Internacional (GAFI) também advogou que «*Countries may consider adopting measures that allow such proceeds or instrumentalities to be confiscated without requiring a criminal conviction, or which require an offender to demonstrate the lawful origin of the property alleged to be liable to confiscation, to the extent that such a requirement is consistent with the principles of their domestic law*»[34].

Na União Europeia, a comunicação da Comissão ao Parlamento Europeu e ao Conselho (de 20 de novembro de 2008), denominada produto da criminalidade organizada garantir que o «crime não compensa», promoveu o debate sobre a possibilidade de criar instrumentos de confisco «sem uma condenação prévia no âmbito de um processo penal», nomeadamente «quando há suspeita de que os bens são o produto de crimes graves, devido à sua desproporção em relação ao rendimento declarado do

[32] Princípio 26.º.

[33] Artigo 54.º, n.º 1, alª c).

[34] Recomendação n.º 3 (atual recomendação n.º 4; na Recomendação n.º 38 sugerem-se, depois, uma série de medidas ao nível da cooperação judiciária internacional em matéria de recuperação de ativos). As quarenta Recomendações do GAFI surgiram em 1990, com o intuito de combater a utilização dos sistemas financeiros para fins de branqueamento de capitais e foram revistas em 2003 (sobre elas, por exemplo, Constanza Witker, «The influence of international and european developments on the Money laundering offence: a creeping disempowerment of the national legislator?», *in* Serena Quattrocolo/Sandra Oliveira e Silva//Ernestina Sacchetto (editors), *Assets Confiscation and prevention of crime in Europe: an overview upon the EU and domestic legislations*, Milano, Cedam, 2022, pp. 152 e ss.). Estas Recomendações são reconhecidas como verdadeiros padrões internacionais de combate ao branqueamento de capitais e ao financiamento do terrorismo, tendo sido aprovadas por mais de 180 países.

seu proprietário e ao facto de este ter contactos habituais com criminosos conhecidos. Neste caso devia ser possível recorrer a um tribunal civil (que pode ordenar o confisco de bens) com base no pressuposto, segundo um cálculo de probabilidades, de que esses bens podem provir de atividades criminosas. Nestes casos o ónus da prova é invertido e o presumível criminoso tem de provar a origem lícita dos ativos»; ou ainda «quando a pessoa suspeita de certos crimes graves tiver morrido, estiver em fuga desde há algum tempo ou não puder, por qualquer outra razão, ser objeto de um processo»[35].

Fruto deste debate e do incentivo daquele artigo 54.º, n.º 1, al.ª c), da Convenção das Nações Unidas contra a Corrupção, das recomendações do GAFI e dos pontos de vista do G 8[36], a Diretiva 2014/42/EU do Parlamento Europeu e do Conselho de 3 de abril sobre o congelamento e a perda dos instrumentos e produtos do crime na União Europeia, impôs aos Estados Membros a criação do confisco não baseado numa condenação: «se não for possível a perda com base no n.º 1 (isto é, nos termos tradicionais),

[35] Cfr. os pontos 3.3.1., al.ªs i) e ii), da referida comunicação [COM (2008) 766 final]. Na sequência deste debate (de que, como veremos, a Diretiva 2014/42/EU do Parlamento Europeu e do Conselho de 3 de abril foi o fruto mais visível) surgiram várias manifestações mais ou menos favoráveis à adoção destes mecanismos. Foi, desde logo, o caso das conclusões do Conselho da União Europeia (Justiça e Administração Interna) aprovadas em junho de 2010, que solicitaram à Comissão e aos Estados-Membros a consideração, com base em novos estudos, «de formas de reconhecimento e sistemas de confisco não baseados na condenação», bem como a execução, no âmbito do reconhecimento mútuo, dessas decisões (7769/3/10 REV 3 CRIMORG 64). Foi, também, o caso do Parecer do Comité das Regiões sobre o Pacote de Proteção da Economia Legal que (seguindo em sentido contrário) exprime reservas quanto ao confisco não baseado numa condenação, salientando, sobretudo, que não está contemplado na base jurídica utilizada e que fere as tradições jurídicas de alguns Estados-Membros e propõe soluções penais (detenção de bens «injustificados») para se chegar a um nível equivalente de eficácia (JO C 391, de 18 de dezembro de 2012, p. 136/7).

[36] Como, aliás, se reconhecia, *expressis verbis*, na exposição de motivos que antecedeu a proposta [COM (2012) 85 final]. A diretiva substituiu as anteriores disposições europeias [art. 14.º; sobre a evolução do direito europeu em matéria de confisco, Pedro Caeiro, «O confisco numa perspetiva de política criminal europeia», *in* Maria Raquel Desterro Ferreira/Elina Lopes Cardoso/João Conde Correia (coordenadores), *O Novo regime de Recuperação de Activos à luz da Diretiva 2014/42/UE e da Lei que a transpôs*, Lisboa, INCM 2018, pp. 26 e ss. ou, na mesma obra, João Conde Correia, «Que futuro para a recuperação de ativos na União Europeia?» pp. 337 e ss.], sendo, todavia, o confisco não baseado numa condenação uma novidade absoluta.

e pelo menos se tal impossibilidade resultar de doença ou de fuga do suspeito ou arguido, os Estados-Membros tomam as medidas necessárias para permitir a perda dos instrumentos ou produtos nos casos em que foi instaurado processo penal por uma infração penal que possa ocasionar direta ou indiretamente um benefício económico, e em que tal processo possa conduzir a uma condenação penal se o suspeito ou arguido tivesse podido comparecer em juízo»[37].

Finalmente, ainda na mesma linha, demonstrando um grande e raro consenso internacional, em 26 de abril de 2018, a Assembleia Parlamentar do Conselho da Europa adotou a resolução 2218 (2018), relativa à luta contra o crime organizado, mediante a facilitação do confisco de bens ilegais, exortando os Estados Membros a implementarem na sua legislação *non-conviction-based confiscations* (9.1.)[38].

[37] Art. 4.º, n.º 2; o interpolado é da nossa autoria. Demonstrando a dificuldade do tema, a proposta original era muito mais ousada na enumeração de situações mínimas de perda: «na sequência de um processo que, caso o suspeito tivesse sido sujeito a julgamento, poderia ter conduzido a uma condenação, quando: (a) o falecimento ou a doença do suspeito ou arguido impeça o prosseguimento da ação judicial: ou (b) a doença do suspeito ou arguido ou o facto de este se ter subtraído à ação penal ou à pena impeça o exercício efetivo da ação penal num prazo razoável, representando um risco grave de prescrição» (art. 5.º). Ainda assim, não previa a possibilidade de extender aquelas regras mínimas a outras situações dignas de igual tutela jurídica (como agora resulta da inclusão da expressão «pelo menos»). Para uma primeira abordagem desta diretiva cfr. Jon Petter Rui, «Non-conviction based confiscation in the European Union – an assessment of Art. 5 of the proposal for a directive of the European Parliament and the Council on the freezing and confiscation of proceeds of crime in the European Union», *Era Forun* 2012, pp. 349 e ss.; Michele Simonato, «Diretive 2014/42/EU and non-conviction based confiscation a step forward on asset recovery?», *New Journal of European Criminal Law*, 2015, 6, pp. 213 e ss.; Juliette Lelieur, «Freezing and Confiscating Criminal Assets in the European Union», *EuCLR*, 2015, pp. 279 e ss.; entre nós, João Conde, Correia, «Reflexos da Diretiva 2014/42/EU (do Parlamento Europeu e do Conselho, de 3 de abril de 2014, sobre o congelamento e a perda dos instrumentos e produtos do crime na União Europeia) no direito português vigente», *RCEJ*, 2014, 2, pp. 83 e ss.

[38] «*The Assembly therefore invites all member States of the Council of Europe and other States holding a special status with the Council of Europe to: [...] provide for non-conviction-based confiscation in their national laws [...]*». No mesmo âmbito institucional, o TEDH, apesar de limitado pelas circunstâncias dos casos que lhe são submetidos, tem traçado os limites do confisco não baseado numa condenação, chegando mesmo a fazer a sua apologia: «*the Court observes that common European and even universal legal standards can be said to exist which encourage, firstly, the confiscation of property linked to serious criminal offences such as corruption, money laundering, drug*

Neste contexto, um pouco por todo o lado, em particular nos Estados-Membros da União Europeia, começaram a surgir e a desenvolver-se poderosas formas de confisco não baseadas numa condenação[39]. Em vez de atingir o arguido (ou terceiros), a perda, ainda que decretada no seio do próprio processo penal, começou, paulatinamente, a atingir as próprias coisas, deixando assim de ter natureza intrinsecamente penal, para passar a ter também indesmentível natureza real (*actio in rem*): a condenação por uma qualquer atividade criminal pretérita é, cada vez menos, uma *conditio sine qua non* para que seja decretada. Para fazer face às necessidades práticas, os sistemas de confisco baseados no processo penal sofreram uma incomparável evolução.

3.1. Um exemplo paradigmático das alterações motivadas pela transposição da Diretiva 2014/42/EU, mas com raízes muito anteriores[40] é o atual sistema alemão. A lei para a reforma do confisco penal (*Gesetz zur Reform der strafrechtlichen Vermögensabschöpfung*), de 13 de abril de 2017, retroativamente aplicável[41], fruto de um amplo consenso político, veio, *inter alia*, alargar o confisco independente (§ 76a StGB: *Selbstständige Einziehung*): embora inserido no processo penal, «trata-se de um processo contra

offences and so on, without the prior existence of a criminal conviction» (Gogitidze and Others v. Georgia, n.º 36862/05, § 105, de 12 de maio).

[39] O confisco não baseado numa condenação assume (segundo a tipologia preconizada pela rede CARIN) diversas formas: *civil confiscation*, confisco da riqueza inexplicada, confisco alargado e confisco não baseado numa condenação no processo penal. Sobre estas tipologias, João Conde Correia, «"Non-conviction based confiscations" no direito penal português vigente: quem tem medo do lobo mau?», *Julgar*, 2017, 32, pp. 77 e ss.; para uma diferente categorização, baseada na jurisprudência do TEDH e que inclui o confisco de bens de terceiros, cfr. Paulo Pinto de Albuquerque, *Em defesa dos direitos fundamentais*, Lisboa, UCE, 2019, pp. 48/9. Na exposição que se segue, sem prejuízo de oportunas referências a outras categorias, vamos tratar, exclusivamente, do designado confisco não baseado numa condenação no processo penal.

[40] Para um resumo da situação anterior, Sven Keusch, *Probleme des Verfalls im Strafrecht*, Frankfurt, Peter Lang, 2005, pp. 18 e ss. ou, de forma resumida, Robert Esser, *A Civil Asset Recovery Model...*, pp. 75/6.

[41] Atual art. 316h EGStGB: a decisão do BVerfG de 10.02.2021 (2 BvL 8/19) considerou esta solução, excecionalmente, compatível com a Lei Fundamental. Em 1992 foi outra a opção do legislador e da jurisprudência alemã [BGH 3 StR 267/95, de 20.09.1995 (LG Krefeld); ou BGH 3 StR 132/01, de 27.04.2001 (LG Itzehoe)].

uma coisa (*ad rem*), que não se dirige contra uma pessoa»[42] (*subjektiven Verfharen*). A perda não está aqui associada a uma qualquer declaração de culpa[43], correndo contra um determinado objeto (*objektives Verfahren* ou *unechten Verfharen*).

O confisco independente tem caráter subsidiário e deverá, agora, ser desencadeado quando, por razões de facto (*v.g.* fuga do autor do facto, impossibilidade de o identificar) ou de direito (*v.g.* consunção da ação penal) a perseguição ou a condenação for impossível [§ 76a (1) StGB]; quando os factos estiverem prescritos [§ 76a (2) StGB]; quando o tribunal se abstiver de aplicar uma sanção ou o processo for arquivado por decisão do tribunal ou do MP ou com o acordo de ambos [§ 76a (3) StGB]; ou quando no decurso de um processo por determinados crimes de catálogo tiver sido apreendido um ativo, o visado não puder ser perseguido ou condenado por esse crime e o juiz estiver convencido (§§ 261 e 437 StPO) de que esse ativo é afinal proveniente de um crime [§ 76a (4)].

As três primeiras situações não constituem um verdadeiro alargamento das regras materiais de confisco: em causa estão apenas formas particulares de procedimento destinadas a implementar as medidas patrimoniais previstas nos §§ 73 e 73c StGB[44]. O confisco sempre seria decretado se o visado pudesse ser condenado. Já a quarta situação constitui um alargamento das fronteiras tradicionais do confisco, que testa os

[42] David Ullenboom, *Praxisleitfaden Vermögensabschöpfung*, Heidelberg, C.F.Müller, 2019, p. 67; Lackner/Kühl/Heger, *Strafgesetzbuch Komentar*, München, C.H.Beck, 2018, p. 665; Bröckers, *in* Peters/Bröckers, *Vermögensabschöpfung im Strafverfahren*, Heidelberg, C.F.Müller, 2019, p. 99; Frank Saliger, «Questões Fundamentais do Confisco de Bens», *in* Adriano Teixeira (org.) *Perda das vantagens do crime no direito penal. Confisco alargado e confisco sem condenação*, São Paulo, Marcial Pons, 2020, p. 206 (originalmente publicado na ZStW, 2017, pp. 995/1034); Anna Sakellaraki, «The German Non-Conviction-Based Confiscation (NCBC) Model – Legal Nature, Application Requirements and Recent Constitutional Jurisprudence», *in* Serena Quattrocolo/Sandra Oliveira e Silva/Ernestina Sacchetto (editors), *Assets Confiscation and prevention of crime in Europe: an overview upon the EU and domestic legislations*, Milano, CEDAM, 2022, p. 241. O próprio legislador afirmou-o expressamente na fundamentação do seu projeto (BT-Druks. 18/9525, p. 62).

[43] BT-Drucks. 18/11640, p. 83.

[44] Meißner/Schütrumpf, *Vermögensabschöpfung: Ein Praxisleitfaden*, München, C.H. Beck, 2022, p. 45; Bröckers, *Vermögensabschöpfung* ..., p. 100.

limites da recuperação de ativos, admissíveis num Estado de direito[45]. Ao contrário daqueles casos, onde apesar de ninguém poder ser perseguido ou condenado ainda é necessário determinar a prática de um facto ilícito típico, está aqui em causa o confisco de bens de origem incerta (*unklarer Herkunft*) ou, por outras palavras, bens suspeitos de serem o produto do crime[46].

Simplificando a prova dos pressupostos do confisco do bem apreendido, nos termos do § 437 da StPO, o juiz pode fundar a sua convicção sobre a sua origem criminosa, em especial, na desproporção entre o seu valor e o rendimento lícito do investigado/acusado, nos resultados da investigação que conduziu à apreensão, nas circunstâncias em que o ativo foi encontrado e apreendido, nas relações pessoais e económicas do visado. O que, na prática, parece conduzir a uma inversão do ónus da prova ou, pelo menos, à sua facilitação[47].

O confisco independente tanto pode resultar de um procedimento *ab initio* autónomo, como da conversão de um processo preexistente, que prossegue apenas para esse efeito[48] e será decidido atenta a prova recolhida. Apenas haverá audiência se o MP ou outro participante processual o requerer ou o tribunal o ordenar [§§ 436 (2) e 434 (3) StPO][49].

[45] BT-Drucks. 18/11640, p. 82. Apesar de testar os limites do admissível num Estado de direito, este modelo serviu de inspiração ao artigo 16.º (*confiscation of unexplained wealth linked to criminal activities*) da recente proposta de Diretiva do Parlamento Europeu e do Conselho relativa à recuperação e perda de bens COM (2022) 245 final.

[46] Bröckers, *Vermögensabschöpfung* ..., p. 100. Em bom rigor, seguindo as tipologias da rede CARIN, como a própria epígrafe do artigo indica, estamos já no confisco do enriquecimento ilícito.

[47] Meißner/Schütrumpf, *Vermögensabschöpfung...*, p. 47; Frank Saliger, *Questões Fundamentais...*, p. 211; na fundamentação do projeto, o próprio legislador referia que estava em causa a adoção das regras probatórias processuais civis (BT-Druks.18/9525, p. 92); contra Aleksandar Zivanic, *Das zivil-bzw. Bereicherungsrechtliche Verständnis der Einziehung von Taterträgen (§§ 73 ff., 75 ff. StGB)*, Berlin, Duncker & Humblot, 2022, pp. 195/6; Sohre Tschakert, *in* Folker Bittmann/Marcus Köhler/Gundula Seeger/Sohere Tschakert, *Handbuch der strafrechtlichen Vermögensabschöpfung*, Köln, Carl Heymanns Verlag, 2020, p. 418 ou Bröckers, *Vermögensabschöpfung* ..., p. 116.

[48] David Ullenboom, *Praxisleitfaden* ..., p. 86.

[49] Marcus Köhler, «Die Reform des Strafrechtlichen Vermögensabschöpfung», *NStZ*, 2017, p. 672; Sohre Tschakert, *Handbuch...*, p. 416.

3.2. Outro exemplo claro das alterações introduzidas pela transposição da Diretiva 2014/42/UE, mas igualmente com raízes anteriores[50], é o sistema jurídico espanhol. Com efeito, o juiz poderá, agora, declarar o confisco dos instrumentos utilizados na preparação ou na execução do delito e das vantagens provenientes daquele ou o seu valor equivalente (art. 127.º), ainda que não seja proferida uma sentença condenatória, quando a situação patrimonial ilícita seja comprovada num processo contraditório e esteja em causa alguma das seguintes situações: o visado tenha falecido ou padeça de doença crónica que impeça o seu julgamento e haja o risco de prescrição; ele seja revel e isso impeça o julgamento dos factos num prazo razoável; ou não seja aplicada nenhuma pena, por isenção ou extinção da responsabilidade criminal (art. 127 ter do CP, introduzido pela Lei Orgânica n.º 1/2015, de 30 de março).

Para além destas situações, a norma remete ainda para o confisco de ativos pertencentes a pessoa condenada por crime de catálogo, quando se apure, com base em prova objetiva e bem fundamentada, que os ativos provêm de atividade criminosa, não se provando a sua origem lícita (perda alargada). No entanto, a doutrina questiona a compatibilidade desta remissão com os princípios da presunção de inocência e da proporcionalidade[51].

Em todos estes casos, o confisco sem condenação ou autónomo só pode ser dirigido contra quem tenha sido formalmente acusado ou, se

[50] Para a evolução sumária do sistema espanhol, que conhece o confisco sem condenação no processo penal desde 2003, por exemplo, NURIA P. MATELLANES RODRÍGUEZ, «Algunas dudas que suscita el decomiso autónomo: em especial, la descoordinación entre la regulación penal y la procesal», *in* Ignacio Berdugo Gómez de la Torre/Nicolás Rodrígues García (Diretores), *Decomiso y recuperación de Activos: crime doesn't pay*, Valencia, Tirant lo Blanch, 2020, pp. 147/8; IGNACIO BERDUGO GÓMEZ DE LA TORRE, «Política criminal contra la corrupción: la reforma del decomiso en Espanã», *in* Ignacio Berdugo Gómez de la Torre/ Eduardo A. Fabián Caparrós/Nicolás Rodrígues García (Diretores), *Recuperación de Activos y Decomiso: relexiones desde los sistemas penales iberoamericanos*, Valencia, Tirant lo Blanch, 2017, p. 405; na mesma obra, EDUARDO A. FABIÁN CAPARRÓS, «La regulación del decomiso tras la reforma de la Ley Orgánica 1/2015», p. 440.

[51] ANA E. CARRILLO DEL TESO, *Recuperación de Activos y Decomiso...*, p. 198; NICOLÁS RODRÍGUES GARCÍA, *El decomiso de activos ilícitos*, Pamplona, Aranzadi, 2017, p. 197; NURIA P. MATELLANES RODRÍGUEZ, *Algunas dudas...*, p. 159. Em sentido contrário, com mais indicções bibliográficas, parece caminhar, TOMÁS FARTO PIAY, *El processo de decomiso autónomo*, Valencia, Tirant lo Blanch, 2021, pp. 225/6.

existirem indícios razoáveis de criminalidade, contra a imputado, quando essas mesmas circunstâncias tenham impedido a continuação do processo penal (art. 127 ter. n.º 2).

Os artigos 803 ter e. e ss. da *Ley de Enjuiciamiento Criminal,* de forma nem sempre coerente com o regime material, regulam, depois, o *Procedimiento de decomiso autónomo* (capítulo II), enquanto ação destinada a solicitar a perda de instrumentos, produtos e vantagens ou o seu valor equivalente, designadamente quando o Ministério Público na acusação reserve para este procedimento a determinação dos bens confiscáveis e a decisão sobre a responsabilidade penal, ainda que absolutória[52], já tenha transitado em julgado (*decomiso autónomo por razón de oportunidad*) e quando o autor de uma facto punível tenha falecido ou não possa ser julgado por estar revel ou incapaz de comparecer em juízo (*decomiso autónomo por razones de necesidad*)[53].

Esta regulamentação processual do *decomiso autónomo* não é, porém, exaustiva, remetendo o legislador para a normas que regulam o *juicio verbal* (arts. 437 a 447 da *Ley de Enjuiciamiento Civil*), em tudo o que não seja contraditório com o estabelecido neste capítulo da *LECrim*, (art. 803 ter g). Numa interpretação literal, será, portanto, aplicável o regime probatório processual civil, que não seja incompatível com o processo penal[54].

A natureza jurídica deste procedimento, ainda que seja denominado autónomo, que prescinda de uma condenação e que sejam utilizadas as normas do processo civil[55], é muito controversa, sendo normalmente qualificado pela doutrina como um verdadeiro procedimento penal[56].

[52] Tomás Farto Piay, *El processo...*, pp. 277/8.

[53] Ana E. Carrillo del Teso, *Recuperación de Activos y Decomiso...*, pp. 231 e ss.

[54] Tomás Farto Piay, *El processo...*, p. 391.

[55] No ponto VIII do preambulo da Lei Orgânica n.º 1/2015, de 30 de março (que alterou o CP), o próprio legislador refere que «el decomiso sin condena no tiene una naturaleza propiamente penal, pues no tiene como fundamento la imposición de una sanción ajustada a la culpabilidad por el hecho, sino que "es más comparable a la restitución del enriquecimiento injusto que a una multa impuesta bajo la ley penal" pues "ado que el decomiso se limita al enriquecimiento (ilícito) real del beneficiado por la comisión de un delito, ello no pone de manifiesto que se trate de un régimen de sanción"».

[56] Francisco Javier Garrido Carrillo, *El decomiso: innovaciones, deficiencias y limitaciones en su regulación sustantiva y procesal*, Madrid, Dykinson, 2019, p. 61; Cristina Martínez-Arrieta Márquez de Prado, *El decomiso y la recuperación y gestión de activos procedentes de actividades delictivas*, Valencia, Tirant lo Blanch, 2018, p. 83; Ana E. Carrillo del Teso,

3.3. O legislador português, antecipando toda esta política criminal, sem que disso haja consciência clara, consagrou, há muito, casos de *non-conviction based confiscation*. O artigo 107.º, n.º 2, do Código Penal de 1982, já prescrevia que: «a perda dos objetos tem lugar, ainda que nenhuma pessoa determinada possa ser criminalmente perseguida ou condenada», sendo, salvo disposição legal em contrário, aplicável à restante legislação penal especial (art. 8.º do CP)[57], deste modo alargando o seu âmbito de aplicação. Poucos anos depois, concretizando em termos adjetivos esta norma substantiva, o Código de Processo Penal, de 1987, atribuiu ao juiz de instrução, a competência para em caso de arquivamento do inquérito pelo Ministério Público, mediante a utilização de um grau probatório inferior (meros indícios), declarar perdidos os objetos apreendidos (art. 268.º, n.º 1, al.ª e)[58].

A revisão do Código Penal, concretizada pelo Decreto-Lei n.º 48/95, de 15 de março, reforçou este mecanismo inovador. Por um lado, o legislador manteve aquela cláusula geral (art. 109.º, n.º 2); por outro lado, na esteira do pensamento precursor de Jorge de Figueiredo Dias, trocou o termo crime pela locução «facto ilícito típico». O novo elemento gramatical tornou assim mais claro que também a perda das recompensas e das vantagens podia ter lugar, mesmo que não existisse condenação,

Recuperación de Activos y Decomiso..., pp. 227/8; Nicolás Rodrígues García, *El decomiso ...*, p. 250; Tomás Farto Piay, *El processo...*, pp. 77/8 (com indicações bibliográficas que pugnam pela sua natureza civil); em sentido contrário, para além dessas indicações, Carlos Castellví Monserrat, «El decomiso de ganancias en los delitos de corrupción: naturaleza y garantías», *in* Joan Queralt Jiménez/Dulce M. Santana Veja (Directores), *Corrupción Pública y Privada en el Estado de Derecho*, Valencia, Tirant lo Blanch, 2017, pp. 349 e ss. e, recentemente, Luis M. Uriarte Valiente, *La lucha del Estado en la recuperación de activos a través del decomiso: especial referencia a la actuacíon del ministério fiscal*, Valencia, Tirant lo Blanch, 2022, pp. 156 e ss.

[57] Para além da remissão constante do Código Penal, também a legislação avulsa remete para ele. É o caso do art. 9.º, n.º 1, do DL n.º 28/84, de 20 de janeiro [sobre este regime de recuperação de ativos e a sua compatibilização com o CP, cfr. João Conde Correia, «A recuperação de ativos dos crimes contra a economia e a saúde pública (Decreto-Lei n.º 28/84, de 20 de janeiro)», *RMP*, 2016, 146, pp. 59 e ss.].

[58] João Conde Correia, *Non-conviction based...*, pp. 86 e ss. Da mesma forma, demonstrando que, em ambos os casos, já não estamos perante a responsabilidade penal, também a absolvição do arguido não impede a sua condenação num eventual pedido de indemnização civil (art. 377.º, n.º 1, do CPP).

designadamente por inimputabilidade do visado ou por falta de culpa[59]. De todo o modo, ainda assim, o legislador era aqui menos ambicioso, optando por uma solução legal mais restritiva.

As alterações introduzidas no Código Penal pela lei n.º 30/2017, de 30 de maio, no intuito de transpor a Diretiva 2014/42/EU, apesar de terem esquecido as normas processuais, tal como nos restantes Estados-Membros, também reforçaram este regime, consagrando agora, uma cláusula geral, válida quer para os instrumentos (art. 109.º, n.º 2), quer para os produtos e vantagens do crime (art. 110.º, n.º 5): a perda «tem lugar ainda que nenhuma pessoa determinada possa ser punida pelo facto, incluindo em caso de morte do agente ou quando o agente tenha sido declarado contumaz»[60]. Do ponto de vista substantivo a solução é agora igual: a condenação não é um pressuposto imprescindível do confisco.

3.4. Fora da União Europeia, no universo da língua portuguesa, destaca-se o ordenamento jurídico moçambicano. Embora o Código Penal, claramente influenciado pelo homologo português (na redação do Dec-Lei 48/95, de 15 de março) se refira apenas à perda os instrumentos e produtos do crime (art. 137.º, n.º 2), tornando a perda das vantagens, sem condenação, mais limitada (art. 139.º), a verdade é que a lei n.º 13/2020, de 23 de dezembro, veio determinar que a perda «tem lugar ainda que nenhuma pessoa determinada possa ser punida pelo facto, incluindo em caso de morte do agente», quer no caso dos instrumentos (art. 8.º, n.º 2), quer nos caso dos produtos e vantagens (art. 9.º, n.º 5).

[59] Jorge de Figueiredo Dias, *Direito Penal Português* ... p. 635. Apesar de já resultar do direito anteriormente vigente, o objetivo desta nova redação era a clarificação legal, em conformidade com a formulação, entretanto, vertida nos artigos 35.º e 36.º do Dec-Lei n.º 15/93, de 22 de janeiro, que, embora seja anterior, tomou em devida conta a reforma do Código Penal, que estava em curso, como se admite logo no respetivo preâmbulo.

[60] Para além deste regime (e de normas homologas consagradas na legislação avulsa, como, por exemplo, o art. 35.º, n.º 3, do Dec-Lei n.º 15/93, de 22 de janeiro), a Lei n.º 5/2002 consagra, igualmente, um caso de confisco não baseado numa condenação. No entanto, nesse caso estamos já perante outra realidade dogmática: o confisco do enriquecimento ilícito (João Conde Correia, «O confisco e a "fixação" do enriquecimento ilícito», AA.VV. *Estudos projeto Ethos*, Lisboa, PGR, 2018, pp. 257 e ss.), que exorbita o âmbito deste trabalho relativo à comparação entre o confisco não baseado numa condenação no processo penal e a *civil confiscation*.

Igualmente expressiva é o novo regime Cabo-verdiano: a perda de produtos e vantagens «tem lugar ainda que nenhuma pessoa determinada possa ser punida pelo facto, incluindo em caso de morte do agente, da ausência, amnistia, prescrição, imunidades, doença crónica ou quando o agente tenha sido declarado contumaz (art. 99.º, n.º 5, do CP, alterado pela Lei n.º 117/IX/2021, de 11 de fevereiro).

O legislador angolano, para dar só mais um exemplo, também alargou recentemente o seu anterior regime legal[61], de igual modo semelhante ao consagrado no Código Penal Português, em 1995, prescrevendo, agora, que na «em caso de amnistia ou de morte do titular dos bens a transferir para o Estado, a ação penal pode, a requerimento do Ministério Público, prosseguir os seus trâmites para efeitos de declaração judicial de perda de bens para o Estado» (art. 21.º, n.º 10 da Lei n.º 13/22, de 25 de maio)[62].

Em todos estes casos, tal como acontece entre nós, faltam, contudo, as regras processuais penais. O direito substantivo não foi acompanhado pela devida reforma adjetiva.

3.5. Devidos àqueles múltiplos estímulos internacionais, o confisco não baseado numa condenação no próprio processo penal, testando as barreiras do admissível num Estado de direito, evoluiu muito nas últimas décadas: a recusa do seu caráter penal permitiu a sua concretização sem condenação, a facilitação da prova dos seus pressupostos ou a sua aplicação retroativa. No contexto europeu, apesar de ter sido muito influenciado pela Diretiva 2014/42/EU, ele continua, todavia, a apresenta, tanto do ponto de vista material como do ponto de vista formal, diferenças consideráveis. Não admira, por isso mesmo, que, prosseguindo com os seus objetivos de maior harmonização do confisco no espaço de liberdade, segurança e justiça, a Comissão proponha agora novas regras[63]. Para além de alargar os casos

[61] Para uma visão crítica do direito angolano, Hermínio Carlos Silva Rodrigues, *Recuperação de Activos e "Perda Alargada" de bens em Angola: a (in)constitucionalidade da Lei n.º 15/18 e legislação conexa em cinco questões fundamentais*, Coimbra, Almedina, 2022.

[62] O artigo 90.º do CPP já permitia o prosseguimento do processo para determinação da responsabilidade civil do arguido, sendo também interpretado como fonte legitimadora do prosseguimento do processo para efeitos de confisco.

[63] COM(2022) 245 final. Nos termos do considerando 26 da referida proposta: «a perda deverá também ser possível se um tribunal considerar que os instrumentos, produtos ou bens em questão provêm de atividades criminosas, mas não seja possível obter uma condenação

em que deverá ser admissível o confisco não baseado numa condenação, a Comissão Europeia circunscreve melhor a solução, cerceando a margem de liberdade do legislador nacional e propõe o confisco de riqueza injustificada associada a atividades criminosas (art. 16.º)[64].

4. *Civil confiscation* ou confisco não baseado numa condenação no processo penal

A análise dos mecanismos da *civil confiscation* e do confisco não baseado numa condenação no processo penal revela um movimento recíproco de clara convergência: à soma das garantias processuais essenciais a um «processo civil de confisco justo»[65], contrapõe-se a subtração das garantias supérfluas, imprescindíveis à condenação numa pena, mas despiciendas para a mera redução do condenado ao *status* patrimonial anterior à prática

definitiva devido a doença, fuga ou morte do suspeito ou arguido, ou ao facto de o suspeito ou arguido não poder ser responsabilizado por beneficiar de imunidade ou amnistia, tal como previsto no direito nacional. O mesmo deverá ser possível nos casos em que os prazos previstos no direito nacional tenham expirado, caso esses prazos não sejam suficientemente longos para permitir uma investigação e repressão efetivas das infrações penais em causa. Nesses casos, a perda só deverá ser permitida se o tribunal nacional considerar que estão reunidos todos os elementos constitutivos da infração. Por razões de proporcionalidade, a perda de bens sem condenação prévia deve limitar-se aos casos de crimes graves. O direito que assiste ao arguido de ser informado do processo e de se fazer representar por um advogado não deve ser afetado».

[64] Para uma primeira aproximação à proposta: Anna Sakellaraki, «EU Asset Recovery and Confiscation Regime – Quo Vadis? A First Assessment of the Commission's Proposal to Further Harmonise the EU Asset Recovery and Confiscation Laws. A Step in the Right Direction?» in *NJECL*, 2022, n.º 13, pp. 478/501.

[65] A secção 266 (3) (b) do POCA prevê que a perda não poderá ser incompatível com o *Human Rights Act* de 1998; O artigo 37.º, a.ª c), da Ley modelo considera causa de nulidade a «*inobservância sustancial del debido proceso*»; o artigo 5.º do Código de Extinção de Domínio Colombiano prescreve que o procedimento garantirá o «*derecho al debido proceso*»; o artigo 21.º da Lei Nacional de Extinção de Domínio Mexicana impõe o respeito pelos direitos fundamentais e as garantias reconhecidas na Constituição e nos tratados internacionais sobescritos pelo México. Para além destas fórmulas legais, merce particular destaque a evolução do direito norte americano que antes das alterações introduzidas pela *Civil Asset Forfeiture Reform Act* (CAFRA) de 2000 aceitava uma simples probabilidade (*probable cause*) para dar como provada a origem criminosa do bem [por exemplo, U.S. v $ 94,000.00 in U.S. Currency 2 F. 3d 778 (7 th circuit 1993)] e que agora exige uma preponderância de provas ou que recentemente começou a aplicar a *Excessive Fines Clause* à *civil in rem forfeiture* [586 U.S.Timbs v. Indiana, 17-1091 (2019)].

do crime. De tal forma que a natureza do processo não é, hoje, suficiente para garantir (ou excluir) a bondade processual e material da decisão confiscatória. O processo de confisco não baseado numa condenação, mesmo que inserido no processo penal, pode, afinal, oferecer menos garantias do que a *civil confiscation* e esta, apesar de totalmente desligada do processo penal, pode oferecer mais garantias do que aquele. Só no caso concreto, analisando as soluções processuais, efetivamente, implementadas pelo legislador, se poderá dizer se o mecanismo é, ou não é, compatível com as exigências mínimas de um Estado de direito.

A recusa apriorista de qualquer uma destas duas soluções legais não é uma opção metodologicamente aceitável. A natureza jurídica (penal ou civil) do mecanismo realmente implementado é que determina as garantias processuais que lhe devem estar associadas[66]. Se a solução escolhida tiver caráter sancionatório, o processo deverá ter determinadas garantias mínimas, imprescindíveis à imposição de uma pena; se, pelo contrário ele não tiver caráter sancionatório, as garantias, ainda assim necessárias, podem ser aligeiradas.

É claro que mesmo que o mecanismo não tenha caráter sancionatório, pela sua ligação com um facto ilícito típico, *maxime* os efeitos infamantes que a sua comprovação oficial pode desencadear, os Estados podem dotar o confisco de garantias mais exigentes, elevando o nível de proteção dos direitos fundamentais[67]. Todavia, ainda que assim seja, a recusa de cooperação internacional por violação de princípios fundamentais da ordem jurídica interna do Estado requerido deverá ser coerente. De modo que o Estado requerido não deverá recusar a cooperação se admitir mecanismos similares[68]. Tanto mais que a recusa de cooperação rapidamente o poderá

[66] Tommaso Trinchera, *Confiscare senza punire? Uno studio sullo statuto di garanzia della confisca della ricchezza illicita,* Torino, G. Giappichelli editore, 2020, p. 301.

[67] Frank Meyer, «Recognizing the Unknown – The New Confiscation Regulation», *EuCLR,* 2002, 2, p. 148.

[68] Explanatory Report to the Convention on Laundering, Search, Seizure and Confiscation of the Proceeds from Crime,1999, § 60; Explanatory Report to the Council of Europe Convention on Laundering, Search, Seizure and Confiscation of the Proceeds from Crime and on the Financing of Terrorism, 2005, § 204, al.ª e); João Conde Correia, «Cooperação judiciária para efeitos de recuperação de ativos no âmbito do Conselho da Europa», *in* Maria Raquel Desterro Ferreira/Elina Lopes Cardoso/João Conde Correia (coordenadores), *Cooperação Internacional para efeitos de recuperação de ativos,* Coimbra, Almedina, 2021, p. 415.

transformar num paraíso para o branqueamento, subvertendo a economia legal e colocando em risco a própria sobrevivência do Estado de direito.

4.1. A construção de um mecanismo de confisco não baseado numa condenação, seja ele localizado no processo penal ou no processo civil, pressupõe, pois, a ausência de caráter penal: apenas uma solução que seja alheia à culpa penal e que, em consequência, não tenha caráter reprovador e punitivo poderá dispensar a condenação e sobreviver à sua externalização para o processo civil. É o que acontece quando o confisco é configurado como um mero mecanismo de restituição do património do arguido à situação anterior à prática do crime[69]. Se a perda abranger apenas os ativos obtidos com a prática do facto ilícito típico, restringindo-se ao enriquecimento ilícito efetivamente obtido pelo agente, dificilmente se poderá dizer que tem caráter punitivo. Condenar alguém a restituir aquilo que não é seu (o crime jamais será título legitimo de aquisição) não é uma pena. O que está em causa é, apenas, garantir uma ordem patrimonial conforme ao direito (*Suum cuique tribuere*), removendo os efeitos patrimoniais decorrentes da prática de um facto ilícito típico.

4.1.1. Subjacente à criação da *civil forfeiture* ou da ação de extinção de domínio está, de facto, a defesa do caráter não sancionatório do confisco. Com efeito, a doutrina norte americana defende, hoje, que «*the forfeiture of fruits of the crime – for example, proceeds from the sale of drugs or profits from fraud – is not a taking of property because these proceeds are "unjust enrichment" under the law of restitution*»[70]. Na mesma linha de pensamento, a jurisprudência, afirma constantemente que «*Forfeiture of proceeds cannot be considered punishment ... as it simply parts the owner from the fruits of the criminal*

[69] Por exemplo, Isidoro Blanco Cordero, *Recuperación de activos...*, pp. 340/41; Tommaso Trinchera, *Confiscare senza punire...*, pp. 374 e ss.; ou Joachim Vogel, «The legal construction that property can do harm», *in* Rui/Sieber (eds.), *Non-conviction-based confiscation in Europe*, Duncker & Humblot, Berlin, 2015, pp. 225 e ss.

[70] Deborah Duseau/David Schoenbrod, «Overbroad Civil Forfeiture Statutes Are Unconstitutionally Vague», *New York Law School Law Review*, 1994, 39, p. 290. No Reino Unido, ver, no mesmo sentido, por exemplo, Eduward Rees QC/Richard Fischer/Richard Thomas, *The Proceeds of crime act 2002*, Oxford, Oxford University Press, 2011, p. 159.

activity»[71]. Em termos similares, malgrado as diversidades da solução legal implementada, a *Corte Constitucional* colombiana refere, de forma constante, que a extinção de domínio não é «*una sanción penal, pues el ámbito de la extinción del dominio es mucho más amplio que el de la represión y castigo del delito. Su objeto no estriba simplemente en la imposición de la pena al delincuente sino en la privación del reconocimiento jurídico a la propiedad lograda en contravía de los postulados básicos proclamados por la organización social*»[72]. Finalmente, já no direito europeu, comprovando a dispersão global desta tese, o TEDH, «*reiterates its well-established case-law to the effect that proceedings for confiscation such as the civil proceedings in rem in the present case, which do not stem from a criminal conviction or sentencing proceedings and thus do not qualify as a penalty but rather represent a measure of control of the use of property*»[73].

À mesma conclusão chegou, há muito, a doutrina e a jurisprudência no que concerne ao confisco no âmbito do processo penal. Até quando ele está efetivamente associado a uma condenação não falta que negue o seu caráter sancionatório. É o caso paradigmático, na doutrina alemã, de Albin Eser, Hans-Heirich Jescheck ou, mais recentemente, Joachim Vogel ou Aleksandar Zivanic, para quem o confisco é uma mera medida de restauração de uma ordem económica conforme ao direito e de reposição da situação patrimonial anterior à prática do crime[74]. Tese, depois, igualmente subscrita pela jurisprudência[75]. O Estado tem que

[71] Alexander v. United States, 32 F.3d 1231 (8th Cir. 1994). No Reino Unido, no caso Gale v. Soca [2010] EWCA CIV 759 afirma-se que: «The purpose of Part 5 proceedings [do POCA] is not to determine or punish for any particular offence. Rather it is to ensure that property derived from criminal conduct is taken out of circulation» (§ 123).

[72] Sentenças C-374/1997; C-740/2003 ou C-406/2021.

[73] Caso Gogitidze e outros v. Georgia, n.º 36862/05, § 76, 12 de maio de 2015.

[74] Respetivamente, *Die strafrechtlichen Sanktionen gegen das Eigentum*, Tübingen, J.C.B. Mohr, 1969; *Tratado de derecho penal* (tradução e adições de derecho espanhol por S. Mir Puig e F Muñoz Conde), Barcelona, Bosch, 1981, 2, p. 1099, *The legal construction...*, pp. 225 e ss.; *Das zivil-bzw. Bereicherungsrechtliche Verständnis...*, pp. 23 e ss.

[75] Decisões do BVerfG de 14.01.2004 (2 BvR 564/95) e de 10.02.2021 (2 BvL 8/19); como refere Anna Sakellaraki, *The German Non-Conviction ...*, p. 240, pode-se dizer que a legislação, a jurisprudência e a maior parte da doutrina concordam com a natureza não criminal de todas as formas de confisco alemão); no TEDH é paradigmático o caso Dassa Foundation e outros v. Liechtenstein, n.º 696/05, de 10 de julho de 2007, nomeadamente quando se refere que «*forfeiture [... is] more comparable to a restitution of unjustified enrichment under civil law than to a fine under criminal law*».

garantir que o condenado não beneficia do crime, desse modo subvertendo as regras da concorrência e desestabilizando a economia legal[76].

4.1.2. Em ambos os casos, seja no processo civil, seja no processo penal, embora o confisco não tenha caráter sancionatório, a generalidade dos sistemas continua a exigir a demonstração (ainda que de forma facilitada) de um facto ilícito típico[77]: é ele que justifica a interferência estadual no direito de propriedade. De modo que, em bom rigor, mesmo que relegado para o processo civil ou não baseado numa condenação criminal, ainda estamos perante um «processo em matéria penal». A Convenção do Conselho da Europa Relativa ao Branqueamento, Deteção, Apreensão e Perda dos Produtos do Crime e ao Financiamento do Terrorismo, concluída em Varsóvia, em 16 de maio de 2005, ao definir a perda como «uma pena ou uma medida decretada por um tribunal no âmbito de um processo relativo a uma ou várias infrações penais, que conduza à privação permanente do bem»[78], aponta no mesmo sentido e as Convenções das Nações Unidas, embora menos enfáticas, permitem a mesma interpretação: independentemente de que a decreta[79], está aqui em causa a perda dos instrumentos, produtos e vantagens decorrentes da pratica dos factos ilícitos aí previstos[80].

[76] Jon Petter Rui/Ulrich Sieber, «Non-conviction-based confiscation en Europe: bringing the picture together», *in* Rui/Sieber (eds.), *Non-conviction-based confiscation in Europe*, Berlin, Duncker & Humblot, 2015, p. 294.

[77] Pedro Caeiro, *Sentido e função do instituto ...*, pp. 293/4. Na literatura sul-americana, por exemplo, Jorge Rivero Evia, *El Hecho Ilícito...*, p. 70.

[78] Artigo 5.º, al.ª d). Este artigo reproduz integralmente o anterior artigo 1.º, al.ª d), da Convenção do Conselho da Europa Relativa ao Branqueamento, Deteção, Apreensão e Perda dos Produtos do Crime, concluída em Estrasburgo, em 8 de novembro de 1990; para a recuperação de ativos, nestas duas Convenções, cfr. João Conde Correia, *Cooperação judiciária para efeitos de recuperação...*, pp. 397 e ss.

[79] A perda de bens pode ser decretada por decisão de um tribunal ou outra autoridade competente: artigo 1.º, al.ª f da Convenção das Nações Unidas Contra o Tráfico Ilícito de Estupefacientes; artigo 2.º, al.ª g, da Convenção das Nações Unidas Contra a Criminalidade Organizada Transnacional; artigo 2.º, al.ª g) da Convenção das Nações Unidas Contra a Corrupção.

[80] Artigo 5.º, n.º 1, al.ªs a e b, da Convenção das Nações Unidas Contra o Tráfico Ilícito de Estupefacientes; artigo 12.º, n.º 1, al.ªs a e b, da Convenção das Nações Unidas Contra a Criminalidade Organizada Transnacional; artigo 31.º, n.º 1, al.ªs a e b, da Convenção das

O direito da União Europeia também consagra a mesma solução, definindo «produto» como qualquer vantagem económica resultante de uma infração penal [art. 2.º, n.º 1, Diretiva 2014/42/UE e art. 3.º, n.º 4, do Regulamento (UE) 2018/1805] e «perda» como «a privação definitiva de um bem, decretada por um tribunal relativamente a uma infração penal» [art. 2.º, n.º 4, Diretiva 2014/42/UE e art. 2.º, n.º 2, do Regulamento (UE) 2018/1805]. Para além disso, criou a obrigação de reconhecimento mútuo de decisões de apreensão e perda emitidas no âmbito de processos em matéria penal [art. 1.º, n.º 1, do Regulamento (UE) 2018/1805][81], fazendo apelo a «um conceito autónomo do direito da União interpretado pelo Tribunal de Justiça da União Europeia»[82].

A proposta de Diretiva do Parlamento Europeu e do Conselho relativa à recuperação e perda de bens, de 25 de maio de 2022, caminha no mesmo sentido, usando na versão inglesa, na versão francesa e na versão italiana, a expressão processos em matéria penal (*«proceedings in criminal matters»/«procédures en matière penale»/«procedimento in materia penale»*)[83] e, vez da equívoca expressão «processos penais», usada na versão portuguesa.

4.1.3. Para além de ser essencial à solvabilidade jurídico-constitucional do confisco não baseado numa condenação (no processo penal ou no processo civil), a sua natureza jurídica deverá ser um importante elemento

Nações Unidas Contra a Corrupção. Na literatura jurídica nacional, Maria João Antunes/Miguel João Costa, «Cooperação internacional para efeitos de perda no âmbito da Convenção das Nações Unidas contra a Corrupção», *in* Maria Raquel Desterro Ferreira/Elina Lopes Cardoso/João Conde Correia (coordenadores), *Cooperação Internacional para efeitos de recuperação de ativos*, Coimbra, Almedina, 2021, pp. 341 e ss.

[81] Sobre este conceito, por todos, Anabela Miranda Rodrigues, «O Regulamento (UE) 2018/1805, de 14 de novembro de 2018, relativo ao reconhecimento mútuo das decisões de apreensão e perda como pedra angular da cooperação judiciária na União Europeia – eficácia *versus* direitos fundamentais», *in* Maria Raquel Desterro Ferreira/Elina Lopes Cardoso/João Conde Correia (coordenadores), *Cooperação Internacional para efeitos de recuperação de ativos*, Coimbra, Almedina, 2021, pp. 37 e ss.

[82] Considerando 13 do Regulamento. No § 36.º do caso Marián Baláž (C-60/12) o Tribunal afirmou que «o tribunal competente na aceção do artigo 1.º, al.ª a), iii), da decisão quadro tem de aplicar um processo que reúna as características essenciais de um processo penal, sem, no entanto, ser exigido que esse tribunal disponha de uma competência exclusivamente penal».

[83] COM(2022) 245 final; considerandos 4, 44 e 47 e arts. 1.º, n.º 1 e 28.º, n.º 1.

interpretativo[84]. Dependendo da sua configuração concreta, o confisco, seja qual for o local onde for tramitado, poderá ter, efetivamente, caráter sancionatório[85]. Por isso mesmo, para aferir se uma determinada solução jurídica tem ou não natureza penal e, logo, convoca ou não as suas garantias, o TEDH tem utilizado uma série de critérios, construídos na decisão Engel e outros v. os Países Baixos[86]: a qualificação formal da infração no ordenamento jurídico nacional; natureza intrínseca da infração; e o grau de severidade da sanção que lhe está associada. Mais uma vez, o caráter civil ou penal do mecanismo substantivo não resulta da utilização do processo civil ou do processo penal, mas antes da sua verdadeira natureza intrínseca.

As normas jurídicas relativas ao confisco permitem, muitas vezes, várias interpretações alternativas. Nesses casos, a natureza jurídica deverá ser utilizada como cânone hermenêutico: entre as várias soluções compatíveis com a letra da lei, o juiz deverá optar por aquela que melhor salvaguarde a natureza do instituto[87]. A *mens legislatoris* de criar um mecanismo sancionatório ou um mecanismo de mera redução do património do visado ao *status quo* anterior à prática do facto ilícito típico não pode ser esquecida (art. 9.º, n.º 1, do CC).

4.2. A *civil forfeiture* americana e os seus herdeiros legitimários, gozam, muito por força de uma certa globalização do *american way of life*, de grande reputação internacional: atentas as pretensas limitações do processo penal,

[84] Tommaso Trinchera, *Confiscare senza punire...*, pp. 6 e ss.

[85] Por exemplo, no Dec-Lei n.º 28/84, de 20 de janeiro, o legislador utiliza a perda de bens como pena acessória (art. 8.º, al.ª a); sobre este regime, João Conde Correia, *A recuperação dos ativos dos crimes contra a economia e a saúde pública...*, p. 64. Já no Código Penal, a atual configuração da perda dos instrumentos do crime também pode ser, em certos casos, configurada como uma pena acessória, por último, João Conde Correia, «Assim não vamos lá: mais um caso de insensibilidade à política criminal em matéria de confisco», *RPCC*, 2021, 2, pp. 402 e ss.

[86] Case Engel e outros v. os países baixos, n.º 5370/72, 8 de junho de 1976; Hélio Rigor Rodrigues, «O confisco das vantagens do crime: entre os direitos dos homens e os deveres dos Estados a jurisprudência do Tribunal Europeu dos Direitos do Homem em matéria de confisco», *in* Maria Raquel Desterro Ferreira/Elina Lopes Cardoso/João Conde Correia (coordenadores), *O novo regime de recuperação de ativos à luz da Diretiva 2014/42/EU e da lei que a transpôs*, Lisboa, INCM, 2018, pp. 43 e ss.

[87] Tommaso Trinchera, *Confiscare senza punire...*, p. 6.

só um mecanismo *in rem* permitirá a integral ablação dos instrumentos, produtos e vantagens do crime[88]. Sem ele será impossível lutar contra o enriquecimento ilícito.

4.2.1. A grande vantagem, normalmente, atribuída a *civil forfeiture* ou à ação de extinção de domínio é a utilização de um estalão probatório menos exigente: em vez de decidir para além da dúvida razoável, o juiz julgará segundo a preponderância ou o balanço de probabilidades, facilitando-se a comprovação dos pressupostos da perda de bens. Acontece, porém, que o confisco não baseado numa condenação no processo penal pode, hoje, beneficiar de mecanismos de facilitação probatória muito semelhantes[89]. O que é mais agressivo para os direitos fundamentais: um confisco decretado no processo civil, baseado num balanço de probabilidades [s. 241 (3) POCA] ou um confisco proferido no processo penal com base numa presunção? (*v.g.* art. 7.º da Lei n.º 5/2002, de 11 de janeiro).

Atenta a autonomia entre a ação penal e a ação patrimonial, nada impede que no processo penal, seguindo o estímulo das Convenções Internacionais[90] e da União Europeia, seja introduzido um estalão

[88] Neste sentido, entre outros, DUARTE ALBERTO RODRIGUES NUNES, «Sobre a admissibilidade do confisco civil in rem de vantagens do crime», *Anatomia do Crime*, 2017, 6, pp. 185 e ss.; STEFAN D. CASSELLA, «The American Perspective on Recovering Criminal Proceeds in Criminal and Non-Conviction Based Proceedings», in Katalin Ligeti/Michele Simonato (edited by), *Chasing Criminal Money: challenges and perspectives on asset recovery in the EU*, Oxford, Hart, 2017, p. 260.

[89] O mesmo poderá acontecer, segundo alguma doutrina, no que respeita a alguns aspetos do processamento do pedido de indemnização civil: ISABEL ALEXANDRE, *O ónus da prova na ação civil enxertada no processo penal*, Lisboa, Cosmos, 1991, p. 95.

[90] Artigo 5.º, n.º 7, da Convenção das Nações Unidas Contra o Tráfico Ilícito de Estupefacientes; artigo 12.º, n.º 7, da Convenção das Nações Unidas Contra a Criminalidade Organizada Transnacional; artigo 31.º, n.º 8, da Convenção das Nações Unidas Contra a Corrupção; artigo 3.º, n.º 4, da Convenção do Conselho da Europa Relativa ao Branqueamento, Deteção, Apreensão e Perda dos Produtos do Crime e ao Financiamento do Terrorismo. De forma coerente com esta Convenção, o TEDH não tem censurado a utilização de presunções: Butler v. Reino Unido, n.º 41661/98, de 27 de junho de 2002 («*the Court recalls that in criminal proceedings against an accused it is not incompatible with the requirements of a fair trial to shift the burden of proof to the defence [...]; nor is the fairness of a trial vitiated on account of the prosecution's reliance on presumptions of fact or law which operate to the detriment of the accused, provided such presumptions are confined within reasonable limits which take into account the importance of what is at stake and maintain the rights of the defence [...] These considerations must a fortiori apply to the forfeiture*

probatório menos exigente[91], utilizadas presunções[92] ou invertido o ónus da prova[93]. Ainda recentemente, em 2017, o legislador alemão, embora segundo alguma doutrina sem sucesso, procurou sujeitar o confisco independente de ativos de origem desconhecida, à mera preponderância de probabilidades[94]. Nesta medida, sempre que isso seja possível, as duas soluções adjetivas são equivalentes[95], sendo indiferente a escolha da *civil confiscation* ou do confisco não baseado numa condenação no processo penal. Do ponto de vista probatório, o resultado final acaba por ser o mesmo.

4.2.2. O âmbito de aplicação da *civil forfeiture* ou da extinção de domínio, incluindo situações que o processo penal clássico não conseguia abranger (*v.g.* a morte, a amnistia, a doença, a imunidade, a fuga do agente, o desconhecimento da sua identidade ou, mesmo, a prescrição do procedimento criminal) também não constitui hoje uma vantagem apreciável. A impossibilidade de julgar esses casos raros, que, como já vimos, originou os mecanismos *in rem,* já não subsiste no processo penal atual. Também

proceedings in the instant case, proceedings which did not involve the determination of a "criminal charge" against the applicant»).

[91] Norman Webb v. Reino Unido, n.º 56054/00, de 10 de fevereiro de 2004 («*The fact that the proceedings before the magistrates were conducted according to the civil standard of proof does not vitiate the fairness of the procedure or support an argument that the forfeiture measure ordered was disproportionate in the circumstances*»).

[92] Segundo o considerando 21 da Diretiva 2014/42/EU: «Os Estados-Membros poderão determinar que bastará, por exemplo, que o tribunal considere em função das probabilidades, ou possa razoavelmente presumir que é bastante mais provável, que os bens em causa tenham sido obtidos por via de um comportamento criminoso do que de outras atividades».

[93] Como referiu o TEDH no caso Gogitidze c. Geórgia (n.º 36862/05, § 122, de 12 de maio de 2015) « there can be nothing arbitrary, for the purposes of the "civil" limb of Article 6 § 1 of the Convention, in the reversal of the burden of proof onto the respondents in the forfeiture proceedings in rem after the public prosecutor had submitted a substantiated claim».

[94] Na fundamentação do projeto, o próprio legislador referia que estava em causa a adoção das regras probatórias processuais civis (BT-Druks.18/9525, p. 92); contra Sohre Tschakert, in Folker Bittmann/Marcus Köhler/Gundula Seeger/Sohere Tschakert, *Handbuch der strafrechtlichn Vermögensabschöpfung*, Köln, Carl Heymanns Verlag, 2020, p. 418 ou Bröckers, *Vermögensabschöpfung...*, p. 116; Meißner/Schütrumpf, *Vermögensabschöpfung...*, p. 47; Frank Saliger, *Questões Fundamentais ...*, p. 211.

[95] Theodore S. Greenberg/Linda M. Samuel/Wingate Grant/Larissa Gray, *Stolen Asset Recovery...*, p. 95.

ai, apesar da extinção da ação penal (*v.g.* art. 127.º do CP[96]) ou da impossibilidade de a continuar (art. 335.º, n.º 4, do CPP), é possível determinar a perda dos instrumentos, dos produtos e das vantagens decorrentes da prática de um facto ilícito típico (arts. 109.º, n.º 2 e 110.º, n.º 5 do CP). Aliás, quer pelo funcionamento dos mecanismos da perda pelo valor, quer pela criação de novos mecanismos de perda não baseada numa condenação no processo penal (ou seja, nas tipologias da rede CARIN a perda alargada e a perda do enriquecimento ilícito[97]), a extinção de domínio e, sobretudo, a *civil forfeiture* acabam por ter um âmbito de aplicação muito mais limitado. Dirigindo-se contra uma certa coisa concreta (ainda que em substituição da vantagem original) pressupõem sempre a sua existência, não admitindo a perda de um mero valor, passível de execução futura. A rigidez (*in rem*) do mecanismo acaba por ser um fator limitativo, circunscrevendo o seu âmbito de aplicação. Se não houver bens – ainda que as vantagens decorrentes da prática do facto ilícito típico sejam imensas – nada haverá para declarar perdido e o mecanismo não funciona.

4.2.3. A aplicação retroativa da *civil confiscation* e da extinção de domínio é, igualmente, apontada como uma vantagem destes instrumentos ablatórios, desligados do processo penal: não tendo caráter penal estes mecanismos não estariam sujeitos ao princípio da irretroatividade da lei penal de conteúdo desfavorável (art. 29.º, n.º 1, CRP). O facto ilícito típico que justifica o confisco deverá, todavia, estar previamente previsto na lei e, por meras razões de eficácia e de segurança jurídica, a possibilidade de o aplicar retroativamente também deverá estar legalmente prevista[98].

[96] O STJ fixou a seguinte jurisprudência: «declarado extinto o procedimento criminal por efeito de amnistia, à perda dos instrumentos e produtos do crime aplica-se, salvo disposição em contrário da lei de amnistia, o disposto no artigo 107.º do Código Penal, na versão de 1982, ressalvando-se o especificamente estabelecido em legislação penal extravagante, relativa a esse tipo de crime, quanto àquele instituto» (ac. 6/95, de 19 de outubro).

[97] O alargamento dos bens que podem ser confiscados ao abrigo deste mecanismo é tão grande que a ligação com um facto ilícito típico pregresso pode ser colocada em causa, suscitando problemas ao nível da sua cobertura pelas Convenções internacionais: João Conde Correia, *Cooperação judiciária* ..., pp. 412/3; Giuseppe Furciniti/Domenico Frustagli, *Il Sequestro e la Confisca dei Patrimoni Illeciti nell' Unione Europea*, Milão, CEDAM, 2016, p. 49; Hermínio Carlos Silva Rodrigues, *Recuperação de Activos...*, p. 35.

[98] Isidoro Blanco Cordero, *Recuperación de activos...*, p. 361.

No entanto, o mesmo se pode passar, hoje, no direito penal adjetivo. Uma vez que o confisco não baseado numa condenação, apesar de decretado no seio do processo penal, não consubstancia a aplicação de uma pena, também aí ele poderá ser declarado retroativamente (art. 316h da EGStGB). A proibição da irretroatividade só abrange penas, não incluindo o confisco quando configurado como uma simples medida de restituição do património do condenado à situação patrimonial anterior à prática do crime[99]. Por resultar da prática de um facto ilícito típico ou por estar envolvido no seu cometimento, esse património está *ab initio* desprotegido (art. 280.º CC), não merecendo qualquer tutela jurídica.

4.2.4. Uma questão muito controvertida, seja na *civil forfeiture* ou na ação de extinção de domínio, seja no confisco não baseado numa condenação no processo penal é a possibilidade de decretar a perda – por decisão proferida no mesmo ou noutro processo – não obstante a prévia condenação ou mesmo absolvição do arguido[100]. Mais uma vez, seja qual for a sua localização adjetiva, tudo parece depender da efetiva configuração

[99] Neste sentido, Dassa Foundation e outros v. Liechtenstein, n.º 696/05, de 10 de julho de 2007; Todorov and others v. Bulgaria, n.º 50705/11, §§ 301 e ss, 13 de julho de 2021, segundo Anna Maria Maugeri («La tutela della proprietà nella C.E.C.U. e la giurisprudenza della corte europea in tema di confisca», *in* Mariangela Montagna (a cura di), *Sequestro e confisca*, Torino, G. Giappichelli Editore, 2017, pp. 41/2) o TEDH também terá subscrito a primeira afirmação no caso Welch v. o Reino Unido (n.º 17440/90, 9 de fevereiro de 1995). No mesmo sentido ver a importante decisão do BVerfG, 10.02.2021 – 2 BvL 8/19; contra, apesar de defender o caráter não penal do confisco, Tommaso Trinchera, *Confiscare senza punire...*, pp. 416 e ss.

[100] Por exemplo, a *Ley de Extinción de Dominio* da Guatemala refere que: «son causales de acción de extinción de dominio, las siguientes: f) Cuando en un proceso penal exista la información suficiente y probable, de que los bienes, frutos, productos, ganancias, rendimientos o permutas de que se trate, provengan de actividades ilícitas o delictivas: f.1) Se haya declarado judicialmente el archivo o la desestimación de la causa cuando no se pueda proceder, la rebeldía, la extinción de la persecución o de responsabilidad penal, el sobreseimiento, la clausura provisional o el criterio de oportunidade» (art. 4.º, al.ª f). No caso United States v. Ursery, o Supremo Tribunal dos EUA refere que «Our cases reviewing civil forfeitures under the Double Jeopardy Clause adhere to a remarkably consistent theme [....] In rem civil forfeiture is a remedial civil sanction, distinct from potentially punitive in personam civil penalties such as fines, and does not constitute a punishment under the Double Jeopardy Clause» [518 U.S. 267, 278 (1996)]; no Reino Unido, Gale and another v. Serious Organised Crime Agency, §§ 16-46 [2011] UKSC 49, de 26 de outubro de 2011.

material deste poderoso instrumento material de recuperação de ativos: se for configurado como uma sanção penal, a condenação e, sobretudo, a absolvição no processo inicial desencadeará o inelutável *ne bis in idem*[101]; se, pelo contrário for configurado como um mero mecanismo, não punitivo, de restituição do património do condenado à situação patrimonial anterior à prática do facto ilícito típico, nada parece impedir a sua efetivação[102]. Nesse caso, o confisco posterior dos bens conexionados com a prática de um facto ilícito típico não consubstanciará uma dupla penalização[103].

4.3. Não obstante todas estas vantagens, hoje praticamente superadas, atenta a progressiva configuração material e adjetiva do confisco não baseado numa condenação no próprio processo penal, a *civil confiscation* também enferma de desvantagens consideráveis, que devem ser tomadas em consideração no momento de decidir, ou não, pela sua consagração legal. Afinal, para além de (como já vimos) não estar dependente da existência de uma coisa, há outros argumentos a favor da perda no processo penal.

4.3.1. A grande desvantagem da *civil forfeiture* ou da extinção de domínio continua a ser a sua difícil execução internacional. A natureza civil do procedimento parece despertar uma repulsa quase instintiva, baseada mais nas preconceções quotidianas do que na efetiva injustiça da decisão e na provável falibilidade da metodologia que a ela conduziu. De

[101] O mesmo acontecerá, como é evidente, nos casos de dupla execução internacional do confisco: por exemplo, o artigo 19.º, n.º 1, al.ª a), do Regulamento (UE) 2018/1805 do Parlamento Europeu e do Conselho de 14 de novembro de 2018, relativo ao reconhecimento mútuo das decisões de apreensão e de perda, consagra o *ne bis in idem* como motivo de não reconhecimento e de não execução das decisões de perda.

[102] Johan Boucht, The limits of asset confiscation: on the legitimacy of extended appropriation of criminal proceeds, Oxford, Hart Publishing, 2017, p. 144; Michele Simonato, «Confiscation and fundamental rights across criminal and non-criminal domains», *Era Forum*, 18, 2017, p. 369; Idem, *Confiscation and fundamental rights...*, p. 34; Frank Meyer, *Recognizing the Unknown...*, p. 143.

[103] Todorov and others v. Bulgaria, n.º 50705/11, § 307, 13 de julho de 2021; na literatura jurídica portuguesa, ver, no entanto, Inês Ferreira Leite, «Ne bis in idem», *in* Paulo Pinto de Albuquerque (org.), *Comentário da Convenção Europeia dos Direitos Humanos e dos Protocolos Adicionais*, Lisboa, UCE, 2020, III, pp. 2478 e ss. e Paulo Pinto de Albuquerque, *Em defesa dos direitos fundamentais*, Lisboa, UCE, 2019, pp. 48/9.

modo que, o confisco não baseado numa condenação no seio do próprio processo penal, independentemente das garantias que lhe estão subjacentes, beneficia de maiores possibilidades de execução internacional[104].

É certo que não faltam casos de execução internacional de *civis forfeitures* ou extinções de domínio[105]. Contudo, esses casos bem sucedidos não disfarçam a grande dificuldade da execução internacional da *civil confiscation* ou das ações de extinção de domínio, num mundo cada vez mais globalizado. Mesmo as vantagens resultantes de crimes exclusivamente nacionais podem ser colocadas no estrangeiro, fora da ação das instanciais formais de controlo. Nesses casos, só a colaboração de dois ou mais Estados permite a completa ablação dos proventos do crime.

4.3.2. A segunda grande desvantagem da *civil confiscation*/extinção de domínio é a sua completa autonomização do processo penal e o risco sério de assim perder qualquer ligação com a prática de um facto ilícito típico pretérito, enquanto fator legitimador do confisco[106]. A ânsia de tornar o mecanismo eficaz pode alarga-lo, ultrapassando os limites admissíveis num Estado de direito. Se isso suceder, para além de não haver «um fundamento sólido onde escorar a ação estadual»[107], acabam por escapar à tutela das Convenções internacionais, que, como já referimos, subordinam o confisco à prática de um facto ilícito típico. Ele jamais deverá deixar de ser em matéria penal: embora não tenha caráter sancionatório, o mecanismo pressupõe, necessariamente, a origem criminosa dos bens confiscados.

[104] Frank Meyer, *Recognizing the Unknown ...*, p. 159; Michele Simonato, *Confiscation and fundamental rights...*, p. 369; Theodore S. Greenberg/Linda M. Samuel/Wingate Grant/Larissa Gray, *Stolen Asset Recovery...*, p. 96.

[105] Vejam-se, por exemplo, as situações relatadas por Theodore S. Greenberg/Linda M. Samuel/Wingate Grant/Larissa Gray (*Stolen Asset Recovery...*, p. 96), Stefan D. Cassella, (*The American Perspective on Recovering...*, p. 260) ou por Óscar Solórzano [«La recuperación de activos de la corrupción en Perú», *in* Carlos Tablante/Mariela Morales Antoniazzi (Editores), *Impacto de la corrupción en los derechos humanos*, México, Instituto de Estudios Constitucionales del Estado de Querétaro, 2018, pp. 323 e ss.].

[106] Mesmo no processo penal podemos encontrar mecanismos que parecem ultrapassar estas fronteiras e, assim, perder a sua legitimidade no Estado de direito. É o caso dos arts. 5.º, al.ª b) e 21.º da Lei angolana n.º 13/2022, de 25 de maio, quando se referem à «utilização fraudulenta de património ou recursos públicos, com elevado prejuízo para o Estado, para a constituição ou incremento de património privado de agente público ou de terceiros».

[107] Pedro Caeiro, *Sentido e função do instituto ...*, p. 293.

5. Conclusões

A *civil confiscation*/extinção de domínio e o confisco não baseado numa condenação no processo penal, nas suas diversas variantes, são, hoje, ferramentas imprescindíveis à recuperação das vantagens do crime. Sendo impossível lograr a condenação, sem elas, a sua total ablação seria impossível e o crime continuaria a compensar.

Nas últimas décadas, satisfazendo essas necessidades práticas, estas duas soluções registaram um claro movimento de mútua convergência, tornando-se, do ponto de vista substantivo, equivalentes[108]. A *civil confiscation*/extinção de domínio incorporou garantias e o processo penal passou a admitir o confisco mesmo sem condenação, baseado em presunções, na inversão do ónus da prova ou numa prova baseada num mero balanço de probabilidades. As fronteiras entre estes dois arquétipos deixaram de ser claras. De modo que a grande diferença acaba por ser hoje formal: a natureza processual civil ou processual penal da solução adotada.

[108] Theodore S. Greenberg/Linda M. Samuel/Wingate Grant/Larissa Gray, *Stolen Asset Recovery...*, p. 95.

15. O ESTATUTO CONSTITUCIONAL DO CONFISCO: REFLEXÕES EXPLORATÓRIAS

Jorge dos Reis Bravo

I. Introdução e enquadramento

Pode parecer um exercício deslocado ou impertinente pretender questionar a conformidade constitucional do Confisco – *rectius*, das diversas modalidades substantivas e adjetivas da recuperação de ativos – em consequência da prática de facto ilícito típico.

A impertinência da questão pode ser até amplificada pela existência de algumas pronúncias da jurisprudência constitucional nas quais não se ensaiou qualquer decisiva objeção à aplicação das soluções normativas submetidas à apreciação do TC. Todavia, crê-se que a produção de soluções de confisco clássico ao longo de 40 anos – período de vigência do Código Penal – e de 20 anos de regime de perda alargada – período de vigência da Lei n.º 5/2002, de 11 de janeiro –, algumas das quais incorporando orientações do direito da União Europeia, podem justificar a legitimidade de se procurar «testar» se as disposições entretanto consagradas em obediência a tais determinações revelam alguma adversidade à lei fundamental. Pensamos, concretamente, em mecanismos substantivos como o confisco sem condenação (penal), o confisco após condenação, ou em instrumentos adjetivos, como o arresto de bens e a apreensão de bens, os quais podem, de uma forma mais incisiva, brigar com princípios e direitos fundamentais, como os princípios da culpa e da presunção da inocência (art. 32.º, n.º 2 da CRP), da proporcionalidade (art. 18.º da CRP), o direito à propriedade privada (art. 62.º, n.º 1 da CRP) e o princípio da proibição da expropriação sem indemnização (art. 62.º, n.º 2 da CRP).

A influência da Constituição, enquanto direito primário ou *paramount law* – como penetrantemente lhe chamou JOHN MARSHALL na decisão inaugural do *judicial review of legislation* (*Marbury vs. Madison*)[1] –, conforma, como é sabido, os diversos domínios de normatividade penal que integram os Estados de Direito democráticos, enquanto marca de legitimidade da própria intervenção penal, a que o Estado deve continuar a recorrer como *ultima ratio*. O direito penal deve continuar a ser, neste sentido, um ordenamento de último recurso, para tutela de bens jurídicos com fundamento constitucional.

As diversas modelações dos mecanismos de Recuperação de Ativos[2] colocam problemas diferentes, consoante se esteja perante institutos substantivos – de definição da titularidade dos direitos sobre coisas ou valores – ou adjetivos – meios procedimentais de garantia e salvaguarda de valores a declarar perdidos em circunstâncias legalmente previstas, em resultado da condenação ou em consequência da prática de ilícitos típicos (aqui se abrangendo as distintas modalidades de confisco sem condenação).

Qual é – além dos rótulos conferidos pelo legislador – a verdadeira natureza jurídica do confisco, nas suas diversas modalidades, de perda de vantagens do crime, de perda de bens de património incongruente, de meios preventivos de arresto, de congelamento, é a questão nuclear cuja resposta tem sido ensaiada por vários Autores e, até, por várias instâncias jurisdicionais. Trata-se de uma «pena mascarada», destinada a impor uma pena patrimonial contra o agente de crimes

[1] Cfr. a descrição do caso «Marbury *vs.* Madison, em FERNANDO ALVES CORREIA, *Direito Constitucional (A Justiça Constitucional)*, Coimbra, Coimbra Editora, 2001, pp. 41/48.

[2] O conceito de Recuperação de Ativos é distinto do de Confisco, uma vez que engloba procedimentos de natureza distinta, com amplitude material e procedimental em momentos processuais diferenciados, como a identificação, localização, apreensão ou arresto preventivos ("congelamento"), decisões precárias e definitivas de perda de bens ou de valores, sua execução e cooperação judiciária e de entidades de recuperação de ativos (cfr. art. 3.º, n.º 1 da Lei n.º 45/2011, de 24.06 – Regime do Gabinete de Recuperação de Ativos). Segundo JOÃO CONDE CORREIA, «(...) «o conceito de recuperação de ativos não coincide com o conceito de confisco ou de perda, tendo um significado muito mais amplo e, ainda, pouco decantado. (...) No fundo, com esta expressão, designa-se todo um amplo e complexo processo que compreende a identificação, a apreensão, o confisco e a destinação dos proventos do crime (...)» (*Da proibição do confisco à perda alargada*, Lisboa, INCM, 2012, p. 9).

não concretamente demonstrados no âmbito de um processo penal? Trata-se de uma transferência de bens para o Estado com base na sua provável proveniência criminosa? Ou trata-se de medida de natureza não sancionatória, que se limita a negar proteção jurídica à relação de disponibilidade sobre o bem constituído pelo sujeito mediante atividade (*crime*) que não se enquadra nas formas legítimas de aquisição da propriedade?

Responder a esta questão nodular mostra-se decisivo para a identificação de um estatuto das garantias constitucionais, aplicável a tais formas de confisco, que vem experimentando uma aplicação prática crescente, com o inerente tratamento jurisprudencial e doutrinário, suscitando algumas preocupações porque o seu recorte legal se afasta da disciplina das garantias típicas do processo penal, podendo, nessa medida, traduzir-se na restrição atípica de alguns direitos fundamentais do indivíduo.

Pensamos, com alguma propriedade, poder exautorar preambularmente a classificação dos distintos mecanismos de Confisco como medidas de cariz tributário – podendo dissociar-se das tradicionais noções de imposto, de taxa[3] ou de contribuições – embora possam com elas confundir-se quanto a algumas das suas finalidades.

A resposta à principal questão postulada encontra-se indissociavelmente ligada à natureza (não exclusivamente penal) dos mecanismos de Confisco.

Na Constituição da República Portuguesa de 1976, o direito fundamental de propriedade foi colocado no elenco dos direitos económicos (sociais e culturais), contrariamente à ordem constitucional anterior, onde constava no elenco dos direitos, liberdades e garantias.

A doutrina constitucional converge na consideração do direito a não ser arbitrariamente privado dos direitos patrimoniais de que se é titular, enquanto componente do conteúdo básico da garantia constitucional da propriedade enquanto direito fundamental. Esta dimensão conjuga-se

[3] A esse propósito, cfr. Ac TC n.º 115/2002; cfr. também, A. Sousa Franco, *Finanças Públicas e Direito Financeiro*, vol. II, 4.ª edição, Coimbra, Almedina, 2015, p. 64; Diogo Leite De Campos/Mónica Leite De Campos, *Direito Tributário*, Coimbra, Almedina, 2003 (reimp. de 2000), p. 27.

com a liberdade de adquirir bens, a liberdade usar e fruir os bens de que se é proprietário, e a liberdade de os transmitir[4].

As formas de privação coerciva da propriedade expressamente previstas na Constituição são a expropriação por utilidade pública e a requisição (art. 62.º, n.º 2), institutos com lógicas e finalidades diferenciadas, conferindo o direito a uma justa retribuição, ao contrário do Confisco, em que a medida se pretende traduzir em algo de diametralmente oposto: a ablação do património de agente do crime para reposição de uma situação patrimonial anterior à prática do delito, pretendendo-se que deixe de compensar a vantagem com a sua prática. Se ali se trata de compensar com meios pecuniários públicos a redução patrimonial de um particular – justificada por legítimas finalidades de interesse público, legalmente previstas –, aqui trata-se de compensar a privação por parte do Estado e a Comunidade de um valor pecuniário que ilicitamente (logo, ilegitimamente) acresce ao património do agente[5].

Alguns pronunciamentos sobre a compatibilidade com a Lei fundamental de institutos próximos do confisco, como a perda de bens a favor do Estado, foram já ensaiados pelo Tribunal Constitucional, como o revelam os acórdãos n.ºs 26/2002[6] e 461/2003[7], nunca tendo sido

[4] Cfr., Jorge Miranda/Rui Medeiros, *Constituição Portuguesa Anotada*, vol. I, Lisboa, UCE, 2017, p. 902 e J. J. Gomes Canotilho/Vital Moreira, *Constituição Portuguesa Anotada*, vol. I, Coimbra, Coimbra Editora, 2007, p. 802.

[5] Sobre as relações do confisco com a tutela do direito de propriedade, cfr. Fernando Torrão, «Direito de Propriedade e o Confisco», *Comentário da Convenção Europeia dos Direitos Humanos e dos Protocolos Adicionais*, Vol. III., Lisboa, UCE, 2020, pp. 2139/2165.

[6] Aqui tendo sido sindicada a norma contida no artigo 14.º do Decreto n.º 12 487 «Nenhuma semelhança existe, porém, entre este caso e a requisição ou a expropriação por utilidade pública, nem com as razões levam a Constituição a impor, nestes casos, a obrigatoriedade de uma justa indemnização. Com efeito, a causa da perda dos bens é uma inactividade do interessado, que, podendo reclamar os bens, não os reclama; a lei limita-se a ligar a esta atitude a consequência da sua perda, estabelecendo, no fundo, uma presunção – cuja natureza não cabe agora averiguar – de abandono (...).

Nenhuma semelhança existe, porém, entre este caso e a requisição ou a expropriação por utilidade pública, nem com as razões levam a Constituição a impor, nestes casos, a obrigatoriedade de uma justa indemnização. Com efeito, a causa da perda dos bens é uma inactividade do interessado, que, podendo reclamar os bens, não os reclama; a lei limita-se a ligar a esta atitude a consequência da sua perda, estabelecendo, no fundo, uma presunção – cuja natureza não cabe agora averiguar – de abandono.

apontada a vulneração de quaisquer princípios, normas ou parâmetros constitucionais.

No tocante à conexão entre o direito de propriedade e o Confisco importa ter presente que nenhuma tutela jurídica merece o património adquirido através de facto ilícito: o crime não pode ser título legítimo de propriedade. Tais considerações só podem ter como conclusão que, em rigor, não há que equacionar qualquer tipo de vulneração do direito de propriedade quando se coloque em causa a perda de vantagens (de facto ilícito) ou, mesmo, de património incongruente (em resultado da condenação por crime de catálogo).

A admissibilidade do confisco como resposta a um incremento injustificado do património do agente delituoso através da prática do ilícito típico sempre foi um princípio civilizacional de tentativa de reposição de um *status quo ante* delito, ligando-se, direta ou indiretamente, a um conceito de «vantagem patrimonial injustificada confiscável»[8].

Reassumindo uma definição abrangente de Confisco, o mesmo caracteriza-se pelas «medidas *jure imperii* que instauram o domínio do Estado sobre certos bens ou valores, fazendo cessar os direitos reais e obrigacionais que sobre eles incidissem, bem como outras formas de

Não ocorre, consequentemente, nenhuma violação do direito de propriedade privada. Aliás, em parte alguma das suas alegações o recorrente explica porque alega tal violação, que apenas afirma.
A concluir, cabe observar que também se não vê que seja violado qualquer outra regra ou princípio constitucional; em particular, que seja infringido o princípio da proporcionalidade, ou da proibição do excesso, pois que, como já se observou, as circunstâncias em que a lei impõe o ónus de reclamar os bens não permitem considerá-lo excessivamente oneroso».

[7] Exclui a inconstitucionalidade orgânica e material da norma da alínea a) do n.º 1 do artigo 6.º do Decreto-Lei n.º 31/85, de 25.01 (na redação resultante do Decreto-Lei n.º 27/97, de 23-01): «(...) a circunstância de a perda do bem resultar de inactividade do interessado, inactividade essa que o recorrente nunca questionou, justifica que se afaste qualquer violação da garantia constitucional da propriedade privada por parte da norma impugnada. E cabe igualmente referir que no caso dos autos, à semelhança daquele sobre que versou o Acórdão n.º 26/02, não ocorre também qualquer violação do princípio da proporcionalidade, uma vez que ao recorrente foi assegurada a possibilidade de, por mais de uma via, e em prazo razoável, obstar à verificação da medida de abandono do veículo.
Finalmente, existe controlo judicial quanto à verificação das condições do abandono – o recurso contencioso de anulação, interposto pelo recorrente, assim o demonstra».

[8] Cfr., João Conde Correia, *Da Proibição do Confisco ...*, p. 100.

tutela jurídica das posições fácticas que os tivessem por objecto (v.g., a posse)»[9].

No nosso ordenamento jurídico, o Confisco assume duas categorias principais, prevendo-se as modalidades do Confisco clássico no Código Penal (arts. 109.º a 112.º-A), e o Confisco alargado ou de património incongruente, previsto na Lei n.º 5/2002, de 11-01 (arts. 7.º a 12.º-A), distinguindo-se, em traços muito gerais, por, no primeiro, aplicável a ilícitos típicos codificados e previstos em legislação extravagante, ser necessário o estabelecimento demonstrável da conexão entre o facto ilícito típico e as vantagens (objetos ou valores) confiscáveis, enquanto no segundo, aplicável apenas quando estejam em causa certos crimes («de catálogo»), se prescinde de tal demonstração.

Considerando que é no plano do regime da perda de património incongruente (ou «perda alargada») que se podem colocar as maiores objeções à conformidade constitucional das soluções ali consagradas, a nossa análise incidirá preponderantemente sobre essa dimensão do confisco no nosso ordenamento jurídico.

II. O Confisco como «reparação» e os parâmetros constitucionais

A noção de efetividade da prevenção e de repressão de extensos e inquietantes fenómenos criminosos lesivos de interesses pessoais, financeiros ou estaduais, reclama a articulação e coordenação de esforços no sentido de afrontar os desafios colocados pelas diferenciadas atividades criminosas, em que pontifica o interesse na recuperação de ativos adquiridos em resultado de factos típicos e ilícitos.

As necessidades de cooperação judiciária internacional em matéria penal decorrem da cada vez mais imperiosa necessidade de os Estados, num contexto de Globalização do crime e de sofisticação tecnológica, mas procurando preservar a respetiva independência e soberania, colaborarem entre si na resposta aos desafios das atividades criminais de natureza transnacional.

[9] Pedro Caeiro, «Sentido e função do instituto da perda de vantagens relacionadas com o crime no confronto com outros meios de prevenção da criminalidade reditícia (em especial, os procedimentos de confisco in rem e a criminalização do enriquecimento "ilícito"», *RPCC*, Ano 21, n.º 2, Abril-Junho 2011, p. 269.

O quadro da cooperação judiciária da justiça criminal «não é necessariamente conformada pelo direito, ou apenas pelo direito»[10], particularmente no que toca ao nível das decisões políticas de vinculação internacional dos Estados a Convenções, tendo sido progressivamente alterado no sentido do reforço da celeridade e simplificação da cooperação e do auxílio judiciário mútuo, bem como da cooperação policial e de agências de recuperação de ativos. As transformações neste domínio traduzem-se na aprovação de instrumentos convencionais que reduzem os mecanismos de filtragem político-administrativa casuísticos em função dos compromissos estaduais no sentido do estabelecimento da confiança recíproca, estabelecendo-se quadros normativos de apoio cuja decisão dos pedidos de intervenção delegada em entidades de natureza preferencialmente judiciária ou com critérios de ponderações e aplicação essencialmente judiciários.

Nesse propósito, é assinalada a necessidade de um maior empenhamento das autoridades competentes na concretização das propostas de harmonização legislativa disponíveis, concretamente sobre perda de bens e recuperação de ativos.

Defende-se a necessidade de coordenação entre os planos da investigação criminal e da investigação patrimonial e financeira (na identificação, localização, apreensão e perda dos instrumentos, produtos e vantagens do facto ilícito típico), assim como o acesso às bases de dados, recolha, comunicação e tratamento dos dados estatísticos respetivos.

Tais operações são, num certo sentido, instrumentais do Confisco: a recuperação de ativos consubstancia, pois, um conjunto de medidas operacionais imprescindível à finalidade político-criminal, mediante a qual se pretende tornar efetiva a máxima de que o «crime não compensa», combatendo e expurgando as vantagens, direta ou indiretamente, obtidas com a prática de crimes.

O recorte dogmático necessário para a definição da natureza jurídica do confisco será diferente consoante o objeto de apreciação seja o confisco das vantagens, dos instrumentos ou dos produtos do crime.

Relativamente ao confisco das vantagens, podem divisar-se, nesse sentido, as seguintes categorias alternativas: sanção penal, sanção administrativa (fiscal), medida de segurança e consequência civil.

[10] Cfr. Sabine Gless/John A. E. Vervaele, «Law Should Govern: Aspiring General Principles for Transnational Criminal Justice», *Utrecht Law Review*, vol. 9, n. 4, 2013, p. 2.

A tese mais seguida entre nós – podemos antecipá-lo – não é a da natureza penal (ou quase penal) do confisco das vantagens, mas sim a visão preconizada pelo Professor Jorge de Figueiredo Dias que defendeu que o confisco das vantagens não é uma pena (designadamente uma pena acessória), mas uma providência sancionatória de natureza análoga à da medida de segurança, pelo menos, no sentido em que é sua finalidade prevenir a prática de futuros crimes[11].

A discussão sobre a natureza jurídica do confisco das vantagens está, assim, a jusante destas questões relativas à criminalização de determinadas realidades, embora no contexto específico da criminalidade económico--financeira o recurso a estes instrumentos ablativos assuma importância nuclear.

O confisco das vantagens também não poderá ser classificado como uma pena (ou, sequer, como uma sanção) apenas porque ocorre em consequência da prática de um facto ilícito típico e é reconhecido e tramitado no processo penal como consequência do comportamento criminoso.

Como vem sendo defendido por alguma doutrina, especialmente estrangeira[12], nos casos da perda das vantagens resultantes da prática do crime, o que está em causa é uma medida de não tolerância com uma situação patrimonial ontologicamente ilícita, ou, por outras palavras, de uma medida tendente a impedir um lucro ilícito. Neste caso, como sugere Mapelli Caffarena[13] trata-se de uma medida muito próxima da responsabilidade civil, uma vez que não responde aos fins retributivos e preventivos do sistema penal, bem como porque a sua abrangência não se determina com base em critérios estabelecidos para as consequências do crime.

[11] *Direito Penal Português, Parte Geral II – As Consequências Jurídicas do Crime*, reimpressão, Coimbra, Coimbra Editora, 2005, p. 628.

[12] Ana Cerezo Domíngez, *Analisis jurídico-penal de la figura del comiso*, Granada, Comares, 2004, p. 35; Isidoro Blanco Cordero, «Recuperación de activos de la corrupción mediante el decomiso sin condena (comiso civil o extinción de dominio)», in *El Derecho Penal y la Política Criminal Frente a la Corrupción* – Eduardo A. Fabián Caparrós/Miguel Ontiveros Alonso/Nicolás Rodríguez García (org), Mexico, UBIJUS Editorial – INACIPE 2012, pp. 237/371.

[13] *Las consequências jurídicas del delicto*, Madrid, Civitas, 1996, p. 50.

Conforme deixa enunciado ANA CEREZO DOMÍNGUEZ[14], o confisco das vantagens não cumpre os requisitos mínimos que permitiriam revê-lo na natureza jurídico-formal da pena ou da medida de segurança, sendo várias as razões que permitem sustentar tal entendimento.

Em primeiro lugar, por via do princípio da legalidade, porque o confisco não se encontra no catálogo das penas ou medidas de segurança previstas no Código Penal, nem, consequentemente se submete ao regime de determinação das penas.

Em segundo lugar, porque não responde a nenhum dos fins das penas ou seja, não tem como finalidade a ressocialização do agente ou a proteção de qualquer bem jurídico individualizado nem responde a critérios de prevenção geral ou de prevenção especial. Não se poderá sequer apontar um caráter retributivo ao regime da perda de bens, ainda que, na medida em que afeta bens que o visado considerava como seus, poderá por este ser sentida como uma medida negativa.

Em terceiro lugar, o regime da perda de bens não se encontra sujeito ao princípio *nulla poena sine culpa*, previsto no nosso artigo 40.º, n.º 2, do CP, uma vez que os bens, em certas condições, podem ser declarados perdidos mesmo quando a sentença entenda não ter existido culpa do agente do crime ou, até, estar processualmente ultrapassada essa determinação.

Em quarto lugar, a perda de bens a favor do Estado não reflete o carácter pessoalíssimo da pena, segundo o qual esta apenas pode aplicar-se ao autor do facto ilícito, uma vez que neste regime é possível proceder à declaração de perda mesmo quando os bens pertençam a um terceiro.

Em quinto lugar, no confisco das vantagens não intervém qualquer consideração quanto à proporcionalidade entre o crime e o confisco. Se um crime (ainda que bagatelar) gerou mil milhões de euros de vantagem direta, é este montante que será confiscado.

Conforme nos elucida HÉLIO RIGOR RODRIGUES, «[A] Jurisprudência do TEDH é marcadamente circunstancial, muito focada nas especificidades do caso concreto apreciado, e nem sempre é possível extrair uma regra geral. A jurisprudência que se pronuncia sobre a natureza do confisco das vantagens não é exceção.

Todavia, nesta matéria, da análise de diversos Acórdãos dos quais se salientam: Air Canada vs. United Kingdom de 05.05.1995; Butler vs. UK,

[14] Ob. *cit.*, p. 37.

de 26 de junho de 2002; Raimondo vs. Italy, de 22.02.1994; Phillips vs. The United Kingdom de 5 julho 2001; Van Offerend vs. Netherlands 41, Stephen Anthony Saccoccia vs. Austria, de 05 de julho de 2007 e Dassa Fondation vs. Liechtensein, de 10 de julho de 2007, podemos avançar uma regra:

"Se o confisco incidir apenas sobre os bens que foram obtidos com a prática do crime, ou seja, se se restringir ao efetivo enriquecimento obtido pelo agente, o confisco não terá caráter penal e a sua natureza será comparável à reconstituição natural que existe no direito civil".

É precisamente sobre este modelo de aniquilamento do "enriquecimento injustificado ou ilícito" que assenta o regime português, e o regime constante da Diretiva 2014/42/UE.

O modelo da lei nacional e europeia não é preventivo, nem repressivo, mas puramente restaurativo. Trata-se apenas de garantir que o agente do crime devolve aquilo que não lhe pertence e que obteve com a prática da infração penal, e com isso assegurar que é colocado precisamente na mesma situação patrimonial em que estava antes de ter empreendido a sua atividade criminosa.

Existem na Lei reflexos evidentes que apontam no sentido que quer o legislador nacional quer o comunitário optaram por seguir um modelo de confisco das vantagens baseado no «enriquecimento injustificado» ou ilícito e de reposição do *status quo ante*. Desde logo porque:

- O confisco não depende da demonstração da culpa do agente do delito (o artigo 110.º, n.º 1, alínea b), recorre ao conceito de vantagens de facto ilícito típico, e o n.º 5 permite o confisco sem condenação, tal como o n.º 2 do artigo 109.º do Código Penal) precisamente porque o enriquecimento permanecerá injustificado, ainda que a culpa não seja provada.
- Permite-se o confisco dos sucedâneos e o confisco pelo valor, evitando-se assim o enriquecimento injustificado ou ilícito do agente através da troca das vantagens por outros bens de valor.
- O benefício económico obtido com o crime permanecerá injusto mesmo que tenha ocorrido na esfera patrimonial de outra pessoa, ou tenha para ela sido transmitido, podendo ser confiscados os ativos transferidos para terceiros (pelo menos nos casos em que estes não estejam de boa-fé).

Em conclusão, parece-me que não será demasiado ousado afirmar que com o confisco das vantagens estamos perante uma consequência jurídica do crime de caráter civil. Uma reação completa e eficaz face ao delito não resulta apenas da aplicação das consequências específicas do direito penal. É importante chamar as coisas pelo nome, e o confisco das vantagens do crime assumindo funções unicamente restitutivas, possui natureza civil»[15].

Esta afirmação era passível de se fazer, face ao regime em vigor em data anterior à da entrada em vigor da Lei n.º 30/2017, de 30-05 (publicado na sequência da Diretiva 2014/42/UE) e de a recuperação de ativos vir a ser erigida em prioridade de política criminal (artigos 16.º da Lei n.º 93/2017, de 23-08, 19.º da Lei n.º 55/2020, de 27-08).

Outros Autores nacionais já se têm pronunciado sobre a natureza do Confisco, conforme se acha(va) previsto na Lei n.º 5/2002.

Augusto Silva Dias entende que o confisco de bens, assim concebido, isto é, um regime de confisco ampliado, assente estruturalmente numa presunção e numa inversão do ónus da prova, nos termos previstos pela Lei n.º 5/2002 de 11 de janeiro, cumpre finalidades político-criminais idênticas à da perda de bens e vantagens relacionadas com a prática do crime: reforçar na consciência coletiva o lema de que o crime não compensa e evitar que o património obtido de forma criminosa organizada seja utilizado para cometer novos crimes ou para ser «investido» na economia legal. Entende este autor que este confisco tem, assim, uma natureza eminentemente penal, constituindo um efeito patrimonial, não automático, da pena[16].

Damião da Cunha, por seu turno, entende que se trata de uma medida de carácter não penal (no sentido de que nada tem a ver com um crime), de carácter análogo a uma medida de segurança (uma sanção de suspeita, condicionada à prova de um crime), tratando-se, no fundo, de

[15] «O Confisco das Vantagens do Crime: entre os Direitos dos Homens e os Deveres dos Estados. A jurisprudência do Tribunal Europeu dos Direitos do Homem em Matéria de Confisco», in *O novo regime de recuperação de ativos à luz da Diretiva 2014/42/UE e da Lei que a transpôs* (coordenadores: Maria Raquel Desterro de Almeida Ferreira/Elina Lopes Cardoso/João Conde Correia), Lisboa, INCM, pp. 46/7.

[16] «Criminalidade organizada e combate ao lucro ilícito», in *2.º Congresso de Investigação Criminal*, Coimbra, Almedina, 2010, pp. 38/40.

uma sanção administrativa prejudicada por uma anterior condenação penal[17].

Neste mesmo sentido, PEDRO CAEIRO afasta as hipóteses de esta medida ser uma pena («porque não é limitada por considerações de culpa»), uma reação análoga a uma medida de segurança (porque lhe «falta a determinação de um pressuposto essencial das medidas de segurança, qual seja, o *concreto* perigo de as vantagens possuídas pelo condenado servirem para a prática de futuros crimes»), uma sanção penal *sui generis*, de natureza idêntica à da perda clássica ou um efeito da pena, e acaba por concluir que a mesma não «pode constituir reação penal alguma, por uma razão singela mas decisiva: a sua *causa* não é um *facto* (típico, ilícito e culposo) *punível*, mas sim um *património incongruente* acoplado a indícios da prática de certos crimes (a "atividade criminosa")». Sustenta, por isso, este autor, acompanhando o entendimento de DAMIÃO DA CUNHA, que se trata de uma medida (mas não uma sanção) «de natureza materialmente administrativa aplicada por ocasião de um processo penal»[18].

Também JOÃO CONDE CORREIA afasta a hipótese desta medida ter uma natureza penal[19].

JORGE A. F. GODINHO, por sua vez, reconhecendo que a natureza jurídica do confisco de bens previsto na Lei n.º 5/2002 não parece fácil de determinar, uma vez que, por um lado, pressupõe a culpa do agente em relação a um dos crimes do «catálogo», a verdade é que tal é apenas o facto de que o legislador faz depender a aplicabilidade do regime, afigurando-se, por isso, duvidosa a sua qualificação como uma pena, uma vez que na sua aplicação não relevam quaisquer considerações relativas à culpa. Assim, partindo do entendimento de JORGE DE FIGUEIREDO DIAS, que considera o confisco de vantagens do crime constante do Código Penal «como uma reação penal análoga a uma medida de segurança» (conceção que assenta no dado político-criminal de que o confisco deve ser decretado independentemente da culpa ou da imputabilidade do agente, dependendo apenas da verificação de um ilícito-típico que gera vantagens), este autor sustenta que a especificidade do «confisco alargado» reside no facto

[17] «Perda de bens a favor do Estado», *Medidas de Combate à Criminalidade Organizada e Económico-Financeira*, CEJ, Coimbra, Coimbra Editora, 2004, p. 134.

[18] «Sentido e função do instituto da perda...», *loc. cit.*, pp. 308/311.

[19] *Da proibição do confisco ...*, 2012, p. 116.

de que o ilícito-típico a que se dirige não carece de ser provado. A posse de bens de origem injustificada por parte de pessoas condenadas pela prática de certos crimes é uma conduta suscetível de desencadear a aplicação de uma reação penal, sendo o confisco do valor injustificado a reação aplicável; a reação incide apenas sobre o aspeto patrimonial, prescindindo-se da aplicação de uma pena privativa da liberdade[20].

No tocante à natureza jurídica do confisco ampliado é preponderante a conceção doutrinal do mecanismo como uma medida de natureza materialmente administrativa aplicada por ocasião de um processo penal[21] em que se apreciam factos dos quais a lei aponta para uma presunção de incongruência patrimonial do arguido. O que aqui está essencialmente em causa é o restabelecimento da ordem jurídica violada através da promoção de uma ordenação dos bens adequada ao Direito.

Para além disso, apesar de atingir o património do arguido, o «confisco alargado» não tem cariz sancionatório[22], dado que lhe faltam as finalidades próprias da pena, não estando em causa a inflição de um mal ao arguido, mas a sua privação de uma vantagem ilegitimamente obtida[23].

[20] «Brandos Costumes? O confisco penal com base na inversão do ónus da prova», in *Liber Discipulorum para Jorge de Figueiredo Dias*, Coimbra, Coimbra Editora, 2003, p. 1349.

[21] Assim, por todos, PEDRO CAEIRO, «Sentido e função do instituto da perda de vantagens ...», *loc. cit.*, p. 311. No sentido da medida se configurar como «efeito da pena, de consequências patrimoniais, não automáticas, para o arguido», AUGUSTO SLVA DIAS, «Criminalidade organizada e combate ao lucro ilícito», 2.º Congresso de Investigação Criminal, cit., pp. 39 ss., e PAULO SILVA MARQUES, «O Confisco Ampliado no Direito Penal Português», Lisboa: *Lusíada. Direito*, N.º 10 (2012), pp. 314 e 315.

[22] Cfr. J. DAMIÃO DA CUNHA, «Perda de Bens a favor do Estado...», loc. *cit.*, p. 134; contra, PAULO PINTO DE ALBUQUERQUE, *Comentário ao Código Penal à luz da Constituição da República e da Convenção Europeia dos Direitos do Homem*, Lisboa, UCE, 2010, p. 315, defendendo que, por exemplo, o arresto e a penhora são suscetíveis de lesar o património do visado e nem por isso se trata de medidas de índole sancionatória. E o mesmo se poderá dizer das medidas de coação ou de garantia patrimonial ou da detenção, que lesam direitos fundamentais (desde logo, a liberdade), sendo certo que, no que tange às medidas de coação e às medidas de garantia patrimonial, estas jamais poderão constituir, sequer, uma antecipação da pena que venha a ser aplicada. A propósito da figura da perda de vantagens clássica, antes das sucessivas alterações legislativas do então art. 109.º do Código Penal, JORGE DE FIGUEIREDO DIAS, concebe-a como uma providência sancionatória de natureza análoga à da medida de segurança (*Direito Penal Português – Parte Geral. II. As Consequências Jurídicas do Crime*, Lisboa, Editorial Notícias, 1993, p. 638).

[23] Assim, acórdãos do TC n.ºs 392/2015 e 476/2015, referenciados no texto.

Por último, a condenação pela prática de um dos crimes do catálogo opera como fundamento da presunção (ilidível) de que o património do condenado foi obtido através da prática de «atividade criminosa» e, apesar de o procedimento relativo ao confisco ser enxertado no processo penal, o que está em causa não é já apurar e sancionar qualquer responsabilidade penal do arguido (apurada na «causa principal»), mas verificar a existência de ganhos patrimoniais resultantes de uma atividade criminosa e a sua incongruência com os rendimentos lícitos do condenado.

Naturalmente que as principais consequências ou decorrências da natureza não penal ou sancionatória do instituto do confisco ampliado, ao considerá-lo dotado de uma natureza administrativa ou civil(ística), serão as de permitir a formulação de um juízo de conformidade à Constituição da inversão do ónus da prova constante do artigo 7.º, n.º 1, da Lei n.º 5/2002, não violando, assim, o artigo 32.º, n.º 2 da CRP, o princípio da culpa ou qualquer outro.

O artigo 7.º, n.º 1 da Lei n.º 5/2002, estabelece simplesmente que se presume «constituir vantagem de actividade criminosa a diferença entre o valor do património do arguido e aquele que seja congruente com o seu rendimento lícito». Esta «presunção» tem sido um dos nódulos problemáticos mais debatidos na doutrina nacional[24]. Tal significa que quer a atividade criminosa, quer a conexão entre esta e os proventos correspondentes, seriam abrangidas pela presunção de ilicitude. Tal conclusão seria reforçada pelo facto de nem o n.º 1 nem o n.º 3 do artigo 9.º, relativos à ilisão da presunção de ilicitude, conterem qualquer referência a uma actividade criminosa contígua ao crime pela prática do qual o arguido foi condenado. Ora, se esta fosse de exigir, não se compreenderia não estar prevista a possibilidade de o arguido ilidir a presunção provando meramente que os bens a confiscar não provinham dessa específica actividade criminosa.

[24] Cfr., por todos, João Conde Correia, «Presunção de proveniência ilícita de bens para perda alargada: anotação aos acórdãos do Tribunal Constitucional n.ºs 101, 392 e 476/2015», *RMP*, 2016, n.º 145, pp. 217 ss, Duarte Rodrigues Nunes, «Admissibilidade da inversão do ónus da prova no confisco "alargado" de vantagens provenientes de crimes – Anotação aos Acórdãos n.ºs 392/2015 e 476/2015 do Tribunal Constitucional», *Julgar online*, fevereiro 2017, pp. 1/77; Francisco Borges, «Perda alargada de bens: alguns problemas de constitucionalidade», *Estudos em Homenagem ao Prof. Doutor Manuel da Costa Andrade* (J. Faria Costa et al.), Coimbra, Universidade de Coimbra – BFDUC-Studia Iuridica – Ad Honorem 108, vol. I., 1.ª ed., 2017, pp. 215/238.

Também a exposição de motivos da Proposta de Lei n.º 94/VIII parece apontar no mesmo sentido. Aí se refere que: «A presente proposta estabelece que, em caso de condenação por um dos crimes previstos no seu artigo 1.º, se aprecia a congruência entre o património do arguido e os seus rendimentos lícitos. O valor do património do arguido que seja excessivo em relação aos seus rendimentos cuja licitude fique provada no processo são [*sic*] declarados perdidos em favor do Estado». Não há, por isso, qualquer referência a uma atividade criminosa contígua, sobre a qual houvesse necessidade de produzir prova.

Porém, se a presunção se baseasse apenas na condenação pelo crime de catálogo e na incongruência patrimonial, o legislador não a teria mencionado explicitamente na norma que designa os pressupostos da medida, pelo que se deve concluir que o confisco se baseia na presunção de que os bens são provenientes de uma atividade especificamente criminosa, e não por ser ignorada ou «ilícita» a sua fonte[25]. Isso é o que verdadeiramente faz distinguir este mecanismo da perda clássica, ou seja, poder incidir sobre uma atividade presuntivamente criminosa, não concretamente demonstrada, associada a um delito [de catálogo] relativamente ao qual é produzida prova bastante para a condenação do agente.

Dado que o confisco alargado não é concebido como uma medida penal em sentido amplo, os procedimentos que convergem na sua aplicação não se encontram necessariamente sujeitos às garantias do processo criminal previstas na Constituição. Algumas delas poderão, porém, ser aplicáveis, embora por diversos meios. Podem ser impostas por princípios constitucionais mais abrangentes, como o princípio do Estado de direito e da proporcionalidade, e do direito a uma tutela jurisdicional efetiva e a um processo equitativo. Além disso, poderão, eventualmente, decorrer da lei.

O que, de todo o modo, será incontornável é que a presunção de ilicitude prevista no artigo 7.º, n.º 1 da Lei n.º 5/2002, pelo menos quanto aos efeitos respeitantes ao confisco alargado propriamente dito, não pode violar o princípio constitucional da presunção de inocência do arguido, consagrado no artigo 32.º, n.º 2, da Constituição, o que incorpora uma presunção de sinal contrário àquela.

[25] Assim, Pedro Caeiro, «Sentido e função do instituto da perda de vantagens...», *loc. cit.*, pp. 315 e ss.

Um tal princípio prende-se, contudo, com a aplicação de sanções penais em sentido lato e o confisco alargado, como já se deixou expresso, não pode ser caracterizado como tal.

Poderia dizer-se que o arguido, para ilidir a presunção, deverá demonstrar a proveniência lícita – ou, ao menos, não criminosa – dos bens ou, em alternativa, que estavam na sua titularidade há pelo menos cinco anos no ato de constituição como arguido, o que, de algum modo, implicará uma pronúncia sobre tais circunstâncias excludentes da presunção.

A possível violação do «direito ao silêncio» continua a valer no domínio da questão da causa processual do confisco (adjacente à questão criminal da causa principal), mas não será, admitamo-lo, do interesse do arguido, visto que o seu silêncio pode aí fazer operar a presunção de ilicitude do património incongruente.

Simplesmente, daqui não resulta que, para se defender dos efeitos da presunção, ao pronunciar-se, o arguido seja coarctado no seu direito ao silêncio na causa principal criminal, já que nenhum efeito lateral tal pronunciamento poderá ter quanto à defesa da imputação do crime. Ao invés, a sua pronúncia não implicará, inexoravelmente, a confissão da conduta criminosa imputada.

Cremos, por isso, não se verificar, neste domínio, qualquer violação do direito ao silêncio ou à não autoincriminação.

O confisco alargado também se pode, potencialmente, repercutir nos planos da afetação ao bom nome e reputação do arguido, bem como de uma indevida restrição do direito de propriedade, visto que consiste numa decisão condenatória de pagamento de um valor pecuniário, calculado segundo critérios legais (do art. 7.º da Lei n.º 5/2002) e, ao contrário da perda clássica, não incide sobre bens que, em concreto, tenham sido obtidos através de atividade criminosa demonstrada na causa principal.

Tendo em conta, porém, que no processo se visa justamente colocar em causa a legitimidade ou licitude da aquisição de determinados bens que integram o património incongruente, não existindo título do arguido sobre eles – dado que o crime não constitui em caso algum título legítimo de aquisição –, não é válida a consideração de que há, por essa razão, uma restrição do direito de propriedade privada. Tem sido, aliás, à luz – entre outros parâmetros – do direito de propriedade, como enunciado no artigo 1.º do Protocolo n.º 1 à CEDH, que o TEDH tem apreciado a conformidade àquele instrumento de diversas modalidades de confisco de bens, reconhecendo a legitimidade da previsão de significativas diferenças entre os Estados Partes[26].

A pretensão do Estado a «recuperar» certo bem ou valor deverá, apesar de tudo, estar sujeita a um processo justo, em que ao visado seja dada a oportunidade efetiva de fazer valer a sua posição, sem entraves e em termos de igualdade de armas, visto que a Constituição, no seu artigo 20.º, n.º 4, proíbe uma distribuição de ónus prova excessivamente desequilibrada que onere a posição processual dos particulares em relação ao Estado.

O figurino processual entre nós adotado – essencialmente conforme a um processo justo e equitativo –, no sentido de possibilitar a defesa e ilisão da presunção de ilicitude do património incongruente, pelo arguido, respeita, a nosso ver, os limites dos parâmetros constitucionais aplicáveis, não se justificando qualquer alteração legislativa nesse domínio.

Ao nível comparado, coexistem diferenciadas modalidades de confisco alargado em distintos ordenamentos jurídicos, assentes na presunção de que os bens ou produtos detidos por agentes condenados de crime [grave] de catálogo ou por pessoas próximas, são resultado da sua atividade delituosa atual ou anterior, na parte não compatível com o seu rendimento lícito, a menos que demonstre a sua aquisição por fonte não criminosa, assumindo terminologias diversificadas: *decomiso ampliado, extended confiscation, confiscation élargie, erweiterte Einziehung* (antes *erweiterte verfall*).

Na Alemanha, p. ex., a questão da compatibilidade constitucional do mecanismo foi já objeto de apreciação pelo TC – pelo acórdão de 14.01.2004 –, que se pronunciou no sentido da sua conformidade com a lei fundamental, no que respeita ao princípio da culpa, da presunção de inocência, da proteção da propriedade privada e com o princípio da tipicidade, bem como, relativamente ao relativo aligeiramento do ónus da prova, com o princípio da proporcionalidade, por se considerar necessária a adoção de um instrumento robusto de luta contra a criminalidade organizada e violenta[27].

[26] Cfr., entre outros, os acs. do TEDH caso *Phillips vs. Reino Unido*, caso *Varvara vs. Itália*, e *Gogitidze e outros vs. Geórgia*. Cfr., ainda, Fernando Torrão, «Direito de Propriedade ...», *op.cit.*, pp. 2139/2165.

[27] *Apud*, Anna Maria Maugeri, «I Modelli de Sanzione Patrimoniale nel Diritto Comparato», *Atti del Convegno*, Catania, Guiffré, 2008, p. 84.

Também em Portugal tal exercício tem sido empreendido, por parte do TC.

Desde logo, no seu ac. n.º 101/2015[28], referindo-se precisamente à presunção do artigo 7.º, n.º 1, da Lei n.º 5/2002, afirma o TC que:

> «Sustenta o recorrente que é inconstitucional esta norma, por entender que a «presunção» que nela se estabelece implica a «consignação da inversão o ónus da prova ou da presunção de inocência», em violação das garantias de processo criminal que são consagradas no artigo 32.º da CRP.

Não tem razão o recorrente.

Na verdade, *in casu*, a «presunção» contida no n.º 1 do artigo 7.º da Lei n.º 5/2002 *apenas opera após a condenação*, em nada contrariando, pois, a presunção de inocência, consagrada no n.º 2 do artigo 32.º da CRP. Além do mais, trata-se de uma presunção ilidível, como são todas as presunções legais exceto quando o legislador disponha em contrário (artigo 350.º, n.º 2, do Código Civil). *O princípio de que parte o legislador ao estabelecê-la – princípio cuja não verificação o recorrente sempre poderia ter demonstrado – é o de que ocorreu no caso um ganho ilegítimo, proveniente da atividade criminosa, compreensivelmente reportada ao rendimento do condenado que exceda o montante do seu rendimento lícito*».

Aqui se afirma que, perante a condenação por crime do catálogo e a falta de demonstração da proveniência ilícita do património, o legislador *presume* desde logo que esse património foi obtido através da prática de crimes, autorizando ou determinando o seu confisco.

Também o ac. TC n.º 392/2015, não deixa de expressar inequívoco acolhimento a uma interpretação conforme à Constituição da presunção do artigo 7.º da Lei n.º 5/2002, ao referir-se na sua fundamentação:

> *«Conforme decorre do referido Acórdão n.º 101/2015, é importante para a apreciação da conformidade constitucional deste tipo de medidas de perda alargada de bens, designadamente, para saber se as mesmas ofendem o princípio da presunção da inocência nas suas diversas dimensões, ter em atenção a sua natureza, matéria sobre a qual a doutrina está longe de ter uma posição unânime.*

[28] Este e todos os acórdãos referenciados no texto *in* https://www.tribunalconstitucional.pt/tc/acordaos/.

[...]

Tendo presente este debate doutrinal, importa realçar que o estabelecimento da presunção legal cuja constitucionalidade é sindicada nos presentes autos não tem em vista a imputação ao arguido da prática de qualquer crime e o consequente sancionamento, mas sim privá-lo de um património, por se ter concluído que o mesmo foi adquirido ilicitamente, assim se restaurando a ordem patrimonial segundo o direito, o que situa a questão em plano diverso do que foi objeto de análise nos Acórdãos 179/12 e 377/15 deste Tribunal [...].

É certo que a aplicação da medida de perda a favor do Estado, a par deste objetivo, tem uma finalidade de prevenção criminal, evitando que se crie a ideia que o crime compensa, assim como a sua aplicação tem como pressuposto necessário a condenação por um dos crimes do catálogo previsto no artigo 1.º da Lei n.º 5/2002 de 11 de janeiro. Contudo, conforme já salientou este Tribunal no referido Acórdão n.º 101/2015, só com esta condenação pela prática de um dos aludidos crimes é que opera a presunção prevista no artigo 7.º, n.º 1, da mesma Lei, sendo que, no incidente de liquidação, a que se refere o artigo 8.º desta Lei, já não está em causa o apuramento de qualquer responsabilidade penal do arguido, mas tão só a determinação de uma eventual incongruência entre o valor do património do arguido e os seus rendimentos de proveniência lícita, incongruência essa que, uma vez demonstrada de acordo com determinados pressupostos, tem como consequência ser declarado perdido a favor do Estado o valor do património do arguido que se apure ser excessivo em relação aos aludidos rendimentos, caso o arguido não ilida aquela presunção de causalidade.

A imputação de um crime de catálogo funciona aqui apenas como pressuposto indiciador que poderão ter-se verificado ganhos patrimoniais de origem ilícita, o que justifica, na ótica do legislador, que, no mesmo processo em que se apure a prática desse crime e, eventualmente se conclua pela respetiva condenação, se averigue a existência desses ganhos, em procedimento enxertado no processo penal, de modo a poder determinar-se a sua perda [...].

Em suma, a presunção de proveniência ilícita de determinados bens e a sua eventual perda em favor do Estado não é uma reação pelo facto de o arguido ter cometido um qualquer ato criminoso.

Trata-se, antes, de uma medida associada à verificação de uma situação patrimonial incongruente, cuja origem lícita não foi determinada, e em que a condenação pela prática de um dos crimes previstos no artigo 1.º da Lei 5/2002 de 11 de janeiro tem apenas o efeito de servir de pressuposto desencadeador da averiguação de uma aquisição ilícita de bens.

Tendo em conta o aqui exposto, nesse procedimento enxertado no processo penal não operam as normas constitucionais da presunção da inocência e do direito ao silêncio do arguido, invocadas pelo Recorrente.

Já no que respeita ao procedimento criminal pela prática dos factos integradores de algum dos crimes referidos no artigo 1.º da Lei n.º 5/2002 de 11 de janeiro, o arguido beneficia de todas as garantias de defesa em processo penal, não havendo qualquer alteração às regras da prova ou qualquer outra especificidade resultante do regime de perda de bens previsto na aludida Lei. Significa isto que, no caso de haver condenação pela prática de tal crime, embora a presunção de inocência tenha sido tida em atenção no respetivo procedimento criminal que manteve a sua estrutura acusatória, a mesma veio a ser afastada pela prova produzida (e daí a condenação). Acresce ainda que, na hipótese de tal condenação não chegar a transitar em julgado e vier a ser revogada, faltará um dos pressupostos para a perda de bens. Em suma, só haverá perda de bens em favor do Estado desde que exista condenação do arguido, transitada em julgado, por um dos crimes referidos no artigo 1.º do diploma.

Ora, no regime previsto nas normas questionadas nos presentes autos que regulam o incidente de perda de bens enxertado no processo penal, a necessidade de o arguido carrear para o processo a prova de que a eventual incongruência do seu património tem uma justificação, demonstrando que os rendimentos que deram origem a tal património têm uma origem lícita, não coloca em causa a presunção de inocência que o mesmo beneficia quanto ao cometimento do crime que lhe é imputado naquele processo, nem de qualquer outro de onde possa ter resultado o enriquecimento. E também não inviabiliza o direito ao silêncio ao arguido, não se vislumbrando em que medida da demonstração da origem lícita de determinados rendimentos possa resultar uma autoincriminação relativamente ao ilícito penal que lhe é imputado nesse processo, e muito menos um desvio à estrutura acusatória do processo penal. Não se descortina, pois, que exista um perigo real daquela presunção, que opera num incidente de perda de bens tramitado no processo penal respeitante ao crime cuja condenação é pressuposto da aplicação desta medida, contaminar a produção de prova relativa à prática desse crime.

Por estas razões se conclui que a presunção legal estabelecida nos artigos 7.º e 9.º, n.º 1, 2 e 3, da Lei n.º 5/2002, de 11 de janeiro, não viola o princípio da presunção de inocência, nem o direito do arguido ao silêncio, nem a estrutura acusatória do processo penal.

Mas, embora o legislador disponha de uma ampla margem de liberdade na concreta modelação de um determinado procedimento, não está autorizado a criar obstáculos que dificultem ou prejudiquem, arbitrariamente ou de forma desproporcionada, o direito a uma tutela jurisdicional efetiva.

As normas sub iudicio correspondem a estas exigências, revelando-se que o legislador teve o cuidado de prevenir que, sendo mais difícil ao arguido provar a licitude de rendimentos obtidos num período muito anterior ao do processo, a prova da licitude dos rendimentos pode ser substituída pela prova de que os bens em causa estavam na sua titularidade há pelo menos cinco anos no momento da constituição como arguido ou que foram adquiridos com rendimentos obtidos no referido período (cfr. artigo 9.º, n.º 3, als. a), b) e c) da Lei n.º 5/2002 de 11 de janeiro). Esta limitação temporal faz com que a prova necessária para que possa ser ilidida a presunção se torne menos onerosa.

Acresce ainda que, no plano processual, o regime de perda de bens previsto na Lei n.º 5/2002, embora assente numa condenação pela prática de determinado ilícito criminal (integrante do catálogo previsto no artigo 1.º da Lei n.º 5/2002), está sujeito a um procedimento próprio, enxertado no procedimento criminal pela prática de algum dos aludidos crimes, no qual o legislador não deixou de ter em atenção diversas garantias processuais. Desde logo, como vimos, o montante apurado como devendo ser declarado perdido em favor do Estado deve constar de um ato de liquidação, integrante da acusação ou de ato posterior, onde se indicará em que se traduz a desconformidade entre o património do arguido e o que seria congruente com o seu rendimento lícito. Este ato de liquidação é notificado ao arguido e ao seu defensor, podendo o arguido apresentar a sua defesa, nos termos já referidos, assegurando-se, assim, um adequado exercício do contraditório, sendo que, conforme se referiu, para ilidir a presunção, o arguido pode utilizar qualquer meio de prova válido em processo penal, não estando sujeito às limitações probatórias que existem, por exemplo, no processo civil ou administrativo, além de que o próprio tribunal deverá ter em atenção toda a prova existente no processo, donde possa resultar ilidida a presunção estabelecida no artigo 7.º, n.º 1, da Lei 5/2002 de 11 de janeiro (artigo 9.º, n.º 1, do mesmo diploma)».

Igualmente no ac. n.º 476/2015 se consigna o entendimento da conformidade constitucional das soluções de confisco alargado, ao apreciar o regime dos artigos 7.º e 9.º, n.º 3, da Lei n.º 5/2002, remetendo, no essencial, para os fundamentos do ac. n.º 392/2015.

O que possa porventura parecer uma abordagem unânime e pouco debatida na respetiva fundamentação dos acórdãos em apreço, explicar-se-á talvez pela relativa simplicidade das questões suscitadas, preponderantemente em torno da presunção de incongruência do património lícito ou declarado do artigo 7.º, n.º 1 da Lei n.º 5/2002, que se afigura, afinal, aproblemática.

Por seu turno, também o TEDH vem considerando, entre outros, no ac. Gogitidze e outros *c.* Georgia, de 12.05.2015[29], que o sistema *standard* europeu – e mesmo o universal – de confisco aponta, em primeira linha, para a existência de um nexo de conexão entre o confisco de bens e a prática de crimes graves de certo tipo, como a corrupção, o branqueamento de capitais, o tráfico de estupefacientes, mesmo que sem a necessidade de condenação anterior por esses crimes ou sem a comprovação judicial de toda a extensão da criminalidade apreciada. As medidas de confisco podem, por outro lado, visar não apenas o produto de crimes, mas igualmente outros bens, acréscimos e outros benefícios, mesmo que indiretos, obtidos por conversão ou transformação dos bens ou produtos diretamente do crime ou misturados com outros bens, mesmo de origem lícita. Por fim, as medidas de confisco podem visar não apenas pessoas suspeitas da prática de crimes mas igualmente terceiros detentores de direitos sobre bens, que não se encontrem de boa-fé (*bona fides purchaser*)[30], na medida em que hajam (com)participado na constituição, conservação e dissimulação do acervo patrimonial em apreço.

O TEDH reiterou, na dita decisão, que se lhe afigura legítimo que as autoridades nacionais emitam ordens de confisco na base da «preponderância da prova» (ou *probabilidade preponderante*) que sugira que os rendimentos legítimos de determinada pessoa não são suficientes para adquirir [licitamente] os bens que lhe foram encontrados, ao invés de exigir uma prova para além de qualquer dúvida razoável, standard que distancia o instituto de figuras com contornos marcadamente penais

[29] Relativamente a perda alargada, à luz do art. 1.º do Protocolo n.º 1 à CEDH. Por esse acórdão, o TEDH reconheceu que, a partir de fevereiro de 2004, o direito interno georgiano passou a prever um procedimento de *actio in rem* – impropriamente chamado de "administrativo" –, configurando-se mais como uma ação civil destinada a extinguir o domínio sobre bens por parte de particulares e, por isso, não dependente diretamente de uma condenação penal, embora com ela possa estar relacionada.

[30] Para uma visão desenvolvida do conceito de «terceiros de má-fé», cfr. Hugo Luz dos Santos, «O acórdão do TEDH Varvara c. Itália e o confisco alargado na União Europeia: um passo atrás no "crime doesn't pay"?», *Scientia Ivridica*, t. LXIII, n.º 334, jan.-abril 2014, pp. 103/4 e Gonçalo Marques Rocha, *O arresto e os terceiros na perda de bens a favor do Estado, na Lei n.º 5/2002, de 11 de janeiro*, tese de mestrado apresentada à UCP, Porto, 2015, pp. 35-42 (acessível em https://repositorio.ucp.pt/ bitstream/10400.14/20451/1/TESE%20Gon%C3%A7alo%20Marques%20Rocha.pdf).

e o aproximam de institutos de natureza em que vigoram regimes de distribuição de ónus de prova, como o civil ou administrativo.

Mesmo na hipótese de o confisco se basear num procedimento civil *in rem* relacionado com a prática de crime grave, o Tribunal não exige a prova «para além da dúvida razoável» da origem ilícita dos bens, mas fundada antes na base do «balanço de probabilidades», ou seja, na elevada probabilidade da origem ilícita desses bens combinada com a (im)possibilidade de o proprietário (de facto) fazer prova do contrário.

III. As modalidades substantivas e adjetivas de recuperação de ativos e os parâmetros constitucionais

Independentemente de se considerar o confisco como instituto de índole meramente civil, o que parece ainda mais seguro é concebê-lo como um instituto de índole restaurativa, não exclusivamente penal, nessa medida consentido a introdução de elementos que podem, aparentemente, colidir com os princípios da intervenção penal, como a existência de presunções, a condenação sem culpa, a condenação de terceiros, a mobilização de *standards* de prova diferente do critério *beyond any reasonable doubt* – permitindo modelos de probabilidade preponderante – , entre outras.

A jurisprudência constitucional nacional tem ensaiado, nalguns arestos, um entendimento de inequívoca conformidade com a Constituição, como vimos atrás, relativamente às soluções do regime de Confisco alargado[31].

O enquadramento geral de princípio que tem sido enunciado por este Tribunal, a propósito do modelo atual do instituto do Confisco, parece admitir, inequivocamente, uma conceção de natureza civil ou, pelo menos, não exclusivamente penal.

Há um conjunto de aspetos do regime de confisco alargado cuja peculiaridade nos parece impor algumas considerações adicionais acerca da sua compatibilidade constitucional.

Numa primeira dimensão, que respeita à questão substantiva da cumulação da perda de vantagens com a pretensão civil das vítimas e ofendidos pela prática do crime, poderia observar-se alguma «duplicação»

[31] Acórdãos n.ºs 101/2015, 392/2015 e 476/2015.

de consequências da declaração de perda, embora se não possa colocar numa perspetiva de *ne bis in idem*.

A Diretiva 2014/42/UE, do Parlamento Europeu e do Conselho, de 3 de abril de 2014 (sobre o congelamento e a perda dos instrumentos e produtos do crime na União Europeia), impõe aos Estados-Membros a adoção das medidas necessárias para garantir que as medidas de perda previstas ao abrigo da presente diretiva não impeçam que as vítimas reclamem uma indemnização (art. 8.º, n.º 10), propósito reiterado na proposta de Diretiva do Parlamento Europeu e do Conselho n.º 2022/0167 (COD) e em sintonia com a nossa legislação penal. Aqui se consagra que a perda de produtos e vantagens do crime não prejudica os direitos do ofendido (art. 110.º, n.º 6, do CP) e, para além disso, que o tribunal pode atribuir ao lesado, a requerimento deste e até ao limite do dano causado, os instrumentos, produtos ou vantagens declarados perdidos a favor do Estado ao abrigo dos artigos 109.º a 111.º, incluindo o valor a estes correspondente ou a receita gerada pela venda dos mesmos (art. 130.º, n.º 2, do CP).

Em tese, são concebíveis vários *modelos* de relacionamento entre a perda e o pedido de indemnização civil ou outras formas de ressarcimento dos direitos das vítimas: *1)* o Estado pode confiscar os proventos do crime alheando-se dos direitos das vítimas; *2)* o Estado está impedido de os confiscar desde que exista uma vítima com a possibilidade abstrata de formular um pedido de indemnização civil ou de utilizar qualquer outro meio formal para compensar os seus prejuízos, e *3)* o Estado tem o dever de harmonizar o confisco com a integral proteção dos direitos das vítimas.

Sendo as duas soluções primeiramente enunciadas claramente insatisfatórias, por não assegurarem satisfatoriamente os interesses do Estado ou das vítimas, importa apreciar a terceira.

Esta (articulação do confisco com o regime de efetivação dos direitos das vítimas) procura harmonizar os interesses em confronto. A perda não prejudica aqueles direitos, de forma que, se for essa a situação, não produz efeitos práticos. Assim como na primeira opção, o confisco é sempre declarado; e, tal como na segunda, os direitos das vítimas são sempre oficialmente preservados. Deste modo, o legislador pode salvaguardar integralmente os efeitos preventivos do confisco (reduzir o arguido ao estado patrimonial anterior à prática do crime, assim demonstrando que ele não compensa) e respeitar os direitos da vítima. A perda passa a ser uma consequência da prática do crime, independentemente da vontade ou do desempenho técnico-processual da vítima[32].

No nosso ordenamento, o confisco das vantagens não constitui um mecanismo facultativo. Pelo contrário, temos de reconhecer que o legislador nacional estabeleceu o confisco das vantagens como uma *medida obrigatória, subtraída a qualquer critério de oportunidade, e que ocorrerá sempre, por imperativo legal, que com a prática do crime tenham sido gerados benefícios económicos* – como claramente resulta do disposto no artigo 110.º do Código Penal, na redação introduzida com a Lei n.º 30/2017, reproduzindo, no essencial, o disposto no artigo 111.º do Código Penal, na versão anterior à entrada em vigor daquele diploma legal. Encontra-se, assim, precludida a possibilidade de um juízo de ponderação sobre a pertinência ou utilidade prática da declaração de perda de vantagens.

O juiz não pode deixar de decretar a perda de vantagens obtidas com a prática do crime, na sentença penal, mesmo que o lesado não tenha deduzido pedido de indemnização civil (e independentemente do seu desfecho), ou de ter optado por outros meios alternativos de cobrança do crédito que possam coexistir com a obrigação e necessidade de reconstituição da situação patrimonial prévia à prática do crime. Mas a efetividade do confisco não poderá ficar dependente da iniciativa da vítima ou ofendido, ou do sucesso das suas pretensões, sob pena de poder falhar a sua finalidade preventiva e o propósito de restauração da ordem patrimonial correspondente ao sentido político-criminal[33].

A declaração de perda não pode prejudicar os direitos da vítima, servindo para os reforçar e, sobretudo, para confirmar a validade e vigência da norma jurídica violada, demonstrando que o crime não compensa.

[32] Cfr. João Conde Correia/Hélio Rigor Rodrigues, «O confisco das vantagens e a pretensão patrimonial da Autoridade Tributária e Aduaneira (Anotação ao Acórdão do Tribunal da Relação do Porto de 23.11.2016, proferido no processo n.º 905/15.4IDPRT.P1)», *Julgar Online*, janeiro de 2017, acessível em http://julgar.pt/o-confisco-das-vantagens-e-a-pretensao-patrimonial-da-autoridade-tributaria-e-aduaneira-nos-crimes-tributarios/.

[33] Apenas em situações de comprovada de inutilidade se poderá verificar uma excecional subsidiariedade entre os dois institutos, como sucederá no caso de o autor do crime pagar a vantagem de que auferiu (v.g., pagamento prévio à decisão de perda, voluntário ou no âmbito de execução, comum ou tributária, e desde que a vantagem confiscável não seja superior à quantia executada).

Existindo pretensões indemnizatórias das vítimas, a articulação do confisco com formas de reparação que lhes assistam deve ser feita *a posteriori*, designadamente mediante aplicação do mecanismo previsto no artigo 130.º, n.º 2, do Código Penal[34]. Também a possibilidade de duplicação de títulos executivos é problema que deve ser resolvido oportunamente, em sede de execução. A única coisa que está vedada à vítima é a possibilidade de executar duas vezes a mesma quantia. A questão de eventual desconto ou imputação do valor da sua indemnização ou reparação no valor da declaração de perda de vantagens é algo que o responsável terá de invocar no meio de defesa processualmente adequado.

Tal solução observa, assim, os parâmetros constitucionais bem como a Diretiva 2014/42/EU.

A admissibilidade de modelos distanciados ou virtualmente independentes do procedimento criminal decorre dos artigos 1.º e 2.º da Decisão-Quadro n.º 2005/212/JAI, do Conselho, de 24.02.2005, prevendo-se aí que os Estados-Membros consagrassem as medidas necessárias para a declaração de perda total ou parcial, de instrumentos e produtos de infrações puníveis com penas privativas de liberdade superiores a um ano, ou bens de valor equivalente a esses produtos, sem que fosse exigido o trânsito da decisão penal ou ainda que não estivesse em causa uma decisão penal, podendo utilizar-se procedimentos não penais para destituir dos bens o autor da infração (art. 3.º, n.º 4[35]).

Mais recentemente, no considerando (30) do Preâmbulo da Diretiva 2014/42/UE do Parlamento Europeu e do Conselho, de 3 de abril de 2014 sobre o congelamento e a perda dos instrumentos e produtos do crime na União Europeia foi também expendido o entendimento que «*É muito frequente que os suspeitos ou arguidos escondam os seus bens enquanto decorre a ação penal. Nesses casos, as decisões de perda não podem ser executadas, permitindo aos seus destinatários usufruir dos bens após o cumprimento da pena que lhes foi imposta. Por conseguinte, é necessário permitir a determinação exata do património cuja perda deva ser decidida, mesmo após a condenação definitiva por uma infração penal, de modo a possibilitar a plena execução das decisões de perda caso inicialmente*

[34] Neste sentido, cfr. João Conde Correia/Hélio Rigor Rodrigues, *ob. cit.*

[35] O art. 3.º da Decisão-Quadro 2005/212/JAI foi substituído pela Diretiva 2014/42/UE do Parlamento Europeu e do Conselho, de 03-04-2014 (art. 14.º).

não tenham sido identificados bens, ou bens suficientes, e a decisão de perda não tenha sido executada»[36].

Atendendo à natureza jurídica das medidas em si mesmas consideradas – apesar de dogmaticamente controvertida[37] –, à especificidade dos seus pressupostos adjetivos e à atipicidade da sua tramitação processual, seria oportuno refletir sobre a viabilidade da reformulação do regime normativo atinente às matérias da perda de instrumentos, produtos e vantagens do crime (confisco), bem como das modalidades preventivas da sua dissipação (congelamento), a saber o arresto preventivo, o arresto ou a apreensão, bem o regime respeitante à investigação financeira e patrimonial com vista à perda clássica ou ampliada. Um tal regime coenvolveria as questões atinentes aos pressupostos materiais da perda clássica de produtos, instrumentos e vantagens do crime e da perda ampliada de vantagens de atividade criminosa – naturalmente dentro de um catálogo de crimes-referência –, bem como as questões de natureza mais adjetiva, como as respeitantes às medidas de garantia patrimonial, de prevenção de dissipação de património, a disciplina da investigação patrimonial ou financeira, as competências das entidades encarregues da mesma, regulando ainda o modo de intervenção dos intervenientes processuais afetados[38], bem como as questões respeitantes à cooperação

[36] Na sequência do considerando (15) do preâmbulo da sua proposta (de Diretiva do Parlamento Europeu e do Conselho, de 12 de março de 2012, sobre o congelamento e o confisco do produto do crime na União Europeia) sob a referência COM(2012)0085 final.

[37] A sugestão nem sequer é inédita, tendo sido já oportunamente ventilada por José Damião da Cunha, ao referir que «(...) apesar de existir um denominador comum entre estas três medidas especiais [reportando-se às regras de derrogação do segredo fiscal e das entidades financeiras, ao reconhecimento do registo de voz e imagem e à perda de bens] – o facto de só se poderem aplicar a um conjunto de crimes elencados no art. 1.º do presente diploma –, não é difícil compreender que a teleologia de cada uma delas permite a sua elaboração autónoma. E, no caso da medida de "perda de bens a favor do Estado", esta autonomia é ainda mais evidente, pois, ao contrário das restantes duas que se configuram como instrumentos processuais, trata-se, nela, de um novo instrumento repressivo, uma nova forma sancionatória, que assume sobretudo um relevo substantivo.» («Perda de bens a favor do Estado – arts. 7.º-12.º da Lei n.º 5/2002, de 11 de janeiro...», *op. cit.*, p. 123).

[38] O que teria, desde logo, a vantagem de evitar indesejáveis soluções de "ortopedia processual" – como a aplicação subsidiária de procedimentos do processo civil –, pela incerteza e indefinição das decisões a que podem conduzir.

judiciária e policial respeitante à identificação e localização e apreensão de bens[39].

Por seu turno, o art. 9.º da Diretiva 2014/42/UE do Parlamento Europeu e do Conselho, estatui que: «*Os Estados-Membros tomam as medidas necessárias para permitir a deteção e o rastreio dos bens a congelar e cuja perda deva ser decidida, mesmo após condenação definitiva por infração penal ou na sequência de processo para aplicação do artigo 4.º, n.º 2, e asseguram a execução efetiva da decisão de perda, caso esta tenha sido proferida*».

Parece, assim, que a admissibilidade da deteção e rastreio de bens a congelar para decisão de perda pode abranger hipóteses de perda sem condenação (art. 4.º, n.º 2[40]) bem como as hipóteses de perda após condenação, para assegurar a execução efetiva de decisão de perda proferida[41].

Tentaremos ver em que medida o impacto que as alterações introduzidas pela Lei n.º 30/2017, de 30.05 (mormente as decorrentes do seu art. 20.º e as alterações do CP, da Lei n.º 5/2002, de 11.01 e da Lei n.º 45/2011, de 24.06) implicaram nalgumas disposições legais, no que especificamente respeita à investigação financeira ou patrimonial após condenação, e indagar se as mesmas, no ordenamento nacional, são exactamente coincidentes com os propósitos da Diretiva quer no tocante ao instituto do confisco alargado quer no confisco clássico[42] e com a Constituição. Isto, mesmo sem nos preocuparmos em salientar as contradições conceituais

[39] Na senda da Decisão 2007/845/JAI do Conselho de 6 de dezembro de 2007, relativa à cooperação entre os gabinetes de recuperação de bens dos Estados-Membros no domínio da deteção e identificação de produtos ou outros bens relacionados com o crime. Cfr. MALIN THUNBERG SCHUNKE: *Extended confiscation in criminal law: national, european and international perspectives*, Cambridge, Intersentia, 2017, pp. 225 e ss.

[40] Que dispõe o seguinte: «Se não for possível a perda com base no n.º 1, e pelo menos se tal impossibilidade resultar de doença ou de fuga do suspeito ou arguido, os Estados-Membros tomam as medidas necessárias para permitir a perda dos instrumentos ou produtos nos casos em que foi instaurado processo penal por uma infração penal que possa ocasionar direta ou indiretamente um benefício económico, e em que tal processo possa conduzir a uma condenação penal se o suspeito ou arguido tivesse podido comparecer em juízo».

[41] Note-se que, nos casos do art. 4.º, n.º 2 da Diretiva, a «decisão» é de perda (de bens) e não decisão condenatória penal.

[42] Para uma perspetiva anterior à edição da Lei n.º 30/2017, cfr. JOÃO CONDE CORREIA, «Reflexos da Diretiva 2014/42/UE (do Parlamento Europeu e do Conselho, de 3 de abril de 2014, sobre o congelamento e a perda dos instrumentos e produtos do crime na União Europeia) no direito português vigente», *RCEJ*, II – 2014, pp. 83 ss.

que o legislador persiste em manter no tocante à designação do instituto do confisco alargado como *perda de bens*, sendo certo que os artigos 9.º, n.º 4 – ao referir-se a «liquidação do valor a perder em favor do Estado» –, 11.º, n.º 2 – a falar de «valor suscetível de perda» – e 12.º, n.º 1 – ao mencionar «(...) o tribunal declara o valor que deve ser perdido a favor do Estado» – da Lei n.º 5/2002, podem suscitar o problema da compatibilidade com a Diretiva 2014/42/UE na medida em que não é pressuposta a preclusão do (prévio) confisco de bens.

A chamada «investigação financeira ou patrimonial» é a forma de se materializar o desiderato da perda de vantagens clássica ou da perda alargada, a qual concita exigências específicas, *timings* e fins distintos dos da investigação criminal, pouco conciliáveis com os da questão (penal) principal[43]. Visa identificar, localizar ou detetar bens ou ativos – que, na aceção do art. 2.º, n.º 2 da Diretiva consistem em «ativos de qualquer espécie, corpóreos ou incorpóreos, móveis ou imóveis, bem como documentos legais ou atos comprovativos da propriedade desses ativos ou dos direitos com eles relacionados» com vista à declaração da sua perda em virtude da possibilidade admitida pela lei por interceder a condenação por um crime de certo tipo.

Um dos principais problemas colocados no âmbito da dualidade ou autonomia das investigações financeira ou patrimonial, por um lado, e criminal, por outro, é o da sua articulação ou coordenação recíproca. Sendo o Ministério Público o titular da ação penal e dirigindo a investigação criminal na fase de inquérito (arts. 263.º, n.º 1 do CPP e 2.º, n.º 1 da Lei n.º 49/2008, de 27.08.) – porventura aquela em que as atividades e pesquisas da investigação financeira são mais intensas e dinâmicas – deve ser o orientador da investigação financeira ou patrimonial – sendo o Ministério Público que determina a sua realização (art. 4.º, n.º 1 da Lei n.º 45/2011) –, no sentido de garantir alguma concordância prática e

[43] Como refere João Conde Correia, «De acordo com a lei, uma coisa será a investigação criminal, realizada no inquérito, segundo os cânones e com as finalidades tradicionais e outra, bem diferente, a investigação financeira ou patrimonial documentada num apenso (artigo 4.º, n.º 5 da Lei n.º 45/2011) e com objetivos específicos. Ainda que contemporâneas ou sobrepostas (umbilicalmente ligadas), as duas investigações são distintas» (*Da Proibição do Confisco ...*, cit., p. 193). De forma mais atualizada, do mesmo autor, «Gabinete de recuperação de ativos: a pedra angular do sistema português de confisco», *Investigação Criminal, Ciências Criminais e Forenses – IC3F*, N.º 1, out. 2017, pp. 48/65.

sistemática entre ambas, impedindo interferências nefastas e desbloqueando constrangimentos.

Ao Ministério Público cabe, pois, um papel axial na conformação e articulação de ambas as investigações, potenciando situações de sinergia e funcionando como *interface* de informação recíproca entre os órgãos de polícia criminal *stricto sensu* e o GRA, que tem também atribuições análogas às de órgão de polícia criminal para a execução da sua missão – art. 2.º da Lei n.º 45/2011, quando a realização da investigação financeira ou patrimonial não seja deferida aos serviços do próprio MP ou a outra entidade.

Após a alteração do CPP pela Lei n.º 48/2007 de 29.08, os requisitos para a constituição do suspeito como arguido (art. 58.º, n.º 1, al. a) do CPP) exigem a «fundada suspeita da prática de crime» quando o mesmo for interrogado por autoridade judiciária ou órgão de polícia criminal, o que em princípio ocorrerá em fase avançada do inquérito, podendo só a partir desse momento colocar-se a questão da necessidade de realização da investigação financeira ou patrimonial. Daí que JOÃO CONDE CORREIA refira que, embora uma interpretação literal da norma nacional sugerisse que a investigação financeira ou patrimonial só pudesse iniciar-se em momento posterior ao inquérito para efeitos de liquidação posterior à acusação, nos termos do art. 8.º, n.º 2 da Lei n.º 5/2002, tal não é exatamente assim, uma vez que a investigação financeira ou patrimonial pode iniciar-se mesmo antes da constituição de arguido, conquanto a notificação da liquidação do património só possa ser realizada após tal constituição [cfr. artigos 7.º, n.º 2 alíneas *a)* a *c)* e 8.º, n.º 4 da Lei n.º 5/2002] e pode estender-se ainda mais essa investigação, por forma a abranger a agora imprescindível fase executiva[44].

Por outro lado, a investigação financeira e patrimonial após o encerramento do inquérito era já expressamente admitida, designadamente para os efeitos do art. 8.º, n.º 2 da Lei n.º 5/2002, ou seja, no que toca à liquidação com vista ao confisco ampliado (art. 4.º, n.º 6 da Lei n.º 45/2011).

A Lei n.º 30/2017 veio consagrar importantes alterações no tocante às possibilidades de realizar a investigação financeira ou patrimonial em fase pós condenatória, na esteira das indicações da Diretiva 2014/42/UE do PE e do Conselho, a qual apenas fixa regras mínimas comuns, sem prejuízo

[44] *Da Proibição do Confisco à Perda Alargada, cit.*, p. 199 (nota 474).

dos procedimentos que os Estados-Membros pretendam utilizar para decidir a perda de bens (art. 1.º, n.ºs 1 e 2)[45].

A referida lei veio alargar a possibilidade de realização da investigação financeira ou patrimonial pós-condenação para além das hipóteses de confisco alargado, admitindo-a também nos casos de substituição por valor equivalente ao de produtos e vantagens do crime insuscetíveis de apropriação em espécie (art. 110.º, n.º 4 do CP).

Dispõe o art. 20.º da Lei n.º 30/2017:

«Para identificação e rastreio de bens a declarar perdidos a favor do Estado, a investigação financeira ou patrimonial pode realizar-se mesmo depois da condenação, com os limites previstos no artigo 112.º-A do Código Penal, quando:

a) For determinada, ao abrigo do n.º 3 do artigo 109.º, do n.º 4 do artigo 110.º ou do n.º 3 do artigo 111.º do Código Penal, a substituição da perda de instrumentos, produtos ou vantagens de facto ilícito típico pelo pagamento ao Estado do valor a eles correspondente; ou
b) Tiver sido decretada a perda de determinado valor ao abrigo do n.º 1 do artigo 12.º da Lei n.º 5/2002, de 11 de janeiro, alterada pela Lei n.º 19/2008, de 21 de abril, pelos Decretos-Leis n.ºs 317/2009, de 30 de outubro, e 242/2012, de 7 de novembro, pelas Leis n.ºs 60/2013, de 23 de agosto, e 55/2015, de 23 de junho, e pela presente lei, e se verificar a situação prevista no n.º 5 desse mesmo artigo».

As referidas alterações – além da disposição do art. 20.º da Lei n.º 30/2017 – centraram-se nas alterações dos artigos 110.º, n.º 4 (após renumeração do preceito)[46] e 111.º, n.º 3[47] do Código Penal e do n.º 6 do

[45] A Diretiva 2014/42/UE inaugura uma III.ª fase de harmonização, que, além de outros benefícios, serviu para clarificar alguma confusão de conceitos no tocante à definição de instrumentos, produtos e vantagens da atividade criminosa.

[46] Passando a ter a seguinte redação: «4 – Se os produtos ou vantagens referidos nos números anteriores não puderem ser apropriados em espécie, a perda é substituída pelo pagamento ao Estado do respetivo valor, podendo essa substituição operar a todo o tempo, mesmo em fase executiva, com os limites previstos no artigo 112.º-A».

[47] Passando a ter a seguinte redação: «3 – Se os produtos ou vantagens referidos no número anterior não puderem ser apropriados em espécie, a perda é substituída pelo pagamento ao

art. 4.º da Lei n.º 45/2011[48], bem como no aditamento do art. 12.º-A da Lei n.º 5/2002[49] [arts. 1.º, n.ºs 1 e 2.º, al.ªs *e*), *c*) e *a*), 10.º, 6.º e 3.º da Lei n.º 30/2017].

O sistema nacional de recuperação de ativos passou, portanto, a admitir *apertis verbis* a realização de investigação financeira ou patrimonial após condenação e eventualmente em fase executiva, nos casos de substituição por valor equivalente ao de produtos e vantagens do crime insuscetíveis de apropriação em espécie – em situações de confisco clássico, bem como nos casos de confisco ampliado.

Um comportamento padrão já suficientemente detetado, identifica a frequência com que os arguidos soneguem e escondam os seus bens no decurso da ação penal, projetando a sua utilização – e eventual branqueamento – para momentos distantes da decisão final, do termo do processo e até do cumprimento da pena, sem embargo de entretanto permitirem a sua utilização, aproveitamento ou benefício por familiares ou terceiros. Em tais hipóteses, a Diretiva 2014/42/UE é expressa na sua pretensão de que as decisões de perda de bens ou de valor não fiquem sem conteúdo ou sequência material, tornando-se pouco mais que simbólicas. Nesses casos, aponta a Diretiva para a necessidade de permitir a determinação exata do património cuja perda deva ser decidida, mesmo após a condenação definitiva por uma infração penal, de modo a possibilitar a plena execução das decisões de perda caso inicialmente não tenham sido identificados bens, ou bens suficientes, e não tenha sido possível executar a decisão de perda.

Estado do respetivo valor, podendo essa substituição operar a todo o tempo, mesmo em fase executiva, com os limites previstos no artigo 112.º-A».

[48] Passando a ter a seguinte redação: «6 – A investigação financeira ou patrimonial pode realizar-se, para efeitos do n.º 2 do artigo 8.º da Lei n.º 5/2002, de 11 de janeiro, depois de encerrado o inquérito e, para efeitos de deteção e rastreio dos bens a declarar perdidos, mesmo depois da condenação, com os limites previstos no artigo 112.º-A do Código Penal».

[49] Cuja redação é a seguinte: «Para identificação e rastreio do património incongruente nos termos do artigo 7.º, a investigação financeira ou patrimonial pode realizar-se depois de encerrado o inquérito nos casos previstos no n.º 2 do artigo 8.º e, para efeitos da execução instaurada nos termos do disposto no n.º 5 do artigo anterior, mesmo depois da condenação, com os limites previstos no artigo 112.º-A do Código Penal, aplicando-se os termos da execução por custas».

Importa, assim, que os arguidos condenados, após a prolação de uma decisão (condenatória) – bem como nos casos de *criminal non-conviction based confiscation* – quanto à questão penal principal, não se sintam imunes *ipso facto* a um possível procedimento de deteção e rastreio de bens ocultos ou dissimulados – mas que deveriam integrar o acervo de bens ou valores a confiscar nas modalidades clássica ou de perda alargada – com vista à sua perda efetiva.

É o que se pode designar como um «Plano B», em termos de programa político-criminal do instituto do confisco[50].

Um aspeto preambular que a inovação da admissibilidade da investigação financeira ou patrimonial depois da condenação pode legitimamente suscitar, é o da sua aplicabilidade a processos pendentes.

A aceitar-se – como se propõe – que os mecanismos do confisco não revestem natureza (exclusiva ou predominantemente) penal, não haveria sequer que equacionar a aplicação do princípio geral da irretroativade de lei penal desfavorável ao arguido (arts. 29.º da Constituição e 2.º, n.º 4 do CP) ou da lei processual penal que implique agravamento sensível e evitável da situação do arguido, no tocante ao seu direito de defesa (art. 5.º, n.º 2 do CPP).

Mas, em rigor, mesmo que o mecanismo do confisco assumisse tal natureza, a inovação que consiste na admissibilidade da investigação financeira ou patrimonial depois da condenação não se reconduziria a um agravamento ou desfavorecimento da posição processual do arguido, uma vez que pela decisão condenatória é fixado o *quantum* que o arguido sabe ter de pagar. O valor declarado perdido (em sede de confisco clássico ou

[50] À semelhança de qualquer «plano B», o mesmo só será de utilizar perante o insucesso das medidas de primeira linha. Deve, por isso, salientar-se a importância fundamental das garantias do confisco, matéria onde o legislador também dificultou a intervenção do Ministério Público e dos ofendidos/vítimas com exigências algo irrealistas (se o arresto for pedido pela vítima, da forma como está, torna-se mais fácil requerê-lo e obtê-lo no processo civil do que no penal, o que não faz sentido. Isso acarreta entraves injustificados no acesso à justiça que dificilmente poderá ser sustentada no plano constitucional, visto que, por força do principio da adesão, se o lesado é forçado a litigar no processo penal deve ter as mesmas garantias que tem no processo civil. Esta matéria das garantias é tão importante que em sistemas como o inglês está prevista uma pena de prisão suplementar para os casos de incumprimento. Cfr. Malin Thunberg Schunke, *Extended Confiscation...*, cit., pp. 87 e ss. e 65 e ss. Cfr. ac. TEDH Woolley *vs.* Reino Unido, n.º 28019/10, de 10.04.2012.

alargado) persiste intocado para todos os efeitos; o que pode ocorrer após a condenação será apenas a localização, identificação e rastreio de bens e ativos destinados a tornar efetiva a decisão.

Não vemos, por isso, que aqui possa estar em causa um problema de aplicação de lei (processual) penal desfavorável no tempo, com todos os aspetos decorrentes do princípio da não retroatividade, até porque a Lei n.º 30/2017 nada dispõe a tal respeito (omitindo norma idêntica à do art. 23.º, n.ºs 1 e 2 da Lei n.º 45/2011).

Não está, por tudo quanto se expôs, o legislador infraconstitucional impedido de atribuir a um diploma de tal natureza eficácia retroativa, pelo que a previsão do artigo 23.º, n.º 2 da Lei n.º 45/2011 não coloca em causa o princípio constitucional da proibição da retroatividade desfavorável da lei penal (art. 29.º, n.º 4 da CRP).

Todas estas previsões legais, traduzem, quanto a nós, uma inequívoca autonomia ou independência, que as distanciam dos princípios da intervenção e do processo penal, corroborando, no essencial, a natureza não penal do Confisco.

Ainda no plano adjetivo, e enquanto decorrência da natureza não exclusivamente penal do Confisco, podem surpreender-se algumas questões respeitantes à conformidade constitucional da aplicabilidade de normas processuais civis, nomeadamente no tocante à fase de recursos. Neste domínio, avulta o problema do regime de impugnação das decisões de perda de instrumentos, produtos e vantagens do crime, transpondo para a ordem jurídica interna a Decisão Quadro n.º 2006/783/JAI, do Conselho, de 6 de outubro (relativa à aplicação do princípio do reconhecimento mútuo às decisões de perda, com a redação que lhe foi dada pela Decisão Quadro n.º 2009/299/JAI, do Conselho, de 26 de fevereiro).

Procurando enquadrar o problema do sistema de recursos em matéria penal, importa lembrar, como se refere no Acórdão para Fixação de Jurisprudência n.º 9/2005, do Supremo Tribunal de Justiça, que:

«O regime de recursos em processo penal, tanto na definição do modelo como nas concretizações no que respeita a pressupostos, à repartição de competências pelos tribunais de recurso, aos modos de decisão do recurso e aos respectivos prazos de interposição, está construído numa perspectiva de autonomia processual, que o legislador pretende própria do processo penal e adequada às finalidades de interesse público a cuja realização está vinculado.

O regime de recursos em processo penal, tributário e dependente do recurso em processo civil no Código de Processo Penal de 1929 (CPP/29), autonomizou-se com o Código de Processo Penal de 1987 (CPP/87), constituindo actualmente um regime próprio e privativo do processo penal, tanto nas modalidades de recursos como no modo e prazos de interposição, cognição do tribunal de recurso, composição do tribunal e forma de julgamento.

No CPP/29, o recurso em processo penal seguia a forma do processo civil, sendo processado e julgado como o agravo de petição em matéria cível (art. 649.º do CPP/29); não existia, então, como regra, regulamentação própria e autónoma, privativa do processo penal.

A autonomização do modelo de recursos constituiu mesmo um dos momentos de reordenamento do processo penal no CPP/87. A lei de autorização legislativa (Lei n.º 43/86, de 26 de Setembro), que concedeu autorização para a aprovação de um novo Código de Processo Penal, definiu expressamente como objectivo a construção de um modelo, que se pretendia completo, desde a concepção das fases do processo até aos termos processuais da reapreciação das decisões na concretização da exigência – que é de natureza processual penal no plano dos direitos fundamentais – de um duplo grau de jurisdição. A lei consagrou imposições determinantes no que respeitava ao regime de recursos, apontando para uma perspectiva autónoma e para uma regulação completa.

Os pontos 70 a 75 do n.º 2 do artigo 2.º da lei de autorização (sentido e extensão), referidos especificamente às orientações fundamentais em matéria de recursos, impunham, decisivamente, a construção de um modelo com autonomia, desligado da tradição da referência aos recursos em processo civil.

Por seu lado, a nota preambular do CPP/87, aprovado pelo Decreto-Lei n.º 78/87, de 17 de Fevereiro, qualifica o regime de recursos como «inovador», estabelecido na perspectiva da obtenção de um amplo efeito («potenciar a economia processual numa óptica de celeridade e eficiência e, ao mesmo tempo, emprestar efectividade à garantia contida num duplo grau de jurisdição autêntico»), assim autonomizado como modelo próprio para realizar finalidades específicas do processo penal.

A intenção e a autonomia do modelo mantêm-se após a reformulação do regime de recursos na reforma de 1998 (Lei n.º 58/98, de 25 de Agosto), a formulação reguladora das diversas modulações nos recursos (tribunal singular, tribunal colectivo e tribunal do júri; matéria de facto e matéria de direito; tribunais da relação e Supremo Tribunal de Justiça; oralidade e audiência no tribunal de recurso) continua a constituir um sistema com regras próprias e específicas do processo penal (cf. a exposição de motivos da proposta de Lei n.º 157/VII, n.ºs 15 e 16).

A autonomia do modelo e das soluções processuais que contempla coloca-o a par dos regimes de recursos de outras modalidades de processo, independente e com vocação de completude, com soluções que pretendem responder, por inteiro e sem espaços vazios, às diversas hipóteses que prevê.

Não obstante alguma proximidade ou «analogia semântica» nos nomina de designação entre as categorias de recursos (uma «civilprocessualização» do recurso em processo penal, como refere Damião da Cunha, in *Caso Julgado Parcial*, 2002, a pp. 528 e 529), a similitude não se verifica, no rigor das coisas, no plano da regulamentação e no modo operativo; nem o recurso em processo penal para o Tribunal da Relação constituiu uma apelação em processo civil, como o recurso para o Supremo Tribunal de Justiça constitui, mais que um recurso de revista (*revision*), uma espécie autónoma de revista (revista alargada) em que o poder de cognição se estende a importantes domínios atinentes ao complexo material ainda pertencente ao âmbito – alargado – da matéria de facto».

Importa, ainda a este propósito, transcrever o excerto do Ac. do STJ de 27-01-2021 (Rel. Cons. Nuno Gonçalves), no sentido de relembrar que:

> «Como este mesmo Tribunal e secção – e com o mesmo relator – sustentou e aqui se repete, a autonomização dogmática e metodológica do regime dos recursos processo penal, em matéria criminal, em relação à lei adjectiva do processo civil, foi uma das preocupações do legislador do vigente CPP, informado pelo ideário de estabelecer um sistema integrado – e completo – de soluções potenciadoras da "economia processual numa óptica de celeridade e de eficiência e, ao mesmo tempo, emprestar efectividade à garantia contida num duplo grau de jurisdição autêntico", de modo a obviar "ao reconhecido pendor para o abuso dos recursos". "Complementarmente, procurou simplificar-se todo o sistema, abolindo-se concretamente a existência, por regra, de um duplo grau de recurso" – cf. preâmbulo do CPP de 1987.
>
> Posteriormente, retocando a arquitectura do edifício assim erigido, o legislador, – na Proposta de Lei n.º 109/X que se converteu na Lei n.º 48/2007:

– Insistiu em "restringir o recurso de segundo grau perante o Supremo Tribunal de Justiça aos casos de maior merecimento penal".

Expressando que "para garantir o respeito pela igualdade, admite-se a interposição de recurso da parte da sentença relativa à indemnização civil mesmo nas situações em que não caiba recurso da matéria penal".

Na doutrina, Leal Henriques e Simas Santos não podiam ser mais claros neste aspecto, entendendo que "com o Código de Processo Penal de 1987, o regime dos recursos em processo penal sofreu uma autêntica revolução que obedeceu a uma ideia concreta: ruptura praticamente total com o sistema de recursos em processo civil que lhe servia de amparo, mercê da criação de um estatuto autónomo e próprio que independentizasse, de uma vez por todas, o esquema processual até então vigente".

"Traçou, assim, o legislador a ossatura do regime dos recursos em processo penal que, em traços grossos e breves: como alicerce, o rompimento com a subordinação da matéria ao esteio do processo civil".

"Esta filosofia de base manteve-se nas alterações introduzidas no texto que não puseram em causa o princípio original de autonomia dos recursos penais" Também M. Maia Gonçalves entendeu que "não há qualquer lacuna do sistema legal dado o texto deste art.º 400.º, não funciona em processo penal o normativo do art.º 678º n.º 2 do CPC relativo aos recursos para o STJ baseados em ofensa do caso julgado ou das regras de competência internacional e em razão da matéria ou da hierarquia".

Assim mesmo, no acórdão inicialmente citado – com o mesmo relator –, sustentou-se "que as excepções ao princípio geral da recorribilidade das decisões em processo penal estão expressamente previstas no CPP, não existindo qualquer lacuna, nem, consequentemente, margem para convocar a aplicabilidade da norma do artigo 629.º n.º 2, do Código de Processo Civil».

A integral autonomia do sistema de recursos em processo penal (modelo, estrutura e regime dos mesmos), a par da regra da suficiência do processo penal consagrada no art. 7.º, n.º 1 do CPP, é reconhecida, até ao momento presente, sem sobressaltos.

Mantém-se com o sentido *conhecido* dado pela jurisprudência do STJ, sempre sem censura de inconstitucionalidade, e em interpretação decorrente da opção, legítima e conforme ao direito da União Europeia, por parte do legislador nacional, só subsidiariamente podendo ser convocados princípios ou normas do processo civil – arts. 17.º, n.º 1 e 21.º da Lei n.º 88/2009. Na verdade, não só não ocorreu qualquer alteração legislativa nesta parte, nomeadamente nas grandes reformas legislativas operadas pelas Reforma Penal de 2007 (Lei n.º 48/2007, de 29 de agosto), Lei n.º 20/2013, de 21 de fevereiro, nem pela recente Lei n.º 94/2021, de 21 de dezembro, antes foi opção deliberada do legislador manter tal matéria inalterada.

Por este conjunto de considerações, pensamos que a circunstância de o instituto de Confisco revestir natureza específica – e não assumir uma natureza marcadamente civil nem penal – implica que o entendimento de não serem aplicáveis aos seus procedimentos e decisões num processo penal as regras do Código de Processo Civil em matéria de recursos, não afronta o princípio da tutela jurisdicional efetiva ou do direito ao recurso, nem qualquer outro princípio ou parâmetro constitucional.

IV. O Confisco e a incriminação do «enriquecimento injustificado»

Parecendo embora tratar-se de um tema deslocado do objeto do presente estudo, cremos que se justifica fazer algumas (poucas) considerações acerca do crime de enriquecimento injustificado, *rectius* da sua tipificação. Desde logo porque podem gerar-se perímetros de abrangência sobrepostas ou, mesmo, conflituantes; a matriz de confisco é a de proceder à amputação de vantagens ilícitas da prática de crimes e de repor a situação patrimonial a um *status quo* anterior ao mesmo, enquanto a incriminação do enriquecimento injustificado assume, ou pode assumir, outras finalidades, como a punição de obrigações declarativas, se tal for a intencionalidade politico-criminal dessa incriminação. As opções político-criminais subjacentes à incriminação encerram, desde logo, diversas questões nodulares: uma tal incriminação pode supor como agentes ativos do crime todos os cidadãos ou apenas agentes públicos e titulares de cargos públicos e políticos («funcionários» numa ampla e descomprometida aceção jurídico-penal).

Por duas vezes, tentou o legislador nacional criminalizar o enriquecimento injustificado, em processos legiferantes distintos, em 2012 e em 2015. Na primeira, a Assembleia da República aprovou uma lei que pretendia criminalizar o «enriquecimento ilícito», que consistia em adquirir ou possuir bens de origem indeterminada, de valor incompatível com os rendimentos legítimos do titular. A incriminação-base abrangia todos os cidadãos e a qualidade de funcionário ou de titular de cargo político agravava as penas aplicáveis (crime específico impróprio). Face ao pedido de fiscalização preventiva da constitucionalidade das normas incriminadoras, devido a diversas fragilidades de que enfermavam, o TC viria a declará-las inconstitucionais através do ac. n.º 179/2012. Fundamentaram tal decisão a inexistência de um bem jurídico claramente identificado e digno de tutela penal; por não estarem suficientemente determinadas a ação ou omissão proibidas; e por se violar o princípio de presunção de inocência, ao presumir-se a "origem ilícita" do património incongruente

Por seu turno, em 2015, a maioria parlamentar do PSD / CDS-PP voltou a aprovar (com os votos contra de toda a oposição) a criminalização do «enriquecimento injustificado», que consistiria em «adquirir, possuir ou de[ter] património incompatível com os seus rendimentos e bens declarados ou que devam ser declarados».

A lei de 2015 extirpou da norma incriminadora o elemento «sem origem lícita determinada» com que se caracterizava, na lei de 2012, o património «ilícito» adquirido ou detido pelo agente, procurando, assim, acolher a objeção do TC relativa à violação da presunção de inocência. Assumiu-se que o ilícito material é «o puro desfasamento entre o património que se tem, ou de que se disfruta, e os rendimentos e bens declarados ou que devam ser declarados», o que continuou a gerar objeções de constitucionalidade por outras razões. O ac. TC n.º 377/2015 viria, por isso, pela segunda vez, a decidir «pronunciar-se pela inconstitucionalidade das normas constantes do n.º 1 do artigo 1.º e do artigo 2.º do Decreto da Assembleia da República n.º 369/XII, por violação dos artigos 18.º, n.º 2, 29.º, n.º 1 e 32.º, n.º 2 da Constituição da República Portuguesa»[51].

A discussão sobre o tema mantém-se latente, entre os defensores de uma neoincriminação do enriquecimento injustificado e os seus detratores, que a consideram desnecessária e supérflua, justamente por se contar já com mecanismos de alguma forma sancionatórios de tal realidade – como as medidas de reação fiscal (tributação de rendimentos ilícitos e de manifestações de fortuna – art. 89.º-A da Lei Geral Tributária) –, com a previsão do crime de branqueamento de vantagens e com os mecanismos

[51] Cfr., uma apreciação crítica sobre o processo legislativo, PEDRO CAEIRO, «*Quem cabritos tem e cabras não tem...*», Instituto Jurídico-FDUC, julho 2015, acessível em: https://www.uc.pt/site/assets/files/481234/lc_que m_cabritos_vende_e_cabras_na_o_tem.pdf. Cfr., também, FARIA COSTA, «Crítica à tipificação do crime de enriquecimento ilícito: plaidyer por um direito penal não iliberal e ético-socialmente fundado», *RLJ*, n.º 3973, Ano 141.º, pp. 249/264.

de confisco, que poderiam, no fundo, abranger integralmente as situações que se configuram como "enriquecimento injustificado".

Importa, porém, relembrar que a incriminação existe em vários ordenamentos jurídicos, com diferenciadas variantes típicas e estruturas incriminatórias. Por outro lado, o art. 20.º da Convenção de Mérida (Convenção ONU contra a Corrupção)[52] incentiva os Estados a adotar legislação que criminalize o enriquecimento injustificado de agentes públicos.

Portanto, o que é, quanto a nós, determinante será a correta identificação do bem jurídico a tutelar, bem como a determinação dos respetivos elementos típicos, procurando-se, igualmente, evitar sobreposições ou duplicações de áreas de aplicação, não se afigurando, assim, inviável a construção de um novo tipo de ilícito.

V. Considerações prospetivas

Os apontamentos precedentes habilitam-nos, de forma exploratória, conforme se advertiu, a concluir pela existência de uma matriz que recorta um estatuto do Confisco compatível com a Constituição e com os instrumentos internacionais e da União Europeia.

Naturalmente que a própria dinâmica das matérias e da sua regulamentação implicam um incessante esforço de aperfeiçoamento e desenvolvimento, nomeadamente pelo incentivo do direito da União Europeia.

Estando em marcha os trabalhos de aprovação de uma nova Diretiva do Parlamento e do Conselho relativa à recuperação e perda de bens[53], a mesma não deve, em primeira linha afrontar princípios basilares da

[52] Aprovada através da Resolução da Assembleia da República n.º 47/2007, pub. in DR, 1.ª Série – N.º 183, de 21 de setembro de 2007; Artigo 20.º (Enriquecimento ilícito): «Sem prejuízo da sua Constituição e dos princípios fundamentais do seu sistema jurídico, cada Estado Parte deverá considerar a adopção de medidas legislativas e de outras que se revelem necessárias para classificar como infracção penal, quando praticado intencionalmente, o enriquecimento ilícito, isto é o aumento significativo do património de um agente público para o qual ele não consegue apresentar uma justificação razoável face ao seu rendimento legítimo».

[53] Apresentada em Bruxelas em 25-05-2022: COM(2022) 245 final 2022/0167 (COD). Acessível em: https://eur-lex.europa.eu/legal-content/PT/TXT/PDF/?uri=CELEX:52022PC0245&from=EN.

CDFUE, nem da CEDH, nem das Constituições nacionais. Pelo menos, é o que sobressai, desde logo, do teor das duas perguntas colocadas aos ministros, no âmbito dos trabalhos preparatórios de tal instrumento[54]:

> «– Do ministers consider that the right to a fair trial and the right to an effective remedy, as set out in the relevant instruments, give sufficient level of protection to all persons affected by measures provided for under the proposed directive?
> – Would ministers consider it appropriate to also extend the rights of defence to affected persons other than accused persons, i.e. to guarantee the rights of defence to other persons than those charged with a criminal offence?».

O projeto de Diretiva contempla, em especial, no art. 23(1) que todas as pessoas afetadas pelas medidas de recuperação e de perda de bens previstas na Diretiva terão direito à defesa, a tutela jurisdicional efetiva e a um processo justo para salvaguarda dos seus direitos. O direito de defesa é mais desenvolvido nos artigos 15(3) e 16(4) da proposta original da Comissão, enquanto o direito à tutela jurisdicional efetiva já se encontra previsto na atual Diretiva de 2014/42/UE. Em sintonia com o art. 47.º da CDFUE, todas as pessoas têm direito a um julgamento justo e a meios de defesa efetivos. De acordo com o art. 48(2) da Carta, deverão ser garantidos os direitos à defesa de qualquer pessoa acusada.

Uma novidade da proposta de Diretiva consiste na adoção duma disposição sobre «riqueza inexplicada» associada a atividades criminosas, no seu art. 16.º[55], que assume importância face à discussão respeitante ao enriquecimento injustificado.

[54] Cfr., Nota da Presidência aos representantes permanentes dos órgãos; acessível em: https://data .consilium.europa.eu/doc/document/ST-15010-2022-INIT/en/pdf.

[55] A disposição da proposta de Diretiva tem o seguinte texto:
«Artigo 16.º
Perda de riqueza injustificada associada a atividades criminosas
1. Os Estados-Membros devem tomar as medidas necessárias para permitir a perda de bens, caso a perda não seja possível nos termos dos artigos 12.º a 15.º e estiverem preenchidas as três condições seguintes:
a) Os bens foram congelados no contexto de uma investigação de infrações penais cometidas no âmbito de uma organização criminosa;

Naturalmente que os passos ainda por dar desta Proposta de Diretiva permitem antever algumas inovações, apesar de não vir a ser, em princípio, adotado um Regulamento.

Em todo o caso, a publicação de um novo instrumento jurídico da União dá o necessário conforto de virem a ser adotadas soluções numa linha de continuidade com os instrumentos anteriores, sem (aparente) risco de violação de princípios e direitos fundamentais consagrados na CDFUE e nas Constituições nacionais. Estamos persuadidos de que o regime normativo daí emergente implicará, assim, um aprofundamento na continuidade do sistema de Confisco, que coenvolverá novas opções e apostará em novas medidas que respeitarão os comandos, princípios e normas constitucionais no tocante aos direitos fundamentais, na aplicação do direito infraconstitucional.

Nesse quadro, parece-me que as soluções legais encontradas para o regime do Confisco, mesmo nos pontos mais sensíveis, não incorrem em afronta à lei fundamental, que implicasse o seu desvirtuamento, pensando-se que combinam de forma equilibrada, eficiência, robustez e garantismo, quer no tocante ao confisco clássico – quando possa estar em causa a substituição por valor equivalente, de produtos ou vantagens de crimes insuscetíveis de apropriação em espécie – bem como no que respeita ao confisco do património incongruente.

Um tal ponto de equilíbrio desse modelo – não sendo fácil de alcançar – poderá ser posto à prova, quanto à sua conformidade constitucional, em consequência de futuros desenvolvimentos que porventura venham a ser

b) A infração penal referida na alínea a) é suscetível de gerar, direta ou indiretamente, um benefício económico substancial;
c) O tribunal nacional está convencido de que os bens congelados provêm de infrações penais cometidas no âmbito de uma organização criminosa.
2. Ao determinar se os bens congelados provêm de infrações penais, devem ser tidas em conta todas as circunstâncias do caso, incluindo os factos concretos e os elementos de prova disponíveis, como o facto de o valor dos bens ser substancialmente desproporcionado em relação aos rendimentos legítimos do seu proprietário.
3. Para efeitos do presente artigo, o conceito de «infração penal» inclui as infrações a que se refere o artigo 2.º quando sejam puníveis com pena privativa de liberdade com uma duração máxima de, pelo menos, quatro anos. 4. Antes de o tribunal proferir uma decisão de perda na aceção dos n.os 1 e 2, os Estados-Membros devem assegurar que os direitos de defesa da pessoa afetada sejam respeitados, nomeadamente concedendo-lhe acesso ao processo, assim como o direito de ser ouvida sobre questões de direito e de facto».

aditados aos já existentes, o que constitui um desafio para se prosseguir numa evolução dentro dos limites das normas e princípios da lei fundamental, quer quanto aos aspetos já efetivamente submetidos ao escrutínio do TC, quer quanto a outros passíveis de o ser.

Conservo a expectativa de que tal ocorra sem sobressaltos.

16. A CONSTRUÇÃO DE UMA AÇÃO CÍVEL DE PERDA DO ENRIQUECIMENTO ILÍCITO

João Cura Mariano

I. O estado da arte

A importância de confiscar os lucros proporcionados por uma atividade criminosa como foco no seu combate já data do século passado, sendo uma das preocupações do mundo global. A perceção de que a ablação dos bens a quem os obteve ilicitamente é a melhor forma de desincentivar a prática criminosa, além da necessidade de reconstituir a situação económica que se verificava anteriormente à grave violação da ordem patrimonial estabelecida ser uma exigência de um Estado de direito democrático, tem incentivado a procura das melhores soluções para se obter esse fulcral objetivo, sem quebra de quaisquer outros princípios estruturantes desse mesmo modelo de organização político-constitucional. Como se disse no Acórdão n.º 392/2015, do Tribunal Constitucional, de 12.08.2015 (Processo n.º 665/15) que se debruçou sobre este tema, *um Estado de Direito não pode deixar de preocupar-se em reconstituir a situação que existiria antes de alguém através de condutas ilícitas ter adquirido vantagens patrimoniais indevidas, mesmo que estas não correspondam ao dano de alguém em concreto.*

E neste combate, ainda em período experimental, apesar do tempo já decorrido e das intermináveis discussões sobre a natureza das medidas progressivamente adotadas, ganha corpo a consciência de que estas, apesar de serem uma arma poderosa ao serviço de uma política criminal, escapam às especiais exigências do direito processual penal, por não se traduzirem numa sanção penal aplicável ao agente, constituindo apenas uma medida restaurativa da ordem jurídica violada, retirada do «arsenal» de outro ramo do direito.

Nesse mesmo acórdão do Tribunal Constitucional, que tem funcionado, entre nós, como bússola orientadora nesta matéria e que se pronunciou sobre a constitucionalidade do regime da medida equivocamente denominada de «perda alargada», após ponderação minuciosa das diferentes perspetivas sobre a natureza deste tipo de medidas, afirmou-se claramente: *o que está em causa neste procedimento, repete-se, não é já apurar qualquer responsabilidade penal do arguido, mas sim verificar a existência de ganhos patrimoniais resultantes de uma atividade criminosa. Daí que, quer a determinação do valor dessa incongruência, quer a eventual perda de bens daí decorrente, não se funde num concreto juízo de censura ou de culpabilidade em termos ético-jurídicos, nem num juízo de concreto perigo daqueles ganhos servirem para a prática de futuros crimes, mas numa constatação de uma situação em que o valor do património do condenado, em comparação com o valor dos rendimentos lícitos auferidos por este faz presumir a sua proveniência ilícita, importando impedir a manutenção e consolidação dos ganhos ilegítimos.*

Em suma, a presunção de proveniência ilícita de determinados bens e a sua eventual perda em favor do Estado não é uma reação pelo facto de o arguido ter cometido um qualquer ato criminoso. Trata-se, antes, de uma medida associada à verificação de uma situação patrimonial incongruente, cuja origem lícita não foi determinada, e em que a condenação pela prática de um dos crimes previstos no artigo 1.º da Lei 5/2002 de 11 de janeiro tem apenas o efeito de servir de pressuposto desencadeador da averiguação de uma aquisição ilícita de bens.

No entanto, neste caminho de décadas, apesar de alguma diversidade dos mecanismos adotados na eliminação do enriquecimento ilícito, constata-se que o confisco de vantagens, além de muitas vezes não ter logrado autonomizar-se da medida de perda dos instrumentos do crime, o que prejudica uma configuração alheada dos quadros do direito penal, não tem ousado eliminar dos seus requisitos uma especial ligação à prática um facto ilícito e tipificado como crime.

As medidas adotadas nos diferentes países têm sido agrupadas em quatro conjuntos geracionais, que não têm necessariamente uma correspondência cronológica, cuja ordem crescente da numeração antes identifica uma menor intensidade da conexão exigida entre um facto ilícito-típico e os bens objeto de confisco, como sinal de modernidade.

Assim, as denominadas medidas de primeira geração seriam aquelas que integram a denominada perda clássica, em que, decretadas num processo penal, além da condenação pela prática de um crime é necessária a prova de que os bens a declarar perdidos sejam vantagens provenientes dessa concreta atividade criminosa. Alguns dos regimes deste tipo de medidas não deixam, no entanto, de prever a possibilidade da perda do valor equivalente, em casos de impossibilidade da perda dos bens em espécie, devido ao seu desaparecimento ou alienação a terceiros de boa-fé.

As medidas de segunda geração, habitualmente denominadas como «perda alargada», são aquelas que permitem a perda de bens, num processo penal em que, apesar de não se ter provado que a sua proveniência resulta de um crime pelo qual o seu proprietário foi condenado, se presume que resultarão de uma atividade criminosa anterior. A condenação pela prática de um tipo de crime habitualmente gerador de proventos económicos é, contudo, requisito imprescindível da aplicação dessa medida.

As medidas de terceira geração que correspondem aos denominados mecanismos *non-conviction based confiscation*, em sentido estrito, são aquelas em que, apesar de não ter existido uma condenação pela prática de um crime, no respetivo processo penal ou através de ações próprias, se determina a perda de bens após se ter demonstrado terem resultado de uma atividade ilícita típica.

Finalmente, as medidas de quarta geração são aquelas que, sendo, na gíria, identificadas pela denominação *unexplained wealth mechanism*, visam o confisco do valor do enriquecimento cuja licitude não é demonstrada, exigindo-se a prova de um qualquer relacionamento com atividades criminais geradoras de avultados proventos económicos. Fundamentam-se numa presunção de ilicitude sobre o valor de um património que se revela incongruente com os rendimentos lícitos auferidos. Dependendo do tipo de relacionamento exigido, tais medidas podem ser aplicadas no respetivo processo penal ou em ação própria.

O nosso ordenamento jurídico reúne, em convivência, as medidas da perda clássica de bens (1.ª geração), prevista nos artigos 110.º e 111.º do Código Penal, de perda do enriquecimento ilícito, prevista nos artigos 7.º a 12.º, da Lei n.º 5/2002, de 11 de janeiro, indevidamente denominada de «perda alargada» (4.ª geração), e a possibilidade de ocorrerem situações excecionais de *non-conviction based confiscation* (3.ª geração), apesar de não existir a previsão de um qualquer procedimento para o efeito, quando num processo penal existem bens aprendidos e o procedimento criminal termine, sem que se tenha decidido sobre a responsabilidade criminal do arguido (v.g. o arquivamento, nos casos previstos no artigo 280.º do Código de Processo Penal, a suspensão provisória do processo, a declaração de contumácia, ou a extinção do procedimento criminal, por prescrição, por amnistia ou por morte do arguido), sendo, no entanto, necessário, apurar que a aquisição desses bens pelo arguido em processo penal resultou da prática de um facto ilícito e típico.

Apesar de toda esta diversidade de instrumentos que permitem o confisco de vantagens resultantes de atividades criminosas, os resultados alcançados neste domínio têm sido manifestamente insatisfatórios, sendo apontadas como causas da ineficiência constatada, a crónica falta de meios no sector da justiça, um défice de empenho das forças policiais e dos magistrados do Ministério Público e uma jurisprudência com um exigente *standard* probatório na determinação de um nexo de causalidade entre os bens a confiscar e a prática de um crime.

No entanto, apesar da apontada variedade legislativa nenhum dos mecanismos que prevêem a perda das vantagens obtidas com uma atividade criminosa se conseguiu distanciar da necessidade da prova da prática de um facto ilícito criminal pelo agente visado com a medida de perda de bens, quando é a dificuldade dessa prova que, na maior parte das vezes, impede a ordem jurídica de intervir perante um enriquecimento que, pela manifesta desproporção entre o seu valor e o dos rendimentos lícitos auferidos por aquele, revela, escandalosamente, a sua origem criminosa.

A impunidade destas situações conduziu, inclusive, o poder legislativo, fortemente pressionado por uma opinião pública indignada, à tentativa malograda de construção de um tipo legal de crime que punisse a situação de enriquecimento ilícito (Decreto n.º 37/XII, de 12.02.2012, e Decreto n.º 369/XII, de 29.05.2015) a qual, apesar das diferentes formulações propostas, esbarrou num natural chumbo do Tribunal Constitucional (Acórdãos n.º 182/12, de 04.04.2012, e 377/15, de 27.97.2015, respetivamente) face à manifesta violação de princípios constitucionais em matéria penal. Estranhamente e perante a evidência da impossibilidade de um Estado de direito democrático inserir no seu ordenamento jurídico a previsão desse tipo legal de crime, não se procurou impedir tais situações, atuando diretamente sobre elas, face à dificuldade de apurar as suas causas concretas. Na verdade, o que mais importa na situações de enriquecimento injustificado e o que se revela eficaz no seu desencorajamento é promover-se o retorno de um património ilicitamente adquirido ao *status quo ante*, recompondo uma situação o mais próxima possível da sua condição original. É essa reposição do domínio dos bens, de acordo com as regras do ordenamento jurídico, que permitirá o funcionamento controlado e regulado da economia e tranquilizará a sociedade, desencorajando a proliferação de atividades criminosas organizadas com vista à obtenção de avultados lucros.

A gravidade desta situação e a necessidade de encontrar meios mais eficazes de combater o enriquecimento ilícito encontra-se bem espelhada no texto do Relatório da Comissão ao Parlamento Europeu e ao Conselho sobre esta matéria de 02.06.2020, onde se pode ler: *o crime organizado continua a ser uma das maiores ameaças para a nossa segurança e uma das principais preocupações do público. Os grupos de criminalidade organizada adaptam-se facilmente às novas evoluções e estão constantemente a descobrir novas formas de escapar à deteção. Estão muitas vezes envolvidos em atividades criminosas graves. Segundo um estudo externo, a infiltração do crime organizado na economia pode ser considerada significativa em praticamente metade dos Estados-Membros. Os ativos atualmente apreendidos na UE são claramente inferiores às expectativas das autoridades de aplicação da lei e do público. O crime organizado afeta as suas vítimas diretas, mas a sua infiltração na economia legal também ameaça o mercado interno da UE; o que, por sua vez, mina a confiança dos cidadãos em instituições públicas neutras e eficazes e no Estado de direito. A UE e os seus Estados-Membros devem, portanto, prosseguir os seus esforços no sentido de aumentar as atividades de congelamento e de perda em toda a UE.*

A Comissão considera que a introdução de mais medidas no domínio da perda não baseada numa condenação é viável e apresenta vantagens em termos de aumento das atividades de congelamento e perda dos produtos do crime.

É, procurando responder a este desafio, que nesta oportunidade se irá sugerir a construção de uma medida substitutiva, ou melhor dizendo, de aperfeiçoamento do denominado regime da perda alargada, introduzido pela Lei n.º 5/2002, de 11 de janeiro, dela expurgando a necessidade de uma condenação penal prévia pela prática de um crime de catálogo, com as inerentes consequências processuais, sem qualquer quebra da estrita observância pelos princípios e direitos constitucionais.

II. A opção por um «confisco civil»

1. Definição do conteúdo

A previsão de uma medida eficaz de confisco de um património que resultou da prática de uma atividade criminosa não só deve superar as dificuldades de prova direta de um nexo de causalidade entre um crime e a aquisição dos bens a confiscar, mas também da prática de um crime.

A verificação de uma situação de enriquecimento não justificado e inexplicável face ao nível dos rendimentos lícitos auferidos pelo beneficiário do enriquecimento é suficiente para que se possa estabelecer uma presunção legal, baseada nas regras da experiência da vida, de que os bens em que se traduz esse enriquecimento têm uma proveniência ilícita.

O estabelecimento dessa presunção não debilita a logicidade do raciocínio presuntivo se prescindirmos da condenação pela prática de um crime de catálogo como reforço da sua premissa maior. Na verdade, a prova da prática de um crime que gera proventos económicos em larga escala, como se exige no regime da denominada perda alargada previsto na Lei n.º 5/2002, de 11 de janeiro, pode funcionar como um elemento fáctico que aumenta a probabilidade do resultado do raciocínio presuntivo se verificar. Mas, esse acréscimo de probabilidade não é de tal modo relevante e decisivo que possa ser considerado imprescindível para que o estabelecimento da referida presunção cumpra as exigências de um processo justo e equitativo, segundo o conceito constitucional. A dispensa da prova direta de que determinados bens ingressaram no património do arguido em resultado de uma atividade criminosa reduz, substancialmente, a importância da prova da condenação pela prática de um crime de catálogo, o qual poderá não ter sequer qualquer relação com o enriquecimento verificado. Importante é, sim, a prova da verificação desse enriquecimento e a sua incongruência com o nível de rendimentos do seu beneficiário. Comprovada esta situação de desconformidade e ponderadas as dificuldades de acesso aos elementos de prova da ilicitude do enriquecimento, revela-se perfeitamente adequada e proporcional a solução de fazer incidir sobre o seu beneficiário o ónus da prova da aquisição lícita dos seus bens, sem que seja obrigatório obter-se a condenação deste pela prática de um qualquer crime inserido num catálogo elaborado pelo legislador. Não estamos perante um ónus cuja imposição possa ser considerada arbitrária, nem, cuja observância, revista uma especial dificuldade.

Mais do que um reforço do índice de probabilidade que preside à presunção referida, a exigência dessa condenação visa selecionar os beneficiários de um enriquecimento que estão sob o alcance de uma medida de confisco, de modo a impedir uma discricionariedade ou aleatoriedade na sua aplicação. Se os temores que justificam tal finalidade são compreensíveis, a adoção de um mecanismo de controle tão exigente que prejudica seriamente a aplicação daquela medida, não deve ser uma opção, sendo suficiente a constituição como arguido do beneficiário do enriquecimento, em inquérito, por suspeita da prática de um dos referidos crimes de catálogo, para justificar a instauração de um processo que tenha em vista a aplicação de uma medida de confisco, podendo esta medida ser decretada, independentemente do desfecho desse inquérito.

Como o fundamento da medida de confisco reside na existência de um enriquecimento injustificado, porque desconforme com o nível dos rendimentos lícitos auferidos pelo beneficiário do enriquecimento, daí se presumindo que a aquisição dos bens em que se traduz esse enriquecimento resultou de uma atividade ilícita, a medida de confisco deverá incidir apenas sobre o valor do enriquecimento incongruente com esses rendimentos e não sobre todo o património do beneficiário ou mesmo sobre qualquer bem em concreto, uma vez que não há um apuramento de quais foram os bens integrantes daquele património que tiveram uma proveniência ilícita.

O conjunto de bens a considerar como definidor de um enriquecimento deve ser aquele que ingressa no património do respetivo beneficiário num determinado período de tempo antecedente à propositura do processo de confisco, fixado por lei. Tendo em atenção que a origem ilícita do enriquecimento é retirada, por presunção, de uma situação de incongruência entre o valor dos bens adquiridos e o nível dos rendimentos auferidos, a qual pode ser ilidida pela prova do contrário, esse período temporal não pode ser muito dilatado, sob pena de se dificultar excessivamente a possibilidade de ilisão da presunção, atenta a diluição das provas com o decurso do tempo. O período de cinco anos anteriores à data da constituição como arguido no processo onde terá que ser proferida uma sentença condenatória como condição da aplicação do confisco do enriquecimento apurado, que hoje se encontra estabelecido no regime da «perda alargada», constante da Lei n.º 5/2002, de 11 de janeiro, como delimitador do lapso temporal relevante para efeitos de contabilização do valor do enriquecimento, afigura-se como adequado a garantir a proporcionalidade desta medida de confisco, até porque coincide com o prazo regra de prescrição do exercício de direitos que, modernamente, tem vindo a ser adotado em vários ordenamentos jurídicos, em substituição do ultrapassado prazo-regra de vinte anos que, estranhamente, ainda sobrevive no nosso direito civil.

A medida de confisco deve, pois, incidir sobre o valor do enriquecimento presumidamente ilícito verificado no referido período de cinco anos que antecede a instauração do respetivo processo de confisco, não se afigurando relevante, para o efeito, a data da constituição como arguido no inquérito que permite a instauração de um processo de confisco do enriquecimento presumidamente ilícito.

Afastada quer a necessidade de se demonstrar o nexo de causalidade entre a aquisição dos bens e a prática de um crime, quer a simples condenação do beneficiário do enriquecimento pela prática de um crime, sendo suficiente, como facto detonador do processo de confisco, que este tenha sido constituído arguido, em inquérito, por suspeita da prática de um crime de catálogo, sendo irrelevante o desfecho desse inquérito, o processo adequado para se julgar uma pretensão de confisco assim delineada deve ser uma ação cível.

Não só na doutrina há vozes a sustentar, desde há muito, a natureza civil de um confisco do enriquecimento presumidamente ilícito, como, sobretudo, este é o tipo de ação que melhor se adequa aos objetivos visados – o reconhecimento de um direito de crédito, correspondente à obrigação de restituição de um enriquecimento ilícito – simultaneamente que garante ao visado por esta medida suficientes meios de defesa, ao colocá-lo numa posição de igualdade de armas com a contraparte. O facto de estarmos perante a persecução de interesses públicos não impede a aplicação de regras do direito privado no recurso a uma medida que se carateriza por uma *reductio ad pristinum status*, assim como a utilização dos meios facultados pelo processo civil para se exercer um direito ao restabelecimento da condição de origem.

Estaremos, pois, perante a criação de uma medida que preenche as caraterísticas de um modelo de «confisco civil».

A respetiva ação cível deve ser sempre deduzida e tramitada autonomamente do eventual processo penal que prossiga na sequência do inquérito que serviu de detonador da ação cível, permitindo a sua instauração. Sendo irrelevante o desfecho do processo penal para a decisão sobre o confisco do enriquecimento ilícito, o qual poderá ter resultado de uma ação ilícita distinta da que está a ser julgada naquele processo penal, nada justifica que o pedido de confisco seja neste deduzido. Evitam-se, assim, todos os inconvenientes de uma tramitação conjunta, designadamente uma dispersão de atenções, uma uniformização forçada de diferentes velocidades e uma contaminação de juízos, além de se excluir uma proximidade processual que suscite uma aplicação desadequada dos princípios processuais penais a este tipo de medidas, mesmo quando estas assumem finalidades restaurativas de natureza marcadamente civil.

O titular desta ação cível, ou seja, o detentor da legitimidade para a propor, deve ser o Ministério Público, atenta a sua natural competência de defesa dos interesses públicos, nos termos do artigo 219.º da Constituição.

A procedência da ação determinará a perda do valor dos bens de que o arguido seja ou tenha sido titular no período de cinco anos que antecede a propositura da ação, condenando-se o beneficiário do enriquecimento a pagar ao Estado a respetiva quantia.

Responderão pela satisfação deste direito de crédito não só o património atual daquele, incluindo os bens de que ele tenha o domínio, embora não seja o seu «titular formal», mas também os bens alienados a terceiros sem recebimento de uma contrapartida minimamente equivalente.

A possibilidade de os bens doados a terceiro também serem chamados para satisfazer a obrigação de restituição do valor do enriquecimento ilícito radica na prevalência do interesse do desmantelamento das consequências da actividade criminosa sobre os interesses inerentes a uma transmissão gratuita de bens. Desvalorizaram-se estes últimos interesses, uma vez que a desconsideração desse tipo de transferências patrimoniais não implica sacrifícios relevantes para o terceiro que pouco ou nada despendeu com as mesmas. Estando em causa uma medida que visa impedir a consolidação na ordem jurídica patrimonial das consequências do seu desvirtuamento, em resultado da prática de atos ilícitos, e que tem como fim último o desincentivo à repetição desses atos, não se justifica que os interesses de quem deu e recebeu se sobreponham. Os atos de liberalidade são tão desprezíveis para o tráfico económico que merecem ser sacrificados, para a realização de interesses públicos superiores.

A satisfação do direito de crédito reconhecido ao Estado, na hipótese de não ocorrer voluntariamente, poderá ocorrer num processo executivo para pagamento de quantia certa, sob a forma comum ou, em alternativa, mediante declaração de perda de bens, que, entretanto, tenham sido arrestados para garantia da satisfação daquele direito de crédito.

Estaríamos perante uma medida de recuperação de uma situação patrimonial que combinaria as caraterísticas da *non-conviction based confiscation*, classificados de terceira geração, com o objeto de um *unexplained wealth mechanism*, de quarta geração.

Há ainda que conciliar este mecanismo com a perda de bens clássica que possa ocorrer em processo penal de modo a evitar uma situação de duplicação do confisco, assim como há que evitar a perda de garantia patrimonial do direito de crédito indemnizatório dos ofendidos pelos atos de aquisição ilícita do património que justificam o confisco civil.

2. A compatibilidade desta forma de confisco com a Constituição, a Convenção Europeia dos Direitos do Homem e o Direito Europeu

Qualquer política criminal não pode recusar o recurso quer a outras ciências, quer a outros ramos do direito no combate ao crime. Quando tal sucede, esses meios, apesar de colocados ao serviço dos fins do direito penal, não têm que, necessariamente, serem acionados num processo penal, nem ficam automaticamente sujeitos aos princípios que presidem e vigiam o direito penal e processual penal.

Era precisamente essa situação que ocorreria com a previsão legal da ação civil acima delineada, a qual não teria que se preocupar com princípios como o da presunção da inocência, o direito do arguido ao silêncio ou a estrutura acusatória do processo penal, na linha do que foi afirmado e reafirmado nos acórdãos n.º 101/2015, 392/15, 476/2015 e 498/19, do Tribunal Constitucional

Mostrando-se assegurado o respeito pelo princípio da legalidade com a previsão desta medida, suficientemente densificada em lei própria, e pelo direito a um processo equitativo, com a aplicação das regras do Código de Processo Civil, mesmo que se considerasse estarmos perante uma restrição e não perante uma simples limitação do direito de propriedade, a conformidade constitucional desta medida não oferece dúvidas. Se é certo que o direito de propriedade privada, previsto no artigo 62.º da Constituição, enquanto direito fundamental de natureza análogo aos direitos, liberdades e garantias, não corresponde ao direito real civilístico, sendo dotado de uma amplitude compreensiva que abrange todas as posições subjetivas de valor patrimonial que radicam na esfera privada, o que inclui a constituição coerciva de uma obrigação de prestar, tendo como garantia geral o património do obrigado, tal direito pode ser sujeito pelo legislador a restrições legítimas, nos termos admitidos pelo artigo 18.º, n.º 2, da Constituição.

Ora, os importantíssimos interesses, acima evidenciados, que presidem a uma medida de perda coerciva de um enriquecimento presumidamente alcançado através de atividades criminosas, justificam, sem margem para grandes dúvidas, a severa restrição que da sua aplicação resulta para o direito de propriedade do beneficiário desse enriquecimento sobre o seu património, ultrapassando com êxito os testes da adequação, da necessidade e da proporcionalidade, num balanceamento da importância desses interesses e do grau de afetação do direito de propriedade.

Na mesma linha, o TEHD, apesar de ser visível alguma flutuação da sua jurisprudência nesta matéria, tem aceitado que o *civil recovery* é uma opção político-legislativa legítima que se encontra à disposição dos Estados, como sucedeu, por exemplo, nos casos Boccelei e Rizza c. Itália (n.º 399/02, de 13.11.2007), Bongiorno e Outros v. Itália (n.º 4514/07, de 05.01.2010) e Gogitidze c. Geórgia (n.º 36862/05, de 12.052015), estando apenas sujeita a um juízo de proporcionalidade que tenha presente o interesse público da medida de confisco, além da necessidade da sua previsão em lei e da sua aplicação num processo justo e equitativo.

Relativamente à compatibilidade desta ação civil com o direito europeu, se é certo que a mesma escapa à previsão da Diretiva 2014/42/UE, do Parlamento Europeu e do Conselho, de 3 de abril de 2014, sobre o congelamento e a perda dos instrumentos e produtos (que inclui qualquer vantagem) do crime na União Europeia, há que ter em consideração que nesta Diretiva (v.g. considerandos 13 e 22), apenas se estabelecem procedimentos mínimos de congelamento e perda de instrumentos, produtos e vantagens de uma infração penal, não se impedindo os Estados-Membros de preverem no seu direito nacional outros mecanismos de confisco, sendo certo que, nos últimos textos aprovados pelas instituições europeias sobre esta matéria, o incentivo à intervenção do direito civil neste domínio tem marcado presença. Exemplificativamente, além do já referido e citado Relatório da Comissão ao Parlamento Europeu e ao Conselho de 02.06.2020, já na Resolução do Parlamento Europeu de 11 de junho de 2103 sobre a criminalidade organizada, a corrupção e o branqueamento de capitais, nas recomendações sobre medidas e iniciativas a desenvolver se convidou os Estados-Membros, *para se obter um quadro legislativo mais homogéneo e coerente ..., no que diz respeito ao confisco, e com base nas legislações nacionais mais avançadas, a considerar a implementação de modelos de Direito Civil em matéria de confisco de bens, nos casos em que, sopesadas as probabilidades e sujeito à permissão de um tribunal, se possa determinar que os bens resultam de atividade criminosa.*

III. Um anteprojeto de uma ação cível

1. Pressupostos processuais

A ação cível, sujeita aos princípios e regras do Código de Processo Civil, seria uma ação declarativa de condenação (artigo 10.º, n.º 1 e 2, do Código de Processo Civil) e seguiria a forma de processo comum, não se sentindo a necessidade de prever quaisquer regras especiais aplicáveis à sua tramitação (artigo 546.º, n.º 1, do Código de Processo Civil).

Teria que estar assegurada a competência internacional dos tribunais portugueses, nos termos do artigo 4.º do Regulamento (UE) n.º 1215/2012, do Parlamento Europeu e do Conselho de 12 de Dezembro de 2012, ou quando o réu não tenha domicílio num Estado-Membro da União Europeia, algum dos três critérios de conexão exigidos pelo artigo 62.º do Código de Processo Civil. Internamente, os tribunais competentes, em razão da matéria, seriam os juízos cíveis, centrais ou locais, conforme o valor do pedido (artigos 117.º, n.º 1, a) e 130.º, n.º 1, da Lei n.º 62/2013, de 26 de agosto), e, territorialmente, os tribunais da residência do réu (artigo 80.º do Código de Processo Civil).

Teria legitimidade para a propositura da ação, o Ministério Público, nos termos do artigo 4.º, n.º 1, h), do Estatuto dos Magistrados do Ministério Público, aprovado pela Lei n.º 68/2019, de 27 de agosto, devendo ser demandados como réus todos os titulares dos bens cujo valor é invocado como constituindo um enriquecimento do património daquele que é o seu beneficiário e que possam vir a responder pelo pagamento do valor do enriquecimento julgado ilícito. Quando o enriquecimento respeita a patrimónios coletivos constituídos por uma comunhão conjugal deveriam ser demandados ambos os cônjuges, o mesmo sucedendo quando nesse património estivesse incluída a casa de morada de família (artigo 34.º, n.º 1, *ex vi*, n.º 3, do mesmo preceito do Código de Processo Civil).

Apesar das garantias de imparcialidade e objetividade que a atribuição da titularidade desta ação à magistratura do Ministério Público confere, de modo a evitar o receio de uma utilização discricionária deste mecanismo, deveria exigir-se, como seu pressuposto, que o demandado tivesse sido constituído arguido em inquérito, por suspeita da pratica de um dos crimes de catálogo que atualmente se encontram previstos na Lei n.º 5/2002, de 11 de janeiro, nos cinco anos antecedentes à propositura da ação.

2. Causa de pedir

A causa de pedir deveria consistir na alegação de uma diferença manifesta entre o valor dos bens que integrassem ou tivessem integrado o património do réu beneficiário do enriquecimento, nos cinco anos anteriores à data da propositura da ação, e o valor daqueles que, num juízo de normalidade, se revelasse congruente com o nível dos rendimento lícitos auferidos por esse réu no mesmo período, mesmo que não tivessem sido objeto de declaração fiscal obrigatória. Note-se que este último valor não corresponde à soma dos rendimentos auferidos nesse período de cinco anos, mas sim ao dos bens que esses rendimentos lhe teriam permitido adquirir licitamente, após a satisfação das despesas necessárias à manutenção do seu nível de vida.

Deveria consagrar-se a previsão de uma presunção legal *iuris tantum* de que, demonstrada essa diferença, se presumia que o seu valor correspondia a um enriquecimento ilícito do réu dele beneficiário.

A possibilidade de ilisão dessa presunção pelo réu, nos termos do artigo 350.º, n.º 2, do Código Civil, seria vinculada à alegação na contestação e prova de determinados factos que preencheriam o contrário do facto presumido (a ilicitude do enriquecimento) e que se resumiriam à demonstração de que a aquisição dos bens integrantes do enriquecimento resultaram de ato gratuito lícito, de que foram adquiridos com rendimentos de atividade lícita ou de que foram adquiridos com rendimentos obtidos há mais de cinco anos antes da data da propositura da ação.

A massa patrimonial, cujo valor deveria ser alegado na petição inicial e provado, e que seria ponderada para medir a referida discrepância, seria composta pelos seguintes bens:

- os bens de que o réu fosse titular e que tivessem ingressado no seu património nos cinco anos anteriores à data da propositura da ação;
- os bens que, embora o réu não fosse formalmente o seu titular, sobre eles exercesse uma posse correspondente a um direito de propriedade, com início no mesmo período temporal;

- os bens que o réu beneficiário do enriquecimento tivesse adquirido e alienado gratuitamente ou por um valor irrisório a terceiro, no mesmo período temporal;
- os bens que o réu tivesse recebido no mesmo período temporal e que fosse desconhecido o seu destino.

2.1. Os bens de que o réu fosse titular

Deveriam ser contabilizados todos os bens de que o réu beneficiário do enriquecimento fosse titular e que tivessem ingressado no seu património nos cinco anos anteriores à data da propositura da ação. A titularidade não estaria resumida ao direito de propriedade, podendo respeitar a outros direitos com valor económico, como os direitos reais de usufruto, uso e habitação ou o direito de superfície. Apesar do direito de uso e habitação não ser transmissível (artigo 1488.º do Código Civil) e da transmissão do direito de usufruto poder estar restringida (artigo 1444.º do Código Civil), isso não impede a contabilização do seu valor económico na determinação do valor do património incongruente, obstando apenas à sua posterior penhora para pagamento ao Estado desse valor, conforme dispõe o artigo 736.º, a), do Código de Processo Civil.

Face à dificuldade do Ministério Público, sem a colaboração do réu, descobrir a data de ingresso de um determinado bem no património deste último, seria aconselhável, relativamente a este facto, consagrar uma inversão do ónus da prova, atribuindo ao réu o encargo de demonstrar que o bem que à data da propositura da ação se encontra no seu património nele ingressou em data anterior ao período de cinco anos que antecedeu a propositura da ação.

2.2. Os bens de terceiro de que o réu fosse possuidor

Os bens de que o réu beneficiário do enriquecimento tenha o domínio e o benefício, em termos equivalentes ao exercício de um direito de propriedade, apesar de, segundo as regras da nossa ordem jurídica, serem titulados por terceiros, deveriam ser contabilizados para efeitos de determinação do valor da incongruência a ser objeto de perda.

A contabilização no enriquecimento do réu de bens, relativamente aos quais este exerce o referido domínio e deles beneficia, apesar de não ser «formalmente» o seu proprietário, tem a sua justificação no facto daquela situação possessória revelar que o terceiro é um mero «testa de ferro», presumindo-se, *iuris et iure*, a existência de uma situação de fraude à lei.

Deveria ser alegada e comprovada uma situação possessória traduzida no exercício de poderes de facto sobre os bens em causa, em termos correspondentes ao exercício dos poderes típicos de um direito de propriedade. O *corpus* desta posse seria detetável através do modo de atuação, relativamente aos bens em causa, quer por parte do réu, quer pela abstenção do terceiro proprietário dos mesmos, o que permitiria ao legislador determinar a contabilização do seu valor como integrando o património do réu beneficiário do enriquecimento. O *animus*, presumir-se-ia, perante um *corpus* da posse inequívoco, sem prejuízo da possibilidade sua ilisão.

As manifestações dos atos de posse poderiam assumir diversas formas e modos, em função do tipo de bem possuído, não se aferindo por um critério espacial, nem exigindo, necessariamente, uma estabilidade temporal. Necessário era que tais manifestações exteriorizassem um poder sobre os bens típico de um direito de propriedade. Seria a função publicitária da posse que seria valorizada, a qual permitiria que o legislador ficcionasse que o bem em causa integrasse o património do possuidor, mesmo quando a presunção estabelecida no artigo 1268.º, n.º 1, do Código Civil, segundo a qual o possuidor goza da presunção da titularidade do direito, não funcione, em virtude de registo anterior à posse (artigo 1268.º, n.º 1, *in fine*, do Código Civil), ou por se revelar ilidida pela prova do contrário.

A posse do bem de terceiro por parte do réu deveria verificar-se à data em que é proposta a ação e não poderia ter já uma existência em data anterior ao período de cinco anos que antecede essa propositura.

Com esta presunção de direito evitar-se-ia a dificuldade da prova de que a titularidade por terceiros daqueles bens tem a sua origem, por exemplo, em negócios simulados ou negócios fiduciários celebrados em fraude à lei, com a única finalidade de ocultar a sua proveniência ilícita, o que sempre conduziria à nulidade desses negócios, nos termos dos artigos 240.º e 280.º do Código Civil, e ao consequente reposicionamento do bem transmitido no património do réu.

Isso não significaria que, demonstrado o domínio e o benefício pelo réu de bens, «formalmente» pertencentes a terceiro, a contabilização do seu valor como se integrassem o património daquele fosse inevitável. Também relativamente a estes bens seria possível, quer ao réu, quer ao seu «proprietário formal», ilidir a presunção da sua proveniência ilícita. Apenas a presunção de que a titularidade do bem seria fraudulenta seria inilidível. Já a presunção de que o bem seria proveniente de uma actividade ilícita seria ilidível, através da prova do contrário de conteúdo vinculado, que acima se referiu, adaptando-se a delimitação das situações aí descritas à circunstância dos bens, «formalmente», pertencerem a terceira pessoa.

Uma vez que a contabilização desses bens como «enriquecimento» do réu determinaria a possibilidade da sua execução para pagamento do valor correspondente ao enriquecimento ilícito presumido que este venha a ser condenado a pagar, como resultado da procedência desta ação, o terceiro, «formalmente» proprietário destes bens, deveria ser também demandado nesta ação, numa situação de litisconsórcio necessário, de modo a permitir-lhe deduzir a sua defesa, nomeadamente, ilidindo a presunção da proveniência ilícita desses bens.

2.3. Os bens transmitidos para terceiros a título gratuito

Também os bens que o réu beneficiário do enriquecimento transmitiu gratuitamente ou mediante contraprestação irrisória para o património de terceiros nos cinco anos anteriores à data da propositura da ação, deveriam ser contabilizados para determinar o enriquecimento do réu nesse período, uma vez que eles fizeram parte do seu património nesse espaço temporal e como contrapartida da sua alienação não ingressou nesse património um valor correspondente.

Já quando a alienação de bens foi efetuada a título oneroso, não se justifica que o seu valor seja contabilizado, uma vez que no património do réu ingressou uma contrapartida tendencialmente equivalente, pelo que tal contabilização resultaria numa duplicação indevida do valor do enriquecimento.

As transmissões de bens a título gratuito são aquelas que, sendo efetuadas, com um espírito de liberalidade, não têm qualquer contrapartida. Quando a desproporção entre as prestações sinalagmáticas é significativo, devido ao objeto da contraprestação ter uma valor irrisório, o bem transacionado deveria ter o mesmo tratamento do que aqueles que foram transmitidos gratuitamente. Há que ter em atenção, contudo, que a onerosidade de um negócio pode resultar de uma coligação de negócios formal e substancialmente distintos, desde que exista uma relação de interdependência entre as prestações constantes dos mesmos.

Quando a transmissão resulta de atos como a divisão e partilha de bens, doações mistas, remuneratórias e com encargos, ou o cumprimento de obrigações naturais, a qualificação destes atos como gratuita e onerosa suscita algumas hesitações que se devem ter presentes.

Nos atos de divisão de bens comuns, como ocorre, por exemplo, com a partilha do património conjugal, um direito indiviso sobre um conjunto de bens transforma-se em direitos exclusivos sobre determinados bens que compunham esse conjunto ou sobre quantia equivalente (tornas), pelo que à «saída» de um direito corresponde a «entrada» de outro, como contrapartida, na esfera jurídica dos titulares desse património comum, pelo que esse ato deve ser considerado e tratado oneroso.

Quando se verifica uma doação mista em que as partes utilizam um quadro negocial oneroso para beneficiar um dos contraentes, através da desproporção das respetivas prestações, em regra, deverá considerar-se que os bens foram transferidos mediante contraprestação irrisória.

As doações remuneratórias que visam a compensação de serviços recebidos pelo doador (artigo 941.º do Código Civil), não existindo qualquer tipo de obrigação de remunerar esses serviços, devem ser consideradas uma atribuição patrimonial sem correspetivo e, portanto, classificadas como atos gratuitos.

As doações com encargos que contém uma cláusula modal que impõe ao donatário um encargo, apesar do donatário se vincular a uma prestação, como esta não tem a natureza de correspetivo da doação, funcionando antes como uma limitação do seu objeto, tais atos também não estão excluídos do campo dos atos gratuitos.

Relativamente ao cumprimento de obrigações naturais, uma vez que não existe um dever jurídico de satisfazer o respetivo crédito, tal ato deve enquadrar-se nos atos gratuitos com vista a ser contabilizado na determinação do valor do enriquecimento.

Também relativamente a estes bens, quer o réu visado com a medida de perda, quer o terceiro, devem poder demonstrar que os mesmos têm uma origem lícita, através da prova do contrário de conteúdo vinculado, que acima se referiu, não devendo, nesses casos, tais bens serem contabilizados para determinar o valor do património incongruente, uma vez que se revela ilidida a presunção da ilicitude do enriquecimento.

Essa contabilização é sempre efetuada, independentemente do número de subtransmissões que, entretanto, possam ter ocorrido.

Se o terceiro adquirente por ato gratuito tivesse, entretanto, alienado o bem adquirido a outrem e o tivesse adquirido de má fé, deveria prever-se a sua responsabilidade pelo valor do bem alienado, à data da alienação, justificando-se essa responsabilidade pela colaboração do adquirente na tentativa de ocultação de um enriquecimento ilegítimo, conjugado com o facto desse bem já não poder ser executado, para satisfação da obrigação de restituição do valor do enriquecimento ilícito.

A má-fé traduzir-se-ia na consciência de que o bem lhe foi transmitido com a finalidade de ocultar uma situação de enriquecimento ilícito, abrangendo essa consciência as situações de dolo, nas suas diferentes modalidades, e de negligência consciente. Caberia ao Ministério Público a alegação e prova da má-fé, com recurso, sobretudo, a presunções judiciais, apoiadas nas relações existentes entre o réu beneficiário do enriquecimento e o terceiro donatário.

Só deveria ser também demandado nesta ação, ao lado do réu beneficiário do enriquecimento, em litisconsórcio necessário, o terceiro adquirente por ato gratuito que seja o titular do bem à data da propositura da ação ou quando se peticione a sua condenação no pagamento do valor do bem adquirido de má-fé, independentemente do número de transmissões que já tenha ocorrido. Se os bens tiverem ingressado numa comunhão conjugal, deveriam ambos os cônjuges serem demandados na ação.

2.4. Os bens com «paradeiro desconhecido»

No conjunto de bens a contabilizar como enriquecimento do réu beneficiário do enriquecimento estariam ainda englobados aqueles que, tendo ingressado no seu património nos cinco anos que antecederam a propositura da ação, nele já não existam nesse momento, sem que tenha entrado nesse património qualquer contrapartida, desconhecendo-se qual foi o seu destino.

Apesar de se desconhecerem as razões do desaparecimento desses bens (perecimento, ocultação ou alienação não apurada), tendo eles integrado o património daquele réu, deveriam os mesmos serem considerados como um enriquecimento a valorar.

No caso do desaparecimento do bem se verificar no património de um terceiro adquirente de má fé, nos termos referidos no ponto anterior, poderia também este ser responsabilizado pelo pagamento do valor desse bem, salvo se demonstrasse que o seu perecimento se teria igualmente verificado no caso do bem ter permanecido em poder do alienante.

3. Pedido

O pedido a formular deveria ser o de condenação do réu a pagar ao Estado uma quantia equivalente ao da diferença entre o valor dos bens que se considerassem integrar o enriquecimento do réu, e o valor daqueles que, num juízo de normalidade, se revelasse congruente com o nível dos rendimentos auferidos por esse réu no mesmo período, acrescido de juros de mora desde a citação (artigo 805.º, n.º 3, do Código Civil, por analogia).

Quando se pretendesse a condenação do terceiro adquirente de má fé a pagar o valor do bem subalienado, perecido ou ocultado, nos termos referidos nos dois pontos anteriores, deveria ser pedida a sua condenação a pagar, solidariamente com o réu beneficiário do enriquecimento, essa parte do valor do enriquecimento ilícito.

4. Contestação

Na contestação, os réus poderiam não só impugnar a existência dos bens no património do beneficiário do enriquecimento e o seu valor, mas também o montante dos rendimentos auferidos, assim como alegar a verificação de algumas das situações suscetíveis de ilidir a presunção da aquisição ilícita desses bens, ou seja que a aquisição desses bens resultou de ato gratuito lícito, ou que foram adquiridos, através de ato oneroso, com rendimentos de atividade lícita ou com rendimentos obtidos há mais de cinco anos antes da data da propositura da ação.

5. Sentença

Julgada procedente a ação, a sentença a proferir condenaria apenas o réu beneficiário do enriquecimento a pagar o valor do património considerado incongruente, o qual corresponderia à diferença referida no ponto anterior.

Estaríamos perante o reconhecimento de um direito de crédito do Estado sobre este réu e na sua condenação a satisfazê-lo, acrescido de juros de mora desde a citação.

No caso de ter sido pedida a condenação de um terceiro adquirente de má fé a pagar o valor do bem, entretanto subalienado, perecido ou ocultado, deveria também este ser condenado a pagar, solidariamente com o réu beneficiário do enriquecimento, essa parte do valor do enriquecimento ilícito.

Esta sentença estaria sujeita ao regime de recursos previstos no Código de Processo Civil, sem qualquer especialidade.

A autoridade do caso julgado desta decisão estender-se-ia aos terceiros demandados na ação, devido à possibilidade de bens dos quais são titulares e contabilizados para cálculo do enriquecimento poderem vir a responder pela satisfação da dívida correspondente ao valor do enriquecimento incongruente.

6. Execução para pagamento de quantia certa

No caso de o réu beneficiário do enriquecimento não pagar voluntariamente a quantia em que foi condenado por aquela sentença, após o seu trânsito em julgado, o Ministério Público poderia deduzir ação executiva para pagamento de quantia certa, sob a forma de processo comum ordinário, apresentando aquela sentença como título executivo.

Todo o património penhorável do réu responderia pelo pagamento dessa dívida, assim como os bens de terceiros cujo valor foi contabilizado no cálculo do enriquecimento, nos termos do artigo 735.º, n.º 2, do Código de Processo Civil, pelo que era possível demandar na mesma execução esse réu e aqueles terceiros.

Deveria, no entanto, estabelecer-se uma prioridade quanto aos bens que respondiam pelo pagamento daquela dívida. De modo a conferir uma proteção relativa aos direitos de terceiros de boa-fé, em primeiro lugar responderiam os bens do réu beneficiário do enriquecimento e só após o património deste se encontrar excutido, é que responderiam os bens titulados pelos terceiros de boa-fé. Esta penhorabilidade subsidiária, simultaneamente subjetiva e objetiva, seguiria as regras previstas no artigo 745.º, n.º 5, do Código de Processo Civil, segundo o qual a penhora dos bens de terceiro só poderia ser promovida face à manifesta insuficiência dos bens do réu beneficiário do enriquecimento satisfazerem a quantia exequenda.

Relativamente aos terceiros condenados a pagar o valor dos bens adquiridos já não encontrados no seu património, a execução poderia recair sobre todos os bens atuais do seu património apenas para satisfação daquele valor.

A execução seguiria as regras do processo comum ordinário, estando este crédito sujeito ao concurso dos demais credores dos executados e, no caso de insolvência, o crédito deveria ser reclamado pelo Estado, igualmente em concurso com os demais credores no respetivo processo de insolvência.

7. Providência cautelar de arresto

Como dependência da ação declarativa de condenação no pagamento do valor do enriquecimento ilícito, poderia o Estado solicitar o arresto dos bens do réu beneficiário do enriquecimento, assim como o arresto dos bens dos terceiros acima referidos, nos termos do artigo 391.º e seguintes do Código de Processo Civil, previamente ou no decurso daquela ação.

É de ponderar a criação de uma dispensa de alegação e prova de um justo receio de perda de garantia patrimonial, como requisito desta providência cautelar, tal como se prevê, para outras situações, no artigo 396.º do Código de Processo Civil, atento o fundamento do direito de crédito cuja satisfação se pretende garantir.

Os bens a arrestar deveriam ser apenas os necessários para satisfazer o valor do enriquecimento ilícito.

8. Os direitos dos terceiros afetados pela execução

A execução de bens pertencentes a um terceiro donatário traduzir-se-ia num prejuízo patrimonial para este suscetível de provocar um desequilíbrio na relação contratual existente entre esse terceiro e o réu beneficiário do enriquecimento, pelo que deveria prever-se a aplicação, por analogia, do disposto no artigo 956.º, n.º 2, do Código Civil, para os casos nulidade da doação de bens alheios, com as necessárias adaptações, atenta a similitude dessa situação com a doação de bens que integram um enriquecimento ilícito.

Segundo aquele preceito, o donatário que viu ser executado um bem de que era titular para satisfazer uma dívida do réu beneficiário do enriquecimento, teria um direito de indemnização sobre este, caso se encontrasse de boa fé (ignorando a situação de enriquecimento ilícito) quando a doação ocorreu e, cumulativamente, se verificasse uma das situações previstas nas al.ªs c) e d), uma vez que as tipificadas nas al.ªs a) e b), não são configuráveis na presente hipótese.

Nas doações com cariz remuneratório ou nas modais, previstas nas referidas al.ªs c) e d), do n.º 2, do artigo 956.º, do Código Civil, a execução do bem doado traduzir-se-ia para o seu adquirente numa ausência de compensação pelos serviços prestados ou pelo cumprimento dos encargos assumidos, o que merece ser indemnizado.

O *quantum* indemnizatório, em regra, corresponderia ao valor do bem doado (art. 956.º, n.º 3, do CC), abrangendo também o custo das despesas que o donatário tenha despendido com a conservação do bem ou com a realização de benfeitorias. Não poderiam ser contemplados lucros cessantes em resultado da execução do bem. Nas doações modais, a responsabilidade do doador ficaria limitada ao valor dos encargos [art. 956.º, n.º 2, d), do CC], o mesmo devendo suceder nas doações remuneratórias, sendo aqui a indemnização limitada ao valor dos serviços prestados.

Em qualquer caso, o terceiro poderia sempre reclamar do réu beneficiário do enriquecimento o pagamento das benfeitorias ou dos encargos suportados com aqueles bens.

9. A convivência com a declaração de perda de bens clássica

Conforme já acima se referiu a previsão desta ação cível substituiria o atual regime da denominada perda alargada, constante dos artigos 7.º a 12.º-A, da Lei n.º 5/2002, de 11 de janeiro, pelo que não seria possível a coexistência no ordenamento jurídico dos dois meios processuais.

Já, relativamente à perda clássica de vantagens do crime, prevista nos artigos 110.º e 111.º do Código Penal, a decisão, em processo penal, que determinasse a perda de bens do réu beneficiário do enriquecimento, impediria a contabilização do seu valor para cálculo do enriquecimento ilícito na ação cível aqui esboçada.

Assim, se a ação declarativa já se encontrasse em curso, deveria essa perda ser alegada como facto superveniente a ter em consideração na decisão da causa. Se a ação já se encontrasse na fase executiva, esse facto poderia ser motivo de oposição inicial ou superveniente, nos termos do artigo 728.º do Código de Processo Civil, e de oposição à penhora desses bens, conforme o disposto no artigo 784.º, n.º 1, c), do Código de Processo Civil.

Note-se ainda que a apreensão desses bens no processo penal, nos termos do artigo 178.º do Código de Processo Penal, torna inoponíveis quaisquer atos de disposição ou oneração com data posterior à apreensão (artigo 819.º do Código Civil), atenta a equivalência da apreensão à penhora, limitando, assim, a prática de atos sobre eles no processo executivo da ação cível.

10. Um desfecho executivo alternativo

Conforme se afirmou no capítulo II, ponto 1, deste texto, é possível configurar este tipo de ação com um desfecho mais aproximado do regime da perda alargada atualmente vigente, prevendo-se uma forma de processo especial, nos termos do artigo 546.º do Código de Processo Civil, que, além da fase declarativa acima delineada, contemplaria uma segunda fase híbrida, na qual, após o decurso de um prazo razoável após o trânsito em julgado da sentença condenatória, sem que se mostrasse paga a respetiva quantia, a requerimento do Ministério Público, seria proferida decisão de perda dos bens a favor do Estado que se encontrassem arrestados em procedimento cautelar anteriormente instaurado, com o valor necessário para completar aquela quantia (preferindo a indicação de bens do beneficiário do enriquecimento a bens de terceiros), com o consequente procedimento de entrega desses bens, em termos similares aos previstos no artigo 861.º do Código de Processo Civil.

A possibilidade de decretamento da perda desses bens evitaria o concurso de credores no processo executivo e no eventual processo de insolvência.

11. Os direitos dos ofendidos

A garantia patrimonial comum dos direitos de indemnização dos ofendidos pela atividade criminosa que tenha estado na origem do enriquecimento ilícito sujeito a esta medida de confisco não poderia ser afetada pela execução da decisão que viesse a ser proferida na ação civil acima esboçada.

Nesse sentido, deveria prever-se a possibilidade desses ofendidos, cujo direito de indemnização, houvesse sido judicialmente reconhecido, no caso de não terem restado bens no património do beneficiário do enriquecimento suficientes para a satisfação do seu direito de crédito indemnizatório, reclamarem do Estado o seu pagamento, até à medida do valor por este recebido na sequência da procedência da ação de confisco civil.

IV. Nota final

Apesar de alguma minúcia do esboço do anteprojeto aqui apresentado e do tom aparentemente assertivo da sua exposição, ele apenas visa provocar uma discussão sobre a possibilidade de prosseguirmos caminho pelos trilhos ancestrais do direito privado, numa procura de melhores soluções.

A minúcia visou apenas testar a viabilidade da ideia e a assertividade convencer o leitor da possibilidade real da mesma ser posta em prática, aproveitando os ventos de um mundo global que sopram nesse sentido.

É um início de conversa num tempo de incertezas.

RESUMOS

1. A história do confisco no antigo direito português

A nossa legislação possui, desde o período da fundação de Portugal, mecanismos que, para defender a sociedade do crime, permitem que o Estado fique com a titularidade de bens relacionados com o cometimento de infracções criminais, nalguns casos, simplesmente, por pertencerem aos respectivos agentes, noutros, por terem sido utilizados na prática de delitos, ou por terem sido produzidos por estes.

Durante a vigência das Ordenações Afonsinas, Manuelinas e Filipinas, porém, a importância político-criminal do confisco foi sendo ofuscada por algumas práticas abusivas, estimuladas quer por motivações economicistas, quer por fenómenos de pura arbitrariedade punitiva. Tal levou a que o confisco tivesse sido proibido, quer pelas Constituições Liberais do século XIX, quer pelas Constituições Republicanas de 1911 e 1933. Não obstante, os Códigos Penal de 1852 e de 1886 continuaram a admitir a declaração da perda a favor do Estado dos objectos obtidos através de práticas criminosas que não devessem ser restituídos aos ofendidos, dos objectos produzidos através de tais práticas e também dos instrumentos utilizados para cometer crimes.

O Código Penal de 1982 não só manteve a possibilidade de o Estado proceder ao confisco dos instrumentos e dos produtos do crime, como passou, ainda, a prever a perda das recompensas e, em termos mais gerais, das vantagens económicas adquiridas através de factos criminosos. A proibição do confisco já havia desaparecido da nossa Lei Fundamental desde a aprovação da Constituição de 1976 e, face ao cada vez maior reconhecimento das potencialidades do instituto para combater a criminalidade reditícia, trilhava-se no novo Código Penal um caminho destinado a alargar a abrangência e a eficácia do confisco, passando a admitir-se também a possibilidade de a perda de bens ser substituída pelo pagamento ao Estado do valor patrimonial daquilo que não se lograsse confiscar em espécie, bem como a possibilidade de se proceder ao confisco de bens sem condenação de qualquer agente. No mesmo sentido, em 2002, viria a ser aprovada a Lei n.º 5/2002, de 11 de Janeiro, que veio autorizar o confisco do património de agentes do crime que se demonstre ser incompatível com os seus rendimentos lícitos conhecidos.

Hoje em dia, existe consenso quanto ao facto de o confisco, nas suas várias vertentes, ser um instrumento fundamental para combater a projecção patrimonial da criminalidade que continua a desestabilizar os fundamentos dos Estados de Direito. O debate sobre a sua expansão, todavia, não deve prescindir de uma análise cuidada sobre os desenvolvimentos que, quanto a tal matéria, houve ao longo da nossa história legislativa. É o que se procura fazer neste artigo.

2. O Confisco Moderno na Sociedade da Transparência: a sua natureza, o seu fundamento, um descafeinado e a conta

O presente artigo tem por principal objectivo responder a duas perguntas: *i)* «O confisco clássico das vantagens português tem natureza penal?» e *ii)* «O confisco moderno tem natureza penal?».

O método seguido é predominantemente jurídico-analítico e não jurídico-normativo. A sua natureza aproximar-se-á à de um ensaio sobre o confisco das vantagens e das incongruências patrimoniais.

Primeiramente começa-se por levar a cabo uma divisão taxonómica entre o confisco *clássico* das vantagens e o confisco *moderno*, para, de seguida, se passar a recordar as origens do confisco clássico das vantagens. Para tanto, procede-se à análise da evolução do confisco clássico das vantagens, desde o seu nascimento em Portugal, no direito das Ordenações, até ao seu momento actual, cristalizado no art. 110.º, n.º 2, al. *b)* do CP. Nesse processo, vão-se salientando as mudanças de paradigma do confisco em Portugal. No final deste enquadramento cronológico, o confisco clássico das vantagens é analisado através dos seus pressupostos de aplicação, da finalidade da sua aplicação e da função e fundamento desta modalidade. No seguimento, com o intuito de responder à questão relativa à sua natureza jurídico-penal, procede-se à aplicação de um método de identificação da natureza jurídico-penal sobre o confisco clássico das vantagens. Terminada esta fase, conhecem-se superficialmente três modalidades de confisco moderno: a perda alargada portuguesa, a *civil forfeiture* do Reino Unido e a *confisca preventiva* italiana. Partindo dos seus pressupostos e finalidade de aplicação, da sua função e fundamento, são criadas as bases para responder à pergunta relativa à natureza jurídico-penal destas modalidades, através da aplicação do mesmo método de identificação utilizado no confisco clássico das vantagens. Como pano de fundo deste artigo estará a questão da (falta de) transparência que tem servido as estratégias legiferantes relativas àquelas três modalidades de confisco moderno.

3. O confisco é uma pena?

Partindo do princípio de que o confisco – nomeadamente o confisco não baseado em condenação – encerra uma figura híbrida e complexa, procura-se definir os contornos da sua natureza jurídica. Começa-se por tentar a sua acomodação nas tradicionais consequências jurídico-penais (pena acessória, medida de segurança, efeito da pena, efeito do crime e até efeito de «atividade criminosa»). Verificando-se a imprestabilidade destas soluções, tenta-se então outras soluções, tanto para o confisco clássico (tratado no Código Penal) como para o confisco alargado (previsto em lei especial): providência de natureza análoga à da medida de segurança ou um *tertium genus*, medida de caráter não penal análogo ao de uma medida de segurança, medida administrativa, medida civil, medida restauradora ou ordenadora do património conforme o Direito. Toma-se posição, quer distinguindo o confisco clássico do ampliado, quer distinguindo instrumentos, produtos e vantagens. Dá-se nota das implicações práticas da natureza jurídica do confisco já vertidas em jurisprudência e conclui-se pela necessidade de se levar a sério as virtualidades desta figura sem necessidade de novas incriminações.

4. Tipologias Substantivas de Confisco das Vantagens: Os diferentes caminhos para garantir que o crime não compensa

Os mecanismos de recuperação de ativos sofreram nas últimas décadas uma assinalável evolução. Longe vão os tempos onde apenas era possível o confisco de bens que estavam diretamente relacionados com facto ilícito típico, o e onde o confisco ocorria unicamente na sequência da condenação pela prática do crime que os gerou. Essa evolução do confisco não é, ao contrário do que alguns possam defender, uma forma de contrariar a ausência de eficácia na punição dos autores de determinados crimes graves, especialmente no domínio da criminalidade organizada e económico-financeira. O confisco das vantagens persegue finalidades próprias, que não se confundem com os fins das penas. É dessa diferença que nasce a autonomia do confisco relativamente à responsabilidade penal, sendo igualmente essa diferença que legitima e permite soluções que se alargaram para além da fronteira da designada «perda clássica». O objeto deste estudo consiste em identificar os diferentes caminhos seguidos após essa fronteira ter sido ultrapassada.

5. O confisco no direito da União à luz da jurisprudência do TJUE

No âmbito do processo C-234/18, *Agro In 2001*, um tribunal búlgaro dirigiu ao TJUE várias questões prejudiciais, suscitando dúvidas interpretativas relativas às medidas de perda clássica, alargada, não baseada numa condenação e de bens de terceiros, tais como previstas na Diretiva 2014/42/UE, bem como às garantias aí consagradas. Considerando a latitude e interesse das questões, em especial no tocante ao alcance da perda não baseada numa condenação, aguardava-se com expetativa a pronúncia do TJUE, chamado pela primeira vez a pronunciar-se sobre a interpretação da diretiva. Em especial atento o facto de poder estar em causa, considerando as questões prejudiciais, a necessidade de refletir sobre a conformidade do regime das medidas de congelamento e perda com os direitos fundamentais tutelados pela CDFUE e pela CEDH.

O TJUE viria a pronunciar-se em termos muito redutores, atenta a conclusão de inaplicabilidade da diretiva, com o caso a ser retirado ao pressuposto de *aplicação do direito da União* e de ativação da proteção conferida pela Carta. Ainda assim, o respetivo Acórdão tem significativo interesse enquanto objeto de análise, em especial quando associado a outros reenvios prejudiciais entretanto decididos pelo tribunal da União (processos C-393/19, C-845/19 e C-863/19, estes apensos, C-319/19 e C-505/20).

O presente artigo analisa as principais conclusões que se podem retirar desta jurisprudência, mais refletindo, em primeiras leituras, as inovações da recente Proposta de Diretiva relativa à recuperação e perda de bens, apresentada pela Comissão Europeia em maio de 2022, no que respeita à harmonização das medidas de congelamento e perda.

6. O confisco não baseado numa condenação no direito europeu: o reenvio prejudicial como reação à transposição portuguesa da Diretiva 2014/42/UE sobre o congelamento e a perda dos instrumentos e produtos do crime na União Europeia

Tendo como ponto de partida o facto de a Diretiva 2014/42/UE do Parlamento Europeu e do Conselho, de 3 de abril de 2014 sobre o congelamento e a perda dos instrumentos e produtos do crime na União Europeia não ter sido corretamente transposta no para o ordenamento jurídico do nosso país, bem como do facto de, em Portugal, existir ainda um vincado défice do recurso ao mecanismo do reenvio prejudicial em matéria criminal e processual penal, o texto ensaia uma tentativa de retirar efeito prático da união dessas duas constatações.

Assim, após se debruçar sobre as linhas orientadoras da Diretiva, são colocados em evidência pensamentos de autores que constataram há muito essa incorreta transposição, incidindo especificamente em dois temas: a exigência do requisito do *periculum in mora* para decretamento do arresto ou arresto preventivo e ainda o facto de a lei portuguesa não ter consagrado o conceito de perda alargada previsto no artigo 5º da Diretiva, não prevendo que sejam declarados perdidos bens que, embora congruentes com o património lícito do arguido, com alto grau de probabilidade são provenientes da prática de crimes.

Por fim, e dentro dessas conclusões, com o objetivo de, numa ótica proativa, verificar da conformidade das opções nacionais com os objetivos da Diretiva, são indicados os passos concretos que devem ser dados para lançar mão do mecanismo do reenvio prejudicial, ensaiando-se três perguntas concretas que, porventura, poderiam ser colocadas ao TJUE.

7. O Confisco na perspetiva jurisprudencial do TEDH

O confisco vem adquirindo, a nível nacional e internacional, cada vez maior aplicação prática e, nessa sequência, o TEDH tem vindo a ser solicitado a intervir e a tomar posição quanto à conformidade prática com as normas e os princípios vertidos na CEDH.

De uma análise perfunctória da jurisprudência do TEDH poderemos concluir pela importância da definição dos critérios Engel e pela necessidade da sua aplicação casuística. É a partir de tais critérios que o TEDH procede à caraterização do procedimento em concreto como matéria penal ou não, face à configuração do mesmo realizada pela lei nacional.

Concluindo, como vem concluindo na maioria das situações, pela sua natureza não penal, o TEDH vem considerando que os procedimentos do confisco, na sua maioria, não estão sujeitos às regras e aos princípios penais de natureza penal vertidos na CEDH.

8. Algumas notas sobre o regime penal e processual penal da perda sem condenação

O presente artigo visa contribuir para evidenciar que a possibilidade de decretar a perda de instrumentos, produtos e vantagens do crime não apenas se encontra expressamente consagrada no Código Penal desde a sua redação original, como a evolução subsequente veio reforçar e aprofundar tal possibilidade, dotando o ordenamento jurídico-penal, em termos substantivos e adjetivos, de amplas possibilidades nessa matéria, que não deverão ser vistas como mecanismos dogmaticamente exóticos ou mais arrojados de realização do Estado de Direito.

O artigo visa também evidenciar que o regime atualmente em vigor se encontra em linha com a evolução que a nível comunitário nesta matéria se desenha, muito embora possa e deva beneficiar de alguma clarificação por via legislativa.

9. O confisco não baseado numa condenação na legislação penal avulsa

Em Portugal, apesar da Lei n.º 30/2017, de 30 de maio, referir que transpõe a Diretiva 2014/42/UE (sobre o congelamento e a perda dos instrumentos e produtos do crime na União Europeia), tal não sucedeu de forma plena e completa.

Com efeito, perante o estatuído nos artigos 3.º, al. g) e 4.º, n.º 2, da mesma Diretiva, verifica-se que não foi feita a devida transposição do confisco não baseado numa condenação em determinada legislação penal avulsa, como sucedeu, com o DL n.º 15/93, de 22 de janeiro, seu artigo 35.º, n.º 3.

Apesar de sempre se poder aplicar o regime da lei geral previsto no Código Penal, particularmente, os seus artigos 109.º, n.º 2, 110.º, n.º 5, 127.º, n.º 3 e 335.º, n.º 5, por se tratar de regime subsidiário (aplicável, neste caso, por via do disposto no art. 8.º do mesmo código), tal não significa que deixe de se verificar o incumprimento ou que fique apagada a obrigação de completa transposição da referida Diretiva.

Importa, pois, implementar os confiscos que não se baseiam numa condenação (seja na legislação penal clássica, seja na legislação penal avulsa), aperfeiçoando-os, regulamentar o confisco em contexto civil e adotar outras modalidades de perda de bens, para se conseguir combater com eficácia a criminalidade organizada, evitar que o crime continue a compensar e interromper a expansão das atividades criminosas.

10. Reflexões sobre a necessidade, ou não, da substituição, no Direito português, do confisco «alargado» do património incongruente pelo confisco «alargado» em espécie previsto na Diretiva 2014/42/UE

No presente artigo, avalia-se a necessidade e a utilidade de uma eventual substituição do confisco «alargado» do património incongruente consagrado nos arts. 7.º e ss. da Lei n.º 5/2002, de 11 de janeiro, pelo confisco «alargado» em espécie previsto na Diretiva 2014/42/UE. São, ainda, abordadas as lacunas que a nossa Lei apresenta em termos de confisco «alargado» e propostas soluções para as suprir.

11. O processo de perda não baseada numa condenação

As mais recentes alterações ao regime da perda *clássica*, sobretudo, aquela não baseada numa condenação (morte do agente/contumácia), convivem com um défice regulatório ao nível adjetivo, de tal modo significativo nos seus silêncios, que se intui ser indutor da inércia. Porém, não sem que se levantem questões pertinentes, a merecer um olhar atento disciplinador de excessos, e sem prejuízo de uma talvez necessária revisitação legislativa, é possível percorrer um caminho contido nas fronteiras do processo penal que permita preencher os silêncios, e obter a perda, ainda que nos casos de não condenação. Para isso será necessário reconhecer e identificar esse défice, convocar o quadro jurídico sólido apesar de tudo existente à retaguarda do processo de perda, procurar experiências alternativas de regulação desse processo, e propor um princípio de solução, que foi o que se tentou fazer com esta reflexão.

12. O confisco no direito de mera ordenação social

O confisco, ou a perda, no contexto do ilícito de mera ordenação social, revela-se de extrema atualidade e importância, não apenas por força da expansão deste direito, como também pelas severas e nefastas consequências económico-financeiras dos seus ilícitos. Dentro dessa medida, este artigo pretende conduzir o seu leitor a uma reflexão sobre as regras do confisco ou da perda, contidas no Regime Geral das Contraordenações (RGCO), pois deveria ser este o diploma legal quadro das contraordenações. Mas não só: aqui se reflete, igualmente, sobre aquelas normas que nele inexistem e, ao invés, teriam todo o cabimento e pertinência em ali estarem previstas. Neste enfiamento, é ensaiada uma proposta de perda do benefício económico, quer nos casos em que há condenação, quer naqueloutros habitualmente designados *non conviction based confiscation*, no âmbito do RGCO. Em seguida, a análise estende-se à perda dos objetos que «serviram ou estavam destinados a servir para a prática de uma contraordenação ou que por esta foram produzidos», à dos objetos perigosos, pertencentes ao agente ou a terceiro e à perda de objetos perigosos independente de coima, fazendo-se a sua apreciação e, igualmente, propostas de alteração.

13. Confisco e direito administrativo

A perda de bens a favor do Estado determinada por autoridades administrativas, seja como aplicação sancionatória, seja como medida de polícia administrativa pode revelar-se sedutora perante as dificuldades encontradas na qualificação da perda de património incongruente ou perda alargada. Acresce a associação praticada com frequência entre o confisco e certas expropriações e nacionalizações, consideradas arbitrárias, por atribuírem indemnizações irrisórias ou extemporâneas. De par com o necessário excurso pela constituição económica, traça-se um roteiro dos principais instrumentos do direito administrativo com o propósito de situar o confisco especial, dando por assente a inadmissibilidade do confisco universal num Estado de direito. O itinerário leva-nos a demarcar os precisos confins do direito administrativo sancionatório e a cuidar das medidas de polícia administrativa, as quais, não raro, importam a perda de bens dos particulares. É, contudo, no direito civil que deparamos com a matriz que se julga mais certeira para qualificar a perda consignada no artigo 7.º e seguintes, da Lei n.º 5/2002, de 11 de janeiro, a partir do enriquecimento sem causa. Um enriquecimento que, no caso, pela obscuridade da sua fonte e pela incongruência da sua extensão, assenta no aproveitamento de bens que se encontram fora do comércio jurídico.

14. *Civil confiscation* ou perda não baseada numa condenação no processo penal: vantagens e desvantagens

A *civil confiscation*/extinção de domínio e o confisco não baseado numa condenação no processo penal, nas suas diversas variantes, são, hoje, ferramentas imprescindíveis à recuperação das vantagens do crime. Sendo impossível lograr a condenação, sem elas, a sua total ablação seria impossível e o crime continuaria a compensar.

Nas últimas décadas, satisfazendo essas necessidades práticas, estas duas soluções registaram um claro movimento de mútua convergência, tornando-se, do ponto de vista substantivo, equivalentes. A *civil confiscation*/extinção de domínio incorporou garantias e o processo penal passou a admitir o confisco mesmo sem condenação, baseado em presunções, na inversão do ónus da prova ou numa prova baseada num mero balanço de probabilidades. As fronteiras entre estes dois arquétipos deixaram de ser claras. De modo que a grande diferença acaba por ser hoje formal: a natureza processual civil ou processual penal da solução adotada.

15. O estatuto constitucional do Confisco: reflexões exploratórias

No texto proponho-me questionar, de forma preambular, alguns cruzamentos, porventura não ainda adequadamente ensaiados, entre os regimes adjetivos e substantivos do Confisco e Recuperação de Ativos e os princípios constitucionais respeitantes ao seu enquadramento, bem como a conformidade normativa dos respetivos mecanismos com a lei fundamental.

Partindo da constatação de que há uma presuntiva conformidade constitucional, importava «testar» uma tal presunção, face ao desenvolvimento das opções legislativas conhecidas, sobretudo nos últimos vinte anos (após a publicação da Lei n.º 5/2002, de 11 de janeiro), com a consagração de um conjunto de soluções porventura mais desafiadoras de princípios e direitos fundamentais, como os princípios da culpa e da presunção da inocência (art. 32.º, n.º 2 da CRP), da proporcionalidade (art. 18.º da CRP), o direito à propriedade privada (art. 62.º, n.º 1 da CRP) e o princípio da proibição da expropriação (art. 62.º, n.º 2 da CRP), o direito ao processo equitativo (*o due process of law*), as garantias de defesa e o princípio do contraditório.

16. A construção de uma ação cível de perda do enriquecimento ilícito

Em matéria de recuperação das vantagens proporcionadas por uma atividade criminosa, apesar da diversidade dos procedimentos já adotados no nosso ordenamento jurídico para realizar eficazmente esse primordial objetivo, é patente a insatisfação com os resultados que têm vindo a ser obtidos.

Além de se apontarem a crónica falta de meios no sector da justiça, um défice de empenho das forças policiais e dos magistrados do Ministério Público neste domínio e uma jurisprudência com um exigente *standard* probatório na determinação de um nexo de causalidade entre os bens a confiscar e a prática de um crime, como fatores de ineficiência dos instrumentos processuais em vigor, a perceção de que a dependência destes, relativamente a um processo penal onde se investiga e julga a atividade criminosa geradora de um enriquecimento ilícito, prejudica seriamente a sua aplicação eficaz, é cada vez mais evidente.

Daí que cresçam as vozes, reclamando uma maior autonomia dos mecanismos de recuperação de vantagens face ao processo penal, realçando a sua natureza essencialmente civil.

Correspondendo a um repto dos coordenadores deste livro e após um primeiro ensaio numa conferência promovida pelo *Basel Institute on Governance*, em Lisboa, apresenta-se neste texto um esboço de um anteprojeto de construção de uma ação cível, tendo por objetivo a perda do enriquecimento proporcionado pelas vantagens patrimoniais resultantes de atividades criminosas.

AUTORES

Alexandra Vilela: Professora associada da Universidade Lusófona do Porto e de Lisboa e diretora do mestrado em Ciências Jurídico-criminais da Faculdade de Direito e Ciência Política da ULP. Doutora em Direito pela UC. Investigadora do CEAD Francisco Suárez e do CIDPCC, respetivamente, da Universidade Lusófona e da FD da Universidade de Lisboa. Publica regularmente artigos científicos, em português e em inglês, e participa em eventos nacionais e internacionais sobre direito penal.

André Folque: Vogal do Conselho Consultivo da Procuradoria-Geral da República. Membro da Comissão da Liberdade Religiosa. Licenciando em Direito e Mestre em Ciências Jurídico-Políticas pela Faculdade de Direito da Universidade de Lisboa onde lecionou. Exerceu funções de coordenador na Provedoria de Justiça (1993/2016). Autor de monografias e de artigos científicos sobre direito administrativo, direito do urbanismo, direito eclesiástico, direito constitucional e direito internacional público.

Antero Taveira: Procurador da República, atualmente em funções no Departamento Central de Investigação e Ação Penal, onde se encontra desde 2016. Paralelamente, desde dezembro de 2020, desempenha funções de docente no Centro de Estudos Judiciários.

António Vaz de Castro: Advogado, mestre e doutor em Ciências jurídico-criminais pela Faculdade de Direito da Universidade de Coimbra.

Celso Alexandre Rocha: nascido em Lisboa a 15/05/1982, é licenciado em Direito pela Faculdade de Direito da Universidade Nova de Lisboa, e LL.M. in *Law and Economics* (EMLE) pelas Universidades de Hamburgo, Bolonha e Paul Cézanne Aix-Marseille III. Magistrado do Ministério Público desde o ano 2009 (XXVIII Curso do CEJ), encontra-se colocado junto dos Juízos Centrais Criminais e de Instrução de Santa Maria da Feira, Comarca de Aveiro, desde o Verão de 2021. Representa o Ministério Público na fase de instrução, bem como, titula e dirige investigações em grande parte relativas à criminalidade económico-financeira e violenta.

Duarte Rodrigues Nunes: Professor associado convidado da Universidade Europeia. Professor auxiliar convidado da Universidade Lusíada de Angola. Doutor em Direito pela Faculdade de Direito da Universidade de Lisboa. Jurisconsulto. Investigador integrado do Centro de Investigação de Direito Penal e Ciências Criminais e não integrado do Centro de Investigação Jurídica do Ciberespaço, ambos da Faculdade de Direito da Universidade de Lisboa. Conferencista. Autor de quatro monografias, um manual de Direito penal e de numerosos artigos publicados em revistas jurídicas portuguesas e estrangeiras e contribuições em obras coletivas em matéria de Direito Penal e Processual Penal, Criminologia e Direito Civil (Direito das Obrigações).

Hélio Rigor Rodrigues: Magistrado do Ministério Público, Assessor no Gabinete da Exma. Procuradora-Geral da República. É licenciado em Direito pela escola de direito do Porto da universidade Católica. É autor de uma monografia e vários artigos jurídicos em livros e revistas da especialidade. Interveio, como orador em diversas conferências nacionais e internacionais na área do direito penal. Integra diversas redes internacionais de Magistrados em matéria de criminalidade económico-financeira e recuperação de ativos no âmbito da AIAMP, da CPLP e do Conselho da Europa.

Joana Amaral Rodrigues: é Licenciada e Mestre em Ciências Jurídico-Criminais pela Faculdade de Direito da Universidade de Coimbra e Doutorada em Direito pela Faculdade de Direito da Universidade Nova de Lisboa. Conta com várias publicações (monografias e artigos em obras coletivas e revistas jurídicas), especialmente no domínio do direito penal europeu. É Professora Auxiliar Convidada da Faculdade de Direito da

Universidade Católica (Escola de Lisboa), lecionando disciplinas de Direito Penal nos cursos de licenciatura, pós-graduação e mestrado. É ainda Advogada, com funções de coordenação, no Banco de Portugal.

João Conde Correia: Magistrado do Ministério Público. Licenciado, mestre e doutor em Direito pela Faculdade de Direito da Universidade de Coimbra. Publicou cinco monografias e dezenas de artigos em revistas da especialidade, nacionais e internacionais. Interveio como conferencista em diversos eventos em Portugal e no estrangeiro e colaborou na docência universitária. É vogal do Conselho Consultivo da Procuradoria-Geral da República, membro da rede CARIN e da plataforma ARO.

João Cura Mariano: Juiz Conselheiro do Supremo Tribunal de Justiça. É licenciado em Direito pela FDUC e mestre em Direito, na área de Ciências Jurídico-Civilísticas, pela FDUCP. Foi juiz do Tribunal Constitucional e membro do Conselho Consultivo da Procuradoria Geral da República. É professor convidado na FDUNL.

Jorge dos Reis Bravo: Procurador-Geral-Adjunto. Licenciado em Direito pela FDUC e pós-graduado em Direito Penal Económico e Europeu pelo IDPEE – FDUC. Doutor em Ciências Jurídico-Criminais pela FDUC. Tem investigado e publicado livros e artigos em áreas do direito penal e processual penal, nomeadamente nos temas do direito penal de entes coletivos, criminalidade económico-financeira e prova corporal em processo penal. Atualmente, exerce funções como magistrado do Ministério Público (em representação da Ex.ma Procuradora-Geral da República) junto do Tribunal Constitucional.

José Nuno Ramos Duarte: Juiz de Direito desde 1999, é licenciado em Direito pela Faculdade de Direito de Lisboa e mestre em Ciências Jurídico-Criminais pela Faculdade de Direito do Porto. Depois de ter trabalhado como magistrado judicial em juízos de competência genérica e de competência especializada cível e criminal de diversas comarcas do centro e do norte do país, bem como no Círculo Judicial de Paredes e no Tribunal do Trabalho do Porto, desempenha funções na área criminal desde que, no ano de 2016, foi colocado no Tribunal de Execução de Penas do Porto, integrando actualmente o quadro de juízes titulares do Juízo Central Criminal de Vila do Conde do Tribunal Judicial da Comarca do Porto.

Júlio Barbosa e Silva: Procurador da República, atualmente a exercer funções no DIAP Regional de Coimbra, licenciado em Direito pela Faculdade de Direito da Universidade Católica Portuguesa, Centro Regional do Porto. É autor de uma monografia e de vários artigos jurídicos em revistas da especialidade, nos últimos cinco anos especificamente relacionados com direito criminal europeu e cooperação judiciária internacional em matéria penal, sendo igualmente formador e conferencista, em Portugal e no estrangeiro, em diversos cursos e eventos dedicados a essas temáticas. Exerceu as funções de Procurador de Cooperação judiciária internacional em matéria penal nas comarcas de Leiria e Aveiro.

Maria do Carmo Silva Dias: Juíza conselheira, licenciada em Direito pela Faculdade de Direito da Universidade de Coimbra e mestre em Direito pela Escola de Direito da Universidade Católica – Porto. Foi docente do CEJ e publicou em autoria e coautoria monografias e vários artigos em revistas da especialidade. Interveio como conferencista em diversos eventos na área do direito.

Mário Ferreira Monte: é Licenciado em Direito, Mestre e Doutor em Ciências jurídico-criminais, Agregado em Direito público e Professor Catedrático. É investigador integrado do Centro de Investigação em Justiça e Governação – Research Centre for Justice and Governance (JusGov), sendo o Coordenador do Grupo de Justiça Criminal e Criminologia (JusCrim). É Coordenador da Rede de Investigação em Direito Lusófono. Diretor do Doutoramento em Direito da Universidade do Minho. Presidente do Conselho de Escola da Escola de Direito da Universidade do Minho. Recentemente agraciado com a Alta Distinção do Mérito Judiciário pela Justiça Militar do Brasil (Superior Tribunal Militar). monte@direito.uminho.pt

Natacha Borges de Pinho: Licenciada em Direito pela Faculdade de Direito da Universidade de Coimbra em 30 de julho de 1997, frequentou o XVII Curso Normal de Formação de Magistrados do CEJ em 1998/2000, exercendo atualmente as funções de procuradora da República dirigente de secção no núcleo de Guimarães do DIAP da comarca de Braga, abarcando os núcleos de Famalicão, Fafe, Cabeceiras de Basto e Celorico de Basto.